2018 年注册会计师全国统一考试

经济法
应试指导

杨善长　编著

SPM 南方出版传媒　广东人民出版社
·广州·

图书在版编目（CIP）数据

经济法应试指导 / 杨善长　编著. —广州：广东人民出版社，2018.4
ISBN 978-7-218-12657-9

Ⅰ. ①经…　Ⅱ. ①杨…　Ⅲ. ①经济法—中国—资格考试—自学参考资料　Ⅳ. ①D922.29

中国版本图书馆CIP数据核字（2018）第047397号

Jingjifa Yingshi Zhidao
经济法应试指导
杨善长　编著

出 版 人：肖风华

责任编辑：严耀峰
封面设计：钱国标
内文设计：奔流文化
责任技编：周　杰　吴彦斌

出版发行：广东人民出版社
地　　址：广州市大沙头四马路10号（邮政编码：510102）
电　　话：（020）83798714（总编室）
传　　真：（020）83780199
网　　址：http://www.gdpph.com
印　　刷：广州市穗彩印务有限公司
开　　本：787毫米×1092毫米　1/16
印　　张：36.5　　字　　数：600千
版　　次：2018年4月第1版　2018年4月第1次印刷
定　　价：75.00元

如发现印装质量问题，影响阅读，请与出版社（020-83040176）联系调换。
售书热线：020-83780685

前 言

时至2018，注册会计师考试（简称CPA）已进行数载，每年一次的CPA考试对于每一个考生来说都是一次洗礼，CPA在会计界被认为是证书的王冠，是会计专业能力的最强背书，相信有理想的您已经在为顺利通关而努力。据中国注册会计师协会公布，2017年，CPA专业阶段考试的报名人数已达115.9万，比2016年增加21.2万人，2018年仍将有约10%的增长，而单科通过率仅在15%左右，每年通过CPA的人数也仅2万左右。为帮助各位考生顺利通过考试，本书编委会根据《2018年注册会计师全国统一考试大纲——专业阶段考试（概述）》的要求，针对性地推出了本套辅导系列丛书。

本套丛书附赠《重点难点随身记》与《历年真题试卷》等，是业内名师的心血之作，对于考点把握、知识梳理、重难点解答及命题规律总结，都有独到之处。

本套书具备如下特点：1．重点突出、讲解细致，每本书都是对考纲和教材内容的高度提炼，对于重难点的讲解尤为细致；2．图表总结简洁明了，对于许多需要记忆与容易混淆的考点，书中都使用图表的方式加以对比总结，让人一目了然；3．导图引领，脉络清晰，书中每章内容都有思维导图，目的是让考生迅速把握本章脉络以及重要知识点；4．题目存疑，官网答疑，考生可以将不懂的例题或习题发布至会计学堂官网https://www.acc5.com/的答疑区，将有专业的老师及时为大家解答；5．重点难点、视频讲解，本套书最具特色之处在于学到重难点内容时，能通过扫一扫学习卡上的二维码观看名师的视频讲解，进一步提高学习效率。

本书编写与出版过程中，尽管编者精益求精，但书中难免出现错漏和不足之处，恳请广大读者批评指正。

辅导资料不在量而在精，做题也必须有个度，我们不提倡题海战术，而在于帮助考生系统掌握知识。我们希望这套“快速通关”辅导丛书能在您的CPA征程上助您拿到通关之匙。

付出终会得到回报。最后，预祝各位考生顺利通过今年的CPA考试！

本书编委会

2018年1月

复习指导

一、考试基本情况

考试时间	2018年10月13日17：30～19：30
考试形式	机考
题型及分值	单选题1分/题×24题=24分
	多选题1.5分/题×14题=21分
	案例分析题4题，共55分

二、命题特点分析

（一）考点全面，重点突出

CPA经济法的考试几乎每一章都会涉及到，非重点章节一般是考客观题，而重点章节在客观题与主观题中都会考到。

（二）新增内容，务必关注

每年的新增内容与有变化的内容都很有可能考查，各位考生需要重点关注，同时原来的重点内容仍然会是本年的重要考点。

（三）注重应用，融会贯通

近年来，CPA经济法考题的综合性越来越强，案例也越来越贴合实际生活，这就要求考生提高综合分析能力与实务操作能力，将各章考点融会贯通、学以致用。

（四）理论考查，有所增强

三、2018年教材变化情况及章节重要程度

章节	变化内容	重要程度
第一章　法律基本原理	对自然人民事权利能力和行为能力部分等内容，根据《民法总则》的新规定重新进行了编写。	★
第二章　基本民事法律制度	根据《民法总则》对本章内容进行了调整。	★
第三章　物权法律制度	对善意取得、共有制度的相关内容进行了补充和调整。	★★★
第四章　合同法律制度	删除了“效力待定合同”，其他无变化。	★★★
第五章　合伙企业法律制度	无实质性变化。	★★

（续上表）

章节	变化内容	重要程度
第六章　公司法律制度	部分知识点根据《公司法解释四》进行了调整和补充。	★★★
第七章　证券法律制度	无实质性变化。	★★★
第八章　企业破产法律制度	第二节新增“执行案件的移送破产审查”的内容。	★★★
第九章　票据与支付结算法律制度	无实质性变化。	★★★
第十章　企业国有资产法律制度	第四节新增“企业国有产权向管理层转让”的内容，删除第六节“企业境外国有资产管理制度”的内容。	★
第十一章　反垄断法律制度	无实质性变化。	★★
第十二章　涉外经济法律制度	新增了对外投资备案（标准）制度，调查了外汇市场交易的币种和形式，其他无实质性变化。	★★

四、复习方法

（一）理解为主，夯实基础

CPA经济法的每一章均涉及不同的法律法规，其中有海量的法条。本学科的性质就决定了我们首先必须把这些条文的内容理解清楚，尤其对于一些容易混淆的概念，应透彻理解其所指的本质含义。建议考生边学习知识点边进行理解记忆，毕竟打好基础才是学好经济法的关键。

（二）反复回顾，善于总结

法律法规的概念与条文众多，并且各项规定适用的条件与情形各不相同，初学者容易出现理解上的混淆与记忆上的偏差。因此，建议考生边学习边回顾前文，遇到记忆模糊的知识点应立即回过头查找教材或辅导书，并定期梳理、总结。经过反复的练习与对照记忆，知识点才能成为脑中的知识。

（三）适量做题，注重应用

经济法重在理解，刷题是必要的，但不应花费大量时间。题不在多（建议多做真题），保证做题的质量才是更有效率的学习方法。近年的题目对考生的综合分析能力、判断能力、总结能力提出了越来越高的要求，能否将所学的知识化为解决实例的能力，这需要考生去琢磨。不管是经济法还是其他科目，学以致用，才符合命题人与考生共同的诉求。

（四）重点章节，全力以赴

经济法考试的重点非常突出，时间不充裕的情况下可以放弃部分非重要章节，但是重要章节必须全力以赴去攻克。若时间充足，建议考生完成所有章节的复习。

五、考试技巧与注意事项

（一）看清题目，注意反选

单选题和多选题经常要求考生选择“不正确”“不属于”“不符合法律规定”的选项，对于这些否定字眼，考生一定要非常敏感，因此失分可谓得不偿失。

（二）通读答案，巧用排除

对于能一眼看出答案的选择题，不要浪费时间，直接选出。万一出现记忆模糊，可尝试排除法，以提高正确率。

（三）复制粘贴，提高速度

案例分析题的答案中经常会需要引用题干中的原文，这时千万记得利用机考的优势，那便是直接进行复制粘贴，这样可大大节省答题时间，毕竟经济法的考试时间是比较紧的。

（四）先作判断，后答理由

很多案例分析题的问法是“某某事项是否正确，请说明理由”，遇到此类问题切记先作出判断（回答正确或不正确通常有0.5分），然后说明理由。建议考生尽量用完整的语句作答，虽无需逐字逐句写出法律条文，但也需要在答案中体现关键词，毕竟这些是阅卷老师的给分点。

（五）放平心态，战略选择

考试过程中切忌浮躁，遇到不会的题可以跳过往下做，若有剩余时间可以回顾此题，万一没有时间，战略放弃也是一种答题策略，毕竟我们的目标只是考过60分。

目 录

第一章　法律基本原理

本章思维导图

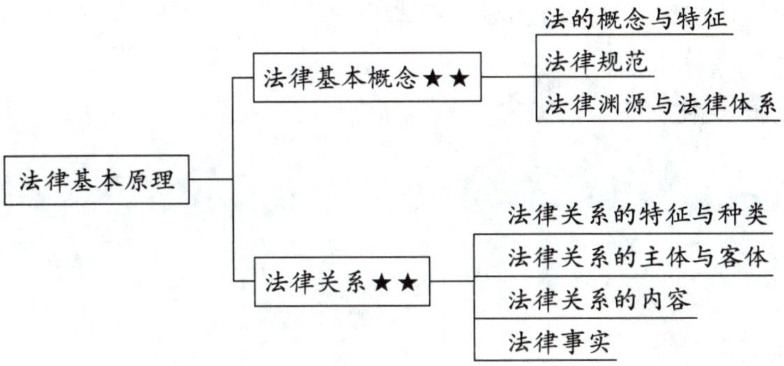

本章概述

本章主要讲述与经济法有关的基本概念和基础理论。理解并掌握这些概念和理论是学习经济法具体制度的必要知识储备。本章的考点主要集中在教材中的第一节和第二节，第三节的内容基本不在考查之列，因此，本书只涉及到第一节和第二节的内容。

考情回顾及考情预测

本章是教材中的非重点章节，每年直接考查的分值为2～3分，而且考查题型均为选择题，一般不会考查案例分析题，属于所有章节中分值最少和难度最小的一章。2018年考试中本章作为非重点章节的地位不会发生变化，考查分值和考查题型也应该不会突破往年。但需要注意的是，2017年全国人大出台了《中华人民共和国民法总则》（以下简称《民法总则》），该法中的部分新规定，比如自然人行为能力制度，考查的概率较大。

本章近五年考点一览

考点	重要程度	考查次数	大致分值	考查题型	考查概率
法律规范	★	1	1～2	单选题	20%
经济法的法律渊源	★★	3	1～2	单选题、多选题	80%
法律关系	★★	5	1～3	单选题、多选题	100%
法律事实	★	1	1～2	单选题	20%

本章重难点

重点：法律规范的概念和分类、经济法的法律渊源、法律关系和法律事实。

难点：法律规范和法律条文之间的关系、各种法律渊源的效力层级、法律事实的分类。

本章学习方法和技巧

本章并不介绍具体的经济法律制度，因此，本章的大部分知识点并无相关的法律条文与其对应，考生应注重对概念进行理解，并在理解的基础上将相关概念进行比较记忆，比如授权性法律规范与义务性法律规范，自然人与法人，权利能力与行为能力。

2018年教材主要变化

对自然人民事权利能力和行为能力部分等内容，根据《民法总则》的新规定重新进行了编写。

第一单元　法律基本概念

知识点1　法的概念与特征（★）

一、法的概念

法是反映由“一定物质生活条件所决定的统治阶级意志的，由国家制定或认可并得到国家强制力保证的，赋予社会关系参加者权利与义务的”社会规范的总称。

二、法的特征

法是由一定物质生活条件所决定的统治阶级意志的体现。法是由国家制定或认可的行为规范。法是由国家强制力保证实施的行为规范。法是调整人的行为和社会关系的行为规范。法是确定社会关系参加者的权利和义务的规范

【解释】法的上述特征正是法与其他社会规范如道德规范、宗教教规、风俗习惯之间的区别。

知识点2　法律规范（★）

一、内涵及特征

法律规范是指国家制定或认可的，具体规定主体权利、义务及法律后果的行为准则。

法律规范具有以下特征：

（一）法律规范“具体”规定权利、义务及法律后果；

（二）法律规范规定主体的行为模式，具有可重复性和适用的普遍性；

（三）法律规范的可操作性强，确定性程度高。

二、与相关概念的辨析

（一）法律规范与规范性法律文件

1. 规范性法律文件是以规范化的成文形式表现出来的各种法的形式的总称。

2. 规范性法律文件是表现法律内容的具体形式，是法律规范的载体。

（二）法律规范与国家的“个别”命令

国家的个别命令（如法院判决），不具有可重复适用性和普遍适用性，只适用于特定主体或场合。

（三）法律规范与法律条文

1. 法律条文是法律规范的文字表述形式，是规范性法律文件的基本构成要素，法律规范是法律条文的主要内容。

【解释】规范性法律文件由法律条文构成，规范性法律文件和法律条文都是法律规范的表现形式。

2. 法律规范是法律条文的主要内容（非唯一内容），除了法律规范外，法律条文的内容还可能包括其他要素，如法律原则等。

3. 法律规范与法律条文不是一一对应的，一项法律规范的内容可以表现在不同的法律条文甚至不同的规范性法律文件中；一个法律条文中也可以反映若干法律规范的内容。

【例1-2017-单选题】关于法律规范与法律条文关系的表述中，正确的是（　　）。

A. 法律规范等同于法律条文

B. 法律条文的内容除法律规范外，还包括法律原则等其他法律要素

C. 法律规范是法律条文的表现形式

D. 法律规范与法律条文一一对应

【答案】B

学堂点拨

法律规范不同于法律条文，选项A错误。法律条文是法律规范的表现形式，选项C错误。法律规范与法律条文不是一一对应的，选项D错误。

三、种类

（一）授权性规范和义务性规范

【区分标准】根据法律规范为主体提供行为模式的方式进行区分。

1. 授权性规范

授权性规范是指授予人们“可以”作出某种行为，或者要求别人作出某种行为的法律规范。立法语言表达式为：“可以”“有权”“享有……权利”等。

【例1】《中华人民共和国合同法》（以下简称《合同法》）第四十五条规定：“当事人对合同的效力可以约定附条件。附生效条件的合同，自条件成就时生效。附解除条件的合同，自条件成就时失效。”

【例2】《合同法》第七十七条规定：“经当事人协商一致可以解除合同，当事人可以约定一方解除合同的条件。解除合同的条件成就时，解除权人可以解除合同。”

2. 义务性规范

义务性规范是指规定人们必须作出某种行为或者不作出某种行为的法律规范，可以分为命令性规范与禁止性规范。

（1）命令性规范

命令性规范，是指要求人们“必须”作出一定行为，承担一定积极作为义务的法律规范——关键词：“必须”“应当”。

【例1】《中华人民共和国公司法》（以下简称《公司法》）第八条规定：“依照本法设立的有限责任公司，必须在公司名称中标明有限责任公司或者有限公司字样。依照本法设立的股份有限公司，必须在公司名称中标明股份有限公司或者股份公司字样。”

【例2】《公司法》第一百三十九条规定：“股东转让其股份，应当在依法设立的证券交易场所进行或者按照国务院规定的其他方式进行。”

（2）禁止性规范

禁止性规范，是指禁止人们作出一定行为的法律规范——关键词：“不得”“禁止”等。

【例1】《中华人民共和国证券法》（以下简称《证券法》）第十条第一款规定：“公开发行证券，必须符合法律、行政法规规定的条件，并依法报经国务院证券监督管理机构或者国务院授权的部门核准；未经依法核准，任何单位和个人不得公开发行证券。”

【例2】《证券法》第七十三条规定：“禁止证券交易内幕信息的知情人和非法获取内幕信息的人利用内幕信息从事证券交易活动。”

（二）强行性规范和任意性规范

【区分标准】根据法律规范是否允许当事人进行自主调整，及按照自己的意愿设定权利和义务进行区分。

1. 强行性规范

强行性规范，是指所规定的义务具有确定的性质，不允许任意变动和伸缩的法律规范。

提示

1. 义务性规范一般都是强行性规范。
2. 违反强行性规定的合同无效。

2. 任意性规范

任意性规范，是指在法定范围内允许行为人自行确定其权利义务的具体内容的法律规范。根据任意性规范协商确定的规则，在当事人之间具有法律拘束力，只有在当事人没有约定的情况下，才适用法律的一般规定。

提示

授权性规范一般都是任意性规范。

（三）确定性规范和非确定性规范

【区分标准】根据法律规范内容的确定性程度进行区分。

1. 确定性规范

确定性规范是指内容已经完备明确，无须再援引或参照其他规范来确定其内容的法律规范。

2. 非确定性规范

非确定性规范是指没有明确具体的行为模式或者法律后果，需要引用其他法律规范来说明或补充的规范，具体包括委任性规范和准用性规范。

（1）委任性规范

委任性规范是指内容不明确，只有概况性提示，具体内容由有关国家机关加以确定的法律规范。

【例】《中华人民共和国反垄断法》第九条第二款规定："国务院反垄断委员会的组成和工作规则由国务院规定。"

（2）准用性规范

准用性规范是指本身没有规定具体的规则内容，而是规定可以援引或参照其他有关规定内容的法律规范。

【例】《合同法》第一百八十四条规定："供用水、供用气、供用热力合同，参照供用电合同的相关规定。"

【例2–多选题】我国《公司法》第一百四十八条第二款规定"董事、监事、高级管理人员不得利用职权收受贿赂或者其他非法收入，不得侵占公司财产"，该法律规范属于（　　）。

A．授权性规范　　B．禁止性规范　　C．义务性规范　　D．任意性规范

【答案】BC

学堂点拨

义务性规范是指规定人们必须作出某种行为或者不作出某种行为的法律规范，包括命令性规范和禁止性规范。根据题干信息，该法律规范要求人们必须不作出某种行为，因此属于义务性规范中的禁止性规范，选项B、C正确。

【例3–多选题】根据会计法律制度的规定，从事会计工作的人员，必须取得会计从业资格证书。关于该法律规范性质的下列表述中，正确的有（　　）。

A．该法律规范属于义务性规范　　B．该法律规范属于禁止性规范

C．该法律规范属于授权性规范　　D．该法律规范属于强行性规范

【答案】AD

学堂点拨

义务性规范是指规定人们必须作出某种行为或者不作出某种行为的法律规范，包括命令性规范和禁止性规范。根据题干信息，该法律规范要求人们必须不作出某种行为，因此属于义务性规范中的命令性规范，选项A正确，B、C错误。此外，义务性规范一般都是强行性规范，因此选项D正确。

表 1–1　法律规范的种类

区分标准	分类内容	内涵
根据法律规范为主体提供行为模式的方式进行区分。	授权性规范	授予人们"可以"作出某种行为，或者要求别人作出某种行为的法律规范。
	义务性规范	规定人们必须作出某种行为或者不作出某种行为的法律规范，又可分为命令性规范和禁止性规范。

（续上表）

区分标准	分类内容	内涵
根据法律规范是否允许当事人进行自主调整，及按照自己的意愿设定权利和义务进行区分。	强行性规范	所规定的义务具有确定的性质，不允许任意变动和伸缩的法律规范。
	任意性规范	在法定范围内允许行为人自行确定其权利义务的具体内容的法律规范。
根据法律规范内容的确定性程度进行区分。	确定性规范	内容已经完备明确，无须再援引或参照其他规范来确定其内容的法律规范。
	非确定性规范	没有明确具体的行为模式或者法律后果，需要引用其他法律规范来说明或补充的规范，又包括委任性规范和准用性规范。

四、法律规范的逻辑结构

法律规范的逻辑结构是指法律规范的构成要素及其相互间在逻辑上的关系。

一个完整的法律规范包括如下三个部分：

（一）假定

假定是指法律规范所规定适用该规范的条件和情况，即在发生何种情况或具备何种条件时，法律规范中的行为模式开始发生作用。

（二）模式

模式是指法律规范所规定的行为规则，包括可为模式（可以做什么）、应为模式（应当做什么）和勿为模式（禁止做什么）。

（三）后果

后果是指法律规范所规定的行为应当承担的法律后果，包括肯定式法律后果（合法后果）和否定式法律后果（违法后果）。

【解释】在法律规范的逻辑结构上，假定、模式是后果的前提，后果是对主体遵守或违反假定和模式的评价。

【例】《合同法》第四十八条规定：“行为人无代理权、超越代理权或代理权终止后以被代理人名义订立的合同，未经被代理人追认，对被代理人不产生效力，由行为人承担责任。”分别指出该法律规范中的“假定”“模式”和“后果”。

1. “假定”部分为：行为人无代理权、超越代理权或代理权终止。
2. “模式”部分为：以被代理人名义订立合同。
3. “后果”部分为：非经被代理人追认，对被代理人不生效力。（效力待定）

知识点3 法律渊源与法律体系（★★）

一、法律渊源

法律渊源是指法律的存在或表现形式。

提示

考生应重点把握两个方面：一、各种法律渊源的制定主体；二、各种法律渊源的效力层级。

表 1-2 经济法的法律渊源

法律渊源	制定主体	备注
《宪法》	全国人民代表大会	具有最高的法律效力。
法律（如《物权法》《合同法》《合伙企业法》《公司法》《证券法》《票据法》《企业破产法》）	全国人民代表大会及其常务委员会 1. 全国人大制定基本法律（全国人大常委会有权进行部分修改和补充） 2. 全国人大常委会制定一般法律	效力仅次于宪法。
行政法规（如《公司登记管理条例》）	国务院	效力仅次于宪法、法律。
地方性法规	省、自治区、直辖市、设区的市、自治州人大及其常委会	1. 不得与宪法、法律和行政法规相抵触。 2. 只在本辖区内适用。
规章（如《支付结算办法》《上市公司信息披露管理办法》）	1. 部门规章——国务院部委、中国人民银行、审计署和直属机构 2. 地方政府规章——省、自治区、直辖市、省会城市、经济特区所在地的市、设区的市、自治州人民政府	1. 部门规章效力低于行政法规。 2. 地方政府规章效力低于同一级别的地方性法规（没有法律、行政法规、地方性法规的依据，地方政府规章不得设定减损公民、法人和其他组织权利或者增加其义务的规范）。
司法解释（如《物权法司法解释（一）》）	最高人民法院、最高人民检察院	注会经济法中只涉及最高人民法院颁布的司法解释。
国际条约或协定	调整国家之间的关系	我国作为缔约国的国际条约或协定，属于我国的法律渊源。

【相关链接】第四章合同法律制度与第六章公司法律制度中，与法律渊源有关的知识点：

1. 《合同法》：违反"法律、行政法规"强制性规定的合同无效。

2. 《公司法》：股东会的决议内容违反"法律、行政法规"的无效。

3. 《公司法》．董事会的决议违反"法律、行政法规"或者公司章程、股东大会决议，致使公司遭受严重损失的，参与决议的董事对公司负赔偿责任；但经证明在表决时曾表明异议并记载于会议记录的，该董事可以免除责任。

【例4-多选题】下列各项中，属于我国法律渊源的有（　　）。

A. 联合国宪章

B. 某公立大学的章程

C. 《最高人民法院公报》公布的案例

D. 中国证监会发布的《上市公司收购管理办法》

【答案】AD

学堂点拨

1. 选项A：《联合国宪章》是我国参与缔结的国际条约，属于我国的法律渊源；2. 选项D：中国证监会是国务院直属机构，其制定的《上市公司收购管理办法》是部门规章，属于我国的法律渊源。

【例5-2016-单选题】下列关于法律渊源的表述中，正确的是（　　）。

A. 全国人大常委会有权部分修改由全国人大制定的基本法律

B. 部门规章可设定减损公民、法人和其他组织权利或增加其义务的规范

C. 地方性法规是指地方人民政府就地方性事务制定的规范性法律文件的总称

D. 除最高人民法院外，其他国家机关无权解释法律

【答案】A

学堂点拨

1. 选项B错误：没有法律或国务院的行政法规、决定、命令的依据，部门规章不得设定减损公民、法人和其他组织权利或增加其义务的规范。2. 选项C错误：地方性法规是有地方立法权的地方人民代表大会及其常委会就地方性事务以及根据本地区实际情况执行法律、行政法规的需要所制定的规范性法律文件的总称。3. 选项D错误：司法解释是最高人民法院、最高人民检察院在总结司法审判经验的基础上发布的指导性文件和法律解释的总称。

二、法律体系

法律体系是指一个国家的全部法律规范，按照一定的原则和要求，根据法律规范的调整对象和调整方法的不同，划分为若干法律部门，进而形成的相互联系内在统一的整体。

我国的法律体系包括宪法及宪法相关法、刑法、行政法、民商法、经济法、社会法、诉讼与非诉讼程序法。

提示

本教材的名称“经济法”并不是法律部门意义上的“经济法”概念，而是“与市场经济活动相关的经济法律制度”的意思，内容涉及民商法和经济法两个法律部门中与注册会计师执业活动密切相关的法律制度。

第二单元　法律关系

知识点1　法律关系（★★）

一、法律关系的特征

法律关系是指根据法律规范产生、以主体间的权利与义务关系为内容表现的特殊的社会关系。与其他社会关系相比，法律关系具有如下特征：

（一）法律关系是以法律规范为前提的社会关系；

没有法律规范就不可能产生相应的法律关系，在没有法律的原始社会，不可能产生婚姻关系（只有男女两性关系）、买卖合同关系（只有交换关系）。

（二）法律关系是以权利义务为内容的社会关系；

作为法律关系内容的权利和义务，可以由法律明确规定，也可以由法律授权当事人在法律规定的范围内自行约定。

提示

恋爱关系、同事关系、师生关系均不是法律关系，夫妻关系是法律关系。

（三）法律关系是以国家法律强制力为保障的社会关系。

法律关系义务主体不履行相应义务、侵犯其他主体的合法权利时，权利受侵害的一方有权请求国家机关运用国家强制力，责令侵害方履行义务、承担不履行义务的法律责任。

【例1-多选题】甲、乙均为完全民事行为能力人，甲、乙之间的下列约定中，能够产生法律上的权利义务的有（　　）。

A．甲送给乙一部手机

B．二人共进晚餐

C．甲将房屋出租给乙

D．二人此生不离不弃

【答案】AC

学堂点拨

法律关系，是指根据法律规范产生、以主体间的权利与义务为内容表现的特殊的社会关系。选项A是赠与合同法律关系，选项C是房屋租赁合同法律关系；选项B、D中双方主体之间不存在权利义务，故不属于法律关系。

二、法律关系的种类

（一）绝对法律关系和相对法律关系

【区分标准】根据法律关系的主体是单方确定还是双方确定进行划分。

1．绝对法律关系

绝对法律关系中的权利主体是确定的、具体的，义务主体则是不确定的，是除了权利人之外的所有人。典型的法律关系包括物权法律关系、人身权法律关系等。

【解释】绝对法律关系的逻辑结构是A—B、C、D……（一对多）。

2．相对法律关系

相对法律关系中的权利主体和义务主体都是具体的、确定的。典型的相对法律关系如债权法律关系。

【解释】相对法律关系的逻辑结构是A—B（一对一）。

（二）调整性法律关系和保护性法律关系

【区分标准】按照法律关系产生的依据是合法行为还是违法行为，以及是否适用法律制裁进行划分。

1．调整性法律关系

调整性法律关系，是指因合法行为引起、不需要适用法律制裁，主体权利就能正常实现的法律关系。

2．保护性法律关系

保护性法律关系是在主体权利和义务不能正常实现的情况下，通过法律制裁而形成的法律关系。

三、法律关系的主体

法律关系主体，即法律关系的参加者，是指参加法律关系，依法享有权利和承担义务的当事人。

（一）法律关系主体的范围

法律关系主体包括自然人、法人、非法人组织、国家。

1. 自然人

自然人包括本国公民、外国公民和无国籍人。

2. 法人

法人是指具有民事权利能力和民事行为能力，能独立享有权利和承担义务的组织，分为营利法人、非营利法人、特别法人。

【解释1】营利性法人包括有限责任公司、股份有限公司和其他企业法人。

【解释2】非营利性法人包括事业单位、社会团体、基金会和社会服务机构。

【解释3】特别法人包括特定的机关法人、农村集体经济组织法人、城镇农村的合作经济组织法人、基层群众自治组织法人。

3. 非法人组织

非法人组织是不具有法人资格，但是能够依法以自己的名义从事民事活动的组织，包括个人独资企业、合伙企业、不具备法人资格的专业服务机构。

4. 国家

国家可以以自己的名义参与国内法律关系（如发行国债）。

【例2-多选题】下列各项中，属于民事法律关系主体的有（　　）。

A. 有限责任公司分公司

B. 国家

C. 无国籍人士

D. 公立医院

【答案】ABCD

学堂点拨

法律关系主体包括公民、法人和其他组织、国家。自然人包括本国公民、外国公民和无国籍人。因此选项A、B、C、D均正确。

【例3-2015-单选题】下列关于法律关系主体的表述中，正确的是（　　）。

A. 法律关系主体必须同时具备权利能力和行为能力

B. 作为法律关系主体的自然人不包括外国人

C. 分公司具有法人地位

D. 法律关系主体既包括权利人，也包括义务人

【答案】D

学堂点拨

1. 选项A错误：公民和法人要成为法律关系的主体，必须具备权利能力。2. 选项B错误：自然人包括本国公民、外国公民和无国籍人。因此，外国人也可以成为法律关系的主体。3. 选项C错误：分公司不具有法人资格。

【例4-2017-多选题】下列各项中，属于法人的有（　　）。

A．北京大学

B．中华人民共和国最高人民法院

C．中国人民保险集团股份有限公司

D．中国注册会计师协会

【答案】ABCD

学堂点拨

根据规定，我国法人包括机关法人（立法机关、行政机关和司法机关等）、事业单位法人、社会团体法人和企业法人。选项A是事业单位法人，选项B是机关法人，选项C是企业法人，选项D是社会团体法人。

（二）法律关系主体的权利能力和行为能力

1．权利能力

权利能力是指权利主体享有权利和承担义务的能力，它反映了权利主体取得权利和承担义务的资格。

【解释1】各种具体权利的产生必须以主体的权利能力为前提。

【解释2】权利能力人人享有，且人人平等。

2．行为能力

行为能力是指权利主体能够通过自己的行为取得权利和承担义务的能力。自然人的行为能力分为三种：

（1）无行为能力人——不满8周岁（＜8周岁）的未成年人；

提示

无行为能力人由法定代理人代理从事民事活动。

（2）限制行为能力人——8周岁以上（包括8周岁）的未成年人；

提示

1．可以独立实施纯获利益的民事法律行为或者与其年龄、智力相适应的民事法律行为，其他民事活动由其法定代理人代理，或者征得其法定代理人同意。

2．限制行为能力人超越其行为能力范围独立签订的合同，效力待定。

（3）完全行为能力人。

①18周岁以上（包括18周岁）的成年人。

②16周岁以上不满18周岁的公民，以自己的劳动收入为主要生活来源的，“视为”（本来不是）完全民事行为能力人。

提示

完全行为能力人可以独立实施民事法律行为。

表 1-3　自然人行为能力

类型	具体情形	可以实施的民事法律行为的范围
完全民事行为能力人	1．18周岁以上（包括18周岁）的成年人 2．16周岁以上不满18周岁的公民，以自己的劳动收入为主要生活来源的，“视为”完全民事行为能力人。	可以独立实施“所有”民事法律行为。
限制民事行为能力人	8周岁以上的未成年人。	1．可以独立实施与其年龄、智力、相适应的民事法律行为。 2．其他民事法律行为由法定代理人代理，或者征得法定代理人同意。
无民事行为能力人	不满8周岁（＜8周岁）的未成年人。	由法定代理人代理实施民事法律行为。

【例5-2009-单选题】下列关于自然人民事行为能力的表述中，错误的是（　　）。

A．16周岁以上不满18周岁的自然人，能够以自己的劳动收入为主要生活来源的，视为完全民事行为能力人

B．8周岁以上的未成年人是限制民事行为能力人

C．8周岁以下的未成年人是无民事行为能力人

D．10周岁以上的未成年人是限制民事行为能力人

【答案】C

学堂点拨

选项C：不满8周岁的未成年人是无民事行为能力人，8周岁以下的未成年人包括满8周岁的未成年人，而已满8周岁的未成年人是限制民事行为能力人。

四、法律关系的客体

法律关系客体，是指法律关系主体间权利义务所指向的对象。法律关系客体通常包括如下几类：

（一）物

物是物权法律关系的客体，包括自然物（如森林、土地），也包括人的劳动创造物（如房屋、机器、汽车），还包括货币及其他各种有价证券（票据、股票、债券）。

（二）行为

行为可以成为债权法律关系的客体，包括作为（如旅客运输合同关系的客体是运送旅客的行为）和不作为（如竞业禁止协议的客体是不从事相同或相似的经营或执业行为）。

（三）人格利益

人格利益是人身权法律关系的客体，包括主体的人格和身份。

（四）智力成果

智力成果常成为知识产权法律关系的客体，包括作品、专利、商标。

五、法律关系的内容

法律关系内容即法律关系主体享有的权利和承担的义务。

（一）权利

权利是法律允许权利人为了满足自己的利益可以作为或不作为，或者要求他人为一定行为或不为一定行为，并由他人的法律义务作为保证的资格。

（二）义务

义务是法律规定的义务人应当按照权利人的要求为一定行为或不为一定行为，以满足权利人利益的约束。

（三）权利、义务的关系

没有无权利的义务，也没有无义务的权利。

【案例】甲将其电脑卖给乙，签订买卖合同，双方之间形成买卖合同法律关系，在这个法律关系中，甲的权利是请求乙支付价款，甲的义务是将电脑交付给乙并转移该电脑所有权；乙的权利是请求甲交付电脑并转移电脑所有权，乙的义务是向甲支付价款。甲乙的权利、义务互相依存，彼此牵连。

知识点2 法律事实（引起法律关系变动的原因）（★）

一、事件

事件是指与人的意志无关，但能够引起法律关系发生、变更和消灭的客观情况，常见的事件包括：

（一）人的出生与死亡；

（二）自然灾害与意外事件（如地震、战争、罢工）；

（三）时间的经过（如诉讼时效期间经过）。

二、行为

行为是指以权利主体的意志为转移、能够引起法律后果的法律事实，包括法律行为和事实行为。

（一）法律行为

法律行为是指以意思表示为要素的行为，如订立合同，立遗嘱等。

（二）事实行为

事实行为是指与意思表示无关的能引起法律关系变动的行为，如生产劳动、侵权行为。

【解释1】并不是所有的行为都属于法律事实，法律事实必须满足两个条件：1. 为法律规范所规定；2. 能够引起法律关系变动。

【解释2】行为能力是对行为人独立实施“法律行为”的资格限制，如果法律关系的变动是因“事实行为”而引起，不需要行为人具备相应的行为能力。

【例6-多选题】下列各项中，属于法律事实中的事件范围的是（　　）。

A. 地震　　B. 人的死亡

C. 签订合同　　D. 创作行为

【答案】AB

学堂点拨

事件是与人的意志无关的能导致法律关系产生、变更、消灭的客观情况。选项C、D都属于人的行为，其中选项C属于法律行为，选项D属于事实行为。

本章强化练习

一、单项选择题

1. 关于法律规范与法律条文关系的表述中，不正确的是（　　）。

A. 法律规范是法律条文的内容

B. 法律条文的内容仅包括法律规范

C. 法律条文是法律规范的表现形式

D. 一个法律条文中可以反映若干法律规范的内容

2. 《合同法》第一百八十四条规定："供用水、供用气、供用热力合同，参照供用电合同的有关规定。"此规定属于（　　）。

A. 任意性规范　　B. 确定性规范　　C. 委任性规范　　D. 准用性规范

3. 下列关于法律渊源的表述中，正确的是（　　）。

A. 全国人大常委会有权部分修改由全国人大制定的基本法律

B. 部门规章可设定减损公民、法人和其他组织权利或增加其义务的规范

C. 地方性法规是指地方人民政府就地方性事务制定的规范性法律文件的总称

D. 除最高人民法院外，其他国家机关无权解释法律

4. 下列规范性文件中，属于部门规章的是（　　）。

A. 江苏省人民代表大会常委会制定的《江苏省消费者权益保护条例》

B. 国务院制定的《增值税暂行条例》

C. 全国人民代表大会常务委员会制定的《中华人民共和国票据法》

D. 财政部颁布的《会计从业资格管理办法》

5. 下列关于各种法律渊源效力层级由高到低的排序中，正确的是（　　）。

A. 宪法、行政法规、部门规章、法律　　B. 宪法、法律、行政法规、部门规章

C. 宪法、法律、部门规章、行政法规　　D. 宪法、行政法规、法律、部门规章

6. 小丽今年9岁，智力正常，但先天腿部残疾，行动不便。下列关于小丽的权利能力和行为能力的表述中，正确的是（　　）。

A. 小丽有权利能力，但无行为能力　　B. 小丽有权利能力，但属于限制行为能力人

C. 小丽无权利能力，且属于限制行为能力人　　D. 小丽既无权利能力，也无行为能力

7. 下列关于法律关系主体的表述中，正确的是（　　）。

A. 法律关系主体必须同时具备权利能力和行为能力

B. 作为法律关系主体的自然人仅指本国人

C. 合伙企业具有法人地位

D. 法律关系主体既包括权利人，也包括义务人

8. 下列关于法律关系的表述中，不正确的是（　　）。

A. 法律关系主体仅包括自然人和法人

B. 法律关系客体包括物、行为、人格利益、智力成果

C. 自然人都有权利能力，但不一定都有行为能力

D. 权利和义务是法律关系的内容

9. 下列各项中，属于法律事实中的人的行为范围的是（　　）。

A．海啸　　B．罢工　　C．骗税　　D．人的死亡

10．下列各项中，属于法律事实中的行为的是（　　）。

A．人的出生　　B．侵权行为　　C．台风　　D．时间的经过

二、多项选择题

1．关于法律规范，下列说法正确的有（　　）。

A．法律规范即国家有关机关制定的规范性法律文件

B．按照规范的内容不同，法律规范可以分为授权性规范和义务性规范

C．违反任意性规范的协议应被认定为无效

D．法律规范由假定、模式和后果三个部分构成

2．《公司法》第十六条第二款规定："公司为公司股东或者实际控制人提供担保的，必须经股东会或者股东大会决议。"关于该法律规范性质的下列表述中，正确的有（　　）。

A．该法律规范属于禁止性规范　　B．该法律规范属于义务性规范

C．该法律规范属于授权性规范　　D．该法律规范属于强行性规范

3．下列关于我国法律渊源的表述中，正确的有（　　）。

A．宪法由全国人民代表大会制定

B．行政法规由地方各级人民政府制定

C．部门规章由国务院的组成部门及其直属机构制定

D．司法解释由全国人民代表大会常务委员会制定

4．下列选项中，属于我国法律部门的有（　　）。

A．刑法　　B．经济法

C．诉讼与非诉讼程序法　　D．民商法

5．下列各项中，可以作为法律关系客体的有（　　）。

A．人的身体　　B．房屋

C．提供劳务的行为　　D．商标

6．下列关于法律关系的说法中，正确的有（　　）。

A．权利能力和行为能力同时产生，同时消灭

B．文学著作、公民个人隐私和汽车修理行为均可以成为法律关系客体

C．8周岁以下的未成年人是无民事行为能力人

D．法律规范所规定的，能够引起法律关系产生、变更和消灭的客观现象称为法律事实

7．下列各项中，属于法律关系客体的有（　　）。

A．建筑物　　B．自然人的不作为

C．人格利益　　D．有价证券

8．下列各项中，属于法人的有（　　）。

A．某市第一中学　　B．某市中级人民法院

C．某房地产公司　　D．中国作协

9．下列各项中，能导致一定法律关系产生、变更或消灭的有（　　）。

A．人的出生　　B．自然灾害

C．时间的经过　　D．侵权行为

答案及解析

一、单项选择题

1. 【答案】B

【学堂点拨】法律规范与法律条文不是一一对应的，一项法律规范的内容可以表现在不同的法律条文甚至不同的规范性文件中；一个法律条文中也可以反映若干法律规范的内容。据此，选项B错误。

2. 【答案】D

【学堂点拨】准用性规范是指内容本身没有规定人们具体的行为模式，而是可以援引或参照其他相应内容规定的法律规范。据此，选项D正确。

3. 【答案】A

【学堂点拨】（1）选项B错误：没有法律或国务院的行政法规、决定、命令的依据，部门规章不得设定减损公民、法人和其他组织权利或增加其义务的规范。（2）选项C错误：地方性法规是由地方立法权的地方人民代表大会及其常委会就地方性事务以及根据本地区实际情况执行法律、行政法规的需要所制定的规范性法律文件的总称。（3）选项D错误：司法解释是最高人民法院、最高人民检察院在总结司法审判经验的基础上发布的指导性文件和法律解释的总称。

4. 【答案】D

【学堂点拨】国务院所属的各部、委、行、署以及具有行政管理职能的直属机构，是部门规章的制定主体，选项D属于部门规章的范围。

5. 【答案】B

【学堂点拨】按照《宪法》《立法法》等相关法律规定，法律效力层级可以归纳为：宪法＞法律＞行政法规＞部门规章。选项A、C、D均错误。

6. 【答案】B

【学堂点拨】根据《民法总则》规定，自然人的民事权利能力始于出生，终于死亡，与智力、身体残疾等无关，因此，小丽有权利能力；已满8周岁的未成年人是限制行为能力人。本题中，小丽9岁，因此属于限制行为能力人。

7. 【答案】D

【学堂点拨】选项A，公民和法人要成为法律关系的主体，必须具备权利能力，但不一定有行为能力。选项B，自然人包括本国公民、外国公民和无国籍人。选项C，合伙企业不具有法人资格。

8. 【答案】A

【学堂点拨】法律关系主体包括公民（自然人）、法人和非法人组织、国家。据此选项A错误。

9. 【答案】C

【学堂点拨】行为是以人的意志为转移的，能够引起法律后果的法律事实。罢工因不是当事人的意思表示，属于事件。因此，选项C正确。

10. 【答案】B

【学堂点拨】法律事实分为事件和人的行为，根据人的行为是否属于表意行为，分为法律行为和事实行为。选项B属于人的行为。

二、多项选择题

1. 【答案】BD

【学堂点拨】（1）选项A错误：法律规范不同于规范性法律文件，规范性法律文件是法律规范的载体。（2）选项C错误：违反强行性规范的协议可能被认定为无效。

2. 【答案】BD

【学堂点拨】义务性规范是指规定人们必须作出某种行为或者不作出某种行为的法律规范；强行性规范是指所规定的义务具有确定的性质，不允许任意变动和伸缩的法律规范。据此，《公司法》第十六条第二款的规定："公司为公司股东或者实际控制人提供担保的，必须经股东会或者股东大会决议"应属于义务性规范和强行性规范。选项B、D正确。

3. 【答案】AC

【学堂点拨】（1）选项B：行政法规由国家最高行政机关——国务院制定。（2）选项D：司法解释是最高人民法院、最高人民检察院在总结审判经验的基础上发布的指导性文件和法律解释。

4. 【答案】ABCD

【学堂点拨】构成我国的社会主义法律体系的法律部门包括宪法及宪法相关法、刑法、行政法、民商法、经济法、社会法、诉讼与非诉讼程序法等七个法律部门。

5. 【答案】BCD

【学堂点拨】法律关系客体包括物、行为、人格利益和智力成果，人的身体是人的一部分，人是法律关系主体，因此，选项A不当选。

6. 【答案】BD

【学堂点拨】（1）选项A错误：法人的权利能力和行为能力同时产生、同时消灭，但自然人权利能力和行为能力并非同时产生，自然人从出生时起到死亡时止，具有民事权利能力，但自然人具有行为能力则要求主体达到法定年龄并且要求精神、智力正常。（2）选项C错误：不满8周岁的未成年人是无行为能力人，8周岁以下包括8周岁本身，而已满8周岁的未成年人属于限制行为能力人。

7. 【答案】ABCD

【学堂点拨】法律关系的客体包括物、行为、人格利益、智力成果等。

8. 【答案】ABCD

【学堂点拨】按照《民法总则》的规定：我国法人包括营利法人、非营利法人和特别法人；营利法人主要包括公司和其他企业法人；非营利法人主要包括事业单位、社会团体、基金会等；特别法人又包括机关法人、农村经济组织法人等。选项A是事业单位，属非盈利法人；选项B是机关法人，属特别法人；选项C是企业，属营利法人；选项D是社会团体，属非营利法人。

9. 【答案】ABCD

【学堂点拨】法律事实可以分为两类：事件和人的行为。选项A、B、C均属于事件的范围，选项D属于人的行为，都能导致一定法律关系产生、变更或消灭。

第二章　基本民事法律制度

本章思维导图

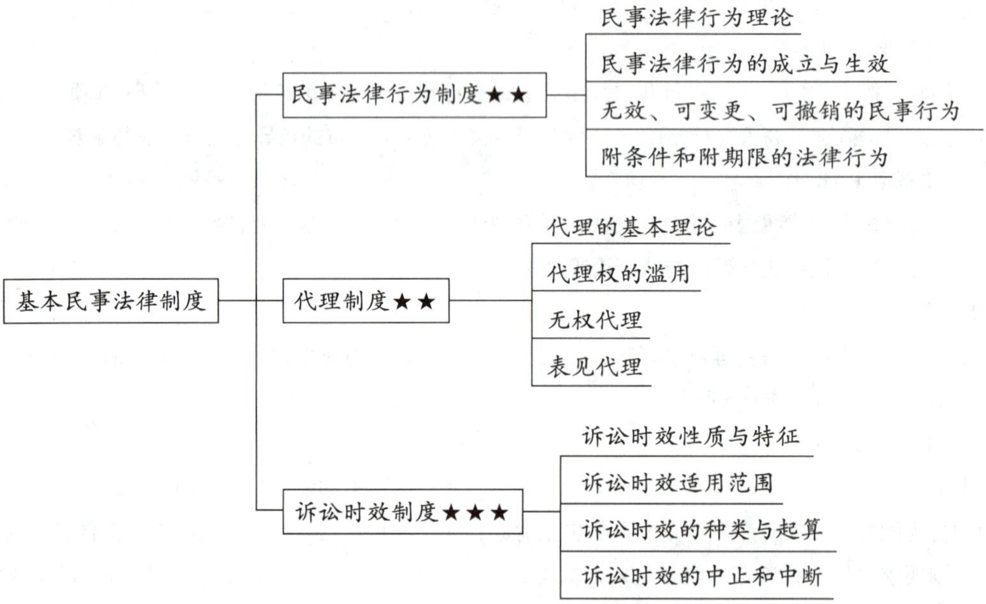

本章概述

本章在教材各章中起到承上启下的作用，对后续章节尤其是第三章和第四章内容的铺开奠定了必要的理论基础。本章内容分为三大部分，即民事法律行为制度、代理制度和诉讼时效制度。

民事法律行为是民事主体取得民事权利的最主要途径，民事主体通过将其内在的效果意思转化为外在的可识别、可评价的民事活动，实现自己的利益诉求。以是否满足法律行为的生效要件为标准，法律对民事法律行为进行评价的结果分为四种：有效、无效、可撤销、效力待定。其中，满足实质要件和形式要件的法律行为，能按照主体意思表示的内容发生当事人预期的法律效果；无效法律行为自始无效、绝对无效、当然无效，不能发生当事人期望的法律效果；可撤销法律行为又称“相对无效的法律行为”，即当事人可以通过行使撤销权使其自始无效，亦可放弃撤销权使其一直有效；效力待定法律行为（仅限于合同）则是一种需要相关主体追认与否才可确定效力的法律行为。

代理制度是民事法律行为制度的延伸，是民事主体实现或更好地实现意思自治所必不可少的制度安排。代理分为两种，即法定代理和委托代理。法定代理旨在弥补民事主体行为能力之不足，法定代理人通过自己的意思表示，为无行为能力人和限制行为能力人取得权利并实现利益。委托代理旨在弥补完全行为能力的民事主体时间、精力、社会经验之不足，民事主体通过对代理人进行授权，借助代理人的意思表示实现自己的利益追求。注会经济法考试中仅涉及委托代理。委托代理制度的核心在于“代理权”。在有权代理中，代理人应考量被代理人的利益，并基于此实施代理行为，杜绝滥用代理权，损害被代理人利益。代理人若实施无权代理行为，必须经过被代理人追认才能对被代理人发生效力。但同时，也要考虑对善意第三人利益的保护，因此，在狭义无权代理之外，法律还确立了表见代理制度，即如果善意相对人有理由认为行为人有代理权并与其实施法律行为，则该行为发生与有权代理具有同样的法律效果，即由被代理人承受法律后果。

民法确立诉讼时效制度的目的在于通过为民事权利设定受法律保护的期限，敦促权利人及时行使权利，并借此维护社会经济秩序的稳定。诉讼时效适用于请求权，其届满后的法律效果是权利人丧失胜诉权，而实体权利本身并不消灭。诉讼时效分为普通时效、特别时效和最长时效。普通时效、特别时效均从权利人知道或应当知道权利被侵害及知道义务人之日起算，最长时效从权利被侵害之日起算。诉讼时效属于可变期间，可以中止和中断。

考情回顾及考情预测

本章也是教材中的非重点章节，但考查分值比第一章略高，每年考查 4 分左右，从题型看主要为选择题。但是，本章与第三章、第四章等民法具体制度之间存在高度关联性，系统学习并掌握本章的知识点是学好第三章和第四章的前提和基础，鉴于此，考生还是应给予必要的重视。2017年出台的《民法总则》对本章的很多知识点进行了更新，这些更新的知识点将会是2018年考查的重点。

本章近五年考情一览

考点	重要程度	考查次数	大致分值	考查题型	考查概率
民事法律行为的成立与生效	★	1	1	单选题	20%
无效民事法律行为	★★	3	1～2	单选题、多选题	80%
可撤销民事法律行为	★★	2	1～2	单选题、多选题	50%
附条件民事法律行为	★	1	1	单选题	20%
代理权	★	1	2	多选题	20%
表见代理	★★	1	1	单选题	20%
诉讼时效的基本理论	★★	3	1	单选题	80%
诉讼时效的中止	★★★	2	1	单选题	20%
诉讼时效的中断	★★★	2	2	多选题	20%

本章重难点

重点：无效民事法律行为、可撤销民事法律行为、无权代理、诉讼时效中止与中断。

难点：可撤销民事法律行为、滥用代理权、诉讼时效中断。

本章学习方法和技巧

首先，本章内容较少，但都是理论性较强的知识点，在学习时，要结合生活事实，掌握相关民法概念、基本理论的内涵，深刻理解相关民法制度背后的立法理由。其次，本章的很多内容与后续第三章和第四章的部分知识点联系紧密，因此，在学习本章时，应注重不同章节知识点之间的横向联系，从体系的角度梳理知识点之间的逻辑关联。比如本章中的无效法律行为、可撤销法律行为与第四章的效力待定合同一起构成三种效力瑕疵的法律行为，在学习时要比较这三种瑕疵法律行为在发生原因、法律效力等方面存在哪些不同点。此外，本章中诉讼时效制度还涉及一些需要记忆的知识点，如时效期间、中止事由和中断事由，需要考生在记忆的基础上准确理解。

2018年教材主要变化

2017年出台的《民法总则》全面覆盖本章的知识点，因此，2018年的教材根据《民法总则》对本章内容进行了重新编写。

第一单元　民事法律行为制度

知识点1　民事法律行为理论（★）

一、民事法律行为的概念与特征

民事法律行为，是指民事主体通过意思表示设立、变更或终止民事法律关系的行为。民事法律行为具有如下特征：

（一）以意思表示为要素；

提示

是否以意思表示为要素，是民事法律行为区别于事实行为的重要标志。

（二）以设立、变更、终止民事法律关系为目的。

提示

《民法总则》不再强调民事法律行为必须是“合法”行为，即只要符合以上两个特征的行为，不论是合法的还是非法的，都属于民事法律行为。

二、民事法律行为的分类

（一）单方民事法律行为、双方民事法律行为和多方民事法律行为

1. 区分标准

法律行为的成立需要几方意思表示一致为要件？

2. 内涵

（1）单方民事法律行为，是指根据一方当事人的意思表示而成立的民事法律行为，如无权代理的追认、债务免除、委托代理的撤销等。

（2）双方民事法律行为，是指因两个当事人之间意思表示一致而成立的民事法律行为，如合同。

（3）多方民事法律行为，是三个以上的当事人意思表示一致而成立的民事法律行为，如决议。

提示

赠与是双方法律行为，而非单方法律行为。

3. 区分意义

法律行为的成立要件不同。单方民事法律行为只要求当事人一方作出意思表示即可成立；双方民事法律行为要求双方当事人意思表示一致；多方民事法律行为则强调行为人的意思表示需要多数决才能成立。

（二）有偿民事法律行为和无偿民事法律行为

1. 区分标准

当事人是否需要互为给付一定代价。

2. 内涵

（1）有偿民事法律行为，是指当事人互为给付一定代价的法律行为，如买卖合同、租赁合同。

（2）无偿民事法律行为，是指一方当事人承担给付一定代价的义务，而他方当事人不承担相应给付义务的民事法律行为，如赠与、无偿委托。

3. 区分意义

（1）确定行为性质。法律规定某些民事法律行为必须是有偿或无偿的。

（2）认定行为效力。有偿民事法律行为显失公平时，受损害方有权请求撤销或变更该行为；无偿民事法律行为不存在显失公平的问题。

（3）确定行为人的责任。一般来说，有偿民事法律行为的民事责任要重于无偿民事法律行为，如买卖合同中的出卖方应对标的物的瑕疵承担违约责任，而赠与合同中赠与人原则上不对赠与物的瑕疵承担责任。

（4）债权人撤销权的行使要求不同。债务人实施的损害债权的行为如果是有偿民事法律行为，只有在相对人主观明知时，债权人才可行使撤销权；债务人实施的损害债权的行为如果是无偿民事法律行为，不论受让人是否为恶意，债权人都可以行使撤销权。

（5）对当事人的行为能力要求不同。如果是有偿民事法律行为，要求当事人应当具有相应的行为能力；如果是无偿民事法律行为，则对于获得利益的当事人的行为能力不作要求。

（三）负担行为与处分行为

1. 区分标准

法律行为的效果的不同。

2. 内涵

（1）负担行为，是使一方相对于他方承担一定给付义务的法律行为，即债权行为。

（2）处分行为，是直接导致权利发生变动（产生、变更或消灭）的法律行为，如物权行为、债权转让行为。

3. 区分意义

负担行为中权利人享有请求义务人履行某种给付义务以实现自己的权利；而处分行为则直接导致权利发生变动，并不需要义务人履行给付义务。

（四）要式的民事法律行为和不要式的民事法律行为

1. 区分标准

法律行为是否必须采取一定的形式或履行特定程序才能成立。

2. 内涵

（1）要式民事法律行为，是指法律规定必须采取一定的形式或履行一定的程序才能成立的民事法律行为，如票据行为、法律要求采取书面形式的合同（抵押合同、质押合同、保证合同、定金合同）。

（2）不要式民事法律行为，是指法律不要求采取一定形式，当事人可以自由选择一种形式（口头形式、书面形式皆可）即可成立的民事法律行为。

3. 区分意义

两种法律行为成立要件的要求不同。要式民事法律行为只有满足法定形式或履行特定程序才能成立，不要式民事法律行为的形式则由当事人自由选择。

（五）主民事法律行为和从民事法律行为

1. 区分标准

法律行为的成立是否以其他民事法律行为的存在为前提。

2. 内涵

（1）主民事法律行为，是指不需要其他民事法律行为的存在就可以独立成立的民事法律行为，如借款合同。

（2）从民事法律行为：是指不能独立存在，从属于其他民事法律行为而存在的法律行为，如担保合同。

3. 区分意义

从民事法律行为的存废由主民事法律行为决定，主民事法律行为不存在，从民事法律行为也就不能存在。

表 2-1　法律行为的分类

区分标准	分类内容	内涵
法律行为的成立需要几方意思表示一致为要件	单方民事法律行为	一方当事人的意思表示即可成立的法律行为，如无权代理的追认、债务免除、代理权的授予行为、遗嘱行为。
	两方民事法律行为	因两个当事人之间意思表示一致才能成立的法律行为，如合同、决议。
	多方民事法律行为	三个以上的当事人意思表示一致而成立的民事法律行为，如决议。
当事人是否需要互为给付一定代价	有偿民事法律行为	当事人互为给付一定代价的法律行为，如买卖合同、租赁合同。
	无偿民事法律行为	一方当事人承担给付一定代价的义务，而他方当事人不承担相应给付义务的法律行为，如赠与、无偿委托。

（续上表）

区分标准	分类内容	内涵
法律行为的效果是否直接导致权利变动	负担行为	使一方相对于他方承担一定给付义务的法律行为，即债权行为。
	处分行为	直接导致权利发生变动（产生、变更或许消灭）的法律行为，如物权行为、债权转让行为。
法律行为是否必须采取一定的形式或履行特定程序才能成立	要式的民事法律行为	法律规定必须采取一定的形式或履行一定的程序才能成立的民事法律行为，如票据行为、法律要求采取书面形式的合同（抵押合同、质押合同、保证合同、定金合同）。
	不要式的民事法律行为	法律不要求采取一定形式，当事人可以自由选择一种形式（口头形式、书面形式皆可）即可成立的民事法律行为。
法律行为的成立是否以其他法律行为的存在为前提	主民事法律行为	并不需要其他民事法律行为的存在为前提，能够独立存在的法律行为，如借款合同。
	从民事法律行为	不能独立存在，从属于其他民事法律行为而存在的法律行为，如担保合同。

【例1-单选题】下列法律行为中，须经双方当事人意思表示一致才能成立的是（　　）。

A．甲免除乙对自己所负的债务

B．甲将一枚钻石戒指赠与乙

C．甲授权乙以甲的名义购买一套住房

D．甲立下遗嘱，将个人所有财产遗赠给乙

【答案】B

学堂点拨

单方民事法律行为只要求一方当事人的意思表示即可成立；而双方民事法律行为则要求两个当事人之间意思表示一致才能成立。本题中，选项A（债务免除）、选项C（代理权授予）、选项D（遗嘱）都属于单方民事法律行为，只有选项B（赠与行为）属于多方民事法律行为，需要赠与人与受赠人达成合意（赠与合同）才能成立。

知识点2 民事法律行为的成立（★）

一、民事法律行为的成立

民事法律行为的成立即民事法律行为从无到有，其所解决的是“是否存在”一个法律行为的问题，而不关注该法律行为“是否有效”，即能否发生行为人期望的法律效果，因此，法律行为的成立是“事实层面的评价”，而非“法律价值层面的评判”。

（一）民事法律行为的一般成立要件

1．当事人

民事法律行为的当事人包括自然人、法人、非法人组织和国家。

提示

民事法律行为的成立并不要求当事人具有行为能力，也就是说，一个无行为能力人实施的法律行为，只要满足其他成立要件，也能成立。

2．意思表示

表 2-2 意思表示的知识要点

意思表示的构成	意思（当事人内心欲发生某种法律上效果的意思）+表示（以一定的方式表示于外部）	
意思表示的方式	明示方式	1．口头形式 2．书面形式 3．身体动作（肢体语言）
意思表示的方式	默示方式	1．行为推定 【例】自动售货机属于以推定方式发出的买卖要约；投币购买饮料的行为属于以推定方式作出买卖的承诺。
		2．沉默（只有法律有明文规定或当事人双方有约定时） 【例】继承开始后，继承人放弃继承的，应当在遗产处理前作出放弃继承的表示；没有表示的，视为接受继承。
意思表示的生效时间	无相对人的意思表示	自意思表示完成时生效（遗嘱、抛弃所有权）
	有相对人的意思表示	1．对话的意思表示，自表示为对方了解时生效（在水果摊买水果）
		2．非对话的意思表示，自到达相对人时生效（通过电子邮件要约） 【例】双方根据交易习惯或要约要求以行为方式作出承诺的，自行为作出时生效。
意思表示的撤回	意思表示可以撤回；撤回意思表示的通知应当在意思表示到达相对人前或者与意思表示同时到达相对人。	

提示

即便是当事人因受欺诈、受胁迫及重大误解而作出的不真实不自由（有瑕疵）的意思表示，也不影响法律行为的成立。

3．标的

标的，即法律行为的内容。

提示

标的是否合法并不影响法律行为的成立。

（二）民事法律行为的特别成立要件

1．双方法律行为

双方法律行为的成立，除了应满足上述一般要件之外，还要求双方当事人意思表示达成一致。

2．实践性法律行为

实践性法律行为的成立，除了应满足上述要件之外，还要求行为人交付标的物，如保管合同。

3．要式法律行为

要式法律行为的成立，除了应满足上述要件之外，还要求采用法定的特殊形式或履行特定的程序。

【案例1】教授甲举办学术讲座时，在礼堂外的张贴栏中公告其一部新著的书名及价格，告知有意购买者在门口的签字簿上签名。学生乙未留意该公告，以为签字簿是为签到而设，遂在上面签名。问：乙的行为是否构成意思表示？

学堂点拨

乙的行为不是意思表示。意思表示是指行为人将内心的欲发生某种法律上效果的意思以一定的方式表现于外部，被相对人了解的过程。教授甲公告其新著的书名及价格的行为属于“要约”，即向不特定人发出的欲与对方订立买卖合同的意思表示，学生乙虽有签名行为，但由于其欠缺订立合同的意思，故该签名行为不是意思表示，不构成“承诺”。因此，双方之间并未成立买卖合同。

【案例2】甲7岁，系小学2年级学生，某日，甲欺诈患有精神病的乙（28岁），甲是不能辨认自己行为的人，签订了一份买卖毒品的合同。问：该合同是否成立？

学堂点拨

该合同已经成立。法律行为的成立是“事实评价”，而非“法律价值评价”。合同行为属于双方民事法律行为，只需要满足“存在双方当事人”“意思表示一致”“有标的”三个要件即可成立，本案中，尽管主体双方均为无行为能力人，意思表示不真实不自由（受欺诈），标的（买卖毒品），但并不影响法律行为的成立。

知识点3 民事法律行为的生效（★）

一、民事法律行为的成立与生效的关系

（一）成立是生效的前提：未成立则谈不上生效。

（二）大多数情况下，民事法律行为的成立与生效是一致的：成立时即具有法律效力。

二、民事法律行为的生效要件

（一）实质要件

1. 主体具备相应的民事行为能力

提示

1. 无民事行为能力人不能独立实施民事法律行为，必须由其法定代理人代理。

2. 限制行为能力人只能从事与其年龄和智力发育程度相当的民事法律行为，其他民事法律行为由其法定代理人代理，或者征得法定代理人同意下独立实施。

3. 无行为能力人、限制行为能力人实施的接受奖励、赠与、报酬等纯获利益的民事法律行为，他人不得以行为人无民事行为能力、限制民事行为能力为由，主张以上行为无效。

4. 法人或其他组织超越经营范围订立合同，人民法院不因此认定合同无效，但违反国家限制经营、特许经营以及法律、行政法规禁止经营规定的除外。

2. 意思表示真实

意思表示不真实包括两种情况：

（1）行为人内在的效果意思和外在的表示不一致，如行为人发生重大误解或行为人故意作出虚假意思表示。

（2）行为人意思表示不自由，受到他人的不当干预，如受欺诈、受胁迫、被乘人之危而作出意思表示。

提示

意思表示不真实的民事法律行为的效力存在两种情形：1. 以虚假的意思表示所为的法律行为，无效；2. 受欺诈、受胁迫、显失公平、重大误解所为的法律行为，可撤销。

3. 不违反法律、行政法规的强制性规定

意思表示的内容不得违反法律强制性规定或禁止性规范，否则，无效。

（二）形式要件

1. 口头形式：当面交谈、电话交谈、微信语音

2. 书面形式：包括数据电文和电子邮件

3. 推定形式：通过“积极行为”推定

【案例】甲向乙发邮件表示：有一辆二手奥迪汽车欲出卖，售价20万元，如乙愿意购买，5天内答复。乙收到邮件后当天将20万元汇至甲的银行账户。本例中，乙的支付价款行为可推定甲乙双方签订了汽车的买卖合同。

4. 沉默形式：通过消极不作为代替意思表示

提示

沉默作为法律行为的形式，必须以法律有明文规定或当事人双方有约定或者符合当事人之间的交易习惯为前提。

【案例】小张11岁，花3 000元从某商场购买了一台掌上电脑，根据《合同法》规定，该买卖行为效力待定，经其法定代理人老张追认后有效，相对人某商场可以催告老张在一个月内予以追认，到期老张未做表示的，视为拒绝追认，该合同无效。

【例2-2014-单选题】甲向乙兜售毒品时，虽然提供了真实的毒品作为样品，实际交付的却是面粉。下列关于该民事行为效力的表述中，正确的是（　　）。

A. 有效　　B. 无效　　C. 可变更、可撤销　　D. 效力待定

【答案】B

学堂点拨

合同中约定的标的物属于违法标的物，标的物的内容违反法律的禁止性规范，故不论实际交付的标的物是否合法，该白粉买卖合同都无效。

【例3-2014-单选题】小凡年满10周岁，精神健康，智力正常。他在学校门口的文具店看中一块橡皮，定价2元，于是用自己的零用钱将其买下。下列关于小凡购买橡皮行为效力的表述中，正确的是（　　）。

A. 小凡是无民事行为能力人，其购买橡皮的行为无效

B. 小凡是无民事行为能力人，其购买橡皮的行为须经法定代理人追认方为有效

C. 小凡是限制民事行为能力人，其购买橡皮的行为有效

D. 小凡是限制民事行为能力人，其购买橡皮的行为须经法定代理人追认方为有效

【答案】C

学堂点拨

8周岁以上18周岁以下的未成年人为限制民事行为能力人，限制民事行为能力人订立的纯获益的合同或者与其年龄、智力、精神健康状况相适应而订立的合同有效，不必经法定代理人追认。

知识点4 无效民事法律行为（★★）

一、概述

（一）概念和特征

无效民事法律行为是指因欠缺民事法律行为的有效条件，不发生当事人预期法律后果的民事法律行为。无效民事法律行为具有如下特征：

1. 自始无效（天生无效）——从行为开始之时即无效；

2. 当然无效（无需主张）——不论当事人是否主张，也不论是否经过人民法院或仲裁机构确认，皆无效；

3. 绝对无效（无法补正）——无效原因不可能消除，不可能转化为有效。

（二）全部无效和部分无效

1. 全部无效——整体无效。

2. 部分无效——如果民事法律行为部分无效不影响其他部分效力的，其他部分仍然有效，注会经济法中部分无效的相关规定主要有：

（1）定金不能超过主合同标的金额的20%，超过部分无效；

（2）抵押权人（质权人）在债务履行期届满前，不得与抵押人（出质人）约定债务人不履行到期债务时抵押（质押）财产归债权人所有，该约定无效，但不影响整个抵押合同或质押合同的效力；

（3）民间借贷合同中约定的利率不能超过年利率36%，超过部分无效；

（4）租赁合同中约定的租赁期限不能超过20年，超过期限无效；

（5）建设工程合同中约定的垫资利息计算标准高于中国人民银行发布的同期同类贷款利率的部分无效。

二、种类

（一）无民事行为能力人独立实施的民事法律行为无效。

提示

无民事行为能力人独立实施的接受赠与、奖励、获得报酬等纯获益的行为以及细小的日常生活方面的法律行为（如购买文具、乘坐交通工具），属于有效的民事法律行为。

（二）以虚假的意思表示实施的民事行为无效，以虚假的意思表示隐藏的民事法律行为的效力，依照有关法律规定处理。

可参考以下情形：

情形1：以合法形式掩盖非法目的。

【案例】甲、乙双方为了避税，在实际成交价为200万元的房屋买卖合同上标明交易价格为150万元。本例中：1. 双方实施了两个法律行为，即200万元成交的买卖合同和150万元成交的买卖合同；2. 150万元成交的买卖合同中，双方的意思表示是虚假的，其目的是非法避税，属于无效法律行为；3. 200万元成交的买卖合同是被掩盖的法律行为，符合法律行为的有效要件，属于有效法律行为。

情形2：以合法形式掩盖合法目的。

【案例】甲、乙是好朋友，甲欲赠与乙一部手机作为礼物，但为了掩盖事实，双方签订了一份手机买卖合同。本例中：1. 双方实施了两个法律行为，即手机买卖合同和手机赠与合同；2. 手机买卖合同中，双方的意思表示是虚假的，属于无效法律行为；3. 手机赠与合同符合法律行为生效要件，属于有效法律行为。

（三）恶意串通损害他人合法权益的民事法律行为。

提示

此处的“他人”包括国家、集体或第三人。

（四）违反强制性规定或者公序良俗的民事法律行为。

1. 此处的“法律”包括法律和行政法规，但不包括地方性法规和行政规章。

2. 此处的“法律”特指强制性规范中的效力规范，即并非违反法律的行为一律无效。

【案例】甲房地产开发公司开发一个楼盘，与购房人乙签订一份商品房预售合同，双方未按照法律规定办理备案登记。本例中，双方的商品房预售合同没有办理备案登记，违反了法律的强制性规范，但该强制性规范并非效力规范，因此，该商品房预售合同并不因此无效。

【例4–多选题】根据民事法律制度的规定，下列关于无效民事行为特征的表述中，正确的有（　　）。

A. 不能通过当事人的行为进行补正

B. 其无效须以当事人主张为前提

C. 从行为开始起就没有法律约束力

D. 其无效须经人民法院或仲裁机构确认

【答案】AC

学堂点拨

无效民事行为的特征是：1. 自始无效。从行为开始时起就没有法律约束力；2. 当然无效。不论当事人是否主张，是否知道，也不论是否经过人民法院或者仲裁机构确认，该民事行为当然无效。3. 绝对无效。绝对不发生法律效力，不能通过当事人的行为进行补正。当事人通过一定行为消除无效原因，使之有效，这不是无效民事行为的补正，而是消灭旧的民事行为，成立新的民事行为。

三、法律后果

（一）不影响有关解决争议方法的条款的效力。

（二）返还财产、赔偿损失。

知识点5 可撤销的民事法律行为（★★）

一、概述

（一）可撤销民事法律行为的本质

可撤销民事法律行为，是“相对无效民事法律行为”，即该法律行为是否无效，由撤销权人决定：

1. 如果被撤销，自始无效；

2. 如果权利人放弃撤销权或逾期不行使撤销权，法律行为有效。

（二）产生原因——行为人意思与表示不一致或者意思表示不自由

（三）可撤销民事法律行为与无效民事法律行为的区别

表 2-3 可撤销民事法律行为与无效民事法律行为的比较

	可撤销民事法律行为	无效民事法律行为
行为效力	在撤销以前，行为有效，其法律效果可以对抗除撤销权人以外的任何人	当然无效、自始无效、绝对无效
主张权利的主体	撤销权人以撤销行为为之，人民法院不主动干预	司法机关和仲裁机关可以主动强制干预
行为效果	撤销权人对权利行使拥有选择权：可撤销，也可不撤销	自始无效、当然无效、绝对无效
行使时间	撤销权的行使有时间限制	可随时主张

二、种类

（一）因重大误解而为的民事法律行为

重大误解的构成要件包括：

1. 当事人对民事行为的内容（交易事项）产生错误认识。具体包括对行为的性质、对方当事人、标的物的品种、质量、数量等误解；

2. 表意人基于误解做出了意思表示；

3. 误解是因误解方自身的过失导致，并不是因对方欺诈或不正当影响造成，也不是因为误解方自身故意或重大过失导致；（这是欺诈与重大误解的根本区别）

4. 表意人因此受到较大损失。

（二）显失公平的民事法律行为

显失公平的构成要件包括：

1. 发生原因：一方利用对方处于危困状态、缺乏判断能力；

2. 结果：双务合同当事人的权利义务明显不对等，违反公平、等价有偿原则；

3. 时间点：判断法律行为是否显失公平的时间点应当为“法律行为成立时”。法律行为成立之后发生的情势变化，导致显失公平的，不属于可撤销的合同。

【案例1】甲父重病，需要巨额医疗费，甲决定卖房筹资，房子市价100万元，乙明知甲处于危困状态，趁机提出以60万元购买，甲无奈表示同意，双方签订了书面房屋买卖合同。本例中，乙明知甲处于危困状态而故意提出明显不合理的交易条件，导致交易结果显失公平，因此，该买卖合同可撤销。

【案例2】某古董收购商下乡收购古董，以极其不合理的价格从一名没有经验的老农手中收购了古董花瓶。本例中，古董收购商利用对方缺乏判断能力，导致交易结果显失公平，该买卖行为可撤销。

（三）受欺诈、受胁迫而为的民事法律行为

1. 欺诈，是指当事人一方故意编造虚假情况或者隐瞒真实情况，使对方陷入错误而为违背自己真实意思表示的行为。

提示

第三人实施欺诈行为，使一方在违背真实意思的情况下实施民事法律行为，相对人知道或应当知道欺诈行为的，受欺诈方有权请求人民法院或者仲裁机构予以撤销。

2. 胁迫，是指以给公民或者其亲友的生命健康、荣誉、名誉、财产等造成损害或者以给法人的荣誉、名誉、财产等造成损害相要挟，迫使对方作出违背真实意愿的意思表示。

提示

第三人实施胁迫行为，使一方在违背真实意思的情况下实施民事法律行为，受胁迫方均有权行使撤销权。

三、撤销权

（一）撤销权的性质：形成权（撤销权人单方说了算，无须相对人同意）

【解释】形成权，是指权利人以单方意思表示即可导致法律关系产生、变更或消灭的权利。

（二）撤销权的主体

1. 欺诈、胁迫、显失公平的法律行为——受损害方

2. 因重大误解实施的法律行为——双方当事人

（三）行使方式：撤销权人变更或撤销的意思表示应向法院或仲裁机构作出（诉讼或仲裁）

（四）行使期限

1. 欺诈、显失公平——知道或应当知道撤销事由之日起（主观标准）1年内

2. 胁迫——胁迫行为终止之日起1年内

3. 重大误解——知道或应当知道撤销事由之日起（主观标准）3个月内

4. 最长期限（适用于所有情形）——民事法律行为发生之日起（客观标准）5年内

提示

上述“1年”“3个月”“5年”属于除斥期间，不得适用诉讼时效中止、中断和延长。

（五）法律后果

可撤销民事行为，一旦被撤销，其行为效果与无效民事行为的效果一样。

表 2-4 撤销权的行使

性质	形成权
行使主体	1. 欺诈、胁迫、乘人之危显失公平行为的"受损害方" 2. 重大误解行为的行为人
行使方式	诉讼或仲裁
行使期限（除斥期间）	1. 欺诈、显失公平——知道或应当知道撤销事由之日起（主观标准）1年 2. 胁迫——胁迫行为终止之日1年 3. 重大误解——知道或应当知道撤销事由之日起（主观标准）3个月
	最长期限：民事法律行为发生之日起（客观标准）5年
法律后果	1. 自始无效 2. 不影响其中独立存在有关解决争议方法的条款的效力 3. 返还财产、赔偿损失、追缴财产

【例5-单选题】根据民事法律制度的规定，下列关于可撤销的民事法律行为的表述中，正确的是（　　）。

A. 可撤销的民事法律行为一经撤销，自始无效

B. 可撤销的民事行为亦称"效力待定的民事法律行为"

C. 自撤销事由发生之日起1年内当事人未撤销的，撤销权消灭

D. 法官审理案件时发现民事法律行为具有可撤销事由的，可依职权撤销

【答案】A

学堂点拨

1. 选项B错误：可撤销民事法律行为与效力待定民事法律行为是两种不同的民事法律行为。2. 选项C错误：根据规定，因欺诈实施的法律行为和显失公平的法律行为的撤销权人自知道或者应当知道撤销事由之日起1年内、重大误解的当事人自知道或者应当知道撤销事由之日起3个月内没有行使撤销权，受胁迫实施的法律行为的撤销权人自胁迫行为终止之日起1年内没有行使撤销权，当事人自民事法律行为发生之日起5年内没有行使撤销权的，撤销权消灭。3. 选项D错误：可变更、可撤销民事法律行为的撤销，应当由撤销权人申请撤销，法院不主动干预。

【例6-2013-单选题】甲欲低价购买乙收藏的一幅古画，乙不允。甲声称：若乙不售画，就公布其不雅视频，乙被迫与甲订立买卖合同。根据合同法律制度的规定，该合同的效力为（　　）。

A. 有效　　B. 无效　　C. 效力待定　　D. 可撤销

【答案】D

学堂点拨

根据规定，一方以胁迫的手段实施的民事法律行为属于可撤销法律行为。

知识点6 效力待定民事法律行为（★★）

一、效力待定民事法律行为的概念

效力待定民事法律行为，是指民事法律行为成立时尚未生效，须经权利人追认才能生效的民事法律行为。

【解释】效力待定民事法律行为的效力存在两种可能性：1. 经权利人追认，生效；2. 权利人拒绝追认，无效。

二、效力待定民事法律行为的种类

（一）限制行为能力人依法不能独立实施的民事法律行为

法定代理人享有追认权和拒绝追认权。

1. 法定代理人追认——合同有效。

2. 法定代理人拒绝追认——合同无效。

提示

1. 限制行为能力人所实施的纯获利益的民事法律行为或者与其年龄、智力相适应的民事法律行为有效。

2. 追认权是形成权，仅凭权利人单方意思表示就使效力待定的合同转化为有效合同。

（二）相对人的催告权和撤销权

1. 如果经相对人催告后1个月内，法定代理人未作表示的，视为拒绝追认

2. 在合同被追认之前，善意相对人有权撤销合同

【解释】此处的"善意"是指相对人在订立合同时不知道与其订立合同的人欠缺相应的行为能力。

（三）无权代理人实施的民事法律行为

1. 被代理人享有追认权和拒绝追认权

（1）被代理人追认——对被代理人发生效力，由被代理人承受法律行为产生的权利和义务。

（2）被代理人拒绝追认——对被代理人不发生效力。

①"善意"相对人有权请求无权代理人履行债务或者就其受到的损害请求行为人赔偿，但是赔偿的范围不得超过被代理人追认时相对人所能获得的利益。

②"恶意"相对人和行为人按照各自的过错承担责任。

2. 相对人享有催告权和撤销权

（1）如果经相对人催告后1个月内，被代理人未作表示的，视为拒绝追认。

（2）在合同被追认之前，善意相对人有权撤销合同。

【解释】此处的"善意"是指相对人在订立合同时不知道与其订立合同的人没有代理权。

【例7-多选题】甲委托乙前往丙厂采购男装，乙觉得丙生产的女装市场看好，便自作主张以甲的名义向丙订购。丙未问乙的代理权限，便与之订立了买卖合同。对此，下列哪些说法是正确的？（　　）

A. 甲有追认权　　B. 丙有催告权　　C. 甲有撤销权　　D. 构成表见代理

【答案】AB

学堂点拨

根据规定，无权代理人签订的合同经过被代理人追认后对被代理人发生效力。如果经相对人催告后1个月内，被代理人未作表示的，视为拒绝追认。在合同被追认之前，善意相对人有权撤销合同。本题中，乙的行为属于无权代理，乙与丙签订的买卖合同效力待定。因此，被代理人甲享

有追认权，选项A正确。相对人丙享有催告权，选项B正确。根据题意，甲没有撤销权，也不构成表见代理，因此，选项C、D错误。

表 2-5 无效民事法律行为、可撤销民事法律行为和效力待定民事法律行为的区别

比较项	无效行为	可撤销行为	效力待定行为
效力	1．自始无效 2．绝对无效 3．当然无效	1．被撤销之前，有效 2．一旦被撤销，自始无效	1．经过追认，有效 2．被拒绝追认，无效
原因	1．内容违法 2．主体无行为能力	意思表示不真实	1．主体是限制行为能力人 2．行为人无代理权
除斥期间	无	1．欺诈、显失公平——知道或应当知道撤销事由之日起（主观标准）1年 2．胁迫——胁迫行为终止之日1年 3．重大误解——知道或应当知道撤销事由之日起（主观标准）3个月 4．最长期限：民事法律行为发生之日起（客观标准）5年	经相对人催告后1个月内，法定代理人未作表示的，视为拒绝追认

知识点7 民事法律行为的附条件和附期限（★）

一、附条件的民事法律行为

附条件的民事法律行为，是指在民事法律行为中规定一定条件，并且把该条件的成就与否作为民事法律行为效力发生或者消灭根据的民事法律行为。

（一）条件的特征

可以是自然现象、事件，也可以是人的行为。

1．必须是将来发生的事实。

2．必须是将来不确定性的事实。

3．当事人约定（而非法定）的（条件应当是双方当事人约定的）。

4．条件必须合法。

（二）条件的分类

1．附延缓条件的民事法律行为（生效条件、停止条件）：

条件成就前，民事法律行为成立，但未生效；条件成就，民事法律行为生效。

2．附解除条件的民事法律行为（消灭条件）：

条件成就前，民事法律行为生效；条件成就，民事法律行为失效。

（三）附条件民事法律行为的效力

1．当事人为自己的利益不正当地阻止条件成就时，视为条件已成就。

2．当事人为自己的利益不正当地促成条件成就时，视为条件不成就。

【总结】条件的成就，顺其自然；否则，适得其反。

【案例】甲打算卖房，问乙是否愿买，乙一向迷信，就跟甲说：“如果明天早上7点你家屋顶上

来了喜鹊，我就出10万块钱买你的房子。”甲同意。乙回家后非常后悔。第二天早上7点差几分时，恰有一群喜鹊停在甲家的屋顶上，乙正要将喜鹊赶走，甲不知情的儿子拿起弹弓把喜鹊打跑了，至7点再无喜鹊飞来。本例中：1. 甲、乙双方签订的是附生效条件的房屋买卖合同；2. 该法律行为所附条件没有成就；3. 条件没有成就并非当事人不正当阻碍导致，而是顺其自然的结果；4. 因条件未成就，本案中的房屋买卖合同不生效。

二、附期限的民事法律行为

附期限的民事法律行为，是指当事人设置一定的期限，并将期限的到来作为效力发生或消灭前提的民事法律行为。

根据期限对民事法律行为效力所起作用的不同，可将其分为：

（一）附延缓期限（始期）的民事法律行为

民事法律行为虽然已经成立，但是在所附期限到来之前不发生效力，待期限届至时，才发生法律效力。

（二）附解除期限（终期）的民事法律行为

民事法律行为在约定的期限到来时，该行为所确定的法律效力消灭。

提示

1. 条件具有不确定性，但期限具有确定性，“终将到来”！

2. 当事人若约定以“某人的死亡”（人固有一死，死亡终将到来）作为民事法律行为生效或失效的根据，应认定为“附期限民事法律行为”；若约定以“某人在某一事件中或某个特定的时间段内死亡”（具有不确定性）作为民事法律行为生效或失效的根据，应认定为“附条件民事法律行为”。

表 2-6 附条件与附期限民事法律行为之比较

类型	条件未成就、期限未到来	条件成就、期限到来
附延缓条件、附始期的民事法律行为	成立，未生效	生效
附解除条件、附终期的民事法律行为	已生效	失效

【例8-2017-单选题】根据民事法律制度的规定，下列关于附条件民事法律行为所附条件的表述中，正确的是（　　）。

A. 既可以是将来事实，也可以是过去事实

B. 既可以是人的行为，也可以是自然现象

C. 既可以是确定发生的事实，也可以是不确定发生的事实

D. 既包括约定事实，也包括法定事实

【答案】B

学堂点拨

1. 选项A错误：条件必须是将来发生的事实。过去的事实不得作为条件；2. 选项C错误：条件必须是将来不确定的事实；3. 选项D错误：条件应当是双方当事人约定的，而非法定的事实。

【例9-多选题】甲与乙签订了一份租房合同，协议约定：如果甲在三个月内与丙结婚，将租用乙的两居室。这一民事行为（　　）。

A．是附条件的民事法律行为　　B．是附期限的民事法律行为

C．是附延缓条件的民事法律行为　　D．是附解除条件的民事法律行为

【答案】AC

学堂点拨

附条件民事法律行为中的“条件”必须是将来可能发生的不确定事实，本题中，“甲在三个月内与丙结婚”具有不确定性，故应为条件。而且根据题意，如果条件成就，双方的租赁合同生效，故双方的法律行为应为附延缓条件的民事法律行为。因此，选项A、C正确。

第二单元　代理制度

知识点1　代理的基本理论（★）

一、代理的概念和特征

代理是指代理人在代理权限内，以被代理人的名义与第三人实施民事法律行为，由此产生的法律后果直接由被代理人承担的一种法律制度。代理的法律特征包括：

（一）代理行为是民事法律行为

提示

1．能适用代理的行为包括：（1）民事法律行为；（2）民事诉讼行为；（3）某些财政、行政行为（例如代理专利申请、代理商标注册）。

2．不得代理的民事法律行为：（1）具有人身性质的民事法律行为（例如立遗嘱、结婚）；（2）双方当事人约定必须由本人亲自实施的民事法律行为。

（二）代理人以“被代理人”的名义实施民事法律行为

提示

《民法总则》中只规定了显名代理，但是《合同法》中承认了隐名代理制度，即代理人以自己的名义实施代理行为。

（三）代理人在代理权限内独立向第三人进行意思表示

1．代理人必须拥有代理权，而且不能超越代理权限，否则，构成无权代理。

2．代理人在实施代理行为时应独立思考、自主作出意思表示，因此，代理人应为完全行为能力人，这是代理（借脑）与“传达”（借嘴）以及“代书”（借手）之间的区别。

（四）代理行为的法律效果直接归属于被代理人——由被代理人承受代理行为产生的权利和义务

二、代理与其他概念的联系和区别

（一）代理与委托

1. 委托的概念

委托又称委任，是指双方约定，由一方为他方处理事务的民事法律行为。

2. 二者的联系

（1）委托关系是委托代理的前提。

【解释】委托代理的步骤：代理人与被代理人之间订立委托合同（双方法律行为）→被代理人授予代理权（单方法律行为）→代理人实施代理行为。

（2）若受托人以委托人的名义与第三人实施法律行为，那么委托人、受托人与第三人之间的法律关系按照委托代理来处理。

3. 二者的区别

（1）行使权利（实施行为）的名义不同：委托中，受托人既可以以委托人名义活动，也可以以自己的名义活动；而代理是代理人在代理权限内以被代理人名义进行民事活动，其法律效果直接对被代理人发生效力。

（2）实施的行为性质不同：代理行为必须是民事法律行为，委任行为可以是纯粹的事务性行为。

（3）涉及的当事人不同：代理涉及到三方当事人，而委托只涉及委托人与受托人双方当事人。

（二）代理与代表

1. 代表的概念

法人组织的法定代表人以法人名义对外实施的法律行为。

2. 二者的区别

（1）一个民事主体和两个独立的民事主体：代表人与被代表的法人之间同属一个民事主体；代理人与被代理人是两个民事主体间的关系，是两个独立的民事主体。

（2）行为人是否需要授权不同：代表人无需授权，其代表权由法律或法人章程规定；代理人需要得到被代理人授权。

（3）行为人是否唯一不同：法定代表人是唯一的；代理人并不唯一，只要得到授权都可成为代理人。

（三）代理与行纪

1. 行纪的概念

行纪是指行纪人受他人委托以“自己的名义”从事商业活动的行为。

2. 二者的区别

（1）实施行为的名义不同：行纪人是以自己的名义实施民事法律行为；代理人是以被代理人的名义实施民事法律行为。

（2）适用范围不同：行纪只适用于商业活动（一部分法律行为）；代理适用于民事法律行为。

（3）法律效果的承担者不同：行纪的法律效果先由行纪人承受，然后通过其他法律关系转给委托人；代理的法律效果直接归属于被代理人享有。

（4）是否有偿不同：行纪必须为有偿民事法律行为；代理既可有偿亦可无偿。

三、代理的种类

（一）委托代理——基于被代理人授权的意思表示而发生的代理

【注意】授权委托书授权不明的，给第三人造成损失的，被代理人应当对第三人承担民事责任，代理人负连带责任。

（二）法定代理——基于法律规定而当然发生的代理

知识点2 代理权的滥用（★）

一、自己代理

（一）内涵

自己代理，是指代理人以被代理人的名义与自己进行民事活动的行为。

（二）法律效果——效力待定

代理人不得以被代理人的名义与自己实施民事法律行为，但是被代理人同意或者追认的除外。

【案例】甲委托朋友乙出卖其一辆价值10万元的二手车，没有明确授权范围，乙将该车以8万元的价格卖给自己。本例中：1. 乙的行为构成自己代理；2. 如果甲对该卖买行为进行追认，该买卖行为对甲生效；3. 如果甲对该买卖行为拒绝追认，该买卖行为无效。

二、双方代理

（一）内涵

双方代理，是指以代理人被代理人的名义与自己同时代理的其他人实施民事法律行为（一手托两家）。

（二）法律效果——效力待定

代理人不得以被代理人的名义与自己同时代理的其他人实施民事法律行为，但是被代理的双方同意或者追认的除外。

【案例】甲委托朋友乙出卖其一辆二手车，没有明确授权范围，丙委托乙购买一辆价格二手车，乙同时代理双方签订了买卖合同。本例中：1. 乙的行为构成双方代理；2. 如果甲、丙对该卖买行为均予以追认，该买卖行为在甲、丙之间发生效力；3. 如果甲、丙中任何一人或者双方对该买卖行为拒绝追认，该买卖行为无效。

三、恶意串通代理

（一）内涵

恶意串通代理是指代理人和第三人恶意串通，损害被代理人的利益。

（二）法律效果——无效+连带

代理人和第三人恶意串通，损害被代理人合法权益的，代理人和相对人应当承担连带责任。

提示

恶意串通，损害他人合法权益的民事法律行为无效。

【案例】甲公司员工唐某受公司委托从乙公司订购一批空气净化机，甲公司对净化机单价未作明确限定。唐某与乙公司私下商定将净化机单价比正常售价提高200元，乙公司给唐某每台100元的回扣。商定后，唐某以甲公司名义与乙公司签订了买卖合同。本例中：1. 唐某是甲公司的代理人，唐某与乙公司签订的合同属于恶意串通，损害被代理人甲公司利益的法律行为；2. 该买卖合同无效；3. 唐某与乙公司对甲公司承担连带赔偿责任。

知识点3 无权代理（★★）

一、无权代理的三种情形

（一）没有代理权

（二）超越代理权

（三）代理权终止

二、法律后果——效力待定

无权代理行为是否对被代理人发生效力，关键看被代理人如何表态，即是否对无权代理行为进行追认。

提示

追认权是形成权，故仅凭权利人单方的意思表示即可决定无权代理行为的法律效力。

（一）被代理人追认

无权代理经过被代理人追认，对被代理人发生效力，由被代理人承受法律行为产生的权利和义务。

提示

被代理人已经开始履行合同义务的，视为对合同的追认。

（二）被代理人拒绝追认

1. 对被代理人不发生效力。

2. “善意”相对人有权请求无权代理人履行债务或者就其受到的损害请求行为人赔偿，但是赔偿的范围不得超过被代理人追认时相对人所能获得的利益。

3. “恶意”（知道或应当知道行为人无代理权）相对人和行为人按照各自的过错承担责任。

提示

相对人可以催告被代理人自收到通知之日起一个月内予以追认。被代理人未作表示的，视为拒绝追认。

三、第三人的权利

（一）催告权

被代理人应自收到相对人催告通知之日起一个月内予以追认，相对人未作表示的，视为拒绝。

提示

催告权性质上不属于形成权，催告权人并不能单方决定无权代理行为的法律效力。

（二）撤销权

行为人实施的行为被追认前，善意相对人有撤销的权利。

提示

撤销权的行使要把握以下三个方面：1. 只有“善意”相对人才享有撤销权；2. 撤销权行使的时间必须是在“无权代理行为被追认之前”；3. 撤销权的行使方式是通知，无需提起诉讼或仲裁。以上三个方面，显然区别于可撤销法律行为中的“撤销权”。

表 2-7　可撤销法律行为中的撤销权与善意相对人的撤销权之间的区别

	可撤销法律行为中的撤销权	善意相对人的撤销权
行使主体	受损害方	善意相对人
行使方式	诉讼或仲裁	通知对方
行使期限	知道或应当知道撤销事由之日起1年（或3个月）内	合同在被代理人追认之前
	法律行为发生之日起5年内	

【例1-多选题】2017年6月5日，甲授权乙以甲的名义将甲的一部手机对外出售，价格不得低于5 000元。乙的初中同学丙有意购买，但问乙能否以4 000元的价格便宜出售。乙碍于同学情面，擅自做主，以甲的名义以4 000元将该手机卖给丙。根据基本民事法律制度，关于该手机买卖合同的下列说法中，正确的有（　　）。

A．该买卖行为无效　　B．乙是无权代理行为

C．乙可以撤销该行为　　D．该买卖行为效力待定

【答案】BD

学堂点拨

乙超越甲的价格指示范围以甲的名义将手机卖给丙的行为属于无权代理，是否对甲生效取决于被代理人甲是否追认，如果甲追认，该行为对甲发生效力，如果甲拒绝追认，则该行为对甲不发生效力。因此，选项B、D正确。

知识点4　表见代理（★★）

一、概念及构成要件

表见代理，指无权代理人的代理行为客观上存在使相对人相信其有代理权的情况，且相对人主观上为善意，因而可以向被代理人主张代理的效力。表见代理应符合如下构成要件：

（一）行为人无代理权；

（二）相对人主观上为善意且无过失；

【解释】相对人善意，即相对人不知道且不应当知道无权代理人的行为是无权代理行为。这里不仅强调相对人对无权代理人无代理权的事实不知情，而且强调相对人对此不知并无过错。

（三）客观上有使相对人相信无权代理人具有代理权的情形；

【解释】这些情形主要包括两种：1. 行为人持有被代理人的介绍信或盖有印章的空白合同书；

2．无权代理人曾被授予代理权，且代理期限尚未结束，但实施代理行为时代理权实际上已经终止。

提示

表见代理发生的上述情形，一般都与被代理人的过失有关，即因被代理人的疏忽，例如没有收回无权代理人手中的介绍信或盖有印章的空白合同书，或者提前终止代理关系而没有及时告知相对人，导致相对人对代理人有代理权“深信不疑”。

（四）相对人基于这种客观情形而与无权代理人成立民事法律行为。

二、法律效果

（一）对被代理人而言——发生与有权代理同样的法律效果

符合表见代理构成要件的无权代理行为中，被代理人不享有追认权，即不能以代理人无代理权为由主张无权代理行为无效。

（二）相对人享有选择权

相对人既可以主张狭义无权代理，也可以主张表见代理。

提示

相对人主张狭义无权代理的目的在于行使撤销权（相对人本来就是善意的），使表见代理行为自始无效，此时，客观上也符合被代理人的意愿。因此，表见代理的法律效果可以形象地概括为“被代理人只能等死（没有追认权），相对人可以找死（享有选择权）”。

【例2-单选题】甲为乙公司业务员，负责某小区的订奶业务多年，每月月底在小区摆摊，更新订奶户并收取下月订奶款。2013年5月29日，甲从乙公司辞职。5月30日，甲仍照常前往小区摆摊收取订奶款。订奶户不知内情，照例交款，甲亦如常开出盖有乙公司公章的订奶款收据。之后甲携款离开，下落不明。根据民事法律制度的规定，下列表述中，正确的是（　　）。

A．甲的行为与乙公司无关，应由甲向订奶户承担合同履行义务

B．甲的行为构成无权处分，应由乙公司向订奶户承担损害赔偿责任后，再向甲追偿

C．甲的行为构成狭义无权代理，应由甲向订奶户承担损害赔偿责任

D．甲的行为构成表见代理，应由乙公司向订奶户承担合同履行义务

【答案】D

学堂点拨

根据《民法总则》的规定，行为人没有代理权、超越代理权或者代理权终止后以被代理人名义订立合同，相对人有理由相信行为人有代理权的，该代理行为有效。本题中，由于甲持有被代理人乙公司的盖有印章的订奶款收据，使得相对人订奶户相信其有代理权，因此构成表见代理，应由乙公司向订奶户承担合同履行义务。

第三单元 诉讼时效制度

知识点1 诉讼时效概念与特征（★）

一、诉讼时效的概念

诉讼时效，是指请求权不行使达一定期间而失去国家强制力保护的制度。诉讼时效属于法律事实中的“事件”。民法上确立诉讼时效制度的目的在于维护社会经济秩序的稳定，避免时间过长导致举证困难，同时有利于督促权利人及时行使权利。

二、诉讼时效的特点

（一）债权人不行使权利的事实状态存在，而且该状态持续了一段期间。

（二）诉讼时效届满不消灭实体权利——胜诉权消灭，但起诉权不消灭，实体权利也不消灭。

1. 债权人不丧失起诉权。

2. 债权人起诉后，如果债务人主张诉讼时效的抗辩，法院经过审理确认诉讼时效届满的情况下，应驳回债权人的诉讼请求（债权人丧失胜诉权）——甲欠乙的钱可以不还了。

提示

1. 当事人未提出诉讼时效抗辩，人民法院不应对诉讼时效问题进行释明及主动适用诉讼时效的规定进行裁判——法院不要多管闲事。

2. 当事人提出诉讼时效抗辩的时间：（1）原则上“一审期间”——当事人在一审期间未提出诉讼时效抗辩，在二审期间提出的，人民法院不予支持；（2）例外情况下“二审期间”——基于“新的证据”能够证明对方当事人的请求权已过诉讼时效期间的情形除外。

3. 实体权利不消灭。

诉讼时效期间届满，当事人一方向对方作出“同意履行”义务的意思表示或者“自愿履行”义务后，又以诉讼时效期间届满为由进行抗辩的，人民法院不予支持——甲说还就得还，不得反悔。

（三）诉讼时效具有强制性

法律关于诉讼时效的规定属于强制性规范，其具体内容，如时效期间长短、适用条件、适用范围等都由法律规定，当事人不得协议变更或限制。

【例1-单选题】甲公司向乙公司催讨一笔已过诉讼时效期限的10万元货款。乙公司书面答复称：“该笔债务已过时效期限，本公司本无义务偿还，但鉴于双方的长期合作关系，可偿还3万元。”甲公司遂向法院起诉，要求偿还10万元。乙公司接到应诉通知后书面回函甲公司称：“既然你公司起诉，则不再偿还任何货款。”下列哪一选项是正确的？（　　）

A. 乙公司的书面答复意味着乙公司需偿还甲公司3万元

B. 乙公司的书面答复构成要约

C. 乙公司的书面回函对甲公司有效

D. 乙公司的书面答复表明其丧失了10万元的时效利益

【答案】A

学堂点拨

根据规定，诉讼时效期间届满，当事人一方向对方作出“同意履行”义务的意思表示或者“自愿履行”义务后，又以诉讼时效期间届满为由进行抗辩的，人民法院不予支持。本题中，甲公司对乙公司的债权虽然诉讼时效已经届满，但乙公司同意履行其中的3万元，因此，对于该3万元债务的履行，乙公司不得反悔。因此，选项A正确。

知识点2 诉讼时效适用范围（★）

一、一般情形

诉讼时效仅适用于“请求权”。因此，支配权、形成权、抗辩权等权利的行使不受诉讼时效的限制。

二、不得适用诉讼时效的情形

（一）请求停止侵害、排除妨碍、消除危险。

（二）不动产物权和登记的动产物权的权利人请求返还财产。

（三）请求支付抚养费、赡养费。

（四）依法不适用诉讼时效的其他请求权：

1. 支付存款本金及利息请求权；
2. 兑付国债、金融债券以及向不特定对象发行的企业债券本息请求权；
3. 基于投资关系产生的缴付出资请求权；
4. 公司债权人对未履行出资义务或未完全履行出资义务股东的补充赔偿请求权。

【相关链接】《公司法》中的诉讼时效抗辩：

1. 公司股东未履行、未全面履行出资义务或者抽逃出资，公司或者其他股东请求其向公司全面履行出资义务或者返还出资，被告股东以诉讼时效为由进行抗辩的，人民法院不予支持。

2. 公司债权人的债权未过诉讼时效期间，依照规定请求未履行、未全面履行出资义务或者抽逃出资的股东承担赔偿责任，被告股东以出资义务或者返还出资义务超过诉讼时效期间为由进行抗辩的，人民法院不予支持。

三、诉讼时效与除斥期间

表2-8 诉讼时效与除斥期间的区分

	除斥期间	诉讼时效
适用对象	形成权（撤销权、追认权、解除权）	债权请求权
援用主体	无论当事人是否主张，法院均可以主动审查	必须由当事人主张后，法院才能审查
法律后果不同	实体权利消灭	胜诉权消灭
期间性质	不变期间，不能中断、中止和延长	可变期间，可中断、中止和延长

知识点3 诉讼时效的种类与起算（★★★）

一、诉讼时效的种类

表 2-9 诉讼时效的种类及时效期间

	起算点	期间	适用的纠纷类型
普通诉讼时效	主观起算点：权利人知道或应当知道权利被侵害以及义务人时起	3年	一般纠纷
长期诉讼时效		4年	1. 涉外货物买卖 2. 技术进出口合同
最长诉讼时效	客观起算点：权利被侵害之日起	20年	所有纠纷

提示

根据《民法总则》第一百八十八条规定，向人民法院请求保护民事权利的诉讼时效期间为3年。法律另有规定的，依照其规定。（原为2年）

二、诉讼时效的起算

（一）普通诉讼时效和长期诉讼时效的起算

1. 一般规则（主观上）——诉讼时效自权利人知道或应当知道权利受到损害以及义务人之日起计算。

2. 具体情形：

（1）附有履行期限的债的请求权——清偿期届满之日；

（2）分期履行的债权请求权——最后一期履行期限届满之日；

（3）未定履行期限之债权请求权——宽限期满，或首次请求遭拒绝之日；

（4）附条件的或附期限的债的请求权——条件成就或期限届满之日；

（5）请求他人不作为的债权的请求权——权利人知道义务人违反不作为义务时；

（6）国家赔偿——国家机关及其工作人员行使职权时的行为被依法确认为违法之日；

（7）行为能力欠缺者对其法定代理人的请求权——法定代理终止之日；

（8）未成年人遭受性侵害的损害赔偿请求权——受害人年满18周岁之日。

（二）最长诉讼时效的起算——权利被侵害之日起

【例2-单选题】甲、乙订立买卖合同，约定甲于2014年3月1日向乙供货，乙在收到货物后1个月内一次性付清全部价款。甲依约供货后，乙未付款。若甲一直未向乙主张权利，则甲对乙的付款请求权诉讼时效期间届满日为（　　）。

A．2016年3月1日　　B．2016年4月1日　　C．2017年3月1日　　D．2017年4月1日

【答案】D

学堂点拨

根据规定，除了法律有特别规定，民事权利适用3年的普通诉讼时效期间，诉讼时效从知道或者应当知道权利被侵害时起开始计算。对于约定有履行期限的请求权，应当自清偿期限届满之日开始起算。本题中，当事人约定买方乙于4月1日付款，自乙届期未履行付款义务时，甲“应当

知道”自己权利受到侵害。因此，应当于2014年4月1日开始起算3年普通诉讼时效期间，届满日为2017年4月1日。

知识点4 诉讼时效的中止和中断（★★★）

一、诉讼时效的中止

（一）中止的概念

诉讼时效中止，是指在诉讼时效进行中，因发生一定的法定事由而使权利人无法行使请求权，“暂时停止”计算诉讼时效期间。

（二）中止事由

1. 不可抗力。

2. 其他障碍：

（1）权利被侵害的无民事行为能力人、限制民事行为能力人没有法定代理人，或者法定代理人死亡、丧失代理权、丧失行为能力；

（2）继承开始后未确定继承人或者遗产管理人；

（3）权利人被义务人或者其他人控制无法主张权利；

（4）其他导致权利人不能主张权利的客观情形。

（三）中止事由发生的时间——诉讼时效的最后6个月内

【解释1】诉讼时效的最后6个月以前发生权利行使障碍，到最后6个月时障碍已经消除，则不能发生诉讼时效中止。

【解释2】诉讼时效的最后6个月以前发生权利行使障碍，到最后6个月时障碍尚未消除，则应从最后6个月开始时起中止时效期间，直至该障碍消失。

（四）计算规则

1. 中止事由发生之日诉讼时效中止，停止计算。

2. 从中止时效的原因消除之日起，继续计算6个月。

【例3-单选题】根据基本民事法律制度的规定，下列各项中，属于诉讼时效中止法定事由的是（　　）。

A. 申请支付令

B. 申请仲裁

C. 申请宣告义务人死亡

D. 权利被侵害的无民事行为能力人没有法定代理人

【答案】D

学堂点拨

选项A、B、C均属于诉讼时效的中断事由。

【例4-单选题】根据民事法律制度的规定，下列情形中，可导致诉讼时效中止的是（　　）。

A. 债权人向人民法院申请支付令

B. 债权人向人民法院申请债务人破产

C. 债务人向债权人请求延期履行

D. 未成年债权人的监护人在一次事故中遇难，尚未确定新的监护人

【答案】D

学堂点拨

选项A、B、C都属于诉讼时效的中断事由。

二、诉讼时效的中断

（一）诉讼时效中断的概念

诉讼时效中断，是指在诉讼时效进行中，因法定事由的发生致使已经进行的诉讼时效期间全部归于无效，诉讼时效期间重新计算。

提示

1. 诉讼时效“中断”与“中止”的重要区别在于：诉讼时效中止中，已经进行的诉讼时效期间仍然“算数”；而诉讼时效中断中，已经进行的诉讼时效“一笔勾销”，时效期间“从头再来”。

2. 诉讼时效的中断可以多次进行，但不得超过法律规定的20年最长诉讼时效。

（二）中断事由

1 提起诉讼（起诉）

此处的“起诉”是广义上的概念，即只要是请求有关机关、组织保护民事权利，都属于“起诉”，都可导致诉讼时效中断。

表 2-10 诉讼时效中断事由之“起诉”的具体情形

接受请求的机关类型	请求的具体事项	发生中断的起始时间
请求“法院”	1. 提起民事诉讼；	提交起诉状或者口头起诉之日
	2. 申请支付令； 3. 申请破产、申报破产债权； 4. 为主张权利而申请宣告义务人失踪或死亡； 5. 申请诉前财产保全、诉前临时禁令等诉前措施； 6. 申请强制执行； 7. 申请追加当事人或者被通知参加诉讼； 8. 在诉讼中主张抵销； 9. 其他与提起诉讼具有同等诉讼时效中断效力的事项。	提出申请之日
请求“仲裁机关”	申请仲裁	
请求“其他争议解决机关、组织”	权利人向人民调解委员会以及其他依法有权解决相关民事纠纷的国家机关、事业单位、社会团体等社会组织提出保护相应民事权利的请求。	提出请求之日
请求“公检法”	权利人向公安机关、人民检察院、人民法院报案或者控告，请求保护其民事权利的，诉讼时效从其报案或者控告之日起中断。	报案或者控告之日

2. 当事人一方提出请求

具有下列情形之一的，应当认定为“当事人一方提出要求”：

（1）一方直接向对方送交主张权利文书，对方在文书上签字、盖章或者能够以其他方式证明该文书到达对方当事人的；

单位：法定代表人、主要负责人、负责收发信件的部门或者被授权主体。

个人：本人、同住的具有完全行为能力的亲属或者被授权主体。

（2）一方以发送信件或者数据电文方式主张权利，信件或者数据电文到达或者应当到达对方的；

（3）一方为金融机构，依照法律规定或者当事人约定从对方当事人账户中扣收欠款本息的；

（4）一方下落不明，对方在国家级或者下落不明一方住所地的省级有影响的媒体上刊登具有主张权利内容的公告的；

（5）权利人对同一债权中的部分债权主张权利，诉讼中断的效力及于剩余债权，但权利人明确表示放弃剩余债权的情形除外。

3. 义务人同意履行义务

义务人作出分期履行、部分履行、提供担保、请求延期履行、制定清偿债务计划等承诺或者行为，均属于义务人同意履行义务的行为。

4. 中断的特殊规定

（1）连带之债——“牵连性”

对于连带当事人中的一人发生诉讼时效中断效力的事由，对其他连带当事人也发生诉讼时效中断的效力。

（2）债权人的代位权——“一箭双雕”

债权人提起代位权诉讼的，对债权人的债权和债务人的债权均发生诉讼时效中断的效力。

（3）债的移转——“看通知”

●债权转让的，应当认定诉讼时效从债权转让通知到达债务人之日起中断。

●债务承担情形下，构成原债务人对债务承认的，应当认定诉讼时效从债务承担意思表示（通知）到达债权人之日起中断。

【例5-多选题】根据民事法律制度的规定，提起诉讼是中断诉讼时效的法定事由。下列各项中，与提起诉讼具有同等效力，导致诉讼时效中断的有（　　）。

A. 申请强制执行　　B. 申请仲裁

C. 在诉讼中主张抵销　　D. 申请追加当事人

【答案】ABCD

学堂点拨

下列事项均与提起诉讼具有同等诉讼时效中断的效力：1. 申请仲裁；2. 申请支付令；3. 申请破产、申报破产债权；4. 为主张权利而申请宣告义务人失踪或死亡；5. 申请诉前财产保全、诉前临时禁令等诉前措施；6. 申请强制执行；7. 申请追加当事人或者被通知参加诉讼；8. 在诉讼中主张抵销；9. 其他与提起诉讼具有同等诉讼时效中断效力的事项。

【例6-单选题】诉讼时效因当事人一方提出要求而中断，下列哪一情形不能产生诉讼时效中断的效力（ ）。

A. 对方当事人在当事人主张权利的文书上签字、盖章的

B. 当事人一方以发送信件或数据电文方式主张权利，该信件或数据电文应当到达对方当事人的

C. 当事人一方为金融机构，依照法律规定或当事人约定从对方当事人账户中扣收欠款本息的

D. 当事人一方下落不明，对方当事人在下落不明当事人一方住所地的县（市）级有影响的媒体上刊登具有主张权利内容的公告的

【答案】D

学堂点拨

选项D：根据规定，一方下落不明，对方在“国家级”或者下落不明一方住所地的“省级”有影响的媒体上刊登具有主张权利内容的公告的，应当认定为“当事人一方提出要求”，属于诉讼时效中断事由。

本章强化练习

一、单项选择题

1. 小凡年满8周岁，精神健康，智力正常。他在学校门口的文具店看中一支圆珠笔，定价5元，于是用自己的零用钱将其买下。下列关于小凡购买橡皮行为效力的表述中，正确的是（　　）。

A. 小凡是无民事行为能力人，其购买圆珠笔的行为无效

B. 小凡是无民事行为能力人，其购买圆珠笔的行为须经法定代理人追认方为有效

C. 小凡是限制民事行为能力人，其购买圆珠笔的行为有效

D. 小凡是限制民事行为能力人，其购买圆珠笔的行为须经法定代理人追认方为有效

2. 甲欲购买乙的房子，乙不想出卖，甲便对乙进行威胁，乙生性胆小怕事，便同意将房子低价卖给甲，双方签订了书面买卖合同。根据民事法律制度的规定，下列关于该房屋买卖行为效力的表述中，正确的是（　　）。

A. 有效　　　　B. 无效

C. 可撤销　　　　D. 效力待定

3. 甲与乙双方约定："如果甲的父亲去世，甲就将其房子以150万出卖给乙"。根据基本民事法律制度的规定，甲、乙双方的约定属于（　　）。

A. 附条件民事法律行为

B. 附期限民事法律行为

C. 无效民事法律行为

D. 可撤销民事法律行为

4. 甲商店从泰国进口一批泰国香米，口感上乘，价格昂贵。但因销售人员的疏忽大意，标注成国产米，价格相差很多。顾客乙以国产米的价格购进大批该米，甲商店的负责人发现此事后找到乙，双方为此发生争议。关于甲商店的行为，下列说法正确的是（　　）。

A. 应认定为重大误解，甲商店享有撤销权

B. 应认定为欺诈，乙可要求商店假一赔二

C. 应认定为显失公平，甲商店享有撤销权

D. 应认定为重大误解，只有乙享有撤销权

5. 根据基本民事法律制度规定，下列行为中，不构成代理的是（　　）。

A. 王某受朋友委托，代为收割庄稼

B. 丁某受公司委托，以该公司名义与他人签订买卖合同

C. 陈某受公司之托，代为注册商标

D. 赵某作为公司的副董事长，经过董事长授权以公司名义与银行签订担保合同

6. 甲用伪造的乙公司公章，以乙公司名义与不知情的丙公司签订食用油买卖合同，以次充好，将劣质食用油卖给丙公司。合同没有约定仲裁条款。根据基本民事法律制度，关于该合同，下列哪一表述是正确的？（　　）

A. 如乙公司追认，则丙公司有权通知乙公司撤销

B. 如乙公司追认，则丙公司有权请求法院撤销

C．无论乙公司是否追认，丙公司均有权通知乙公司撤销

D．无论乙公司是否追认，丙公司均有权要求乙公司履行

7．根据基本民事法律制度，下列有关诉讼时效的说法中，正确的是（　　）。

A．甲向乙借款5万元，向乙出具借条，约定1周之内归还，乙债权的诉讼时效期间从借条出具日起计算

B．甲乙约定，如果甲的儿子考上大学，甲将房屋以100万元出卖给乙，双方签订了房屋买卖合同。甲债权的诉讼时效期间自甲的儿子考上大学开学之日起算

C．甲向乙借款5万元，诉讼时效期间届满前1年乙因车祸不幸去世，当时并未确定继承人和遗产管理人，诉讼时效期间自乙死亡之日起中止

D．甲公司向乙公司借款100万元，诉讼时效期间乙公司通过快递向甲公司寄送催款书，甲公司董事长授权的收发室门卫在快递签收单上签名，不能引起诉讼时效中断

8．根据民事法律制度的规定，下列关于诉讼时效起算的表述中，正确的是（　　）。

A．当事人约定同一债务分期履行的，从最后一期履行期限届满之日起算

B．国家赔偿的，自国家机关及其工作人员实施违法行为时起算

C．请求他人不作为的，自义务人违反不作为义务时起算

D．可撤销合同的撤销权，从当事人知道或应当知道撤销事由之日起算

二、多项选择题

1．下列哪些不属于民事法律行为的成立要件（　　）。

A．当事人具有相应的行为能力

B．意思表示真实

C．有标的

D．内容合法

2．张某一直想以5万元的价格购买李某祖传的古画，李某因价格较低未同意。李某妻子突患疾病，李某找到张某欲出卖该古画，张某得知李某妻子患病，故想以5万元购买该古画。李某无奈以5万元的价格将古画卖与张某。下列各项中，对此表述不正确的是（　　）。

A．张某享有撤销权

B．张某和李某均享有撤销权

C．撤销权人应依法向人民法院或仲裁机构提出撤销的请求

D．在撤销权行使期间最后6个月内，如发生不可抗力致使不能行使请求权的，撤销权行使期间中止

3．甲委托乙采购一批电脑，乙因受丙诱骗高价采购了一批劣质手机。丙一直以销售劣质手机为业，甲对此知情。关于手机买卖合同，下列哪些表述是正确的？（　　）

A．乙的行为构成无权代理

B．甲有权追认

C．甲有权撤销

C．丙有权撤销

4．乙公司有一台设备欲出售，乙公司委托甲代为销售，双方签订了委托代理合同，约定甲不得低于10万元售卖该设备，乙公司董事长向甲签发了授权委托书。甲的下列情况中属于滥用代理权的有（　　）。

A．以乙公司的名义把设备卖给自己

B．与丁恶意串通，将设备低价卖给丁，并私下收取丁给予的感谢费

C．同时接受丙的委托，以丙的名义买入该设备

D．以乙公司名义将设备以10万元卖给戊，同时擅自以乙公司名义将该卖得价款借给朋友己，双方约定年利息20%

5．对下列债权请求权提出诉讼时效抗辩的，人民法院不予支持的有（　　）。

A．支付存款本金及利息请求权

B．兑付国债、金融债券以及向不特定对象发行的企业债券本息请求权

C．基于投资关系产生的缴付出资请求权

D．不动产物权的权利人请求返还财产

6．根据民事法律制度的规定，提起诉讼是中断诉讼时效的法定事由。下列各项中，与提起诉讼具有同等效力，导致诉讼时效中断的有（　　）。

A．申请强制执行

B．申请诉前财产保全

C．在诉讼中主张抵销

D．申请破产

答案及解析

一、单项选择题

1. 【答案】C

【学堂点拨】根据《民法总则》，8周岁以上的未成年人为限制民事行为能力人，实施民事法律行为由其法定代理人代理或者经其法定代理人同意、追认，但是可以独立实施纯获利益的民事法律行为或者与其年龄、智力相适应的民事法律行为。选项C正确。

2. 【答案】C

【学堂点拨】根据《民法总则》，受胁迫而实施的民事法律行为，是可撤销民事法律行为。选项C正确。

3. 【答案】B

【学堂点拨】附条件民事法律行为中的条件将来是否发生具有不确定性，而附期限民事法律行为中的期限终将到来，具有确定性。本题中，“甲的父亲去世”是一个确定会发生的事实，因此，双方所实施的是附期限民事法律行为。选项B正确。

4. 【答案】A

【学堂点拨】行为人基于对行为的性质、对方当事人、标的物的品种、质量、规格和数量等发生误解而签订的合同给自己造成较大损失的，有权依法撤销该合同。本题中，甲商店对标的物的规格发生了错误认识，属于重大误解，甲商店有权撤销合同。

5. 【答案】A

【学堂点拨】代理人从事的行为除了民事法律行为，还包括民事诉讼行为以及某些财政、行政行为（例如代理专利申请、代理商标注册）。因此，选项B、C、D中受托人的行为都属于代理；选项A中受托人的行为不属于民事法律行为，不构成代理。

6. 【答案】B

【学堂点拨】本题中，甲的行为既构成欺诈，又属于无权代理。甲的行为属于无权代理，且不构成表见代理，因此，选项D不正确；丙公司作为善意相对人有权在乙公司“追认前”通知乙公司撤销该合同，据此，选项A、C不正确；由于该无权代理行为构成欺诈（以次充好），在乙公司追认的情况下，受欺诈方丙有权请求法院撤销该行为，因此，选项B正确。

7. 【答案】B

【学堂点拨】（1）选项A错误：定有履行期限的债的请求权，诉讼时效期间自清偿期届满之日起算；（2）选项B正确：附条件的债的请求权，诉讼时效期间从条件成就之日起计算；（3）选项C错误：只有在诉讼时效期间的最后6个月内发生中止事由，诉讼时效才会中止；（4）选项D错误：当事人一方直接向对方当事人送交主张权利文书，对方当事人在文书上签字、盖章或者虽未签字、盖章但能够以其他方式证明该文书到达对方当事人的，应当认定为“当事人一方提出请求”，引起诉讼时效中断；对方当事人为单位的，签收人可以是法定代表人及其授权的主体。

8. 【答案】A

【学堂点拨】（1）选项B错误：国家赔偿的诉讼时效的起算，自国家机关及其工作人员行使职权时的行为被依法确认为违法之日起算；（2）选项C错误：请求他人不作为的债权请求权，应当自权利人知道义务人违反不作为义务时起算；（3）选项D错误：可撤销合同受除斥期间的限制，一方当事人就撤销合同之诉主张诉讼时效抗辩的，人民法院不予支持。

二、多项选择题

1. 【答案】ABD

【学堂点拨】法律行为的成立，应当符合法律行为的构成要素，即必须具有当事人、意思表示、标的三个要素。法律行为的成立与生效是两个不同的概念，选项A、B、D均属于法律行为的生效要件，只有选项C属于法律行为的成立要件。

2. 【答案】ABD

【学堂点拨】根据规定，在一方以欺诈、胁迫的手段或者乘人之危，使对方在违背真实意思的情况下订立的合同，只有受损害方才有权撤销，因此，本题中只有李某才享有撤销权，而且撤销权的行使应通过诉讼或仲裁的方式；撤销权的行使期限属于除斥期间，不适用诉讼时效的中止、中断和延长。因此，选项A、B、D错误。

3. 【答案】ABC

【学堂点拨】乙的行为超出了甲的授权范围，构成无权代理，乙与丙所签订的合同效力待定，被代理人甲有追认权。因此，选项A、B正确。丙的行为构成欺诈，甲作为被欺诈方享有撤销权，丙作为欺诈方不享有撤销权。因此，选项C正确，选项D错误。

4. 【答案】ABC

【学堂点拨】滥用代理权包括：自己代理、双方代理、代理人与第三人恶意串通。因此，选项A、B、C正确，选项D属于无权代理，不属于滥用代理权。

5. 【答案】ABCD

【学堂点拨】根据《民法总则》，诉讼时效适用于请求权，但下列请求权除外：（1）请求停止侵害、排除妨碍、消除危险；（2）不动产物权和登记的动产物权的权利人请求返还财产；（3）请求支付抚养费、赡养费或者扶养费；（4）依法不适用诉讼时效的其他请求权；（5）支付存款本金及利息请求权；（6）兑付国债、金融债券以及向不特定对象发行的企业债券本息请求权；（7）基于投资关系产生的缴付出资请求权；（8）公司债权人对未履行出资义务或未完全履行出资义务股东的补充赔偿请求权。因此，选项A、B、C、D均当选。

6. 【答案】ABCD

【学堂点拨】下列事项均与提起诉讼具有同等诉讼时效中断的效力：（1）申请仲裁；（2）申请支付令；（3）申请破产、申报破产债权；（4）为主张权利而申请宣告义务人失踪或死亡；（5）申请诉前财产保全、诉前临时禁令等诉前措施；（6）申请强制执行；（7）申请追加当事人或者被通知参加诉讼；（8）在诉讼中主张抵销；（9）其他与提起诉讼具有同等诉讼时效中断效力的事项。选项A、B、C、D均正确。

第三章　物权法律制度

本章思维导图

- 物权法律制度
  - 物权法律制度概述★
    - 物与物权的概念、种类
    - 物权法的基本原则
  - 物权变动★★★
    - 物权变动的形态
    - 物权变动的原因
    - 动产物权的变动
    - 不动产物权变动
  - 所有权★★★
    - 所有权的概念和特征
    - 所有权的类型
    - 共有
    - 善意取得
    - 动产所有权的特殊取得方式
  - 用益物权★★★
    - 用益物权概述
    - 建设用地使用权
  - 担保物权★★★
    - 担保物权的概念和种类
    - 担保物权的特性
    - 担保物权的消灭
    - 担保范围
    - 抵押权
      - 抵押权的概念和特征
      - 抵押财产的范围
      - 抵押权的设定
      - 抵押权的效力
      - 浮动抵押和最高额抵押
    - 质权
      - 动产质权
      - 权利质押
    - 留置权

本章概述

物权法和债权法是现代法律体系中财产法的两大支柱，两者的调整功能各不相同。其中，物权法调整财产的归属和利用，即静态财产关系；债权法则调整财产的流转，即动态财产关系。本章内容主要包括四大板块：物权法基本理论、所有权、用益物权、担保物权。教材编写的主要依据是《中华人民共和国物权法》（以下简称《物权法》）《中华人民共和国担保法》（以下简称《担保法》）《土地管理法》《城市房地产管理法》等基本法和单行法，除此之外，《最高人民法院关于适用〈中华人民共和国担保法〉若干问题的解释》《最高人民法院关于适用〈中华人民共和国物权法〉若干问题的解释（一）》（以下简称《物权法司法解释（一）》）的相关规定也已被广泛纳入教材之中，成为考试直接或间接考查的知识点。

考情回顾及考情预测

本章是教材中的重点章节，每年直接考查的分值在10分左右，虽然直接考查分值不高，但有两点需要提及：其一，从近5年的考试情况看，本章每年都会与第四章合同法律制度结合起来考查一道案例分析题；其次，本章的很多知识点与后续章节的知识点存在密切关联，例如本章的物权变动制度与第六章公司法律制度中的“出资制度”“股权的善意取得”“一股二卖”以及第九章票据与支付结算法律制度中的“票据权利善意取得”，本章的担保物权制度与第八章企业破产法律制度中的“别除权制度”，在理论基础上同根同源，在制度构成上大同小异。因此，学好本章对掌握后续章节的相关知识点至关重要。如不出意外，2018年本章分值基本会延续过往，考查10分左右，而且仍会和第四章结合，考查一道案例分析题。鉴于《物权法司法解释（一）》于2016年2月通过，按照新规重点考查惯例，该司法解释的相关规定在2018年被考查概率极高。

本章近五年考点一览

考点	重要程度	考查次数	大致分值	考查题型	考查概率
物的种类	★	2	1～2	单选题、多选题	50%
物权的种类	★	1	1	单选题	20%
物权法基本原则	★★	1	1	多选题	20%
动产物权变动	★★★	3	2	案例分析题	100%
不动产物权变动的方式——登记	★★★	4	3	单选题、多选题、案例分析题	100%
按份共有	★	1	1	单选题	30%
善意取得	★★★	4	3	单选题、案例分析题	100%
建设用地使用权	★★★	4	1～2	单选题、多选题	90%
抵押权	★★★	4	2～3	案例分析题	100%
质权	★★	2	1	单选题	50%
留置权	★	1	1	单选题	20%

本章重难点

重点：所有权取得的特别规则、物权变动、共有、用益物权、抵押权、质押权。

难点：动产和不动产的物权变动、所有权取得的特别规则、共有、用益物权、抵押权的效力、权利质押。

本章学习方法和技巧

本章的很多概念、理论比较抽象，仅从字面很难理解其含义。但物权法律制度与日常生活息息相关，因此在学习的过程中不仅要多遍精读教材，更要观察生活，结合日常生活中的实例理解法条，杜绝机械地背诵法条。此外，学习本章时要注意将其与合同法律制度中的相关知识点结合起来进行理解。

2018年教材主要变化

本章主要根据《物权法司法解释》，对善意取得、共有制度的相关内容进行了补充和调整。

第一单元　物权法律制度概述

知识点1　物与物权的概念、种类（★）

一、物的概念和特征

物权法上的物指的是有体物，是除人的身体之外，能为人力所支配，独立满足人类社会生活需要之物。物权法上的物具有如下特征：

（一）有体性

我国物权法上的物仅指有体物，权利、行为、智力成果均不是物权法上的物，不能成为物权的客体。

提示

1. 权利质权以权利作为客体——权利不能成为物权客体的例外。
2. 行为是债权的客体；智力成果是知识产权的客体。

（二）可支配性和有用性

1. 可支配性：日月星辰不是物权法上的物。
2. 有用性：汽车尾气不是物权法上的物。

（三）在人的身体之外

1. 人以及人的身体不是物权法上的物。
2. 人体器官脱离人的身体，可以成为物（器官可以捐献）。

【例1-单选题】下列能成为物权上物的是（　　）。

A．行星
B．安装在人眼里的人工眼角膜
C．工厂排放的有害气体
D．养牛场中的牛

【答案】D

学堂点拨

物权法上的物指的是有体物，是除人的身体之外，能为人力所支配，独立满足人类社会生活需要之物。物权法上的物具有三个特征：有体性、可支配性和有用性、在人的身体之外。本题中，选项A欠缺可支配性；选项B中的人工眼角膜已经与人体结合，成为人体的一部分，不能成为物；选项C欠缺有用性；只有选项D符合物的所有特征。

二、物的种类

（一）流通物、限制流通物与禁止流通物

1．区分标准：物是否被允许进入市场流通以及流通是否受到限制。

（1）限制流通物：文物、黄金、药品。

（2）禁止流通物：专属于国家的财产（如土地所有权）、国家保护的野生动植物、枪支弹药等。

2．区分意义：以禁止流通物为标的物的买卖合同，无效。

（二）动产与不动产

1．区分标准：物是否可以移动以及是否会因为移动而损害其价值。

（1）动产：手机、电脑、食物、汽车、衣服。

（2）不动产：土地、海域、房屋、林木。

2．区分意义

表 3-1　动产和不动产的区分意义

区分项	动产	不动产
物权变动要件	交付	登记
诉讼管辖	一般管辖规则（被告所在地法院）	专属管辖（不动产所在地法院）

（三）可替代物与不可替代物

1．区分标准：物在交易上是否可以依数量、容量或重量而确定。

（1）可替代物：书、粮食等。

（2）不可替代物：古董、名人字画。

2．区分意义：交易客体为可替代物时，可以同类物替代履行；不可替代物一旦毁损灭失，只能转化为损害赔偿。

（四）消耗物与非消耗物

1．区分标准：物是否只能一次性使用或让与。

（1）消耗物：粮食、金钱。

（2）非消耗物：电脑、汽车、房子等。

2．区分意义

（1）消耗物不可能在使用了以后，又原封不动地归还原来的所有者。

（2）消耗物的使用权人一般是所有权人。

（3）以让与为目的的消费物（金钱）转移占有即转移所有权。

（五）可分物与不可分物

1. 区分标准：物是否因实物分割而变更其性质或减损其价值。

（1）可分物：米、酒等。

（2）不可分物：动物、房屋、汽车等。

2. 区分意义

（1）分割共有物时，可分物可进行实物分割。

（2）分割共有物时，不可分物不能实物分割，只能变价分割或折价分割。

（六）主物与从物

认定主物、从物关系，必须同时具备两个条件：1. 二者在物理中互相独立；2. 二者在经济用途上存在主从关系；3. 二者属于同一人所有。

表 3-2 主物与从物的区分

示例	是否两个独立物	是否有依附关系	是否归同一人所有	是否主物和从物
甲的手提电脑和电脑包	√	√	√	√
乙的汽车和备用轮胎	√	√	√	√
丙的彩电和丁的遥控器	√	√	×	×
戊房屋和附着在房屋上的门窗	×	×	√	×
区分意义——除当事人另有约定，主物所有权发生转移的，从物所有权也随之转移。				

（七）原物与孳息物

1. 区分标准：两物之间存在的原有物产生新物的关系。

2. 孳息物的种类：天然孳息（果实、动物幼崽、牛奶、鸡蛋）和法定孳息（利息、租金）

提示

天然孳息必须与原物分离，否则不成为孳息。

3. 区分意义

（1）天然孳息，由所有权人取得。

（2）一物之上既有所有权人，又有用益物权人的，因该物产生的天然孳息由用益物权人取得，当事人另有约定的，从其约定。

（3）法定孳息，当事人有约定的，按照约定取得；没有约定或者约定不明确的，按照交易习惯取得。

【相关链接1】根据《合同法》的规定，在买卖合同中，标的物在交付之前产生的孳息，归出卖人所有，交付之后产生的孳息，归买受人所有。

【相关链接2】根据《合同法》的规定，标的物提存后，标的物的孳息归债权人所有。

【相关链接3】根据《物权法》的规定，抵押期间抵押人收取抵押物的孳息，抵押物自扣押之日起，由抵押权人收取抵押物的孳息，抵押权人未通知应当清偿法定孳息的义务人的除外，抵押权人收取的孳息，应当先充抵收取孳息的费用。

【相关链接4】根据《物权法》的规定，质押期间，由质权人收取质物产生的孳息，质权人收取的孳息，应当先充抵收取孳息的费用。

【例2-单选题】下列属于法定孳息的是（　　）。

A．母鸡下的蛋

B．枣树上摘下的枣

C．房屋租金

D．奶牛挤下的牛奶

【答案】C

学堂点拨

选项ABD都属于天然孳息。

【例3-2017-单选题】根据物权法律制度的规定，下列关于物的种类的表述中，正确的是（　　）。

A．海域属于不动产

B．文物属于禁止流通物

C．金钱属于非消耗物

D．牛属于可分割物

【答案】A

学堂点拨

文物属于限制流通物，选项B错误；金钱属于消耗物，选项C错误；牛属于不可分物，选项D错误。

三、物权的概念和特征

物权是指权利人依法对特定的物享有的直接支配和排他的权利。物权具有以下法律特征：

（一）物权是绝对权（债权是相对权）

物权的绝对权性质，是指物权法律关系中，物权的权利主体是特定的，义务主体是除了物权人之外的其他任何人，因此，物权是特定人对不特定人主张的权利（“一对多”的权利）。而债权法律关系中，债权人和债务人都是特定的人，债权是特定人对特定人主张的权利（“一对一”的权利）。

（二）物权是支配权（债权是请求权）

物权的支配权性质，是指物权的内容表现为权利人对物的支配，物权人只需对物进行支配，无需他人协助即可实现权利所包含的利益，物权所对应的义务为不作为义务（我的地盘我做主，别来打扰我）。而债权的内容表现为权利人请求他人作出某种行为，债权的实现依赖于债务人的积极行为，债权所对应的义务为作为义务（请你配合我）。

（三）物权权利内容具有排他性（债权具有相容性）

物权的排他性质是指一物之上只能存在一个所有权，而不能同时存在两个以上内容相冲突的物权（一个就好，有你没我）。而债权之间可以兼容，一物之上可以同时存在多个内容完全相同的债权（你好我也好）。

四、物权的分类

（一）自物权与他物权

1．自物权——对自己的物享有的物权。

2．他物权——对他人之物享有的物权。

（二）用益物权和担保物权

1．用益物权——以物的使用收益为目的的物权，包括建设用地使用权、土地承包经营权、地役权。

2．担保物权——以为债的担保为目的的物权，包括抵押权、质权、留置权等。

（三）动产物权和不动产物权

1．动产物权——设定在动产之上的物权，如动产所有权、动产质权、动产抵押权、留置权。

2．不动产物权——设定在不动产之上的物权，如不动产所有权、土地使用权、不动产抵押权。

（四）独立物权与从物权

1．独立物权——能够独立存在的物权，如所有权、土地使用权。

2．从物权——不能独立存在，只能从属于其他权利存在的物权，如担保物权、地役权。

【例4–单选题】根据物权法律制度的规定，下列各项中属于独立物权的是（　　）。

A．地役权　　B．抵押权　　C．质权　　D．建设用地使用权

【答案】D

学堂点拨

能够独立存在的物权为独立物权，如所有权、土地使用权等。担保物权和地役权都属于从物权，不能独立存在。

知识点2 物权法的基本原则（★★）

一、物权法定原则

（一）物权法定的含义

1．物权的种类法定

当事人不得创设法律所不承认的物权。

2．物权的内容法定

当事人不得创设与物权法定内容相异的物权内容。

（二）物权法定原则的效力

1．行为人违反物权法定原则，在法定物权种类之外创设物权，该物权创设行为无效，但该行为仍具有合同法上的效力。

【案例】甲、乙双方协议离婚，在离婚协议中约定：离婚后，甲将其个人住房让给乙居住五年，给乙创设居住权，如果五年内甲将该房屋卖给第三人，乙有权主张买卖合同无效，并有权请求第三人返还房屋。第二年，甲将该房屋出卖给丙，双方办理了过户登记，乙以其对房屋享有居住权为由请求丙返还房屋，甲、乙、丙因此发生争议。本例中：1．由于我国现行法律没有规定“居住权”为物权，因此甲为乙创设“居住权”的行为不发生物权创设的效力，乙没有取得物权性质的居住权；2．甲、丙之间的房屋买卖合同有效，丙取得房屋所有权，乙无权请求丙返还房屋；3．甲、乙之间的约定具有合同效力，乙可追究甲的违约责任。

2．行为人设定与法定物权相异的内容，该设定行为无效，但该行为仍具有合同法上的效力。

【案例】甲向乙借款10万元，甲以其一辆汽车给乙设立质押，双方签定了质押合同，并约定：质押期间，汽车由甲占有和使用，如果甲到期不偿还借款，乙有权拍卖汽车并就价款优先受偿。本例中：1. 根据物权法规定，动产质权自完成动产交付时生效，甲未将汽车交付给乙，甲为乙创设质权的行为不发生质权设定的效力；2. 甲、乙之间的质押合同有效，甲应承担违约责任，赔偿乙所受损害。

二、物权客体特定（一物一权）

（一）物权只存在于确定的一物之上

（二）物尚未存在不可能存在物权

（三）物尚未确定也不可能存在物权

（四）一物之上不能同时存在两个以上内容互相抵触的物权（如所有权）

提示

1. 共有不违背一物一权原则：一物之上的所有人可以为多人，多人对一物享有所有权，并非多重所有权，所有权仍然是一个。

2. 一物之上可以设立数个“内容不抵触”的物权：一物一权，不是指一物之上不能设置多个物权，如果数个物权内容互相不抵触，仍可同时存在于一物之上，如在一物之上可以共存多个抵押权。

三、物权公示原则

公示是指物权的权利存在和变动必须通过一定的公示方法向社会公开，使第三人知道物权的实际状态，从而维护交易安全。

（一）物权公示的方法

1. 占有和交付（动产）。

2. 登记（不动产和特殊动产）。

（二）物权公示的效力

1. 物权转移效力

一般情况下，通过交付转移动产的占有，会导致动产物权转移；通过登记变更登记权利人，会导致不动产物权转移。公示与物权转移的关系存在两种情形：公示生效主义和公示对抗主义。

（1）公示生效：合同生效+公示（交付或登记）=物权转移。

（2）公示对抗：合同生效→物权转移+公示>第三人。

提示

1. 采取公示生效主义的情形：房屋所有权、建设用地使用权、不动产抵押权、动产所有权，动产质权。

2. 采取公示对抗主义的情形：土地承包经营权、地役权、动产抵押权等。

表 3-3 公示生效主义与公示对抗主义

比较项	内涵	适用情形
公示生效主义	公示是物权转移的生效要件	房屋所有权、建设用地使用权、不动产抵押权、动产所有权，动产质权
公示对抗主义	物权转移不以公示为生效要件，但没有公示的物权转移不能对抗善意第三人	土地承包经营权、地役权、宅基地使用权、动产抵押权

2．物权推定效力

（1）法定公示所彰显的权利人，被推定为合法权利人。

（2）动产占有人被推定为动产所有权人，不动产登记簿上记载的权利人被推定为不动产的所有权人。

提示

不动产权属证书与不动产登记簿不一致的，除有证据证明不动产登记簿确有错误外，以不动产登记簿为准。当事人有证据证明不动产登记簿的记载与真实权利状态不符、其为该不动产物权的真实权利人，请求确认其享有物权的，应予支持。

3．公信效力

当物权依据法律规定进行了公示，即使该公示方法表现出来的物权实际存在瑕疵，为保护交易安全，对信赖该公示的物权并从事了物权交易的人，法律仍承认物权变动的法律效果。

【案例1】甲的手机借给乙占有使用（动产的公示），乙在使用期间擅自将手机卖给了不知情的丙，并完成了交付，根据公信原则，由于丙在购买手机时，手机处在乙的占有（公示）之下，并且丙基于信赖该公示的正确性而购买手机，因此，虽然公示出来的手机所有权与真实所有权不一致，丙的交易利益仍然受到保护，丙取得该手机所有权，甲失去手机所有权，无权向丙请求返还手机，只能请求乙赔偿损失。

【案例2】甲、乙夫妻二人在婚姻关系存续期间购买了一套房屋，该房屋属于夫妻共有财产，本应当登记（公示）为甲、乙共有，但是在产权登记时只登记在甲一人名下，甲未经乙的同意将房屋转让给不知情的丙，并办理了过户登记手续，根据公信原则，虽然公示出来的物权（房屋为甲所有）与事实上的物权状态（甲、乙共有）不相符，但法律保护信赖该公示的物权并从事物权交易的丙，房屋所有权归丙，乙的损失向甲追偿。

第二单元 物权变动

知识点 物权变动（★★★）

一、物权变动的形态

（一）物权的取得

1．原始取得

物权的取得非自他人（原物权人）之手继受而来。如通过先占取得无主物所有权、通过生产劳动获得成果的所有权、建造房屋取得房屋所有权、收取天然孳息取得孳息所有权。

2. 继受取得

物权自前手继受而来。如通过买卖、赠与等法律行为获得他人之物的所有权，所有权人为他人创设他物权，通过继承获得被继承人财产所有权。

提示

区分物权的原始取得与继受取得的关键是权利人是否通过其前手（原物权人）获得物权。

（二）物权的变更

1. 物权主体的变更（物权的转让）。

2. 物权客体的变更。

3. 物权内容的变更。

（三）物权的消灭

1. 物权的绝对消灭

物权的绝对消灭，是指物权本身不复存在，例如物权客体毁损灭失导致物权消灭。

2. 物权的相对消灭

物权的相对消灭即物权的转让，是指物权相对于转让方而消灭。例如甲将物权转让给乙，相对于甲而言，物权消灭；相对于乙而言，则意味着取得物权。

二、物权变动的原因

（一）基于法律行为而变动

1. 情形：买卖、赠与、互易、创设他物权、抛弃所有权。

2. 需要经过公示：公示的效力有公示生效主义和公示对抗主义。

（二）非基于法律行为而变动，不需要公示，但事后处分仍需要登记，未经登记，不发生物权效力。

1. 基于事实行为（如房屋建造行为）。

2. 基于法律规定（如继承、受遗赠）。

3. 基于公法行为（人民法院、仲裁委员会的法律文书或政府的征收决定）。

提示

上述人民法院、仲裁委员会的法律文书的范围：仅限于直接导致物权变动的“形成裁判”（不包括给付判决）——人民法院、仲裁委员会在分割共有不动产或者动产等案件中作出并依法生效的改变原有物权关系的判决书、裁决书、调解书，以及人民法院在执行程序中作出的拍卖成交裁定书、以物抵债裁定书。

【案例1】甲、乙夫妻二人在婚姻关系存续期间购买了一套房屋，该房屋产权登记时只登记在甲一人名下，后甲乙感情不和，双方撕破脸皮，乙向法院诉请离婚，请求法院判决双方离婚，并请求将共有房屋判给自己，法院经过审理作出如下判决：甲、乙离婚，共有房屋归乙所有。判决生效后，双方未办理房屋过户登记手续。本例中：1. 法院作出的关于共有房屋归乙所有的判决属于物权形成判决；2. 甲乙虽未办理过户登记手续，但乙已取得房屋所有权；3. 如果乙将房屋出卖给丙，必须办理登记手续（先将房屋从甲名下过户到乙名下，再由乙名下过户到丙名下），才能发生物权变动。

【案例2】甲、乙夫妻二人在婚姻关系存续期间购买了一套房屋，该房屋产权登记时只登记在甲一人名下，后甲、乙感情不和，双方好聚好散，达成书面离婚协议，约定：双方解除婚姻关系，共有房屋归乙一人所有。后甲拒绝办理过户登记手续，乙诉至法院，法院判决甲办理过户登记手续，甲仍未办理。本例中：1. 法院作出的关于甲办理房屋过户登记手续的判决为给付判决；2. 判决生效，房屋所有权并未转移，仍归甲乙共有；3. 只有经过强制执行程序，办理过户登记手续后，乙才能获得房屋所有权。

【总结】在考试中，判断一项判决是否形成判决的一个重要标准是：当事人之间是否存在以转移物权为目的的合同（买卖合同、离婚协议、散伙协议），如果是有合同在先，一方不履行合同，另一方诉至法院，法院作出的判决为给付判决，该判决生效不会直接导致物权变动。

三、动产物权的变动

动产物权的设立和转让，自交付时发生效力，但法律另有规定的除外。

（一）一般动产物权变动——交付生效

1. 现实交付：将物直接交由对方占有，是最典型的交付形态。

2. 交付替代：

（1）简易交付

受让人在动产物权变动前已先行占有该动产的，让与人如设立和转让其动产物权，无需再为现实交付，让与合同生效时即发生物权变动的效力。

【特点】交付在前，买卖在后，即买卖之前已经交付。

【案例】甲公司出租给乙公司一台塔吊，租期1年。租赁期间甲乙双方又达成买卖该塔吊的协议，双方的买卖合同生效时视为完成了交付，所有权发生转移。

【例1-多选题】2017年5月4日，甲将自家的耕牛出租给乙使用两个月。5月10日，乙提出要买下此耕牛，甲表示同意。双方在买卖合同中约定，转让价款为20 000元，一个月后交付款项。下列哪一选项是正确的？（　　）

A. 甲、乙之间由于没有完成交付，故所有权没有转移

B. 甲、乙之间5月4日发生所有权转移

C. 甲、乙之间的买卖合同于5月10日生效

D. 耕牛的所有权自5月10日转移

【答案】CD

学堂点拨

根据规定，动产物权设立和转让前，权利人已经依法占有该动产的，物权自合同生效时发生效力。本题中，双方在达成买卖合同之前，甲已将耕牛出租给乙，乙已经实际占有耕牛，因此买卖合同生效时（5月10日），视为双方完成交付，所有权转移。

（2）指示交付

动产物权设立和转让前，第三人依法占有该动产的，负有交付义务的人可以通过转让请求第三人返还原物的权利代替交付。

提示

指示交付的成立只需要当事人之间达成转移请求第三人返还原物的权利的协议，不要求让与人将所有权转让的事实通知占有标的物的第三人。

【特点】买卖在前，交付在后，第三人交付。

【案例】甲将电脑借给乙使用一个月，借用期限届满之前，甲又将该电脑出卖给丙，双方签订买卖合同约定：待借用期限届满由丙直接向乙请求返还电脑，该约定生效时，丙取得电脑所有权，借用期限届满前，乙占有的是丙的电脑。

（3）占有改定

动产物权转让时，双方又约定由出让人继续占有该动产的，物权自该约定生效时发生效力。

【特点】买卖在前，交付在后，本人交付。

【案例】甲将其祖传的名表出售给乙，双方签订了买卖合同，约定价款2万元，双方又约定，甲再借用该表一周，一周之后甲将表实际交付给乙。本例中，甲乙达成借用名表的协议时（而非实际交付名表时），表的所有权发生转移。

【例2-多选题】甲有一块价值一万元的玉石。甲与乙订立了买卖该玉石的合同，约定价金11 000元。由于乙没有带钱，甲未将该玉石交付于乙，约定三日后乙到甲的住处付钱取玉石。随后甲又向乙提出，再借用玉石把玩几天，乙表示同意。关于乙对该玉石所有权的取得和交付的表述,下列哪些选项是正确的？（　　）

A．甲、乙的买卖合同生效时，乙直接取得该玉石的所有权

B．甲、乙的借用约定生效时，乙取得该玉石的所有权

C．由于甲未将玉石交付给乙，所以乙一直未取得该玉石的所有权

D．甲通过占有改定的方式将玉石交付给了乙

【答案】BD

学堂点拨

交付包括三大类，即现实交付、观念交付和拟制交付；其中，观念交付又包括三类，即简易交付、指示交付和占有改定。占有改定的情形是先卖而后租（借），双方当事人先存在一个买卖合同，而后卖方又向买方提出借用或租赁该动产的情形，自该借用合同或租赁合同“生效时”视为已经交付，即所谓的“占有改定”。本题中，甲将“玉石”卖给乙，约定三日后乙到甲的住处付钱取玉石，但随后甲又向乙提出，再“借用”玉石把玩几天，乙表示“同意”，据此可知，甲乙之间关于玉石的“借用合同”成立并生效，此时在二者之间形成“占有改定”，视为甲已经将该玉石交付给乙，所有权已经发生变动，据此可知，A、C两项错误，不当选，B、D两项正确，当选。综上所述，本题的正确答案为BD。

表 3–4 简易交付、指示交付和占有改定

交付方式	核心特征	物权变动的时间
简易交付	合同成立前，买受人先行占有标的物	变动物权的法律行为生效时
指示交付	合同成立时，标的物为第三人占有	受让人取得请求第三人返还原物的权利时
占有改定	合同成立后，标的物仍由出卖人占有	占有改定约定生效时

（二）特殊动产物权变动—登记对抗

船舶、航空器和机动车等物权的设立、变更、转让和消灭，未经登记，不得对抗善意第三人。

（三）例外——动产抵押权：不以交付为公示方式

以动产设定抵押的（不转移对抵押物的占有），抵押权自抵押合同生效时设立，未经登记，不能对抗善意第三人，比如船舶、航空器因单体金额巨大，一般都需向金融机构借款购买，为保障借贷双方、善意第三人权利，需抵押登记而非动产交付，标的物由资产方继续占有产生经营所得。

【例3–单选题】甲将自己收藏的一幅名画卖给乙，乙当场付款，约定5天后取画。丙听说后，表示愿出比乙高的价格购买此画，甲当即决定卖给丙，约定第二天交货。乙得知此事，当晚诱使甲8岁的儿子从家中取出此画给自己。该画在由乙占有期间，被丁盗走。根据物权法律制度的规定，此时该名画的所有权属于（　　）。

A. 甲　　B. 乙　　C. 丙　　D. 丁

【答案】A

学堂点拨

动产所有权的转移以交付为要件，本题中，甲乙之间、甲丙之间均存在有效的买卖合同，引诱和偷盗行为均非对方真实意思表示，均不构成交付，故乙、丁均为非法占有，故甲未完成交付，因此所有权未转移，尽管该画为丁占有，但所有权仍属于甲。

四、不动产物权变动

（一）不动产物权变动的一般规则

不动产物权的设立、变更、转让和消灭，经依法登记，发生效力；未经登记，不发生效力，但法律另有规定的除外。

提示

此处的“法律另有规定”包括两种情形：1. 采取登记对抗主义的不动产物权：土地承包经营权、地役权等。2. 非基于法律行为的不动产物权变动：（1）事实行为导致的不动产物权变动；（2）继承、受遗赠导致的不动产物权变动；（3）公法行为导致的不动产物权变动。

表 3–5 不动产登记的效力

登记的法律效力	具体情形
登记生效	1. 房屋所有权的转移 2. 建设用地使用权的取得和转让 3. 不动产抵押的设定

（续上表）

登记的法律效力	具体情形
登记对抗	1. 土地承包经营权 2. 地役权 3. 宅基地使用权
登记处分（物权变动不以登记为生效要件，但事后处分时仍要登记，未经登记，不发生物权效力）	1. 因人民法院、仲裁委员会的法律文书、人民政府的征收决定，导致物权设立、变更和消灭的，自法律文书生效或者人民政府的征收决定生效时发生效力 2. 因继承或者受遗赠取得物权的，自继承或者受遗赠开始时发生效力 3. 因合法建造、拆除房屋等事实行为设立和消灭物权的，自事实行为成就时发生效力

（二）需要登记的不动产物权

1. 集体土地使用权。

2. 房屋等建筑物、构筑物所有权。

3. 森林、林木所有权。

4. 耕地、林地、草地等土地承包经营权。

5. 建设用地使用权。

6. 宅基地使用权。

7. 海域使用权。

8. 地役权。

9. 抵押权。

10. 法律规定需要登记的其他不动产权利。

（三）首次登记、变更登记、转移登记和注销登记

1. 首次登记

首次登记，即不动产的第一次登记。未办理不动产首次登记的，除法律、行政法规另有规定的外，不得办理不动产其他类型的登记。

2. 变更登记

变更登记，是指不动产登记事项发生“不涉及权利转移的变更”所需的登记。

3. 转移登记

转移登记，是指不动产权利在不同主体之间发生转移所需的登记。

4. 注销登记

注销登记，是指不动产权利消灭时所需的登记。

（四）更正登记

权利人、利害关系人认为不动产登记簿记载的事项有错误的，可以申请更正登记。不动产登记簿记载的权利人书面同意更正或者有证据证明登记确有错误的，登记机构应当予以更正。

（五）异议登记

异议登记是利害关系人对不动产登记簿记载的权利提出异议并记入登记簿的行为，是在更正登记不能获得权利人同意后的补救措施。

1. 异议登记的效力

异议登记使得登记簿上所记载权利失去正确性推定的效力，异议登记后，第三人不得主张基于登记而产生的公信力（不适用于善意取得）。

2. 异议登记的失效

为了避免不动产物权的效力因异议登记而长期处于不稳定，法律要求异议登记申请人在异议登记之日起15日内起诉，不起诉的，则异议登记失效。

提示

异议登记权利人没有在15日内起诉而失效后，当事人提起民事诉讼，请求确认物权归属的，人民法院应当依法受理。异议登记失效不影响人民法院对案件的实体审理，但不可对抗善意第三人。

3. 异议登记不当的救济

异议登记不当，造成权利人损害的，权利人可以向申请人请求损害赔偿。

【例4-多选题】某房屋登记的所有人为甲，乙认为自己是共有人，于是向登记机构申请更正登记。甲不同意，乙又于3月15日进行了异议登记。3月20日，丙打算买甲的房屋，但是到登记机构查询发现甲的房屋存有异议登记，遂放弃购买。乙申请异议登记后，发现自己的证据不足，遂对此事置之不理。哪些选项正确？（　　）

A. 异议登记后，甲未经乙同意处分该房屋的不发生物权效力

B. 异议登记于3月31日失效

C. 甲有权向乙请求赔偿损失

D. 甲有权向登记机构请求赔偿损失

【答案】BC

学堂点拨

1. 选项A错误：异议登记的法律效力在于使登记簿上所记载权利失去正确性推定的效力，异议登记后，第三人不得主张基于登记而产生的公信力，因此，异议登记的法律效力并不是阻止不动产物权的变动。2. 选项B正确：根据规定，为了避免不动产物权的效力因异议登记而长期处于不稳定，法律要求异议登记申请人在异议登记之日起15日内起诉，不起诉的，则异议登记失效。本题中，3月15日进行异议登记，因此，3月31日异议登记失效。3. 选项C正确，选项D错误：异议登记不当，造成权利人损害的，权利人可以向申请人（而非登记机构）请求损害赔偿。

（六）预告登记

当事人签订买卖房屋或者其他不动产物权的协议，为保障将来实现物权，按照约定可以向登记机构申请预告登记。

1. 预告登记的适用情形

（1）预购商品房（期房买卖）。

（2）以预购商品房设定抵押（期房抵押）。

（3）房屋所有权转让、抵押（现房买卖和抵押）。

2. 预告登记的效力

预告登记后，未经预告登记的权利人同意，处分该不动产的，不发生物权效力。

【解释】此处的“处分”包括：1. 转移不动产所有权；2. 设定建设用地使用权、地役权、抵押权等其他物权。

3. 预告登记的失效

预告登记后，债权消灭或者自能够进行不动产登记之日起3个月内未申请登记的，预告登记失效。

【解释】此处的“债权消灭”情形包括：1. 买卖不动产物权的协议被认定无效、被撤销、被解除；2. 预告登记的权利人放弃债权。

【案例】某开发商向李某出售一套在建的商品房，双方签订了商品房预售合同，李某向开发商支付了购房款，双方办理了预告登记。本例中：1. 房屋建好后，开发商如果将合同约定的商品房出卖给王某，必须经过李某同意，否则无法办理过户登记，王某不能取得房屋所有权；2. 如果商品房完工后，三个月内当事人没有申请办理过户登记，预告登记失效，即开发商将该房屋卖给第三人，第三人可以取得所有权。

【例5-2017-单选题】甲公司与乙银行签订300万元的借款合同，以甲的房屋提供债权额为300万元的抵押担保，并已办理登记。其后，借款合同的借款金额增加为400万元，仍以该房屋提供抵押担保，担保债权额相应增加为400万元。为使新增抵押生效，根据物权法律制度的规定，乙银行应向不动产登记机构申请的登记类型是（　　）。

A. 更正登记　　B. 预告登记　　C. 变更登记　　D. 转移登记

【答案】C

学堂点拨

1. 选项A错误：根据规定，权利人、利害关系人认为不动产登记簿记载的事项有错误的，可以申请更正登记。本题所述情形不符合更正登记的适用前提。2. 选项B错误：预告登记的目的为了将来实现物权，本题中，抵押权已经设立，故无需预告登记。3. 选项C正确：变更登记，是指不动产登记事项发生“不涉及权利转移的变更”所需的登记。本题中，抵押担保主债权数额发生变化的，因此需要办理变更登记。4. 选项D错误：转移登记，是指不动产权利在不同主体之间发生转移所需的登记。本题中，没有发生不动产物权转移，因此，不可能进行转移登记。

第三单元　所有权

知识点1　所有权（★★★）

一、所有权的概念和特征

所有权是指在法律限制的范围内，对物进行全面支配的权利。所有权包括如下四项权能：

（一）占有权能——所有权的表征

（二）使用权能——在不毁损标的物或变更物的性质的前提下，对物进行利用

（三）收益权能——收取天然孳息和法定孳息

（四）处分权能——改变物的命运

1. 事实处分——针对物本身（毁损、食用、改装）

2. 法律处分——针对物上权利（转让、抵押、抛弃）

二、所有权的类型

（一）国家所有权

1. 国有财产的行使：除法律另有规定的以外，均由国务院代表国家行使所有权。

2. 国家所有权的客体范围：

（1）城市土地、矿藏、水流、海域；

（2）野生动植物资源；

（3）无线电频谱资源；

（4）国防资产；

（5）森林、山岭、草原、荒地、滩涂等自然资源，但法律规定属于集体所有的除外；

（6）法律规定属于国家所有的农村和城市郊区的土地及铁路、公路、电力设施、电信设施和油气管道等基础设施；

（7）法律规定属于国家所有的文物。

（二）集体所有权

1. 集体所有权的客体

法律规定属于集体所有的土地和森林、山岭、草原、荒地、滩涂。

提示

矿藏、水源、海域、无线电频谱资源、国防资产、城市的土地，这些只能归国家所有。

2. 集体所有权的行使

对于集体所有的土地和森林、山岭、草原、荒地、滩涂等，依照下列规定行使所有权：

（1）属于村农民集体所有的，由村集体经济组织或者村民委员会代表集体行使所有权；

（2）分别属于村内两个以上农民集体所有的，由村内各该集体经济组织或者村民小组代表集体行使所有权；

（3）属于乡镇农民集体所有的，由乡镇集体经济组织代表集体行使所有权。

（三）私人所有权

私人不仅包括自然人，而且民法上的法人尤其是企业法人也包括在内。

知识点2 共有（★）

一、共有的种类

（一）按份共有和共同共有

1. 按份共有：共有人对共有的不动产或动产按照其份额享有所有权。

提示

按份共有人共有份额的确定：1. 有约定按约定；2. 没有约定或者约定不明，按照出资额确定；3. 不能确定出资额，视为份额均等。

2. 共同共有：共有人对共有物不分份额地享有共同权利，承担共同义务。

提示

共同共有的形成以共有人之间存在共同关系为前提，共同关系包括：婚姻关系、共同继承关系、以家庭共同财产投资设立个人独资企业的共同投资关系等。

（二）共有形态的推定

共有人对共有的不动产或者动产没有约定为按份共有或者共同共有，或者约定不明确的，除共有人具有家庭关系等外，视为按份共有。

二、共同的法律效力

（一）共同共有与按份共有的法律效力比较

表 3–6　共同共有与按份共有的法律效力

<table>
<tr><th colspan="2"></th><th>共同共有</th><th>按份共有</th></tr>
<tr><td colspan="2" rowspan="2">共有物的重大修缮和处分</td><td>有约定按约定，否则应当经全体共同共有人同意（任何一个共有人享有一票否决权）。</td><td>有约定按约定，否则应当经占“份额”2/3以上的按份共有人同意。</td></tr>
<tr><td colspan="2">按份共有人未经占“份额”2/3以上的按份共有人同意擅自处分共有物，或者共同共有人未经其他共同共有人同意处分共有物的法律效力：
1. 买卖合同有效；
2. 处分行为效力待定；
3. 买受人如果符合善意取得构成要件，可善意取得共有物所有权。</td></tr>
<tr><td colspan="2">共有物管理费及其他负担</td><td>有约定按约定，否则共同共有人共同负担。</td><td>有约定按约定，否则按份共有人按照其份额负担。</td></tr>
<tr><td>对外债权债务</td><td>外部关系</td><td colspan="2">共有人享有连带债权、承担连带债务，但法律另有规定或者第三人知道共有人不具有连带债权债务关系的除外。</td></tr>
<tr><td>对外债权债务</td><td>内部关系</td><td>除另有约定外，共同共有人共同享有、共同分担。</td><td>除另有约定外，按份共有人按照份额享有债权、承担债务。</td></tr>
<tr><td rowspan="3">共有物的分割</td><td>分割方式</td><td colspan="2">1. 协商确定分割方式。
2. 协商不成：视情况分割实物（可分物）或变价分割（不可分物）。</td></tr>
<tr><td>事先约定不得分割</td><td colspan="2">按约定，但有重大理由需要分割的，仍可请求分割。</td></tr>
<tr><td>事先没有约定不得分割或者约定不明确</td><td>下列情形可以请求分割：
1. 共有的基础丧失；
2. 有重大理由需要分割。</td><td>随时请求分割。</td></tr>
<tr><td colspan="2">共有人优先购买权</td><td>共有财产分割后，一个或数个原共有人出卖自己分得的财产时，如果出卖的财产与其他原共有人分得的财产属于一个整体或者配套使用，其他原共有人享有优先购买权。</td><td>共有人可“自由”处分其共有“份额”。
其他共有人在同等条件下享有优先购买的权利。</td></tr>
</table>

【例1-2017-单选题】朋友6人共同出资购买一辆小汽车，未约定共有形式，且每人的出资额也不能确定。部分共有人欲对外转让该车。为避免该转让成为无权处分，在没有其他约定的情况下，根据物权法律制度的规定，同意转让的共有人至少应当达到的人数是（　　）。

A. 4人　　B. 3人　　C. 6人　　D. 5人

【答案】A

学堂点拨

共有人对共有的不动产或者动产没有约定为按份共有或者共同共有，或者约定不明确的，除共有人具有家庭关系等外，视为按份共有。按份共有人对共有的不动产或者动产享有的份额，可以约定；没有约定或者约定不明确的，按照出资额确定；不能确定出资额的，视为等额享有。按份共有中，处分共有的不动产或者动产，应当经占份额2/3以上的按份共有人同意，但共有人之间另有约定的除外。本题中，朋友6人等额享有该汽车，故同意转让的共有人至少应当达到的人数是6×2/3=4人。

（二）按份共有人的优先购买权

1. 同等条件的界定

应当综合共有份额的转让价格、价款履行方式及期限等因素确定。

2. 行权期限

优先购买权的行使期间，按份共有人之间有约定的，按照约定处理；没有约定或者约定不明的，按照下列情形确定：

（1）转让人向其他按份共有人发出的包含同等条件内容的通知中载明行使期间的，以该期间为准；

（2）通知中未载明行使期间，或者载明的期间短于通知送达之日起十五日的，为十五日；

（3）转让人未通知的，为其他按份共有人知道或者应当知道最终确定的同等条件之日起十五日；

（4）转让人未通知，且无法确定其他按份共有人知道或者应当知道最终确定的同等条件的，为共有份额权属转移之日起六个月。

3. 不得主张优先购买权的情形

（1）共有份额的权利主体因继承、遗赠等原因发生变化时，其他按份共有人主张优先购买的，不予支持，但按份共有人之间另有约定的除外。

（2）按份共有人之间转让共有份额，其他按份共有人主张优先购买的，不予支持，但按份共有人之间另有约定的除外。

（3）按份共有人向共有人之外的人转让其份额，其他按份共有人虽主张优先购买，但提出减少转让价款、增加转让人负担等实质性变更要求。

4. 优先购买权的冲突解决

两个以上按份共有人主张优先购买且协商不成时，请求按照转让时各自份额比例行使优先购买权的，应予支持。

知识点3 善意取得（★★★）

一、善意取得的一般规定

无处分权人将不动产或者动产转让给受让人的，所有权人有权追回；除法律另有规定外，符合下列情形的，受让人取得该不动产或者动产的所有权：

受让人受让该不动产或者动产时是善意的；

以合理的价格转让；

转让的不动产或者动产依照法律规定应当登记的已经登记，不需要登记的已经交付给受让人。

受让人依照前款规定取得不动产或者动产的所有权的，原所有权人有权向无处分权人请求赔偿损失。

提示

1. 善意取得制度的价值在于保护交易安全。
2. 善意取得制度的理论基础是物权的公示公信原则。

二、构成要件

（一）转让人系无权处分，且存在权利外观

【解释】动产无权处分人的权利外观是通过转让人对动产的占有来表现；不动产无权处分人的权利外观则是通过不动产登记来表现。

（二）受让人受让不动产或动产时为善意

1. 善意的认定：受让人受让不动产或者动产时，不知道转让人无处分权，且无重大过失的，应当认定受让人为善意。

提示

1. 具有下列情形之一的，应当认定不动产受让人知道转让人无处分权：

（1）登记簿上存在有效的异议登记；

（2）预告登记有效期内，未经预告登记的权利人同意；

（3）登记簿上已经记载司法机关或者行政机关依法裁定、决定查封或者以其他形式限制不动产权利的有关事项；

（4）受让人知道登记簿上记载的权利主体错误；

（5）受让人知道他人已经依法享有不动产物权。

2. 受让人重大过失的认定：

（1）不动产转让：真实权利人有证据证明不动产受让人应当知道转让人无处分权的，应当认定受让人具有重大过失；

（2）动产转让：受让人受让动产时，交易的对象、场所或者时机等不符合交易习惯的，应当认定受让人具有重大过失。

2. 善意的举证责任：真实权利人主张受让人不构成善意的，应当承担举证证明责任。

3. “受让人受让该不动产或者动产时”的认定：依法完成不动产物权转移登记或者动产交付

之时。

（三）以合理的价格转让

提示

判断是否构成“合理的价格”，应当根据标的物的性质、数量以及付款方式等具体情况，参考转让时交易地的市场价格以及交易习惯等因素综合认定。

（四）动产已交付，不动产已办理登记

提示

1. 船舶、航空器和机动车等特殊动产的善意取得，以“交付”（而非登记）为要件。

2. 此处的交付，可以是现实交付、简易交付和指示交付，但不能是占有改定，原因在于占有改定后表面持有动产之人即为原物权所有人，是交易相对方，而非善意第三人。

（五）转让人基于原权利人的意思合法占有标的物（基于保管、借用、租赁、运输等法律关系占有标的物）

提示

1. 盗赃物不适用善意取得。

2. 遗失物不适用善意取得，权利人可以：（1）向无权处分人请求赔偿；（2）自知道或应当知道受让人之日起2年内向受让人请求返还。但受让人如通过拍卖或有经营资格者处购得，权利人需支付受让人所付费用。

（六）转让合同本身不存在效力瑕疵

转让合同无效、被撤销，不能适用善意取得。

三、法律效果

（一）物权法律效果

在原权利人与受让人之间，原权利人丧失标的物的所有权，而受让人则基于善意取得制度而获得标的物的所有权。

（二）债权法律效果

在原权利人与无权处分人之间，原权利人可以向无权处分人请求损害赔偿。

四、适用范围

善意取得制度不仅仅适用于所有权的取得，建设用地使用权、抵押权、质权、留置权等他物权也可以善意取得。

【相关链接1】质权的善意取得——出质人以其不具有所有权但合法占有的动产出质的，法律保护善意质权人的权利。善意质权人行使质权给动产所有人造成损失的，由出质人承担赔偿责任。

【相关链接2】留置权的善意取得——如果债权人合法占有债务人交付的动产时，不知债务人无处分该动产的权利，债权人仍可以行使留置权。

【相关链接3】隐名投资中的股权善意取得——名义股东将登记于其名下的股权转让、质押或者以其他方式处分，实际出资人以其对于股权享有实际权利为由，请求认定处分股权行为无效的，人民法院可以参照《物权法》第一百零六条（善意取得制度）的规定处理。只要受让方构成善意取得，交易的股权可以最终为其所有。但是，名义股东处分股权造成实际出资人损失，实际出资人请求名义股东承担赔偿责任的，人民法院应予支持。

【相关链接4】一股二卖中的股权善意取得——股权转让后尚未向公司登记机关办理变更登记，原股东将仍登记于其名下的股权转让、质押或者以其他方式处分，受让股东以其对于股权享有实际权利为由，请求认定处分股权行为无效的，人民法院可以参照《物权法》第一百零六条（善意取得制度）的规定处理。第三人在受让原股东处分的股权时如果构成善意取得，则最终获得该股权；否则，原股东处分股权的行为无效。

【相关链接5】公司对股东出资财产的善意取得——出资人以不享有处分权的财产出资，当事人之间对于出资行为效力产生争议的，人民法院可以参照《物权法》第一百零六条（善意取得制度）的规定予以认定。只要公司取得该财产符合《物权法》规定的善意取得条件，该财产可以最终为公司所有。

【例2-单选题】甲、乙、丙三兄弟共同继承一幅古董字画，由甲保管。甲擅自将该画以市场价出卖于丁并已交付，丁对该画的共有权属关系并不知情。根据物权法律制度的规定，下列表述中，正确的是（　　）。

A．经乙和丙中一人追认，丁即可取得该画的所有权

B．无论乙和丙追认与否，丁均可取得该画的所有权

C．丁取得该画的所有权，但须以乙和丙均追认为前提

D．无论乙和丙追认与否，丁均不能取得该画的所有权

【答案】B

学堂点拨

甲、乙、丙对字画共同共有，根据规定，共同共有中，共有物的处分需要经过全体共同共有人同意，否则构成无权处分。本题中，甲擅自出卖画的行为属于无权处分，丁是善意的、支付合理对价、标的物已经交付的买受人，适用善意取得制度，无论其他共有人是否追认，丁都取得所有权。

【例3-多选题】吴某和李某共有一套房屋，所有权登记在吴某名下。2010年2月1日，法院判决吴某和李某离婚，并且判决房屋归李某所有，但是并未办理房屋所有权变更登记。3月1日，李某将该房屋出卖给张某，张某基于对判决书的信赖支付了50万元价款，并入住了该房屋。4月1日，吴某又就该房屋和王某签订了买卖合同，王某在查阅了房屋登记簿确认房屋仍归吴某所有后，支付了50万元价款，并于5月10日办理了所有权变更登记手续。根据物权法律制度的规定，下列表述中，正确的有（　　）。

A．5月10日前，吴某是房屋所有权人

B．2月1日至5月10日，李某是房屋所有权人

C．3月1日至5月10日，张某是房屋所有权人

D．5月10日后，王某是房屋所有权人

【答案】BD

学堂点拨

1. 选项A错误，选项B正确：根据规定，因人民法院、仲裁委员会的法律文书或者人民政府的征收决定等，导致物权设立、变更、转让或者消灭的，自法律文书或者人民政府的征收决定等生效时发生效力。本题中，法院将房屋判归李某所有，因此，李某自判决书生效之日起享有该房屋的所有权。2. 选项C错误，选项D正确：根据规定，不动产物权的设立、变更、转让和消灭，应当依照法律规定登记。动产物权的设立和转让，应当依照法律规定交付。本题中，房屋是不动产，除法律另有规定外，其所有权变动必须办理登记。张某虽然支付了购房款，但是其没有办理产权过户登记，对房屋不享有所有权。王某是善意第三人，且办理了房屋过户手续，对房屋享有所有权。

知识点4 动产所有权的特殊取得方式（★）

一、先占

先占人基于先占行为取得无主动产的所有权。

提示

无主物≠遗失物，遗失物不能通过先占取得所有权。

二、拾得遗失物

（一）拾得人的义务

1. 返还义务——拾得遗失物，应当返还权利人。
2. 报告义务——拾得人应当及时通知权利人领取，或者送交公安等有关部门。

（二）拾得人的权利

1. 费用偿还请求权——拾得人享有必要费用偿还请求权。
2. 悬赏报酬请求权——一般无报酬请求权，但有悬赏广告的除外。

（三）遗失物归属

有关部门收到遗失物，知道权利人的，应当及时通知其领取；不知道的，应当及时发布招领公告。遗失物自发布招领“公告之日”起“6个月”内无人认领的，归国家所有。

三、添附

（一）附合

1. 概念：不同所有人的物密切结合，构成不可分割的一物。
2. 附合物的所有权确定规则：

（1）动产附合于不动产——由不动产所有人取得所有权；

（2）动产附合于动产——按动产附合时的价值由各动产所有人共有附合物，或者由主物所有权人享有附合物的所有权。

（二）混合

1. 概念：不同所有人的动产混合在一起，难以识别或分离。
2. 混合物所有权确定规则——准用动产附合之规则。

（三）加工

1. 概念：在他人之动产上进行改造或劳作，并生成新物的法律事实。

2. 加工物的所有权确定规则——加工者取得新物所有权，只要加工价值不明显低于材料价值。

表 3–7　添附的类型及添附物的所有权归属

附合	不同所有人的物密切结合，构成不可分割的一物	1. 动产附合于不动产（如油漆刷到房屋墙上）：不动产所有人取得附合之物所有权 2. 动产附合于动产： （1）价高者得，价低者获补偿（油漆漆于他人家具，家具所有人取得新物所有权） （2）依价值成立共有（如不同所有人的木材制作成的沙发，木材所有人共有沙发）
混合	所有权不属同一人的动产，相互混杂，难以识别或分离（如两种白酒混合到一起）	同“动产附合于动产”
加工	在他人之动产上进行改造或劳作，并生成新物的法律事实（如将石头雕刻为艺术品）	加工者取得新物所有权，只要加工价值不明显低于材料价值

第四单元　用益物权

知识点　用益物权（★★★）

一、用益物权概述

（一）用益物权是对他人所有的“不动产或者动产”，依法享有占有、使用和收益的权利。

（二）种类

1. 土地承包经营权——用于农业生产

2. 建设用地使用权——用于建造房屋

3. 宅基地使用权——用于建造农民住宅

4. 地役权——用于提高自己不动产的效用

二、建设用地使用权

（一）权利客体

1. 国有土地

2. 集体土地——通过征收变为国有土地（变性）

提示

兴办乡镇企业、村民建设住宅、乡（镇）村公共设施以及公益事业建设经批准可直接使用集体土地，无需征收。

（二）建设用地使用权的创设取得

提示

建设用地使用权创设是政府与土地使用人之间的行为，其对应的是国有土地的一级市场。

1. 无偿划拨

土地使用权划拨，是指县级以上人民政府依法批准，在土地使用者缴纳补偿、安置等费用后将该幅土地交付其使用，或者将土地使用权无偿交付给土地使用者使用的行为。下列建设用地（非商业用地）的土地使用权，确属必需的，可以由县级以上人民政府依法批准划拨：

（1）国家机关用地和军事用地；

（2）城市基础设施用地和公益事业用地；

（3）国家重点扶持的能源、交通、水利等项目用地；

（4）法律、行政法规规定的其他用地。

2. 有偿出让

（1）招标、拍卖等公开竞价方式：工业、商业、旅游、娱乐和商品住宅等经营性用地以及同一土地有两个以上意向用地者的，应当采取招标、拍卖等公开竞价的方式出让，不能采取无偿划拨方式。

（2）双方协议方式：没有条件，不能采取拍卖、招标方式的，可以采取双方协议的方式。采取双方协议方式出让土地使用权的出让金不得低于按国家规定所确定的最低价。

3. 期限及续期

表 3-8 建设用地使用权的期限及续期

<table>
<tr><td>无偿划拨</td><td colspan="3">除法律、行政法规另有规定外，没有使用期限的限制。</td></tr>
<tr><td rowspan="2">有偿出让</td><td rowspan="2">期限</td><td>70年</td><td>居住用地</td></tr>
<tr><td>50年</td><td>工业用地、教育、科技、文化、卫生、体育用地、综合用地等或其他用地</td></tr>
<tr><td rowspan="3">有偿出让</td><td>期限</td><td>40年</td><td>商业、旅游、娱乐用地</td></tr>
<tr><td rowspan="2">续期</td><td colspan="2">一般情形：应当最迟于届满前一年申请续期，除根据社会公共利益需要收回该幅土地的外，应当予以批准。经批准准予续期的，应当重新签订土地使用权出让合同，依照规定支付土地使用权出让金。</td></tr>
<tr><td colspan="2">特殊情形：住宅建设用地使用权届满，自动续期。</td></tr>
</table>

【例1-多选题】根据物权法律制度的规定，下列关于建设用地使用权的表述中，正确的有（　　）。

A. 兴办乡镇企业需要对集体土地建设利用的，必须先将土地征归国有，然后取得国有建设用地使用权

B. 住宅建设用地使用权期间届满的，自动续期

C. 建设用地使用权出让，优先考虑双方协议的方式，协议不成，则采取拍卖、招标方式

D. 用于商业开发的建设用地，不得以划拨方式取得建设用地使用权

【答案】BD

学堂点拨

1．选项A错误：除兴办乡镇企业、村民建设住宅、乡（镇）村公共设施以及公益事业建设经依法批准使用本集体经济组织农民集体所有土地的外，其他对集体土地的建设利用，都必须先征归国有，然后取得国有建设用地使用权；2．选项C错误：建设用地使用权出让，可以采取拍卖、招标或者双方协议的方式，其中，工业、商业、旅游、娱乐和商品住宅等经营性用地以及同一土地有两个以上意向用地者的，应当采取招标、拍卖等公开竞价的方式出让，没有条件，不能采取拍卖、招标方式的，可以采取双方协议的方式。

（三）建设用地使用权的移转取得

提示

建设用地使用权移转是原土地使用权人（转让方）与新土地使用权人（受让方）之间的行为，其对应的是国有土地的二级市场。

表3–9　建设用地使用权的移转取得

<table>
<tr><td colspan="2">移转方式</td><td>转让、互换、出资、赠与或者抵押</td></tr>
<tr><td colspan="2">形式要求</td><td>当事人应当采取书面形式订立相应的合同</td></tr>
<tr><td colspan="2">期限要求</td><td>使用期限由当事人约定，但不得超过建设用地使用权的剩余期限</td></tr>
<tr><td rowspan="2">实质要求</td><td>转让房地产应当符合的条件</td><td>1．以出让方式取得土地使用权的，转让房地产时，应当符合下列条件：
（1）按照出让合同约定已经支付全部土地使用权出让金，并取得土地使用权证书；
（2）按照出让合同约定进行投资开发，属于房屋建设工程的，完成开发投资总额的25%以上，属于成片开发土地的，形成工业用地或者其他建设用地条件；
（3）转让房地产时房屋已经建成的，还应当持有房屋所有权证书。
2．以划拨方式取得土地使用权的，转让房地产时，应当按照国务院规定，报有批准权的人民政府审批。有批准权的人民政府准予转让的，应当由受让方办理土地使用权出让手续，并依照国家有关规定缴纳土地使用权出让金。</td></tr>
<tr><td>不得转让的房地产</td><td>下列房地产，不得转让：
1．出让方式取得土地使用权的，不符合《房地产管理法》第三十九条规定的条件的；
2．司法机关和行政机关依法裁定、决定查封或者以其他形式限制房地产权利的；
3．依法收回土地使用权的；
4．共有房地产，未经其他共有人书面同意的；
5．权属有争议的；
6．未依法登记领取权属证书的；
7．法律、行政法规规定禁止转让的其他情形。</td></tr>
</table>

【例2–2016–多选题】根据物权法律制度的规定，以出让方式取得土地使用权后，转让房地产时，应当符合的条件有（　　）。

A．按出让合同约定投资开发，属于房屋建设工程的，完成开发投资总额的20%以上

B．转让房地产时，房屋建成后，应当持有房屋所有权证书

C．按出让合同约定投资开发，属于成片开发土地的，形成工业用地或其他建设用地条件

D. 按出让合同约定已支付全部土地使用权出让金，并取得土地使用权证书

【答案】BCD

学堂点拨

根据规定，以出让方式取得土地使用权的，转让房地产时，应当符合下列条件：1. 按照出让合同约定已经支付全部土地使用权出让金，并取得土地使用权证书；2. 按照出让合同约定进行投资开发，属于房屋建设工程的，完成开发投资总额的25%以上，属于成片开发土地的，形成工业用地或者其他建设用地条件；3.转让房地产时房屋已经建成的，还应当持有房屋所有权证书。因此，选项BCD正确。

（四）登记

1. 设立登记：设立建设用地使用权的，应当向登记机构申请建设用地使用权登记。建设用地使用权自登记时设立。登记机构应当向建设用地使用权人发放建设用地使用权证书。

2. 移转登记：建设用地使用权转让、互换、出资或者赠与的，应当向登记机构申请变更登记。

3. 注销登记：建设用地使用权消灭的，出让人应当及时办理注销登记。登记机构应当收回建设用地使用权证书。

（五）建设用地使用权的终止和收回

1. 终止事由

（1）土地使用权出让合同规定的使用年限届满。

（2）提前收回。

（3）土地灭失。

2. 收回事由

（1）为公共利益需要使用土地。

（2）为实施城市规划进行旧城区改建，需要调整使用土地。

（3）土地出让等有偿使用合同约定的使用期限届满，土地使用者未申请续期或者申请续期未获批准。

（4）因单位撤销、迁移等原因，停止使用原划拨的国有土地。

（5）公路、铁路、机场、矿场等经核准报废。

第五单元　担保物权

知识点1　担保物权概述（★★★）

一、概念和种类

（一）担保物权的内涵

担保物权，是指在债务人不履行到期债务或者发生当事人约定的实现担保物权的情形，债权人依法就担保财产“优先受偿”的他物权。

提示

1. 担保物权的功能在于担保债权实现，其所针对的是担保物的交换价值而非使用价值，因此，担保物权人不能对担保物进行使用和收益。

2. 担保物权人的优先受偿权，是指担保物权人优先于“担保人”的普通债权人就担保物的价值在其债权范围内得到清偿。

（二）担保物权的种类

1. 意定担保物权——以当事人的合意（合同）为成立前提：

（1）抵押权；

（2）质权。

2. 法定担保物权（留置权）——符合法定要件时直接设立，无需当事人的合意。

二、担保物权的特性

（一）从属性

1. 成立上的从属性——无债权，则无担保。

2. 移转上的从属性——债权转让，担保物权随之转让。

3. 消灭上的从属性——债权消灭，担保物权消灭。

（二）权利行使的附条件性

担保物权的行使需要满足以下两个条件之一：

1. 债务人不履行到期债务；

2. 发生当事人约定的实现担保物权的情形。

（三）优先受偿性

担保物权人就担保物的变现价值优先担保人的普通债权人受偿。

（四）物上代位性

担保物权存续期间，担保物毁损灭失之后存在“三金”（保险金、赔偿金或补偿金），担保物权的效力及于“三金”，债务人不履行到期债务或者发生当事人约定的实现担保物权的情形，担保物权人可就“三金”优先受偿。

【例1-单选题】甲向乙借款，并以本人所有的一件古董花瓶设定质押担保，甲为此就该花瓶购买了一份财产意外损失险。在乙保管花瓶期间，花瓶毁于泥石流。如果甲没有按时还款，下列表述中，正确的是（　　）。

A. 乙可以就保险金优先受偿

B. 乙可以要求以保险金受偿，但是并不优先于甲的其他债权人

C. 泥石流属于不可抗力事件，甲可以不偿还乙的借款

D. 乙应当赔偿甲花瓶灭失的损失

【答案】A

学堂点拨

1. 选项A正确，选项B错误：担保物权具有物上代位性。担保物权存续期间，担保物毁损灭

失之后存在保险金、赔偿金或补偿金，担保物权人可就保险金、赔偿金或补偿金优先受偿。本题中，质物毁损灭失后，质权人乙可就保险赔偿金优先于质押人甲的其他债权人受偿。2. 选项C、D错误：花瓶因泥石流而毁损，泥石流属于不可抗力，构成免责事由，因此乙无需赔偿甲花瓶损失，但是，甲对乙的借款之债并不因不可抗力而免除。

三、担保物权的消灭

担保物权的消灭原因包括以下情形：

（一）主债权消灭；

（二）担保物权实现；

（三）债权人放弃担保物权；

（四）法律规定的其他情形：

1. 担保物灭失；

提示

抵押物灭失后，如果抵押人获得赔偿金、保险金、补偿金等价值转换形态，则发生物上代位。

2. 混同：担保物权人获得担保物所有权。

四、担保范围

（一）当事人有约定的，按照约定。

（二）当事人没有约定或约定不明的，则包括：

1. 主债权；
2. 利息；
3. 违约金；
4. 损害赔偿金；
5. 担保物的保管费用；
6. 实现担保物权的费用。

知识点2 抵押权的概念和特征（★★★）

一、抵押权的内涵

抵押权，是指债务人或者第三人不转移对财产的占有，将该财产抵押给债权人，债务人不履行到期债务或者发生当事人约定的实现抵押权的情形时，债权人有权依法以该财产折价或者以拍卖、变卖该财产的价款优先受偿。抵押中提供财产担保的债务人或者第三人为抵押人，债权人为抵押权人，提供担保的财产为抵押物。

二、抵押权的特征

抵押权被誉为“担保之王”，号称“最牛的担保”，因为抵押权具有如下特征：

（一）抵押权的设定无需转移抵押物的占有；

提示

质权、留置权的成立均要求债权人占有质物或留置物。

（二）抵押权的客体很广泛，包括动产、不动产或不动产用益物权；

提示

质权的客体为动产或某些财产权利，留置权的客体仅限于动产。

（三）不可分性。

抵押权的不可分性，是指在抵押权存续期间抵押物的分割、被担保债权的分割不会导致抵押权的分割；抵押物部分灭失，剩余部分仍担保债权之全部；债权部分清偿，不产生抵押权部分消灭之效力。

抵押权的不可分性包括如下几种情形：

1. 主债权未受全部清偿的，抵押权人可以就抵押物的全部行使抵押权；
2. 抵押物被分割或者部分转让的，抵押权人可以就分割或转让后的抵押物行使抵押权；
3. 主债权被分割或者部分转让的，各债权人可以就其享有的债权份额行使全部抵押权；
4. 主债务被分割或者部分转让的，抵押人仍以其抵押物担保数个债务人履行债务。

提示

第三人提供抵押的，债权人许可债务人转让债务未经抵押人书面同意时，抵押人对未经其同意转让的债务，不再承担担保责任。

【案例】甲公司欠乙公司600万元，1年后到期，第三人丙公司以自己所有的3套房屋提供抵押担保，抵押权设定时每套房市价200万元。存在如下情形：

情形之一：甲公司还款200万元，余下400万元到期不还。现乙公司可以主张一并拍卖全部3套房屋以实现优先受偿权。

情形之二：丙公司分立为丁、戊两公司，丁公司分得其中1套房，戊公司分得2套房，而且每套房均涨至300万元，甲公司未清偿到期债务，现乙公司可选择只就戊公司分得的2套房进行拍卖以实现优先受偿权，也可以选择同时拍卖丁公司分得的1套房和戊公司分得的2套房以实现优先受偿权。

情形之三：乙公司分立为丁、戊两公司，丁公司分得对甲债权中的300万元，戊公司分得另外300万元，甲公司未清偿到期债务，现丁公司或戊公司均可请求一并拍卖丙公司的3套房屋以实现优先受偿权。

情形之四：甲公司保留400万债务，而将另外200万元债务转让给己公司，且经过债权人乙公司和抵押人丙公司同意。甲公司和己公司均未清偿到期债务，现乙公司可拍卖丙公司的3套房屋以使其600万元债权优先受偿。

情形之五：甲公司保留400万债务，而将另外200万元债务转让给己公司，经过债权人乙公司，但未经过抵押人丙公司同意。甲公司和己公司均未清偿到期债务，现乙公司可拍卖丙公司的3套房屋，但只能使其对甲公司的400万元债权优先受偿，其对己公司的200万元债权不能优先受偿。

知识点3 抵押财产的范围（★★★）

一、可以抵押和禁止抵押的财产

（一）可以抵押财产的范围：

动产、不动产和不动产用益物权。

（二）抵押财产应当具备的特征：

1. 有价值（人格不能担保）；
2. 能自由转让；
3. 非公益性；
4. 权属明确。

表 3-10 可以抵押和禁止抵押的财产

可以抵押的财产	禁止抵押的财产
1. 建筑物和其他土地附着物。 2. 建设用地使用权。 3. 以招标、拍卖、公开协商等方式取得的荒地等土地承包经营权。 4. 生产设备、原材料、半成品、产品。 5. 正在建造的建筑物、船舶、航空器。 6. 交通运输工具。 7. 法律、行政法规未禁止抵押的其他财产。	1. 土地所有权。 2. 耕地、宅基地、自留地、自留山等集体所有的土地使用权，但法律规定可以抵押的除外。 3. 学校、幼儿园、医院等以公益为目的的事业单位、社会团体的教育设施、医疗卫生设施和其他社会公益设施。 4. 所有权、使用权不明或者有争议的财产。 5. 依法被查封、扣押、监管的财产。 6. 法律、行政法规规定不得抵押的其他财产。
【提示】法律规定的农村集体所有的土地使用权允许抵押的两种例外情形：1. 以招标、拍卖、公开协商等方式取得的荒地等土地承包经营权；2. 乡镇、村企业的建设用地使用权可随厂房一起抵押。	

【例2-2009-单选题】根据物权法律制度的规定，下列财产中，不可以作为抵押权客体的是（　　）。

A. 工厂的半成品

B. 正在建造的船舶

C. 以招标方式取得的荒地的土地承包经营权

D. 土地所有权

【答案】D

学堂点拨

选项A、B、C均属于可以抵押的财产范围。选项D中的“土地所有权”因为不能转让，因此属于禁止抵押的财产。

二、房地一体原则

（一）一并抵押——抵押权设定时

1. 城市房地产（“房随地走、地随房走”）：以建筑物抵押的，该建筑物占用范围内的建设用地使用权一并抵押；以建设用地使用权抵押的，该土地上的建筑物一并抵押。

2．农村建设用地（“地随房走”）：乡镇、村企业的建设用地使用权不得“单独”抵押；以乡镇、村企业的厂房等建筑物抵押的，其占用范围内的建设用地使用权一并抵押。

（二）一并处分——抵押权实现时

建设用地使用权抵押后，该土地上新增的建筑物不属于抵押财产。该建设用地使用权实现抵押权时，应当将该土地上新增的建筑物与建设用地使用权一并处分，但新增建筑物所得的价款，抵押权人无权优先受偿。

【例3–单选题】北京市甲公司与乙银行签订借款合同，约定甲公司以其所有的A大厦及其建设用地使用权为抵押物，贷款5 000万元。双方办理抵押登记手续后，乙银行发放了贷款。甲公司后又在A大厦项目所在地块上增建了一幢商务配楼，尚未竣工。甲公司因另案被法院判决支付巨额债务，无法偿还乙银行的贷款。根据物权法律制度的规定，下列各项中，正确的是（　　）。

A．商务配楼使用了乙银行拥有抵押权的土地，当然成为抵押物的一部分

B．商务配楼是在建工程，不得抵押、拍卖、转让

C．乙银行请求法院拍卖抵押物时，可以请求法院只拍卖A大厦和整个项目地块的建设用地使用权，而不拍卖商务配楼的房屋所有权

D．乙银行可以请求法院将A大厦和商务配楼以及整个项目地块的建设用地使用权一同拍卖，但无权就商务配楼拍卖所得价款优先受偿

【答案】D

学堂点拨

1．选项A、C错误，选项D正确：根据规定，建设用地使用权抵押后，该土地上新增的建筑物不属于抵押财产。该建设用地使用权实现抵押权时，应当将该土地上新增的建筑物与建设用地使用权一并处分，但新增建筑物所得的价款，抵押权人无权优先受偿。本题中，商务配楼是抵押权设定后新增的建筑物，不属于抵押物的一部分，根据房地一体原则，在抵押权实现时，应将商务配楼与抵押物一同拍卖，但债权人无权就商务配楼拍卖所得价款优先受偿。2．选项B错误：根据规定，正在建造的建筑物可以抵押。

知识点4　抵押权的设定（★★★）

一、抵押合同

（一）抵押合同的形式——书面形式

（二）抵押合同的生效时间——成立时生效

提示

不动产抵押中，抵押登记并非合同的生效要件。

（三）流押条款之禁止

抵押权人在债务履行期届满前，不得与抵押人约定债务人不履行到期债务时，抵押财产归债权人所有，否则，该约定无效。

提示

1. 流押条款无效不会影响到抵押合同其他部分内容的效力。

2. 禁止流押条款的目的在于防范道德风险：在抵押人为第三人的情况下，禁止流押条款可以防止债权人与债务人为了债权人能取得抵押物而作出共同虚伪表示，损害抵押人利益。

【相关链接】流质条款之禁止——质权人在债务履行期届满前，不得与出质人约定债务人不履行到期债务时质押财产归债权人所有，否则，该约定无效。

（四）抵押登记

1. 抵押登记的性质——抵押权的公示方式，与抵押合同效力无关。

2. 抵押登记的效力：登记生效与登记对抗。

表 3-11　登记生效与登记对抗的区别

	登记生效	登记对抗
适用范围	不动产抵押	动产抵押
	1. 建筑物和其他土地附着物 2. 建设用地使用权 3. 以招标、拍卖、公开协商等方式取得的荒地等土地承包经营权 4. 正在建造的建筑物	1. 生产设备、原材料、半成品、产品 2. 正在建造的船舶、航空器 3. 交通运输工具 4. 浮动抵押 5. 其他法律、行政法规未禁止抵押的动产
法律效力	1. 抵押合同生效→合同（债）关系产生 2. 登记→抵押权设立	1. 抵押合同生效→抵押权设立 2. 登记→已经成立的抵押权，可以对抗第三人

表 3-12　登记对抗的具体情形

具体情形	举例
未登记抵押权不得对抗质权	甲以自己的汽车给乙设立抵押，但未办理登记，后甲又将该车质押给不知情的丙，则丙的质权优先于乙的抵押权。
未登记抵押权不得对抗已登记抵押权	甲以自己的汽车给乙设立抵押，但未办理登记，后甲又将该车抵押给不知情的丙，且办理了抵押登记，则丙的抵押权优先于乙的抵押权。
未登记抵押权之间不得互相对抗	甲以自己的汽车给乙设立抵押，但未办理登记，后甲又将该车抵押给不知情的丙，也未办理抵押登记，则乙、丙的抵押权按债权比例受清偿。
未登记抵押权不得对抗所有权	甲以自己的汽车给乙设立抵押，但未办理登记，后甲又将该车以市场价卖给不知情的丙，交付汽车并办理过户登记，丙获得该汽车的所有权，乙的抵押权消灭。

【例4-多选题】甲以自有的一台设备作抵押向乙借款，甲乙签订了抵押合同，但未办理抵押登记。在抵押期间，甲擅自将该设备卖给了善意第三人丙，并已交货付款完毕。根据物权法律制度的规定，下列表述中，正确的有（　　）。

A. 甲与乙之间的抵押合同有效

B. 丙无权取得对该设备的所有权

C. 乙的抵押权可以对抗受让人丙的所有权

D. 乙的抵押权不得对抗受让人丙的所有权

【答案】AD

学堂点拨

1. 选项A正确：除法律另有规定或当事人另有约定外，抵押合同自成立时生效。本题中的抵押合同不存在效力瑕疵情形，因此是有效的；2. 选项B、C错误，选项D正确：根据规定，动产抵押未经登记不得对抗善意第三人。本题中的抵押是动产抵押，自抵押合同生效时，乙取得抵押权，但没有办理抵押登记，故乙的抵押权不得对抗善意取得所有权的第三人丙。

知识点5 抵押权的效力（★★★）

一、抵押物的范围

（一）登记与约定不一致：抵押物登记记载的内容与抵押合同约定的内容不一致的，以登记记载的内容为准。

（二）添附物：抵押物所有人为添附物（附合物、混合物或者加工物）的所有人的，抵押权的效力及于添附物；第三人与抵押物所有人为添附物（附合物、混合物或者加工物）的共有人的，抵押权的效力及于抵押人对共有物享有的份额。

（三）从物：抵押权设定前为抵押物的从物，抵押权的效力及于从物，但抵押物与其从物为两个以上的人分别所有的除外。

二、抵押物转让的限制

（一）一般规则

抵押期间，抵押人经抵押权人同意转让抵押财产的，应当将转让所得的价款向抵押权人提前清偿债务或者提存。

（二）例外规则

未经抵押权人同意，抵押人不得转让抵押财产，否则转让行为无效，但受让人代为清偿债务消灭抵押权的除外。

【解释】受让人代为清偿债务消灭抵押权、以获得抵押物所有权的权利，成为涤除权。

表 3-13 抵押物的转让规则

抵押权未登记	1. 抵押人擅自转让抵押物属于无权处分。	
	2. 转让合同有效。	
	3. 第三人善意——抵押物所有权发生变动，抵押权消灭。	
抵押权已登记	抵押权人同意	转让合同有效，抵押权消灭，抵押物所有权发生变动，但转让价款提前清偿或提存。
	抵押权人不同意，但受让人代为清偿债务	抵押权消灭，转让合同有效，抵押物所有权发生变动。

（续上表）

抵押权已登记	债务人清偿债务	抵押权消灭，转让合同有效，抵押物所有权发生变动。
	债务人未清偿，债权人不同意，受让人也未代为清偿	抵押物所有权不变动，但不影响转让合同的效力。

【例5-多选题】甲公司向某银行贷款100万元，乙公司以其所有的一栋房屋作抵押担保，并完成了抵押登记。现乙公司拟将房屋出售给丙公司，通知了银行并向丙公司告知了该房屋已经抵押的事实。下列哪些说法是正确的？（　　）

A．不论银行是否同意转让，丙公司都可以在办理过户登记后取得房屋所有权

B．如丙公司代为清偿了甲公司的银行债务，则不论银行是否同意转让，丙公司都可以在办理过户登记后取得房屋所有权

C．如丙公司向银行承诺代为清偿甲公司的银行债务，则不论银行是否同意转让，丙公司都可以在办理过户登记后取得房屋所有权

D．如甲公司清偿了银行债务，则不论银行是否同意，丙公司都可以在办理过户登记后取得房屋所有权

【答案】BD

学堂点拨

1．选项A错误：根据规定，抵押期间，未经抵押权人同意，抵押人不得转让抵押物，否则转让行为无效。2．选项B正确，选项C错误：如果受让人代为清偿债务消灭抵押权，则不必经过抵押权人同意即可受让抵押物，取得抵押物所有权。此处，必须是受让人实际实施代为清偿的行为，而不仅仅是承诺代为清偿债务。3．选项D正确：抵押权是从物权，债务人清偿债务消灭抵押权的情况下，受让人亦可不经抵押权人同意取得抵押物所有权。

三、抵押权之保全

抵押人的行为足以使抵押财产价值减少的，抵押权人有权要求抵押人“停止”其行为。抵押财产价值减少的，抵押权人有权要求“恢复”抵押财产的价值，或者“提供”与减少的价值相应的“担保”。抵押人不恢复抵押财产的价值也不提供担保的，抵押权人有权要求债务人“提前清偿”债务。

提示

只有因“抵押人”的行为导致抵押财产价值减少，抵押权人才能行使保全请求权，如果因不可抗力（如地震导致抵押房屋倒塌）或其他原因（如第三人侵权）导致抵押财产价值减少或毁损灭失，抵押权人不能行使保全请求权，此时，如果抵押人获得“三金”，根据抵押权的物上代位性，抵押权人可针对“三金”实现优先受偿权。

四、抵押物孳息的收取

抵押期间，抵押财产的孳息一般由抵押人收取；债务人不履行到期债务或者发生当事人约定的实现抵押权的情形，致使抵押财产被扣押的，自扣押之日起抵押权人有权收取孳息。

提示

1. 如果是法定孳息，抵押权人收取孳息，应当事先通知清偿法定孳息的义务人。

2. 抵押权人收取的孳息，应当先充抵收取孳息的费用，这表明抵押权人收取的孳息所有权归属于抵押人。

五、抵押权与租赁权

（一）先租赁后抵押

原租赁关系不受该抵押权的影响，抵押权实现后，承租人可向抵押物的受让人主张买卖不破租赁。

（二）先抵押后租赁

1. 租赁关系不得“对抗”已登记的抵押权，抵押权实现后，承租人不得向抵押物受让人主张买卖不破租赁。

2. 承租人的救济：

（1）抵押财产出租时，抵押人（出租人）未书面告知承租人租赁物已抵押的事实，抵押人对承租人的损失承担赔偿责任（抵押人违约）；

（2）抵押财产出租时，抵押人（出租人）已书面告知承租人租赁物已抵押的事实，承租人自己承担损失（风险自担）。

【例6–多选题】甲公司向银行借款，将其所有的空置厂房抵押给银行，双方签订了书面抵押合同并办理抵押登记，后甲公司又将该厂房出租给乙公司，甲公司未告知乙公司该厂房已抵押的事实。借款期限届满，甲公司未偿还借款本息，银行实现抵押权将厂房拍卖，丙公司竞买取得该厂房所有权。根据物权法律制度，下列说法符合规定的是（　　）。

A. 甲公司将厂房出租给乙公司，应取得银行同意

B. 丙公司有权要求乙公司搬离厂房

C. 乙公司的损失由其自行承担

D. 乙公司有权请求甲公司赔偿其损失

【答案】BD

学堂点拨

1. 选项A错误：抵押人将已设定抵押权的财产对外出租，无需取得抵押权人的同意；2. 选项B正确：根据规定，先抵押后租赁的，租赁关系不得“对抗”已登记的抵押权；3. 选项C错误，选项D正确：抵押财产出租时，抵押人未书面告知承租人租赁物已抵押的事实，抵押人对承租人的损失承担赔偿责任，本题中，甲公司未告知承租人乙公司厂房已抵押的事实，故应对乙的损失承担赔偿责任。

六、抵押权的实现

（一）实现前提

1. 债务人不履行到期债务。

2. 发生当事人约定的实现抵押权的情形。

（二）实现方式

1. 第一步——当事人协商：抵押权人可以与抵押人协议以抵押财产折价或者以拍卖、变卖该抵押财产所得的价款优先受偿；协议损害其他债权人利益的，其他债权人可以在知道或者应当知道撤销事由之日起一年内请求人民法院撤销该协议。

提示

此处的“其他债权人”指的是抵押人的其他债权人。

【相关链接】《合同法》中的债权人撤销权：因债务人放弃其到期债权或者无偿转让财产，对债权人造成损害的，债权人可以请求人民法院撤销债务人的行为。债务人以明显不合理的低价转让财产，对债权人造成损害，并且受让人知道该情形的，债权人也可以请求人民法院撤销债务人的行为。撤销权的行使范围以债权人的债权为限。债权人行使撤销权的必要费用，由债务人负担。撤销权自债权人知道或者应当知道撤销事由之日起一年内行使。自债务人的行为发生之日起五年内没有行使撤销权的，该撤销权消灭。

2. 第二步——请求法院实行：抵押权人与抵押人未就抵押权实现方式达成协议的，抵押权人可以请求人民法院拍卖、变卖抵押财产。

（三）同一抵押财产为数项债权设定抵押（重复抵押）时的受偿顺序

1. 已登记的抵押权＞未登记的抵押权。

2. 先登记的抵押权＞后登记的抵押权。

3. 同时登记的抵押权以及都未登记的抵押权按债权比例受偿。

提示

1. 顺位在后的抵押权所担保的债权先到期的，抵押权人只能就抵押物价值超出顺位在先的抵押担保债权的部分受偿。

2. 顺位在先的抵押权所担保的债权先到期的，抵押权实现后的剩余价款应予提存，留待清偿顺位在后的抵押担保债权。

七、抵押权的顺位变更和放弃

（一）抵押权顺位变更

1. 当事人可以协议变更抵押权顺位以及被担保债权数额。

2. 抵押权的变更未经其他抵押权人书面同意，不得对其他抵押权人产生不利影响。

【例7-单选题】黄河公司以其房屋作抵押，先后向甲银行借款100万元，乙银行借款300万元，丙银行借款500万元，并依次办理了抵押登记。后丙银行与甲银行商定交换各自抵押权的顺位，并办理了变更登记，但乙银行并不知情。因黄河公司无力偿还三家银行的到期债务，银行拍卖其房屋，仅得价款600万元。根据物权法律制度的规定，关于三家银行对该价款的分配，下列选项中，正确的是（　　）。

A. 甲银行100万元、乙银行300万元、丙银行200万元

B. 甲银行得不到清偿、乙银行100万元、丙银行500万元

C. 甲银行得不到清偿、乙银行300万元、丙银行300万元

D. 甲银行100万元、乙银行200万元、丙银行300万元

【答案】C

学堂点拨

根据规定，当事人可以协议变更抵押权顺位，抵押权的变更未经其他抵押权人书面同意，不得对其他抵押权人产生不利影响。本题中，由于甲乙丙的抵押权依次办理登记，故三个抵押权的顺位关系为：甲>乙>丙。按照这一顺位，甲乙的债权能够完全获得清偿，丙的债权只能受偿200万元。若甲丙变更抵押权顺位，丙的抵押权变为第一顺位，对乙的抵押权造成不利影响，因此在未经过乙同意的情况下，不得对乙产生不利影响。据此，按照变更后的顺位，甲得不到清偿，乙、丙各受偿300万元。因此，选项C正确。

（二）放弃抵押权

1．放弃抵押权是抵押权人的权利。

2．债务人以“自己的财产”设定抵押，抵押权人放弃该抵押权、抵押权顺位或者变更抵押权的，其他担保人在抵押权人丧失优先受偿权益的范围内免除担保责任，但其他担保人承诺仍然提供担保的除外。

【例8-单选题】陈某向贺某借款20万元，借期2年。张某为该借款合同提供保证担保，担保条款约定，张某在陈某不能履行债务时承担保证责任，但未约定保证期间。陈某同时以自己的房屋提供抵押担保并办理了登记。如果贺某打算放弃对陈某的抵押权，并将这一情况通知了张某，张某表示反对，下列选项正确的是哪一项？（　　）

A．贺某不得放弃抵押权，因为张某不同意

B．若贺某放弃抵押权，张某仍应对全部债务承担保证责任

C．若贺某放弃抵押权，则张某对全部债务免除保证责任

D．若贺某放弃抵押权，则张某在贺某放弃权利的范围内免除保证责任

【答案】D

学堂点拨

1．选项A错误：放弃抵押权是抵押权人的权利，不以他人同意为前提。2．选项BC错误，选项D正确：根据规定，债务人以自己的财产设定抵押，抵押权人放弃该抵押权、抵押权顺位或者变更抵押权的，其他担保人在抵押权人丧失优先受偿权益的范围内免除担保责任，但其他担保人承诺仍然提供担保的除外。本题中，债务人陈某以自己的财产提供抵押，故贺某放弃该抵押权，保证人张某可在贺某放弃权利的范围内免除保证责任。

知识点6　浮动抵押和最高额抵押（★）

一、浮动抵押

（一）概念

经当事人书面协议，企业、个体工商户、农业生产经营者可以将现有的以及将来所有的生产设备、原材料、半成品、产品抵押，债务人不履行到期债务或者发生当事人约定的实现抵押权的情形，债权人有权就实现抵押权时的动产优先受偿。

（二）特征

1. 抵押人特定——企业、个体工商户、农业生产经营者。

2. 抵押财产不确定——现有的以及将有的生产设备、原材料、半成品、产品。

3. 抵押物范围确定的情形：（1）债务履行期届满，债权未实现；（2）抵押人被宣告破产或者被撤销；（3）当事人约定的实现抵押权的情形；（4）严重影响债权实现的其他情形。

（三）浮动抵押的设定及效力

1. 浮动抵押为动产抵押的一种，因此，其设立遵循“登记对抗”规则，抵押权自抵押合同生效时设立，未经登记不得对抗善意第三人。

2. 登记对抗的限制

浮动抵押即使已经办理登记，也不得对抗正常经营活动中已支付合理价款并取得抵押财产的买受人。

【解释】浮动抵押登记对抗受到限制的目的在于确保浮动抵押期间抵押人享有经营自由权。

【例9-单选题】个体工商户甲将其现有的以及将有的生产设备、原材料、半成品、产品一并抵押给乙银行，但未办理抵押登记。抵押期间，甲未经乙同意以合理价格将一台生产设备出卖给丙。后甲不能向乙履行到期债务。对此，下列哪一选项是正确的？（　　）

A. 该抵押权因抵押物不特定而不能成立

B. 该抵押权因未办理抵押登记而不能成立

C. 该抵押权虽已成立但不能对抗善意第三人

D. 乙有权对丙从甲处购买的生产设备行使抵押权

【答案】C

学堂点拨

1. 选项A错误：本题所涉及的抵押为浮动抵押，浮动抵押的一个重要特征就是抵押期间抵押物不特定。2. 选项B错误：浮动抵押是动产抵押，遵循登记对抗规则，抵押权自抵押合同生效时设立，不以登记为要件。3.选项C正确，选项D错误：根据规定，浮动抵押未经登记不得对抗善意第三人。本题中，当事人没有办理抵押登记，丙是善意取得抵押财产所有权的第三人，乙无权对抗丙。

二、最高额抵押

（一）概念

为担保债务的履行，债务人或者第三人对一定期间内将要连续发生的债权提供担保财产的，债务人不履行到期债务或者发生当事人约定的实现抵押权的情形，抵押权人有权在最高债权额限度内就该担保财产优先受偿。

提示

1. 最高额抵押的最大特征在于，抵押权设定时，被担保的债权额不确定。如果最终确定的债权额不超过最高债权限额，以实际发生的债权额作为被担保的债权额；如果最终确定的债权额超过最高债权限额，以最高债权限额作为被担保的债权额。

2. 最高额抵押一般只担保抵押权设定后新发生的债权，但经当事人同意，也可以将最高额抵押权设立前已经发生的债权转入最高额抵押权担保的债权范围。

【案例】甲公司与乙银行签订一最高额贷款合同。第三人丙公司用其价值5 000万元的土地使用权对将来连续发生的不超过3 000万元的借款债权提供抵押担保，工程完工后验收决算，确定甲公司贷款额为4 000万元，则如果甲公司不能如期偿还乙银行的借款时，乙银行可以主张拍卖抵押的土地使用权获得3 000万元清偿，未清偿的1 000万元为普通债权，可以继续向甲公司追偿。

（二）债权确定的情形：

1．约定的债权确定期间届满；

2．没有约定债权确定期间或者约定不明确，抵押权人或者抵押人自最高额抵押权设立之日起满2年后请求确定债权；

3．新的债权不可能发生；

4．抵押财产被查封、扣押；

5．债务人、抵押人被宣告破产或者被撤销。

（三）抵押权从属性的例外

最高额抵押担保的债权确定前，部分债权转让的，最高额抵押权不得转让，但当事人另有约定的除外。

（四）主债权变更的效力

最高额抵押担保的债权确定前，抵押权人与抵押人可以通过协议变更债权确定的期间、债权范围以及最高债权额，但变更的内容不得对其他抵押权人产生不利影响。

【例10-多选题】2014年7月1日，甲公司、乙公司和张某签订了《个人最高额抵押协议》，张某将其房屋抵押给乙公司，担保甲公司在一周前所欠乙公司货款300万元，最高债权额400万元，并办理了最高额抵押登记，债权确定期间为2014年7月2日到2015年7月1日。债权确定期间内，甲公司因从乙公司分批次进货，又欠乙公司100万元。甲公司未还款。关于有抵押担保的债权额和抵押权期间，下列哪些选项是正确的？（　　）

A．该抵押为浮动抵押

B．该抵押为最高额抵押

C．债权额为100万元

D．债权额为400万元

【答案】BD

学堂点拨

1．选项A错误，选项B正确：浮动抵押的特征在于抵押权设定时抵押物的范围不确定，最高额抵押的特征在于抵押权设定时被担保的债权额不确定。本题中，双方设立的是债权额不确定的抵押权，应为最高额抵押权。2．选项C错误，选项D正确：最高额抵押一般只担保抵押权设定后新发生的债权，但经当事人同意，也可以将最高额抵押权设立前已经发生的债权转入最高额抵押权担保的债权范围。因此，本题中，被担保的债权额为400（300+100）万元。

知识点7　质权（★★）

一、动产质权

（一）概念

债务人或者第三人将其动产移交债权人占有，将该财产作为债的担保，当债务人不履行债务或者发生当事人约定的实现质权的情形时，债权人有权依法以该财产变价所得优先受偿。

提示

与动产抵押权不同的是，动产质权的典型特征是：动产质权的设定须以转移质物的占有为前提，动产抵押不转移抵押物的占有。

（二）动产质押的设定

1. 质押合同生效→债权法律关系

提示

1. 质押合同应采用书面形式。
2. 质押合同是诺成合同，自成立时生效，交付并非质押合同的生效要件。

2. 交付→质权设立

提示

出质人代质权人占有质物的，质权不生效

【例11-单选题】甲与乙签订借款合同，并约定由乙将自己的设备出质给甲，双方签订了书面质押合同，但其后乙并未按约定将设备交付给甲，而是把该设备出卖给了丙并完成了交付。后乙未履行到期债务，甲欲拍卖该设备实现优先受偿权，遂起纠纷。根据物权法律制度的规定，下列关于该设备权利归属的表述中，正确的是（ ）。

A. 甲乙的质押合同未生效，因为质物未交付

B. 自甲乙签订质押合同之日起，甲对设备享有质权

C. 丙能否取得该设备的所有权，取决于甲同意与否

D. 丙取得该设备的所有权，甲不能对该设备行使质权

【答案】D

学堂点拨

1. 选项A错误：质押合同自成立时生效，质物交付并非合同的生效要件。2. 选项B错误：根据规定，质物交付是质权设立的要件。本题中，甲乙双方签订了质押合同，但乙并未将设备交付给甲，因此质权没有成立。3. 选项C错误，选项D正确：根据规定，动产所有权自交付时转移。本题中，乙将设备卖给丙并完成交付，丙已取得所有权。

（三）动产质权的效力

1. 质物的范围

动产质权的效力及于质物的从物。但是，从物未随同质物移交质权人占有的，质权的效力不及于从物。

2. 质权人的优先受偿权

债务人到期不履行债务或者发生当事人约定的实现质权的情形，质权人可以与出质人协议以质押

财产折价，也可以就拍卖、变卖质押财产所得价款优先受偿。

3. 流质条款之禁止

质权人在债务履行期届满前，不得与出质人约定债务人不履行到期债务时质押财产归债权人所有，否则，该约定无效。

【相关链接】流押条款之禁止——抵押权人在债务履行期届满前，不得与抵押人约定债务人不履行到期债务时，抵押财产归债权人所有，否则，该约定无效。

4. 质权人的孳息收取权

（1）质权人有权收取质押财产的孳息，但合同另有约定的除外。

（2）质权人所收取的孳息应当先充抵收取孳息的费用。

【相关链接】抵押物孳息之收取——抵押期间，抵押财产的孳息一般由抵押人收取；债务人不履行到期债务或者发生当事人约定的实现抵押权的情形，致使抵押财产被扣押的，自扣押之日起抵押权人有权收取孳息。

5. 保全请求权

因“不能归责于质权人”的事由可能使质押财产毁损或价值明显减少，足以危害质权人权利的，质权人可以：

（1）要求出质人提供相应的担保；

（2）如果出质人不提供担保，质权人可以拍卖、变卖质押财产，并与出质人通过协议将所得价款提前清偿债务或提存。

6. 质权人义务

（1）不得擅自使用、处分（只能看着）：质权人在质权存续期间，未经出质人同意，擅自使用、处分质押财产或者转质的，给出质人造成损害的，应当承担赔偿责任。

（2）保管义务（好好看着）：因质权人保管不善导致质押财产毁损、灭失的，应当承担赔偿责任。质权人的行为可能使质押财产毁损灭失的，出质人有两个选择：①要求质权人将质押财产提存，②要求提前清偿债务并返还质押财产。

（3）返还义务：①债务人履行债务；②出质人提前清偿所担保的债权。

【例12-2013-单选题】甲向乙借款，为担保债务履行，将一辆汽车出质给乙。乙不慎将汽车损坏。根据物权及合同法律制度的规定，下列表述中，正确的是（　　）。

A. 甲有权要求乙立即赔偿损失，或在借款到期时在损失赔偿额范围内相应抵销其对乙所负的债务

B. 甲有权拒绝归还借款并要求乙赔偿损失

C. 甲有权要求解除质押合同

D. 甲有权要求延期还款

【答案】A

学堂点拨

1. 选项A正确，C错误：根据物权法律制度规定，质权人负有妥善保管质押财产的义务，保管不善致使质押财产毁损、灭失的，应当承担赔偿责任，但出质人并不因此享有解除质押合同的权利。此外，根据合同法律制度规定，当事人互负到期债务，该债务的标的物种类、品质相同

的，任何一方可以将自己的债务与对方的债务抵销，但依照法律规定或者按照合同性质不得抵销的除外。本题中，乙保管不善导致质押汽车损坏，应承担损害赔偿责任。因为双方互付金钱债务，甲也可以于借款期限届满时主张抵销。2．选项B、D错误：质权与被担保的主债权是两个独立的法律关系，质权人对出质人的损害赔偿不影响债务人借款债务的履行。

二、权利质押

表 3-14　权利质押的设立和法律效力

权利类型	设立要件	法律效力
有价证券（汇票、本票、支票、债券、存款单、仓单、提单）	交付权利凭证或登记	以票据、债券、存款单、仓单、提单出质的，质权人再转让或者质押的无效。
基金份额、股权	登记	基金份额、股权出质后，不得转让，但经出质人与质权人协商同意的除外。
知识产权	登记	1．知识产权设定质权后，未经质权人同意不得转让或者许可他人使用。 2．未经许可转让或者许可他人使用，应当认为无效。 3．因此给质权人或者第三人造成损失的，由出质人承担民事责任。
应收账款	登记	应收账款出质后，不得转让，但经出质人与质权人协商同意的除外。

【例13-2014-单选题】根据物权法律制度的规定，以权利出质时，质权自权利凭证交付时设立的是（　　）。

A．仓单　　B．股票　　C．基金份额　　D．应收账款

【答案】A

学堂点拨

根据规定，以汇票、支票、本票、债券、存款单、仓单、提单出质的，当事人应当订立书面合同。质权自权利凭证交付质权人时设立；没有权利凭证的，质权自有关部门办理出质登记时设立。因此，选项A正确。

知识点8　留置权（★）

一、留置权的概念及性质

（一）概念

留置权是指债权人合法占有债务人的动产，在债务人不履行到期债务时，债权人有权依法留置该财产，并就该财产享有优先受偿的权利。

（二）性质——法定担保物权

二、留置权的构成要件

（一）客体：动产

（二）债权人合法占有债务人动产

提示

留置权一般发生在债权人依据某些合同关系合法占有债务人动产之场合，例如保管人依据保管合同合法占有寄存人之动产，承运人依据货运合同合法占有托运人之动产，承揽人依据承揽合同合法占有定作人之动产，行纪人依据行纪合同合法占有委托人之动产。

（三）债权已届清偿期

（四）留置财产与债权之间具有牵连性

1. 债权人对动产的占有与其所担保的债权基于同一法律关系。

2. "企业之间"留置的除外。

【案例1】王某有一批货物要从广州运至天津，委托某海运公司负责运输，双方签订了运输合同。王某将货物交给海运公司，货物运抵目的地后，因王某未支付合同约定的运输费用，海运公司对该批货物享有留置权，有权在王某支付运输费用之前拒绝向其交付货物。假如王某支付了此次运费，但尚有一年前拖欠海运公司的运费没有支付。此时，海运公司无权留置王某此次托运的货物，因为该批货物与海运公司对王某的债权并非基于同一运输合同法律关系。

【案例2】甲公司使用其一台设备时发生故障，设备被送到乙修理厂修理，共花费修理费4 000元。设备修好后，甲公司派人去提取。乙修理厂收取修理费后，要求甲公司把以前所欠的8 000元设备维修费还清，遭到甲公司的拒绝。本案中，乙修理厂可以对甲公司的设备享有留置权。理由在于：尽管债权人对债务人动产的占有与被担保的债权并非基于同一法律关系，但由于双方都是企业，仍然成立留置权。

三、留置权的法律效力

（一）留置财产的范围

留置财产为"可分物"的，留置财产的价值应当相当于债务的金额。

（二）孳息收取权

留置权人收取孳息，并冲抵收取孳息的费用。

（三）留置权的实行

1. 实行条件：宽限期满，债务仍不履行。

2. 宽限期的确定：

（1）双方约定；

（2）没有约定或约定不明，由留置权人指定不少于2个月的宽限期。

3. 实行方式：

（1）双方协商：折价、拍卖、变卖；

（2）请求法院：债务人可以请求留置权人在债务履行期届满后行使留置权；留置权人不行使的，债务人可以请求人民法院拍卖、变卖留置财产。

（四）抵押权、质权与留置权的效力等级

同一动产上已设立抵押权或者质权，该动产又被留置的，按照下列顺序受偿：

留置权 > 登记的抵押权 > 质权 > 未登记的抵押权

本章强化练习

一、单项选择题

1．根据物的分类标准，下列物中属于主物与从物关系的是（　　）。

A．鞋和袜子　　B．羽毛球拍与羽毛球

C．电视机与遥控器　　D．汽车与轮胎

2．甲有一套房屋，登记在甲的名下，2017年6月5日甲因病去世，甲的儿子小甲是其唯一的亲人，小甲于9月15日去登记机构将房屋过户到自己名下。10月8日小甲将该房屋赠与给其女朋友乙，双方签了赠与合同，并于10月15日办理了公证手续，但未办理过户登记。根据物权法律制度的规定，下列选项正确的是（　　）。

A．小甲于2017年6月5日取得房屋所有权

B．小甲于2017年9月15日取得房屋所有权

C．乙于2017年10月8日取得房屋所有权

D．乙于2017年10月15日取得房屋所有权

3．甲将自己的电脑卖给乙，双方签订了买卖合同，后甲又向乙提出租用该电脑一个月用于写作毕业论文，租金100元，一个月后甲再将电脑实际交给乙，乙表示同意。根据物权法律制度的规定，甲、乙合同中约定的交付方式是（　　）。

A．现实交付　　B．简易交付

C．指示交付　　D．占有改定

4．甲公司出卖一辆卡车给乙公司，订立合同的日期是2017年4月1日，甲公司按照合同规定于4月8日将卡车交付给乙公司，乙公司验收，双方于4月18日办理了过户登记手续，乙公司于4月20付清货款。这辆卡车的所有权转移时间是（　　）。

A．2017年4月1日　　B．2017年4月8日

C．2017年4月18日　　D．2017年4月20日

5．甲房产开发公司正合法建造一栋房屋。2016年4月20日甲公司将其中一套房屋卖给购房人乙，双方签订了商品房预售合同。同年，5月11日双方按照约定向登记机构申请了预告登记。2017年12月12日该房屋建造完工。根据物权法律制度，下列表述中，正确的是（　　）。

A．甲、乙之间的买卖合同自2016年4月20日生效

B．甲、乙之间的买卖合同自2016年5月11日生效

C．乙于2017年5月11日取得房屋所有权

D．甲、乙应在2018年2月12日之前办理房屋所有权转让登记，否则甲有权将该房屋卖与第三人

6．甲租用乙的一辆摩托车，后甲将该摩托车以合理的价格转让给了不知情的丙，下列说法不正确的是（　　）。

A．乙有权追回该摩托车　　B．丙取得该摩托车的所有权

C．乙无权追回该摩托车　　D．乙有权向甲请求损害赔偿

7．2015年9月9日，李某在饭店用餐时丢失一部手机，在饭店用餐的另一顾客孙某拾得该手机后，9月18日以合理价格卖给朋友张某。11月11日赵某又以合理价格从张某手中购得该手机。12月30

日李某发现赵某使用的手机就是自己丢失的手机。根据物权法律制度的规定，下列表述中，正确的是（　　）。

A．2015年9月18日张某善意取得该手机所有权

B．2015年11月11日，赵某善意取得该手机所有权

C．李某应当在2017年9月9日之前请求赵某返还手机

D．李某应当在2017年12月30日之前请求赵某返还手机

8．甲、乙二人各出资一半共同购买了一头牛，双方约定轮流使用。该牛易受惊吓，一天，在甲使用期间，雷雨大作，此牛受惊狂奔，用牛角顶死丙家饲养的一头猪。丙找到甲、乙要求赔偿损失。根据物权法律制度的规定，下列有关说法中，正确的是（　　）。

A．甲、乙共同共有这头牛

B．应当由甲一个人对丙承担赔偿责任

C．应当由甲、乙对丙承担连带赔偿责任

D．应当由甲、乙按照出资比例对丙承担赔偿责任

9．甲、乙各按30%和70%的份额共有一台设备。根据物权法律制度的规定，下列表述中，正确的是（　　）。

A．转让该设备，需经过甲、乙两个人的同意

B．转让该设备，乙不可单独决定

C．甲如果转让其共有份额给丙，不论什么情况下乙都能主张优先购买权

D．甲如果转让其共有份额给丙，只有同等条件下乙才能主张优先购买权

10．根据物权法律制度的规定，下列物权变动中，实行登记对抗规则的有（　　）。

A．甲公司将一幅土地的建设用地使用权转让给乙公司

B．甲公司与乙公司之间订立合同，在甲的土地上设定地役权

C．甲公司将一闲置厂房为银行设定抵押权

D．自然人丙将其房屋转让给丁

11．东南公司依法取得某块土地建设用地使用权并办理报建审批手续后，开始了房屋建设并已经完成了外装修。根据物权法律制度的规定，下列表述中，正确的有（　　）。

A．东南公司没有取得房屋所有权，因为根据法律规定，房屋所有权的变动以登记为要件

B．东南公司因为建造房屋的事实行为取得房屋所有权，不以登记为要件

C．东南公司若将建好的房屋卖给他人，交付房屋即可发生所有权转移

D．东南公司若将建好的房屋抵押给银行，抵押合同生效时抵押权设立

12．下列关于无偿划拨取得建设用地使用权期限的表述中，符合物权法律制度规定的是（　　）。

A．最长期限为30年　　B．最长期限为50年

C．最长期限为70年　　D．一般无使用期限的限制

13．根据物权法律制度的规定，以有偿出让方式取得居住用地的建设用地使用权，出让的最高年限是（　　）。

A．30年　　B．50年　　C．60年　　D．70年

14．根据物权法律制度的规定，下列财产中不能作为抵押权的客体的是（　　）。

A．甲正在建造的船舶　　B．乙大学用于教学的电脑设备

C．丙企业的生产设备、原材料　　D．丁医院下属的保健品生产企业的资产

15．甲企业向乙银行贷款时，以其现有的以及将有的生产设备、原材料、半成品、成品一并抵押给乙银行，双方签订了书面抵押合同，但未办理抵押登记，抵押期间，甲企业未经乙银行同意，以合理价格将一台生产设备出卖给不知道该设备已抵押的丙公司，钱货两清。之后，甲企业到期无力偿还贷款，根据物权法律制度的规定，下列关于乙银行能否对已出卖的生产设备主张抵押权的表述中，正确的是（　　）。

A．不能主张，乙银行的抵押权因未办理登记，不能对抗善意第三人

B．不能主张，乙银行的抵押权因未办理抵押登记而未设立

C．不能主张，因甲企业未经乙银行同意处分抵押物，属于无效行为

D．可以主张，乙银行的抵押权已经登记，可以对抗第三人

16．甲向乙借款50万元，约定以甲的A幢房屋抵押给乙，双方为此签订了抵押合同，但在抵押登记时，登记为以甲的B幢房屋抵押给乙。之后，甲未能按约还款，乙欲行使抵押权。根据物权法律制度的规定，下列关于乙行使抵押权的表述中，正确的是（　　）。

A．乙只能对甲的A幢房屋行使抵押权

B．乙只能对甲的B幢房屋行使抵押权

C．乙可选择对甲的A幢房屋或者B幢房屋行使抵押权

D．乙不能行使抵押权，因为登记机关记载的抵押物与抵押合同约定的抵押物不一致，抵押无效

17．飞腾公司因业务需要，将其一幢价值1 050万元的办公楼抵押给A银行和B银行，分别贷款500万元。飞腾与A银行于4月5日签订了书面抵押合同，5月8日办理了抵押登记；与B银行于5月6日签订了抵押书面合同，并于同日办理了抵押登记。后因飞腾公司无力还款，A银行、B银行行使抵押权，经过拍卖程序，飞腾公司的办公楼只取得价款800万元，A银行、B银行对拍卖款应如何分配？（　　）。

A．A银行400万元、B银行400万元　　B．A银行500万元、B银行300万元

C．A银行300万元、B银行500万元　　D．A银行450万元、B银行350万元

18．根据物权法律制度的规定，下列权利不能作为权利质押标的的是（　　）。

A．汇票、本票、支票、仓单、提单　　B．依法可以转让的股权、基金份额

C．建设用地使用权　　D．债券、存款单、应收账款

19．甲公司向乙公司购买了一批总价款50万元的建筑材料，甲企业支付了30万元，约定其余的20万元在1个月内付清。后甲公司将一台价值30万元的施工设备交由乙公司代为保管。1个月后，几经催告，甲公司仍未支付乙公司20万元货款。根据物权法律制度的规定，下列各项中，正确的是（　　）。

A．乙公司无权留置该设备

B．乙公司有权留置该设备

C．乙公司直接取得该设备所有权

D．乙公司可直接请求拍卖、变卖该设备使其债权优先受偿

20．同升公司以一套价值100万元的设备作为抵押，向甲借款10万元，未办理抵押登记手续。同升公司又向乙借款80万元，以该套设备作为抵押，并办理了抵押登记手续。同升公司欠丙货款20万

元，将该套设备出质给丙。丙不小心损坏了该套设备，随后送往丁修理，因欠丁5万元修理费，该套设备被丁留置。关于甲、乙、丙、丁对该套设备享有的担保物权的清偿顺序，下列哪一排列是正确的？（　　）

A．甲乙丙丁　　B．乙丙丁甲　　C．丙丁甲乙　　D．丁乙丙甲

二、多项选择题

1．根据物权法律制度的有关理论，下列选项中，属于物权法上孳息的有（　　）。

A．母猪腹中的小猪　　B．樱桃树上长着的樱桃

C．母鸡生下的鸡蛋　　D．银行存款获得的利息

2．下列各项中，属于物的种类的有（　　）。

A．流通物、限制流通物与禁止流通物　　B．主物与从物

C．可替代物与不可替代物　　D．动产与不动产

3．下列关于物权法的公示原则的表述中，正确的是（　　）。

A．所有物权的变动都以公示为要件

B．物权的公示方式为交付占有和登记

C．物权公示所产生的公信效力，主要是为了保护交易安全

D．物权法之所以要遵循公示原则，主要是基于物权的绝对权属性

4．甲、乙婚后购得房屋一套，仅以甲的名义进行了登记，后因夫妻感情不和，乙于2017年1月15日向登记机关办理了异议登记手续，2017年1月20日，甲擅自将该房屋出售给丙且当即完成交付并办理转移登记手续。根据物权法律制度的规定，下列各项中符合规定的有（　　）。

A．丙已善意取得该房屋所有权

B．丙没有取得该房屋的所有权

C．乙应当于2017年1月30日之前向人民法院提起诉讼

D．乙应当于2017年4月15日之前向人民法院提起诉讼

5．根据物权法律制度的规定，下列关于房屋物权变动生效时间的说法中，错误的有（　　）。

A．张三卖给李四一套房屋，李四自该房屋变更登记时起取得该房屋所有权

B．王五自建一栋别墅楼房，自办理不动产首次登记并取得房产证时，取得该房屋所有权

C．马六以自己的一套房屋为银行设定抵押贷款100万元，抵押权自交付房屋时生效

D．赵七继承其父亲去世遗留的一套房屋，自该房屋办理变更登记时起取得该房屋所有权

6．甲、乙、丙、丁按份共有一艘货船，份额分别为10%、20%、30%、40%。甲欲将其共有份额转让，戊愿意以50万元的价格购买，价款一次付清。关于甲的共有份额转让，下列哪些选项是错误的？（　　）

A．甲向戊转让其共有份额，须经乙、丙、丁同意

B．如乙、丙、丁均以同等条件主张优先购买权，则丁的主张应得到支持

C．如丙在法定期限内以50万元分期付款的方式要求购买该共有份额，应予支持

D．如甲改由向乙转让其共有份额，丙、丁在同等条件下享有优先购买权

7．根据物权法律制度规定，下列关于建设用地使用权的表述中错误的有哪些？（　　）

A．农村集体土地可直接作为建设用地使用权的客体

B．建设用地使用权的期限届满，可自动续期

C．建设用地使用权的设立，未经登记不能对抗善意第三人

D．建设用地使用权的创设包括无偿划拨和有偿出让两种方式

8．王某因向李某借款将自己的汽车抵押给李某，并办理了抵押登记。此后，王某未经李某同意，将汽车出租给不知情的丁某，租期2年。半年后，王某无力偿还欠款，李某行使抵押权拍卖该汽车，被郭某购得。根据物权法律制度的规定，下列表述中正确的有（　　）。

A．丁某可基于租期未满，对抗李某实现抵押权的行为

B．丁某无权以租期未满为由，对抗李某实现抵押权的行为

C．丁某有权要求郭某将购得的汽车出租给自己，直至原租赁合同期限届满

D．丁某有权要求王某承担赔偿责任

9．根据物权法律制度的规定，债务人可以用于设定抵押的财产包括（　　）。

A．以招标方式取得的荒地承包经营权

B．依法被扣押的财产

C．企业的半成品

D．正在建造的建筑物

10．下列可以作为质权标的物的有（　　）。

A．土地使用权　　B．汽车　　C．机器设备　　D．商标权

11．下列哪些情形下权利人可以行使留置权？（　　）

A．张某为王某送货，约定货物送到后一周内支付运费。张某在货物运到后立刻要求王某支付运费被拒绝，张某可留置部分货物

B．刘某把房屋租给方某，方某退租搬离时尚有部分租金未付，刘某可留置方某部分家具

C．何某将丁某的行李存放在火车站小件寄存处，后丁某取行李时认为寄存费过高而拒绝支付，寄存处可留置该行李

D．甲公司加工乙公司的机器零件，约定先付费后加工。付费和加工均已完成，但乙公司尚欠甲公司借款，甲公司可留置机器零件

12．甲向乙借款，欲以轿车作担保。关于担保，下列哪些项是正确的？（　　）

A．甲可就该轿车设立质权　　B．甲可就该轿车设立抵押权

C．该轿车的质权自登记时设立　　D．该轿车的抵押权自登记时设立

13．根据物权法律制度的规定，债务人有权处分的下列权利中，可以抵押的有（　　）。

A．应收账款

B．以招标方式取得的荒地的土地承包经营权

C．依法可以转让的股权

D．建设用地使用权

14．下列各项中，属于抵押担保范围的有（　　）。

A．主债权的利息　　B．损害赔偿金

C．抵押物保管费用　　D．实现抵押权的费用

15．2017年6月12日，甲欠乙50万元货款，甲以自己价值60万元的一台轿车作为抵押，签订了抵

押合同，并于7月15日办理了抵押登记。抵押期间，甲将轿车出租给丙使用，一次丙酒后驾驶，出了车祸，该轿车毁损了50%。根据物权法律制度的规定，下列表述中，正确的有（ ）。

A．2017年6月12日乙取得该轿车的抵押权　　B．2017年7月15日乙取得该轿车的抵押权

C．乙可以就该轿车的保险金优先受偿　　D．毁损后的轿车只担保乙的25万元债权

三、案例分析题

1．吴某和李某共有一套房屋，所有权登记在吴某名下。2017年2月1日，法院判决吴某和李某离婚，并且判决房屋归李某所有，但是双方并未办理房屋所有权变更登记。2017年3月1日，李某将该房屋出卖给张某，双方于当日签订了买卖合同，张某基于对判决书的信赖支付了50万元价款，并入住了该房屋。2017年4月1日，吴某又就该房屋和王某签订了买卖合同，王某在查阅了房屋登记簿确认房屋归吴某所有后，支付了50万元价款，并于2017年5月10日办理了所有权变更登记手续。

根据上述内容，分别回答下列问题。

（1）李某自何时起取得该房屋的所有权？并说明理由。

（2）张某是否取得了该房屋的所有权？并说明理由。

（3）李某与张某之间的房屋买卖合同是否已经生效？并说明理由。

（4）2017年5月10日，王某是否取得了该房屋的所有权？并说明理由。

2．甲去银行贷款，为担保自己债务的履行，决定将自己的房屋抵押给银行。在甲将房产证押给银行但尚未办理抵押登记的情况下，就给甲发放了贷款。后甲将房屋转让给不知情的乙，并办理了过户登记。债权到期时，甲不能清偿债务，银行要求拍卖其房屋以优先实现自己的债权。请问：

（1）银行的抵押权是否成立？

（2）乙能否取得所有权？

3．2016年10月，甲企业接到一份服装加工的订单，由于资金不足，甲企业与提供原材料的乙公司签订合同，以本企业所有的一辆奔驰轿车（价值80万元）作抵押，为应付的50万元原材料货款提供担保。双方在合同中约定：如甲企业到期不能支付货款，则该奔驰车归乙公司所有。由于双方是多年合作关系，签订抵押合同后没有办理抵押登记。

同年11月，甲企业为购买加工设备，又以该奔驰轿车做质押向丙公司提供担保，双方签订了质押合同并移交了该奔驰车。在质押期间，丙公司的工作人员开着质押的奔驰车办理公务时与他人相撞，汽车受损被送到丁修理厂修理，共花费修理费3000元。汽车修好后，丙公司派人去提车。丁修理厂收取修理费后，要求丙公司把以前所欠的1万元汽车维修费还清，遭到丙公司的拒绝，于是丁修理厂以行使留置权为名义拒绝交车。

根据以上事实并结合法律的规定，回答下列问题。

（1）甲企业与乙公司签订的抵押合同约定“甲企业到期不能支付货款，则该奔驰车归乙公司所有”的条款是否有效？并说明理由。

（2）甲企业与乙公司签订的抵押合同没有办理抵押登记，抵押权是否设立？并说明理由。

（3）如果质押有效，奔驰车的修理费应由谁承担？并说明理由。

（4）丁修理厂是否可以行使留置权？并说明理由。

答案及解析

一、单项选择题

1. 【答案】C

【学堂点拨】根据物权理论，主物和从物是两个独立的物，而且存在依附关系，依据上述标准，只有电视机和遥控器属于主物和从物的关系。因此，选项C正确。

2. 【答案】A

【学堂点拨】（1）选项A正确，选项B错误：根据规定，因继承、遗赠导致不动产物权变动的，自继承或受遗赠开始时发生效力，不用办理所有权变更登记手续。（2）选项C、D错误：依法律行为发生的房屋所有权变动，须以登记为要件。本题中，甲将房屋赠与给丙，属于依法律行为导致物权变动，由于没有办理登记，所有权尚未转移。

3. 【答案】D

【学堂点拨】根据规定，占有改定是指，动产物权转让时，双方又约定由出让人继续占有该动产。本题中，甲乙双方签订了买卖合同，在现实交付之前双方又达成了租赁合同，因此属于占有改定。选项D正确。

4. 【答案】B

【学堂点拨】动产物权的设立和转让，自交付时发生效力，但法律另有规定的除外。动产所有权的转移以交付为标准。本题中，买卖标的物是卡车，卡车是动产，其所有权转移以交付为要件，过户登记只是对抗第三人的要件。因此，本题中，双方所有权转移的时间是2017年4月8日。因此，选项B正确。

5. 【答案】A

【学堂点拨】（1）选项A正确，选项B错误：根据规定，法律行为自合同成立之日生效，法律另有规定或当事人另有约定的除外。因此，本题中的商品房预售合同于2016年4月20日生效。（2）选项C错误：根据规定，预告登记是为了确保将来获得物权，因此，预告登记不会导致物权变动。（3）选项D错误：根据规定，预告登记后，债权消灭或者自能够进行不动产登记之日起3个月内未申请登记的，预告登记失效。本题中，双方应于自2017年12月12日起3个月内办理过户登记，否则预告登记失效。据此，甲、乙应在2018年3月12日之前办理房屋所有权转让登记。

6. 【答案】A

【学堂点拨】甲将摩托车出卖给丙的行为是无权处分，丙的行为符合善意取得的构成要件，丙已取得摩托车所有权，乙无权追回，乙的损失可向甲请求赔偿。

7. 【答案】D

【学堂点拨】（1）选项A、B错误：根据规定，遗失物不能适用善意取得，故本题中张某、赵某都不能依据善意取得制度获得手机所有权。（2）选项C错误，选项D正确：根据规定，遗失物被转让的情况下，权利人可以向无权处分人请求赔偿，或者自知道或应当知道受让人之日起2年内向受让人请求返还。但受让人如通过拍卖或有经营资格者处购得，权利人需支付受让人所付费用。据此，本题中，李某应当于2017年12月30日之前请求赵某返还手机。

8. 【答案】C

【学堂点拨】（1）选项A错误：根据规定，共有人对共有的不动产或者动产没有约定为按份共有或者共同共有，或者约定不明确的，除共有人具有家庭关系等外，视为按份共有。本题中，甲乙没有明确约定共有形态，也不存在家庭关系等共同关系，因此对牛的共有属于按份共有。（2）选项B、D错误，选项C正确：根据规定，因共有的不动产或者动产产生的债权债务，共有人享有连带债权、承担连带债务，但法律另有规定或者第三人知道共有人不具有连带债权债务关系的除外。

9. 【答案】D

【学堂点拨】（1）选项A、B错误：根据规定，按份共有中，转让共有物须经占份额2/3以上的按份共有人同意。本题中，甲的份额不足2/3，乙的份额超过2/3，因此，乙可单独决定转让共有设备。（2）选项C错误，选项D正确：按份共有人转让共有份额时，其他按份共有人在同等条件下享有优先购买权。

10. 【答案】B

【学堂点拨】根据规定，登记生效主义的使用范围包括：房屋所有权转移（选项D）、建设用地使用权的取得和转让（选项A）、不动产抵押权的设定（选项C）；地役权的设定实行登记对抗主义。因此，选项B当选。

11. 【答案】B

【学堂点拨】（1）选项A错误，选项B正确：根据规定，基于建造房屋、拆除房屋等事实行为导致物权变动的，自事实行为成就时发生效力。因此，本题中，东南公司自房屋建好时就取得房屋所有权。（2）选项C、D错误：根据规定，非基于法律行为导致的不动产物权变动，不以登记为要件，但事后处分仍需办理登记，否则不发生物权变动效力。本题中，东南公司将建好的房屋卖给他人或抵押给银行，都属于事后处分，因此必须办理登记手续。

12. 【答案】D

【学堂点拨】根据规定，以无偿划拨方式取得的建设用地使用权，除法律、行政法规另有规定外，没有使用期限的限制。据此，选项D正确。

13. 【答案】D

【学堂点拨】根据规定，以有偿出让方式取得的建设用地使用权，出让最高年限按下列用途确定：（1）居住用地70年；（2）工业用地50年；（3）教育、科技、文化、卫生、体育用地50年；（4）商业、旅游、娱乐用地40年；（5）综合或者其他用地50年。据此，选项D正确。

14. 【答案】B

【学堂点拨】根据规定，学校、幼儿园、医院等以公益为目的的事业单位、社会团体的教育设施、医疗卫生设施和其他社会公益设施，不得抵押，因此，选项B为正确答案。

15. 【答案】A

【学堂点拨】根据规定，浮动抵押是动产抵押，遵循登记对抗主义，即浮动抵押权自书面抵押合同生效时设立，未经登记不能对抗善意第三人。本题中，甲企业与乙银行的抵押权已经设立，但因未办理登记，因此，不得对抗善意第三人丙公司。综上，选项A正确。

16. 【答案】B

【学堂点拨】根据规定，抵押物登记记载的内容与抵押合同约定的内容不一致的，以登记记载的内容为准。因此，选项B正确。

17.【答案】C

【学堂点拨】本题中飞腾公司办公楼上设立的两个抵押权都已办理登记，B银行的抵押权登记在先（5月6日），A银行的抵押权登记在后（5月8日），因此B银行的抵押权优先于A银行的抵押权得到实现。

18.【答案】C

【学堂点拨】选项C：建设用地使用权只能作为抵押权的标的。

19.【答案】B

【学堂点拨】（1）选项A错误，选项B正确：根据规定，债权人留置的动产，应当与债权属于同一法律关系，但企业之间留置的除外。在本题中，甲企业欠付乙企业的40万元是由购买建筑材料的合同产生的，乙企业占有甲企业的施工设备则源于保管合同，两者并非同一法律关系，但由于是企业之间发生的，乙企业可以留置该设备以担保货款债权的实现。（2）选项C错误：乙公司只能留置设备，无权直接取得留置设备的所有权。（3）选项D错误：根据规定，债权人留置债务人动产后，只有经过宽限期债务人仍不履行债务时，才可实现留置权，就拍卖、变卖留置物所得价款优先受偿。

20.【答案】D

【学堂点拨】根据规定，同一动产上已设立抵押权或者质权，该动产又被留置的，按照下列顺序受偿：留置权＞登记的抵押权＞质权＞未登记的抵押权。据此，选项D正确。

二、多项选择题

1.【答案】CD

【学堂点拨】（1）选项A、B错误：天然孳息要与原物相分离。（2）选项C属于天然孳息，选项D属于法定孳息。

2.【答案】ABCD

【学堂点拨】物的种类包括以下几种：（1）流通物、限制流通物与禁止流通物；（2）动产与不动产；（3）可替代物与不可替代物；（4）消费（耗）物与非消费（耗）物；（5）可分物与不可分物；（6）主物与从物；（7）原物与孳息物。

3.【答案】BCD

【学堂点拨】选项A错误：根据物权公示对物权变动的影响，可以将物权变动分为公示生效主义和公示对抗主义两种。公示对抗主义中，物权变动不以公示为要件，公示只是物权变动对抗第三人的要件。

4.【答案】BC

【学堂点拨】（1）选项A错误，选项B正确：根据规定，异议登记使得登记簿上记载的权利失去权利推定的效力，第三人不得主张基于登记产生的公信力，即丙不能主张善意取得该房屋的所有权。（2）选项C正确，选项D错误：为了避免登记效力因异议登记而长期处于不稳定状态，法律要求异议登记申请人在异议登记之日起15日内起诉，不起诉的，异议登记失效。

5.【答案】BCD

【学堂点拨】（1）选项A正确，选项C错误：根据规定，房屋买卖、房屋抵押，均实行登记生效主义，自办理过户登记时或抵押登记时物权发生变动；（2）选项B错误：因合法建造、拆除房屋等事实行为设立和消灭物权的，自事实行为成就时发生效力，不以登记为要件；（3）选项D错误：因继承或者受遗赠取得物权的，自继承或者受遗赠开始时发生效力，不以登记为要件。

6. 【答案】ABCD

【学堂点拨】（1）选项A错误：根据规定，按份共有人转让共有份额是自由的，无需经过其他共有人同意。（2）选项B错误：根据规定，两个以上按份共有人主张优先购买且协商不成时，请求按照转让时各自份额比例行使优先购买权的，应予支持。（3）选项C错误：共有人优先购买权中的“同等条件”，应当综合共有份额的转让价格、价款履行方式及期限等因素确判断。据此，条件是否同等，不是只看价格，还要看付款方式、付款期限等。一个是一次付，一个是分期付，因此，不构成同等条件。（4）选项D错误：根据规定，按份共有人之间转让共有份额，其他按份共有人主张优先购买的，不予支持，但按份共有人之间另有约定的除外。

7. 【答案】ABC

【学堂点拨】（1）选项A错误：根据规定，除了兴办乡镇企业、村民建设住宅、乡（镇）村公共设施以及公益事业建设经批准可直接使用集体土地外，集体所有的土地只有先经过征收转为国有土地后，才能创设建设用地使用权。（2）选项B错误：除了住宅用地期满可自动续期，其他建设用地使用权的续期需要权利人在建设用地使用权届满前1年提出申请，经批准的，应当重新签订土地使用权出让合同，依照规定支付土地使用权出让金。（3）选项C错误：建设用地使用权的设立和转让，以登记为要件。

8. 【答案】BD

【学堂点拨】根据规定，抵押权设立后抵押财产出租的，该租赁关系不得对抗“已登记”的抵押权，而且，抵押权实现后，租赁合同对受让人不具有约束力，因此，选项A错误，B正确，C错误；抵押人将已抵押的财产出租时，如果抵押人未书面告知承租人该财产已抵押的，抵押人对出租抵押物造成承租人的损失承担赔偿责任，因此，选项D正确。

9. 【答案】ACD

【学堂点拨】根据规定，依法被查封、扣押、监管的财产不得抵押。

10. 【答案】BCD

【学堂点拨】根据规定，质权包括动产质权和权利质权。权利质权的客体包括有价证券（汇票、本票、支票、债券、存款单、仓单、提单）、股权、基金份额、知识产权（著作权、商标权、专利权中的财产权）、应收账款等，不包括土地使用权。因此，选项B、C、D正确。

11. 【答案】CD

【学堂点拨】根据规定，留置权的成立需要具备的要件包括：（1）客体必须是动产；（2）债权人已合法占有债务人的动产；（3）债务履行期届满，债务未履行；（4）债权人对动产的占有与其所担保的债权基于同一法律关系。据此，选项A错误，因为债务人王某支付运费的债务尚未到期；选项B错误，因为刘某所欲留置的家具并非刘某已经合法占有的债务人动产。

12. 【答案】AB

【学堂点拨】（1）选项A、B正确：根据规定，动产之上可以设立抵押权，也可以设立质权。（2）选项C、D错误：根据规定，动产抵押权自抵押合同生效时设立，未经登记不得对抗善意第三人；动产质权自动产交付时设立。

13.【答案】BD

【学堂点拨】选项AC属于可以设定质押的财产权利。

14.【答案】ABCD

【学堂点拨】根据规定，担保物权的担保范围包括主债权及其利息、违约金、损害赔偿金、保管担保财产和实现担保物权的费用。

15.【答案】AC

【学堂点拨】（1）选项A正确，选项B错误：以生产设备、原材料、半成品、产品、交通运输工具以及正在建造的船舶、航空器等动产设定抵押的，抵押权自抵押合同生效时设立，未经登记，不得对抗善意第三人。（2）选项C正确：担保物权具有物上代为性，担保物毁损灭失后，担保人获得保险金、赔偿金、补偿金的，担保物权人可就保险金、赔偿金、补偿金优先受偿。（3）选项D错误：抵押权具有不可分性，抵押物部分毁损的，残存部分仍担保全部债权。

三、案例分析题

1.【答案】

（1）李某自2017年2月1日起取得该房屋的所有权。根据规定，因人民法院的法律文书，导致物权设立、变更、转让或者消灭的，自法律文书生效时发生效力。在本题中，李某基于人民法院的判决书自2月1日起取得该房屋的所有权（不以登记为生效要件）。

（2）张某未取得该房屋的所有权。根据规定，不动产物权的设立、变更、转让和消灭，经依法登记，发生效力；未经登记，不发生效力，但法律另有规定的除外。在本题中，张某未经登记，不能取得该房屋的所有权。

（3）李某与张某之间的房屋买卖合同已经生效。根据规定，当事人之间订立有关设立、变更、转让和消灭不动产物权的合同，除法律另有规定或者合同另有约定外，自合同成立时生效；未办理物权登记的，不影响合同效力。

（4）王某取得了该房屋的所有权。根据规定，王某基于善意取得制度（善意、以合理的价格有偿受让、办理了不动产的变更登记）依法取得该房屋的所有权。在本题中，4月1日吴某将该房屋卖给王某时，吴某属于无权处分，但王某基于善意取得制度依法取得该房屋的所有权，李某则丧失了所有权。

2.【答案】

（1）银行的抵押权未成立。根据规定，房屋抵押权自办理抵押登记时成立，本题中，甲只是将房产证押给了银行，而没有办理抵押登记手续，因此，不符合抵押权设立的要件。

（2）乙取得房屋所有权。根据规定，房屋所有权的转移以办理过户登记为要件，本题中乙对甲与银行之间设立抵押权的事实并不知情，而且依法办理了房屋产权过户登记手续，依法取得房屋所有权，银行不能要求拍卖该房屋优先受偿。

3.【答案】

（1）甲企业与乙公司约定的该条款无效。根据规定，抵押权人在债务履行期届满前，不得与抵押人约定债务人不履行到期债务时抵押财产归债权人所有。如果双方在合同中约定债务人不履行到期债务时，抵押财产归债权人所有，则此条款无效。

（2）甲企业与乙公司之间设立了抵押权。根据规定，当事人以生产设备、原材料、半成品、产品，正在建造的船舶、航空器，交通运输工具等动产设定抵押，抵押权自抵押合同生效时设立。未经登记，不得对抗善意第三人。因此对这些财产是否进行抵押登记，完全由当事人决定。

（3）修理费应由丙公司承担。根据《物权法》规定，质权人负有妥善保管质押财产的义务；因保管不善致使质押财产毁损、灭失的，应当承担赔偿责任。

（4）丁修理厂可以行使留置权。根据规定，留置权的成立条件是：①债权人占有债务人的动产。②债权人留置的动产，应当与债权属于同一法律关系，但企业之间留置的除外。③债权已届清偿期且债务人未按规定期限履行义务。本题中，尽管丁修理厂留置的财产与被担保的债权不属于同一法律关系，但由于当事人双方都是企业，仍符合留置权成立的条件，因此，丁修理厂有权行使留置权。

第四章　合同法律制度

本章思维导图

- 合同法律制度
  - 合同的基本理论★★
    - 合同的概念和分类
    - 合同的相对性
      - 相对性的例外：代位权、撤销权
  - 合同的订立与合同效力★★
    - 要约
    - 承诺
    - 合同成立的时间与地点
    - 格式条款
    - 缔约过失责任
    - 合同的生效
  - 合同的履行★★
    - 合同的履行规则
    - 合同履行中的抗辩权
    - 合同履行的保全
  - 合同的担保★★★
    - 保证
    - 定金
  - 合同的变更与转让★
    - 债权让与
    - 债务承担
    - 债权债务的概括转移
  - 合同的终止★★
    - 合同终止的基本理论
    - 清偿
    - 解除
    - 抵销
    - 提存
    - 免除与混同
  - 违约责任★★★
    - 违约形态
    - 情势变更原则
    - 违约责任的承担方式
    - 免责事由
  - 几类主要的有名合同★★★
    - 买卖合同、赠与合同、贷款合同、租赁合同、融资租赁合同、承揽合同、建设工程合同、委托合同、运输合同、行纪合同、技术合同

本章概述

《合同法》是现代法律体系中财产法的两大支柱之一，其调整的是动态的财产流转关系。本章内容涵盖两大部分，即合同法总则和合同法分则。总则部分主要包括合同的概念和分类、合同的订立、合同的效力、合同的担保、合同的保全、合同债权债务的转移、合同的履行、违约责任等内容；分则部分则是阐述各种具体的有名合同，如买卖合同、赠与合同、借款合同、租赁合同、融资租赁合同、承揽合同、建设工程合同、运输合同、委托合同、行纪合同等。就总则和分则的关系而言，总则是分则的理论基础，总则中的规则是关于合同的一般规定，原则上适用于分则中所有的有名合同；分则中关于各个有名合同的规则是特别规定，应当优先于总则中的一般规定得到适用。本章教材编写主要依据的法律及司法解释如下：

一、《中华人民共和国合同法》（以下简称《合同法》）；

二、最高人民法院关于适用《中华人民共和国合同法》若干问题的解释（一）；

三、最高人民法院关于适用《中华人民共和国合同法》若干问题的解释（二）；

四、最高人民法院关于适用《中华人民共和国合同法》若干问题的解释（三）；

五、《最高人民法院关于审理城镇房屋租赁合同纠纷案件具体应用法律若干问题的解释》；

六、《最高人民法院关于审理融资租赁合同纠纷案件适用法律问题的解释》等。

上述提及的法律及司法解释中的相关规定已广泛纳入教材之中，成为考试直接或间接考查的知识点。

考情回顾及考情预测

本章是教材中的重点章节，每年考查的分值为21～30分，考查题型涵盖单选题、多选题和案例分析题，不论从考查分值还是考查题型，本章都是当之无愧的“头号重点章节”！本章与教材其他章节的相关考点之间存在密切的逻辑关联，尤其是与物权法律制度在诸多方面呈现出“你中有我、我中有你”的相交相融局面。这一点体现在考试中就是，合同法和物权法的相关考点被结合起来一起考查似乎已成为每年考试的惯例。2018年本章的分值大致与往年相当，考查30分左右，而且与第三章之间的融合会进一步加深，除了仍会和第四章结合考查一道案例分析题外，选择题尤其是多选题中也可能会出现复合型考题。

本章近五年考点一览

考点	重要程度	考查次数	大致分值	考查题型	考查概率
合同的相对性	★★	1	1	单选题	50%
要约与承诺	★★	1	2	多选题	20%
格式条款与缔约过失责任	★	1	1	单选题	20%
合同的生效与效力待定合同	★★	1	1	单选题	50%
合同的履行	★★★	1	1	单选题、案例题	100%
双务合同的抗辩权	★★★	3	3	单选题、多选题、案例题	100%
保证	★★★	3	2	单选题、案例题	30%
定金	★★★	1	1	单选题	100%

（续上表）

考点	重要程度	考查次数	大致分值	考查题型	考查概率
清偿与合同的解除	★★	4	1～2	单选题、多选题	90%
抵销	★	4	2～3	案例分析题	100%
提存	★★	2	1	单选题	50%
违约责任	★★	2	2～3	单选题、多选题	50%
买卖合同	★★★	1	1	单选题、案例题	20%
赠与合同	★★★	2	2～3	单选题、多选题	50%
租赁合同与融资租赁合同	★★	2	2～3	多选题、案例题	50%
建设工程合同	★★★			多选题	50%
委托合同	★★			单选题	50%

本章重难点

重点：合同的订立、合同成立的时间和地点、缔约过失责任、合同的生效、合同的担保、合同履行的规则、抗辩权、合同保全、合同的担保、合同的解除、合同的转让、承担违约责任的主要形式、违约责任的免除、买卖合同、赠与合同、借款合同、租赁合同、建设工程合同。

难点：合同的订立、缔约过失责任、合同保全、保证期间、合同的法定解除、多重买卖的合同履行规则、赠与合同的撤销、民间借贷合同、买卖不破租赁、承租人优先购买权。

本章学习方法和技巧

合同法律制度与日常生活息息相关，因此在学习的过程中不仅要多遍精读教材，更要结合日常生活中的实例理解法条，不能机械地背诵法条。此外，学习本章时要注意将其与物权法律制度中的相关知识点结合起来进行理解。

2018年教材主要变化

删除了“效力待定合同”，其他无变化。

第一单元　合同的基本理论

知识点1　合同的概念和分类（★）

一、概念和特征

（一）概念

合同是平等主体的自然人、法人、其他组织之间设立、变更、终止民事权利义务关系的协议。

（二）特征

1．主体平等——合同是平等主体所实施的一种民事法律行为。

提示

政府采购合同中，作为合同一方当事人的政府与合同对方当事人之间也是平等的关系，适用《合同法》的规定。

2．以设定财产权利义务为目的——合同是当事人之间以设立、变更和终止财产性民事权利义务关系为目的和宗旨的协议。

3．意思表示一致——合同是当事人意思表示一致的产物，是一种双方或多方或共同的民事法律行为。

提示

1．本章所涉及的合同仅指调整财产流转关系的协议，而婚姻、收养、监护等有关身份关系的协议，适用其他法律的规定。

2．是否以设定财产权利义务关系为目的是合同与情谊行为相区分的重要标志。

【案例】甲盛情邀请乙共进晚餐，乙愉快地答应。后因甲临时有事，遂电话告知乙取消聚餐。本例中：1．双方并不存在设定财产权利义务关系的目的，双方的合意属于情谊行为，并未成立合同法律关系；2．由于二者不存在合同关系，甲无须向乙承担违约责任。

【例1-单选题】下列哪种情形中，在当事人之间产生合同法律关系？（　　）

A．甲拾得乙遗失的一块手表

B．甲邀请乙看球赛，乙因为有事没有前去赴约

C．甲因为放暑假，将一台电脑放到乙家保管

D．甲鱼塘的鱼跳进乙鱼塘

【答案】C

学堂点拨

合同是平等主体的自然人、法人、其他组织之间设立、变更、终止民事权利义务关系的协议。选项A中甲的行为属于拾得遗失物，并未在当事人之间形成合同关系；选项B中甲的行为属于情谊行为，也未在当时人间成立合同关系；选项C中，甲乙之间成立保管合同法律关系；选项D中甲、乙之间产生不当得利法律关系，而非合同法律关系。

二、合同的分类

（一）有名合同与无名合同

1．分类标准：以法律是否规定名称并设定规范为标准。

2．《合同法》规定的15个有名合同：买卖合同，供用电、水、气、热力合同，赠与合同，借款合同，租赁合同，融资租赁合同，承揽合同，建设工程合同，运输合同，技术合同，保管合同，仓储合同，委托合同，行纪合同及居间合同。

3.《担保法》规定的三个有名合同：保证合同、抵押合同和质押合同。

（二）单务合同与双务合同

1. 分类标准：以双方当事人是否互负对价给付义务为标准。

2. 内涵：

（1）单务合同是指仅有一方当事人负给付义务的合同，如赠与合同。

（2）双务合同是指双方当事人互负对价给付义务的合同，如买卖合同、租赁合同等。

（三）诺成合同与实践合同

1. 分类标准：除当事人的意思表示以外，是否还要交付标的物为标准。

2. 内涵：

（1）诺成合同是指不以交付标的物为成立要件的合同。

（2）实践合同是指在当事人意思表示一致以外，尚需有实际交付标的物或者有其他现实给付行为才能成立的合同，如保管合同、自然人之间的借贷合同、定金合同等。

提示

1. 赠与合同、质押合同不是实践合同。

2. 实践合同中，当事人如果没有完成作为合同成立要件的给付，不产生违约责任，而是产生缔约过失责任。

知识点2 合同的相对性（★）

一、合同相对性的内涵

合同的相对性是指合同只对合同的双方当事人发生效力，合同权利人只能向对方当事人主张合同权利，无权向合同关系之外的第三方当事人行使请求权，也不得擅自为第三方设定合同义务。合同相对性包括如下几个方面的内容：

（一）主体的相对性

合同关系只发生在特定的主体间，只有合同当事人能够向合同另一方当事人基于合同提出请求或提起诉讼。

（二）内容的相对性

1. 只有合同当事人才能享有合同所规定的权利和承担所规定的义务，即合同权利与义务主要对合同当事人产生约束力。

2. 合同当事人无权为他人设定合同上的义务，原则上不涉及第三人。

（三）责任的相对性

1. 因第三人原因造成债务不能履行的情况下，债务人仍应向债权人承担违约责任。

2. 债务人只应向合同中的债权人承担违约责任，而不应向国家或第三人承担违约责任。

二、合同相对性的例外

（一）合同债权的保全

1. 代位权

因债务人怠于行使其到期债权，对债权人造成损害的，债权人可以向人民法院请求以自己的名义代位行使债务人的债权，但该债权专属于债务人自身的除外。

【案例】甲向乙借款100万元，借款期限届满，甲无力偿还。经查实，丙还拖欠甲120万元已届清偿期的材料款尚未支付，甲怠于行使这一债权，无奈之下，乙以自己的名义向法院提起诉讼，请求丙向其清偿100万元债务。本案中，乙丙之间并不存在合同关系，乙起诉丙清偿债务，突破了合同的相对性。

2．撤销权

因债务人放弃其到期债权或者无偿转让财产，对债权人造成损害的，债权人可以请求人民法院撤销债务人的行为。债务人以明显不合理的低价转让财产，对债权人造成损害，并且受让人知道该情形的，债权人也可以请求人民法院撤销债务人的行为。

【案例】甲欠乙20万元借款已经到期，但是甲已经负债累累，无力偿还。同时甲却将其所有的唯一值钱物品——价值10万元的祖传古董花瓶，以2万元的价格卖给其知情的朋友丙。甲得知后，以自己名义向法院起诉，请求法院撤销甲丙之间的买卖合同。本例中，乙请求法院撤销的是他人（甲丙）之间的买卖合同，突破了合同的相对性。

（二）买卖不破租赁

租赁物在租赁期间发生所有权变动的，不影响租赁合同的效力。

【案例】甲将其门面房租给乙，租期为2年，双方签订了房屋租赁合同。在租期未满时，甲将门面房卖给丙，办理了过户登记。丙请求乙腾房，遭乙拒绝。本例中，租赁合同由甲乙订立，但门面房所有权发生变动后，承租人乙可以对抗买受人丙。

（三）分包人、某一区段承运人的连带责任

1．分包人的连带责任：总承包人或者勘察、设计、施工承包人经发包人同意，可以将自己承包的部分工作交由第三人完成。第三人就其完成的工作成果与总承包人或者勘察、设计、施工承包人向发包人承担连带责任。

2．区段承运人的连带责任：单式联运合同中某一区段承运人与总的承运人共同向托运人承担连带责任。

【例2-单选题】下列选项中体现合同关系相对性的是哪一项？（　　）

A．租赁物在租赁期间发生所有权变动的，不影响租赁合同的效力

B．债务人无偿处分其财产使债权人的债权受到侵害，债权人可请求人民法院撤销债务人的处分行为

C．债务人向债权人交付标的物被第三人毁坏时，债权人追究第三人的侵权责任

D．当事人一方因第三人的原因造成违约的，应当向对方承担违约责任

【答案】D

学堂点拨

选项A（买卖不破租赁）和选项B（债权人撤销权），均体现的是合同相对性的例外；选项C表达的是侵权责任的承担，与合同相对性无关；选项D体现了合同相对性。

第二单元 合同的订立与合同效力

知识点1 要约（★）

一、概念及构成要件

要约是指缔约人一方以缔结合同为目的向对方当事人所作的意思表示。一个有效的要约须符合以下构成要件：

（一）内容具体明确，须包含未来成立的合同的必要条款（当事人姓名或名称、标的及其数量）。

（二）表明经受要约人承诺，要约人即受该意思表示约束。

【案例】A公司向B公司发出函件："我司急需I型机床5台，每台价格不超过20 000元，如贵司有货，请于5日内通知我方，并请发货，货到付款，转账支付。"该函件具备上述构成要件，属于要约。

【例1-单选题】某商店橱窗内展示的衣服上标明"正在出售"，并且标示了价格，则"正在出售"的标示视为什么？（　　）

A．要约　　B．承诺　　C．要约邀请　　D．既是要约又是承诺

【答案】A

学堂点拨

本题中，商店橱窗展示的"正在出售"的标示，一方面内容具体明确，另一方面也表明经受要约人承诺，要约人即受该意思表示约束，因此，符合要约的构成要件。

二、要约邀请

（一）要约邀请的概念

要约邀请，是指希望他人向自己发出要约的意思表示。典型的要约邀请包括：寄送的价目表、拍卖公告、招标公告、招股说明书、商业广告。

提示

1．若商业广告的内容符合要约的规定，如悬赏广告，则视为要约。

2．商品房销售广告和宣传资料为要约邀请，但是出卖人就商品房开发规划范围内的房屋及相关设施所作的说明和允诺具体确定，并对商品房买卖合同的订立以及房屋价格的确定有重大影响的，应当视为要约。该说明和允诺即使未载入商品房买卖合同，亦应视为合同内容，当事人违反的，应当承担违约责任。

（二）要约与要约邀请的区分

要约与要约邀请区分的关键在于：行为人的意思表示是否具备要约的构成要件。要约邀请往往缺乏要约某一方面的构成要件，比如内容不明确，或者没有表明经受要约人承诺，要约人即受该意思表示约束。

【例2-单选题】甲公司7月1日通过报纸发布广告，称其有某型号的电脑出售，每台售价8 000元，随到随购，数量不限，广告有效期至7月30日。乙公司委托王某携带金额16万元的支票于7月28日到甲公司购买电脑，但甲公司称广告所述电脑已全部售完。乙公司为此受到一定的经济损失。根据合同法

律制度的规定，下列表述正确的是哪一项？（　　）

A. 甲公司的广告构成要约，乙公司的行为构成承诺，甲公司不承担违约责任

B. 甲公司的广告构成要约，乙公司的行为构成承诺，甲公司应当承担违约责任

C. 甲公司的广告不构成要约，乙公司的行为不构成承诺，甲公司不承担民事责任

D. 甲公司的广告构成要约，乙公司的行为不构成承诺，甲公司不承担民事责任

【答案】B

学堂点拨

甲公司发布的广告内容具体确定（某型号的电脑、每台售价、数量不限），同时表明，一旦经受要约人承诺，要约人即受该意思表示约束（随到随购、广告有效期）。因此，该广告符合要约的构成要件。而乙公司委托王某去购买的行为构成承诺。双方之间的买卖合同已成立生效。据此，甲公司不能提供电脑构成违约，应承担违约责任。

【例3-多选题】喜好网球和游泳的赵某从宏大公司购买某小区商品房一套，交房时发现购房时宏大公司售楼部所展示的该小区模型中的网球场和游泳池并不存在。经查，该小区设计中并无网球场和游泳池。下列哪些选项是正确的？（　　）

A. 宏大公司的行为是合理的

B. 赵某有权请求宏大公司承担违约责任

C. 宏大公司售楼部展示该小区模型中的网球场和游泳池的行为属于要约

D. 宏大公司售楼部展示该小区模型中的网球场和游泳池的行为属于要约邀请

【答案】BC

学堂点拨

根据规定，商品房销售广告和宣传资料为要约邀请，但是出卖人就商品房开发规划范围内的房屋及相关设施所作的说明和允诺具体确定，并对商品房买卖合同的订立以及房屋价格的确定有重大影响的，应当视为要约。该说明和允诺即使未载入商品房买卖合同，亦应视为合同内容，当事人违反的，应当承担违约责任。据此，本题中，宏大公司售楼部展示该小区模型中的网球场和游泳池的行为构成要约，宏大公司应向购房者赵某承担违约责任。

三、要约的效力（生效、撤回、撤销和失效）

（一）要约的效力

1. 要约效力的含义：要约人应当受到自己所作出的要约的约束，一旦生效，不得随意变更和撤销。

2. 要约的生效时间：到达受要约人时。

【解释】收件人指定特定系统接收数据电文的，数据电文进入该特定系统的时间，视为到达时间；未指定特定系统的，数据电文进入收件人的任何系统的首次时间，视为到达时间。

（二）要约的撤回

1. 目的：旨在阻止要约生效。

2. 撤回的要求：撤回要约的通知应当在要约到达受要约人之前或者与要约同时到达受要约人。

（三）要约的撤销

1. 目的：旨在否定已生效但受要约人尚未承诺的要约的效力。

2. 撤销的要求：撤销要约的通知应当在受要约人发出承诺通知之前到达受要约人。

3. 不得撤销的要约：

（1）要约人确定了承诺期限；

（2）明示要约不可撤销；

（3）受要约人有理由认为要约是不可撤销的，并已经为履行合同作了准备工作。

表 4-1 要约的撤回和撤销

比较项	目的	要求	适用限制
要约的撤回	阻止要约生效	撤回要约的通知应当在要约到达受要约人之前或者与要约同时到达受要约人	适用于所有要约
要约的撤销	否定已生效但受要约人尚未承诺的要约的效力	撤销要约的通知应当在受要约人发出承诺通知之前到达受要约人	以下要约不得撤销： 1. 要约人确定了承诺期限； 2. 明示要约不可撤销； 3. 受要约人有理由认为要约是不可撤销的，并已经为履行合同作了准备工作。

（四）要约失效的原因

1. 受要约人拒绝要约的通知到达要约人。

2. 要约人依法撤销要约。

3. 承诺期限届满，受要约人未作出承诺。

4. 受要约人对要约的内容作出实质性变更。

5. 作为要约人或受要约人的法人消灭。

【例4-单选题】下列关于要约失效的陈述，错误的是哪一项？（　　）

A. 甲以信件方式向乙发出要约，要求购买某型号钢材10吨，乙打电话告知甲，无货可供，要约失效

B. 甲以信件方式于7月5日向乙发出要约，并确定了一个月的承诺期间，7月10日该要约到达乙处，乙于8月6日以信件方式作出承诺，8月9日到达甲处，要约失效

C. 甲拟以信件方式向乙发出要约，并要求乙必须在一个月内承诺，信件落款时间为7月1日，但甲迟迟没有发信，直到7月10日才发出信件；乙于8月4日作出承诺，该信件于8月7日到达甲处，该承诺生效，因此要约没有失效

D. 甲以信件方式向乙发出要约，要求购买某型号钢材10吨，乙打电话告知甲，因为市场行情发生变化，要约中确定的价格应当上浮10%，要约失效

【答案】C

学堂点拨

根据规定，要约失效的原因包括：1. 受要约人拒绝要约的通知到达要约人（选项A）；2. 要约人依法撤销要约；3. 承诺期限届满，受要约人未作出承诺（选项BC）；4. 受要约人对要约的内容作出实质性变更（选项D）；5. 作为要约人或受要约人的法人消灭。

知识点2 承诺（★）

一、承诺期限

（一）要约确定了承诺期限，承诺应当在该期限内达到要约人

1. 要约以信件或者电报作出的，承诺期限自信件载明的日期或者电报交发之日开始计算；信件未载明日期的，自投寄该信件的邮戳日期开始计算。

2. 要约以电话、传真等快速通讯方式作出的，承诺期限自要约到达受要约人时开始计算。

（二）要约没有确定承诺期限的

1. 要约以对话方式作出的，应当即时作出承诺，但当事人另有约定的除外。

2. 要约以非对话方式作出的，承诺应当在合理期限内到达。

【解释】合理期限是指依通常情形可期待承诺到达的期间（要约到达受要约人的期间+受要约人作出承诺的期间+承诺通知到达要约人的期间）。

【例5-单选题】甲公司欲将一套生产设备售与乙公司。2017年8月14日，甲公司以信件的方式向乙公司发出要约，信的落款日期是2017年8月14日，该信件于2017年8月15日发出，邮戳日期是2017年8月15日。要约中规定承诺的期限为10日，该信于2017年8月22日到达乙公司。根据合同法律制度，该要约的生效日期和承诺的起算日期分别是（　　）

A. 8月22日和8月15日　　B. 8月15日和8月15日

C. 8月22日和8月14日　　D. 8月15日和8月22日

【答案】C

学堂点拨

1. 根据规定，要约自到达受要约人时生效。因此，本题中要约生效时间是8月22日。2. 根据规定，要约以信件或者电报作出的，承诺期限自信件载明的日期或者电报交发之日开始计算。因此，本题中，承诺期限应自8月14日起算。

二、承诺的生效和撤回

（一）承诺生效时间

1. 以通知的方式承诺——承诺通知到达要约人时。

2. 以行为的方式承诺——行为作出时。

（二）承诺的撤回

1. 目的：旨在阻止承诺生效。

2. 撤回的要求：撤回通知应在承诺通知到达要约人之前或者与承诺通知同时到达要约人。

提示

承诺不能撤销，因为承诺通知到达要约人时，合同即告成立。

三、承诺的迟延与迟到

（一）承诺迟延

受要约人超过承诺期限发出承诺，除要约人及时承认该承诺有效外，为新要约。

（二）承诺迟到

受要约人在承诺期限内发出承诺通知，且正常情况下能及时到达要约人，但由于其他原因导致承诺到达要约人时超过承诺期限，除要约人及时通知不承认该承诺外，为有效承诺。

表 4-2 承诺的迟延与迟到

	承诺迟延	承诺迟到
行为表现	受要约人“超过承诺期限发出”承诺——注定要迟。	受要约人“在承诺期限内发出”承诺，按照通常情况能够及时到达要约人，但因其他原因致使承诺到达要约人时超过承诺期限——意外的迟。
法律效果	1. 原则上为“无效”，应视为“新要约”。 2. 例外有效——要约人及时通知受要约人该承诺有效（要约人不挑）。	1. 原则上为“有效”。 2. 例外无效——要约人及时通知受要约人因承诺超过期限不接受该承诺（要约人很挑）。

四、承诺对要约内容的变更

（一）受要约人对要约的内容作出实质性变更的，应认定为新要约。

【解释】实质性变更是指对合同标的、数量、质量、价款或报酬、履行期限、履行地点和方式、违约责任和解决争议方法等的变更。

（二）承诺对要约的内容作出非实质性变更的，为有效承诺，合同的内容以承诺的内容为准。

提示

非实质性变更导致承诺无效的两种例外情形：1. 要约人及时表示反对；2. 要约中明确表明承诺不得对要约的内容作出任何变更。

【例6-单选题】根据合同法律制度的规定，下列情形中，构成有效承诺的是（　　）。

A. 受要约人向要约人发出承诺函后，随即又发出一封函件表示收回承诺。两封函件同时到达要约人

B. 受要约人向要约人回函表示：“若价格下调5%，我司即与贵司订立合同。”

C. 受要约人发出表示承诺的函件时已超过要约人规定的承诺期限，要约人收到后未作任何表示

D. 受要约人在承诺期限内发出承诺，正常情形下可如期到达要约人，但因连日暴雨致道路冲毁，承诺通知到达要约人时已超过承诺期限，要约人收到承诺通知后未作任何表示

【答案】D

学堂点拨

1. 选项A属于承诺的撤回。根据规定，承诺可以撤回，撤回承诺的通知应当在承诺通知到达要约人之前或者与承诺通知同时到达要约人。2. 选项B属于受要约人对要约的内容作出实质性变更，应认定为新要约，原要约已失效。3. 选项C属于受要约人超过承诺期限发出承诺的，为承诺迟延，除要约人及时通知受要约人该承诺有效的以外，迟延的承诺应视为新要约。

知识点3 合同成立的时间与地点（★）

一、合同成立的时间

（一）原则

承诺生效，合同成立。

（二）例外

1. 合同书——当事人采用合同书形式订立合同的，自双方当事人签字或者盖章时合同成立（同时签字盖章时或者自最后一方签字盖章时）。

2. 确认书——当事人采用信件、数据电文等形式订立合同的，可以要求在合同成立之前签订确认书，签订确认书时合同成立。

提示

如果当事人未采用法律要求或者当事人约定的书面形式、合同书形式订立合同，或者当事人没有在合同书上签字盖章的，只要一方当事人履行了主要义务，且对方接受的，合同仍然成立。

二、合同成立的地点

（一）原则

承诺生效的地点为合同成立的地点。

（二）例外

采用书面形式订立合同的：

1. 双方当事人签字、盖章的地点为合同成立的地点；

2. 双方当事人签字或者盖章不在同一地点的，最后一方在合同书上签字、盖章的地点为合同成立的地点；

3. 合同约定的签订地与实际签字或者盖章地点不符，以约定的签订地为合同成立的地点。

【例7-2007-单选题】2007年4月30日，甲以手机短信形式向乙发出购买一台笔记本电脑的要约，乙于当日回短信同意要约。但由于“五一”期间短信系统繁忙，甲于5月3日才收到乙的短信，并因个人原因于5月8日才阅读乙的短信，后于9日回复乙“短信收到”。根据合同法律制度的规定，甲乙之间买卖合同何时成立？（　　）

A. 2007年4月30日　　　　B. 2007年5月3日

C. 2007年5月8日　　　　D. 2007年5月9日

【答案】B

学堂点拨

根据规定，一般情况下，合同成立时间以承诺生效的时间为准。本题中，承诺通知于5月3日到达，因此，买卖合同也是5月3日生效。

知识点4 格式条款（★）

一、内涵及表现形式

（一）内涵

一方当事人事先拟定好的、重复使用且不允许对方当事人协商和变更的条款。

（二）表现形式

书面合同文本中的条款、店堂告示、标价单、服务细则、产品保修卡、火车票背面的乘车须知等形式。

二、格式条款的法律规制

（一）格式条款提供方的提示和说明义务

1. 应当遵循公平原则确定当事人之间的权利和义务，并采取合理的方式提请对方注意免除或限制其责任的条款，按照对方的要求，对该条款予以说明。

2. 提供格式条款的一方对已尽合理提示及说明义务承担举证责任。

（二）无效情形

1. 符合合同法规定的合同无效情形。

【相关链接】根据《合同法》第五十二条，存在下列情形的合同无效：1. 一方以欺诈、胁迫的手段订立合同，损害国家利益；2. 恶意串通、损害国家、集体或者第三人利益；3. 以合法形式掩盖非法目的；4. 损害社会公共利益；5. 违反法律、行政法规的强制性规定。

2. 造成对方人身伤害的、因故意或者重大过失造成对方财产损失的免责格式条款。

【案例】工厂在与劳动者签订的劳动合同中规定的“工伤概不负责”条款属于无效格式条款。

3. 格式条款提供方免除其责任、加重对方责任、排除对方主要权利的格式条款。

【案例】超市里“偷一罚十”的店堂告示，因加重顾客的责任，应为无效格式条款。

（三）格式条款的解释

对格式条款的理解发生争议的，按以下两种情况处理：

1. 应按照通常理解予以解释；

2. 有两种以上解释的，应当作出不利于提供格式条款一方的解释；

【案例】刘某提前两周以600元订购了海鸥航空公司全价1 000元的六折机票，后因临时改变行程，刘某于航班起飞前一小时前往售票处办理退票手续，海鸥航空公司规定起飞前两小时内退票按机票价格收取30%手续费。双方就机票价格产生争议，刘某认为应当以打折之后的票价（600元）为基数计算退票手续费，而海鸥航空公司则认为应以原票价（1 000元）为基数计算退票手续费。本例中：

1. 刘某与航空公司之间存在旅客运输格式合同关系；

2. 双方就格式条款中的“机票价格”发生争议，应当作出不利于海鸥航空公司的解释，即以打折之后的票价（600元）为基数计算退票手续费。

3. 格式条款与非格式条款不一致的，应当采用“非格式条款”。

知识点5 缔约过失责任（★）

一、概念及构成要件

（一）概念

在合同的订立过程中，由于一方当事人的过失，致使合同未成立、未生效、被撤销或无效，损害了对方当事人的利益而承担的赔偿责任。

（二）构成要件

1．缔约一方当事人违反先合同义务。

2．给对方造成了信赖利益的损失。

3．缔约人在主观上必须存在过错。

4．缔约人一方当事人违反先合同义务的行为与对方所受到的损失之间必须存在因果关系。

表 4–3　缔约过失责任与违约责任的区别

比较项	缔约过失责任	违约责任
产生时间	发生在合同成立之前	产生于合同生效之后
适用范围	适用于合同未成立、合同未生效、合同无效	适用于有效合同
赔偿范围	赔偿的是信赖利益的损失	赔偿的是可期待利益的损失

二、具体情形

（一）假借订立合同，恶意进行磋商。

（二）故意隐瞒与订立合同有关的重要事实或者提供虚假情况。

（三）当事人泄露或者不正当使用在订立合同过程中知悉的商业秘密，给对方造成损失的。

（四）有其他违背诚实信用原则的行为。

【例8–单选题】根据合同法律制度的规定，下列关于缔约过失责任的表述中，正确的是（　　）。

A．一方当事人假借订立合同恶意进行磋商，给他人造成损失的，可成立缔约过失责任

B．缔约过失责任仅在合同成立时适用

C．缔约过失责任赔偿的是可期待利益损失

D．缔约过失责任的赔偿额通常大于违约责任

【答案】A

学堂点拨

选项B错误：缔约过失责任是指合同当事人在订立合同过程中，因故意或过失致使合同未成立、未生效、被撤销或无效，给他人造成损失而应承担的损害赔偿责任。因此，缔约过失发生在合同订立过程中，而不是合同成立时。选项C、D错误：缔约过失赔偿的是信赖利益的损失；而违约责任赔偿的是可期待利益的损失。可期待利益的损失要大于或者等于信赖利益的损失。

知识点6 合同的生效（★）

一、合同成立与生效的联系与区别

（一）二者之间的联系

合同成立是合同生效的前提。

（二）二者区别

1. 性质不同

合同成立是一个事实判断，即合同是否存在；合同生效则是一个法律价值判断，即已经成立的合同是否得到法律的认可，产生当事人所期望的法律效果。

2. 要件不同

一般情况下，只要双方当事人就合同内容达成合意，合同即告成立，但是成立了的合同是否有效，还要看该合同是否符合法律规定的有效要件（行为能力、意思表示、是否合法）。

二、合同生效的时间

（一）一般情形

依法成立的合同，自成立时生效。

（二）特殊情形

法律、行政法规规定应当办理批准、登记手续生效的，在依照其规定办理批准、登记等手续后生效。

提示

建设用地使用权出让和转让登记、房屋所有权转移登记、不动产抵押登记性质上属于物权登记，即登记是物权变动的要件，而不是合同的生效要件。因此，建设用地出让和转让合同、房屋买卖合同、不动产抵押合同原则上成立时即生效。

第二单元　合同的履行与担保

知识点1 合同的履行规则（★）

一、约定不明时合同内容的确定规则

合同生效后，当事人就质量、价款或者报酬、履行地点等内容没有约定或者约定不明确的，可以协议补充；不能达成补充协议的，按照合同有关条款或者交易习惯确定。如果仍然不能确定的，适用下列履行规则：

（一）质量要求不明确的：

1. 按照国家标准、行业标准履行；

2. 没有国家标准、行业标准的，按照通常标准或者符合合同目的的特定标准履行。

（二）价款或者报酬不明确的：

按照“订立合同时履行地”的市场价格履行。

（三）履行地点不明确的：

1. 给付货币的，在接受货币一方所在地履行；

2. 交付不动产的，在不动产所在地履行；

3. 其他标的，在履行义务一方所在地履行。

（四）履行期限不明确的：

债务人可以随时履行，债权人也可以随时要求履行，但应当给对方必要的准备时间。

（五）履行方式不明确的：

按照有利于实现合同目的的方式履行。

（六）履行费用的负担不明确的：

由履行义务的一方负担。

表 4-4 合同内容的确定规则

第一步：当事人在合同中明确“约定”。
第二步：合同生效后，当事人就质量、价款或者报酬、履行地点等内容没有约定或者约定不明确的，可以“协议补充”。
第三步：不能达成补充协议的，按照“合同有关条款或者交易习惯”确定。
第四步：仍然不能确定的，适用下列履行规则： 1. 质量要求不明确的：（1）按照国家标准、行业标准履行；（2）没有国家标准、行业标准的，按照通常标准或者符合合同目的的特定标准履行。 2. 价款或者报酬不明确的：按照“订立合同时履行地”的市场价格履行。 3. 履行地点不明确的：（1）给付货币的，在接受货币一方所在地履行；（2）交付不动产的，在不动产所在地履行；（3）其他标的，在履行义务一方所在地履行。 4. 履行期限不明确的：债务人可以随时履行，债权人也可以随时要求履行，但应当给对方必要的准备时间。 5. 履行方式不明确的：按照有利于实现合同目的的方式履行。 6. 履行费用的负担不明确的：由履行义务的一方负担。

【例1-2014-单选题】甲、乙两公司的住所地分别位于北京和海口。甲向乙购买一批海南产香蕉，3个月后交货。但合同对于履行地以及价款均无明确约定，双方也未能就有关内容达成补充协议，依据合同其他条款及交易习惯也无法确定。根据合同法律制度的规定，下列关于合同履行价格中的表述中，正确的是（　　）。

A. 按合同订立时海口的市场价格履行　　B. 按合同订立时北京的市场价格履行

C. 按合同履行时海口的市场价格履行　　D. 按合同履行时北京的市场价格履行

【答案】A

学堂点拨

根据规定，合同生效后，当事人就质量、价款或者报酬、履行地点等内容没有约定或者约定不明确的，可以协议补充；不能达成补充协议的，按照合同有关条款或者交易习惯确定；如果仍不能确定的：价款或者报酬不明确的，按照订立合同时履行地的市场价格履行。履行地点不明确，给付货币的，在接受货币一方所在地履行；交付不动产的，在不动产所在地履行；其他标的，在履行义务一方所在地履行。本题中，交付香蕉属于其他标的，履行义务一方是出卖人乙，故履行地是海口。据此，履行价格应按照订立合同时海口的市场价格执行。

二、向第三人履行和由第三人履行

（一）向第三人履行

当事人约定由债务人向第三人履行债务的，债务人未向第三人履行债务或者履行债务不符合约定，应当向债权人承担违约责任。

（二）由第三人履行

当事人约定由第三人向债权人履行债务的，第三人不履行债务或者履行债务不符合约定，债务人应当向债权人承担违约责任。

【解释】上述规则其实就是“合同相对性”原理的体现，该考点可用一句话概括：“不论由谁履行，也不论向谁履行，违约责任只能由债务人向债权人承担，跟第三人无关。”

【例2-单选题】甲、乙双方约定，由丙每月代乙向甲偿还债务500元，期限2年。丙履行5个月后，以自己并不对甲负有债务为由拒绝继续履行。甲遂向法院起诉，要求乙、丙承担违约责任。人民法院的下列判决中，符合合同法律制度规定的是（　　）。

A．判决乙承担违约责任　　B．判决丙承担违约责任

C．判决乙、丙连带承担违约责任　　D．判决乙、丙分担违约责任

【答案】A

学堂点拨

根据规定，当事人约定由第三人向债权人履行债务的，第三人不履行债务或者履行债务不符合约定，债务人应当向债权人承担违约责任。本题中，债务人是乙，丙是第三人，根据合同相对性原理，应由乙承担违约责任。因此，选项A正确。

三、中止履行、提前履行与部分履行

（一）中止履行

债权人分立、合并或者变更住所没有通知债务人，致使履行债务发生困难的，债务人可以中止履行或将标的物提存。

（二）提前履行

1．债权人可以拒绝债务人提前履行债务，但提前履行不损害债权人利益的除外。

2．债务人提前履行债务给债权人增加的费用，由债务人负担。

【案例】甲乙双方订立买卖合同，约定乙在2017年6月4日将1 000吨钢材送至甲租用的库房内。如果乙提前1个月送货，导致甲多付了一个月的库房租金，多付的租金应由乙承担。

（三）部分履行

1．债权人可以拒绝债务人部分履行债务，但部分履行不损害债权人利益的除外。

2．债务人部分履行债务给债权人增加的费用，由债务人负担。

知识点2　合同履行中的抗辩权（★★★）

一、同时履行抗辩权

（一）内涵

双务合同中的当事人应同时履行义务。一方在对方履行之前有权拒绝其履行要求；一方在对方履

行债务不符合约定时，有权拒绝其相应的履行要求。

（二）构成要件

1. 双方当事人基于同一双务合同而互负义务。

2. 双方的义务没有先后履行顺序且均已届清偿期限。

3. 对方未履行或未按约定履行债务。

4. 对方的债务是可能履行的。

（三）法律效力

不是永久的抗辩权（区别于诉讼时效抗辩），当对方履行债务时，行使抗辩权者应当恢复履行。

二、先履行抗辩权

（一）内涵

先履行抗辩权是指双务合同中应先履行义务的一方当事人未履行时，后履行一方当事人有拒绝履行自己的义务的权利。

（二）构成要件

1. 当事人因双务合同互负债务。

2. 须双方所负的债务有先后履行的顺序。

3. 先履行一方到期未履行债务或未适当履行债务。

（三）法律效力

1. 后履行方的履行超过了合同约定的履行期限，其并不因此承担违约责任。

2. 先履行方迟延的，应承担履行迟延的违约责任。

三、不安抗辩权

（一）内涵

不安抗辩权是指双务合同中应先履行义务的一方当事人，有确切证据证明相对人财产明显减少或欠缺信用，不能保证对待给付时，有暂时中止履行合同的权利。

（二）构成要件

1. 当事人因双务合同互负债务。

2. 当事人一方须有先履行的义务且已届履行期。

3. 后履行义务一方有丧失或可能丧失履行债务能力的情形。

【解释】根据《合同法》第六十八条规定，后履行义务的一方有丧失或可能丧失履行债务能力的情形包括：1. 经营状况严重恶化；2. 转移财产、抽逃资金，以逃避债务；3. 丧失商业信誉；4. 有丧失或者可能丧失履行债务能力的其他情形。

（三）法律效力

1. 中止履行：抗辩方可以中止履行义务。

提示

只产生中止履行的效力，但只是暂时停止履行或延期履行，而不是消灭其履行义务。如果当事人没有确切证据中止履行的，应当承担违约责任。

2. 通知义务：当事人行使不安抗辩权中止履行的，应当及时通知对方。

3. 恢复履行：对方提供适当担保时，应当恢复履行。

4. 解除合同：中止履行后，对方在合理期限内未恢复履行能力并且未提供适当担保的，中止履行的一方可以解除合同。

表 4-5 三种抗辩权比较

抗辩权类型	有无先后履行顺序	抗辩权主体	是否违约
同时履行抗辩权	无	双方当事人	双方都不构成违约
顺序履行抗辩权	有	后履行一方	先履行方构成迟延履行
不安抗辩权	有	先履行一方	先履行方不构成违约，后履行方可能构成预期违约

【例3-2017-单选题】甲、乙双方签订买卖合同，约定甲支付货款一周后乙交付货物。甲未在约定日期付款，却请求乙交货。根据合同法律制度的规定，对于甲的请求，乙可行使的抗辩权是（　　）。

A. 不安抗辩权　　B. 先诉抗辩权

C. 不履行抗辩权　　D. 先履行抗辩权

【答案】D

学堂点拨

先履行抗辩权，是指双务合同的当事人互负债务，有先后履行顺序，先履行一方未履行的，后履行一方有权拒绝其履行要求。先履行一方履行债务不符合约定的，后履行一方有权拒绝其相应的履行要求。本题中，甲是先履行方，乙是后履行方，因此，乙行使的是先履行抗辩权。

知识点3 合同履行的保全（★★）

合同履行的保全是指法律为防止债务人的财产不当减少给债权人债权的实现带来危险，允许债权人代债务人之位向第三人行使债务人的权利，或者请求法院撤销债务人与第三人的法律行为的法律制度。

一、代位权

（一）代位权的概念

债权人在债务人怠于行使对次债务人的债权而影响债权人利益时，债权人以自己名义行使本属于债务人权利的权利。

（二）成立要件

1. 债权人对债务人的债权合法。

2. 债务人对次债务人的债权不专属于债务人自身。

【解释】专属于债务人的债权包括：基于扶养、抚养、赡养、继承关系产生的给付请求权和劳动报酬、退休金、养老金、抚恤金、安置费、人寿保险、人身伤害赔偿请求权等权利（与“身份”和“血汗”有关的权利）。

3. 债务人怠于行使其到期债权，对债权人造成损害。

提示

1. 债务人的懈怠行为必须是债务人“不以诉讼方式或者仲裁方式”，仅仅向对方私下主张债权，仍构成怠于行使，此点区别于诉讼时效中断中的“债权行使方式”。

2. 债务人对次债务人的债权应为“具有金钱给付内容”（排除其他债权）的到期债权。

4. 债权人的债权和债务人的债权均已到期。

（三）代位权的行使

1. 行使方式：提起代位权诉讼。

2. 诉讼当事人：（1）原告：债权人；（2）被告：次债务人；（3）第三人：债务人。

3. 管辖：被告（次债务人）住所地法院。

4. 行使后果：

（1）优先受偿：由次债务人直接向债权人履行债务；

（2）抗辩权延伸：次债务人对债务人的抗辩可向债权人主张；

（3）债权人胜诉的诉讼费用由次债务人承担；行使代位权的其他必要费用，由债务人负担。

【例4-单选题】甲向乙借款1万元，借款期限届满，甲无力偿还，而甲除了下列权利外别无财产可供偿还。在符合条件的情况下，债权人乙可以代位行使甲的权利是下列哪一项？（　　）

A. 甲对其儿女的请求支付赡养费的权利

B. 甲对其母的继承权

C. 甲对其债务人所享有的偿还货款的请求权

D. 甲因被第三人打伤而对第三人享有的损害赔偿请求权

【答案】C

学堂点拨

选项A、B、D所列权利均为专属于债务人的债权，债权人不能代位行使。

二、撤销权

（一）概念

债权人请求法院撤销债务人进行的向第三人放弃到期债权、无偿或以明显不合理低价转让财产等损害债权行为的权利。

（二）成立要件

1. 债权人对债务人的债权合法（不要求到期）。

2. 债务人有下列行为之一，对债权人造成损害：

（1）放弃债权；

（2）放弃债权担保；

（3）无偿转让财产；

（4）恶意延长到期债权履行期；

（5）以明显不合理低价（<市价70%）转让财产；

（6）以明显不合理高价（>市价30%）收购他人财产。

提示

有偿转让财产［上述（5）、（6）］时，还要求受让人为“恶意”，债权人才能撤销。

（三）撤销权的行使

1. 行使方式：提起撤销权诉讼。

2. 诉讼当事人：（1）原告：债权人；（2）被告：债务人；（3）第三人：受益人或受让人。

3. 行使期间：1年（自债权人知道或应当知道撤销事由之日起）；5年（自债务人行为发生之日起）。

4. 行使后果：

（1）被撤销的行为自始无效；

（2）债权人无优先受偿权，受益人向“债务人”（而非债权人）返还财产；

（3）债权人胜诉后，其行使撤销权的必要费用，由债务人负担；第三人有过错的，应适当分担。

【例5–单选题】甲公司在2011年6月1日欠乙公司货款500万元，届期无力清偿。2010年12月1日，甲公司向丙公司赠送一套价值50万元的机器设备。2011年3月1日，甲公司向丁基金会捐赠50万元现金。2011年12月1日，甲公司向戊希望学校捐赠价值100万元的电脑。甲公司的3项赠与行为均尚未履行。下列哪一选项是正确的？（　　）

A. 乙公司有权撤销甲公司对丙公司的赠与

B. 乙公司有权撤销甲公司对丁基金会的捐赠

C. 乙公司有权撤销甲公司对戊学校的捐赠

D. 甲公司有权撤销对戊学校的捐赠

【答案】C

学堂点拨

1. 选项A、B错误：债权人有权撤销的债务人的财产处分行为，须发生在债务人对债权人负担债务之后，而不能发生在债务人对债权人负担债务之前。选项A项和选项B中，甲公司对丙公司和丁基金会的捐赠行为均发生在甲对乙负担债务之前，乙公司无权撤销。2. 选项C正确，D错误。根据规定，赠与人在赠与财产的权利转移之前可以撤销赠与，但具有救灾、扶贫等社会公益、道德义务性质的赠与合同或者经过公证的赠与合同除外。甲公司向戊希望小学的赠与属于具有社会公益性质的赠与合同，赠与人甲公司不享有任意撤销权。虽赠与人甲不享有任意撤销权，但甲公司向戊希望小学的赠与行为损害到乙的债权，并符合债权人撤销权的构成要件，乙公司有权行使债权人撤销权，撤销甲公司向戊希望小学的赠与合同。

表 4–6　代位权与撤销权的区别

比较项	代位权	撤销权
适用条件	债务人怠于行使到期债权，危及债权人债权实现	债务人实施了减少财产的处分行为，危及债权人债权实现

（续上表）

比较项	代位权	撤销权
是否要求债权到期	以债权人的债权已届清偿期为前提	不以债权已到期为前提
诉讼当事人	被告是次债务人，债务人为第三人	被告是债务人，受益人或受让人为第三人
法律效果	债权人享有就代位权行使的结果优先受偿的权利	债权人不享有优先受偿权
费用负担	债权人胜诉的，诉讼费用由次债务人负担，其他必要费用则由债务人承担	债权人行使撤销权的所支付的律师代理费、差旅费等合理费用，由债务人负担；第三人有过错的，应当适当分担

知识点4 保证（★★★）

一、保证的概念

保证是指第三人（保证人）和债权人约定,当债务人不履行其债务时,该第三人按照约定履行债务或者承担责任的一种担保方式。

【解释】保证作为一种担保方式，与抵押、质押、留置一样，都是为了担保债权实现，但是保证是以第三人的个人一般财产（区别于特定财产）作为担保的，而抵押、质押和留置是以债务人本人或第三人的特定财产作为担保的。

以下两个案例用来比较保证担保与抵押担保的区别：

【案例1】甲向银行借款100万元，朋友乙提供保证担保，与银行签订了书面保证合同。借款到期后，甲无力偿还借款，银行可向保证人乙请求偿还该笔借款。经查明，乙有厂房一间，价值150万元，而乙尚欠丙100万元到期未还。本案中，银行无权就乙的厂房变现价款优先于乙的另一债权人丙受偿。也就是说，此时银行与丙处于同一地位，均为乙的普通债权人。

【案例2】甲向银行借款100万元，朋友乙以其价值150万元的厂房提供抵押担保，与银行签订了书面抵押合同，并办理了抵押登记。借款到期后，甲无力偿还借款本息共计110万元，银行向抵押人行使抵押权。经查明，乙尚欠丙100万元到期未还。假如乙的厂房变现价款为160万元，本案中，银行可从中受偿110万元，剩余的50万元由丙受偿。

二、保证合同

（一）当事人

当事人是指债权人与保证人（债务人之外的第三人）。

提示

下列主体不得作为保证人：

1. 国家机关原则上不能作为保证人；但经国务院批准为使用外国政府或者国际经济组织贷款进行转贷的，国家机关可以作为保证人；

2. 学校、医院、幼儿园等以公益为目的的事业单位、社会团体，不得作为保证人；但从事经营活动的事业单位、社会团体，可以担任保证人；

3. 企业法人的职能部门不得担任保证人；

4. 企业法人的分支机构有法人书面授权的，可以在授权范围内提供保证；

5. 保证人必须具有代偿能力，但这不影响不具有完全代偿能力的主体，以保证人身份所订立的保证合同的效力。

（二）内容：约定当债务人不履行债务时，由保证人承担保证债务。

（三）性质：单务合同、无偿合同（与债务人是否支付给保证人一定金钱没有关系）、诺成合同、要式合同（书面形式）、从合同。

提示

1. 主合同无效，保证合同无效；保证合同无效，并不必然导致主合同无效。

2. 除了当事人签订书面保证合同之外，保证合同成立的特殊情形：（1）保证人在订有保证条款的主合同上以保证人身份签字或盖章；（2）第三人单方以书面形式向债权人出具担保书，债权人接受且未提出异议；（3）主合同中没有保证条款，但保证人在主合同上以保证人身份签字或盖章。

【例6-多选题】保证合同是保证人与债权人订立的主债务人不履行其债务时，由保证人按约定履行或者承担责任的协议。根据合同法律制度的规定，下列关于保证合同性质的表述中，正确的有（　　）。

A. 单务合同　　B. 要式合同　　C. 诺成合同　　D. 有偿合同

【答案】ABC

学堂点拨

选项A、B、C正确：保证合同中，只有保证人承担债务，债权人不负给付义务，故为单务合同；保证合同必须采用书面形式，故保证合同为要式合同；保证合同因保证人和债权人协商一致而成立，不需另行交付标的物，故为诺成合同。选项D错误：保证合同中，保证人对债权人承担保证债务，债权人对此不提供相应对价，故为无偿合同。

【例7-多选题】甲向乙借款5万元，乙要求甲提供担保，甲分别找到友人丙、丁、戊、己，他们各自作出以下表示，其中哪些构成保证？（　　）

A. 丙在甲向乙出具的借据上签署“保证人丙”

B. 丁向乙出具字据称“如甲到期不向乙还款，本人愿代还3万元”

C. 戊向乙出具字据称“如甲到期不向乙还款，由本人负责”

D. 己向乙出具字据称“如甲到期不向乙还款，由本人以某处私房抵债”

【答案】ABC

学堂点拨

1. 选项A、B、C正确：根据规定，除了当事人签订书面保证合同之外，下列情形也能成立保证合同：（1）保证人在订有保证条款的主合同上以保证人身份签字或盖章；（2）第三人单方以书面形式向债权人出具担保书，债权人接受且未提出异议（选项B、C）；（3）主合同中没有保证条款，但保证人在主合同上以保证人身份签字或盖章（选项A）。2. 选项D错误：保证是第三人以其一般财产而非特定财产作为债务履行担保的担保方式，选项D中双方达成的是就第三人的特定房产提供担保的抵押合同，而非保证合同。

三、保证方式

（一）一般保证与连带责任保证

1. 连带责任保证

债务人到期不履行债务，债权人既可以请求债务人履行债务，也可以直接请求保证人承担保证责任。亦即保证人与债务人并无履行债务或承担保证责任上的先后顺序。

2. 一般保证

一般保证中，保证人承担第二顺序的"补充责任"，保证人享有先诉抗辩权，即只有在对债务人"穷尽一切法律手段（诉讼或仲裁并强制执行）"后，债务人仍然不能清偿债务时，保证人才承担保证责任。

提示

1. 先诉抗辩权的行使限制：（1）债务人住所变更，致使债权人要求其履行债务发生重大困难的；（2）人民法院受理债务人破产案件，中止执行程序的；（3）保证人以书面形式放弃先诉抗辩权的。

2. 一般保证的保证人在主债权履行期间届满后，向债权人提供了债务人可供执行财产的真实情况的，债权人放弃或者怠于行使权利致使该财产不能被执行，保证人可以请求人民法院在其提供可供执行财产的实际价值范围内免除保证责任。

表 4–7 一般保证和连带保证

比较项	一般保证	连带保证
概念	"保证人与债权人"约定，当债务人"不能"履行债务时，由保证人承担保证责任。	1. 保证人与债权人约定，保证人与债务人对债务承担连带责任。 2. 当事人对保证方式没有约定或约定不明确，视为连带责任保证。
保证责任承担	1. 保证人只承担补充责任，即只有在主债务人无力履行时，才由保证人承担保证责任。 2. 保证人享有先诉抗辩权——主合同未经审判或仲裁并对财产强制执行前，保证人拒绝承担保证责任。	1. 保证人与主债务人承担连带责任。 2. 保证人不享有先诉抗辩权。

（二）单独保证和共同保证（保证人的数量为两人或两人以上）

1. 单独保证：一个保证人提供的保证。

2. 共同保证：两个以上保证人提供的保证。

表 4–8 按份共同保证和连带共同保证

比较项	适用情形	担保责任承担	追偿
按份共同保证	“各保证人与债权人”约定按份额承担保证义务	各保证人按照份额承担保证责任	只能向债务人追偿
连带共同保证	1. 当事人明确约定均对全部主债务承担保证义务 2. 当事人之间对承担保证义务的份额没有约定或者约定不明	各保证人承担连带保证责任	先向债务人追偿，不足的部分按照保证人之间的约定或平均份额追偿

表 4–9 连带保证和连带共同保证

比较项	适用情形	担保责任承担	追偿
连带保证	1. 明确约定 2. 没有约定或约定不明确	“保证人与主债务人”连带承担	向债务人追偿
连带共同保证	1. 明确约定 2. 没有约定或者约定不明	“各保证人之间”承担连带保证责任	先向债务人追偿，不足的部分按照保证人之间的约定或平均份额追偿

四、保证责任

（一）担保范围

当事人对保证担保的范围可以进行约定，无约定或约定不明，保证人应对全部债务（主债权及利息、违约金、损害赔偿金和实现债权的费用）承担责任。

（二）主合同变更与保证责任承担

表 4–10 主合同变更对保证责任承担的影响

债权转让	原则上：不影响保证责任承担	
	例外	1. 保证人与“债权人”事先约定仅对特定的债权人承担保证责任（“有言在先”）
		2. 禁止债权转让
债务承担	经过保证人“书面同意”，否则——保证人免责	
内容变更	经过保证人“书面同意”，保证人对变更后的债务承担保证责任	
	未经保证人“书面同意”——不得加重保证人负担： 1. 如果减轻债务人的债务的，保证人仍应当对变更后的合同承担保证责任； 2. 如果加重债务人的债务的，保证人对加重的部分不承担保证责任； 3. 变更主合同履行期限的，保证期间为原合同约定的或者法律规定的期间； 4. 债权人与债务人协议变更主合同内容，但并未实际履行的，保证人仍应当承担保证责任。	

五、保证期间

（一）性质：除斥期间

（二）期间的确定

1. 约定优先。

2. 未约定：为主债务履行期届满之日起6个月。

提示

保证合同约定的保证期间早于或等于主债务履行期限的，视为未约定。

3．约定不明：为主债务履行期届满之日起2年。

提示

保证合同约定保证人承担保证责任直至主债务本息还清时为止等类似内容的，视为约定不明。

（三）效果：保护保证人

1．一般保证：必须在期间内向债务人提起诉讼或仲裁。

2．连带保证：须向保证人提出主张。

表 4-11　保证期间

法律效果	债权人超过此期间主张权利的，保证人不承担保证责任。	
提出方式	一般保证	债权人在此期间向债务人提起诉讼或仲裁。
	连带保证	债权人在此期间向保证人提出承担保证责任。
起算点	1．一般为主债务履行期届满之日。 2．主债务履行期限没有约定或者约定不明的，宽限期满开始计算。	
期间长短	1．有约定按约定。 2．没有约定的：主债务履行期届满之日起6个月。 【提示】保证合同约定的保证期间早于或等于主债务履行期限的，视为没有约定。 3．约定不明：主债务履行期届满之日起2年。 【提示】承担保证责任直至主债务本息还清时为止等的，视为约定不明。	

六、保证诉讼时效

（一）起算

1．一般规则：保证期间内债权人主张权利→保证责任确定→开始起算保证诉讼时效。

2．具体化：

（1）一般保证：（针对主债务人的）判决或仲裁裁决生效之日起；

（2）连带保证：债权人要求保证人承担保证责任之日起；

（3）追偿权：保证人对债务人行使追偿权的诉讼时效，自保证人向债权人承担保证责任之日起开始计算。

【案例1】甲公司向乙银行贷款500万元，丙公司作为一般保证人，保证期间为2017年1月1日至2017年12月31日。如果债务人甲公司到期不能清偿债务，则债权人乙银行应当在保证期间内首先向甲公司提起诉讼。

1．如果乙银行对甲公司提起诉讼的时间为2018年2月1日，超过了保证期间，则保证人丙公司不再承担保证责任。

2．如果乙银行对甲公司提起诉讼的时间为2017年8月1日，则丙公司不能免除保证责任。法院经过审理作出的判决于2017年12月1日生效，经过强制执行程序，甲公司的资产只有200万元，对于剩余的300万元债务，乙银行有权请求丙公司清偿，该债务的诉讼时效为3年，自2017年12月1日起算。

3. 如果丙公司于2018年3月5日承担了保证责任，向乙银行清偿了300万元债务，则丙公司可向甲公司追偿，该追偿权的诉讼时效为3年，自2018年3月5日起算。

【案例2】甲公司向乙银行贷款500万元，丙公司作为连带保证人，保证期间为2017年1月1日至2017年12月31日。如果债务人甲公司到期不能清偿债务，则债权人乙银行可直接请求丙公司履行，但应在保证期间内向丙公司主张。

1. 如果乙银行于2017年8月1日向丙公司发出主张权利的函件，则乙银行对甲公司保证债务的3年诉讼时效自2017年8月1日起算。

2. 如果丙公司于2017年9月1日清偿了500万元债务，则丙公司可向甲公司追偿，该追偿权的诉讼时效为3年，自2017年9月1日起算。

七、共同担保下的保证责任

【概念】共同担保，是指同一债权既有物的担保，又有保证担保。

（一）有约定，按约定——根据当事人约定的顺序承担。

（二）没有约定或约定不明确时：

1. 主债务人提供物保：先物保后保证——债权人应当首先执行主债务人提供的物保，保证人在物保不足清偿时承担补充清偿责任；

2. 第三人提供物保：物保和保证无先后：

（1）债权人可以实现担保物权，也可以要求保证人承担保证责任；

（2）如果其中一人承担了担保责任，只能向主债务人追偿，不能向另外一个担保人追偿。

八、保证人的抗辩权

（一）保证人享有债务人的抗辩权。

（二）债务人放弃对债务的抗辩权，保证人仍有抗辩权。

九、保证人免责的情形

（一）主合同当事人双方串通，骗取保证人提供保证的。

（二）主合同债权人欺诈、胁迫保证人违背真意提供保证的。

（三）主合同债务人欺诈、胁迫保证人违背真意提供保证，债权人知道或应当知道的。

提示

债务人与保证人共同欺骗债权人，订立主合同和保证合同，债权人有权撤销，其所受损失，由保证人与债务人承担连带赔偿责任。

十、涉及保证人的诉讼问题

（一）一般保证

债权人向债务人和保证人一并起诉的（一起告），法院可将债务人和保证人列为共同被告，但保证人仍只承担“补充责任”。

（二）连带保证

债权人可以将债务人或者保证人作为被告起诉（分开告），也可以将债务人和保证人作为共同被告起诉（一起告）。

（三）民间借贷中与保证人有关的诉讼问题

1．一般保证：出借人仅起诉保证人，法院“应当”追加借款人为共同被告；出借人仅起诉借款人的，法院“可以”不追加保证人为共同被告。

2．连带保证：出借人仅起诉借款人的，法院“可以”不追加保证人为共同被告；出借人仅起诉保证人，法院“可以”追加借款人为共同被告。

知识点5 定金（★）

一、概念及种类

（一）定金的概念

为确保债务的成立或履行，合同一方向另一方交付金钱的担保方式。

（二）定金的种类

1．立约定金。立约定金是为了保证正式订立合同而交付的定金。

2．成约定金。成约定金是以其交付为合同成立的要件。因定金的交付，合同才成立；若不交付定金，则合同不成立。

3．证约定金。证约定金是为了证明合同成立而交付的，定金的交付即为合同成立的证明。

4．违约定金。违约定金以违约赔偿为目的的定金。

5．解约定金。解约定金是当事人一方保留解除合同权利的代价。

二、定金担保的设立

（一）定金合同的特征

1．要式合同（书面形式）。

2．实践合同（从实际交付定金之日起生效）。

（二）定金的数额

1．定金的数额由当事人约定，但不得超过主合同标的额的20%。

2．当事人约定的定金数额超过主合同标的额20%的，则超过的部分无效。

3．实际交付的定金数额多于或者少于约定数额，视为变更定金合同，即以实际交付的定金为准；收受定金一方提出异议并拒绝接受定金的，定金合同不生效。

三、定金担保的效力

（一）定金交付，所有权发生转移。

（二）定金罚则：交付方违反约定的，定金丧失；收受方违反约定的，应双倍返还定金。

1．因不可抗力、意外事件致使主合同不能履行的，不适用定金罚则。

2．因合同关系以外的第三人的过错，致使主合同不能履行时，适用定金罚则。

3．当事人一方存在延迟履行或者有其他违约行为，只有在致使“合同目的不能实现”，才可以适用定金罚则，法律另有规定或者当事人另有约定的除外。

4. 当事人既约定违约金，又约定定金的，一方违约时，对方只能选择适用违约金“或者”定金条款，二者不能并用。

【例8-单选题】根据合同法律制度的规定，下列关于定金的表述中，正确的是（　　）。

A. 收受定金一方不履行合同义务时，应当三倍返还定金

B. 收受定金一方履行合同义务时，定金所有权发生移转

C. 定金数额不得超过主合同标的额的20%

D. 既约定定金又约定违约金的，一方违约时，当事人有权要求同时适用

【答案】C

学堂点拨

选项A错误：根据规定，收受定金的一方不履行约定的债务的，应当双倍返还定金；选项B错误：定金一旦交付，定金所有权发生转移；选项D错误：根据规定，当事人既约定违约金，又约定定金的，一方违约时，对方可以选择适用违约金或者定金条款。

第四单元　合同的变更与转让

知识点1 债权让与（★★）

一、债权让与

债权让与是指债权人将合同的权利全部或部分转让给第三人。

（一）债权让与的构成要件

1. 转让人（原债权人）与受让人（新债权人）达成债权让与的合同

（1）债权转让合同成立时生效。

（2）债权转让合同一经生效，债权转让生效，即受让方取得转让部分的债权。

2. 通知债务人

（1）债权让与无须债务人同意。

（2）通知债务人对债务人生效——债务人接到通知后，应向受让人履行债务。

【案例1】甲对乙享有10万元2017年6月1日到期的债权，2017年4月1日，甲与丙达成协议约定：甲将该债权转让给丙，并于4月5日通知了乙。2017年6月1日，乙仍对甲还款，甲欣然受领。

1. 甲丙之间的债权转让协议何时生效？——2017年4月1日。

2. 丙何时取得受让的债权？——2017年4月1日。

3. 乙对甲履行债务，对象是否正确？——不正确，因为债权转让已通知债务人，对债务人生效，债务人应向新债权人丙履行。

4. 乙对丙的债务是否消灭？——没有消灭，乙仍须向丙履行债务。

【案例2】甲对乙享有10万元2017年6月1日到期的债权，2017年4月1日，甲与丙达成协议约定：甲将该债权转让给丙，没有通知乙。2017年6月1日，乙向甲还款，甲欣然受领。

1. 甲丙之间的债权转让协议何时生效？——2017年4月1日。

2. 丙何时取得受让的债权？——2017年4月1日。

3. 乙对甲履行债务，对象是否正确？——正确，因为债权转让未通知债务人，对债务人不生效，债务人仍应向原债权人甲履行。

4. 乙的债务是否消灭？——已经消灭，乙无须向丙履行债务。

（二）禁止让与的情形

1. 根据合同性质不得转让的合同（如委托合同、雇佣合同等基于当事人特定“身份”而订立的合同）。

2. 当事人约定不得转让。

3. 依法律规定不得转让。

（三）债权让与的效力

1. 对转让人：

（1）全部转让：原债权人退出债权债务关系；

（2）部分转让：就转让部分丧失债权。

2. 对受让人：

（1）全部转让：受让人完全取代转让人，成为新的债权人；

（2）部分转让：受让人加入到原债权债务关系中，取得转让部分的债权。

3. 对债务人：

（1）抗辩权延续：债务人对让与人的抗辩可以向受让人主张；

【案例】甲对乙享有10万元2014年6月1日到期的债权，甲一直未向乙主张过债权，2017年6月8日甲将债权转让给丙，并于当日通知乙，6月10日，丙向乙主张债权。本例中：1. 甲对乙的债权已经诉讼时效，乙可对甲主张时效抗辩（甲对乙的债权丧失胜诉权）；2. 债权转让后，乙可对丙继续主张时效抗辩（甲对丙的债权也丧失胜诉权）。

（2）抵销权延续：债务人对转让人享有抵销权，债权转让后，债务人可向受让人主张抵销。抵销权的延续需要满足两个要件：

①债务人对转让人享有抵销权：双方互享同种类债权，且债务人的债权已到期；

②债权转让已经通知债务人：债权让与通知到达债务人后，债务人即可对受让人主张抵销权。

【案例】乙公司欠甲公司30万元，同时甲公司须在2017年9月20日清偿对乙公司的20万元货款。甲公司在同年9月18日与丙公司签订书面协议，转让其对乙公司的30万元债权。同年9月24日，乙公司接到甲公司关于转让债权的通知。本例中：1. 甲公司和乙公司互负金钱债务；2. 2017年9月20日，乙公司对甲公司的债权到期，乙公司可向甲公司主张抵销20万元；3. 2017年9月24日，乙公司接到债权转让的通知后即可向新债权人丙公司主张抵销20万元，抵销后乙公司只须向丙公司偿还10万元。

4. 对保证人：

债权的转让原则上不影响保证人承担保证责任，例外：

（1）保证人与“债权人”事先约定仅对特定的债权人承担保证责任（有言在先）；

（2）禁止债权转让的。

（四）债权让与的其他效力

1. 让与人对让与的债权负瑕疵担保责任：

（1）有偿转让——以买卖或其他有偿方式让与债权，让与人对让与的债权，负权利瑕疵担保责任；

（2）无偿转让——无偿让与债权，让与人对权利瑕疵不负担保责任，但让与人故意不告知瑕疵，对受让人因瑕疵所受损害负赔偿责任。

2. 禁止重复转让——让与人一般不得将让与的债权重复让与。

3. 债权人转让权利的通知不得撤销，但经受让人同意的除外。

【例1–多选题】甲向乙借款300万元于2017年12月30日到期，丁提供保证担保，丁仅对乙承担保证责任。后乙从甲处购买价值50万元的货物，双方约定2018年1月1日付款。2017年10月1日，乙将债权让与丙，并于同月15日通知甲，但未告知丁。下列哪些选项正确？（　　）

A. 2017年10月1日债权让与在乙丙之间生效

B. 2017年10月15日债权让与对甲生效

C. 2017年10月15日甲可向丙主张抵销50万元

D. 2017年10月15日后丁的保证债务继续有效

【答案】AB

学堂点拨

选项A、B正确：根据规定，债权转让自债权转让协议生效时发生效力，通知债务人之日对债务人生效。本题中，债权转让协议2017年10月1日生效，并于同月15日通知债务人。因此，2017年10月1日债权让与在乙丙之间生效，2017年10月15日债权让与对甲生效。选项C错误：根据规定，债务人对转让人享有抵销权，债权转让后，债务人可向受让人主张抵销，但必须以债务人的债权已到期为要件。本题中，债务人甲对乙的债权2018年1月1日到期，因此，2017年10月15日，甲无权向丙主张抵销50万元。选项D错误：根据规定，债权的转让原则上不影响保证人承担保证责任，但保证人与债权人事先约定仅对特定的债权人承担保证责任的除外。本题中，丁仅对乙承担保证责任，因此丁对未经其同意而转让的债权不再承担保证责任。

知识点2 债务承担（★）

一、概念

债务人将合同的义务全部或者部分转移给第三人承担。

生效要件及法律效力，见下表。

表 4–12 债务承担的要件及法律效力

要件	1. 转让人（原债务人）与受让人（新债务人）达成债务承担的协议。 2. 经债权人同意。
效力	1. 抗辩权延续：债务人转移义务的，新债务人可以主张原债务人对债权人的抗辩。 2. 效力及于从债务：新债务人应当承担与主债务有关的从债务，但该从债务专属于原债务人自身的除外。 3. 对保证人的效力：保证期间，债权人许可债务人转让债务的，如果未取得保证人书面同意，保证人对未经其同意转让的债务，不再承担保证责任。

知识点3 债权债务的概括转移（★）

一、概念

双务合同当事人一方将合同权利义务全部转移给第三人。

二、债权债务的约定概括转移

（一）构成要件

1. 转让人与受让人达成债权债务转移的协议。

2. 经过对方当事人同意。

（二）债权债务的法定概括转移

1. 法人合并

当事人订立合同后合并的，由合并后的法人行使合同权利，履行合同义务。

2. 法人分立

当事人订立合同后分立的，除“债权人和债务人”另有约定的以外，由分立的法人对合同的权利和义务享有“连带”债权，承担“连带”债务。

提示

连带债务人之间关于债务承担份额的约定，不能对抗债权人。

【例2-单选题】某区政府工业主管部门作出决定，把所属的A公司的两个业务部分立出再设B公司和C公司，并在决定中明确该公司以前所负的债务由新设的B公司承担。A公司原欠李某货款5万元，现李某要求偿还，你认为该债务应当如何处理？（　　）

A. 由B公司承担债务

B. 由A、B、C三个公司分别承担债务

C. 由A公司承担债务

D. 由A、B、C三个公司连带承担债务

【答案】D

学堂点拨

根据规定，当事人订立合同后分立的，除债权人和债务人另有约定的以外，由分立的法人对合同的权利和义务享有连带债权，承担连带债务。本题中，A公司分立之前的债务应由分立后的A公司、B公司和C公司承担连带责任。由B公司承担原A公司所有债务的决定，由于没有经过债权人认可，不对债权人李某发生效力，故仍然由A公司、B公司和C公司对李某承担连带责任。

第五单元　合同的终止与违约责任

知识点1　合同终止的基本理论（★）

一、概念

合同权利义务的终止，又称合同的消灭，是指由于一定的法律事实的发生，使合同所设定的债权债务关系在客观上不复存在。

二、合同终止的原因

（一）债务已经按照约定履行（清偿）。

（二）合同解除。

（三）债务相互抵销。

（四）债务人依法将标的物提存。

（五）债权人免除债务。

（六）债权债务同归于一人，即混同。

（七）法律规定或者当事人约定终止的其他情形。

三、合同终止的效力

（一）从权利和从债务一并消灭。

（二）相互返还债权证书。

（三）合同消灭后，根据合同的性质、交易习惯或者依据诚实信用原则负有通知、协作、保密等义务的，当事人应当继续履行。

（四）合同的权利义务终止，不影响合同中结算和清理条款的效力。

知识点2　清偿（★）

一、概述

清偿，又叫履行，是指为了实现合同目的，满足债权，合同债务人依照合同的约定圆满完成约定义务的行为和终局状态。

（一）清偿主体

清偿主体为债务人本人或其代理人及第三人。

（二）受领清偿的主体

受领清偿的主体为债权人或其代理人，以及破产企业的清算组织、收据持有人、行使代位权的债权人、第三人等。

（三）标的物

1．合同约定的标的物。

2．经债权人同意的替代物。

二、清偿抵充顺序

（一）对同一债权人数项债务并存时的抵充顺序

债务人的给付不足以清偿其对“同一”债权人所负的数笔相同种类的全部债务时的履行顺序：

1. 应当优先抵充已到期的债务；

2. 几项债务均到期的，优先抵充对债权人缺乏担保或者担保数额最少的债务；

3. 担保数额相同的，优先抵充债务负担较重的债务；

4. 负担相同的，按照债务到期的先后顺序抵充；

5. 到期时间相同的，按比例抵充；

6. 债权人与债务人对清偿的债务或者清偿抵充顺序有约定的除外。

（二）主债务、利息、费用的抵充顺序

债务人除主债务之外还应当支付利息和费用，当其给付不足以清偿全部债务时，并且当事人没有约定的，人民法院应当按照下列顺序抵充：

1. 实现债权的有关费用；

2. 利息；

3. 主债务。

【例1-单选题】胡某于2014年3月10日向李某借款100万元，期限3年。2015年3月30日，双方商议再借100万元，期限3年。两笔借款均先后由王某保证，未约定保证方式和保证期间。李某未向胡某和王某催讨。胡某仅于2017年5月归还借款100万元。关于胡某归还的100万元，下列哪一表述是正确的？（　　）

A. 因2014年的借款已到期，故归还的是该笔借款

B. 因2014年的借款无担保，故归还的是该笔借款

C. 因2014年和2015年的借款数额相同，故按比例归还该两笔借款

D. 因2014年和2015年的借款均有担保，故按比例归还该两笔借款

【答案】A

学堂点拨

根据规定，债务人的给付不足以清偿其对同一债权人所负的数笔相同种类的全部债务时,应当最优先抵充已到期的债务。本题中，2014年的借款已到期，故应当抵充该笔借款。

知识点3 合同的解除（★★★）

合同解除，是指对已经发生法律效力，但尚未履行或者未完全履行的合同，因当事人一方的意思表示或者双方的协议而使债权债务关系提前归于消灭的行为。

一、合意解除

（一）协商解除

协商解除是指合同当事人双方经协商后，一致同意解除合同，是一种双方解除。

（二）约定解除权的解除

约定解除权的解除，是指当事人在合同中约定有解除合同的条件，当合同成立之后，全部履行之前，由当事人一方在某种条件出现后享有解除权，从而终止合同关系，是一种单方解除。

【注意】约定解除权的合同≠附解除条件的合同

表 4-13 约定解除权的合同与附解除条件的合同

	条件不成就	条件成就
约定解除权的合同	合同有效	行使解除权→合同终止
附解除条件的合同	合同有效	合同自动终止

二、法定解除

（一）一般情形

1. 因不可抗力致使不能实现合同目的。

2. 在履行期限届满之前，当事人一方明确表示或者以自己的行为表明不履行“主要”债务。

3. 当事人一方迟延履行“主要”债务，经催告后在“合理期限内”仍未履行。

4. 当事人一方迟延履行债务或者有其他违约行为“致使不能实现合同目的”。

5. 不安抗辩权中，权利人中止履行后，如果对方在合理期限内未恢复履行能力并且未提供适当担保的，当事人可以解除合同。

（二）法律规定的其他情形

1. 承揽合同中，定作人可以随时解除合同，但应当赔偿因此给承揽人造成的损失。

2. 货运合同中，托运人可以单方解除合同，但应当赔偿因此给承运人造成的损失。

3. 委托合同中委托人与受托人均可随时解除委托合同，但应当赔偿因此给对方造成的损失。

4. 不定期租赁合同的双方当事人可随时解除合同。

三、解除权的行使

（一）性质：形成权（无须对方同意）。

（二）生效：解除的通知到达对方时。

（三）对方有异议的，可以请求人民法院或者仲裁机构确认解除合同的效力。

1. 在约定的异议期限届满后才提出异议并向人民法院起诉的，人民法院不予支持。

2. 如果没有约定异议期间，在解除合同通知到达之日起3个月以后才向人民法院起诉的，人民法院不予支持。

四、合同解除的效力

（一）效力终止（向后）：尚未履行的，终止履行。

（二）溯及力（向前）：非继续性合同原则上有溯及力；继续性合同原则上无溯及力。

（三）合同解除与赔偿损失、违约责任可以并存：买卖合同因违约而解除后，守约方主张继续适用违约金条款的，人民法院应予支持。

【例2-2014-多选题】下列情形中，买受人可以取得合同解除权的有（　　）。

A. 因不可抗力导致标的物在交付前灭失

B．因出卖人过错导致标的物在交付前灭失

C．出卖人在履行期限届满前明确表示拒绝交付标的物

D．出卖人在履行期限届满后明确表示拒绝交付标的物

【答案】ABCD

学堂点拨

根据规定，导致合同解除的法定情形包括：1．因不可抗力致使不能实现合同目的（选项A）；2．在履行期限届满之前，当事人一方明确表示或者以自己的行为表明不履行主要债务（选项C）；3．当事人一方迟延履行主要债务，经催告后在合理期限内仍未履行；4．当事人一方迟延履行债务或者有其他违约行为致使不能实现合同目的（选项B、D）。

知识点4 合同的抵销（★）

双方当事人互负债务时，一方通知对方以其债权充当债务的清偿或者双方协商以债权充当债务的清偿，使得双方的债务在对等额度内消灭的行为。

一、法定抵销

（一）构成要件

1．双方互负债务，互享债权。

提示

已过诉讼时效的债权不能作为主动债权主张抵销，但是对方提出抵销，应当允许。

2．双方债务的给付为同一种类。

3．双方债务均届清偿期。

提示

如果只有一方的债务已届清偿期，另一方的债务未届清偿期，则未到期的债务人可以放弃期限利益，主张抵销。

4．双方的债务均为可抵销债务。

提示

不能抵销的债务包括：1．法律规定不得抵销的（如因故意侵权产生的债务）；2．依合同性质不得抵销的（如提供劳务的债务、不作为的债务）；3．当事人约定不得抵销的。

（二）抵销权的行使

1．性质为形成权。

2．应通知（非要式）对方，自通知到达对方时产生抵销的效果。

3．抵销不得附条件或附期限。

二、约定抵销

当事人互负债务，标的物种类、品质不相同的，经双方协商一致，也可以抵销。

【解释】约定抵销只需要满足两个要件：1. 双方互负债务（不论种类是否相同、是否到期、诉讼时效是否届满、是否为法定不可抵销债务）；2. 双方当事人达成抵销合意。

【例3-单选题】甲公司欠乙商场货款5万元（未到期），乙商场欠甲公司货款2万元（已到期），甲公司拟主张抵销。根据合同法律制度的规定，下列表述中，正确的是（　　）。

A. 甲公司可以主张抵销

B. 甲公司无权主张抵销

C. 甲公司主张抵销时可以附条件

D. 甲公司主张抵销时可以附期限

【答案】A

学堂点拨

1. 选项A正确，选项B错误：如果只有一方的债务已届清偿期，另一方的债务未届清偿期，则未到期的债务人可以放弃期限利益，主张抵销。2. 选项C、D错误：抵销不得附条件或附期限。

知识点5 提存（★★）

提存是指不可归责于债务人的原因，导致债务人无法履行债务或者难以履行债务的情况下，债务人将标的物交由提存机关保存，以终止合同权利义务关系的行为。

一、提存的原因

（一）债权人没有正当理由拒绝受领。

（二）债权人下落不明。

（三）债权人死亡未确定继承人或者丧失民事行为能力未确定监护人。

（四）法律规定的其他情形。

二、提存的法律效果

（一）毁损、灭失的风险由债权人承担。

（二）标的物的孳息归债权人所有。

（三）提存费用由债权人负担。

（四）标的物不适合提存，或提存费用较高的，也可以提存拍卖或变卖标的物后所得的价款。

（五）除债权人“下落不明”的以外，债务人应当及时通知债权人或者债权人的继承人、监护人。

（六）视为债务人在提存的范围内已经履行债务。

（七）提存物的受领：

1. 债权人对债务人负有到期债务的，领取提存物时，应当履行其债务或提供相应的担保，否则提存部门可以根据债务人的要求拒绝其领取提存物；

2. 债权人领取提存物的权利，自提存之日起5年内不行使而消灭，提存物扣除提存费用后归“国家”所有。

【解释】5年期间为不变期间，不适用诉讼时效中止、中断或者延长的规定。

【相关链接】有关部门收到遗失物，知道权利人，应当及时通知其领取；不知道的，应当及时发布招领公告。遗失物自发布招领公告之日起6个月内无人认领的，归国家所有。

【例4-单选题】根据合同法律制度的规定，下列关于提存的法律效果的表述中，正确的是（　　）。

A. 标的物提存后，毁损、灭失的风险由债务人承担

B. 提存期间，标的物的孳息归债务人所有

C. 提存费用由债权人负担

D. 债权人提取对提存物的权利，自提存之日起两年内不行使消灭

【答案】C

学堂点拨

根据规定，标的物提存后，发生以下法律效果：毁损、灭失的风险由债权人承担；提存期间，标的物的孳息归债权人所有；提存费用由债权人负担；债权人领取提存物的权利，自提存之日起五年内不行使而消灭，提存物扣除提存费用后归国家所有。据此，选项A、B、D错误，选项C正确。

知识点6 免除与混同（★）

一、免除

债权人以消灭合同债务为目的而抛弃自己的债权的单方法律行为。

二、混同

由于某种事实的发生，使一项合同原本由一方当事人享有的债权和由另一方当事人负担的债务统归于一方当事人，使得该当事人既是合同的债权人，又是合同的债务人，合同的履行就失去了实际意义。

【案例】甲公司欠乙公司50万元货款尚未履行，后甲公司被乙公司吸收合并，甲公司被注销。本例中：甲公司欠乙公司的50万元债务因公司合并而发生混同，双方的债权债务消灭。

【例5-单选题】甲和乙之间有借贷关系，后二人结婚。此时，甲、乙之间的债权债务可以因下列哪一情形消灭？（　　）

A. 因混同而消灭

B. 因混合而消灭

C. 因结婚而消灭

D. 因免除而消灭

【答案】D

学堂点拨

1. 选项A错误：混同是指因一定法律事实的发生而导致债权债务同归一人，结婚并非导致混同的原因；2. 选项B错误：混合是添附的一种，不会导致债权债务的消灭；3. 选项C错误：结婚并不必然导致债权债务的消灭。

知识点7 违约责任（★★）

一、违约形态

（一）预期违约（合同履行期到来前的违约）

履行期限届满前，债务人明确表示（明示）或以自己的行为（默示）表明将不履行债务。

（二）届期违约（合同履行期到来后的违约）

1．不履行

（1）拒绝履行：能履行而不履行。

（2）履行不能：由于某种原因，而导致事实上没有能力履行。

2．不适当履行

（1）迟延履行：是指债务人对于已届履行期限的债务，能够按期履行而未按期履行。

（2）瑕疵履行：是指债务人的履行存在质量瑕疵、数量瑕疵、方式瑕疵、时间和地点瑕疵以及其他不符合合同约定的行为。

（3）加害履行：因合同当事人一方的违约行为，侵害对方履行利益以外的其他损失，受损害方有权选择依据《合同法》的规定要求其承担违约责任“或者”依照其他法律要求其承担侵权责任。

提示

加害履行的情况下，债权人只能在要求债务人承担违约责任和承担侵权责任中选择其一。

【例6-单选题】甲公司从乙农场购入10头种牛，乙农场违约，将部分带有传染病的种牛交付给甲公司，致使甲公司所饲养的其他奶牛大量患病造成财产损失。根据合同法律制度的规定，甲公司要求乙农场承担责任的方式是（　　）。

A．只能要求乙农场承担违约责任

B．只能要求乙农场承担侵权责任

C．要求乙农场既承担违约责任又承担侵权责任

D．在违约责任或侵权责任中选择其一要求乙农场承担

【答案】D

学堂点拨

根据规定，因合同当事人一方的违约行为，侵害对方履行利益以外的其他损失，受损害方只能在要求债务人承担违约责任和承担侵权责任中选择其一。本题中，乙农场的行为同时构成违约和侵权，甲公司既可主张违约责任，也可以主张侵权责任，但两者只能选择其一。据此，选项D正确。

二、违约责任的承担方式

（一）继续履行

在债务人不履行合同义务时，债权人可以请求人民法院或者仲裁机构强制债务人实际履行合同义务。但下列情形不适用继续履行：

1．法律上或事实上不能履行；

2. 债务的标的不适于强制履行或者强制履行费用过高；

3. 债权人未在合理期限内要求履行。

（二）补救措施

1. 适用情形：当事人履行合同义务，“质量”不符合约定。

2. 适用前提：对违约责任没有约定或者约定不明确。

3. 措施类型：受损害方根据标的性质以及损失的大小，可以合理要求对方承担修理、更换、重作、退货、减少价款或者报酬等违约责任。

（三）损害赔偿

当事人一方不履行合同义务或者履行合同义务不符合约定的，在履行义务或者采取补救措施后，对方还有其他损失的，应当承担损害赔偿责任。

1. 赔偿损失——包括因违约造成的实际损失（旨在恢复原状）和可得利益损失（旨在展望未来）。

（1）可预见规则：损失赔偿额应当相当于因违约造成的损失，包括合同履行后可以获得的利益，但不得超过违反合同一方订立合同时预见到或者应当预见到的因违反合同可能造成的损失。

（2）积极减损规则：当事人一方违约后，对方应当采取适当措施防止损失的扩大；没有采取适当措施致使损失扩大的，不得就扩大的损失要求赔偿。当事人因防止损失扩大而支出的合理费用由违约方承担。

（3）过失相抵规则：一方违约造成对方损失，对方对损失的发生也有过错的，违约方有权主张扣减相应的损失赔偿额。

（4）损益相抵规则：一方当事人因对方违约而获有利益，违约方有权主张从损失赔偿额中扣除该部分利益。

2. 违约金——违约金优先适用，但如能证明损失的，可对违约金数额进行调整。

（1）约定的违约金低于造成的损失的，当事人可以请求人民法院或者仲裁机构增加。

（2）约定的违约金过分高于造成的损失的，当事人可以请求人民法院或者仲裁机构予以适当减少。

提示

违约金与继续履行可以并存：当事人就延迟履行约定违约金的，违约方支付违约金后，还应当继续履行债务。

3. 定金

（1）违约金和定金（不能并用）：当事人既约定违约金，又约定定金的，一方违约时，对方可以选择适用违约金“或者”定金条款。

（2）定金和赔偿损失（补充式并用）：如果合同约定的定金不足以弥补违约造成的损失，非违约方可以请求赔偿超过定金部分的损失，但是定金和赔偿损失的数额之和不应高于实际损失。

【例7-2016-单选题】甲乙订立买卖合同约定：甲向乙交付200吨铜材，货款为200万元；乙向甲支付定金20万元；如任何一方不履行合同应支付违约金30万元。甲因将铜材卖给丙而无法向乙交货。根据合同法律制度的规定，在乙向法院起诉时，既能最大限度保护自己的利益，又能获得法院支持的诉讼请求是哪一项？（　　）

A. 请求甲双倍返还定金40万元

B．请求甲支付违约金30万元

C．请求甲支付违约金30万元，同时请求甲双倍返还定金40万元

D．请求甲支付违约金30万元，同时请求返还定金20万元

【答案】D

学堂点拨

根据规定，当事人既约定违约金，又约定定金的，一方违约时，对方可以选择适用违约金或者定金条款，二者不能并用。本题中，甲违约，乙可以选择的救济措施包括：1．请求甲双倍返还40万元定金，此时乙获得20万元赔偿；2．请求甲支付30万元违约金，并同时请求返还先前支付给甲的20万元定金，此时，乙获得30万元赔偿。因此，选项D正确。

三、免责事由

（一）不可抗力

1．自然灾害（地震、海啸、台风、洪水等）。

2．政府行为（颁布法律、法规）。

3．社会异常现象（战争、罢工）。

提示

1．只有不可抗力对合同履行造成影响时，才能部分或全部免责。

2．当事人迟延履行后发生不可抗力的，不能免责。

3．不可抗力发生后，主张不可抗力的一方负有两个义务：（1）及时通知对方；（2）取得有关不可抗力的证明。

【例8-单选题】甲公司与乙公司（建筑企业）于2017年4月签订了一买卖合同，约定2017年8月30日由甲向乙提供建筑用水泥100吨。同年5月初，甲公司所在地发生洪水灾害，甲公司未将灾情之事通知乙公司。同年8月底，乙公司催促交货，甲公司未交。同年9月30日，甲公司交货，同时致函乙公司，表明因受水灾而致迟延交货事实。乙公司因迟期收到水泥而影响工程进度，被发包方扣罚工程款1万元。有关该案的正确表述是哪一项？（　　）

A．甲公司因不可抗力而迟延交货，对乙公司被扣罚的1万元损失不承担赔偿责任

B．甲公司因不可抗力而迟延交货，对乙公司被扣罚的1万元只承担部分赔偿责任

C．甲公司在取得主管机关有关灾情的证明后，免予承担赔偿乙公司1万元损失的责任

D．由于甲公司未能及时通知乙公司不能按时交货，故应向乙公司承担1万元损失的赔偿责任

【答案】D

学堂点拨

根据规定，因不可抗力导致合同义务不履行或履行不符合要求的，行为人可免除违约责任。但不可抗力发生后，主张不可抗力的一方应及时通知对方并取得有关不可抗力的证明。本题中，甲公司迟延交货因不可抗力导致，但由于没有及时通知乙公司，导致乙公司遭受额外损失，就该损失，甲公司应承担赔偿责任。据此，选项D正确。

四、情势变更原则

合同有效成立后，因不可归责于双方当事人的原因发生情势变更，致合同之基础动摇或丧失，若继续维持合同原有效力显失公平，允许变更合同内容或者解除合同。

第六单元　几类主要的有名合同

知识点1　买卖合同（★★★）

一、出卖人的转移所有权义务

（一）一般性规则

标的物所有权自标的物交付时转移，但法律另有规定或当事人另有约定的除外。

（二）法律另有规定的情形

不动产所有权的转移，经依法“登记”，发生效力。

（三）当事人另有约定的情形

订有所有权保留条款的买卖合同，当事人可以约定买受人在付清全部货款后，标的物的所有权才发生转移，以确保出卖人的价金债权。

二、标的物的检验

当事人约定检验期间的，买受人应当在检验期间内将标的物的数量或者质量不符合约定的情形通知出卖人。买受人怠于通知的，视为标的物的数量或者质量符合约定。

当事人没有约定检验期间的，买受人在合理期限内未通知或者自标的物收到之日起2年内未通知出卖人的，视为标的物的数量或者质量符合约定；但对标的物有质量保证期的，适用质量保证期，不适用2年的规定。

提示

1. 2年是最长的合理期间，不能中止、中断或延长。超过合理期间或者两年期间后，出卖人自愿承担违约责任的，不能反悔。

2. 如果出卖人知道或应当知道提供的标的物不符合约定的，买受人不符合上述通知时间的限制。

三、“多重买卖”时的合同履行规则

（一）一般动产“多重买卖”

1. 先行受领交付的获得所有权。

2. 均未受领交付，先行支付价款的买受人可以请求出卖人交付标的物并转移所有权。

3. 均未受领，也未支付价款的，合同成立在先的买受人有权请求出卖人交付标的物并转移所有权。

【总结】交付>支付>合同

【例1-单选题】甲有件玉器，欲转让，与乙签订合同，约好10日后交货付款；第二天，丙见该玉

器，愿以更高的价格购买，甲遂与丙签订合同，丙当即支付了80%的价款，约好3天后交货；第三天，甲又与丁订立合同，将该玉器卖给丁，并当场交付，但丁仅支付了30%的价款。后乙、丙均要求甲履行合同，诉至法院。下列哪一表述是正确的？（　　）

A. 应认定丁取得了玉器的所有权

B. 应支持丙要求甲交付玉器的请求

C. 应支持乙要求甲交付玉器的请求

D. 第一份合同有效，第二、三份合同均无效

【答案】A

学堂点拨

根据规定，一般动产多重买卖中，先行受领交付的获得所有权；均未受领交付，先行支付价款的买受人可以请求出卖人交付标的物并转移所有权；均未受领，也未支付价款的，合同成立在先的买受人有权请求出卖人交付标的物并转移所有权。本题中，甲就其玉器所签订的三个买卖合同中，甲与丁之间完成了交付，丁取得所有权。因此，选项A正确。

（二）船舶、航空器、机动车等特殊动产“多重买卖”

1. 先受领交付的，有权请求出卖人办理所有权转移登记手续。

2. 均未受领交付，先行办理所有权转移登记手续的买受人有权请求出卖人交付标的物。

3. 均未受领，也未办理所有权转移登记手续的，合同成立在先的买受人有权请求出卖人交付标的物并办理所有权转移登记手续。

4. 出卖人将标的物交付给买受人之一，又为其他买受人办理所有权转移登记，已受领交付的买受人有权请求出卖人将标的物所有权登记在自己的名下。

【总结】交付>登记>合同

【例2-单选题】甲将一辆货车出售给乙，将该货车交付给乙，乙支付了全部价款，但未办理过户手续。后甲又以更高的价格将该货车出售给丙，因该货车仍登记在甲名下，丙确信该货车为甲所有，遂支付了大部分价款，并办理了所有权转移登记手续。下列关于该货车权属的表述中正确的是哪一项？（　　）

A. 丙取得该货车所有权，可以请求乙将车交付给自己

B. 乙由于未办理所有权登记手续，因此没有取得所有权

C. 乙取得所有权，可以请求甲将该车登记到自己名下

D. 应由乙、丙共有该车所有权

【答案】C

学堂点拨

根据规定，船舶、航空器、机动车等特殊动产“多重买卖”中，出卖人将标的物交付给买受人之一，又为其他买受人办理所有权转移登记，已受领交付的买受人有权请求出卖人将标的物所有权登记在自己的名下。本题中，甲乙之间完成车辆交付，乙获得车辆所有权，即便车辆已登记在丙名下，乙亦可请求甲将车辆登记到自己名下。因此，选项C正确。

四、标的物的风险负担

买卖合同的风险负担问题是指买卖合同成立后，因发生不可归责于双方当事人的事由，致使标的物毁损、灭失的，该损失应由谁承担。

（一）一般规则

以交付为准——标的物交付之前由出卖人承担，交付之后由买受人承担。

提示

风险由买受人承担需要满足两个要件：1．买卖合同成立；2．完成交付。

（二）具体规则

1．因买受人的原因致使标的物不能按照约定的期限交付的：

买受人应当自违反约定之日起承担标的物毁损、灭失的风险。

2．当事人约定交付地点，标的物需要运输的，货交承运人，风险不转移，货交约定地点风险才转移。

3．当事人没有约定交付地点或者约定不明确，标的物需要运输的：

出卖人将标的物交付给第一承运人后，标的物毁损、灭失的风险由买受人承担。

4．出卖人出卖交由承运人运输的在途货物的：

除当事人另有约定外，毁损、灭失的风险自合同成立时起由买受人承担。

5．出卖人按约定或在标的物不需要运输的情况下将标的物置于交付地点，买受人违反约定未收取的：

标的物毁损、灭失的风险自违反约定之日起由买受人承担。

6．因标的物质量不符合质量要求，致使不能实现合同目的的：

如果买受人拒绝接受标的物或解除合同，标的物毁损、灭失的风险由出卖人承担。

【例3-多选题】根据合同法律制度的规定，下列情形中，买受人应当承担标的物灭失风险的有（　　）。

A．出卖人依约为买受人代办托运，货交第一承运人后意外灭失

B．买卖双方未约定交付地点，出卖人将标的物交由承运人运输，货物在运输途中意外灭失

C．约定在出卖人营业地交货，买受人未按约定时间前往提货，后货物在地震中灭失

D．买受人下落不明，出卖人将标的物提存后意外灭失

【答案】ABCD

学堂点拨

1．选项A、B正确：当事人没有约定交付地点或者约定不明确，标的物需要运输的，出卖人将标的物交付给第一承运人后，标的物毁损、灭失的风险由买受人承担；2．选项C正确：出卖人按照约定将标的物置于交付地点，买受人违反约定没有收取的，标的物毁损、灭失的风险自违反约定之日起由买受人承担；3．选项D正确：标的物提存后，风险由债权人承担。

五、买卖合同的特别解除规则

（一）主从物买卖合同的解除

因标的物的主物不符合约定而解除合同的，解除合同的效力及于从物；标的物的从物因不符合约定被解除的，解除的效力不及于主物。

（二）数物买卖合同的解除

标的物为数物，其中一物不符合约定的，买受人可以就该物解除，但该物与他物分离致使标的物的价值明显受损害的，当事人可以就数物解除合同。

（三）分批交付买卖合同的解除

出卖人分批交付标的物的，出卖人不交付其中一批标的物或者交付不符合约定，买受人解除合同的范围存在三种情况：

1. 出卖人的违约行为如果致使该批标的物不能实现合同目的的，买受人可以就该批标的物解除合同；

2. 出卖人的违约行为致使今后其他各批标的物的交付不能实现合同目的的，买受人可以就该批以及今后其他各批标的物解除；

3. 买受人如果就其中一批标的物解除合同，该批标的物与其他各批标的物相互依存的，可以就已经交付和未交付的各批标的物解除合同。

六、特种买卖合同

（一）特种买卖合同之一：试用买卖

1. 特征：

（1）已要约（卖方）；

（2）未承诺（买方）；

（3）已交付（试用）。

2. 试用卖买的界定——买方享有是否购买的自由。

买卖合同存在下列约定内容之一的，不属于试用买卖。买受人主张属于试用买卖的，人民法院不予支持：

（1）约定标的物经过试用或者检验符合一定要求时，买受人应当购买标的物；

（2）约定第三人经试验对标的物认可时，买受人应当购买标的物；

（3）约定买受人在一定期间内可以调换标的物；

（4）约定买受人在一定期间内可以退还标的物。

3. 当事人是否购买的推定规则。

试用期届满，买受人对是否购买标的物未作表示的，视为购买。此外，如买受人已无保留地支付部分或全部价款，或对标的物进行试用以外的行为的，如出租、出售等非试用行为的，也视为同意购买。

4. 买受人作出同意购买意思表示的法律后果：

（1）买卖合同成立；

（2）所有权转移；

（3）风险转移。

（二）特种卖买之二：凭样品买卖

1. 凭样品买卖的本质：以样品以及对样品的文字说明作为买卖标的物的质量标准，出卖人交付的标的物应与样品及其说明的质量相同。

2. 具有隐蔽瑕疵的样品。

买受人不知道样品有隐蔽瑕疵的，即使交付的标的物与样品相同，出卖人交付的标的物的质量仍应当符合同种物的通常标准。

（三）特种买卖之三：分期付款买卖

1. 分期付款买卖的界定。

买受人付款次数3次以上的买卖。

2. 适用范围。

分期付款买卖可以适用于动产卖买，也可以适用于不动产买卖。

3. 合同解除规则。

买受人未支付到期价款的金额达全部价款1/5以上的，出卖人有两种选择；

（1）要求买受人一次性支付全部价款；

（2）解除合同，并有权向买受人要求支付该标的物的使用费；

（四）特种买卖之四：招投标买卖

招投标买卖程序如下：

1. 招标人发出招标公告（要约邀请）；

2. 投标人投标（要约）；

3. 招标人评标并定标（承诺）；

4. 中标人与招标人签订书面合同（合同成立）。

七、商品房买卖合同

（一）销售广告的性质认定

1. 原则：要约邀请。

2. 例外：出卖人就商品房开发规划范围内的房屋及相关设施所作的说明和允诺具体确定，并对合同的订立以及房屋价格的确定有重大影响的，视为要约。上述说明和允诺即使未载入商品房买卖合同，仍属于合同的组成部分，当事人违反这些内容的，应当承担违约责任。

（二）商品房预售合同的效力

1. 无效：出卖人未取得预售许可；补救：在起诉前取得预售许可的，合同有效。

2. 商品房预售合同登记备案——非合同生效条件，当事人另有约定的除外。

（三）被拆迁人的优先权

拆迁人与被拆迁人以所有权调换形式订立拆迁补偿协议，拆迁人又将该补偿安置房另行出卖给第三人的，被拆迁人请求优先取得该房屋的，应予支持。

（四）法定解除的特别规则

1. 因房屋主体结构质量不合格不能交付使用，或者房屋交付使用后，房屋主体结构质量经核验确属不合格。

2. 因房屋质量问题严重影响正常居住使用。

3. 房屋套内建筑面积或者建筑面积与合同约定的面积误差比绝对值超过3%的。

4. 出卖人迟延交付房屋或者买受人迟延支付购房款，经催告后在3个月的合理期限内仍未履行。

5. 约定或者法定的办理房屋所有权登记的期限届满后超过1年，因出卖人的原因导致买受人无法办理房屋所有权登记的。

（五）可以适用惩罚性赔偿金的情形

1. 将补偿安置房转让给第三人，被拆迁人解除拆迁安置补偿协议。

2. 商品房买卖合同订立后，出卖人未告知买受人又将该房屋抵押给第三人（先卖后押）。

3. 商品房买卖合同订立后，出卖人又将该房屋出卖给第三人（一房二卖，第一买受人索赔）。

4. 故意隐瞒没有取得商品房预售许可证明的事实或者提供虚假商品房预售许可证明（许可证欺诈）。

5. 故意隐瞒所售房屋已经抵押的事实（先押后卖）。

6. 故意隐瞒所售房屋已经出卖给第三人的事实（一房二卖，第二买受人索赔）。

7. 故意隐瞒所售房屋为拆迁补偿安置房屋的事实（拆迁补偿安置房屋事实欺诈）。

知识点2 赠与合同（★★）

一、赠与合同概述

（一）赠与合同的性质

单务、无偿、诺成合同。

（二）附义务赠与

赠与可以附义务；附义务的，受赠人应当按约履行。

（三）赠与人的损害赔偿责任

因赠与人故意或重大过失致使赠与的财产毁损灭失的，赠与人应当承担赔偿责任。

（四）赠与人的瑕疵担保责任

一般情况下赠与人对赠与财产的瑕疵不承担责任，但以下两种情况例外：

1. 附义务的赠与，赠与的财产有瑕疵的，赠与人在附义务的限度内承担与出卖人相同的责任；

2. 赠与人故意不告知瑕疵或保证无瑕疵，造成受赠人损失的，应承担赔偿责任。

二、赠与合同的撤销与法定解除

（一）撤销

表 4-14 赠与合同的撤销

	任意撤销	法定撤销	
撤销权人	赠与人	赠与人	赠与人的继承人、法定代理人
具体情形	除了“具有救灾、扶贫等社会公益、道德义务性质的赠与合同或者经过公证的赠与合同”（“两公”赠与）之外的其他赠与合同	受赠人有下列忘恩行为时： 1. 严重侵害赠与人或其近亲属； 2. 对赠与人有扶养义务而不履行； 3. 不履行赠与合同约定的义务。	因受赠人的违法行为致使赠与人死亡或者丧失民事行为能力
撤销时间	赠与财产的权利转移之前	自知道或者应当知道撤销原因之日起1年内	自知道或者应当知道撤销原因之日起6个月内

（二）法定解除权

赠与人的经济状况显著恶化，严重影响其生产经营或者家庭生活的，可以“不再履行”赠与义务。

【例4-2016-多选题】甲为庆祝好友乙60岁生日，拟赠与其古董瓷瓶一只。但双方约定，瓷瓶交付之后，甲可以随时借用该瓷瓶，根据合同法律制度的规定，下列正确的有（　　）。

A．瓷瓶交付乙前，若甲的经济状况显著恶化，严重影响其生活，可不再履行赠与义务

B．瓷瓶交付乙后，若甲请求借用时被乙拒绝，甲可以撤销赠与

C．瓷瓶交付乙后，若被鉴定为赝品，乙有权以欺诈为由撤销赠与

D．瓷瓶交付乙前，甲不得撤销赠与

【答案】AB

学堂点拨

1．选项A正确：根据规定，赠与人的经济状况显著恶化，严重影响其生产经营或者家庭生活的，可以不再履行赠与义务；2．选项B正确：不履行赠与合同约定的义务，赠与人可以撤销赠与；3．选项C错误：根据规定，行为人因受欺诈而实施的民事法律行为，为可撤销。题目中没有说甲有欺诈的故意，不能直接认定是可撤销合同；4．选项D错误：根据规定，只有具有救灾、扶贫等社会公益、道德义务性质的赠与合同或者经过公证的赠与合同，赠与人不能任意撤销；题目中不是这些法定情形，甲可以任意撤销。

知识点3　借款合同（★★★）

一、借款合同概述

（一）合同性质

1．自然人之间的借款合同：

（1）实践合同——合同从交付借款时生效；

（2）非要式合同——口头形式或书面形式。

2．其他主体之间的借款合同：

（1）诺成合同——双方意思表示一致即为合同成立；

（2）要式合同——书面形式。

（二）借款用途

借款人未按照约定的借款用途使用借款的，贷款人可以：

1．停止发放借款；

2．提前收回借款；

3．解除合同。

（三）借款的利息

1．不得预先扣除——借款的利息不得在本金中扣除，利息预先在本金中扣除的，应当按照实际借款数额返还并计算利息。

2．支付利息期限

（1）有约定，按约定。

（2）无约定或者约定不明，依照《合同法》规定仍然不能确定的：借款期限不满1年的，应当在返还借款时一并支付；借款期限在1年以上的，应当在每届满1年时支付，剩余期间不满1年的，应当在返还借款时一并支付。

（四）借款期限

1. 借款期限的确定

（1）有约定按约定。

（2）对借款期限没有约定或者约定不明确，依照《合同法》规定仍不能确定的，借款人可以随时返还；贷款人可以催告借款人在合理期限内返还。

2. 借款人提前还款

借款人提前偿还借款的，除当事人另有约定外，应当按实际借款的期间计算利息。

二、民间借贷合同

（一）范围界定

自然人、法人、其他组织之间及其相互之间，即金融机构之外的其他主体之间进行资金融通的行为。

（二）民间借贷合同的效力

1. 法人之间、其他组织之间及其相互之间为生产、经营需要订立的民间借贷合同，原则上有效。除非存在下列情况：

（1）存在《合同法》规定的合同无效情形；

（2）套取金融机构信贷资金又高利转贷给借款人，且借款人事先知道或应当知道的；

（3）以向其他企业借贷或者向本单位职工集资取得的资金转贷给借款人牟利，且借款人事先知道或应当知道的；

（4）出借人事先知道或者应当知道借款人借款用于违法犯罪活动仍然提供借款的；

（5）违背公序良俗的；

（6）其他违反法律、行政法规强制性规定的。

2. 法人或其他组织在本单位内部通过借款形式向职工筹集资金，用于本单位生产、经营签订的民间借贷合同，效力与1相同。

3. 借款人或出借人的借贷行为涉嫌犯罪，或已被生效判决认定为犯罪，民间借贷合同并不当然无效。

（三）互联网借贷平台的法律责任

原则上不承担担保责任，明示或有证据证明其为借贷提供担保的除外。

（四）法定代表人在民间借贷合同中的责任

1. 法定代表人以企业名义借款，供个人使用的，诉讼中作为共同被告或列为第三人。

2. 法定代表人以个人名义借款，用于企业生产经营，法定代表人和企业共同承担责任。

（五）民间借贷的利息与利率

1. 利息：没有约定，不得主张；约定不明，综合裁量。

2. 利率

（1）年利率24%以内，支持。

（2）24%～36%，真空地带（即不受保护，已经还了的，不得主张要回，未还的，人民法院不保护）。

（3）超过36%的，超过部分无效。

3．逾期利率的确定

（1）有约定，按约定，不超过年利率24%。

（2）既未约定借期内利率，也未约定逾期利率，可主张6%的逾期利率。

（3）约定了借期内利率未约定逾期利率，可主张按借期内利率计算逾期利息。

4．逾期利率与其他违约责任（违约金或其他费用）

（1）可选择主张。

（2）可一并主张，但总计不得超过年利率24%。

（六）民间借贷与买卖合同混合时的处理规则

1．当事人以签订买卖合同作为民间借贷合同的担保，借款到期后借款人不能还款，出借人请求履行买卖合同的，人民法院应当按照民间借贷法律关系审理，并向当事人释明变更诉讼请求。当事人拒绝变更的，人民法院裁定驳回起诉。

2．按照民间借贷法律关系审理作出的判决生效后，借款人不履行生效判决确定的金钱债务，出借人可以申请拍卖买卖合同标的物，以偿还债务。就拍卖所得的价款与应偿还借款本息之间的差额，借款人或者出借人有权主张返还或补偿。

三、自然人之间借款的特殊规定

（一）借款合同性质

实践合同——自出借人提供借款时生效。

“出借人提供借款时”的界定：

- ●以现金支付的，自借款人收到借款时；
- ●以银行转账、网上电子汇款或者通过网络贷款平台等形式支付的，自资金到达借款人账户时；
- ●以票据交付的，自借款人依法取得票据权利时；
- ●出借人将特定资金账户支配权授权给借款人的，自借款人取得对该账户实际支配权时；
- ●出借人以与借款人约定的其他方式提供借款并实际履行完成时。

（二）利息

对支付利息没有约定或者约定不明确的，视为不支付利息。

【例5-2016-单选题】甲公司通过乙互联网借贷平台向丙公司借款30万元，用于生产经营，年利率28%。乙互联网借贷平台在主页上标明“通过本平台签订的借款合同，本公司保障出借人的本金安全”字样。根据合同法律制度的规定，下列表述中，正确的是（　　）。

A．借款利率高于法定最高利率，借款合同无效

B．乙互联网借贷平台应当对借款本金承担担保责任

C．甲、丙公司属法人间借贷，借款合同无效

D．借款利率高于24%的法定最高利率，超出部分利息约定无效

【答案】B

学堂点拨

1. 选项A、D错误：根据规定，借贷双方约定的利率超过年利率36%，超过部分的利息约定无效；2. 选项C错误：根据规定，法人之间、其他组织之间及其相互之间为生产、经营需要订立的民间借贷合同，原则上有效。

知识点4 租赁合同（★★）

一、概念及特征

出租人将租赁物交付承租人使用、收益，承租人支付租金的合同。租赁合同具有如下特征：

（一）租赁权是债权，而非用益物权；

（二）租赁合同为有偿、双务、诺成合同；

提示

租赁合同不以登记为生效要件，房屋租赁备案登记不影响租赁合同效力。

（三）租赁物为非消耗物，出租人转让的是出租物的使用权，而非所有权。

二、租赁期限

（一）最长不得超过20年，否则，“超过部分”无效

提示

合同法中还有两外几个相似的规定：1. 定金数额超过主合同标的额的20%的，超过部分无效；2. 民间借贷合同约定的利息超过年利率36%的，超过部分无效；3. 建设工程合同中，当事人约定的垫资利息计算标准高于同期同类贷款利率的部分无效。

（二）不定期租赁的三种情形

1. 租赁期限6个月以上的，合同应当采用书面形式。当事人未采用书面形式的，视为不定期租赁。

2. 当事人对租赁期限没有约定或者约定不明确，依照《合同法》有关规定仍不能确定的，视为不定期租赁。

3. 租赁期届满，承租人继续使用租赁物，出租人没有提出异议的，原租赁合同继续有效，但租赁期限为不定期。

【解释】对于不定期租赁，“合同双方”均可以随时解除合同，但出租人解除合同应当在合理期限之前通知承租人。

三、当事人的主要权利义务

（一）承租人的适当使用义务

承租人应按约定的方法或租赁物的性质使用租赁物，因使用不当导致租赁物损耗的，出租人有权：1. 解除合同；2. 请求赔偿损失。

（二）出租人负维修义务（当事人另有约定的除外）

1. 合理期限内维修。

2．出租人未履行维修义务的，承租人可以自行维修，维修费用由出租人负担。

3．因维修租赁物影响承租人使用的，应当相应减少租金或者延长租期。

（三）租赁物的改善

承租人经出租人同意，可以对租赁物进行改善或者增设他物，如未经出租人同意，出租人可以要求承租人恢复原状或者赔偿损失。

（四）转租

1．应当经过出租人同意，否则出租人可以解除合同。

2．转租不影响承租人与出租人之间的租赁合同效力。

3．第三人（次承租人）对租赁物造成损失的，承租人应当赔偿损失（合同的相对性）。

（五）孳息（收益）的归属

租赁物产生的孳息（如承租人将房屋转租获得的租金差额）归承租人，当事人另有约定的除外。

（六）承租人的租金支付义务

对租金的支付期限未确定的，当事人可以协议补充，不能达成补充协议的，可以根据合同的有关条款或者交易习惯确定。仍不能确定的，适用以下规则：

1．租赁期限不满1年的，应当在租赁期限届满时支付；

2．租赁期限1年以上的，应当在每届满1年时支付，剩余期间不满1年的，应当在租赁期限届满时支付。

【例6-2016-单选题】乙承租甲的房屋，约定租赁期间为2015年1月1日至2016年12月31日。经甲同意，乙将该房屋转租给丙，租赁期间为2015年6月1日至2016年5月31日。根据合同法律制度的规定，下列表述中，正确的是（　　）。

A．甲有权直接向丙收取租金

B．若丙对房屋造成损害，甲有权向乙主张赔偿

C．甲有权解除乙和丙之间的转租合同

D．甲和乙之间的租赁合同在转租期内失效

【答案】B

学堂点拨

1．选项A错误：根据合同的相对性，合同关系只能发生在特定主体之间，只有合同当事人一方能够向合同的另一方当事人基于合同提出请求。本题中，甲是出租人、乙为承租人，丙为次承租人，甲和丙之间没有合同关系，因此，甲无权直接向丙收取租金。2．选项C错误：承租人未经出租人同意转租的，出租人可以解除租赁合同。据此，如果承租人擅自转租，出租人有权解除的是其与承租人之间的租赁合同，而不是承租人与第三人之间的转租合同，更何况本题中，承租人乙转租房屋已经出租人甲同意。3．选项B正确，选项D错误：承租人转租的，承租人与出租人之间的租赁合同继续有效，第三人对租赁物造成损失的，承租人应当赔偿损失。

四、买卖不破租赁

租赁期间，租赁物所有权发生变动的，不影响租赁合同的效力，也就是说，租赁期限内，租赁合同在承租人与租赁物受让人之间继续有效。

【相关链接】《物权法》中的“在后抵押不破在先租赁”——标的物出租后设定抵押的，原租赁

关系不受该抵押权的影响，抵押权实现后，承租人可向抵押物的受让人主张买卖不破租赁。

五、承租人优先购买权

出租人出卖租赁“房屋”的，应当在出卖之前的合理期限内通知承租人，承租人享有在同等条件下优先购买的权利。

（一）适用范围

仅限于房屋租赁。

（二）出租人的通知义务

出租人应在合理期限内通知承租人，如果是出租人委托拍卖人拍卖租赁房屋，应当在拍卖5日前通知承租人，承租人未参加拍卖的，视为放弃优先购买权。

（三）承租人的救济措施

如果出租人出卖租赁房屋未在合理期限内通知承租人或者存在其他侵害承租人优先购买权的情形，承租人：1. 有权请求出租人承担赔偿责任；2. 无权主张出租人与第三人签订的房屋买卖合同无效。

（四）承租人丧失优先购买权的情形

1. 房屋共有人行使优先购买权。

【解释】房屋共有人优先购买权与承租人优先购买权冲突的，共有人优先购买权优先行使。

2. 出租人将房屋出卖给近亲属（配偶、父母、子女、兄弟姐妹、祖父母、外祖父母、孙子女、外孙子女）。

3. 出租人履行通知义务后，承租人在15日内未明确表示购买的。

4. 第三人善意购买并已办理登记手续的。

【解释】如果第三人只是与出租人签订了房屋买卖合同（没有办理登记手续），或者第三人明知其所购买房屋为租赁房屋（并非善意），此时承租人仍可主张优先购买权。

【例7-2011-多选题】甲承租乙的住房，租期未满，乙有意将该住房出售。根据合同法律制度的规定，下列表述中，正确的有哪些？（　　）

A. 乙应在出售之前的合理期限内通知甲，甲在同等条件下享有优先购买权

B. 如果乙对甲隐瞒情况，将房屋出售给丙，甲可以主张乙、丙之间的房屋买卖合同无效

C. 如果甲放弃优先购买权，当丙购得该住房成为新所有人后，即使租期未满，也有权要求甲立即迁出该住房

D. 如果乙的哥哥丁想要购买该住房，则甲不得主张优先购买权

【答案】AD

学堂点拨

1. 选项B错误：根据规定，如果出租人出卖租赁房屋未在合理期限内通知承租人或者存在其他侵害承租人优先购买权的情形，承租人有权请求出租人承担赔偿责任，但无权主张出租人与第三人签订的房屋买卖合同无效。2. 选项C错误：根据规定，租赁期间，租赁物所有权发生变动的，不影响租赁合同的效力，也就是说，租赁期限内，租赁合同在承租人与租赁物受让人之间继续有效。因此，本题中，承租人放弃优先购买权，并不影响买卖不破租赁规则的适用，在租期届满前，承租人仍可对抗房屋的新所有权人。

六、租赁合同的特殊解除规则

（一）双方（出租人和承租人）任意解除

不定期租赁合同，出租人和承租人双方都可以随时解除合同，但出租人解除合同时应当在合理期限内通知承租人。

（二）出租人的单方解除

1. 承租人转租应当经过出租人同意，否则出租人可以解除合同。

2. 因承租人使用不当导致租赁物损耗的，出租人有权解除合同并请求赔偿损失。

（三）承租人的单方解除

1. 因不可归责于承租人的事由，致使租赁物部分或者全部毁损、灭失的，承租人可以要求减少租金或者不支付租金；因租赁物部分或者全部毁损、灭失，致使不能实现合同目的的，承租人可以解除合同。

2. 租赁物危及承租人的安全或健康的，即使承租人订立合同时明知该租赁物质量不合格，承租人仍然有权解除合同（“生命健康”高于“契约精神”）。

七、房屋租赁中同住人或共同经营人的优先承租权

（一）同住人的优先承租权

承租人在房屋租赁期间死亡，与其生前共同居住的人可以按原租赁合同租赁该房屋。

（二）共同经营人的优先承租权

承租人租赁房屋用于以个体工商户或者个人合伙方式从事经营活动，承租人在租赁期间死亡、宣告失踪或者宣告死亡，其共同经营人或者其他合伙人有权请求按原租赁合同租赁该房屋。

知识点5 融资租赁合同（★★）

一、融资租赁合同概述

（一）内涵

出租人根据承租人对出卖人、租赁物的选择，向出卖人购买租赁物，提供给承租人使用，承租人支付租金的合同。

1. 当事人：出租人、承租人、出卖人。

2. 内容：租赁合同+买卖合同。

（二）融资租赁合同应当采用书面形式

（三）融资租赁合同的认定

1. 承租人将其自有物出卖给出租人,再通过融资租赁合同将租赁物从出租人处租回的，人民法院不应仅以承租人和出卖人系同一人为由认定不构成融资租赁法律关系。

2. 根据法律、行政法规规定，承租人对于租赁物的经营使用应当取得行政许可的，人民法院不应仅以出租人未取得行政许可为由认定融资租赁合同无效。

（四）融资租赁合同无效的效果

1. 融资租赁合同被认定无效，当事人就合同无效情形下租赁物归属有约定的，从其约定；未约定或者约定不明，且当事人协商不成的，租赁物应当返还出租人。

2. 因承租人原因导致合同无效，出租人不要求返还租赁物，或者租赁物正在使用，返还出租人后会显著降低租赁物价值和效用的，人民法院可以判决租赁物所有权归承租人，并根据合同履行情况和租金支付情况，由承租人就租赁物进行折价补偿。

（五）风险承担规则

承租人占有租赁物期间，租赁物毁损、灭失的风险由“承租人”承担，出租人要求承租人继续支付租金的，人民法院应予支持。但当事人另有约定或者法律另有规定的除外。

（六）出租人违反合同约定的向承租人交付标的物的义务，存在下列情形之一的，承租人可以拒绝受领租赁物：

1. 租赁物严重不符合约定的；

2. 出卖人未在约定的交付期间或者合理期间内交付租赁物，经承租人或者出租人催告，在催告期满后仍未交付的。

承租人拒绝受领租赁物，未及时通知出租人，或者无正当理由拒绝受领租赁物，造成出租人损失，出租人可以要求承租人承担损害赔偿责任。

（七）出租人解除融资租赁合同的情形

1. 承租人未经出租人同意，将租赁物转让、转租、抵押、质押、投资入股或者以其他方式处分租赁物的。

2. 承租人未按照合同约定的期限和数额支付租金，符合合同约定的解除条件，经出租人催告后在合理期限内仍不支付的。

3. 合同对于欠付租金解除合同的情形没有明确约定，但承租人欠付租金达到两期以上，或者数额达到全部租金15%以上，经出租人催告后在合理期限内仍不支付的。

4. 承租人违反合同约定，致使合同目的不能实现的其他情形。

二、当事人双方权利义务

（一）出租人根据承租人对出卖人、租赁物的选择订立的买卖合同，未经承租人同意，出租人不得变更与承租人有关的合同内容。

（二）在融资租赁合同中，租赁物的维修义务由承租人（而非出租人）承担。

（三）租赁物不符合约定或者不符合使用目的的，出租人“不承担”违约责任；但承租人依赖出租人的技能确定租赁物或者出租人干预选择租赁物的除外。

（四）出租人、出卖人、承租人可以约定，出卖人不履行买卖合同义务的，由“承租人”行使索赔的权利，出租人应当予以协助。

（五）承租人占有租赁物期间，租赁物造成第三人的人身伤害或者财产损害的，出租人对第三人“不承担”赔偿责任。

三、租赁物所有权归属

（一）租赁期间租赁物所有权——出租人享有租赁物的所有权

1. 承租人破产的，租赁物不属于破产财产。

2. 承租人或者租赁物的实际使用人，未经出租人同意转让租赁物或者在租赁物上设立其他物权，属于无权处分，第三人可以善意取得，存在以下情形者除外：

（1）出租人已在租赁物的显著位置作出标识，第三人在与承租人交易时知道或者应当知道该物为租赁物的；

（2）出租人授权承租人将租赁物抵押给出租人并在登记机关依法办理抵押权登记的；

（3）第三人与承租人交易时，未按照法律、行政法规、行业或者地区主管部门的规定在相应机构进行融资租赁交易查询的；

（4）出租人有证据证明第三人知道或者应当知道交易标的物为租赁物的其他情形。

（二）租赁期满后租赁物的所有权归属

1. 当事人约定优先。

2. 没有约定或者约定不明确，依照《合同法》有关规定仍不能确定的，租赁物的所有权归出租人。

3. 如果约定租赁期届满，租赁物所有权归属于承租人，承租人已支付大部分租金，但无力支付剩余租金，出租人因此解除合同收回租赁物的，收回的租赁物的价值如果超过承租人欠付的租金以及其他费用的，承租人可以要求部分返还。该规则可分解为如下三层意义：

（1）第一层意义：双方约定的租金，不仅覆盖了标的物的全部价值，而且还有富余；

（2）第二层意义：因承租人无力支付剩余的租金，导致出租人解除合同且收回租赁物；

（3）第三层意义：标的物残存价值大于未支付租金数额，退还差额。

【例8-2011-多选题】甲公司欲购乙公司生产的塔吊，因缺乏资金，遂由丙公司提供融资租赁。由于塔吊存在质量问题，吊装的物品坠落并砸伤行人丁，甲公司被迫停产修理。根据合同法律制度的规定，下列各项中，正确的有（　　）。

A. 甲公司无权请求丙公司赔偿修理塔吊的费用

B. 甲公司不得以塔吊存在质量问题并发生事故为由，延付或拒付租金

C. 丙公司应当对甲公司承担违约责任

D. 丁可以请求丙公司赔偿损失

【答案】AB

学堂点拨

1. 选项A正确：在融资租赁合同中，租赁物的维修义务由承租人（而非出租人）承担；2. 选项B正确，选项C错误：租赁物不符合约定或者不符合使用目的的，出租人不承担违约责任；但承租人依赖出租人的技能确定租赁物或者出租人干预选择租赁物的除外。3. 选项D错误：承租人占有租赁物期间，租赁物造成第三人的人身伤害或者财产损害的，出租人对第三人不承担赔偿责任。

知识点6　承揽合同（★★）

一、概念

承揽合同，是指承揽人按定作人的要求完成工作，交付工作成果，定作人给付报酬的合同。

二、合同当事人的权利和义务

表 4-15 承揽合同当事人的权利和义务

承揽人的义务	1. 承揽人可将辅助工作交由第三人完成，但主要工作应由自己完成。 2. 通知义务： （1）承揽人对定作人提供的材料应当及时检验，发现不符合约定时，应及时通知定作人更换、补齐或采取其他补救措施，承揽人不得擅自更换定作人提供的材料。 （2）承揽人发现定作人提供的图纸或者技术要求不合理的，应当及时通知定作人。
定作人的义务	1. 支付报酬义务 →定作人未支付报酬，承揽人对完成的成果有留置权，当事人另有约定的除外。 2. 特殊情况下的侵权赔偿义务 →承揽人在完成工作过程中对第三人造成损害或造成自身损害的，定作人不承担赔偿责任；但定作人对定作、指示或选任有过失，应承担相应的赔偿责任。

三、合同履行中的第三人

（一）完成“主要工作”的第三人

1. 未经定作人同意，承揽人将其承揽的主要工作交由第三人完成的，定作人可以解除合同。

2. 承揽人将其承揽的主要工作交由第三人完成的，应当就该第三人完成的工作成果向定作人负责。

（二）完成“辅助工作”的第三人

承揽人可以将其承揽的辅助工作交由第三人完成（不必经过定作人同意），并就该第三人完成的工作成果向定作人负责。

四、定作人的任意解除权

定作人（而非双方当事人）可以随时解除合同，并赔偿因解除合同给承揽人造成的损失。

【解释】定作人的两种解除权：承揽人将主要工作交由第三人完成时，定作人解除合同，无须赔偿；定作人任意解除合同，须赔偿。

【例9-2013-单选题】甲、乙订立承揽合同，甲提供木料，乙为其加工家具。在乙已完成加工工作的50%时，甲通知乙解除合同。根据合同法律制度的规定，下列表述中，正确的是（　　）。

A. 甲有权解除合同，但应赔偿乙的损失

B. 甲有权解除合同，但应按约定金额向乙支付报酬

C. 甲有权解除合同，且无须赔偿乙的损失

D. 甲无权解除合同，并应依约向乙支付报酬

【答案】A

学堂点拨

根据规定，承揽合同中，定作人有任意解除权，但应赔偿因解除合同给承揽人造成的损失。故选项A正确。

知识点7 建设工程合同（★★★）

一、概念

建设工程合同，是指承包人进行工程建设，发包人支付价款的合同。

【解释1】建设工程合同包括工程勘察、设计、施工合同。

【解释2】建设工程合同本质上属于承揽合同。

二、建设工程合同的无效

（一）合同无效的情形

1. 承包人未取得建筑施工企业资质或者超越资质等级的。

提示

承包人超越资质等级许可的业务范围签订建设工程施工合同，在建设工程竣工前取得相应资质等级，不按无效合同处理。

2. 没有资质的实际施工人借用有资质的建筑施工企业名义的。

3. 建设工程必须进行招标而未招标或者中标无效的。

（二）无效合同的法律后果

1. 合同无效，但建设工程经竣工验收合格的，承包人可以请求参照合同约定支付工程价款。

2. 合同无效，且建设工程经竣工验收不合格的处理措施：修复后的建设工程经竣工验收合格，发包人可以请求承包人承担修复费用；修复后的建设工程经竣工验收不合格，承包人无权请求支付工程价款。

【例10-单选题】某市园林管理处为兴建一座园林景观，经招投标与甲建筑公司签订了工程施工合同。甲建筑公司具有相应的建筑施工资质，但该工程实际由乙工程施工队施工，系乙施工队借用甲建筑公司的名义进行缔约的。工程竣工后经验收合格，乙施工队要求某市园林管理处支付约定的报酬，园林管理处经咨询律师，认为他们之间的合同无效，故拒绝支付约定的款项，为此发生纠纷。下列说法正确的是哪一项？（　　）

A. 建设工程施工合同有效，园林管理处应支付约定工程价款

B. 建设工程施工合同无效，园林管理处应支付约定工程价款

C. 建设工程施工合同无效，园林管理处无须支付工程价款

D. 建设工程施工合同无效，园林管理处应将工程价款收缴国库

【答案】B

学堂点拨

根据规定，没有资质的实际施工人借用有资质的建筑施工企业名义签订的建设工程合同无效；建设工程合同无效，但建设工程经竣工验收合格的，承包人可以请求参照合同约定支付工程价款。本题中，建设工程合同系乙施工队借用甲建筑公司资质签订的，应为无效合同，但由于工程竣工后经过验收合格，园林管理处应当支付工程价款。因此，选项B正确。

三、分包

（一）经发包人同意，总承包人可以将自己承包的“部分工作”交由第三人完成；第三人就其完成的工作成果与总承包人向发包人承担“连带责任”。

提示

该规定区别于承揽合同中“承揽人就第三人完成的工作对定作人负责”的规则，此处体现了对合同相对性的突破。

（二）建设工程主体结构的施工必须由承包人自行完成，禁止有下列行为：

1. 承包人将其承包的建设工程“全部”转包给第三人；
2. 承包人将其承包的全部建设工程肢解后以分包的名义分别转包给第三人；
3. 分包人将其承包的工程再分包。

四、承包人垫资

（一）只有当事人对垫资及其利息有明确约定的情况下，承包人才可以请求返还垫资及利息，但是约定的利息计算标准高于同期同类贷款利率的部分无效。

（二）如果当事人没有对垫资利息作出约定，承包人无权请求支付利息。

（三）当事人对垫资没有约定的，按照工程欠款处理，工程欠款的利息计算标准以当事人之间的约定为准，没有约定的，按照同期同类贷款利率计息。

提示

法律对垫资的利息和工程欠款的利息分别作出了不同的规定：

1. 当事人未约定利息时：垫资不支付利息；工程欠款按照同期同类贷款利率计算；
2. 当事人对利息计算标准有约定时：垫资的利息计算标准不得高于同期同类贷款利率；工程欠款则按照约定处理（法律没有限制）。

五、双方当事人的合同解除权

（一）发包人的解除权

1. 承包人明确表示或者以行为表明不履行合同主要义务的。
2. 承包人在合同约定的期限内没有完工，且在发包人催告的合理期限内仍未完工的。
3. 已经完成的建设工程质量不合格，并拒绝修复的。
4. 承包人将承包的建设工程非法转包、违法分包的。

（二）承包人的解除权

发包人具有以下情形之一的，致使承包人无法施工，且在催告的合理期限内仍未履行相应义务，承包人可以请求解除建设工程施工合同：

1. 未按约定支付工程欠款的；
2. 提供的主要建筑材料、建筑构配件和设备不符合强制性标准的；
3. 不履行合同约定的协助义务的。

（三）解除后果

合同解除后，已完成的建设工程合格的，发包方应当按约支付相应的价款；不合格的，参照前述施工合同无效且工程质量验收不合格的情形处理。

六、建设工程合同的竣工

当事人对建设工程实际竣工日期有争议的，按照以下情形分别处理：

（一）建设工程经竣工验收合格的，以竣工验收合格之日为竣工日期；

（二）承包人已经提交竣工验收报告，发包人拖延验收的，以承包人提交验收报告之日为竣工日期；

（三）建设工程未经竣工验收，发包人擅自使用的，以转移占有建设工程之日为竣工日期。

提示

建设工程未经竣工验收，发包人擅自使用后，又以使用部分质量不符合约定为由主张权利的，人民法院不予支持，但是承包人应当在建设工程的合理使用寿命内对地基基础工程和主体结构质量承担民事责任。

【例11-2016-单选题】根据合同法律制度的规定，建设工程合同当事人对工程实际竣工日期有争议时，下列处理规则中，正确的是（　　）。

A. 承包人已提交竣工验收报告，发包人拖延验收的，以承包人提交验收报告之日为竣工日期

B. 工程未经竣工验收，发包人擅自使用的，以工程封顶之日为竣工日期

C. 工程竣工验收合格的，以工程转移占有之日为竣工日期

D. 工程未经竣工验收，发包人擅自使用的，以开始使用之日为竣工日期

【答案】A

学堂点拨

根据规定，当事人对建设工程实际竣工日期有争议的，按照以下情形分别处理：1. 建设工程经竣工验收合格的，以竣工验收合格之日为竣工日期；2. 承包人已经提交竣工验收报告，发包人拖延验收的，以承包人提交验收报告之日为竣工日期；3. 建设工程未经竣工验收，发包人擅自使用的，以转移占有建设工程之日为竣工日期。因此，选项A正确。

七、建设工程款优先受偿权

发包人未按照约定支付工程价款的，承包人可以催告发包人在合理期限内支付价款。发包人逾期不支付的，承包人可以与发包人协议将工程折价，也可以申请人民法院将该工程依法拍卖，建筑工程的价款享有优先受偿权。

（一）建设工程款优先于“抵押权”和其他债权。

（二）建设工程款优先受偿权不得对抗已支付全部或大部分款项的商品房买受人。

（三）优先受偿权的行使期限为6个月，自建设工程竣工之日起或者建设工程合同约定的竣工之日起计算。

提示

享有优先受偿权的建设工程款范围：承包人为建筑工程应当支付的工作人员报酬、材料款等“实际支出的费用”，不包括承包人因发包人违约造成的损失。

知识点8 委托合同（★★）

一、概念

委托合同，是指委托人和受托人约定,由受托人处理委托事务的合同。

【解释1】委托的事务可以是签订合同等法律行为，也可以是一般性事务，但具有人身属性的事项，如结婚、离婚、收养子女等，不适用委托。

【解释2】“委托人或者受托人”可以随时解除委托合同，因解除合同给对方造成损失的，除不可归责于该当事人的事由以外，应当赔偿损失。

二、隐名代理

隐名代理，是指受托人以自己的名义，在委托人的授权范围内与第三人订立合同。

（一）第三人在订立合同时知道受托人与委托人之间的代理关系的：

该合同直接约束委托人和第三人。

（二）第三人在订立合同时不知道受托人与委托人之间的代理关系的：

1. 受托人因第三人的原因对委托人不履行义务，受托人应当向委托人披露第三人，委托人因此可以行使受托人对第三人的权利，但第三人如果知道该委托人存在，就不会与受托人订立合同的除外；

2. 受托人因委托人的原因对第三人不履行义务，受托人应当向第三人披露委托人，第三人因此可以选择受托人或者委托人作为相对人主张其权利，但第三人不得变更选定的相对人。

【例12-单选题】甲委托乙购买一套机械设备，但要求以乙的名义签订合同，乙同意，遂与丙签订了设备购买合同。后由于甲的原因，乙不能按时向丙支付设备款。在乙向丙说明了自己是受甲委托向丙购买机械设备后，关于丙的权利，下列哪一选项是正确的？（　）

A. 只能要求甲支付　　B. 只能要求乙支付

C. 可选择要求甲或乙支付　　D. 可要求甲和乙承担连带责任

【答案】C

学堂点拨

根据规定，受托人因委托人的原因对第三人不履行义务，受托人应当向第三人披露委托人，第三人因此可以选择受托人或者委托人作为相对人主张其权利，但第三人不得变更选定的相对人。因此，选项C正确。

三、费用与报酬

（一）受托人为处理委托事务垫付的必要费用，委托人应当偿还该费用及其利息。

（二）因不可归责于受托人的事由，委托合同解除或者委托事务不能完成的，委托人应当向受托人支付相应的报酬。当事人另有约定的，从其约定。

提示

委托合同可以有偿，也可以无偿。如果是无偿委托，受托人不能主张“报酬”（劳务费、辛苦费），但是仍然可以请求委托人偿还“费用”。

四、损失赔偿

（一）受托人对委托人的赔偿

1. 有偿的委托合同，因受托人的“过错”给委托人造成损失的，委托人可以要求赔偿损失。

2. 无偿的委托合同，因受托人的“故意或重大过失”给委托人造成损失的，委托人可以要求赔偿损失。

3. 受托人超越权限给委托人造成损失的，应当赔偿损失。

4. 两个以上的受托人共同处理委托事务的，对委托人承担连带责任。

（二）委托人对受托人的赔偿

1. 受托人处理委托事务时，因不可归责于自己的事由受到损失的，可以向委托人要求赔偿损失。

2. 委托人经受托人同意，委托第三人处理委托事务，因此给受托人造成损失的，受托人可以向委托人要求赔偿。

【例13-单选题】根据合同法律制度的规定，下列关于委托合同的表述中，正确的是（　　）。

A. 无偿的委托合同，因受托人一般过失给委托人造成损失的，委托人可以要求赔偿损失

B. 原则上受托人有权转委托，不必征得委托人同意

C. 有偿的委托合同，因不可归责于受托人的事由，委托事务不能完成的，委托人有权拒绝支付报酬

D. 两个以上的受托人共同处理委托事务的，对委托人承担连带责任

【答案】D

学堂点拨

1. 选项A错误：无偿的委托合同，因受托人的故意或者重大过失给委托人造成损失的，委托人可以要求赔偿损失。2. 选项B错误：经委托人同意，受托人可以转委托。3. 选项C错误：因不可归责于受托人的事由，委托合同解除或者委托事务不能完成的，委托人应当向受托人支付相应的报酬。当事人另有约定的，按照其约定。

知识点9 运输合同（★★）

一、客运合同

（一）承运人的人身损害赔偿责任

承运人对运输过程中旅客的人身损害，承担赔偿责任，但如下两种情况除外：

1. 损害是旅客自身健康原因造成的；

2. 损害是旅客故意、重大过失造成的。

（二）承运人的财产损害赔偿责任

1. 承运人对旅客“托运”物品毁损、灭失要承担赔偿责任，但如下三种情况除外：

（1）不可抗力；

（2）货物本身的自然性质或者合理损耗；

（3）托运人、收货人的过错。

2. 承运人对旅客“自带”物品毁损、灭失有过错的，应承担赔偿责任。

二、货运合同

（一）货运合同中承运人对承运货物毁损灭失的责任

承运人对承运的货物毁损、灭失要承担赔偿责任，但如下三种情况除外：

1. 不可抗力；

2. 货物本身的自然性质或者合理损耗；

3. 托运人、收货人的过错。

（二）联运合同的责任承担

1. 单式联运

（1）与托运人订立合同的承运人应当对全程运输承担责任。

（2）损失发生在某一运输区段的，与托运人订立合同的承运人和该区段的承运人承担连带责任。

2. 多式联运：联运经营人对全程运输承担的义务。

（三）货运合同托运人的任意变更、解除权

1. 时间前提：承运人将货物交付收货人之前。

2. 变更内容：托运人可以要求承运人中止运输、返还货物、变更到达地或者将货物交给其他收货人。

3. 利益衡平：托运人应当赔偿承运人因此受到的损失。

（四）运输途中风险负担

货物在运输过程中因不可抗力灭失，未收取运费的，承运人不得要求支付运费；已收取运费的，托运人可以要求返还。

（五）承运人的留置权

托运人或者收货人不支付运费、保管费以及其他运输费用的，承运人对相应的运输货物享有留置权，但当事人另有约定的除外。

知识点10 行纪合同（★★）

一、概念

行纪合同是行纪人以自己的名义为委托人从事贸易活动，委托人支付报酬的合同。

二、合同当事人的权利和义务

（一）行纪人的义务

1. 行纪人处理委托事务支出的费用，由行纪人负担，但当事人另有约定的除外。

2. 行纪人对其与第三人订立的合同，直接享有权利、承担义务。

3. 依委托人指示的价格处理事务：

（1）行纪人低于委托人指定的价格卖出或者高于委托人指定的价格买入的，应当经委托人同意；未经委托人同意，行纪人补偿其差额的，该买卖对委托人发生效力；

（2）行纪人高于委托人指定的价格卖出或者低于委托人指定的价格买入的，可以按照约定增加报酬；没有约定或者约定不明确，该利益属于委托人。

（二）委托人支付报酬的义务

委托人不支付报酬，行纪人对委托物享有留置权，但当事人另有约定的除外。

表 4-16　委托合同和行纪合同

比较项	适用范围	受托人的资格限制	对外实施行为的名义	权利义务的承担主体
委托合同	委托的事务可以是签订合同等法律行为，可以是一般性事务。	无限制（自然人或法人）	既可以委托人的名义，也可以受托人的名义	由委托人承担
行纪合同	委托的事务仅限于“贸易活动”	必须是拥有特定营业资格的行纪人	只能以受托人自己的名义	由受托人自己承担

【例14–多选题】甲委托乙寄售行以该行名义将甲的一台仪器以3 000元出售，除酬金外双方对其他事项未作约定。其后，乙将该仪器以3 500元卖给了丙，为此乙多支付费用100元。对此，下列哪些选项是正确的？（　　）

A．甲与乙订立的是委托合同

B．高于约定价格卖得的500元属于甲

C．如仪器出现质量问题，丙应向乙主张违约责任

D．乙无权要求甲承担100元费用

【答案】BCD

学堂点拨

1．选项A错误：委托合同，是指委托人和受托人约定,由受托人处理委托事务的合同；行纪合同是行纪人以自己的名义为委托人从事贸易活动，委托人支付报酬的合同。可见，行纪合同是一种特殊的委托合同。本题中，甲委托乙寄售行签订的合同符合行纪合同的法律特征。2．选项B正确：行纪人高于委托人指定的价格卖出或者低于委托人指定的价格买入的，可以按照约定增加报酬；没有约定或者约定不明确，该利益属于委托人。3．选项C正确：行纪人对其与第三人订立的合同，直接享有权利、承担义务。4．选项D正确：行纪人处理委托事务支出的费用，由行纪人负担，但当事人另有约定的除外。

知识点11　技术合同（★★）

一、概述

（一）技术合同的种类

技术合同包括技术开发合同、技术转让合同；技术咨询合同和技术服务合同四种。

（二）技术合同的解除

1．技术合同当事人一方迟延履行主要债务，经催告后在30日内仍未履行，另一方有权主张解除合同。

2．当事人在催告通知中附有履行期限且该期限超过30日的，在该履行期限届满后方可有权提出解除合同的主张。

（三）职务技术成果

1. 职务技术成果的界定

（1）履行法人的岗位职责或者承担法人交付的技术开发任务完成的技术成果。

（2）离职后“1年内”继续从事与其原岗位职责或者原单位交付的技术开发任务有关的技术开发工作而完成的技术成果。

（3）主要利用法人的物质技术条件完成的技术成果。

2. 职务技术成果的权利归属

（1）职务技术成果的使用权、转让权属于“法人”，法人可以就该项技术成果订立技术合同。

（2）法人订立技术合同转让职务技术成果时，“完成人”有权获得奖励或者报酬，并享有以同等条件优先受让的权利。

二、技术开发合同

（一）委托开发

1. 委托开发完成的发明创造，除当事人另有约定的外，申请专利的权利属于研究开发人。

2. 研究开发人取得专利权的，委托人可以免费实施该专利。

3. 研究开发人转让专利申请权的，委托人在同等条件下有优先受让权。

（二）合作开发

1. 合作开发完成的发明创造，除当事人另有约定的外，申请专利的权利属于合作开发的当事人共有。

2. 当事人一方“不同意”申请专利的，另一方“不得”申请专利。

3. 当事人一方“放弃”申请专利的，另一方“可以”申请专利；申请人取得专利权的，放弃专利申请权的一方可以免费实施该专利。

4. 当事人一方转让其共有的专利申请权的，其他各方享有以同等条件优先受让的权利。

（三）委托开发或者合作开发完成的“技术秘密”

1. 技术秘密成果的使用权、转让权以及利益的分配办法，由当事人约定。

2. 当事人没有约定或者约定不明确，按照《合同法》的规定仍不能确定的，当事人均有使用和转让的权利，包括当事人均有不经对方同意而自己使用或者以“普通使用许可”的方式许可他人使用技术秘密，并“独占”由此所获利益的权利。

3. 当事人一方将技术秘密成果的转让权让与他人，或者以“独占或者排他使用许可”的方式许可他人使用技术秘密，未经对方当事人同意或者追认的，应当认定该让与或者许可行为无效。

本章强化练习

一、单项选择题

1．方某为送汤某生日礼物，特向余某定做一件玉器。订货单上，方某指示余某将玉器交给汤某，并将订货情况告知汤某。玉器制好后，在交给汤某之前，余某不慎将玉器碰坏。下列哪一表述是正确的？（　　）

A．汤某有权要求余某承担违约责任

B．方某有权要求余某承担违约责任

C．汤某有权要求方某和余某承担连带责任

D．余某不用承担违约责任

2．根据合同法律制度的规定，下列情形中，构成有效承诺的是（　　）。

A．受要约人向要约人发出承诺函后，随即又发出一封函件表示撤回承诺。两封函件同时到达要约人

B．受要约人向要约人回函表示："若贵司能在价格上提供八折优惠，我司即与贵司订立合同。"

C．受要约人发出表示承诺的函件时已超过要约人规定的承诺期限，要约人收到后未作任何表示

D．受要约人在承诺期限内通过电子邮件发出承诺，正常情形下可按时到达要约人，但台风登陆导致电信系统网络故障，承诺通知到达要约人时已超过承诺期限，要约人收到承诺通知后未作任何表示

3．甲以23万元的价格将一辆机动车卖给乙。该车因里程表故障显示行驶里程为4万公里，但实际行驶了8万公里，市值为16万元。甲明知有误，却未向乙说明，乙误以为真。关于本案，下列表述中错误的是哪一项？（　　）

A．乙可以甲欺诈为由撤销合同

B．乙行使撤销权应通过诉讼或仲裁的方式

C．乙行使撤销权的期间为自知道或应当知道被欺诈之日起1年内

D．合同自被撤销之日起无效

4．甲乙在买卖合同中约定：甲先付款，乙再发货。后甲未付款却要求乙发货，乙予以拒绝。根据合同法律制度的规定，乙享有的抗辩权是（　　）。

A．同时履行抗辩权　　B．先履行抗辩权

C．不安抗辩权　　D．先诉抗辩权

5．2017年5月6日，甲公司与乙公司签约，约定甲公司于6月1日付款，乙公司6月15日交付"连升"牌自动扶梯。合同签订后10日，乙公司销售他人的"连升"牌自动扶梯发生重大安全事故，质监局介入调查。下列哪一表述是正确的？（　　）

A．甲公司有权解除合同　　B．甲公司有权行使同时履行抗辩权

C．甲公司有权行使不安抗辩权　　D．甲公司有权行使先履行抗辩权

6．根据合同法律制度的规定，下列关于定金的表述中，正确的是（　　）。

A．收受定金一方不履行合同义务时，应当双倍返还定金

B．当事人订立定金合同时，定金所有权发生移转

C．定金数额不得超过主合同标的额的30%

D．既约定定金又约定违约金的，一方违约时，当事人有权要求同时适用

7．根据合同法律制度的规定，下列关于抵销的表述中，错误的是（　　）。

A．抵销可以分为法定抵销和约定抵销

B．抵销权要通过诉讼的方式行使

C．抵销不得附条件或期限

D．抵销权为形成权

8．根据合同法律制度的规定，下列关于提存的表述中，正确的是（　　）。

A．债权人拒绝受领时，债务人可将标的物提存

B．提存之后，在债权人领取之前，标的物的风险仍由债务人承担

C．提存期间，标的物的孳息归提存机关所有

D．提存费用由债权人负担

9．甲企业向乙银行借款100万元，丙企业和丁企业在甲企业与乙银行的借款合同上以保证人的身份签字，但未就保证方式作出约定；丙企业与丁企业事后约定，甲企业不能清偿借款时，丙企业和丁企业平均承担保证责任。甲企业的借款到期但无力清偿，乙银行遂向丙企业主张保证责任，要求其偿还100万元的债务，根据合同法律制度的相关规定，下列各项中，不正确的是哪一项？（　　）。

A．乙银行只能向丙企业请求偿还50万元

B．乙银行有权请求丙企业偿还100万元

C．丙企业承担保证责任后，有权向甲企业追偿100万元

D．丙企业承担保证责任后，如果向甲企业追偿未果，有权向丁企业追偿50万元

10．甲公司与乙公司签订了一份买卖合同，合同约定内容如下：甲公司购买乙公司自产的某型号手机100台，每台单价2 000元；甲公司交付定金30万元；如果一方违约，应支付总价款的10%作为违约金。合同签订后，甲公司立即交付30万元定金，后乙公司没有按期履行合同，给甲公司造成实际损失34万元。根据合同法律制度的规定，甲公司提出的下列各项主张中，既能更好地维护甲公司的权益，又能得到人民法院支持的是（　　）。

A．请求双倍返还定金并支付违约金

B．请求支付合同约定的违约金，并返还已支付的定金

C．请求双倍返还定金

D．请求增加支付违约金，并返还已支付的定金

11．甲公司与乙公司签订了一份设备改造的技术服务合同，约定自2017年5月5日至7月5日，甲公司对乙公司的自动生产线改造升级进行技术指导。合同签订后，乙公司为了能顺利履行合同，招聘了专业的助理人员并做了其他的相关准备工作，共花费20万元。5月3日，由于甲公司负责该项目的首席工程师离职，无法依约履行合同，甲公司如实告知乙公司。乙公司遂于6月10日诉至法院。下列说法正确的是（　　）。

A．乙公司有权解除合同，并追究甲公司的违约责任

B．乙公司有权撤销合同，并追究甲公司的缔约过失责任

C. 乙公司有权撤销合同，并追究甲公司的违约责任

D. 乙公司有权解除合同，并追究甲公司的缔约过失责任

12. 甲商场为了迎接圣诞节，2017年11月20日向乙公司订购1 000棵圣诞树，约定在当年圣诞节到来前10天交付。2017年12月15日，甲商场向乙公司催告交货，却被告知，因原材料供应紧张，要到12月26日才能交付圣诞树，甲商场因此欲解除合同。根据合同法律制度的规定，下列关于该合同解除的表述中，正确的是（　　）。

A. 甲商场无权解除合同，但可以向乙公司主张违约责任

B. 甲商场应先催告乙公司履行，乙公司在合理期限内未履行的，甲商场才可以解除合同

C. 甲商场有权解除合同，但需要通过诉讼的方式行使

D. 甲商场可直接通知乙公司解除合同，通知到达乙公司时合同解除

13. 2017年10月1日，甲、乙签订合同约定：甲以200万元的价格购买乙的房屋，应当于2018年1月2日全额支付购房款，2018年1月10日之前完成过户。由于房价飞涨，2018年1月1日时，该房屋市场价已涨至230万元，甲欲支付房款而乙屡次借故避而不见，也不告知对方银行账号。甲无奈之下，将200万元购房款以存折的形式向公证机关提存。对此，下列说法正确的是（　　）。

A. 200万元购房款在提存期间产生的银行存款利息归甲所有

B. 提存费用由甲负担

C. 甲可以要求公证机关在乙将房屋过户之前拒绝其领取款项

D. 甲提存款项后，公证机关应当通知乙

14. 2017年6月3日，甲公司与乙公司签订一份货物买卖合同。合同约定，乙公司于6月13日到甲公司的库房提取所购全部货物。然而，乙公司相关人员由于工作疏忽，忘记提货时间，没有及时提取货物。6月17日甲公司的库房因雷击发生火灾，致使货物全部毁损灭失。根据合同法律制度的规定，下列选项中正确的是（　　）。

A. 自2017年6月3日起，乙公司承担所买货物的风险

B. 自2017年6月13日起，乙公司承担所买货物的风险

C. 自2017年6月17日起，乙公司承担所买货物的风险

D. 甲公司仍需向乙公司补交货物

15. 甲将其房屋出租给乙居住，双方于2016年8月1日签订了书面租赁合同，租期为2年；2017年5月1日，甲将该房屋出售给不知情的丙，并直接与丙办理了产权变更登记，后乙得知这一事实，三方当事人发生纠纷。根据合同法律制度的规定，下列说法正确的是（　　）。

A. 乙可以请求甲赔偿自己的损失

B. 乙有权主张甲丙之间的合同无效

C. 乙可以向甲主张优先购买房屋

D. 丙可以要求乙搬出房屋

16. 甲公司将所属设备租赁给乙公司使用。租赁期间，甲公司将用于出租的设备卖给丙公司。根据合同法律制度的规定，下列表述正确的是（　　）。

A. 甲公司在租赁期间不能出卖出租设备

B. 买卖合同有效，原租赁合同继续有效

C. 买卖合同有效，原租赁合同自买卖合同生效之日起终止

D. 买卖合同有效，原租赁合同须经丙公司同意后方继续有效

17. 甲建筑公司承揽了乙单位家属楼的电梯维修工作。因为工期紧，经乙单位同意，甲公司将主要维修任务委托给丙公司来完成。由于丙公司雇用的部分新员工缺乏经验，使得维修后的电梯房出现质量问题。根据合同法律制度的规定，对该质量问题承担责任的是（ ）。

A. 丙装饰公司

B. 甲建筑公司

C. 甲建筑公司和丙装饰公司

D. 甲建筑公司、丙装饰公司和乙单位

18. 甲欠乙20万元借款已经到期，但是甲已经负债累累，无力偿还。同时甲却实施了下列行为：收养了一个孤儿；拒绝继承其父亲的遗产；将其所有的唯一的值钱物品——一个价值10万元的祖传古董花瓶，以2万元的价格卖给一个不知该花瓶真实价值且不知甲的欠款情况的朋友，又用卖花瓶所得的2万元买了一套真皮沙发，送给其即将要搬入新家的姐姐。对此，下列说法正确的是（ ）。

A. 乙可以向法院起诉请求对甲拒绝继承其父亲遗产的行为行使债权人的撤销权

B. 乙可以向法院起诉请求对甲收养孤儿的行为行使债权人的撤销权

C. 乙可以向法院起诉请求对甲以明显不合理的低价转让古董花瓶的行为行使债权人的撤销权

D. 乙可以向法院起诉请求对甲赠送真皮沙发给其姐姐的行为行使债权人的撤销权

19. 甲公司欠乙公司货款900万元不能偿还，乙公司几次催要，甲公司均以无财产可供偿还为由拒绝偿还。后乙公司得知丙公司欠甲公司1 000万元，且因甲公司一直不催要，该债权诉讼时效期间即将届满。乙公司遂欲行使代位权。以下关于乙公司行使代位权说法不正确的是（ ）。

A. 代位权诉讼中，丙公司对甲公司的抗辩，可以向乙公司主张

B. 代位权的行使范围以900万元为限

C. 乙公司应当向人民法院请求以自己的名义代位行使甲公司的债权

D. 乙公司行使代位权的必要费用，最终由丙公司负担

20. 杨某生有子女三个。长子甲与杨某一起共同生活，多次与杨某交涉希望其将名下的房屋过户给自己，并承诺将赡养杨某直至杨某去世。杨某念及长子甲一向对自己不错，遂于2014年8月1日将房产过户给甲。从此以后，甲对杨某不理不睬，甚至时常对杨某拳脚相加。杨某伤心欲绝，欲要回房屋，向张律师咨询。关于张律师的答复，下列哪一说法是正确的？（ ）

A. 杨某虽然已将房屋过户给甲，但仍可以行使任意撤销权要回房屋

B. 杨某虽然已将房屋过户给甲，但仍可以行使法定解除权要回房屋

C. 杨某可以自知道或应当知道撤销原因之日起6个月内撤销赠与要回房屋

D. 杨某可以基于甲不履行对自己的扶养义务而撤销赠与要回房屋

21. 下列关于民间借贷合同的有关说法中，根据合同法律制度的规定，表述正确的是哪一项？（ ）

A. 企业法人之间的相互借贷关系无效

B. 如果借款人的借贷行为涉嫌非法集资罪，该借款人所签订的相应民间借贷合同无效

C. 套取金融机构信贷资金又高利转贷给借款人，且借款人事先知道或者应当知道的民间借贷行

为无效

D．民间借贷超过年利率24%的部分，一律无效

二、多项选择题

1．甲公司向乙公司发出一份函件出售某种货物，明确了货物的规则、数量和价格，并明确：如果乙公司接受，须在2018年2月6日前回复；乙公司于2018年1月28日通过丙快递公司发出承诺，但由于丙公司快递员投递失误，承诺于2018年2月10日方送达甲公司；此时，甲公司已将要约所述货物全部出售给丁公司，无货供给乙公司，但甲公司未采取任何措施；乙公司久等无货，于2018年2月13日派人催货，甲公司以乙公司的承诺迟到为由予以拒绝，乙公司不服。根据合同法律制度，有关本案的下列说法中，不正确的有（　　）。

A．合同已经生效，甲公司应向乙公司承担违约责任

B．合同尚未生效，因为甲公司发给乙公司的函件属于要约邀请

C．合同尚未生效，但因为甲公司未采取任何措施，甲公司仍然要赔偿乙公司所受损失

D．合同已经生效，但由于丙公司投递失误，应由丙公司赔偿乙公司所受损失

2．甲公司向乙公司寄送了新产品的价目表，乙公司收到后给甲公司发函表示对价款没有异议，明确了欲购买产品的型号、数量，并要求甲公司10日内一次性发货，货到付款银行转账支付。甲公司收到后立即回复乙公司，表示接受乙公司的订购，但由于时间紧张，10天内只能供货30%，剩余货物半个月后补齐。根据合同法律制度，下列选项中正确的有（　　）。

A．甲公司寄送的新产品价目表属于要约邀请

B．乙公司发的函件属于要约，但已失效

C．甲公司的回复属于承诺

D．甲公司的回复属于新要约

3．根据合同法律制度的规定，合同中的下列免责条款中，无效的有（　　）。

A．排除因故意造成对方人身伤害的责任

B．排除因重大过失造成对方人身伤害的责任

C．排除因故意造成对方财产损失的责任

D．排除因重大过失造成对方财产损失的责任

4．张某是果农，李某是果商，张某与李某12月1日签订了一份水果买卖合同，双方约定，张某向李某出售100箱沙糖桔，价款20 000元；12月15日，张某将沙糖桔送至李某家；货到5日内李某支付价款。12月10日张某掌握确切证据，证明李某由于经营不善已经负债累累，根本无力支付20 000元价款。根据合同法律制度的规定，下列表述中正确的有（　　）。

A．张某可以中止履行，并及时通知李某

B．张某可以直接通知李某解除合同

C．如果李某提供适当担保的，张某应当恢复履行

D．如果李某在合理期限内未恢复履行能力且未提供适当担保，则张某有权解除合同

5．甲公司欠乙公司1 000万元到期货款尚未清偿，丙公司欠甲公司到期货款1 200万元，甲公司已多次向丙公司催要该笔货款，但一直未提起诉讼，亦未申请仲裁。根据合同法律制度的规定，下列对

此表述正确的有（　　）。

A．乙公司可以以甲公司的名义，向法院提起代位权诉讼

B．乙公司可以以自己的名义，向法院提起代位权诉讼

C．若乙公司对丙公司提起代位权诉讼并且胜诉的，诉讼费用由甲公司承担

D．若乙公司对丙公司提起代位权诉讼并且胜诉的，可以直接要求丙公司将款项支付给自己

6．2017年6月1日，甲公司向乙银行借款200万元，借款期限为1年。丙公司与乙银行签订保证合同，约定由丙公司为该笔借款提供连带责任保证，保证期间为6个月。2017年8月1日，甲公司与乙银行协议变更借款合同，将借款数额降为100万元，借款期限由原来的1年变更为截止至2018年10月1日。合同变更后，乙银行相关负责人微信语音通知了丙公司法定代表人，丙公司法定代表人当即微信语音回复同意继续为新的债务提供保证担保。根据合同法律制度，下列表述正确的有（　　）。

A．丙公司对甲公司的借款无需再承担保证责任

B．丙公司仍需对甲公司变更后的借款承担保证责任

C．丙公司的保证期间截止至2019年4月1日

D．丙公司的保证期间截止至2018年12月1日

7．清泉公司向东升公司出售并交付其生产的彩钢卷10吨，东升公司未付款。因欠万利公司货款，清泉公司与万利公司达成协议，将其对东升公司的债权转让给万利公司抵债，并通知了东升公司。根据合同法律制度，下列关于该债权转让事项的表述中，正确的有（　　）。

A．清泉公司债权转让通知到达东升公司时，债权转让才对东升公司生效

B．清泉公司与万利公司之间的债权转让协议生效时，债权转让即对东升公司生效

C．清泉公司与万利公司之间债权转让无须征得东升公司同意即可生效

D．清泉公司与万利公司的债权转让协议于通知东升公司后生效

8．甲公司与乙公司签订商品房包销合同，约定甲公司将其开发的10套房屋交由乙公司包销。甲公司擅自将其中1套房屋私下卖给丙，丙向甲公司支付了首付款20万元。后因国家出台房地产调控政策，丙不具备购房资格，甲公司与丙之间的房屋买卖合同不能继续履行。根据合同法律制度，有关本案的下列说法中，正确的有（　　）。

A．甲公司将房屋出卖给丙的行为属于无权处分

B．乙公司有权请求甲公司承担违约责任

C．甲公司有权请求丙承担违约责任

D．甲公司和丙均有权请求解除房屋买卖合同

9．甲公司和乙公司订立买卖合同，甲公司已经交付货物，乙公司尚欠货款20万元到期未付。根据合同法律制度，下列各项中，能够导致乙公司对甲公司的20万元货款债务消灭的有（　　）。

A．甲公司与乙公司发生合并

B．丙公司受乙公司委托代为支付了欠款

C．在检验期内，乙公司发现甲公司交付的货物存在严重瑕疵，导致合同目的不能实现，通知甲公司解除了买卖合同

D．甲公司因另一业务需向乙公司支付尚未到期的20万元劳务费，甲公司通知乙公司将两项债务抵销

10．甲公司向乙银行借款100万元，期限为一年。丙公司以其价值80万元的设备为甲公司的借款提供抵押担保；丁公司为甲公司的借款提供连带责任保证。当事人就承担担保责任的份额和顺序没有作出约定。借款期限届满，甲公司清偿了40万元后再无财产可供清偿。有关担保责任承担的下列各项表述中，正确的有（　　）。

A．乙银行应当先向丙公司主张实现抵押权

B．乙银行应当先向丁公司主张保证债权

C．乙银行有权向丙公司主张实现抵押权或者向丁公司主张保证债权

D．丙公司承担担保责任后，无权请求丁公司分担

11．2017年1月甲以分期付款的方式向乙公司购买潜水设备一套，价值10万元。约定首付2万元，余款分三期付清，分别为2万元、3万元、3万元，全部付清前乙公司保留所有权。甲收货后付了首付和第一期款，第二期款迟迟未付。2017年8月甲以2万元将该设备卖给职业潜水员丙。根据合同法律制度的规定，下列哪些选项是正确的？（　　）

A．乙可以解除合同，要求甲承担违约责任

B．乙解除合同后可以要求甲支付设备的使用费

C．丙善意取得该潜水设备所有权

D．丙不能善意取得该潜水设备所有权

12．鼎旺房地产开发公司（以下简称鼎旺公司）在其开发的鼎旺家园小区的销售宣传资料中显示：该小区拥有配套健身房，向购买小区住房的居民免费开放。此广告发布后，喜好健身的施某以比周边楼盘高5%的价格购买该小区的商品房一套，交房时发现，鼎旺公司当初承诺的健身房并不存在。根据合同法律制度的规定，下列表述中正确的有（　　）。

A．该销售广告属于要约邀请

B．该销售广告属于要约

C．鼎旺公司构成违约，应当承担违约责任

D．施某可解除合同

13．甲公司与乙慈善机构签订赠与合同，决定捐赠给该慈善机构价值20万元的救灾物资，后甲公司的法定代表人更换，不愿履行赠与合同。根据合同法律制度的规定，下列哪些说法是错误的？（　　）

A．赠与合同属于无偿合同，故甲公司可以反悔，且不承担违约责任

B．由于救灾物资尚未交付，故甲公司可行使任意撤销权撤销赠与合同

C．甲公司无权撤销赠与合同，应当依约交付救灾物资

D．若甲公司能证明财务状况恶化，严重影响正常其生产经营，则可不再履行赠与义务

14．甲根据乙的选择，向丙购买了1台大型设备，出租给乙使用。乙在该设备安装完毕后，发现不能正常运行。下列哪些判断是正确的？（　　）

A．就设备质量存在瑕疵，乙应直接向丙索赔

B．甲不对乙承担违约责任

C．乙应当按照约定支付租金

D．租赁期满后由乙取得该设备的所有权

15. 甲公司与乙公司签订建设工程施工合同，私下约定工程造价为9 000万元，但双方经备案的中标合同中工程造价为1.2亿元；在施工过程中，乙公司按照约定垫资2 000万元，建设工程合同中未就工程欠款及垫资利息作出约定；7月1日，乙公司将经竣工验收合格的建设工程实际交付给甲公司，甲公司一直拖欠工程有关款项。有关本案的下列说法，正确的有（　　）。

A. 乙公司有权要求甲公司就2 000万元垫资款支付利息

B. 乙公司有权要求甲公司支付的工程款为9 000万元

C. 乙公司有权要求甲公司支付的工程款为1.2亿元

D. 乙公司有权要求甲公司就其应支付的工程款支付利息

16. 甲工厂与乙公司订立委托合同，委托乙公司购买一批货物，乙公司不收取报酬。根据合同法律制度的规定，下列说法正确的有（　　）。

A. 乙公司有权请求甲工厂偿还其为处理委托事务所垫付的必要费用，但无权要求给付该必要费用的利息

B. 乙公司给甲工厂造成损失，甲工厂可要求赔偿损失

C. 乙公司因重大过失给甲工厂造成损失，甲工厂可以要求赔偿损失

D. 甲工厂、乙公司均有权随时解除委托合同，但除不可归责于当事人的事由外，应当赔偿解除合同给对方造成的损失

17. 关于借贷合同的效力，下列哪些表述是错误的？（　　）

A. 李某借给王某5 000元，以微信转账形式支付，该合同自资金到达借款人账户时生效

B. A公司向其员工丁某借款20万元用于经营周转资金，该合同自丁某实际提供借款给A公司时生效

C. 刘某向邱某借款50万元，承诺年利息50%，后刘某的行为被司法机关认定为构成非法集资罪，刘某与邱某的借款合同无效

D. 方某通过互联网借贷平台向徐某借款5万元，到期不能还款，互联网平台应承担连带保证责任

18. X市甲厂因购买Y市乙公司的一批木材与乙公司签订了一份买卖合同，但合同中未约定交货地与付款地，双方就此未达成补充协议，按照合同有关条款或者交易习惯也不能确定。根据合同法律制度的规定，下列关于交货地及付款地的表述中，正确的有（　　）。

A. X市为交货地　　B. Y市为交货地

C. X市为付款地　　D. Y市为付款地

三、案例分析题

1. 2016年4月4日，甲公司从乙银行借款80万元，用于购置A型号自行车1 000辆，借款期限自2016年4月4日至2016年6月4日，并以价值90万元的自有房屋一套为乙银行设定抵押，同时，乙银行与丙公司签订书面保证合同，约定丙公司为甲公司的借款承担连带保证责任。因自行车价格上调，甲公司于4月5日，又向乙银行追加借款20万元，借款期限自2016年4月5日至2016年6月4日。4月7日，甲公司与自行车生产商丁公司正式签署买卖合同。合同约定："丁公司为甲公司提供A型号自行车1 000辆，总价100万元，甲公司应于4月9日、4月20日分别支付价款50万元，丁公司应于4月16日、4月27日分别交付A型号自行车500辆。"双方未就自行车质量问题作出约定。4月9日，甲公司向丁公司支付第一

期自行车价款50万元。4月16日，丁公司交付A型号自行车500辆。甲公司在验货时发现该批自行车存在严重质量瑕疵，非经维修无法符合使用要求。4月18日，甲公司表示同意收货，但要求丁公司减少价款，被丁公司拒绝。理由是：第一，双方未就自行车的质量要求作出约定；第二，即使自行车存在质量问题，甲公司也只能就质量问题导致的损失要求赔偿。4月20日，丁公司请求甲公司支付第二期自行车价款50万元，甲公司调查发现，丁公司经营状况严重恶化，可能没有能力履行合同，遂告知丁暂不履行合同并要求丁在15天内提供具有足够履约能力的保证，丁公司未予理会。5月6日，丁公司发函告知甲公司：如果再不付款，将向人民法院起诉甲公司违约。甲公司收到函件后，了解到丁公司经营状况继续恶化，便通知丁公司解除未交付的500辆自行车买卖合同。5月20日，甲公司隐瞒已受领的500辆自行车的质量瑕疵，将该批自行车以30万元卖与戊公司，约定6月30日付款交货。5月25日，庚公司告知甲公司，愿以35万元购买上述500辆自行车。5月30日，甲公司以自己隐瞒质量瑕疵为由，主张撤销与戊公司之间的买卖合同。6月4日，甲公司无力偿还乙银行两笔贷款，乙银行考虑到拍卖抵押房屋比较繁琐，遂直接要求丙公司还贷，被丙公司拒绝。

根据上述内容，分别回答下列问题。

（1）甲公司是否取得已受领自行车的所有权？并说明理由。

（2）甲公司是否有权要求减少价款？并说明理由。

（3）甲公司中止履行向丁公司支付第二期自行车价款的义务，是否构成违约？并说明理由。

（4）甲公司是否有权就未交付的自行车解除合同？并说明理由。

（5）甲公司是否有权撤销与戊公司的买卖合同？并说明理由。

（6）乙银行是否有权要求丙公司偿还第一笔贷款？并说明理由。

（7）乙银行是否有权要求丙公司偿还第二笔贷款？并说明理由。

2．2016年3月，甲公司因业务需要分别向乙公司和丙公司购买绒布面料和丝质面料。为筹措面料采购资金，甲公司与丁银行签订合同，约定：借款50万元，借期为自放款日起的1个月，月利率4%。借款合同签订当日，丁银行预先扣除相应利息后发放贷款48万元。戊公司为甲公司借款提供保证，双方未约定保证方式属于一般保证还是连带责任保证。

甲公司和乙公司绒布面料买卖合同约定：面料总价40万元，乙公司交付绒布面料3日内一次付清；合同签订次日，甲公司给付定金10万元。合同签订后，甲公司如数给付定金。后因绒布面料价格上涨，乙公司要求加价，被甲公司拒绝。最终，乙公司比约定交货日期延迟10日才向甲公司交货。此时，甲公司因无原料投产，不能向买方按时交货，订单已被原买方取消。甲公司为此遭受损失19万元。鉴于乙公司的履行已无意义，甲公司拒绝接受乙公司履行，通知乙公司解除合同，要求适用定金罚则由乙公司双倍返还定金共20万元，并赔偿全部损失19万元。乙公司不同意解除合同，拒绝赔偿19万元损失，要求甲公司收货并支付货款。

甲公司和丙公司丝质面料买卖合同约定：甲公司向丙公司购买丝质面料100匹；甲公司应在收货后10日内检验面料质量并通知丙公司；甲公司于质量检验后3日内支付价款。甲公司收货后，由于业务繁忙，至收货后的第12日才开箱验货，发现面料质量存在问题，不能正常使用，遂通知丙公司解除合同。丙公司拒绝。验货次日，甲公司所在地山洪暴发，丝质面料全部毁损。

甲公司未能按期偿还丁银行借款。丁银行要求戊公司承担保证责任，为甲公司还本付息。戊公司拒绝，理由是：（1）4%的月利率不合法；（2）丁银行应先就甲公司财产强制执行。

根据上述内容，分别回答下列问题。

（1）甲公司是否有权解除与乙公司的绒布面料买卖合同？并说明理由。

（2）根据定金罚则，甲是否有权要求乙返还20万元？并说明理由。

（3）适用定金罚则后，甲公司能否要求乙公司赔偿全部损失19万元？并说明理由。

（4）甲公司是否有权解除与丙公司的丝质面料买卖合同？并说明理由。

（5）丝质面料遭山洪毁损的损失由谁承担？并说明理由。

（6）甲公司与丁银行借款合同约定的4%月利率是否合法？借款到期后，甲公司应向丁银行支付多少利息？并分别说明理由。

（7）戊公司关于“丁银行应先就甲公司财产强制执行”的理由是否成立？并说明理由。

3．甲将其位于住宅楼顶楼的房屋出租给乙，租赁期限2年，月租金9 000元，双方对租金支付方式未约定。乙于租赁开始支付了一年租金。

租赁开始第2个月，房屋天花板出现严重漏水，乙要求甲进行维修，甲以合同并未约定维修条款为由拒绝。因房屋漏水严重影响居住，乙请人进行维修花费维修费用8 000元，并在此期间租住在宾馆花去3 000元。

租赁开始第5个月，乙和其家人出国半年。乙经甲同意将房屋转租给丙。丙租赁期间，不当使用造成洗衣机损坏。乙回国后，甲要求乙进行赔偿。乙提出洗衣机系由丙损坏，甲应向丙索赔。

租赁开始第13个月，甲要求乙按照合同支付第二年租金，乙不同意。同时乙要求甲支付天花板维修费8 000元，并减免维修期间宾馆住宿费用3 000元，甲拒绝。

租赁开始第14个月，乙在未告知甲的情况下，在客厅造了一个壁炉，甲知悉后，要求乙拆除。

租赁开始第15个月，甲在未告知乙的情况下，将房屋卖给自己的姐姐丁并于三日后办理了产权登记手续。乙得知后主张自己优先购买权遭到侵犯，要求甲就此以及之前维修费和住宾馆费用进行赔偿。丁要求乙于次月搬出此房屋。

根据上述内容，分析回答下列问题。

（1）甲是否有维修义务？乙能否要求甲支付维修费用并减免相当于维修期间住宾馆费用的租金？并说明理由。

（2）对于洗衣机的损坏，甲是否有权要求乙赔偿？并说明理由。

（3）租赁开始第13个月，甲能否要求乙支付第二年租金？并说明理由。

（4）甲是否有权要求乙拆除壁炉？并说明理由。

（5）丁是否取得了房屋所有权？并说明理由。

（6）乙能否以自己优先购买权遭到损害主张赔偿损失？并说明理由。

（7）丁能否要求乙搬离房屋？并说明理由。

4．2014年3月5日，机床生产商甲公司向乙公司出售机床20台，每台20万元。乙公司因资金周转困难，欲向丙银行贷款400万元，并与甲公司约定：“仅在乙公司的400万元银行借款于2014年6月2日前到账时，机床买卖合同始生效。”

2014年4月2日，乙公司与丙银行签订借款合同，并以其自有房屋一套为丙银行设定抵押。双方签订了书面抵押合同，但未办理抵押登记。直至6月16日，乙公司始终未获得丙银行发放的3个月短期贷款400万元。6月17日，乙公司请求甲公司履行机床买卖合同，甲公司以合同未生效为由拒绝。

同年5月20日，甲公司与丁公司签订买卖合同。双方约定："甲公司向丁公司出售机床5台，每台21万元；甲公司应于2014年7月11日前交付机床，交付机床的同时，丁支付货款。"6月20日，丁公司与乙公司签订买卖合同，将拟从甲公司购入的5台机床以每台22万元的价格转售给乙公司。双方约定于7月12日交货付款。

6月5日，甲公司的债权人戊公司要求其清偿到期债务100万元。甲公司遂将对丁公司的合同债权让与戊公司用以抵债，并通知丁公司；丁公司表示反对。7月11日，甲公司欲向丁公司交付机床，同时要求丁公司将其货款支付给戊公司。丁公司拒绝向戊公司付款，甲公司遂停止交付机床。

7月12日，乙公司请求丁公司交付机床，丁公司无货可交。7月20日，乙公司另行购得机床5台，共计花费120万元。7月28日，乙公司请求丁公司赔偿其另行购买机床多花费的10万元。

9月16日，乙公司无法偿还丙银行到期贷款，丙银行要求实现在乙公司房屋上设定的抵押权。

根据上述内容，分别回答下列问题。

（1）甲公司是否有义务向乙公司交付机床？并说明理由。

（2）乙公司与丙银行之间的抵押合同是否有效？并说明理由。

（3）丁公司反对甲公司将债权转让给戊公司，该债权转让是否有效？并说明理由。

（4）丁公司拒绝向戊公司付款，甲公司是否有权停止向丁公司交付机床？并说明理由。

（5）乙公司是否有权请求丁公司赔偿其另行购买机床多花费的10万元？并说明理由。

（6）丙银行要求实现抵押权的主张能否得到支持？并说明理由。

5．2015年3月2日，甲将其生产的一批价值30万元的设备寄存于乙的仓库，寄存期调至2015年4月30日。3月5日，甲将该批设备抵押给债权人A公司，双方签订了书面抵押合同，但未办理抵押登记。

3月9日，乙向丙谎称该批设备属于自己，以35万元的价格将该批设备卖给丙；事后，不知情的丙全额付款取走设备。3月16日，丙将该批设备以40万元的价格卖给丁。3月20日，丙交付设备，丁向丙付款。

3月25日，A公司对甲的债权到期，甲无力偿还，A公司主张就该批设备行使抵押权。此时，甲才得知乙已将该批设备出卖给丙，甲要求乙承担违约责任未遂，遂要求丙返还设备。丙告知已将设备转卖给丁。甲要求丁返还设备，A公司则向丁主张就该设备行使抵押权，均遭丁拒绝。

4月8日，丁发现该批设备存在严重质量瑕疵，无法投入使用，遂主张解除与丙之间的买卖合同，并要求丙赔偿损失，丙以该质量瑕疵在乙向其交付设备时已经存在为由予以拒绝，丁要求乙对自己承担违约责任。

根据上述内容，分析回答下列问题。

（1）丙是否取得了从乙处购买的设备的所有权？并说明理由。

（2）甲是否有权要求丁返还设备？并说明理由。

（3）A公司能否就设备行使抵押权？并说明理由。

（4）丁是否有权解除与丙之间的买卖合同？并说明理由。

（5）丁是否有权要求乙承担违约责任？并说明理由。

（6）对于甲的损失，谁是赔偿义务人？并说明理由。

6．2013年3月18日，甲机械公司与乙融资租赁公司接洽融资租赁某型号数控机床事宜。同年4月1日，乙按照甲的要求与丙精密设备公司签订了购买1台某型号数控机床的买卖合同。丁以乙的保证人身份在该买卖合同上签字，但合同中并无保证条款，丙和丁亦未另行签订保证合同。乙和丙之间签订的买卖合同约定：机床价格为1 200万元；乙在缔约当日向丙支付首期价款400万元；丙在收到首期价款后1个月内将机床交付给甲；乙在之后的8个月内，每月向丙支付价款100万元。

乙于与丙签订合同当日，与甲签订了融资租赁合同，但该合同未就租赁期届满后租赁物所有权归属作出约定。2013年5月1日，丙依约向甲交付了机床。

2013年8月8日，甲在未告知乙的情况下，以所有权人身份将机床以市场价格出售给戊公司。戊不知甲只是机床承租人，收到机床后即付清约定价款。乙知悉上述情况后，以甲不是机床所有权人为由，主张甲与戊之间的买卖合同无效，并主张自己仍为机床所有权人，要求戊返还机床。

2013年11月2日，由于乙连续3个月未付机床价款300万元，丙要求乙一次性支付到期和未到期的全部价款共500万元。乙认为丙无权要求支付尚未到期的200万元价款，并拒绝支付任何款项；丙遂要求丁承担保证责任。丁予以拒绝，理由有二：第一，自己仅在买卖合同上以保证人身份签字，既无具体的保证条款，亦无单独的保证合同，因此保证关系不成立；第二，即使保证成立，因未约定连带责任保证，所成立的也只是一般保证，丙不应在人民法院执行乙的财产之前要求自己承担保证责任。

根据上述内容，分析回答下列问题。

（1）乙关于甲与戊之间的机床买卖合同无效的理由是否成立？并说明理由。

（2）乙关于自己仍为机床所有权人并要求戊返还机床的主张是否成立？并说明理由。

（3）乙关于丙无权要求支付尚未到期的200万元价款的主张是否成立？并说明理由。

（4）丁与丙之间的保证关系是否成立？并说明理由。

（5）丁关于保证形式为一般保证的主张是否成立？并说明理由。

（6）若机床未被甲出售给戊，甲和乙之间的融资租赁合同到期后，机床的所有权归属于谁？并说明理由。

7. 2007年11月，A公司向B银行借款2 000万元，期限2年；A公司将其所属一栋房屋作为抵押并办理了抵押权登记。

2008年1月，A公司与C公司签订书面合同，将该房屋出租给C公司，租期5年，月租金5万元，每年1月底前一次付清全年租金。2009年1月，经A公司同意，C公司与D公司订立书面合同，将该房屋转租给D公司，租期4年，月租金8万元。根据约定，D公司的租金缴付方式为：每年1月底前向C公司缴付3万元、向A公司缴付5万元。但合同签订后，D公司除向C公司缴付了3万元租金外，一直未向A公司缴付。C公司也未向A公司缴付2009年租金。

后A公司无力清偿对B银行的借款。经B银行同意，A公司于2009年底与E公司签订买卖合同，以2 000万元的市场价格将房屋售与E公司，并约定2010年1月初办理过户登记。

2010年1月1日，D公司因违反约定使用房屋引发火灾，造成房屋损失100万元。C公司为此解除了与D公司的转租合同并收回房屋。1月5日，C公司对因火灾造成的房屋损失向A公司赔偿100万元。

A公司与E公司于2010年1月6日依约办理了房屋过户手续。E公司要求C公司腾退房屋，C公司以“买卖不破租赁”为由予以拒绝。次日，C公司进而向A公司主张，A公司未告知其房屋出售之事，侵害了自己的优先购买权，A公司和E公司之间的买卖合同因此无效，E公司并未取得房屋所有权。

E公司发现房屋受损，经与A公司协商，E公司在应支付房屋价款中扣除100万元，只向A公司支付了1 900万元。A公司将此1 900万元支付给B银行，B银行则认为，其对于A公司因房屋受损而获得的100万元赔偿款也享有优先受偿权。此外，A公司和E公司均认为，欠缴的2009年全年租金应由自己收取。

根据上述内容，分析回答下列问题。

（1）C公司关于A公司和E公司之间的房屋买卖合同无效的主张是否成立？并说明理由。

（2）C公司能否以“买卖不破租赁”为由拒绝E公司腾退房屋的要求？并说明理由。

（3）C公司是否有权解除与D公司的租赁合同？并说明理由。

（4）C公司是否有义务就房屋毁损向A公司赔偿100万元？并说明理由。

（5）B银行关于其对A公司获得的100万元赔偿款享有优先受偿权的主张是否成立？并说明理由。

（6）是A公司还是E公司有权主张欠缴的2009年全年的房屋租金？应向C公司还是D公司主张该租金？并分别说明理由。

8．2011年9月8日，甲公司与乙公司订立合同，以每台30万元的价格购买20台货车。双方约定，甲公司应在乙公司交货后半年内付清全部货款，并以甲公司通过划拨方式取得的某国有建设用地使用权提供抵押担保。甲乙双方办理了抵押登记。10月12日，乙公司交付了20台货车；次日，甲乙双方办理了货车所有权登记。

2011年11月，甲公司在已设定抵押的土地上开始建造办公楼，2012年6月建成。2012年8月，甲公司以该办公楼作抵押，从丙银行贷款300万元，期限为6个月。甲丙双方办理了抵押登记。

2012年1月26日，甲公司将20台货车出租给丁公司，每台月租金1万元，租期3年，但甲丁双方未签订书面租赁合同。由于资金周转困难，甲公司于2012年10月10日以每台20万元的价格将20台货车卖给戊公司。

戊公司受让货车后，通知丁公司向自己缴纳租金。丁公司主张：戊公司并非出租人，无权向其收取租金；甲公司侵害了其优先购买权，应承担相应责任。戊公司催收租金无果，遂通知丁公司解除租赁合同，要求其立刻交回货车。

甲公司未按期向乙公司支付购车款，乙公司遂提起诉讼，并主张实现抵押权。在强制执行过程中，甲公司已设定抵押的建设用地使用权连同地上的办公楼共拍卖得款1 200万元，其中办公楼的对应价款为350万元。土地管理部门提出，应从拍卖款中优先补缴650万元的土地出让金。丙银行则主张对拍卖款中办公楼的对应价款享有优先受偿权。

根据上述内容，分别回答下列问题。

（1）甲公司何时从乙公司处取得货车所有权？并说明理由。

（2）甲公司与丁公司的货车租赁合同是否因未采用书面形式而无效？并说明理由。

（3）戊公司是否有权要求丁公司支付租金？并说明理由。

（4）戊公司是否有权要求丁公司交回货车？并说明理由。

（5）丁公司是否对货车享有优先购买权？并说明理由。

（6）土地管理部门是否有权要求从拍卖价款中优先补缴650万元土地出让金？并说明理由。

（7）乙公司在实现抵押权时享有优先受偿权的金额是多少？并说明理由。

答案及解析

一、单项选择题

1. 【答案】B

【学堂点拨】根据规定，当事人约定由债务人向第三人履行债务的，债务人未向第三人履行债务或者履行债务不符合约定，应当向债权人承担违约责任。本题中，方某与余某存在合同关系，双方约定由余某向第三人汤某履行，汤某不是合同当事人。因此，在余某不慎将玉器碰坏的情况下，根据合同相对性原理，只能由余某向方某承担违约责任。因此，选项B正确。

2. 【答案】D

【学堂点拨】（1）选项A：根据规定，受要约人撤回承诺的，撤回通知应在承诺通知到达要约人之前或者与承诺通知同时到达要约人。因此，选项A中，承诺已被撤回，没有生效。（2）选项B：受要约人对要约的内容作出实质性变更的，应认定为新要约。实质性变更是指对合同标的、数量、质量、价款或报酬、履行期限、履行地点和方式、违约责任和解决争议方法等的变更。因此，选项B中的承诺应视为一个新的要约。（3）选项C：根据规定，受要约人超过承诺期限发出承诺，除要约人及时通知受要约人该承诺有效外，为一个新的要约。因此，选项C属于承诺迟延，原则上无效。（4）选项D：受要约人在承诺期限内发出承诺，按照通常情况能够及时到达要约人，但因其他原因致使承诺到达要约人时超过承诺期限，除要约人及时通知受要约人因承诺超过期限不接受该承诺外，为一个有效的承诺。

3. 【答案】D

【学堂点拨】（1）选项A、B、C正确：根据规定，一方以欺诈、胁迫的手段或者乘人之危，使对方在违背真实意思的情况下订立的合同，受损害方有权请求人民法院或者仲裁机构撤销。撤销权的行使期间为自知道或应当知道撤销事由之日起1年内。（2）选项D错误：根据规定，可撤销合同，一旦被撤销，自始无效。

4. 【答案】B

【学堂点拨】根据规定，当事人互负债务，有先后履行顺序，先履行一方未履行的，后履行一方有权拒绝其履行要求。因此，本题中，乙享有先履行抗辩权。

5. 【答案】C

【学堂点拨】根据规定，双务合同中应先履行义务的一方当事人，有确切证据证明相对人财产明显减少或欠缺信用，不能保证对待给付时，有暂时中止履行合同的权利。中止履行后，对方在合理期限内未恢复履行能力并且未提供适当担保的，中止履行的一方可以解除合同。本题中，甲公司与乙公司的买卖合同中，甲公司是先履行方，乙公司是后履行方，由于乙公司销售他人的“连升”牌自动扶梯发生重大安全事故，质监局介入调查，即乙公司存在将来可能不履行合同义务的情形，甲公司可以行使不安抗辩权，但不能立即解除合同。因此，选项C正确。

6. 【答案】A

【学堂点拨】（1）选项B错误：定金所有权自交付定金时发生转移；（2）选项C错误：定金数额不得超过主合同标的额的20%；（3）选项D错误：当事人既约定违约金，又约定定金的，一方违约时，对方可以选择适用违约金或者定金条款。

7. 【答案】B

【学堂点拨】选项B：抵销权的行使只需通知对方即可，无须向法院提起诉讼。

8. 【答案】D

【学堂点拨】（1）选项A错误：根据规定，债权人无正当理由拒绝受领时，债务人可将标的物提存；（2）选项B错误：提存之后，标的物的风险由债权人承担；（3）选项C错误：提存期间，标的物的孳息归债权人所有。

9. 【答案】A

【学堂点拨】（1）选项A错误，选项B正确：根据规定，各保证人约定均对全部主债务承担保证义务或保证人与"债权人"之间没有约定所承担保证份额的共同保证为连带共同保证，本题中，丙企业与丁企业之间的约定属于双方的内部约定，对债权人乙银行没有约束力，二者承担的是连带共同保证。因此，乙银行有权向丙银行或丁银行请求偿还100万元债务。（2）选项C、D正确：根据规定，已经承担保证责任的保证人，有权向债务人追偿，不足的部分按照保证人之间的约定或平均份额追偿。本题中，丙企业承担了全部的保证责任后，有权向甲企业追偿100万元，如果向甲企业追偿未果，也有权根据其与丁企业内部约定的份额向丁企业追偿50万元。

10. 【答案】D

【学堂点拨】（1）选项A错误：根据规定，如果合同中既约定违约金又约定定金的，一方违约时，另一方只能择一而主张；（2）根据选项B，甲公司获得的赔偿数额为2 000×100×10%＝20万元；根据选项C，甲公司获得30万元赔偿；根据选项D，甲公司可以请求将违约金增加到34万元，并请求返还30万元定金，此时，甲公司获得34万元赔偿。因此，选项D当选。

11. 【答案】A

【学堂点拨】根据规定，在履行期限届满之前，当事人一方明确表示或者以自己的行为表明不履行主要债务，另一方有权解除合同。本题中，甲公司明确告知乙公司无法于合同履行期限届满时履行主要债务，乙公司有权解除合同，并主张违约责任。本题中，合同并不存在可撤销事由，因此，乙公司无权撤销合同。因此，选项A正确。

12. 【答案】D

【学堂点拨】根据规定，当事人一方迟延履行债务或者有其他违约行为致使不能实现合同目的的（根本违约），另一方当事人可以单方面解除合同。本题中，乙公司的行为属于根本违约，因此，甲公司可直接解除合同。另外，根据规定，合同解除权的行使只需通知对方即可，无须通过诉讼或仲裁的方式。

13. 【答案】C

【学堂点拨】（1）选项A错误：根据规定，提存期间，标的物的孳息归债权人所有。（2）选项B错误：根据规定，提存费用由债权人负担。（3）选项C正确：根据规定，债权人可以随时领取提存物，但债权人对债务人负有到期债务的，在债权人未履行债务或者提供担保之前，提存部门根据债务人的要求应当拒绝其领取提存物。本题中，乙负有办理房屋过户登记的义务，因此，甲可以要求公证机关在乙将房屋过户之前拒绝其领取款项。（4）选项D错误：根据规定，标的物提存后，除债权人下落不明的以外，债务人（而非提存机关）应当及时通知债权人或者债权人的继承人、监护人。

14. 【答案】B

【学堂点拨】根据规定，出卖人按照约定或者依照《合同法》的有关规定将标的物置于交付地点的，买受人违反约定没有收取的，标的物毁损、灭失的风险自违反约定之日起由买受人承担。本题中，由于乙公司自身的原因在约定之日即2017年6月13日没有提取标的物，根据该规定，应当自2017年6月13日起，对货物毁损、灭失的风险承担责任。因此，选项B为正确。

15. 【答案】A

【学堂点拨】选项A正确，选项B错误：出租人出卖租赁房屋未在合理期限内通知承租人，承租人可以请求出租人承担赔偿责任，但不得主张出租人与第三人签订的房屋买卖合同无效；选项C错误：第三人善意购买租赁房屋并已经办理登记手续的，承租人不得主张优先购买权；选项D错误：租赁物在租赁期间发生所有权变动的，不影响租赁合同的效力，因此，在剩余的期期内，丙无权要求乙搬出房屋。

16. 【答案】B

【学堂点拨】选项A错误：租赁期间，出租人有权出卖租赁物。选项B正确，选项C、D错误：根据规定，租赁期间，租赁物所有权发生变动的，不影响租赁合同的效力。因此，本题中，买卖合同签订后，原租赁合同继续有效。

17. 【答案】B

【学堂点拨】根据规定，承揽人将其承揽的主要工作交由第三人完成的，应当就该第三人完成的工作成果向定作人负责，因此，选项B正确。

18. 【答案】D

【学堂点拨】（1）选项A、B错误：根据规定，债权人撤销权是指，债权人为了保全自己的债权，请求法院撤销债务人实施的向第三人放弃到期债权、无偿或以明显不合理低价转让财产等损害债权行为的权利。因此，债权人撤销权针对的是债务人的财产处分行为。选项A、B中甲的行为并不是直接针对财产的处分行为，而是与身份有关的行为，故乙无权撤销。（2）选项C错误：根据规定，如果债务人实施的是有偿的财产处分行为，债权人行使撤销权须以受让人主观上恶意为要件。本题中，甲的朋友虽然以明显不合理低价购买甲的花瓶，但其主观上为善意，故甲无权撤销该买卖行为。

19. 【答案】D

【学堂点拨】（1）选项A正确：根据规定，代位权诉讼中，次债务人对债务人的抗辩，可向债权人主张。（2）选项B正确：债权人行使代位权的范围不得超过被保全的债权数额。因此，本题中，代位权的行使范围以900万元为限。（3）选项C正确：债权人应以自己的名义行使代位权。（4）选项D错误：根据规定，诉讼费用由次债务人承担；行使代位权的其他必要费用，由债务人负担。因此，本题中，行使代位权的诉讼费由丙公司承担，而其他必要费用则由甲公司承担。

20. 【答案】D

【学堂点拨】（1）选项A错误：根据规定，赠与人行使任意撤销权必须在赠与财产的权利转移之前。本题中，房屋所有权已经转移至甲的名下，故杨某不能行使任意撤销权。（2）选项B错误：赠与人的法定解除权，是指赠与人因经济状况显著恶化，严重影响其生产经营或者家庭生活的，可以“不再履行”赠与义务。本题中，并不存在赠与人行使法定解除权的法定情形。（3）选项C错误，选项D正确：根据规定，受赠人不履行赠与合同约定的义务时，赠与人有权自知道或者应当知道撤销原因之日起1年内行使法定撤销权，要回赠与房屋。

21. 【答案】C

【学堂点拨】（1）选项A错误，选项C正确：根据规定，法人之间、其他组织之间及其相互之间为生产、经营需要订立的民间借贷合同，原则上有效。但是套取金融机构信贷资金又高利转贷给借款人，且借款人事先知道或应当知道的民间借贷合同无效。（2）选项B错误：根据规定，借款人或出借人的借贷行为涉嫌犯罪，或已被生效判决认定为犯罪，民间借贷合同并不当然无效。（3）选项D错误：根据规定，民间借贷利率超过年利率36%的，超过部分无效。

二、多项选择题

1. 【答案】BCD

【学堂点拨】根据规定，受要约人乙公司在承诺期限内发出承诺，按照通常情形能够及时到达要约人甲公司，但因其他原因使承诺到达要约人时超过承诺期限的，为迟到承诺，除甲公司及时通知乙公司因承诺超过期限不接受该承诺的以外，迟到的承诺为有效承诺，因此，承诺有效，合同已经成立生效，选项A正确，选项B、C、D错误。

2. 【答案】ABD

【学堂点拨】选项A正确：寄送的价目表，其性质为要约邀请；选项B正确：乙企业寄送的回单属于要约，但因甲厂对该要约的内容作出了实质性的变更，因此乙企业发出的要约失效；选项C错误，选项D正确：根据规定，受要约人对要约的内容作出实质性变更的，为新要约，本题中，甲厂的回复是对履行方式的变更，属于新要约。

3. 【答案】ABCD

【学堂点拨】合同中的下列免责条款无效：（1）造成对方人身伤害的；（2）因故意或者重大过失造成对方财产损失的。因此，选项A、B、C、D均当选。

4. 【答案】ACD

【学堂点拨】（1）选项A正确，选项B错误：根据规定，双务合同的先履行方行使不安抗辩权时，可以中止履行，但不能直接解除合同；（2）选项C正确：根据规定，当事人行使不安抗辩权中止履行的，应当及时通知对方，对方提供适当担保时，应当恢复履行，因此，选项C正确；（3）选项D正确：中止履行后，对方在合理期限内未恢复履行能力并且未提供适当担保的，中止履行的一方可以解除合同。

5. 【答案】BD

【学堂点拨】（1）选项A错误，选项B正确：债权人在债务人怠于行使对次债务人的债权而影响债权人利益时，债权人以自己名义行使本属于债务人权利的权利。（2）选项C错误：根据规定，债权人行使代位权的诉讼费用由次债务人承担；行使代位权的其他必要费用，由债务人负担。因此，本题中，乙公司行使代位权的诉讼费用由丙公司承担。（3）选项D正确：根据规定，债权人行使代位权胜诉的，由次债务人（丙公司）直接向债权人履行债务。

6. 【答案】BD

【学堂点拨】选项A错误，选项B正确：保证期间，债权人与债务人协议变更主合同的，应当取得保证人书面同意。未经保证人同意的主合同变更，如果减轻债务人的债务的，保证人仍应当对变更后的合同承担保证责任；如果加重债务人的债务的，保证人对加重的部分不承担保证责任。本题中，借款合同的变更减轻了债务人的债务，保证人丙企业仍应当对变更后的借款承担保证责任。选项C错误，选项D正确：债权人与债务人对主合同履行期限作了变动，未经保证人书面同意的，保证期间为原合同约定的或者法律规定的期间。本题中，借款合同对履行期限的变更未经保证人书面同意，丙企业仍在原合同约定的保证期间内承担保证责任。

7. 【答案】AC

【学堂点拨】根据规定，债权转让自转让方和受让方达成债权转让协议时发生效力，无须经过债务人同意，但应当“通知”债务人；未经通知，该转让对债务人不发生效力。在本题中，清泉公司与万利公司的债权转让协议自双方达成债权让与合意时成立并生效，不必经东升公司同意，也不以通知东升公司为生效要件，但只有在通知东升公司后才对东升公司发生效力。换言之，如果未通知东升公司，该协议对东升公司不生效，但在清泉公司与万利公司之间该协议仍是有效的。

8. 【答案】BD

【学堂点拨】（1）选项A错误：甲公司与乙公司签订包销协议并不影响甲公司对包销的房屋享有所有权，因此，甲公司将房屋卖给丙的行为属于有权处分；（2）选项B正确：甲公司擅自将已经委托乙公司包销的房屋出售给丙，违反了甲公司和乙公司签订的商品房包销合同，构成违约，应承担相应的违约责任；（3）“国家房地产调控政策”属于不可抗力，构成免责事由，丙可免于承担违约责任；（4）因不可抗力致使不能实现合同目的的，当事人双方均可以解除合同。

9. 【答案】ABCD

【学堂点拨】选项A属于混同；选项B属于清偿；选项C属于合同解除；选项D中，尽管甲公司欠乙公司的劳务费尚未到期，但未到期的债务人甲公司仍有权主张抵销。

10. 【答案】CD

【学堂点拨】根据规定，被担保的债权既有物的担保又有人的担保的，债务人不履行到期债务或者发生当事人约定的实现担保物权的情形，债权人应当按照约定实现债权；没有约定或者约定不明确，债务人自己提供物的担保的，债权人应当先就该物的担保实现债权；第三人提供物的担保的，债权人可以就物的担保实现债权，也可以要求保证人承担保证责任。本题中，既有第三人丙公司提供的物的担保，也有第三人丁公司提供的保证担保。因此，乙银行既可向丙公司主张实现抵押权，也可以向丁公司主张保证债权；丙公司和丁公司承担担保责任后，只能向债务人甲公司追偿，而无权互相追偿。综上，选项CD正确。

11. 【答案】ABD

【学堂点拨】（1）选项A、B正确：根据规定，分期付款的买受人未支付到期价款的金额达到全部价款的五分之一的，出卖人可以要求买受人支付全部价款或者解除合同。出卖人解除合同的，可以向买受人要求支付该标的物的使用费。（2）选项C错误，选项D正确：根据规定，善意取得需要满足如下构成要件：①受让人主观上为善意；②以合理的价格受让；③完成动产交付或不动产登记。本题中，受让人没有支付合理价款，因此不符合善意取得的构成要件。

12. 【答案】BCD

【学堂点拨】（1）选项A错误，选项B、C正确：根据规定：有关商品房的销售广告和宣传资料为要约邀请。但就商品房开发规划范围内的房屋及相关设施所作的说明和允诺具体确定，并对合同的订立以及房屋价格的确定有重大影响的，视为要约，该内容即便没有载入商品房买卖合同，也属于合同的组成部分，当事人违反的，应承担违约责任。（2）鼎旺公司的违约行为导致施某购买房屋的目的不能实现，施某可因此解除房屋买卖合同。

13. 【答案】AB

【学堂点拨】（1）选项A、B错误，选项C正确：根据规定，赠与人在赠与财产的权利转移之前可以撤销赠与，但是，具有救灾、扶贫等社会公益、道德义务性质的赠与合同或者经公证的赠与合同，不能撤销。（2）选项D正确：根据规定，赠与人的经济状况显著恶化，严重影响其生产经营或者家庭生活的，可以不再履行赠与义务。

14. 【答案】BC

【学堂点拨】选项A错误：根据规定，出租人、出卖人、承租人可以约定，出卖人不履行买卖合同义务的，由承租人行使索赔的权利。承租人行使索赔权利的，出租人应当协助。可见，由承租人直接向出卖人索赔的前提是，当事人三方事先对此有约定。本题中，甲、乙、丙并未对此作出约定。（2）选项B正确：租赁物不符合约定或者不符合使用目的的，出租人不承担责任，但承租人依赖出租人的技能确定租赁物或者出租人干预选择租赁物的除外。（3）选项C正确：承租人应当按照约定支付租金，承租人经催告后在合理期限内仍不支付租金的，出租人可以要求支付全部租金；也可以解除合同，收回租赁物。（4）选项D错误：出租人和承租人可以约定租赁期间届满租赁物的归属，对租赁物的归属没有约定或者约定不明确，依照本法第六十一条的规定仍不能确定的，租赁物的所有权归出租人。

15. 【答案】CD

【学堂点拨】（1）选项A错误：当事人对垫资利息没有约定的，承包人无权请求支付利息；（2）选项B错误，选项C正确：采用招投标方式订立合同的，当事人就同一建设工程另行订立的建设工程施工合同与经过备案的中标合同实质性内容不一致的，应当以备案的中标合同作为结算工程价款的根据；（3）选项D正确：当事人对欠付工程价款利息计付标准没有约定的，按照中国人民银行发布的同期同类贷款利率计息。

16. 【答案】CD

【学堂点拨】（1）选项A错误：受托人为处理委托事务垫付必要费用的，委托人应当偿还该费用及其利息。（2）选项B错误，选项C正确：无偿的委托合同，因受托人的"故意或重大过失"给委托人造成损失的，委托人可要求赔偿损失。（3）选项D正确：委托人或者受托人可以随时解除委托合同，因解除合同给对方造成损失的，除不可归责于当事人的事由外，应当赔偿损失。

17. 【答案】BCD

【学堂点拨】（1）选项A正确，选项B错误：自然人之间的借贷合同，自资金到达借款人账户时生效，除了自然人之间借贷之外的民间借贷合同均为诺成合同，合同的生效不以资金到达借款人账户为要件。（2）选项C错误：借款人或出借人的借贷行为涉嫌犯罪，或已被生效判决认定为犯罪，民间借贷合同并不当然无效。此外，民间借贷年利率超过36%的，超过部分无效。因此，选项C中，利率超过36%的部分无效，而非借款合同全部无效。（3）选项D错误：根据规定，互联网借贷平台原则上不承担担保责任，明示或有证据证明其为借贷提供担保的除外。

18. 【答案】BD

【学堂点拨】根据规定，合同生效后，当事人就履行地点等内容没有约定或者约定不明确的，可以协议补充；不能达成补充协议的，按照合同有关条款或者交易习惯确定。如果仍然不能确定的，给付货币的，在接受货币一方所在地履行；交付不动产的，在不动产所在地履行；其他标的，在履行义务一方所在地履行。据此，本题中，合同付款地应为接受货币一方所在地即Y市，交货地应为履行义务一方所在地即Y市，选项B、D正确。

三、案例分析题

1.【答案】

（1）甲公司已经取得已受领自行车的所有权。动产物权的设立和转让，自"交付"时发生效力，但法律另有规定的除外。本题中，甲公司向丁公司支付价款，丁公司交付A型号自行车，已经实际交付，所以甲公司已经取得已受领自行车的所有权。

（2）甲公司有权要求减少价款。当事人履行合同义务，质量不符合约定的，应当按照当事人的约定承担违约责任。对违约责任没有约定或者约定不明确，受损害方根据标的的性质以及损失的大小，可以合理选择要求对方承担修理、更换、重作、退货、减少价款或者报酬等违约责任。本题中，自行车存在严重质量瑕疵，非经维修无法符合使用要求，因此甲公司可以要求减少价款。

（3）甲公司中止履行向丁公司支付第二期自行车价款的义务不构成违约。应当先履行债务的当事人，有确切证据证明对方有经营状况严重恶化情形的，可以中止履行。本题中，甲公司经过调查，有确切证据证明丁公司经营状况严重恶化，可以中止履行，并不构成违约。

（4）甲公司有权就未交付的自行车解除合同。当事人行使不安抗辩权中止履行的，应当及时通知对方；对方提供适当担保时，应当恢复履行；中止履行后，对方在合理期限内未恢复履行能力并且未提供适当担保的，中止履行的一方可以解除合同。本题中，乙公司没有提供适当的担保也没有恢复履行能力，甲公司可以解除合同。

（5）甲公司无权撤销与戊公司的买卖合同。在一方以欺诈、胁迫的手段或者乘人之危，使对方在违背真实意思的情况下订立的合同，只有受损害方才有权撤销。本题中，甲公司是实施欺诈的一方，没有撤销权。

（6）乙银行无权要求丙公司偿还第一笔贷款。被担保的债权既有物的担保又有人的担保的，债务人不履行到期债务或者发生当事人约定的实现担保物权的情形，债权人应当按照约定实现债权；没有约定或者约定不明确，债务人自己提供物的担保的，债权人应当先就该物的担保实现债权。本题中，甲以房屋为乙银行设定抵押，属于债务人自己提供物的担保的情形，债权人应当先就该物的担保实现债权。

（7）乙银行无权要求丙公司偿还第二笔贷款。保证期间，债权人与债务人协议变更主合同的，应当取得保证人书面同意。未经保证人同意的主合同变更，如果减轻债务人的债务的，保证人仍应当对变更后的合同承担保证责任；如果加重债务人的债务的，保证人对加重的部分不承担保证责任。本题中，甲公司追加借款，加重了债务人的债务，并没有经过保证人的同意，保证人对第二笔贷款不承担保证责任。

2.【答案】

（1）甲公司有权解除买卖合同。根据规定，当事人一方迟延履行债务或者有其他违约行为致使不能实现合同目的；守约方可以解除合同。因乙公司迟延履行，导致甲公司不能实现合同目的，因此甲公司可以主张解除合同。

（2）根据定金罚则，甲无权要求乙返还20万元。根据规定，定金的数额由当事人约定，但不得超过主合同标的额的20%；超过部分无效。题目中货款40万元，其20%是8万元，即适用定金罚则，甲公司可以要求乙返还18万元（即双倍返还定金16万元，多出的2万元原数返还）。

（3）适用定金罚则后，甲公司不能要求乙公司赔偿全部损失19万元。根据规定，买卖合同约定的定金不足以弥补一方违约造成的损失，对方请求赔偿超过定金部分的损失的，法院可以并处，但定金和损失赔偿的数额总和不应高于因违约造成的损失，可以要求乙公司赔偿损失11万元。

（4）甲公司不能解除合同。根据规定，当事人约定检验期间的，买受人应当在检验期间内将标的物的数量或者质量不符合约定的情形通知出卖人。买受人怠于通知的，视为标的物的数量或者质量符合约定。题目中甲公司超过约定的检验期间，视为质量符合规定，不能主张解除合同。

（5）损失由甲公司承担。根据规定，标的物毁损、灭失的风险，在标的物交付之前由出卖人承担，交付之后由买受人承担，但法律另有规定或者当事人另有约定的除外。题目中货物已经交付给甲公司，因此是甲公司承担风险。

（6）第一，约定4%月利率合法。根据规定，自2013年7月20日起，我国全面放开金融机构贷款利率管制，除个人住房贷款利率浮动区间暂不调整外，金融机构其他贷款利率不再设上下限。题目中甲公司是向丁银行借款，这是向金融机构借款，因此利率符合规定。第二，借款到期后，甲公司应向丁银行支付的利息为1.92万元（$48 \times 4\% = 1.92$万元）。根据规定，在借款合同中，借款的利息不得预先在本金中扣除。利息预先在本金中扣除的，应当按照实际借款数额返还借款并计算利息。

（7）戊公司的理由不成立。根据规定，当事人对保证方式没有约定或者约定不明确的，按照连带责任保证承担保证责任。题目中没有约定保证方式，视为连带责任保证。连带责任保证人没有先诉抗辩权，一般保证人才有先诉抗辩权。因此戊的理由不成立。

3. 【答案】

（1）甲有维修义务。根据规定，出租人应当履行租赁物的维修义务，但当事人另有约定的除外。乙能要求甲支付维修费用并减免相当于维修期间住宾馆费用的租金。根据规定，出租人未履行维修义务的，承租人可以自行维修，维修费用由出租人负担。因维修租赁物影响承租人使用的，应当相应减少租金或者延长租期。

（2）对于洗衣机的损坏，甲有权要求乙赔偿。根据规定，承租人经出租人同意，可以将租赁物转租给第三人。承租人转租的，承租人与出租人之间的租赁合同继续有效，第三人对租赁物造成损失的，承租人应当赔偿损失。

（3）租赁开始第13个月，甲不能要求乙支付第二年租金。根据规定，承租人应当按照约定的期限支付租金。对支付期限没有约定或者约定不明确，依照规定仍不能确定，租赁期间不满一年的，应当在租赁期间届满时支付；租赁期间一年以上的，应当在每届满一年时支付，剩余期间不满一年的，应当在租赁期间届满时支付。

（4）甲有权要求乙拆除壁炉。根据规定，承租人未经出租人同意，对租赁物进行改善或者增设他物的，出租人可以要求承租人恢复原状或者赔偿损失。

（5）丁取得了房屋所有权。根据规定，不动产物权的设立、变更、转让和消灭，经依法登记，发生效力；未经登记，不发生效力，但法律另有规定的除外。题目中已经办理产权登记手续，丁取得所有权。

（6）乙不能以自己优先购买权遭到损害主张赔偿损失。根据规定，出租人将房屋出卖给近亲属（配偶、父母、子女、兄弟姐妹等）的，承租人不得主张优先购买权。

（7）丁不能要求乙搬离房屋。根据规定，租赁物在租赁期间发生所有权变动的，不影响租赁合同的效力。因此在租赁期限内，乙可以继续居住。

4.【答案】

（1）甲公司没有义务向乙公司交付机床。根据民事法律制度的规定，甲公司与乙公司签订的合同为附延缓条件的合同，在条件成就之前，合同不生效。乙公司借款到账的时间超过条件所设时间，条件不成就，故双方买卖合同不生效，甲公司不负有交付机床的义务。

（2）乙公司与丙银行之间的抵押合同有效。根据物权法律制度的规定，抵押合同须采用书面形式，合同成立即生效。

（3）甲公司与戊公司的债权转让有效。根据合同法律制度的规定，债权人转让权利的，只需通知债务人，无须债务人同意。

（4）甲公司有权停止向丁公司交付机床。根据合同法律制度的规定，甲公司与戊公司的债权转让有效，且该转让已通知丁公司，故丁公司向甲公司的付款义务转换为向戊公司的付款义务。依合同约定，交付机床与付款两项义务应同时履行，丁公司拒绝付款时，甲公司享有同时履行抗辩权，有权停止履行机床交付义务。

（5）乙公司有权请求丁公司赔偿其另行购买机床多花费的10万元。根据合同法律制度的规定，当事人一方不履行合同义务的，应当承担损害赔偿责任，损失赔偿额应相当于违约所造成的损失。

（6）丙银行要求实现抵押权的主张不能得到支持。根据物权法律制度的规定，以建筑物抵押的，除有效的抵押合同外，还须将抵押权登记，抵押权自登记之日起设立。丙银行的抵押权未登记，故未能设立，不得行使抵押权。

5.【答案】

（1）丙取得了设备的所有权。根据规定：无处分权人将不动产或者动产转让给受让人的，所有权人有权追回；除法律另有规定外，符合下列情形的，受让人取得该不动产或者动产的所有权：①受让人受让该不动产或者动产时是善意的；②以合理的价格转让；③转让的不动产或者动产依照法律规定应当登记的已经登记，不需要登记的已经交付给受让人。所以构成善意取得制度，丙取得所有权。

（2）甲无权要求丁返还设备。丙是所有权人，丁从丙处购买设备，已经交付，动产所有权一般是交付时转移，所以丁取得该设备的所有权。

（3）A公司不能就设备行使抵押权。因为抵押没有登记，不能对抗善意第三人。善意第三人丙已经取得所有权，因此A公司不能行使抵押权。

（4）丁有权解除与丙之间的买卖合同。根据规定：当事人一方迟延履行债务或者有其他违约行为致使不能实现合同目的，守约方可以主张解除合同。丙的设备存在严重质量瑕疵，无法投入使用，即不能实现合同目的，所以丁可以解除合同。

（5）丁无权要求乙承担违约责任。根据合同相对性原则，合同责任只能在合同关系的当事人之间发生，合同关系以外的人不承担违约责任。丙、丁是合同当事人，乙不是该合同当事人，所以乙不对丁承担违约责任。

（6）乙是赔偿义务人。甲乙之间有保管合同，乙擅自将甲的设备进行转让，是违约行为，需要对甲进行赔偿。

6. 【答案】

（1）乙关于甲与戊之间的买卖合同无效的理由不成立。根据规定，出卖人对标的物没有所有权或者处分权，并不影响买卖合同的效力。

（2）乙关于自己仍为机床所有权人并要求戊返还机床的主张不成立。根据规定，转让人虽然没有处分权，但如果受让人为善意，转让价格合理，标的物已交付，转让人基于真权利人意思合法占有标的物，受让人即可善意取得标的物所有权。戊取得机床的所有权时，符合上述要件。

（3）乙关于丙无权要求支付尚未到期的200万元价款的主张不成立。根据规定，分期付款的买受人未支付到期价款的金额达到全部价款的五分之一的，出卖人可以要求买受人一并支付到期与未到期的全部价款。乙未支付的到期价款为300万元，已经超过总价款1 200万元的五分之一。

（4）丁与丙之间的保证关系成立。根据规定，主合同中虽无保证条款，亦未另行订立保证合同，但保证人在主合同上以保证人身份签字或者盖章的，保证合同即成立。

（5）丁关于保证形式为一般保证的主张不成立。根据规定，当事人未就保证方式作出约定或约定不明确的，依连带责任保证承担保证责任。

（6）若机床未被甲出售给戊，甲与乙之间的融资租赁合同到期后，机床的所有权归属于乙。根据合规定，融资租赁合同的出租人和承租人对租赁物的归属没有约定或者约定不明确的，合同到期后，租赁物的所有权归出租人。

7. 【答案】

（1）C公司关于A公司和E公司之间的房屋买卖合同无效的主张不成立。根据规定，出租人侵害承租人的优先购买权的，承租人不得主张出租人与第三人订立的房屋买卖合同无效，只能请求出租人承担赔偿责任。

（2）C公司不能以“买卖不破租赁”为由拒绝E公司腾退房屋的要求。根据规定，抵押权设定后抵押财产出租的，租赁关系不能对抗已登记的抵押权，抵押权实现后，租赁合同对受让人不具有约束力。

（3）C公司有权解除与D公司的租赁合同。根据规定，承租人未按照合同约定的方法使用租赁物，致使租赁物受到损失的，出租人可以解除合同。

（4）C公司有义务就房屋毁损向A公司赔偿100万元。根据规定，承租人经出租人同意转租的，承租人与出租人之间的租赁合同继续有效，第三人对租赁物造成损失的，承租人应当对出租人赔偿损失。

（5）B银行关于其对A公司获得的100万元赔偿款享有优先受偿权的主张成立。根据规定，抵押期间，抵押财产因毁损而获得的赔偿金，抵押权人有权优先受偿。

（6）A公司有权主张2009年全年的房屋租金。2009年期间，E公司尚未取得房屋所有权，租赁合同的当事人依然是A公司，故A公司有权主张在此期间内的租金。A公司应向C公司主张。与A公司订立房屋租赁合同的当事人是C公司，D公司并不是A公司的承租人。根据合同相对性原理，A公司只能向C公司主张租金。

8. 【答案】

（1）甲公司于2011年10月12日从乙公司处取得货车所有权。根据规定，动产物权的转让，一般自交付时发生效力，货车的转让登记只是产生对抗善意第三人的效力。

（2）甲公司与丁公司的货车租赁合同并不因未采用书面形式而无效。根据规定，租期在6个月以上的租赁合同应该采取书面形式，但未采取书面形式并不导致合同无效，而应视为不定期租赁。

（3）戊公司有权要求丁公司支付租金。根据规定，租赁物在租赁期间发生所有权变动的，不影响租赁合同的效力。所以，甲公司将货车转让给戊公司后，原租赁合同对戊公司继续有效。

（4）戊公司有权要求丁公司交回货车。根据规定，不定期租赁合同的任何一方当事人都有权随时解除合同。戊公司解除合同后，即有权要求丁公司交回货车。

（5）丁公司不享有优先购买权。根据规定，只有在房屋租赁的情况下，承租人才享有优先购买权。

（6）土地管理部门有权要求从拍卖款中优先支付650万元土地出让金。根据规定，拍卖划拨的国有土地使用权所得的价款，应先依法缴纳相当于应缴纳的土地使用权出让金的款额，抵押权人只能就剩余价款主张优先受偿。

（7）乙公司在实现抵押权时享有优先受偿权的金额是200万元。根据规定，建设用地使用权抵押后，该土地上新增的建筑物不属于抵押财产。该建设用地使用权实现抵押权时，应当将该土地上新增的建筑物与建设用地使用权一并处分，但新增建筑物所得的价款，抵押权人无权优先受偿。因此拍卖得款1 200万元，要减去办公楼对应的350万元，然后先支付650万元土地出让金，乙公司仅对剩余的200万元优先受偿。

第五章　合伙企业法律制度

本章思维导图

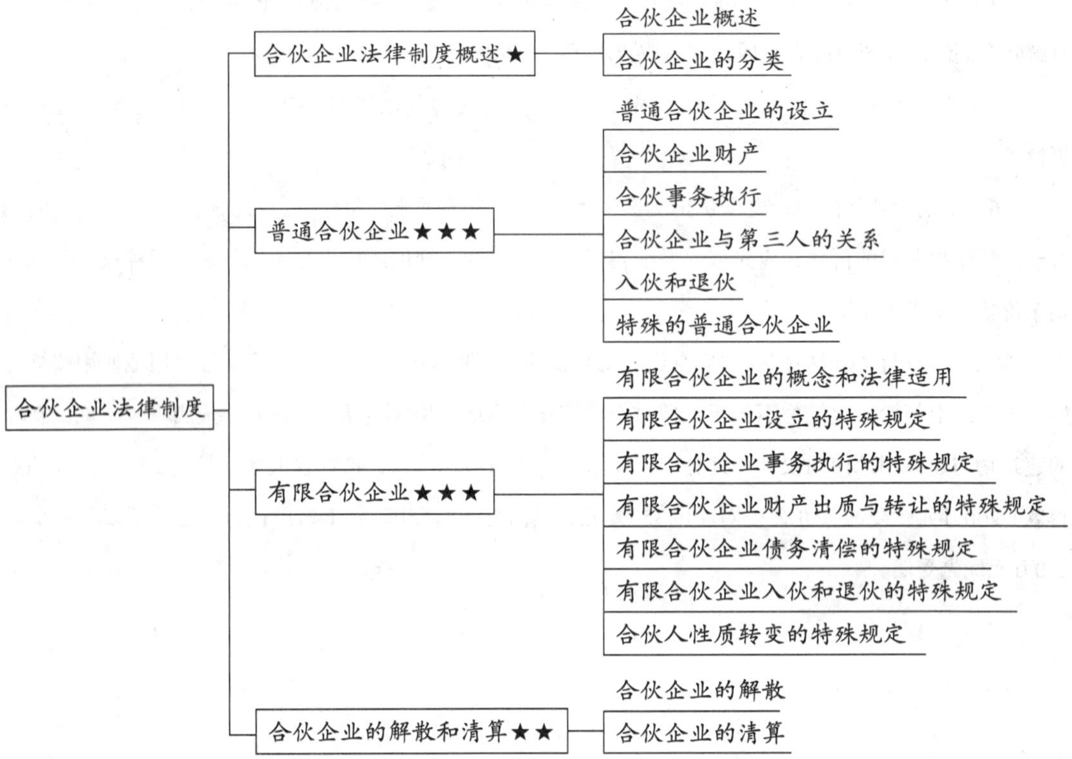

本章概述

合伙企业是公司之外的另一种企业形式，其与公司的根本区别在于：公司是独立法人，能够以自己的独立财产独立承担法律责任，股东只需以其出资额或持有的股份为限对公司承担有限责任；而合伙企业不具备法人资格，不能独立对外承担责任，普通合伙人需对合伙企业债务承担无限连带责任。本章主要分为两大部分，即普通合伙企业和有限合伙企业，内容涉及两种合伙企业的设立、合伙事务的执行、合伙企业债务的清偿、入伙和退伙、合伙人的损益分配和分担、合伙财产份额的转让和出质、合伙人身份的转变、合伙企业的解散和清算等方面。本章教材编写的主要依据是《中华人民共和国合伙企业法》（以下简称《合伙企业法》）。

考情回顾及考情预测

本章每年考查的分值为6～9分，考查题型主要是单选题、多选题，但也不排除单独或者与其他章节的相关知识点结合考查案例分析题的情况。2018年本章的考试分值大致会与往年相当。

本章近五年考情一览

考点	重要程度	考查次数	大致分值	考查题型	考查概率
合伙企业概述	★	1	1	单选题	20%
普通合伙企业的概念与设立条件	★★	3	2	单选题、多选题	80%
合伙人的出资	★★★	2	1～2	单选题、多选题	50%
合伙人财产份额的转让	★★★	2	1～2	单选题	50%
合伙事务的执行	★★★	2	1～2	单选题	50%
合伙企业的损益分配	★★★	1	1	单选题	30%
合伙人债务清偿与合伙企业的关系	★★	1	1	单选题	20%
入伙和退伙	★★★	5	2～3	单选题、多选题	100%
特殊的普通合伙企业	★★★	1	1～2	单选题	100%
有限合伙企业设立的特殊规定	★★	4	1～2	单选题、多选题	100%
有限合伙企业事务执行的特殊规定	★★★	3	2	单选题、多选题	80%
合伙人性质的转变	★★★	2	1～2	单选题、多选题	50%
合伙企业的解散和清算	★★	1	1～2	单选题	20%

本章重难点

重点：合伙企业的设立条件、合伙企业债务清偿、入伙和退伙、合伙事务的执行、合伙财产份额转让和出质。

难点：普通合伙企业与有限合伙企业的区别、普通合伙人与有限合伙人的区别。

本章学习方法和技巧

本章与第六章公司法律制度同属于企业组织法，因此，在学习本章时，要善于运用知识点对比总结的学习方法。具体而言，应当将合伙企业与有限责任公司、股份有限公司进行比较，将普通合伙企业与有限合伙企业进行比较，通过比较，总结知识点之间的区别，从而达到知识点之间的融会贯通。

2018年教材主要变化

2018年本章教材没有实质性变化。

第一单元　合伙企业法律制度概述

知识点1　合伙企业概述（★）

一、合伙企业的概念

（一）合伙的概念

合伙是指两个以上的人为了共同目的，相互约定共同出资、共同经营、共享收益、共担风险的自愿联合。

提示

一般情况下，合伙只是当事人之间一种纯合同关系。

（二）合伙企业的概念

合伙企业是指自然人、法人或其他组织依《合伙企业法》将合伙关系进行登记并取得营业资格的一种企业组织。

二、外国企业或者个人在中国境内设立合伙企业的管理问题

（一）外国企业或个人用于出资的货币币种：1.可自由兑换的外币；2.依法获得的人民币。

（二）设立登记申请人：全体合伙人指定的代表或者共同委托的代理人。

（三）登记机关：国务院工商行政管理部门授权的地方工商行政管理部门。

（四）执照名称：《外商投资合伙企业营业执照》。

（五）解散：外国企业或者个人在中国境内设立的合伙企业解散的，应当进行清算，清算人应当自清算结束之日起15日内办理注销登记。

【例-2017-单选题】境外甲私募基金与境内乙有限责任公司拟合作设立丙有限合伙企业，在境内经营共享充电宝项目。其中，甲为有限合伙人，乙为普通合伙人。根据合伙企业法律制度的规定，下列关于设立丙有限合伙企业须遵守的相关规定的表述中，正确的是（　　）。

A．应当由乙负责办理审批手续

B．甲出资的货币应当是人民币

C．应当领取《外商投资合伙企业营业执照》

D．应当向商务主管部门申请设立登记

【答案】C

学堂点拨

选项A、D错误，选项C正确：根据规定，外国企业或者个人在中国境内设立合伙企业，应当由全体合伙人指定的代表或者共同委托的代理人向国务院工商行政管理部门授权的地方“工商行政管理部门”申请设立登记，领取《外商投资合伙企业营业执照》后，方可从事经营活动，即无需办理审批手续。选项B错误：根据规定，外国企业或者个人用于出资的货币应当是可自由兑换的外币，也可以是依法获得的人民币。

知识点2 合伙企业的分类（★）

一、普通合伙企业

（一）概念

普通合伙企业，是指由普通合伙人组成，合伙人对合伙企业债务依照《合伙企业法》规定承担无限连带责任的一种合伙企业。

（二）合伙人

全为普通合伙人。

（三）合伙人责任承担

全体合伙人承担无限连带责任，法律另有规定的除外。

1．无限责任：出资人对企业对外债务承担的一种补充清偿责任，也就是说，在企业对外负债时，先由企业本身的财产偿还，不足部分由企业的出资人以其自己的财产承担。“无限”的含义是指出资人以自己的财产承担企业的债务时，没有数额上的限制，直至偿清为止。

2．连带责任：两个以上的责任主体之间没有责任承担的先后之分和数额之分，权利人可以要求责任主体中之任何一人、数人乃至全体承担全部或部分责任。

二、有限合伙企业

（一）概念

有限合伙企业，是指由有限合伙人和普通合伙人共同组成，普通合伙人对合伙企业债务承担无限连带责任，有限合伙人以其认缴的出资额为限对合伙企业债务承担有限责任的合伙组织。

（二）合伙人

包括普通合伙人和有限合伙人。

（三）合伙人责任承担

普通合伙人承担无限连带责任；有限合伙人以其认缴的出资额为限对合伙企业债务承担有限责任。

（四）法律适用

有限合伙企业是合伙企业的一种特殊形式，在法律适用上，优先适用《合伙企业法》关于有限合伙企业的特殊规定，无特殊规定的，适用有关普通合伙企业的一般规定。

第二单元　普通合伙企业

知识点1 普通合伙企业的设立条件（★★）

一、有符合规定的合伙人

（一）人数：2人以上（没有上限）。

（二）范围：包括自然人、法人和其他组织。

提示

1. 自然人合伙人须有完全行为能力。

2. 国有独资公司、国有企业、上市公司以及公益性事业单位、社会团体不得成为普通合伙人。

二、有书面合伙协议

（一）全体合伙人签字盖章后生效。

（二）修改或补充内容，应经全体合伙人一致同意，合伙协议另有约定的除外。

三、有合伙人认缴或实际缴付的出资

（一）出资方式：货币、实物、知识产权、土地使用权或其他财产权利、劳务。

（二）合伙人以劳务出资的，其评估办法由全体合伙人协商确定，并在合伙协议中载明。

提示

以“劳务”形式出资，为合伙企业普通合伙人特有的出资方式。

（三）合伙人应当按照合伙协议约定的出资方式、数额和缴付期限，履行出资义务。以非货币财产出资的，依照法律、行政法规的规定，需要办理财产权转移手续的，应当依法办理。

四、有名称和生产经营场所

提示

应当在其名称中标明“普通合伙”字样，特殊普通合伙企业应当在其名称中标明“特殊普通合伙”。

【例1-单选题】根据合伙企业法律制度的规定，下列关于普通合伙企业合伙人的表述中，正确的是（　　）。

A．非法人组织不能成为合伙人

B．国有企业不能成为合伙人

C．限制民事行为能力的自然人可以成为合伙人

D．公益性社会团体可以成为合伙人

【答案】B

学堂点拨

选项A错误：普通合伙企业的合伙人包括自然人、法人和其他组织。选项B正确，选项D错误：根据规定，国有独资公司、国有企业、上市公司以及公益性事业单位、社会团体不得成为普通合伙人。选项D错误：根据规定，普通合伙企业的自然人合伙人须有完全行为能力。

【例2-单选题】根据合伙企业法律制度的规定，下列出资形式中，只能由全体合伙人协商确定价值评估办法的是（　　）。

A．劳务　　B．知识产权　　C．实物　　D．土地使用权

【答案】A

学堂点拨

合伙人以劳务出资的，其评估办法由全体合伙人协商确定，并在合伙协议中载明。

知识点2 合伙企业财产（★★★）

一、财产构成

（一）合伙人出资。

提示

全体合伙人"认缴"的出资构成合伙企业的原始财产。

（二）以合伙企业名义取得的收益。

【解释】以合伙企业名义取得的收益，主要包括合伙企业的公共积累资金、未分配的盈余、合伙企业债权、合伙企业取得的工业产权和非专利技术等财产权利。

（三）依法取得的其他财产。

二、财产性质

（一）独立性

独立性，是指合伙企业财产独立于合伙人，合伙人一旦完成出资便丧失出资财产的所有权，合伙企业成为出资财产的权利主体。

提示

合伙人在合伙企业清算前私自转移或者处分合伙企业财产的，属于无权处分，如果符合善意取得的构成要件，第三人可取得所有权，此时，合伙企业的损失向实施无权处分的合伙人追索。

（二）完整性

完整性，是指合伙企业的财产作为一个完整的统一体而存在，合伙人按照合伙协议确定的财产收益份额或比例，享有合伙企业财产权益。

三、合伙人财产份额转让

（一）对外转让

合伙人向合伙人以外的人转让其在合伙企业中的全部或部分财产份额，须经其他合伙人一致同意，合伙协议另有约定的除外。

（二）内部转让

无须其他合伙人一致同意，只需通知其他合伙人即可。

（三）其他合伙人的优先购买权

合伙人向合伙人以外的人转让其在合伙企业中的财产份额的，在同等条件下，其他合伙人有优先购买权；但合伙协议另有约定的除外。

【解释1】合伙人优先购买权的行使要满足三个条件：1．合伙人对外转让财产份额；2．同等条件下；3．合伙协议没有特别约定。

【解释2】法律规定合伙人对外转让财产份额时其他合伙人的一致同意权和优先购买权，主要是基于合伙企业的人合性。

四、合伙人财产份额出质

合伙人以其在合伙企业中的财产份额出质的，须经其他合伙人一致同意；未经其他合伙人一致同意，其行为无效，由此给善意第三人造成损失的，由行为人依法承担赔偿责任。

【解释】如此规定主要是出于合伙企业人合性特征的考虑，若允许合伙人不经其他合伙的一致同意而将其财产份额出质担保，将面临质权人依法行使质权，该合伙人退伙的风险。

【例3-2017-单选题】某普通合伙企业合伙人甲因个人借款，拟将其合伙财产份额质押给债权人乙。根据合伙企业法律制度的规定，为使该质押行为有效，同意质押的合伙人人数应当是（　　）。

A．超过全体合伙人的2/3

B．超过全体合伙人的1/2

C．全体合伙人

D．超过全体合伙人的3/4

【答案】C

学堂点拨

根据规定，合伙人以其在合伙企业中的财产份额出质的，须经其他合伙人一致同意；未经其他合伙人一致同意，其行为无效，由此给善意第三人造成损失的，由行为人依法承担赔偿责任。因此，选项C正确。

知识点3 合伙事务执行（★★★）

一、执行形式

（一）全体合伙人共同执行。

（二）按照合伙协议的约定或者经全体合伙人决定，委托一个或者数个合伙人执行。

二、合伙人在执行合伙事务中的义务

（一）报告义务：合伙事务执行人向不参加执行事务的合伙人报告企业的经营状况和财务状况。

（二）竞业禁止义务：合伙人不得自营或者同他人合作经营与本合伙企业相竞争的业务。

（三）自我交易禁止义务：合伙人不得同本合伙企业进行交易。

（四）合伙人不得从事损害本合伙企业利益的活动。

三、合伙事务执行的决议办法

（一）由合伙协议对决议办法作出约定。

（二）合伙协议未约定或者约定不明确时，实行合伙人一人一票并经全体合伙人过半数通过的表决办法。

【解释】每一个合伙人不论其出资多少，对合伙企业有关事项均有同等的表决权。

（三）依照《合伙企业法》的规定作出决议。

提示

《合伙企业法》规定，除合伙协议另有约定外，以下事项必须经全体合伙人同意才能决定：1. 改变合伙企业的名称（改名）；2. 改变合伙企业的经营范围、主要经营场所的地点（改行、搬家）；3. 处分合伙企业的不动产（卖房）；4. 转让或者处分合伙企业的知识产权和其他财产权利（转让）；5. 以合伙企业名义为他人提供担保（担保）；6. 聘任合伙人以外的人担任合伙企业的经营管理人员（聘任）。

【例4-单选题】合伙企业举行合伙人会议表决对外投资事项，但合伙协议对该事项的表决办法未作约定。下列关于合伙企业表决办法的表述中，正确的是（　　）。

A. 须持有过半数财产份额的合伙人同意　　B. 须全体合伙人一致同意

C. 须过半数合伙人同意　　D. 须2/3以上合伙人同意

【答案】C

学堂点拨

根据规定，对合伙企业事务的决议，合伙协议未约定或者约定不明确时，实行合伙人一人一票并经全体合伙人过半数通过的表决办法。

【例5-2016-单选题】某普通合伙企业拟变更企业名称，但合伙协议对该事项的决议规则未作约定。下列表述中，符合合伙企业法律制度规定的是（　　）。

A. 该事项经全体合伙人一致同意方可通过

B. 该事项经半数以上合伙人同意即可通过

C. 该事项经2/3以上合伙人同意即可通过

D. 该事项经出资占比2/3以上的合伙人同意即可通过

【答案】A

学堂点拨

根据规定，除合伙协议另有约定外，以下事项必须经全体合伙人同意才能决定：1. 改变合伙企业的名称；2. 改变合伙企业的经营范围、主要经营场所的地点；3. 处分合伙企业的不动产；4. 转让或者处分合伙企业的知识产权和其他财产权利；5. 以合伙企业名义为他人提供担保；6. 聘任合伙人以外的人担任合伙企业的经营管理人员。

四、合伙企业损益分配

（一）合伙企业的利润分配、亏损分担，按照合伙协议的约定办理。

（二）合伙协议未约定或者约定不明确的，由合伙人协商决定；协商不成的，由合伙人按照实缴出资比例分配、分担；无法确定出资比例的，由合伙人平均分配、分担。

（三）合伙协议不得约定将全部利润分配给部分合伙人或者由部分合伙人承担全部亏损。

表 5-1　合伙企业的损益分配比例

合伙协议有约定	按约定的比例分配和分担。
合伙协议未约定	由合伙人协商决定。 协商不成的，由合伙人按照实缴出资比例分配、分担。 无法确定出资比例的，由合伙人平均分配、分担。

【例6-2015-单选题】根据合伙企业法律制度的规定，合伙企业利润分配的首要依据（　　）。

A．合伙协议约定的比例　　B．合伙人均等的比例

C．合伙人实缴出资的比例　　D．合伙人认缴出资的比例

【答案】A

学堂点拨

根据规定，合伙企业的利润分配、亏损分担，按照合伙协议的约定办理。合伙协议未约定或者约定不明确的，由合伙人协商决定；协商不成的，由合伙人按照实缴出资比例分配、分担；无法确定出资比例的，由合伙人平均分配、分担。因此，合伙企业利润分配的首要依据是合伙协议的约定。

五、非合伙人参与经营管理

除合伙协议另有约定外，经全体合伙人一致同意，可以聘任合伙人以外的人担任合伙企业的经营管理人员。

【解释】被聘任的经营管理人员，不具有合伙人的资格，因此不用对合伙企业债务与合伙人一起承担无限连带责任。

知识点4　合伙企业与第三人的关系（★★★）

一、合伙企业对外代表权的效力

（一）享有合伙企业对外代表权的主体：执行合伙企业事务的合伙人。

1．共同执行合伙企业事务的全体合伙人。

2．受委托执行合伙企业事务的部分合伙人。

3．因特别授权在单项合伙事务上有执行权的合伙人。

（二）合伙企业对合伙人执行合伙事务以及对外代表合伙企业权利的限制，不得对抗“善意”第三人。

【案例】甲、乙、丙共同出资设立A普通合伙企业，合伙协议约定由甲执行合伙企业事务，并且规定，如果合伙事务执行人对外代表合伙企业签订合同标的额超出5万元，须经全体合伙人表决通过。某日，甲代表A企业与不知情的B公司签订了标的额为7万元的原材料购销合同。

本案例中：尽管甲的行为超出了合伙协议的授权范围，但由于B公司是善意第三人，故该合同仍然对A企业生效，A企业应当履行合同义务。

二、合伙企业的债务清偿

第一步——由合伙企业财产优先清偿。

提示

合伙企业债务不同于合伙人的个人债务，债权人不能直接向合伙人个人求偿。

第二步——合伙企业财产不足清偿的，合伙人承担无限连带清偿责任。

第三步——合伙人之间的债务分担和追偿。

提示

合伙人由于承担无限连带责任，清偿数额超过规定的亏损分担比例的，有权向其他合伙人追偿。

三、合伙人的债务清偿

（一）合伙人发生的与合伙企业无关的债务，由合伙人个人自由财产清偿。

提示

相关债权人不得以其对合伙人个人的债权抵销其对合伙企业的债务；相关债权人不得代位行使该合伙人在合伙企业中的权利。

【例7-单选题】江某是一家合伙企业的合伙事务执行人，欠罗某个人债务7万元，罗某在交易中又欠合伙企业7万元，后合伙企业解散。清算中，罗某要求以其对江某的债权抵销其所欠合伙企业的债务，各合伙人对罗某的这一要求产生了分歧。下列哪种看法是正确的？（　　）

A．江某的债务如同合伙企业债务，罗某可以抵销其对合伙企业的债务

B．江某所负债务为个人债务，罗某不得以个人债权抵销其对合伙企业债务

C．若江某可从合伙企业分得7万元以上的财产，则罗某可以抵销其对合伙企业的债务

D．罗某可以抵销其债务，但江某应分得的财产不足7万元时，应就差额部分对其他合伙人承担赔偿责任

【答案】B

学堂点拨

根据规定，相关债权人不得以其对合伙人个人的债权抵销其对合伙企业的债务。因此，选项B正确。

（二）合伙人自有财产不足以清偿其与合伙企业无关的债务的：

1．该合伙人可以以其从合伙企业中分取的收益用于清偿；

2．债权人也可以依法请求人民法院强制执行该合伙人在合伙企业中的财产份额用于清偿。

【解释】债权人不能自行接管（或直接变卖）该合伙人在合伙企业中的财产份额。

提示

人民法院强制执行合伙人的财产份额时，应当通知全体合伙人，其他合伙人有优先购买权；其他合伙人未购买，又不同意将该财产份额转让给他人的，依照《合伙企业法》的规定为该合伙人办理退伙结算，或者办理削减该合伙人相应财产份额的结算。

【例8-单选题】合伙人甲在合伙企业中有财产份额15万元，待分配利润3万元。现甲无力偿还其对第三人乙的负债20万元，乙要求强制执行甲在合伙企业中的财产。对此，下列哪一种说法是正确的？（　　）

A．乙仅可就该15万元份额请求强制执行

B．乙仅可就该3万元待分配利润请求强制执行

C．乙可以就该15万元份额和3万元待分配利润请求强制执行

D．乙可以就该15万元份额和3万元待分配利润请求强制执行，但必须扣除甲在合伙企业中应当承担的债务份额

【答案】C

学堂点拨

根据规定，合伙人发生的与合伙企业无关的债务，由合伙人个人自有财产清偿。合伙人自有财产不足清偿其与合伙企业无关的债务的，该合伙人可以以其从合伙企业中分取的收益用于清偿；债权人也可以依法请求人民法院强制执行该合伙人在合伙企业中的财产份额用于清偿。因此，选项C正确。

知识点5 入伙和退伙（★★★）

一、入伙

（一）入伙条件和程序

1．全体合伙人一致同意（合伙协议可以另行约定）。

2．依法订立书面合伙协议。

3．原合伙人应向新合伙人如实告知合伙企业的经营状况和财务状况。

（二）新合伙人的权利和责任

1．与原合伙人享有同等权利、承担同等责任（合伙协议可另行约定）。

2．新合伙人对其入伙前合伙企业的债务承担无限连带责任。

二、退伙

（一）退伙的种类和事由

1．退伙的种类

自愿退伙（协议退伙、通知退伙）和法定退伙（当然退伙、除名）。

2．协议退伙的事由

（1）合伙协议约定的退伙事由出现。

（2）经全体合伙人一致同意。

（3）发生合伙人难以继续参加合伙的事由。

（4）其他合伙人严重违反合伙协议约定的义务。

3．通知退伙事由

合伙协议未约定合伙期限的，合伙人在不给合伙企业事务执行造成不利影响的情况下，可以退伙，但应当提前30日通知其他合伙人。

【解释】协议退伙与通知退伙的区别：合伙协议是否约定了合伙期限。

4．当然退伙的事由

（1）作为合伙人的自然人死亡或者被依法宣告死亡。

（2）个人丧失偿债能力。

（3）作为合伙人的法人或者其他组织依法被吊销营业执照、责令关闭、撤销，或者被宣告破产。

（4）法律规定或者合伙协议约定合伙人必须具有相关资格而丧失该资格。

（5）合伙人在合伙企业中的全部财产份额被人民法院强制执行。

提示

1. 普通合伙人被依法认定为无民事行为能力人或者限制民事行为能力人的，并不是当然退伙的事由，此时，可能存在两种处理方式：（1）经其他合伙人一致同意，可以依法转为有限合伙人，普通合伙企业依法转为有限合伙企业；（2）其他合伙人未能一致同意的，该无民事行为能力或者限制民事行为能力的合伙人退伙。作为有限合伙人的自然人在有限合伙企业存续期间丧失民事行为能力的，其他合伙人不得因此要求其退伙。

2. 退伙事由实际发生之日为退伙生效日。

3. 丧失偿债能力：普通合伙人当然退伙，有限合伙人不退伙。

5. 除名的事由

合伙人有下列情形之一的，经其他合伙人一致同意，可以决议将其除名：

（1）未履行出资义务；

（2）因故意或者重大过失给合伙企业造成损失；

（3）执行合伙事务时有不正当行为；

（4）发生合伙协议约定的事由。

提示

1. 对合伙人的除名决议应当书面通知被除名人。被除名人接到除名通知之日，除名生效，被除名人退伙。被除名人对除名决议有异议的，可以自接到除名通知之日起30日内，向人民法院起诉。

2. “故意、主动”犯错——除名；“被动”出问题——当然退伙。

（二）退伙的效果

1. 财产继承（合伙人死亡时的退伙）

（1）继承人具备完全民事行为能力的，按照合伙协议的约定或者经全体合伙人一致同意，可以取得普通合伙人资格。

【解释】继承人可取得该合伙企业的合伙人资格的条件：1. 有合法继承权；2. 有合伙协议的约定或者全体合伙人的一致同意；3. 继承人愿意；4. 继承人具备法律规定或者合伙协议约定合伙人必须具有的相关资格。

（2）继承人为无民事行为能力人或者限制民事行为能力人的，有两种可能：①经全体合伙人一致同意，可以依法成为有限合伙人，普通合伙企业依法转为有限合伙企业；②全体合伙人未能一致同意的，合伙企业应当将被继承合伙人的财产份额退还该继承人。注意：有限合伙人的继承人可以依法取得该有限合伙人在有限合伙企业中的资格。

【例9-多选题】根据合伙企业法律制度的规定，下列各项中，属于普通合伙企业的合伙人当然退伙情形的有（　　）。

A．个人丧失偿债能力

B．经全体合伙人一致同意

C．合伙人在合伙企业中的全部财产份额被人民法院强制执行

D．发生合伙人难以继续参加合伙的事由

【答案】AC

学堂点拨

选项A、C正确：根据规定，合伙人当然退伙的事由包括：1．作为合伙人的自然人死亡或者被依法宣告死亡；2．个人丧失偿债能力（选项A）；3．作为合伙人的法人或者其他组织依法被吊销营业执照、责令关闭、撤销，或者被宣告破产；4．法律规定或者合伙协议约定合伙人必须具有相关资格而丧失该资格；5．合伙人在合伙企业中的全部财产份额被人民法院强制执行（选项C）。选项B、D属于协议退伙的事由。

【例10-单选题】甲、乙、丙共同投资设立一家普通合伙企业，合伙协议对合伙人的资格取得或丧失未作约定。合伙企业存续期间，甲因车祸去世，甲妻丁是唯一继承人。下列表述中，符合合伙企业法律制度规定的是哪一项？（　　）

A．丁自动取得该企业合伙人资格

B．经乙、丙一致同意，丁取得该企业合伙人资格

C．丁不能取得该企业合伙人资格，只能由该企业向丁退还甲在企业中的财产份额

D．丁自动成为有限合伙人，该企业转为有限合伙企业

【答案】B

学堂点拨

根据规定，普通合伙人死亡时，其继承人具备完全民事行为能力的，按照合伙协议的约定或者经全体合伙人一致同意，可以取得普通合伙人资格。因此，本题中，丁若想成为合伙人，须经全体合伙人（乙和丙）一致同意。故选项B正确。

2．退伙结算（合伙人未死亡时的退伙）

（1）合伙人退伙时，合伙企业财产少于合伙企业债务的，退伙人应当依照法律规定分担亏损。

（2）合伙人退伙以后，并不能解除对于合伙企业既往债务的连带责任，退伙人对基于其退伙前的原因发生的合伙企业债务，承担无限连带责任。

知识点6　特殊的普通合伙企业（★★★）

一、特殊的普通合伙企业的范围

特殊的普通合伙企业一般是以专业知识和专门技能为客户提供有偿服务的专业服务机构，如注册会计师事务所、律师事务所等。

二、特殊的普通合伙企业的特征

（一）名称

应当标明“特殊普通合伙”字样。

（二）对外责任承担

1. 有限责任与无限连带责任相结合

一个合伙人或者数个合伙人在执业活动中因“故意或者重大过失”造成合伙企业债务的，应当承担无限责任或者无限连带责任，其他合伙人以其在合伙企业中的财产份额为限承担责任。

提示

此处的“有限责任”不同于有限合伙人的“有限责任”，后者是指以“合伙人认缴的出资额为限”承担的责任。

2. 无限连带责任

合伙人在执业活动中“非因故意或者重大过失”造成的合伙企业债务以及合伙企业的其他债务，由全体合伙人承担无限连带责任。重大过失，是指明知可能造成损失而轻率地作为或者不作为。

3. 内部责任追偿

合伙人执业活动中因故意或者重大过失造成的合伙企业债务，以合伙企业财产对外承担责任后，该合伙人应当按照合伙协议的约定对给合伙企业造成的损失承担赔偿责任。

【例11-2013-单选题】注册会计师甲、乙、丙共同出资设立一家特殊的普通合伙制会计师事务所。因甲、乙在某次审计业务中故意出具不实审计报告，人民法院判决会计师事务所赔偿当事人50万元。根据合伙企业法律制度的规定，下列关于该赔偿责任承担的表述中，正确的是（　　）。

A. 以该会计师事务所的全部财产为限承担责任

B. 甲、乙、丙均承担无限连带责任

C. 甲、乙、丙均以其在会计师事务所中的财产份额为限承担责任

D. 甲、乙承担无限连带责任，丙以其在会计师事务所中的财产份额为限承担责任

【答案】D

学堂点拨

根据规定，有限合伙企业中，一个合伙人或者数个合伙人在执业活动中因“故意或者重大过失”造成合伙企业债务的，应当承担无限责任或者无限连带责任，其他合伙人以其在合伙企业中的财产份额为限承担责任。本题中，该项赔偿责任因甲、乙的故意行为导致，因此，甲、乙应承担无限连带责任，丙以其在会计师事务所中的财产份额为限承担责任。

第三单元　有限合伙企业

知识点1　有限合伙企业的概念和特征（★）

一、有限合伙企业的概念

有限合伙企业是指由有限合伙人和普通合伙人共同组成，普通合伙人对合伙企业债务承担无限连带责任，有限合伙人以其认缴的出资额为限对合伙企业债务承担有限责任的合伙组织。

二、有限合伙企业的特征

（一）与普通合伙企业比较

1. 合伙人构成方面

有限合伙企业合伙人包括普通合伙人和有限合伙人；普通合伙企业合伙人全为普通合伙人。

2. 企业事务管理方面

有限合伙企业中的“有限合伙人”不参与合伙企业事务管理；普通合伙企业中的合伙人因为全为普通合伙人，故原则上均有合伙事务执行权。

3. 责任承担方面

有限合伙企业中，有限合伙人承担有限责任，普通合伙人承担无限连带责任；普通合伙企业中，合伙人均承担无限连带责任。

（二）与特殊普通合伙企业比较

1. 合伙人构成方面

有限合伙企业的合伙人分为有限合伙人与普通合伙人两种，而特殊的普通合伙企业的合伙人均为普通合伙人。

2. 合伙人责任承担不同

有限合伙中的有限合伙人承担有限责任，普通合伙人承担无限连带责任；而特殊的普通合伙企业中，一般情况下全体合伙人都是承担无限连带责任，只有一个合伙人或者数个合伙人在执业活动中因“故意或者重大过失”造成合伙企业债务的情况下，才会出现合伙人责任承担方式上的区别，即存在故意或重大过失的合伙人承担无限（连带）责任，其他合伙人以其在合伙企业中的财产份额为限承担责任。

知识点2　有限合伙企业的特殊规定（★★）

一、有限合伙企业设立的特殊规定

（一）合伙人

1. 人数：2～50人，法律另有规定的除外。

提示

普通合伙企业中的合伙人没有人数限制。

2. 至少有一个普通合伙人：

（1）有限合伙企业中仅剩有限合伙人的，应当解散；

（2）有限合伙企业中仅剩普通合伙人的，应当转为普通合伙企业。

提示

1. 普通合伙企业的合伙人为两人以上，法律并未规定最高限额。

2. 国有独资公司、国有企业、上市公司以及公益性的事业单位、社会团体不得成为普通合伙人，可以成为有限合伙人。

（二）名称

应当标明“有限合伙”字样。

（三）出资形式

“有限合伙人”可用货币、实物、知识产权、土地使用权或者其他财产权利作价出资，但“不得”以劳务出资。

【例1–单选题】甲、乙、丙、丁拟共同投资设立一家有限合伙企业，甲、乙为普通合伙人，丙、丁为有限合伙人。四人草拟了一份合伙协议。该合伙协议的下列内容中，符合合伙企业法律制度的是（　　）。

A．合伙企业名称为“环宇商贸有限公司”

B．丙、丁可以将其在合伙企业中的财产份额出质

C．丙任执行事务合伙人

D．甲以房屋作价30万元出资，乙以专利技术作价15万元出资，丙以劳务作价20万元出资，丁以现金50万元出资

【答案】B

学堂点拨

选项A错误：有限合伙企业的名称应当标明“有限合伙”字样，而不是“有限公司”字样。选项C错误：有限合伙企业中的“有限合伙人”不参与合伙企业事务管理。选项D错误：有限合伙人可用货币、实物、知识产权、土地使用权或者其他财产权利作价出资，但不得以劳务出资。选项B正确：根据规定，有限合伙人可以将其在有限合伙企业中的财产份额出质，但是，合伙协议另有约定的除外。

二、有限合伙企业事务执行的特殊规定

（一）事务执行人：普通合伙人

1. 合伙协议可以约定由数个普通合伙人执行合伙企业事务。

2. 合伙协议无约定的，全体普通合伙人是合伙企业事务的共同执行人。

（二）有限合伙人不得执行合伙事务

1. 有限合伙人的下列行为，不视为执行合伙事务：

（1）参与决定普通合伙人入伙、退伙；（2）对企业的经营管理提出建议；（3）参与选择承办有限合伙企业审计业务的会计师事务所；（4）获取经审计的有限合伙企业财务会计报告；（5）对涉及自身利益的情况，查阅有限合伙企业财务会计账簿等财务资料；（6）在有限合伙企业中的利益受

到侵害时，向有责任的合伙人主张权利或者提起诉讼；（7）执行事务合伙人怠于行使权利时，督促其行使权利或者为了本企业的利益以自己的名义提起诉讼；（8）依法为本企业提供担保。

【解释】执行合伙事务一般表现为合伙人对外代表合伙企业实施签合同等法律行为，有限合伙人的上述8种行为并非对外代表合伙企业，故不属于执行合伙事务。

2. 有限合伙人执行合伙企业事务的法律后果：

（1）第三人有理由相信有限合伙人为普通合伙人并与其交易的，该有限合伙人对“该笔交易”承担与普通合伙人同样的责任（无限连带责任）；

（2）有限合伙人未经授权以有限合伙企业名义与他人进行交易，给有限合伙企业或者其他合伙人造成损失的，该有限合伙人应当承担赔偿责任。

【例2-2015-单选题】根据合伙企业法律制度的规定，下列行为中，禁止由有限合伙人实施的是（　　）。

A. 为本合伙企业提供担保

B. 参与决定普通合伙人入伙

C. 以合伙企业的名义对外签订买卖合同

D. 对涉及自身利益的情况，查阅合伙企业的财务会计账簿

【答案】C

学堂点拨

选项A、B、D均不属于执行合伙企业事务，因此，有限合伙人有权实施；选项C属于执行合伙企业事务，有限合伙人无权实施。

【例3-单选题】甲、乙、丙、丁四人组成一个运输有限合伙企业，合伙协议规定甲、乙为普通合伙人，丙、丁为有限合伙人。某日，丁为合伙企业运送石材，路遇法院拍卖房屋，丁想替合伙企业竞买该房，于是以合伙企业的名义将石材质押给徐某，借得20万元，竞买了房子。徐某的债权若得不到实现，应当向谁主张权利？（　　）

A. 应当要求丁承担清偿责任

B. 应当要求甲、乙、丙、丁承担连带清偿责任

C. 应当要求甲、乙承担连带清偿责任

D. 应当要求甲、乙、丁承担连带清偿责任

【答案】D

学堂点拨

根据规定，有限合伙人无权执行合伙事务，如果有限合伙人擅自执行合伙事务，第三人有理由相信有限合伙人为普通合伙人并与其交易的，该有限合伙人对该笔交易承担与普通合伙人同样的无限连带责任。本题中，丁作为有限合伙人擅自以合伙企业名义向徐某借款，属于执行合伙事务，因此，应对该项债务与普通合伙人甲、乙一同承担无限连带责任，选项D正确。

三、有限合伙企业财产出质与转让的特殊规定

（一）有限合伙人财产份额出质

有限合伙人"可以"将其在有限合伙企业中的财产份额出质，但是，合伙协议另有约定的除外。

提示

普通合伙人以其在合伙企业中的财产份额出质的，须经其他合伙人一致同意；未经其他合伙人一致同意，其行为无效，由此给善意第三人造成损失的，由行为人依法承担赔偿责任。

（二）有限合伙人对外转让财产份额的特殊规定

有限合伙人可以"按照合伙协议的约定"向合伙人以外的人转让其在有限合伙企业中的财产份额，但应当提前30日"通知"其他合伙人。

提示

普通合伙人向合伙人以外的人转让其在合伙企业中的全部或部分财产份额，须经其他合伙人一致同意，合伙协议另有约定的除外。

四、有限合伙企业入伙和退伙的特殊规定

（一）入伙

新入伙的有限合伙人对入伙前有限合伙企业的债务，以其"认缴的出资额"（而非实缴）为限承担责任。

提示

新入伙的"普通合伙人"对入伙前合伙企业的债务承担无限连带责任。

（二）退伙

1. 有限合伙人丧失偿债能力

有限合伙人丧失偿债能力，不会导致其当然退伙。

2. 有限合伙人丧失民事行为能力

有限合伙人在有限合伙企业存续期间丧失民事行为能力，并不影响有限合伙企业的正常生产经营活动的，其他合伙人"不能"要求其退伙。

3. 有限合伙人继承人的权利

作为有限合伙人的自然人死亡，被依法宣告死亡或者作为有限合伙人的法人及其他组织终止时，有限合伙人的继承人或权利承受人可以取得该有限合伙人在合伙企业中的资格（无须以合伙协议的约定或者取得全体合伙人一致同意为前提）。

4. 有限合伙人退伙后的责任承担

有限合伙人退伙后，对基于其退伙前的原因发生的有限合伙企业债务，以其退伙时从有限合伙企业中取回的财产承担责任（而非承担无限连带责任）。

五、有限合伙企业的其他特殊规定

（一）利润分配

有限合伙企业不得将全部利润分配给部分合伙人，但是，“合伙协议另有约定的除外”。

（二）有限合伙人自我交易与竞业

1．自我交易——原则上自由，例外禁止

有限合伙人“可以”同本有限合伙企业进行交易，但是，合伙协议另有约定的除外。（普通合伙人“不可以”。）

2．竞业——原则上自由，例外禁止

有限合伙人“可以”自营或者同他人合作经营与本有限合伙企业相竞争的业务，但是，合伙协议另有约定的除外。（普通合伙人“不可以”。）

【例4-单选题】甲是某有限合伙企业的有限合伙人，持有该企业15%的财产份额。在合伙协议无特别约定的情况下，甲在合伙期间未经其他合伙人同意实施的下列行为中，违反《合伙企业法》规定的是哪一项？（　　）

A．将自购的机器设备出租给合伙企业使用

B．以合伙企业的名义购买汽车一辆归合伙企业使用

C．以自己在合伙企业中的财产份额向银行提供质押担保

D．提前30日通知其他合伙人将其部分财产份额转让给合伙人以外的人

【答案】B

学堂点拨

选项A不当选：根据规定，有限合伙人“可以”同本有限合伙企业进行交易，但是，合伙协议另有约定的除外。因此，本题中，甲将自购的机器设备出租给合伙企业，使用符合规定。选项C不当选：根据规定，有限合伙人“可以”将其在有限合伙企业中的财产份额出质，但是，合伙协议另有约定的除外。因此，本题中，甲以自己在合伙企业中的财产份额向银行提供质押担保，符合规定。选项D不当选：根据规定，有限合伙人可以“按照合伙协议的约定”向合伙人以外的人转让其在有限合伙企业中的财产份额，但应当提前30日“通知”其他合伙人。因此，本题中，甲提前30日通知其他合伙人将其部分财产份额转让给合伙人以外的人，符合规定。

知识点3 合伙人的性质转变（★★★）

一、有限合伙人转变为普通合伙人

有限合伙人转变为普通合伙人的，对其作为有限合伙人期间有限合伙企业发生的债务承担无限连带责任。

二、普通合伙人转变为有限合伙人

普通合伙人转变为有限合伙人，对其作为普通合伙人期间合伙企业发生的债务承担无限连带责任。

【总结】不论是有限合伙人转变为普通合伙人，还是普通合伙人转变为有限合伙人，合伙人都要

对其身份转变前合伙企业的债务承担无限连带责任。

【例5-单选题】甲、乙、丙、丁成立一家有限合伙企业，其中甲、乙为普通合伙人，丙、丁为有限合伙人。1年后甲转为有限合伙人，丙转为普通合伙人。此前，合伙企业欠银行50万元，该债务直至合伙企业被宣告破产仍未偿还。下列有关该50万元债务清偿责任的表述中，符合合伙企业法律制度规定的是哪一项？（　　）

A．甲、乙承担无限连带责任，丙、丁以其出资额为限承担责任

B．乙、丙承担无限连带责任，甲、丁以其出资额为限承担责任

C．甲、乙、丙承担无限连带责任，丁以其出资额为限承担责任

D．乙承担无限连带责任，甲、丙、丁以其出资额为限承担责任

【答案】C

学堂点拨

根据规定，不论是有限合伙人转变为普通合伙人，还是普通合伙人转变为有限合伙人，合伙人都要对其身份转变前合伙企业的债务承担无限连带责任。因此，本题中，甲、丙因为身份转变，对企业债务承担无限连带责任，乙作为普通合伙人本来就承担无限连带责任。故选项C正确。

表 5-2　普通合伙人与有限合伙人的比较

事由	普通合伙人	有限合伙人
能否劳务出资	能	否
能否执行事务	能	否
能否与自己交易	一般不能（除约定或一致同意）	一般能（除另有约定）
能否经营相竞争业务	否	一般能（除另有约定）
出质	一般不能（除非全体同意）	一般能（除另有约定）
对外转让财产份额	一般不能（除约定或一致同意）	提前30日通知即可
丧失偿债能力时是否当然退伙	是	否
丧失民事行为能力时是否当然退伙	其他合伙人一致同意：转有限合伙人，否则只能退伙	否
入伙	对入伙前合伙企业的债务承担无限连带责任	对入伙前有限合伙企业的债务以其认缴的出资额为限承担责任
退伙	对基于其退伙前的原因发生的合伙企业的债务承担无限连带责任	对基于其退伙前的原因发生的合伙企业的债务，以其退伙时从有限合伙企业中取回的财产承担责任

第四单元　合伙企业的解散和清算

知识点1　合伙企业的解散（★★）

合伙企业的解散原因：

一、合伙期限届满，合伙人决定不再经营；

二、合伙协议约定的解散事由出现；

三、全体合伙人决定解散；

四、合伙人已不具备法定人数满30天；

五、合伙协议约定的合伙目的已经实现或者无法实现；

六、依法被吊销营业执照、责令关闭或者被撤销；

七、法律、行政法规规定的其他原因。

知识点2　合伙企业的清算（★★）

一、确定清算人

（一）全体合伙人。

（二）经全体合伙人过半数同意：自合伙企业解散事由出现后15日内指定一个或者数个合伙人；或者委托第三人。

（三）自合伙企业解散事由出现之日起15日内未确定清算人的，合伙人或者其他利害关系人可以申请人民法院指定清算人。

二、清算人的职责

（一）清理合伙企业财产，分别编制资产负债表和财产清单。

（二）处理与清算有关的合伙企业未了结事务。

（三）清缴所欠税款。

（四）清理债权、债务。

（五）处理合伙企业清偿债务后的剩余财产。

（六）代表合伙企业参加诉讼或仲裁活动。

三、债权申报

（一）通知和公告债权人：清算人自被确定之日起10日内将合伙企业解散事项通知债权人，并于60日内在报纸上公告。

（二）申报债权期限：债权人接到通知书之日起30日内，未接到通知书的自公告之日起45日内。

四、财产清偿顺序

（一）首先清偿——清算费用。

1. 管理合伙企业财产的费用，如仓储费、保管费、保险费等。

2. 处分合伙企业财产的费用，如聘任工作人员的费用等。

3. 清算过程中的其他费用、如通告债权人的费用，调查债权的费用、咨询费用、诉讼费用等。

（二）其次清偿——合伙企业职工工资、社会保险费用和法定补偿金。

（三）再次清偿——所欠税款。

（四）最后清偿——普通债务。

（五）剩余财产——分配给合伙人。

提示

合伙企业违反法律应当承担民事赔偿责任和缴纳罚款、罚金，其财产不足以同时支付的，应先承担民事赔偿责任。

五、其他问题

（一）注销登记

清算结束后，清算人应当编制清算报告，经全体合伙人签名、盖章后，在15日内向企业登记机关报送清算报告，申请办理合伙企业注销登记。

（二）合伙企业不能清偿到期债务的处理

合伙企业被依法宣告破产的，普通合伙人对合伙企业债务仍应承担无限连带责任。

【例-2016-单选题】根据合伙企业法律制度的规定，合伙企业解散清算时，企业财产首先应当清偿支付的是（　　）。

A. 所欠税款　　B. 所欠银行借款

C. 所欠职工工资　　D. 清算费用

【答案】D

学堂点拨

合伙企业财产在支付清算费用和职工工资、社会保险费用、法定补偿金以及缴纳所欠税款、清偿债务后的剩余财产，依照规定进行分配。

本章强化练习

一、单项选择题

1．某普通合伙企业合伙人甲，在未告知其他合伙人的情况下，以其在合伙企业中的财产份额出质，其他合伙人知悉后表示反对。根据合伙企业法律制度的规定，下列关于该出质行为效力的表述中，正确的是（　　）。

A．有效　　B．无效

C．可撤销　　D．效力待定

2．2010年5月，贾某以一套房屋作为投资，与几位朋友设立一家普通合伙企业，从事软件开发。2014年6月，贾某举家移民海外，故打算自合伙企业中退出。对此，下列哪一选项是正确的？（　　）

A．在合伙协议未约定合伙期限时，贾某向其他合伙人发出退伙通知后，即发生退伙效力

B．因贾某的退伙，合伙企业须进行清算

C．退伙后贾某可向合伙企业要求返还该房屋

D．贾某对退伙前合伙企业的债务仍须承担无限连带责任

3．某普通合伙企业合伙人甲享有合伙财产份额价值为10万元，因个人车辆修理而欠乙修理费5万元，到期无力清偿。同时乙欠合伙企业5万元未清偿；合伙企业未向甲支付上一年度应分配利润10万元。债权人乙提出的下列主张中，符合合伙企业法律制度规定的是（　　）。

A．以甲欠乙的修理费抵销乙欠合伙企业的货款

B．请求人民法院强制执行甲在合伙企业中的财产份额以清偿修理费

C．代位行使甲对合伙企业上一年度全部可分配利润的请求权

D．直接取得甲在合伙企业中价值5万元的财产份额

4．根据合伙企业法律制度的规定，构成有限合伙人当然退伙情形的是（　　）。

A．作为有限合伙人的法人被宣告破产

B．作为有限合伙人的自然人丧失民事行为能力

C．作为有限合伙人的自然人失踪

D．作为有限合伙人的自然人故意给合伙企业造成损失

5．某普通合伙企业的合伙人包括有限责任公司甲、乙，自然人丙、丁，根据合伙企业法律制度的规定，下列情况中，属于当然退伙事由的是（　　）。

A．甲被债权人申请破产　　B．丁因斗殴被公安机关拘留

C．丙被依法宣告失踪　　D．乙被吊销营业执照

6．某普通合伙企业合伙人甲死亡，其未成年子女乙、丙是其全部合法继承人。根据合伙企业法律制度的规定，下列表述中，正确的是（　　）。

A．乙、丙可以继承甲的财产份额，但不能成为合伙人

B．乙、丙因继承甲的财产份额自动取得合伙人资格

C．经全体合伙人一致同意，乙、丙可以成为有限合伙人

D．应解散合伙企业，清算后向乙、丙退还甲的财产份额

7．甲、乙、丙拟设立一家有限合伙企业。甲为普通合伙人，乙、丙为有限合伙人。下列合伙协议内容中，符合合伙企业法律制度规定的是（　　）。

A．乙以劳务作价20万元出资

B．甲以其出资金额的两倍为限对合伙债务承担责任

C．丙不得将其在合伙企业中的财产份额出质

D．丙是合伙事务执行人

8．根据合伙企业法律制度的规定，下列各项中，有限合伙人可用作合伙企业出资的是（　　）。

A．为合伙企业提供财务管理　　B．为合伙企业提供战略咨询

C．债权　　D．社会关系

9．甲上市公司、乙普通合伙企业、丙全民所有制企业和丁公立大学拟共同设立一家有限合伙企业。根据合伙企业法律制度的规定，甲、乙、丙、丁中可以成为普通合伙人的是（　　）。

A．甲　　B．乙　　C．丙　　D．丁

10．甲、乙、丙、丁四人共同出资设立普通合伙企业，全体合伙人协商确定由合伙人甲一个人执行企业事务。在合伙协议没有特别约定的情况下，下列表述中，符合合伙企业法律制度规定的是（　　）。

A．甲无权以劳务出资

B．甲有权同他人合作经营与本合伙企业相竞争的业务

C．甲有权单独决定转让合伙企业的专利权

D．经过全体合伙人一致同意，甲将自己的一辆货车卖给合伙企业

二、多项选择题

1．根据合伙企业法律制度的规定，合伙企业的下列事项中，应当在工商行政管理机关登记的有（　　）。

A．执行事务合伙人　　B．主要经营场所

C．合伙人的住所　　D．合伙人的家庭状况

2．根据合伙企业法律制度的规定，下列各项中，可以成为普通合伙人的有（　　）。

A．甲国有独资企业　　B．乙上市公司

C．丙中外合资企业　　D．丁一般公司

3．根据合伙企业法律制度的规定，下列各项中，属于合伙企业财产的有（　　）。

A．合伙人缴纳的实物出资　　B．合伙企业借用的某合伙人的电脑

C．合伙企业对某公司的债权　　D．合伙企业合法接受的赠与财产

4．根据合伙企业法律制度的规定，下列各项中，不属于普通合伙企业的合伙人当然退伙情形的有（　　）。

A．经全体合伙人一致同意

B．发生合伙人难以继续参加合伙的事由

C．个人丧失偿债能力

D．合伙人在合伙企业中的全部财产份额被人民法院强制执行

5．甲、乙和丙设立某普通合伙企业，从事餐饮服务，2017年6月5日，甲退伙；6月10日，丁入伙。6月9日，合伙企业经营的餐厅发生卡式燃气炉灼伤顾客戊的事件，需要支付医疗费用等共计45万元，经查，该批燃气炉系当年4月合伙人共同决定购买，其质量不符合相关国家标准。该合伙企业支付30万元赔偿后已无赔偿能力。现戊请求合伙人承担其余15万元赔偿责任。根据合伙企业法律制度的规定，应承担赔偿责任的合伙人有（　　）。

A．乙　　B．甲　　C．丁　　D．丙

6．根据合伙企业法律制度的规定，下列有限合伙人的行为中，视为执行合伙企业事务的有（　　）。

A．参与决定普通合伙人退伙　　B．参与决定合伙企业为第三人提供担保

C．为合伙企业提供担保　　D．参与决定出售合伙企业房产

7．某产业投资基金的组织形式为有限合伙企业。其有限合伙人的下列行为中，符合合伙企业法律制度规定的有（　　）。

A．担任该基金总经理

B．对该基金的经营管理提出建议

C．参与选择承办该基金审计业务的会计师事务所

D．依法为该基金提供担保

8．甲、乙分别为某有限合伙企业的普通合伙人和有限合伙人。后甲变更为有限合伙人，乙变更为普通合伙人。下列关于甲、乙对其合伙人性质互换前的企业债务承担的表述中，符合合伙企业法律制度规定的有（　　）。

A．甲对其作为普通合伙人期间的企业债务承担有限责任

B．甲对其作为普通合伙人期间的企业债务承担无限连带责任

C．乙对其作为有限合伙人期间的企业债务承担无限连带责任

D．乙对其作为有限合伙人期间的企业债务承担有限责任

9．李军退休后于2014年3月，以20万元加入某有限合伙企业，成为有限合伙人。后该企业的另一名有限合伙人退出，李军便成为唯一的有限合伙人。2014年6月，李军不幸发生车祸，虽经抢救保住性命，但已成为植物人。对此，下列哪一表述是错误的？（　　）

A．就李军入伙前该合伙企业的债务，李军仅需以20万元为限承担责任

B．如李军因负债累累而丧失偿债能力，该合伙企业有权要求其退伙

C．因李军已成为植物人，故该合伙企业有权要求其退伙

D．因唯一的有限合伙人已成为植物人，故该有限合伙企业应转为普通合伙企业

10．周橘、郑桃、吴柚设立一家普通合伙企业，从事服装贸易经营。郑桃因炒股欠下王椰巨额债务。下列哪些表述是正确的？（　　）

A．王椰可以郑桃从合伙企业中分取的利益来受偿

B．郑桃不必经其他人同意，即可将其合伙财产份额直接抵偿给王椰

C．王椰可申请强制执行郑桃的合伙财产份额

D．对郑桃的合伙财产份额的强制执行，周橘和吴柚享有优先购买权

答案及解析

一、单项选择题

1. 【答案】B

【学堂点拨】根据规定，合伙人以其在合伙企业中的财产份额出质的，须经其他合伙人一致同意；未经其他合伙人一致同意，其行为无效，由此给善意第三人造成损失的，由行为人依法承担赔偿责任。选项B正确。

2. 【答案】D

【学堂点拨】选项A错误：根据规定，合伙协议未约定合伙期限的，合伙人在不给合伙企业事务执行造成不利影响的情况下，可以退伙，但应当提前30日通知其他合伙人。选项B错误：根据规定，合伙企业解散，应当由清算人进行清算。据此可知，清算以解散为前提，而贾某的退伙不会导致该合伙企业的解散，因此无须清算。选项C错误：根据规定，退伙人在合伙企业中财产份额的退还办法，由合伙协议约定或者由全体合伙人决定，可以退还货币，也可以退还实物。选项D正确：根据规定，退伙人对基于其退伙前的原因发生的合伙企业债务，承担无限连带责任。

3. 【答案】B

【学堂点拨】合伙人发生与合伙企业无关的债务，相关债权人不得以其债权抵销其对合伙企业的债务；也不得代位行使合伙人在合伙企业中的权利，选项A、C错误。合伙人的自有财产不足清偿其与合伙企业无关的债务的，该合伙人可以以其从合伙企业中分取的收益用于清偿；债权人也可以依法请求人民法院强制执行该合伙人在合伙企业中的财产份额用于清偿，选项B正确，D错误。

4. 【答案】A

【学堂点拨】有限合伙人有下列情形之一的，当然退伙：（1）作为合伙人的自然人死亡或者被依法宣告死亡，因此失踪并不导致当然退伙（选项C错误）；（2）作为合伙人的法人或者其他组织依法被吊销营业执照、责令关闭撤销，或者被宣告破产（选项A正确）；（3）法律规定或者合伙协议约定合伙人必须具有相关资格而丧失该资格；（4）合伙人在合伙企业中的全部财产份额被人民法院强制执行。

5. 【答案】D

【学堂点拨】合伙人有下列情形之一的，当然退伙：（1）作为合伙人的自然人死亡或者被依法宣告死亡（选项B、C错误）；（2）个人丧失偿债能力；（3）作为合伙人的法人或者其他组织依法被吊销营业执照、责令关闭、撤销，或者被宣告破产（选项A错误，选项D正确）；（4）法律规定或者合伙协议约定合伙人必须具有相关资格而丧失该资格；（5）合伙人在合伙企业中的全部财产份额被人民法院强制执行。

6. 【答案】C

【学堂点拨】普通合伙人死亡或者被依法宣告死亡的，对该合伙人在合伙企业中的财产份额享有合法继承权的继承人，按照合伙协议的约定或者经全体合伙人一致同意，从继承开始之日起，取得该合伙企业的合伙人资格，选项B错误；普通合伙人的继承人为无民事行为能力人或者限制民事行为能力人的，经全体合伙人一致同意，可以依法成为有限合伙人，普通合伙企业依法转为有限合伙企业，选项A错误，选项C正确；全体合伙人未能一致同意的，合伙企业应当将被继承合伙人的财产份额退还该继承人，选项D错误。

7. 【答案】C

【学堂点拨】只有普通合伙人可以以劳务出资，有限合伙人不得以劳务出资，选项A错误；有限合伙企业中普通合伙人对合伙企业事务承担无限连带责任，有限合伙人以其认缴的出资额为限对合伙企业债务承担责任，选项B错误；有限合伙人以其财产出质的，先看合伙协议的约定，没有约定的，有限合伙人可以以其财产出资，选项C正确；有限合伙企业由普通合伙人执行事务，有限合伙人不执行合伙事务，不得对外代表有限合伙企业，选项D错误。

8. 【答案】C

【学堂点拨】有限合伙人不得以劳务出资，选项A、B错误。社会关系无法评估作价，不得用于出资，选项D错误，选项C正确。

9. 【答案】B

【学堂点拨】国有独资公司、国有企业、上市公司以及公益性的事业单位、社会团体不得成为普通合伙人，但可以成为有限合伙人。选项A、C、D均错误，选项B正确。

10. 【答案】D

【学堂点拨】选项A错误：根据规定，普通合伙人能以劳务出资。选项B错误：普通合伙人不能自营或者同他人合作经营与本合伙企业相竞争的业务。选项C错误：根据规定，如果合伙协议没有特别约定，合伙人转让知识产权或其他财产权，应当经过全体合伙人一致同意。选项D正确：根据规定，除合伙协议另有约定或者合伙人一致同意，普通合伙人不得与合伙企业进行交易。因此，甲作为普通合伙人，如果经过全体合伙人一致同意，可以将自己的一辆货车卖给合伙企业。

二、多项选择题

1. 【答案】ABC

【学堂点拨】合伙企业的登记事项应当包括：（1）名称；（2）主要经营场所；（3）执行事务合伙人；（4）经营范围；（5）合伙企业类型；（6）合伙人姓名或者名称及住所、承担责任方式、认缴或者实际缴付的出资数额、缴付期限、出资方式和评估方式。合伙协议约定合伙期限的，登记事项还应当包括合伙期限。执行事务合伙人是法人或者其他组织的，登记事项还应当包括法人或者其他组织委派的代表。选项A、B、C正确。

2. 【答案】CD

【学堂点拨】国有独资公司、国有企业、上市公司以及公益性的事业单位、社会团体不得成为普通合伙人，可以成为有限合伙人。选项C、D正确。

3. 【答案】ACD

【学堂点拨】合伙企业财产主要有合伙人的出资、以合伙企业名义取得的收益、依法取得的其他财产三部分构成，选项A属于合伙人的出资，选项C属于以合伙企业名义取得的收益，选项D属于依法取得的其他财产。选项B属于借用的财产，合伙企业并没有所有权，因此不属于合伙企业财产。

4. 【答案】AB

【学堂点拨】合伙人有下列情形之一的，当然退伙：（1）作为合伙人的自然人死亡或者被依法宣告死亡；（2）个人丧失偿债能力（选项C）；（3）作为合伙人的法人或者其他组织依法被吊销营业执照、责令关闭、撤销或者被宣告破产；（4）法律规定或者合伙协议约定合伙人必须具有相关资格而丧失该资格；（5）合伙人在合伙企业中的全部财产份额被人民法院强制执行（选项D）。选项A、B属于协议退伙的情形。

5. 【答案】ABCD

【学堂点拨】合伙企业不能清偿到期债务的，普通合伙人承担无限连带责任。本题中，乙、丙作为普通合伙人，应当对合伙企业不能清偿的债务承担无限连带责任，选项A、D正确。退伙人对基于其退伙前的原因发生的合伙企业债务，承担无限连带责任。本题中，发生事故的燃气炉系当年4月合伙人共同决定购买，其质量不符合相关国家标准，此时，甲依然是普通合伙人，应当对此承担无限连带责任，选项B正确。新合伙人对入伙前合伙企业的债务承担无限连带责任，选项C正确。

6. 【答案】BD

【学堂点拨】有限合伙人的下列行为，不视为执行合伙事务：（1）参与决定普通合伙人入伙、退伙（选项A错误）；（2）对企业的经营管理提出建议；（3）参与选择承办有限合伙企业审计业务的会计师事务所；（4）获取经审计的有限合伙企业财务会计报告；（5）对涉及自身利益的情况，查阅有限合伙企业财务会计账簿等财务资料；（6）在有限合伙企业中的利益受到侵害时，向有责任的合伙人主张权利或者提起诉讼；（7）执行事务合伙人怠于行使权利时，督促其行使权利或者为了本企业的利益以自己的名义提起诉讼；（8）依法为本企业提供担保（选项C错误）。

7. 【答案】BCD

【学堂点拨】有限合伙人不执行合伙事务，不得对外代表有限合伙企业。有限合伙人的下列行为，不视为执行合伙事务：（1）参与决定普通合伙人入伙、退伙；（2）对企业的经营管理提出建议（选项B正确）；（3）参与选择承办有限合伙企业审计业务的会计师事务所（选项C正确）；（4）获取经审计的有限合伙企业财务会计报告；（5）对涉及自身利益的情况，查阅有限合伙企业财务会计账簿等财务资料；（6）在有限合伙企业中的利益受到侵害时，向有责任的合伙人主张权利或者提起诉讼；（7）执行事务合伙人怠于行使权利时，督促其行使权利或者为了本企业的利益以自己的名义提起诉讼；（8）依法为本企业提供担保（选项D正确）。

8. 【答案】BC

【学堂点拨】有限合伙人转变为普通合伙人的，对其作为有限合伙人期间有限合伙企业发生的债务承担无限连带责任。普通合伙人转变为有限合伙人的，对其作为普通合伙人期间合伙企业发生的债务承担无限连带责任。选项B、C正确。

9. 【答案】BCD

【学堂点拨】选项A正确：根据规定，新入伙的有限合伙人对入伙前有限合伙企业的债务，以其认缴的出资额为限承担责任。据此可知，就李军入伙前该合伙企业的债务，李军仅需以20万元为限承担责任。选项B错误：根据规定，有限合伙人有下列情形之一的，当然退伙：（1）作为合伙人的自然人死亡或者被依法宣告死亡；（2）个人丧失偿债能力；（3）作为合伙人的法人或者其他组织依法被吊销营业执照、责令关闭撤销，或者被宣告破产；（4）法律规定或者合伙协议约定合伙人必须具有相关资格而丧失该资格；（5）合伙人在合伙企业中的全部财产份额被人民法院强制执行。但“个人丧失偿债能力”不是有限合伙人当然退伙的法定事由。选项C、D错误：根据规定，作为有限合伙人的自然人在有限合伙企业存续期间丧失民事行为能力的，其他合伙人不得因此要求其退伙。据此可知，李军成为植物人后，其他合伙人不能以此为由要求其退伙。李军不会因其成为植物人而退伙，那么李军仍是有限合伙人，该合伙企业依然是有限合伙企业，而不应转为普通合伙企业。

10. 【答案】ACD

【学堂点拨】选项A、C正确：根据规定，合伙人的自有财产不足清偿其与合伙企业无关的债务的，该合伙人可以以其从合伙企业中分取的收益用于清偿；债权人也可以依法请求人民法院强制执行该合伙人在合伙企业中的财产份额用于清偿。选项B错误：根据规定，除合伙协议另有约定外，合伙人向合伙人以外的人转让其在合伙企业中的全部或者部分财产份额时，须经其他合伙人一致同意。选项D正确：根据规定，人民法院强制执行合伙人的财产份额时，应当通知全体合伙人，其他合伙人有优先购买权；其他合伙人未购买，又不同意将该财产份额转让给他人的，为该合伙人办理退伙结算，或者办理削减该合伙人相应财产份额的结算。

第六章　公司法律制度

本章思维导图

- 公司法
  - 公司法基本概念与制度★★★
    - 公司的概念和特征
    - 公司法人资格与股东有限责任
    - 公司设立制度
    - 股东出资制度
    - 股东资格与股东权利和义务
    - 董事、监事、高级管理人员制度
    - 股东大会、股东会和董事会决议制度
  - 股份有限公司★★★
    - 股份有限公司的设立
    - 股份有限公司的组织机构
    - 上市公司独立董事制度
    - 股份有限公司的股份发行和转让
  - 有限责任公司★★★
    - 有限责任公司的设立
    - 有限责任公司的组织机构
    - 一人有限责任公司的特别规定
    - 国有独资公司的特别规定
    - 有限责任公司的股权移转
    - 有限责任公司与股份有限公司的组织形态变更
  - 公司的财务会计★★
    - 公司财务会计概述
    - 公司财务会计报告
    - 利润分配
  - 公司解散和清算★★
    - 公司解散
    - 公司清算
  - 公司重大变更★★
    - 公司合并、分立、增资、减资

本章概述

本章主要介绍了公司法及其司法解释的内容，包括公司法律制度概述、股份有限公司与有限责任公司、公司的财务会计与重大变更以及公司的解散与清算等。本章教材编写的主要依据为：《中华人民共和国公司法》（以下简称《公司法》）《最高人民法院关于适用〈中华人民共和国公司法〉若干问题的规定（一）》（以下简称《公司法解释一》）《最高人民法院关于适用《中华人民共和国公司法》若干问题的规定（二）》（以下简称《公司法解释二》）《最高人民法院关于适用〈中华人民共和国公司法〉若干问题的规定（三）》（以下简称《公司法解释三》）《最高人民法院关于适用〈中华人民共和国公司法〉若干问题的规定（四）》（以下简称《公司法解释四》）《企业信息公示暂行条例》《上市公司章程指引（2014 年修订）》《上市公司股东大会规则（2014 年修订）》等。

考情回顾及考情预测

本章是教材中的重点章节，每年直接考查的分值为15～18分，考查题型全面，涵盖单选题、多选题和案例分析题，考点分布广泛，几乎教材上的所有知识点都会被纳入考查范围。本章作为企业组织法的一部分，与教材中第五章合伙企业法律制度、第七章证券法律制度以及第八章企业破产法律制度等章节的相关考点之间存在密切的逻辑关联，这一点在考试中的典型表现就是，近十年来，本章几乎每年都会与第七章证券法律制度相结合考查一道案例分析题，这两章的“联袂出演”已成为一种不成文的命题惯例。2018年本章的分值大致与往年相当，考查16分左右。值得提出的是，2017年通过并实施的《公司法解释四》的相关规定在2018年的考试中被考查的概率较大。

本章近五年考情一览

考点	重要程度	考查次数	大致分值	考查题型	考查概率
有限责任公司与股份有限公司设立	★★	2	2～4	单选题、案例题	50%
股份有限公司股份转让	★★★	3	3～5	单选题、多选题、案例题	80%
有限责任公司股份转让	★★★	2	2～4	单选题、案例题	80%
股东会与股东大会的特别决议事项	★★★	3	3～5	单选题、多选题、案例题	80%
公司董事会、监事会组织机构的相关规定	★★	3	3～5	单选题、多选题、案例题	50%
公司合并、分立、解散	★★	2	2	单选题	50%
公司的财务会计	★	2	2～3	单选题、多选题	50%

本章重难点

公司的资本制度、公司的组织机构、公司的设立、股东资格、股权回购、股东代表诉讼、股权转让、公司解散、公司的财务会计等。

本章学习方法和技巧

在学习本章的过程中，要注意两点：第一，要理解与记忆并重。对于理论性较强的知识点，比如股权转让、隐名投资、公司人格否认、股东出资、股东代表诉讼等问题，要注意理解法律制度背后的立法理由，做到知其所以然。而对于股东（大）会、董事会、监事会的组成和职权、公司合并分立的程序、公司的财务会计、股权回购等知识点，则要加强记忆。第二，要注意运用比较记忆法，既要将本章内的相关知识点进行比较，例如比较有限责任公司和股份有限公司的组织机构的异同，又要学会将本章的部分知识点与合伙企业法律制度、证券法律制度等章节的相关内容识点进对比，以加深理解，防止出现相近知识点之间的混淆。

2018年教材主要变化

2018年本章教材变化不大，部分知识点根据《公司法解释四》进行了调整和补充。

第一单元 《公司法》基本概念与制度

知识点1 公司的概念、特征和分类（★）

一、公司的概念

公司是指股东承担有限责任的营利性法人。

（一）公司是法人——具有民事权利能力和行为能力，以其全部财产对自己的债务承担责任。

（二）公司是营利性法人——以取得利润并分配给股东等出资人为目的。

（三）公司股东通常承担有限责任——股东以其认缴的出资额或认购的股份为限对公司承担责任。

二、公司的特征

（一）人格独立——公司人格独立于股东

1. 财产独立：公司的财产与股东财产相互独立。

【解释1】股东完成出资后，即丧失出资财产的所有权，出资财产的所有权归公司享有。

【解释2】为了保证公司财产的独立性和稳定性，《公司法》禁止股东在出资后撤回出资，严格限制公司向股东回购股份。

2. 责任独立——公司债务由公司承担，股东无须为公司债务买单。

（1）公司以其全部财产对公司债务承担责任（无限责任）。

（2）股东以其认缴的出资额或认购的股份为限对公司承担责任（有限责任）。

（二）股份自由转让

股东虽然不能随意抽回出资，但可以通过转让股权或股份实现投资退出。

（三）董事会授权下的集中管理

公司管理机构的形成：股东大会→董事会→经理。

三、公司的分类

（一）有限责任公司

指全部资本不区分为等额股份，股权转让通常受法律或章程限制，股东承担有限责任，公司以其全部资产对公司债务承担责任的公司。有限责任公司包括一人公司、国有独资公司和其他有限责任公司。

（二）股份有限公司

将全部资本划分为等额股份，股东承担有限责任，公司以全部财产对公司债务承担责任的公司。

（三）有限责任公司与股份有限公司两者的区别

1. 公司的资本是否划分为等额的股份。

2. 有限责任公司为人合兼资合公司，股份有限公司为资合公司，两者在成立要件、内部组织机构的各方面有着明显的区别。

知识点2 公司法人资格与股东有限责任（★★）

一、公司法人财产权行使的限制

（一）公司对外投资的限制

1. 投资对象：公司可以向其他企业投资，但除法律另有规定外，不得成为对所投资企业的债务承担连带责任的出资人。

提示

《中华人民共和国合伙企业法》规定："国有独资公司、国有企业、上市公司以及公益性事业单位、社会团体不得成为普通合伙人。"因此：1. 除了国有独资公司、上市公司之外的其他公司可以向合伙企业投资，成为普通合伙人；2. 所有公司都可以成为有限合伙人。

2. 决议方式：公司向其他企业投资，按照公司章程的规定由董事会"或者"股东会、股东大会决议。

3. 投资规模："公司章程"（非法律）对投资总额及单项投资的数额有限额规定的，不得超过规定的限额。

（二）担保的限制

1. 担保规模

"公司章程"对担保总额及单项担保的数额有限额规定的，不得超过规定的限额。

2. 决议方式

（1）为"股东或者实际控制人"提供担保：必须经"股东会"或"股东大会决议"（董事会无权表决）。接受担保的股东或者受实际控制人支配的股东不得参加表决，该项表决由"出席"会议的"其他股东"所持"表决权"的"过半数"（不包括半数本身）通过。

【解释】《公司法》排除董事会对公司为"股东或者实际控制人"提供担保的决议权，是考虑到大股东或实际控制人往往是董事会成员，很容易操纵董事会通过担保议案，损害中小股东利益。因此，这一规定旨在保护中小股东的权益。

（2）为其他人提供担保：按照公司章程的规定由"董事会"或者股东会、股东大会决议。

（三）对外借款的限制

1. 原则上：公司的董事、经理不得擅自将公司资金借贷给他人。

2. 两个例外：（1）公司章程有特别规定；（2）经“股东会（股东大会）”的批准同意。

3. 公司不得直接或通过子公司向董事、监事、高级管理人员提供借款。

二、股东有限责任及例外

（一）股东有限责任

1. 有限责任公司股东——以其“认缴的出资额”为限对公司承担责任。

2. 股份有限公司股东——以其“认购的股份”为限对公司承担责任。

（二）有限责任的例外（公司人格否认）

如果公司股东滥用法人独立人格和股东有限责任，逃避债务，严重损害公司债权人利益的，应当对公司债务承担“连带责任”。

1. 否认公司独立人格的通常理由

（1）纵向人格混同——公司与其股东在财产、业务、人员等方面混同。

（2）横向人格混同——受同一母公司或者控制人控制的数个公司在财产、业务、人员等方面混同。

2. 否认公司独立人格的法律后果

人民法院否认公司法人独立地位并非彻底否定其法人资格，而是在某一具体法律关系中否定公司的法人人格，即否定公司独立承担责任的资格，责令相关股东对该项债务承担连带责任。

知识点3 公司设立阶段的债务承担（★★）

一、合同债务

（一）发起人以自己名义为设立公司之目的与他人签订合同

1. 发起人承担合同义务。

2. 公司成立后，对合同承认（明示或默示）的，相对人也有权请求公司承担合同义务。

（二）发起人以设立中公司的名义订立合同

1. 公司成立的，由公司承担合同义务。

提示

公司有证据证明发起人利用设立中公司名义为自己的利益与相对人订立合同且相对人对此知情的，由发起人承担合同义务。

2. 公司设立失败，由发起人承担合同债务：

（1）单一发起人——独立承担；

（2）多个发起人——对外连带，内部按份（约定的责任比例→约定的出资比例→平均承担）；

（3）因部分发起人的过错导致公司未成立，其他发起人主张其承担设立行为所产生的费用和债务的，人民法院应当根据过错情况，确定过错一方的责任范围。

二、侵权债务

（一）公司成立——受害人有权请求公司承担侵权赔偿责任。

（二）公司未成立——受害人有权请求全体发起人承担连带赔偿责任。

（三）追偿——公司或者无过错的发起人承担赔偿责任后，可以向有过错的发起人追偿。

【例1-2017-单选题】甲、乙、丙三人拟设立一有限责任公司。在公司设立过程中，甲在搬运为公司购买的办公家具时，不慎将丁撞伤。根据公司法律制度的规定，下列关于对丁的侵权责任承担的表述中，正确的是（　　）。

A．若公司未成立，丁仅能请求甲承担该侵权责任

B．若公司成立，则由公司自动承受该侵权责任

C．若公司未成立，丁应先向甲请求赔偿，不足部分再由乙、丙承担

D．无论公司是否成立，该侵权责任应由甲、乙、丙共同承担

【答案】B

学堂点拨

根据规定，发起人如因设立公司而对他人造成损害的，公司成立后应自动承受该侵权责任；公司未成立的，受害人有权请求全体发起人承担连带赔偿责任；公司或者无过错的发起人承担赔偿责任后，可以向有过错的发起人追偿。因此，选项B正确。

知识点4　股东出资制度（★★）

一、注册资本

表 6-1　公司的注册资本

1．有限责任公司	公司登记机关登记的全体股东认缴的出资额
2．以发起方式设立股份有限公司	在公司登记机关登记的全体发起人认购的股本总额
3．以募集方式设立股份有限公司	在公司登记机关登记的“实收股本总额”
【特别注意】新《公司法》（2013年修订）取消了“实缴资本制”，改为“认缴资本制”。而且除法律、行政法规以及国务院决定对公司注册资本最低限额另有规定的外，取消有限责任公司最低注册资本3万元、一人有限责任公司最低注册资本10万元、股份有限公司最低注册资本500万元的限制。	

二、股东的出资方式及其条件

表 6-2　股东的出资方式及其条件

基本出资方式	“可以”出资的财产：货币、实物、知识产权、土地使用权等可以用货币估价并可以依法转让的非货币财产；但是，法律、行政法规规定不得作为出资的财产除外。 【提示】《公司法》不再要求全体股东的货币出资金额不得低于有限责任公司注册资本的30%。
	“不得”作为出资的财产：劳务、信用、自然人姓名、商誉、特许经营权或者设定担保的财产。

（续上表）

以股权出资	1. 用作出资的股权应当“权属清楚”“权能完整”“依法可以转让”。 2. 不得用作出资的股权：（1）已被设立质权；（2）股权所在公司章程约定不得转让；（3）法律、行政法规或者国务院决定规定，股权所在公司股东转让股权应当报经批准而未经批准。（4）法律、行政法规或者国务院决定规定不得转让的其他情形。
以债权转为股权	转为公司股权的债权应当符合以下情形之一： 1. 债权人已经履行债权所对应的合同义务，且不违反法律、行政法规、国务院决定或公司章程的禁止性规定； 2. 经人民法院生效裁判或者仲裁机构裁决确认； 3. 公司破产重整或者和解期间，列入经人民法院批准的重整计划或裁定认可的和解协议。 【提示】用以转为公司股权的债权有两个以上债权人的，债权人对债权应当已经作出分割。

三、出资期限

（一）新《公司法》取消关于股东出资期限的规定

除法律、行政法规以及国务院决定对公司注册资本实缴另有规定的外，新《公司法》取消了关于公司股东（发起人）首期出资不少于20%，其余应当自公司成立之日起2年内缴足出资，投资公司可以在5年内缴足出资的规定；取消了一人有限责任公司应当一次足额缴纳出资的规定。

提示

新《公司法》仍然规定：以募集方式设立的股份有限公司，发起人不得分期缴纳出资。

（二）公司章程可对股东出资期限作出规定

新《公司法》修改后，公司章程仍有权规定股东分期出资（依法不得分期出资的公司除外），并应将股东的出资时间在公司章程中载明。股东未按照公司章程的规定按期缴纳出资的，构成未尽出资义务。

四、验资要求

（一）一般公司：《公司法》取消了验资要求。

（二）以募集方式设立的股份有限公司：仍然应当经过验资机构验资。

五、履行出资义务

（一）履行出资义务的一般要求

1. 货币及动产——应交付。

2. 不动产、知识产权、股权——应完成变更登记。

（二）未履行或未全面履行出资义务的认定

表 6-3 未履行或未全面履行出资义务的认定

<table>
<tr><td>以其他公司的股权出资</td><td colspan="2">出资人以其他公司股权出资，符合下列条件的，人民法院应当认定出资人已履行出资义务：
1．出资的股权由出资人合法持有并依法可以转让（可转让）；
2．出资的股权无权利瑕疵或者权利负担（无瑕疵）；
3．出资人已履行关于股权转让的法定手续（有手续）；
4．出资的股权已依法进行了价值评估（已评估）。</td></tr>
<tr><td>以不享有处分权的财产出资</td><td colspan="2">出资人以不享有处分权的财产出资，当事人之间对于出资行为效力产生争议的，人民法院可以参照《中华人民共和国物权法》“善意取得制度”的规定予以认定。</td></tr>
<tr><td>以违法犯罪所得的货币出资</td><td colspan="2">以贪污、受贿、侵占、挪用等违法犯罪所得的“货币”出资后取得股权的，对违法犯罪行为予以追究、处罚时，应当采取拍卖或者变卖的方式处置其股权。（出资有效，追缴股款）</td></tr>
<tr><td>以划拨土地使用权或以设定权利负担的土地使用权出资</td><td colspan="2">出资人以划拨土地使用权出资，或者以设定权利负担的土地使用权出资，公司、其他股东或者公司债权人主张认定出资人未履行出资义务的，人民法院应当责令当事人在指定的合理期间内办理土地变更手续或者解除权利负担；逾期未办理或者未解除的，人民法院应当认定出资人未依法全面履行出资义务。</td></tr>
<tr><td>以非货币财产或其他公司股权出资未依法评估作价</td><td colspan="2">出资人以非货币财产出资未依法评估作价，或者出资的股权没有依法进行价值评估的，公司、其他股东或者公司债权人请求认定出资人未履行出资义务的，人民法院应当委托具有合法资格的评估机构对该财产评估作价。评估确定的价额显著低于公司章程所定价额的，人民法院应当认定出资人未依法全面履行出资义务。（先评估，再认定）</td></tr>
<tr><td rowspan="2">以未完成权属变更或实际交付的财产出资</td><td>1．已交付，未办理权属变更
（先变更，再认定，有奖励）</td><td>2．已办理权属变更，但未交付
（先交付，再行权）</td></tr>
<tr><td>（1）出资人以房屋、土地使用权或者需要办理权属登记的知识产权等财产出资，已经交付公司使用但未办理权属变更手续，公司、其他股东或者公司债权人主张认定出资人未履行出资义务的，人民法院应当责令当事人在指定的合理期间内办理权属变更手续；在前述期间内办理了权属变更手续的，人民法院应当认定其已经履行了出资义务。
（2）出资人主张“自其实际交付财产给公司使用时”（而非办完权属变更手续之日起）享有相应股东权利的，人民法院应予支持。</td><td>出资人以房屋、土地使用权或者需要办理权属登记的知识产权等财产出资，已经办理权属变更手续但未交付给公司使用，公司或者其他股东主张其向公司交付、并在实际交付之前不享有相应股东权利的，人民法院应予支持。</td></tr>
</table>

【例2-2017-单选题】甲有限责任公司成立于2017年1月5日。公司章程规定，股东乙以其名下的一套房产出资。乙于1月7日将房产交付公司，但未办理权属变更手续。5月9日，股东丙诉至人民法院，要求乙履行出资义务。5月31日，人民法院责令乙于10日内办理权属变更手续。6月6日，乙完成办理权属变更手续。根据公司法律制度的规定，乙享有股东权利的起始日期是（　　）。

A．1月7日　　B．1月5日　　C．6月6日　　D．5月31日

【答案】A

学堂点拨

出资人以房屋、土地使用权或者需要办理权属登记的知识产权等财产出资，已经交付公司使用但未办理权属变更手续的，当公司、其他股东或者公司债权人主张认定出资人未履行出资义务的，人民法院应当责令当事人在指定的合理期间内办理权属变更手续；在前述期间内办理了权属变更手续的，人民法院应当认定其已经履行了出资义务；出资人主张自其实际交付财产给公司使用时享有相应的股东权利的，人民法院应予支持。

六、违反出资义务的责任

（一）股东的补足责任——对公司和债权人

1. 对公司补缴出资：股东未履行或者未全面履行出资义务，“公司或者其他股东”可以请求其向公司依法全面履行出资义务。

2. 对“公司债权人”补充清偿：公司债权人可以请求未履行或者未全面履行出资义务的股东在未出资本息范围内对公司债务不能清偿的部分承担“补充赔偿责任”。

3. 认股人未按期缴纳所认股份的股款的特殊规定

股份有限公司的认股人未按期缴纳所认股份的股款，经公司发起人催缴后在合理期间仍未缴纳，公司发起人可以另行募集该股份；认股人延期缴纳股款给公司造成损失，公司可以请求该认股人承担赔偿责任。

（二）发起人的违约责任——对其他股东

发起人不按照规定缴纳出资的，应当按照发起人协议承担违约责任。

（三）发起人的连带责任——设立时未尽出资义务

股东在公司设立时未履行或者未全面履行出资义务，对原告（公司、其他股东或公司债权人）请求公司的“发起人”（与后加入的股东无关）与被告股东承担连带责任的，人民法院应予支持；公司的发起人承担责任后，可以向被告股东追偿。

（四）董事、高管的相应责任——增资时未尽出资义务

股东在公司增资时未履行或者未全面履行出资义务，原告（公司、其他股东或公司债权人）请求对公司未尽忠实义务和勤勉义务而使出资未缴足的董事、高级管理人员承担相应责任的，人民法院应予支持；董事、高级管理人员承担责任后，可以向被告股东追偿。

【解释】法律之所以规定发起人的连带责任和董事、高管的相应责任，是因为发起人在设立时以及董事、高管在公司增资时对股东履行出资义务负有敦促和监督义务。

（五）受让人的连带责任——转让股权时未履行出资义务

有限责任公司的股东未履行或者未全面履行出资义务即转让股权，受让人对此知道或应当知道，公司请求该股东履行出资义务、受让人承担连带责任的，人民法院应予支持；公司债权人请求受让人与瑕疵出资股东承担连带补充赔偿责任的，人民法院应予支持。

七、抽逃出资的认定及责任

（一）抽逃出资的认定

公司成立后，公司、股东或者公司债权人以相关股东的行为符合下列情形之一且损害公司权益为由，请求认定该股东抽逃出资的，人民法院应予支持：

1. 通过虚构债权债务关系将其出资转出；

2. 制作虚假财务会计报表虚增利润进行分配；

3. 利用关联交易将出资转出；

4. 其他未经法定程序将出资抽回的行为。

【例3-单选题】根据《公司法》的规定，公司成立后股东不得抽逃出资。下列股东行为中，不属于抽逃出资的是（　　）。

A. 制作虚假财务会计报表虚增利润进行分配

B. 通过虚构债权债务关系将其出资转出

C. 通过为控股股东贷款提供担保将其出资转出

D. 将出资款项转入公司账户验资后又转出

【答案】C

学堂点拨

选项A、B、D属于抽逃出资：根据规定，公司成立后，公司、股东或者公司债权人以相关股东的行为符合下列情形之一且损害公司权益为由，请求认定该股东抽逃出资的，人民法院应予支持：1. 通过虚构债权债务关系将其出资转出（选项B）；2. 制作虚假财务会计报表虚增利润进行分配（选项A）；3. 利用关联交易将出资转出；4. 其他未经法定程序将出资抽回的行为（选项D）。选项C不属于抽逃出资：根据规定，公司可以为控股股东提供担保，但需要经过股东会、股东大会同意。

（二）抽逃出资的法律责任

1. 返还责任——对公司

公司或者其他股东有权请求其向公司返还出资本息。

2. 补充赔偿——对公司债权人

公司债权人有权请求抽逃出资的股东在“抽逃出资本息范围内”对公司债务不能清偿的部分承担“补充赔偿责任”。

3. 相关主体的连带责任

协助抽逃出资的其他股东、董事、高级管理人员或者实际控制人对此承担连带责任。

八、未履行或未全面履行出资义务、抽逃出资的其他责任

（一）股东权利限制

股东未履行或者未全面履行出资义务或者抽逃出资，公司可以根据公司章程或者股东会决议，对其利润分配请求权、新股优先认购权、剩余财产分配请求权等股东权利作出相应的合理限制。

（二）股东资格解除

有限责任公司的股东“未履行”出资义务或者抽逃“全部”出资，经公司催告缴纳或者返还，其在合理期间内仍未缴纳或者返还出资，公司可以股东会决议形式解除该股东的股东资格。

（三）诉讼时效抗辩的排除适用

1. 股东未履行或者未全面履行出资义务或者抽逃出资，公司或其他股东请求其向公司全面履行

出资义务或者返还出资，被告股东不得以诉讼时效为由进行抗辩。

2．股东未履行或者未全面履行出资义务或者抽逃出资，公司债权人请求其承担补充赔偿责任，被告股东不得以诉讼时效为由进行抗辩。

知识点5 股东资格与股东权利（★★★）

一、股东资格认定

（一）隐名投资时的股东资格认定——“内外有别”

【解释】隐名投资，是指名义股东与实际出资人双方约定，由实际出资人出资，名义股东对外行使股权，但由实际出资人享有投资权益的一种出资方式。

1．隐名投资协议的效力：只要不具有合同无效的情形，该约定为有效；实际出资人与名义股东之间的权利义务以协议的约定为准。

（1）实际出资人以其实际履行了出资义务为由向“名义股东”（而非公司）主张权利的，人民法院应予支持。

（2）名义股东以公司股东名册记载、公司登记机关登记为由否认实际出资人权利的，人民法院不予支持。

【解释】公司股东名册记载、公司登记机关登记不是名义股东对抗实际出资人的依据。

2．实际出资人身份“转正”——变“隐名”为“显名”

如果实际出资人未经公司其他股东“半数以上”同意，请求公司变更股东、签发出资证明书、记载于股东名册、记载于公司章程并办理公司登记机关登记的，人民法院不予支持。

提示

实际出资人身份转正，相当于名义股东将其名下的股权“对外”转让给实际出资人，因而理论上应当遵循有限责任公司股东对外转让股权的相关规则，即要经过其他股东“过半数”同意，但此处《公司法》规定的是经其他股东“半数以上”同意，二者存在微小的区别。此知识点值得注意。

【例4-2014-单选题】根据公司法律制度的规定，在名义股东与实际出资人之间确定投资权益的归属时，应当依据（　　）。

A．股东名册的记载　　　　B．公司登记机关的登记

C．其他股东的过半数意见　　　　D．名义股东与实际出资人之间的合同约定

【答案】D

学堂点拨

根据规定，实际出资人与名义股东之间的权利义务以协议的约定为准，实际出资人的投资权益应当依双方合同确定并依法保护。所以，选项D正确。

3．名义股东处分股权行为的效力——参照物权善意取得制度

（1）名义股东将登记于其名下的股权对外转让，如果符合善意取得的构成要件（受让人主观上

为善意、以合理价格受让股权、已经办理了股权变更登记手续），受让人即取得受让的股权，实际出资人所受的损失可请求处分股权的名义股东赔偿。

提示

如果不具备上述任何一个要件，受让人都不能取得股权。

【案例】甲和乙之间通过协议约定：乙向A有限责任公司投资20万元，其出资额占该公司股权的10%，但乙对外并不显示其股东资格，由甲作为名义股东代为行使股东权利。2017年5月25日，甲未经乙同意，将该股权以30万元的价格转让给了不知情的丙，双方办理了包括变更登记在内的股权转让的所有手续。本案例中：由于甲、丙之间股权转让行为符合善意取得的构成要件，丙善意取得受让的股权，乙所受的损失由甲赔偿。

（2）名义股东将登记于其名下的股权质押，如果符合质权善意取得的构成要件（债权人主观上为善意、办理了股权质押登记手续），债权人即善意取得股权质权，实际出资人所受的损失可请求名义股东赔偿。

【案例】甲与乙分别是某有限责任公司的名义股东与实际出资人，持有该公司20%的股权。为了向丙借款50万元，甲在未经过乙同意的情况下，以自己的名义擅自将持有的全部股权质押给不知情的丙，双方办理了股权出质登记。本案例中：由于甲、丙之间的股权质押行为符合善意取得构成要件，丙善意取得股权质权，如果甲不能清偿到期债务，丙可就拍卖、变卖股权的价款优先受偿；乙因此所受损失由甲赔偿。

4．出资瑕疵的责任承担——名义股东承担，事后追偿

（1）公司债权人以登记于公司登记机关的股东未履行出资义务为由，请求其对公司债务不能清偿的部分在未出资本息范围内承担补充赔偿责任，股东以其仅为名义股东而非实际出资人为由进行抗辩的，人民法院不予支持。

（2）名义股东根据前款规定承担赔偿责任后，向实际出资人追偿的，人民法院应予支持。

（二）一股二卖——参照物权善意取得制度

原股东转让股权后，没有办理股东名称变更登记，原股东又将该股权转让给第三人，如果满足以下三个条件：1．第三人主观上为善意；2．以合理价格受让股权；3．已经办理股权变更登记手续，那么：1．该第三人即取得受让的股权；2．未登记的受让股东所受的损失可请求无权处分股权的原股东以及有过错的董事、高管人员或实际控制人赔偿。

表6–4 《公司法》中参照《中华人民共和国物权法》善意取得制度的三种情形

情形	法律后果
1．名义股东将登记于其名下的股权转让、质押或者以其他方式处分。	受让方符合善意取得，即可取得受让的股权交易的股权，实际出资人的损失可请求名义股东赔偿。
2．股权转让后尚未办理变更登记，原股东将仍登记于其名下的股权转让、质押或者以其他方式处分。	第三人在受让原股东处分的股权时如果构成善意取得，则最终获得该股权；否则，原股东处分股权的行为无效。
3．出资人以不享有处分权的财产出资。	如果公司符善意取得条件，该财产可以最终为公司所有，原所有权人只能要求无权处分的出资人赔偿损失。

【例5-2017-单选题】甲盗用乙的身份证，以乙的名义向丙公司出资。乙被记载于丙公司股东名册，并进行了工商登记，但直至出资期限满仍未履行出资义务。根据公司法律制度的规定，下列关于出资责任承担的表述中，正确的是（　　）。

A. 乙承担出资责任

B. 甲承担出资责任

C. 乙首先承担出资责任，不足部分再由甲补足

D. 甲、乙对出资承担连带责任

【答案】B

学堂点拨

根据规定，冒用他人名义出资并将该他人作为股东在公司登记机关登记的，冒名登记行为人应当承担相应责任；公司、其他股东或者公司债权人以未履行出资义务为由，请求被冒名登记的股东承担补足出资责任或者对公司债务不能清偿部分的赔偿责任的，人民法院不予支持。因此，选项B正确。

二、股东权利

股东权利是股东基于股东资格而对公司及其组织机构享有的权利。

提示

股东权是由股东享有，法人财产权是由公司享有。

（一）表决权

1. 出席股东（大）会的方式

股东可以亲自出席股东（大）会，行使表决权，也可以委托代理人出席股东（大）会，行使表决权。

2. 表决规则

（1）表决权行使依据：股东行使表决权时，一般是按照一股一票（股份有限公司）或者按照出资比例（有限责任公司）行使表决权。

提示

除章程另有规定外，一般事项的决议按简单多数（过半数或半数以上）通过为原则，特别事项的决议按绝对多数（2/3以上）通过为原则。

（2）表决权限制：其一，公司持有的本公司股份没有表决权；其二，公司为股东或者实际控制人提供担保的，必须经股东（大）会决议，接受担保的股东或者受实际控制人支配的股东不得参加表决。

（二）查阅权

1. 有限责任公司

（1）股东“有权”查阅、复制公司章程、股东会会议记录、董事会会议决议、监事会会议决议和财务会计报告。

（2）股东“可以要求”查阅公司会计账簿，应当向公司书面请求，说明目的，公司有合理根据认为股东查阅会计账簿有不正当目的，可能损害公司合法利益的，可以拒绝提供查阅，并应当自股东

提出书面请求之日起15日内书面答复股东并说明理由。

提示

1. 上述不当目的包括：（1）股东自营或者为他人经营与公司主营业务有实质性竞争关系业务的，但公司章程另有规定或者全体股东另有约定的除外；（2）股东为了向他人通报有关信息查阅公司会计账簿，可能损害公司合法利益的；（3）股东在向公司提出查阅请求之日前的三年内，曾通过查阅公司会计账簿，向他人通报有关信息损害公司合法利益。

2. 胜诉股东查阅公司会计账簿时，在该股东在场的情况下，可以由会计师、律师等依法或者依据执业行为规范负有保密义务的中介机构执业人员辅助进行。

3. 股东查阅信息后如泄露公司商业秘密导致公司损害，须对公司承担赔偿责任，辅助股东查阅的会计师、律师等专业人员，负有相同义务，适用同一规则。

2. 股份有限公司

股东“有权”查阅公司章程、股东名册、公司债券存根、股东大会会议记录、董事会会议决议、监事会会议决议、财务会计报告。

【例6–单选题】乔某系一家有限责任公司的小股东，由于对公司的经营状况不满，想通过查阅公司账簿去深入调查公司经营出现的问题。下列哪一选项是错误的？（　　）

A. 乔某必须向公司提出书面申请

B. 公司有权以可能会泄露公司商业秘密为由拒绝乔某的查账申请

C. 公司拒绝乔某查阅时，应当自乔某提出书面请求之日起15日内书面答复乔某并说明理由

D. 若乔某聘请专业机构人员帮助查阅账簿，公司不得拒绝

【答案】D

学堂点拨

根据规定，股东可以要求查阅公司会计账簿，应当向公司书面请求，说明目的，公司有合理根据认为股东查阅会计账簿有不正当目的，可能损害公司合法利益的，可以拒绝提供查阅，并应当自股东提出书面请求之日起15日内书面答复股东并说明理由。公司可以拒绝提供查阅，但应当自股东提出书面请求之日起15日内书面答复股东并说明理由。根据这一规定，不论是股东自己查阅还是委托他人查阅公司帐簿，公司都有权拒绝。因此，选项D错误。

【例7–多选题】根据公司法律制度的规定，股份有限公司的下列文件中，股东有权查阅的有（　　）。

A. 公司会计账簿　　B. 董事会会议决议

C. 股东名册　　D. 公司债券存根

【答案】BCD

学堂点拨

根据规定，股份有限公司股东有权查阅公司章程、股东名册、债券存根、股东大会会议记录、董事会会议决议、监事会会议决议、财务会计报告。因此，选项BCD正确。

（三）增资优先认购权

1．适用范围：“有限责任公司”新增资本。

2．优先认购比例：股东有权优先按照“实缴”（非认缴）的出资比例认缴出资。

3．除外情形：全体股东事先约定不按照出资比例优先认缴出资。

提示

1．此处的优先认购仅指原有股东在认购资格上优先于其他投资者，而非认购价格或其他实质条件上比其他投资者优先。

2．股份有限公司的股东并不当然享有新股优先认购权，除非股东大会在发行新股时通过向原股东配售新股的决议。

（四）股利分配请求权

1．有限责任公司

（1）一般规则：按照“实缴的出资比例”分取红利。

（2）例外情形：“全体股东”可以事先约定不按照出资比例分取红利。

2．股份有限公司

（1）一般规则：按照股东“持有的股份比例”分配。

（2）例外情形：股份有限公司“章程”可以规定不按持股比例分配。

3．股东起诉请求公司分配利润（2018年新增）

（1）公司为被告；一审法庭辩论终结前，其他股东基于同一分配方案请求分配并申请参加诉讼应当列为共同报告。

（2）如果公司股东会或者股东大会已作出含具体分配方案的有效决议，而公司双无正当理由拒不执行上述决议的，法院可以判决公司依决履行分配利润的义务。

（3）如果股东在诉讼中未提交上述决议，法院应驳回其要求公司分配利润的请求，除非公司不分配利润是因部分股东滥用股东权利所致，而且不分配利润损害了其他股东的利益。

【例8-2015-单选题】甲和乙成立有限责任公司，甲认购出资4万元，乙认购2万元，一年后公司利润为9万元，甲实缴1万元，乙缴足出资，设立公司时未约定利润分配方式，根据公司法律制度的规定，甲分配的利润是（　　）。

A．6万元　　B．3万元　　C．4.5万元　　D．9.5万元

【答案】B

学堂点拨

根据规定，有限责任公司的股东按照实缴的出资比例分取红利，但是，全体股东可以事先约定不按照出资比例分取红利。本题中，公司未事先约定，则按照实缴出资比例，甲的出资比例是1/3，故甲可以分得$1/3 \times 9=3$（万元）。

（五）异议股东股份收买请求权

股东（大）会作出对股东利害关系产生实质性影响的决议时，对该决议有异议的股东，有权要求公司以公平价格回购其所持出资额或者股份，从而退出公司。

1. 有限责任公司

有限责任公司出现以下情形之一的，对股东会决议投反对票的股东，可以请求公司按照合理价格收购其股权：

（1）公司连续5年不向股东分配利润，而公司该5年连续盈利，并且符合法律规定的分配利润条件的（5年铁公鸡）；

（2）公司合并、分立、转让主要财产的；

（3）公司章程规定的营业期限届满或者章程规定的其他解散事由出现，股东会会议通过决议修改章程使公司存续的（届满、修章、存续）。

2. 股份有限公司

股份有限公司异议股东股份回购请求权仅限于股东大会作出的公司合并、分立决议持有异议。

（六）召开临时股东（大）会提议权

1. 有限责任公司：代表1/10以上表决权的股东。

2. 股份有限公司：单独或合计持有公司10%以上股份的股东。

（七）自行召集股东（大）会的权利

1. 有限责任公司：代表1/10以上表决权的股东。

2. 股份有限公司：连续90日以上单独或合计持有10%以上股份的股东。

提示

股东自行召集股东（大）会的前提是：董事会或执行董事不能履行或不履行召集股东（大）会职责，且监事会或监事也不召集和主持。

（八）司法解散请求权

公司经营管理发生严重困难，继续存续会使股东利益受到重大损失，且通过其他途径不能解决的，持有公司全部股东表决权10%以上的股东，可以请求人民法院解散公司。

知识点6 股东代表诉讼（★★★）

一、股东代表诉讼的概念及构成要件

（一）概念

股东代表诉讼，又称为股东间接诉讼（与股东直接诉讼相对应）、股东代位诉讼，是指当董事、监事、高级管理人员或者他人的违反法律、行政法规或公司章程的行为给公司造成损失，公司拒绝或者怠于向该违法行为人请求损害赔偿时，具备法定资格的股东有权代表其他股东，代替公司提起诉讼，请求违法行为人赔偿公司损失的行为。

（二）构成要件

1. 诉讼原因：董事、监事、高级管理人员或他人侵害“公司利益”（而非股东利益）。

2. 诉讼前提：公司拒绝或怠于向侵权人行使请求权。

3. 诉讼主体：股东是以自己的名义（而非公司名义）向法院提起诉讼。

4. 诉讼利益的承受主体：股东代表诉讼的胜诉利益归属于公司。

5. 诉讼费用的承担：股东的诉讼请求部分或全部得到法院支持的，公司（而非股东自己）应当承担股东因参加诉讼支付的合理费用。

二、具体内容

（一）“董事、高级管理人员”侵犯公司利益

有限责任公司的股东、股份有限公司连续180日以上单独或者合计持有公司1%以上股份的股东可以书面请求“监事会”或者不设监事会的有限责任公司的“监事”向人民法院提起诉讼。如果监事会收到股东的书面请求后拒绝提起诉讼，或者自收到请求之日起30日内未提起诉讼，或者情况紧急、不立即提起诉讼将会使公司利益受到难以弥补的损害的，股东有权为了公司的利益以自己的名义直接向人民法院提起诉讼。

（二）“监事”侵犯公司利益

有限责任公司的股东、股份有限公司连续180日以上单独或者合计持有公司1%以上股份的股东可以书面请求“董事会”或不设董事会的有限责任公司的执行董事向人民法院提起诉讼。如果董事会或执行董事收到股东的书面请求后拒绝提起诉讼，或者自收到请求之日起30日内未提起诉讼，或者情况紧急、不立即提起诉讼将会使公司利益受到难以弥补的损害的，股东有权为了公司的利益以自己的名义直接向人民法院提起诉讼。

（三）他人侵犯公司利益

有限责任公司的股东、股份有限公司连续180日以上单独或者合计持有公司1%以上股份的股东，可以书面请求董事会（执行董事）或者监事会（监事）向人民法院提起诉讼。如果董事会（执行董事）、监事会（监事）收到股东的书面请求后拒绝提起诉讼，或者自收到请求之日起30日内未提起诉讼，或者情况紧急、不立即提起诉讼将会使公司利益受到难以弥补的损害的，股东有权为了公司的利益以自己的名义直接向人民法院提起诉讼。

提示

有限责任公司的股东提起股东代表诉讼没有持股比例和持股时间的要求，即任何一个股东均有权提起股东代表诉讼；而股份有限公司中股东代表诉讼的诉讼主体则要求是连续180日以上单独或者合计持有公司1%以上股份的股东。

表 6–5 股东代表诉讼

<table>
<tr><th>情形</th><th>公司内部维权机构</th><th>股东代表诉讼的前提</th><th>股东代表诉讼主体及起诉名义</th></tr>
<tr><td>“董事、高级管理人员”侵犯公司利益</td><td>监事会或监事</td><td rowspan="3">董事会（执行董事）或者监事会（监事）收到股东的书面请求后拒绝提起诉讼，或者自收到请求之日起30日内未提起诉讼，或者情况紧急、不立即提起诉讼将会使公司利益受到难以弥补的损害。</td><td rowspan="3">有限责任公司的股东、股份有限公司连续180日以上单独或者合计持有公司1%以上股份的股东以“自己”名义起诉。</td></tr>
<tr><td>“监事”侵犯公司利益</td><td>董事会或执行董事</td></tr>
<tr><td>他人侵犯公司利益</td><td>董事会（执行董事）或者监事会（监事）</td></tr>
</table>

【例9–多选题】刘某是甲有限责任公司的董事长兼总经理。任职期间，多次利用职务之便，指示公司会计将资金借贷给一家主要由刘某的儿子投资设立的乙公司。对此，持有公司股权0.5%的股东王某认为甲公司应该起诉乙公司还款，但公司不可能起诉，王某便自行直接向法院对乙公司提起股东代表诉讼。下列哪些选项是正确的？（　　）

A．王某持有公司股权不足1%，不具有提起股东代表诉讼的资格

B．王某不能直接提起诉讼，必须先向董事会或监事会提出请求

C．王某应以甲公司的名义起诉，但无需甲公司盖章或刘某签字

D．王某应以自己的名义起诉，但诉讼请求应是将借款返还给甲公司

【答案】BD

学堂点拨

选项A错误：根据规定，有限责任公司的股东提起股东代表诉讼没有持股比例和持股时间的要求，即任何一个股东均有权提起股东代表诉讼。因此，本题中，王某有股东代表诉讼资格。选项B正确：根据规定，董监高之外的其他主体侵害公司利益时，股东应首先书面请求董事会或监事会起诉，只有董事会或监事会拒绝起诉，或者怠于起诉，或者情况紧急时，才能由股东提起代表诉讼。选项C错误、选项D正确：股东提起代表诉讼应当以自己的名义，而非公司的名义。股东提起代表诉讼的目的是为了维护公司利益，故本题中，王某的诉讼请求是将借款返还给公司。

知识点7　公司董事、监事、高级管理人员的资格和义务（★★★）

【解释】高级管理人员的范围：公司的经理、副经理、财务负责人、上市公司董事会秘书和公司章程规定的其他人员。

一、公司董事、监事和高级管理人员的资格

有下列情形之一的，不得担任公司的董事、监事、高级管理人员：

（一）无民事行为能力或者限制民事行为能力（行为能力不足）；

（二）因贪污、贿赂、侵占财产、挪用财产或者破坏社会主义市场经济秩序，被判处刑罚，执行期满未逾5年，或者因犯罪被剥夺政治权利，执行期满未逾5年（经济犯罪未过5年）；

提示

只有上述五类特定的犯罪行为，被判处刑罚，才受5年的限制；而因犯罪被剥夺政治权利中的犯罪不限于此五种犯罪。

（三）担任破产清算的公司、企业的董事或者厂长、经理，对该公司、企业的破产负有个人责任的，自该公司、企业破产清算完结之日起未逾3年（无能破产未过3年）；

（四）担任因违法被吊销营业执照、责令关闭的公司、企业的法定代表人，并负有个人责任的，自该公司、企业被吊销营业执照之日起未逾3年（违法吊关未过3年）；

（五）个人所负数额较大的债务到期未清偿（个人大债未清偿）。

提示

如果上述人员被选举、委派或者聘任，该选举、委派或者聘任无效；公司的董事、监事、高级管理人员在任职期间出现上述情形的，公司应当解除其职务。

二、公司董事、监事和高级管理人员的义务

（一）公司“董事、高级管理人员”的忠实义务

1. 自我交易禁止：违反公司章程的规定或者未经股东会、股东大会(而非董事会)同意，与本公司订立合同或者进行交易。

【相关链接1】除合伙协议另有约定或者经全体合伙人一致同意，普通合伙人不得同本合伙企业进行交易。有限合伙人可以同本有限合伙企业进行交易；但是，合伙协议另有约定的除外。

【相关链接2】代理人不得以被代理人的名义与自己实施民事法律行为，但是被代理人同意或者追认的除外。

【解释】董事、高管的自我交易禁止以及普通合伙人的自我交易禁止的法理基础与“自己代理”的法理基础实质上相同：董事、高管的主要职责是处理公司的内外事务，包括以公司名义对外实施交易行为，如果允许自我交易，就可能出现董事、高管利用自我交易损害公司利益的现象。

2. 竞业禁止：未经股东会或者股东大会同意，利用职务便利为自己或者他人谋取属于公司的商业机会，自营或者为他人经营与所任职公司同类的业务。

【相关链接】普通合伙人不得自营或者同他人合作经营与本合伙企业相竞争的业务。有限合伙人可以自营或者同他人合作经营与本有限合伙企业相竞争的业务；但是，合伙协议另有约定的除外。

3. 违规借贷或提供担保禁止：违反公司章程的规定，未经“股东会、股东大会或者董事会”同意，将公司资金借贷给他人或者以公司财产为他人提供担保。

【相关链接】公司为他人提供担保，按照公司章程的规定由董事会或者股东大会决议；公司为股东或者实际控制人提供担保的，必须经股东大会决议。

提示

公司董事、高级管理人员违反上述规定所得的收入应当归公司所有。

（二）董事、监事、高级管理人员的勤勉义务

1. 董监高应当勤勉尽责。

2. 尽到勤勉职责的董监高不因决策中潜藏的商业风险而承担责任。

3. 董监高应当接受质询和监督。

知识点8 股东（大）会、董事会决议的不成立、无效和撤销之诉（★★）

一、股东（大）会、董事会决议的不成立之诉

1. 决议不成立之诉的启动情形

（1）事实上未作出决议

①公司未召开会议作出决议，除非依《公司法》第三十七条第二款或公司章程规定可以不召开股东会或股东大会而直接作出该决定，且由全体股东在决定文件上签名、盖章。

②公司尽管召开了会议，但未表决该决议事项。

（2）因不满足程序要求而未通过决议

①到会（董事）人数或者到会股东所持表决权数，不符合法律或公司章程的规定，也即不具备表决决议事项的必要条件。

②虽具备表决条件，但表决结果未达到公司法或公司章程规定的通过比例。

2. 诉讼当事人

（1）原告——股东、董事、监事

（2）被告——公司

二、股东（大）会、董事会决议的无效和撤销之诉

公司股东会或者股东大会、董事会的决议内容违反法律、行政法规的无效。股东会或者股东大会、董事会的会议召集程序、表决方式违反法律、行政法规或者公司章程，或者决议内容违反公司章程的，股东可以自决议作出之日起六十日内，请求人民法院撤销。股东依照前款规定提起诉讼的，人民法院可以应公司的请求，要求股东提供相应担保。公司根据股东会或者股东大会、董事会决议已办理变更登记的，人民法院宣告该决议无效或者撤销该决议后，公司应当向公司登记机关申请撤销变更登记。

1. 股东（大）会、董事会决议的无效之诉

（1）无效原因：公司股东会或者股东大会、董事会的决议内容违反法律、行政法规。

（2）原告资格：

①股东、董事、监事；

②高级管理人员、员工、公司债权人等与所诉决议存在利害关系的主体。

（3）被告——公司。

2. 股东（大）会、董事会决议的撤销

（1）可撤销原因

①股东会或者股东大会、董事会的会议召集程序、表决方式违反法律、行政法规或者公司章程。

提示

会议召集程序或者表决方式仅有轻微瑕疵，且对决议未产生实质影响的，不得诉请撤销。

②决议内容违反公司章程。

（2）诉讼当事人

①原告——股东

②被告——公司

（3）撤销期限——决议作出之日起60日内

提示

此处的"60日"属于除斥期间，自决议作出之日起算，超过该期间，股东即丧失诉权（而非胜诉权）。

（4）撤销方式——诉讼

（5）是否提供担保——人民法院“可以”应公司的请求，要求股东提供相应担保

3. 股东（大）会、董事会决议无效和被撤销的法律后果

（1）自始无效。

（2）人民法院宣告该决议无效或者撤销该决议后，公司根据股东会或者股东大会、董事会决议已办理的公司登记变更应当恢复原状，公司应当向公司登记机关申请撤销变更登记。

提示

公司依据无效或被撤销的决议与善意相对人形成的民事法律关系不受影响。

第二单元　股份有限公司

知识点1　股份有限公司的设立（★★）

一、设立方式

（一）发起设立

发起设立，是指由发起人认购公司应发行的全部股份而设立公司。

（二）募集设立

募集设立，是指由发起人认购公司应发行股份的一部分，其余股份向社会公开募集或者向特定对象募集而设立公司。

二、设立条件

（一）发起人

1. 发起人为“2人以上200人以下”，其中须有半数以上的发起人在中国境内有住所。

提示

股份有限公司股东人数没有上限，而有限责任公司的股东人数上限为50人。

2. 发起人职责：（1）为设立公司签署公司章程；（2）向公司认购出资或者股份；（3）履行公司设立职责。

（二）注册资本

1. 数额——没有法定最低限额，交由公司章程规定

（1）发起方式设立：公司登记机构登记的全体发起人“认购”的股本总额。

（2）募集方式设立：公司登记机关登记的“实收”股本总额。

2. 注册资本的缴纳期限和方式

（1）发起方式设立：缴纳出资的期限由公司章程规定。

（2）募集方式设立：股东必须在设立时全部缴纳出资，而且发起人认购的股份不得少于公司股份总数的35%。

提示

采用募集方式设立的股份有限公司，注册资本由两部分构成：发起人认购的部分（≥35%）和向社会或特定对象募集的部分。

（三）公司章程

1. 公司章程的概念

公司章程是指公司所必备的，规定其名称、宗旨、资本、组织机构等对内对外事务的基本法律文件。

2. 公司章程的订立和修改

（1）公司章程必须采取书面形式，发起设立的股份公司的章程经全体股东同意并在章程上签名盖章，募集设立的股份公司章程经出席创立大会的认股人所持表决权过半数通过，才能生效。

（2）股份有限公司修改公司章程的决议，必须经出席股东大会的股东所持表决权的2/3以上通过。

知识点2 股份有限公司的组织机构（★★★）

一、股东大会

（一）性质

股东大会是公司的权力机构，依法行使职权。

（二）股东大会的基本职权

1. 决定公司的经营方针和投资计划。

2. 选举和更换由“非职工代表”担任的董事、监事，决定有关董事、监事的报酬事项。

提示

职工代表担任的董事、监事由职工代表大会选举产生。

3. 审议批准董事会的报告。

4. 审议批准监事会或者监事的报告。

5. 审议批准公司的年度财务预算方案、决算方案。

6. 审议批准公司的利润分配方案和弥补亏损方案。

7. 对公司增加或者减少注册资本作出决议。

8. 对发行公司债券作出决议。

9. 对公司合并、分立、变更公司形式、解散和清算作出决议。

10. 修改公司章程。

11. 公司章程规定与其他职权。

（三）上市公司股东大会的特别职权

1. 对公司聘用、解聘会计师事务所作出决议。

2. 审议公司1年内购买、出售重大资产超过公司最近一期经审计总资产30%的事项。

提示

该事项的决议属于股东大会的特别决议，应当由出席会议的股东所持表决权的2/3以上通过。

3. 审议批准变更募集资金用途事项。

4. 审议股权激励计划。

5. 审议批准下列对外担保行为：

（1）上市公司及其控股子公司的对外担保总额，达到或者超过最近一期经审计“净资产”50%以后提供的任何担保（总净50%）；

（2）上市公司的对外担保总额，达到或者超过最近一期经审计“总资产”的30%以后提供的任何担保（总总30%）；

提示

此项担保决议属于股东大会的特别决议，应当由出席会议的股东所持表决权的2/3以上通过。

（3）单笔担保额超过最近一期经审计净资产10%的担保（单净10%）；

（4）为资产负债率超过70%的担保对象提供的担保（为穷人提供的担保）；

（5）上市公司对股东、实际控制人及其关联方提供的担保（为家人提供的担保）。

提示

股东大会在审议此担保议案时，该股东或受该实际控制人支配的股东，不得参与该项表决，该项表决由出席股东大会的其他股东所持表决权的过半数通过。

（四）会议形式

1. 年会：每年召开一次，上市公司的年度股东大会应当于“上一会计年度结束后的6个月内”举行。

2. 临时会议

有下列情形之一的，应当在2个月内召开临时股东大会：

（1）董事人数不足《公司法》规定的人数（最低5人）或者公司章程规定人数的2/3时；

（2）公司未弥补的亏损达实收股本（非注册资本）总额的1/3时；

（3）单独或者合计持有公司10%以上（≥10%）股份的股东请求时；

（4）董事会认为必要时；

（5）监事会提议召开时；

（6）公司章程规定的其他情形。

3. 股东大会的召集

（1）先董事会：股东大会由董事会召集，董事长主持。董事长不能履行职务或者不履行职务的，由副董事长主持；副董事长不能履行职务或者不履行职务的，由“半数以上”的董事共同推举一名董事主持。

（2）再监事会：董事会不能履行或者不履行召集股东大会会议职责的，监事会应当及时召集和主持。

（3）最后股东：监事会不召集和主持的，连续90日以上单独或者合计持有公司10%以上股份的股东可以自行召集和主持。

4. 股东临时提案权

（1）提案主体：股份有限公司单独或者合计持有公司3%以上股份的股东。

（2）提案时间：股东大会召开10日前。

（3）提案方式：书面提交董事会。

（4）董事会的通知义务：董事会收到提案后2日内通知其他股东。

5. 股东大会的决议要求

（1）普通事项："出席会议"的股东所持表决权"过半数"（ > 1/2）通过。

（2）特别事项："出席会议"的股东所持表决权的2/3以上(≥2/3)通过。

提示

下列事项属于特别事项：1. 修改公司章程；2. 增加或者减少注册资本；3. 公司合并、分立、解散；4. 变更公司形式；5."上市公司"在1年内购买、出售重大资产或者担保金额超过公司"资产总额"30%的，应当由股东大会作出决议，并经出席会议的股东所持表决权的2/3以上通过。

【例1–单选题】甲持有乙公司34%的股份，为第一大股东。2017年1月，乙公司召开股东大会讨论其为甲向银行借款提供担保事宜。出席本次大会的股东（包括甲）所持表决权占公司发行在外股份总数的49%，除一名持有公司股份总额1%的小股东反对外，其余股东都同意乙公司为甲向银行借款提供担保。下列说法中，正确的是哪一项？（　　）

A. 决议无效，因为出席股东大会的股东所持表决权数不足股份总额的半数

B. 决议无效，因为决议所获同意票代表的表决权数不足公司股份总额的半数

C. 决议无效，因为甲未回避表决

D. 决议无效，因为公司不得为其股东提供担保

【答案】C

学堂点拨

根据规定，公司为公司股东或者实际控制人提供担保的，必须经股东会或者股东大会决议。接受担保的股东或者受接受担保的实际控制人支配的股东，不得参加该事项的表决。该项表决由出席会议的其他股东所持表决权的过半数通过。本题中，甲参与了表决，则该决议无效。

6. 累积投票制

所谓累积投票制，是指股东大会选举董事或者监事时，每一股份拥有与应选董事或者监事人数相同的表决权，股东拥有的表决权可以集中使用。该制度的实施有利于中小股东按照其持股比例选举代表进入公司管理层，参与董事会的活动，保护其利益。

（1）应当采用累积投票制：控股股东控股比例在30%以上的上市公司，"应当"采用累积投票制。

（2）可以采用累积投票制：其他股份有限公司"可以"根据公司章程的规定或者股东大会的决议实行累积投票制。

7. 会议记录

股东大会的会议记录由主持人和出席会议的“董事”（而非股东）签名。

【相关链接】董事会会议记录由出席会议的“董事”签名。

二、董事会

（一）性质

公司的决策机关，主要职权是制订方案提交股东大会表决和执行股东大会的决议。

（二）职权

1. 召集股东大会会议，并向股东大会报告工作。
2. 执行股东大会的决议。
3. 决定公司的经营计划和投资方案。
4. 制订公司的年度财务预算方案、决算方案。
5. 制订公司的利润分配方案和弥补亏损方案。
6. 制订公司增加或减少注册资本以及发行公司债券的方案。
7. 制订公司合并、分立、解散或变更公司形成的方案。
8. 决定公司内部管理机构的设置。
9. 决定聘任或者解聘公司经理及其报酬事项，并根据经理的提名决定聘任或者解聘公司副经理、财务负责人及其报酬事项。
10. 制定公司的基本管理制度。
11. 公司章程规定的其他职权。

表 6–6　股东大会职权和董事会职权比较

股东大会的职权	董事会的职权
1. 决定公司的经营方针和投资计划。 2. 选举和更换由“非职工代表”担任的董事、监事，决定有关董事、监事的报酬事项。 3. 审议批准董事会或者执行董事的报告。 4. 审议批准监事会或者监事的报告。 5. 审议批准公司的年度财务预算方案、决算方案。 6. 审议批准公司的利润分配方案和弥补亏损方案。 7. 对公司增加或者减少注册资本作出决议。 8. 对发行公司债券作出决议。 9. 对公司合并、分立、变更公司形式、解散和清算作出决议。 10. 修改公司章程。 11. 公司章程规定的其他职权。	1. 召集股东大会会议，并向股东大会报告工作。 2. 执行股东大会的决议。 3. 决定公司的经营计划和投资方案。 4. 制订公司的年度财务预算方案、决算方案。 5. 制订公司的利润分配方案和弥补亏损方案。 6. 制订公司增加或减少注册资本以及发行公司债券的方案。 7. 制订公司合并、分立、解散或变更公司形成的方案。 8. 决定公司内部管理机构的设置。 9. 决定聘任或者解聘公司经理及其报酬事项，并根据经理的提名决定聘任或者解聘公司副经理、财务负责人及其报酬事项。 10. 制定公司的基本管理制度。 11. 公司章程规定的其他职权。
【提示1】与董事会的职权比较，股东大会的职权更加宏观，所涉及的事项都是公司运行的基本问题。 【提示2】与股东大会职权相关的关键词：“决议”“审议批准”“选举和更换”“修改”；与董事会职权相关的关键词：“决定”“制订方案”“执行”。	

【**例2-单选题**】根据公司法律制度的规定，下列各项中，属于董事会职权的是（　　）。

A．决定有关董事的报酬事项　　B．修改公司章程

C．决定公司内部管理机构的设置　　D．决定发行公司债券

【**答案**】C

学堂点拨

选项A、B、D是股东大会的职权。

（三）组成

1．股份有限公司董事会成员（董事）为5～19人，董事会成员中“可以”有公司职工代表。

2．董事每届任期不得超过3年，可以连选连任。董事任期届满未及时改选，或者董事在任期内辞职导致董事会成员低于法定人数的，在改选出的董事就任前，原董事仍应依照法律、行政法规和公司章程的规定，履行董事职务。

（四）机构设置

1．设董事长一人，“可以”设副董事长。

2．董事长和副董事长由董事会以全体董事过半数选举产生。

（五）董事会的会议类型

1．常规会议：董事会会议每年度至少召开2次会议，每次会议应当于会议召开10日前通知全体董事和“监事”。

2．临时会议：（1）代表10%以上表决权的股东提议；（2）1/3以上董事提议；（3）监事会提议。

（六）董事会的会议程序

1．召集主体：董事会会议由董事长召集和主持，董事长不能或者不履行职务的，由副董事长履行职务；副董事长不能或者不履行职务的，由半数以上董事共同推举一名董事履行职务。

2．董事会会议应有“过半数”的董事出席方可举行。董事因故不能出席会议的，可以“书面”（非口头）委托其他“董事”（不能是其他人）代为出席，委托书中应载明授权范围。

3．董事会的会议记录由出席会议的“董事”签名。

提示

监事可以列席董事会会议，履行其监督职权，但无权在董事会会议记录上签名。

（七）董事会的表决

1．董事会作出决议须经“全体”（而非出席）董事的“过半数”通过。

提示

股东大会对决议事项的表决是以“出席会议”的股东所持表决权为基数的。

2．上市公司关联董事的表决权排除制度

上市公司董事与董事会会议决议事项所涉及的企业有关联关系的，不得对该项决议行使表决权，也不得代理其他董事行使表决权。该董事会会议由过半数的“无关联关系”董事出席即可举行，董

事会会议所作决议须经“无关联关系”董事过半数通过。出席董事会的无关联关系董事人数不足3人的，应将该事项提交上市公司股东大会审议。

（八）董事的损害赔偿责任

董事会的决议违反法律、行政法规或者公司章程、股东大会决议，致使公司遭受严重损失的，“参与决议”的董事对公司负赔偿责任；但经证明在表决时曾表明异议并记载于会议记录的，该董事可以免除责任。

【例3–多选题】某股份有限公司的董事会由11人组成，其中董事长1人，副董事长2人。该董事会某次会议发生的下列行为不符合《公司法》规定的有哪些？（　　）

A．因董事长李某不能出席会议，董事长指定一位副董事长孙某主持该次会议

B．通过了增加公司注册资本的决议

C．通过了解聘公司现任经理，由副董事长孙某兼任经理并给予年薪20万元的决议

D．会议所有决议事项载入会议记录后，由主持会议的副董事长孙某和记录员张某签名存档

【答案】BD

学堂点拨

选项B：增减注册资本属于股东大会的职权范围，董事会无权表决；选项D：董事会会议记录由出席会议的董事签名，不仅仅由主持会议的副董事长签名，如果记录员不是董事，也无权签名。

三、经营管理机关（经理）

（一）经理的产生：由董事会决定聘任或解聘，董事会可以决定由董事会成员兼任经理。

（二）性质：属于上市公司高级管理人员。

（三）专职：上市公司的总经理必须专职，总经理在集团等控股股东单位不得担任除“董事”以外的其他职务。

（四）公司不得直接或者通过子公司向董事、监事、高级管理人员提供借款。

（五）上市公司总经理及高层管理人员（副总经理、财务主管和董事会秘书）必须在上市公司领薪，不得由控股股东代发薪水。

（六）经理的职权：

1．主持公司的生产经营管理工作，组织实施董事会决议；

2．组织实施公司年度经营计划和投资方案；

3．拟订公司内部管理机构设置方案；

4．拟订公司的基本管理制度；

5．制定公司的具体规章；

6．提请聘任或者解聘公司副经理、财务负责人；

7．聘任或者解聘除应由董事会聘任或者解聘以外的负责管理人员；

8．列席董事会会议。

四、监事会

（一）性质

监事会是公司的监督机构。

（二）职权

1. 检查公司财务。

2. 对董事、经理执行公司职务的行为进行监督，对违反法律、行政法规、公司章程或股东会决议的董事、高级管理人员提出罢免建议。

3. 当董事和经理的行为损害公司的利益时，要求董事和经理予以纠正。

4. 提议召开临时股东大会会议，在董事会不履行法律规定的召集和主持股东大会会议职责时召集和主持股东大会会议。

5. 提议召开临时董事会。

6. 向股东大会会议提出提案。

7. 对董事、高管侵害公司利益的行为提起诉讼。

8. 列席董事会会议，并对董事会会议事项 提出质询或者建议。

提示

上市公司监事会可以提名独立董事候选人。

（三）组成

1. 人数：≥3人。

2. 构成：应当包括股东代表和≥1/3的职工代表。

3. 兼任限制：董事、高级管理人员不得兼任监事。

4. 任期：监事任期每届3年，可连选连任。

（四）机构设置

1. 设主席1人，“可以”设副主席。

2. 主席和副主席由全体监事过半数选举产生。

（五）会议制度

1. 常规会议：每6个月至少召开1次。

2. 临时会议：监事可提议召开临时监事会会议。

【例4-单选题】下列有关公司董事、监事以及高级管理人员兼任的表述中，符合公司法律制度规定的是（　　）。

A. 公司董事可以兼任公司经理　　B. 公司董事可以兼任公司监事

C. 公司经理可以兼任公司监事　　D. 公司董事会秘书可以兼任公司监事

【答案】A

学堂点拨

根据规定，董事、高级管理人员不得兼任监事，因此，选项B、C、D错误。

知识点3 上市公司独立董事制度（★★★）

一、独立董事的概念和任职条件

（一）不在公司担任除董事之外的其他职务，并与其所受聘的上市公司及其主要股东不存在可能妨碍其进行“独立客观”判断的关系的董事。

提示

《公司法》要求上市公司设立独立董事，中国证监会具体要求上市公司董事会成员中应当至少1/3为独立董事。

（二）任职条件（见表6-7）

表6-7 独立董事的任职条件

正面条件（应当具备的条件）	反面条件（不得担任的情形）
1. 具备担任上市公司董事的资格。 【解释】独立董事应当符合《公司法》规定的董事、监事、高级管理人员的任职资格，即不得存在《公司法》第一百四十六条规定的不得担任董事、监事、高级管理人员的五种情形。 2. 具有立法与有关规定要求的独立性。 3. 具备上市公司运作的基本知识，熟悉相关法律、行政法规、规章及规则。 4. 具有5年以上法律、经济或者其他履行独立董事职责所必需的工作经验。 5. 公司章程规定的其他条件。	1. 在上市公司或者其附属企业任职的人员及其直系亲属、主要社会关系。 【解释】直系亲属是指配偶、父母、子女等；主要社会关系是指兄弟姐妹、岳父母、儿媳女婿、兄弟姐妹的配偶、配偶的兄弟姐妹等。 2. 直接或间接持有上市公司已发行股份1%以上或者是上市公司前十名股东中的自然人股东及其直系亲属。 3. 在直接或间接持有上市公司已发行股份5%以上的股东单位或者在上市公司前五名股东单位任职的人员及其直系亲属。 4. 最近一年内曾经具有前三项所列举情形的人员。 5. 为上市公司或者其附属企业提供财务、法律、咨询等服务的人员。 6. 公司章程规定的其他人员。 7. 中国证监会认定的其他人员。

二、独立董事的产生、任期和特别职权

（一）产生程序

1. 提名：上市公司董事会、监事会、单独或者合并持有上市公司已发行股份1%以上的股东提名。

2. 选举：股东大会选举。

（二）任期

独立董事任期与该上市公司其他董事任期相同，任期届满，连选可以连任，但是连任期间不得超过6年。

（三）特别职权及行使要求（见表6-8）

表 6-8 独立董事的特别职权及行使要求

特别职权	行使要求
1. 重大关联交易应由独立董事认可后，提交董事会讨论；独立董事作出判断前，可以聘请中介机构出具独立财务顾问报告，作为其判断的依据。 【解释】重大关联交易是指上市公司拟与关联人达成的总额高于300万元或高于上市公司最近经审计净资产值的5%的关联交易。 2. 向董事会提议聘用或解聘会计师事务所。 3. 向董事会提请召开临时股东大会。 4. 提议召开董事会。 5. 独立聘请外部审计机构和咨询机构。 6. 可以在股东大会召开前公开向股东征集投票权。	1. 独立董事行使职权应当取得全体独立董事的1/2以上同意。 2. 如上述提议未被采纳或上述职权不能正常行使，上市公司应将有关情况予以披露。 3. 如果上市公司董事会下设薪酬、审计、提名等委员会的，独立董事应当在委员会成员中占有1/2以上的比例。

（四）独立董事应当发表独立意见的事项以及意见类型（见表6-9）

表 6-9 独立董事应当发表独立意见的事项以及意见类型

事项	意见类型
1. 提名、任免董事。 2. 聘任或解聘高级管理人员。 3. 公司董事、高级管理人员的薪酬。 4. 上市公司的股东、实际控制人及其关联企业对上市公司现有或新发生的总额高于300万元或高于上市公司最近经审计净资产值的5%的借款或其他资金往来，以及公司是否采取有效措施回收欠款。 5. 独立董事认为可能损害中小股东权益的事项。 6. 公司章程规定的其他事项。	1. 同意。 2. 保留意见及其理由。 3. 反对意见及其理由。 4. 无法发表意见及其障碍。

（五）独立董事的撤换和辞职

1. 撤换

（1）独立董事应当积极履行职责，如果连续3次未亲自出席董事会会议，应由董事会提请股东大会予以撤换。

（2）除出现上述情况及《公司法》中规定的不得担任董事的情形外，独立董事在任期届满前不得无故被免职。

（3）提前免职的，上市公司应将其作为特别披露事项予以披露，被免职的独立董事认为公司的免职理由不当的，可以作出公开的声明。

2. 辞职

（1）独立董事在任期届满前可以提出辞职。

（2）如因独立董事辞职导致公司董事会中独立董事所占的比例低于规定的最低要求时，该独立董事的辞职报告应当在下任独立董事填补其缺额后生效。

【例5-2014-单选题】某上市公司拟聘任独立董事一名。甲为该公司人力资源总监的大学同学；乙为在该公司中持股7%的某国有企业的负责人；丙曾任该公司财务部经理，半年前离职；丁为某大学法学院教授，兼职担任该公司子公司的法律顾问。根据公司法律制度的规定，可以担任该公司独立董事的是（　　）。

A. 甲　　B. 乙　　C. 丙　　D. 丁

【答案】A

学堂点拨

根据规定，下列人员不得担任独立董事：1. 在上市公司或者其附属企业任职的人员及其直系亲属、主要社会关系（直系亲属是指配偶、父母、子女等；主要社会关系是指兄弟姐妹、岳父母、儿媳女婿、兄弟姐妹的配偶、配偶的兄弟姐妹等）；2. 直接或间接持有上市公司已发行股份1%以上或者是上市公司前十名股东中的自然人股东及其直系亲属；3. 在直接或间接持有上市公司已发行股份5%以上的股东单位或者在上市公司前五名股东单位任职的人员及其直系亲属（选项B）；4. 最近一年内曾经具有前三项所列举情形的人员（选项C）；5. 为上市公司或者其附属企业提供财务、法律、咨询等服务的人员（选项D）；6. 公司章程规定的其他人员；7. 中国证监会认定的其他人员。

知识点4 股份有限公司的股份发行和转让（★★）

一、股票的分类

（一）优先股与普通股——依据股东权利义务的不同为标准

1. 普通股：代表一般股权的股份，每一股通常有一个投票权，股东按持股比例分享收益。

2. 优先股：享有优先权的股票。

【解释】“优先权”主要是指股利分配和公司清算时剩余财产分配上的优先。公司对优先股的股利按照约定的股利率优先支付，在公司清算时，还可以优先于普通股的股东取得剩余财产，但是不能参与公司的经营管理。

（二）记名股和无记名股——依据票面上是否记载股东的姓名或名称为标准

1. 记名股票：在票面上记载股东姓名或名称的股票。

2. 无记名股票：在票面上不记载股东姓名或名称的股票。

二、优先股

（一）发行主体

1. 上市公司。

2. 非上市“公众公司”。

（二）发行条件

公司已发行的优先股不得超过公司“普通股股份总数的50%”，且筹资金额不得超过“发行前净资产的50%”。

（三）优先股股东的表决权限制及恢复

1. 优先股股东一般情况下没有表决权。但是，公司累计3个会计年度或者连续2个会计年度未按约定支付优先股股息的，优先股股东有权出席股东大会，每股优先股股份享有公司章程规定的表决权。

2. 对于股息可累积到下一会计年度的优先股，表决权恢复直至公司全额支付所欠股息。对于股息不可累积的优先股，表决权恢复直至公司全额支付当年股息。

3. 公司章程可规定优先股表决权恢复的其他情形。

（四）优先股股东的特定事项表决权（本来就享有的，而非恢复后才享有的表决权）

出现以下情况之一的，公司召开股东大会会议应通知优先股股东，优先股股东有权出席股东大会会议，就以下事项与普通股股东分类表决：

1. 修改公司章程中与优先股相关的内容；

2. 一次或者累计减少公司注册资本超过10%；

3. 公司合并、分立、解散或者变更公司形式；

4. 发行优先股；

5. 公司章程规定的其他情形。

提示

上述事项的决议，除须经出席会议的普通股股东（含表决权恢复的优先股股东）所持表决权的2/3以上通过外，还须经出席会议的优先股股东（不含表决权恢复的优先股股东）所持表决权的2/3以上通过。

【例6-2015-多选题】根据公司法律制度的规定，上市公司的优先股股东有权出席股东大会会议，就相关事项与普通股股东分类表决，该相关事项有（　　）。

A. 修改公司章程中与优先股相关的内容

B. 一次减少公司注册资本达5%

C. 变更公司形式

D. 发行优先股

【答案】ACD

学堂点拨

根据规定，出现以下情况之一的，公司召开股东大会会议应通知优先股股东，优先股股东有权出席股东大会会议，就以下事项与普通股股东分类表决：1. 修改公司章程中与优先股相关的内容（选项A）；2. 一次或者累计减少公司注册资本超过10%；3. 公司合并、分立、解散或者变更公司形式（选项C）；4. 发行优先股（选项D）；5. 公司章程规定的其他情形。

三、股票转让的限制（见表6-10）

表6-10　股份转让的限制

1. 股票转让场所的限制	（1）股东转让股份应当在依法设立的证券交易场所或者按照国务院规定的其他方式进行。 （2）上市公司的股票，依照有关法律、行政法规及证券交易所交易规则上市交易。
2. 发起人转让股份的限制	发起人持有的本公司股份，自公司成立之日起1年内不得转让；因司法强制执行、继承、遗赠、依法分割财产等导致股份变动的除外。

（续上表）

3．非公开发行股份转让股票的限制	公司公开发行股份前已发行的股份，自公司股票在证券交易所上市交易之日起1年内不得转让。 【解释】非公开发行股份是指发行人向一定范围内的特定对象（累计不超过200人）发行股票的行为。
4．董事、监事、高级管理人员转让股份的限制	（1）董事、监事、高级管理人员所持本公司股份，自公司股票上市交易之日起1年内不得转让。 （2）董事、监事、高级管理人员在任职期间每年转让的股份不得超过其所持有本公司股份总数的25%（≤25%）。 【提示】上市公司董事、监事和高级管理人员所持股份不超过1000股的，可以一次性全部转让，不受25%的比例限制。 （3）董事、监事、高级管理人员离职后半年内，不得转让其所持有的本公司股份；但是因司法强制执行、继承、遗赠等导致股份变动的除外。 （4）上市公司董事、监事和高级管理人员在下列期间不得买卖本公司股票： ①上市公司定期报告公告前30日内； ②上市公司业绩预告、业绩快报公告前10日内； ③自可能对本公司股票交易价格产生重大影响的重大事项发生之日或在决策过程中，至依法披露后2个交易日内； ④证券交易所规定的其他期间。
5．股份回购的限制	除以下情形外，股份有限公司不得回购本公司股份： （1）减少公司注册资本； 【提示】此种情形应当经股东大会决议，公司收购本公司股份后，应当自收购之日起10日内注销。 （2）与持有本公司股份的其他公司合并； 【提示】此种情形应当经股东大会决议，公司收购本公司股份后，应当在6个月内转让或者注销。 （3）将股份奖励给本公司职工； 【提示】此种情形应当经股东大会决议，而且收购的本公司股份，不得超过本公司已发行股份总额的5%，用于收购的资金应当从公司税后利润中支出，所收购的股份应当在1年内转让给职工。 （4）股东因对股东大会作出的公司合并、分立决议持有异议，要求公司收购其股份的。 【提示】公司收购本公司股份后，应当在6个月内转让或者注销。
6．股份质押的限制	股份有限公司不得接受以本公司的股票作为质押权的标的（变相回购）。

【例7–2016–单选题】某股份有限公司于2016年3月7日首次公开发行股份并在上海证券交易所上市交易。2016年4月8日，该公司召开股东大会，拟审议的有关董事、高级管理人员（简称“高管”）持股事项的议案中包含下列内容。其中，符合公司法律制度规定的是（　　）。

A．董事、高管离职后半年内，不得转让其所持有的本公司股份

B．董事、高管在任职期间，每年转让的股份不得超过其所持本公司股份总数的50%

C．董事、高管持有的本公司股份，自决议通过之日起3个月后可以内部自由转让

D．董事、高管持有的本公司股份，自决议通过之日起6个月后可以对外自由转让

【答案】A

学堂点拨

选项A正确：董事、监事、高级管理人员离职后半年内，不得转让其所持有的本公司股份；但是因司法强制执行、继承、遗赠等导致股份变动的除外。选项B错误：根据《公司法》规定，董事、监事、高级管理人员所持本公司股份，自公司股票上市交易之日起1年内不得转让。公司的董事、监事、高管人员在任职期间每年转让的股份不得超过其所持有本公司股份总数的25%。选项C、D错误：根据规定，内容违反法律、行政法规的公司股东会或者股东大会、董事会的决议无效。因此，股东大会通过的决议不得违反《公司法》关于股份转让限制的规定，否则会导致无效。

第三单元　有限责任公司

知识点1　有限责任公司的设立条件和组织机构（★★）

一、有限责任公司的设立条件

（一）股东人数

有限责任公司的股东人数在50人以下（≤50人）。

提示

如果股东人数为一人，即为一人有限责任公司。

（二）财产条件

1．注册资本：新《公司法》取消了法定最低注册资本的要求，改由公司章程规定。

2．出资期限：新《公司法》取消了出资期限的要求，改由公司章程规定。

3．出资形式与缴纳方式：与股份有限公司相同。

（三）公司章程

1．制定主体

（1）一般的有限责任公司的章程：由股东共同制定。

（2）一人有限责任公司的章程：由股东制定。

（3）国有独资公司章程：由国有资产监督管理机构制定，或者由董事会制定报国有资产监督管理机构批准。

提示

章程制定之后，股东应在公司章程上签名、盖章。

2．章程的修改

公司章程的修改必须经过股东会，并且应当经过代表2/3以上表决权的股东通过。

二、有限责任公司的组织机构

（一）股东会

1．性质和职权：有限责任公司的权力机构，其职权与股份有限公司类似。

提示

有限责任公司股东会在行使职权时，如果股东以书面形式一致表示同意的，可以不召开股东会会议，直接作出决定，并由全体股东在决定文件上签名盖章。

2．股东会定期会议：每个会计年度结束之后召开，每年召开一次。

3．召开股东会临时会议的情形：

（1）代表1/10以上表决权的股东提议召开；

（2）1/3以上的董事提议召开；

（3）监事会（或者不设监事会的公司监事）提议召开。

表 6–11　股东大会临时会议、股东会临时会议、股份有限公司董事会临时会议的召开情形

<table>
<tr><th>股东大会临时会议</th><th>股东会临时会议</th><th>股份有限公司董事会临时会议</th></tr>
<tr><td rowspan="2">1．董事人数不足《公司法》规定的人数（最低5人）或者公司章程规定人数的2/3时。
2．公司未弥补的亏损达实收股本（非注册资本）总额的1/3时。
3．单独或者合计持有公司10%以上（≥10%）股份的股东请求时。
4．董事会认为必要时。
5．监事会提议召开时。</td><td>1．代表1/10以上表决权的股东提议召开。
2．1/3以上的董事提议召开。
3．监事会（或者不设监事会的公司监事）提议召开。</td><td>1．代表10%以上表决权的股东提议。
2．1/3以上董事提议。
3．监事会提议。</td></tr>
<tr><td colspan="2">【总结】有限责任公司股东会临时会议和股份有限公司董事会临时会议的召开情形基本相同，唯一的不同点在于“代表1/10以上表决权的股东”和“代表10%以上表决权的股东”。</td></tr>
</table>

4．股东会的召集

（1）首次股东会会议：由“出资最多”的股东召集和主持。

（2）以后的股东会会议：

①先董事会——公司设立董事会的，由董事会召集，董事长主持。董事长不履行职责的，由副董事长主持；副董事长不履行职责的，由“半数以上”（≥1/2）董事共同推举一名董事主持；

②再监事会——董事会不履行职责的，由监事会召集和主持；

③最后股东——监事会不召集和主持的，代表1/10以上表决权的股东可以自行召集和主持。

提示

召开股东会会议，应当于会议召开“15”日以前通知全体股东，但公司章程另有规定或者全体股东另有约定的除外。

5．股东会决议事项

一般决议事项，只需出席会议代表“1/2以上”表决权的股东通过，下列决议必须经代表“2/3以上”表决权的股东通过：

（1）修改公司章程；

（2）增加或者减少注册资本；

（3）公司合并、分立、解散；

（4）变更公司形式（有限责任公司变更为股份有限公司）。

提示

1. 股东会会议由股东按照出资比例行使表决权，但公司章程另有规定的除外。

2. 有限责任公司股东会的表决权是以公司全部股权为基数进行计算，而股份有限公司股东大会的表决权是以出席股东大会的股东所持表决权为基数。

（二）董事会

1. 性质和职权：公司的执行机构，董事会的职权和股份有限公司相同。

提示

股东人数较少或者规模较小的有限责任公司，可以设1名执行董事，不设立董事会，执行董事可以兼任公司经理。

2. 董事会的组成：

（1）有限责任公司董事会由3～13人组成；

（2）两个以上的国有企业或者其他两个以上的国有投资主体投资设立的有限责任公司，董事会成员中“应当”包括职工代表；其他有限责任公司董事会成员中也可以有职工代表（也可以没有）；

【解释】“纯国有”的有限责任公司董事会中应当包括职工代表。

（3）董事会设董事长一人，“可以”设副董事长；

（4）有限责任公司董事长、副董事长的产生办法由公司章程规定。

提示

股份有限公司的董事长和副董事长由董事会“选举”产生；国有独资公司的董事长和副董事长由国有资产监督管理机构“指定”。

3. 董事任期：由公司章程规定，但每届任期不得超过3年，连选可以连任。

（三）监事会

1. 性质和职权：公司的执行机构，董事会的职权和股份有限公司相同。

提示

股东人数较少或规模较小的有限责任公司，可以设一至两名监事，不设监事会。

2. 董事、高级管理人员不得兼任监事。

3. 有限责任公司的监事会每年至少召开1次。（股份有限公司是6个月）

4. 股东人数较少或者规模较小的有限责任公司，可以不设立监事会；而股份有限公司则必须设立监事会。

【例1-2016-多选题】根据公司法律制度的规定，有限责任公司股东会会议的下列决议中，须经代表2/3以上表决权的股东通过的有（　　）。

A．增加注册资本　　B．对外提供担保

C．决定利润分配方案　　D．修改公司章程

【答案】AD

学堂点拨

有限责任公司股东会特别决议事项：修改公司章程，公司增加或者减少注册资本，公司合并、分立、解散以及变更公司形式。

【例2-2017-多选题】甲有限责任公司未设董事会，股东乙为执行董事。根据公司法律制度的规定，在公司章程无特别规定的情形下，乙可以行使的职权有（　　）。

A．决定公司的投资计划　　B．召集股东会会议

C．决定公司的利润分配方案　　D．决定聘任公司经理

【答案】BD

学堂点拨

选项A错误：决定公司的"经营计划"和"投资方案"属于董事会的职权，决定公司的"经营方针"和"投资计划"属于股东会的职权；选项C错误：审议批准公司的利润分配方案属于股东会的职权。

知识点2 一人有限责任公司的特别规定（★★）

一、一人有限责任公司的概念

一人有限责任公司，是指只有一个自然人股东或者法人股东的有限责任公司，该股东持有公司的全部出资或所有股份。

（一）一人有限责任公司的性质

一人有限责任公司性质上属于有限责任公司，具有独立人格，能独立承担责任，股东以其出资额为限对公司承担责任，这是一人有限责任公司与个人独资企业的根本区别。

（二）一人有限责任公司的股东

1．人数：1人。

2．范围：自然人或法人。

二、一人有限责任公司的法律规则

（一）"计划生育"原则

1．一个"自然人"只能投资设立1个一人有限责任公司（生一胎）。

2．该一人有限责任公司不能再投资设立新的一人有限责任公司（绝孙）。

（二）公示

一人有限责任公司应当在公司登记时注明自然人独资或者法人独资，并在营业执照中载明。

（三）组织机构

一人有限责任公司不设股东会。法律规定的股东会职权由股东行使，股东行使相应职权作出决定时，应当采用书面形式，并由股东签字后置备于公司。

提示

一人有限责任公司董事会和监事会的设置与股东人数较少或者规模较小的有限责任公司相同。

（四）审计监督

一人有限责任公司应当在每一个会计年度结束时编制财务会计报告，并经会计师事务所审计。

（五）有限责任的特殊规定

一人有限责任公司的股东不能证明公司财产独立于股东自己财产的，应当对公司债务承担连带责任。

提示

一般有限责任公司只有在股东滥用公司法人独立地位和股东有限责任，逃避债务，严重损害公司债权人利益的，股东才应当对公司债务承担“连带责任”。

【例3-单选题】根据公司法律制度的规定，下列关于一人有限责任公司（简称“一人公司”）的表述中，正确的是（　　）。

A．一个自然人只能投资设立一个一人公司，但该一人公司可以再投资设立新的一人公司

B．一人公司的股东应当对公司债务承担连带清偿责任

C．一人公司设立时，股东应当一次缴足公司章程规定的出资额

D．一人公司应当在公司登记中注明自然人独资或者法人独资

【答案】D

学堂点拨

选项A错误：一个自然人只能投资设立一个一人有限责任公司，且该一人有限责任公司不能投资设立新的一人有限责任公司。选项B错误：一人有限责任公司的股东不能证明公司财产独立于股东自己的财产的，应当对公司债务承担连带责任。选项C错误：新《公司法》取消了公司注册资本实缴出资的限制。

知识点3　国有独资公司的特别规定（★★）

一、国有独资公司的概念

国有独资公司是指国家单独出资、由国务院或者地方人民政府委托本级人民政府国有资产监督管理机构履行出资人职责的有限责任公司。

二、组织机构

（一）权力机关

国有独资公司不设股东会，由国有资产监督管理机构行使股东会职权，国有资产监督管理机构“可以”授权公司董事会行使股东会的部分职权，决定公司的重大事项，但公司的合并、分立、解

散、增减注册资本和发行公司债券，必须由国有资产监督管理机构决定；其中，国务院有关规定确定的重要国有独资公司的合并、分立、解散、申请破产，应当由国有资产监督管理机构审核后，报本级人民政府批准。

（二）执行机关（董事会和经理）

1. 董事会中“必须”包括职工代表，职工代表由职工代表大会选举产生；其他董事由国有资产监督管理机构委派。

2. 设董事长1人，“可以”设副董事长，董事长、副董事长由国有资产监督管理机构从董事会成员中“指定”。

3. 国有独资公司设经理，由董事会聘任或者解聘，经“国有资产监督管理机构”同意，董事会成员可以兼任经理。

4. 国有独资公司的董事长、副董事长、董事、高级管理人员，未经“国有资产监督管理机构”同意，不得在其他“有限责任公司、股份有限公司或者经济组织”兼职。

（三）监督机关（监事会）

1. 监事会成员不得少于5人（一般有限责任公司至少3人），其中职工代表的比例不得低于1/3。

2. 监事会成员由国有资产监督管理机构委派，但监事会中的职工代表由职工代表大会选举产生。

3. 监事会主席由国有资产监督管理机构从监事会成员中“指定”。

提示

一般有限责任公司的监事会主席由全体监事过半数“选举”产生。

【例4-单选题】下列关于国有独资公司的表述中，符合公司法律制度规定的是（　　）。

A. 国有独资公司不设股东会，由国有资产监督管理机构行使股东会职权

B. 国有独资公司的董事会获得国有资产监督管理机构授权，可以决定公司合并事项

C. 国有独资公司监事会的职工代表由国有资产监督管理机构委派

D. 国有独资公司的董事会成员全部由国有资产监督管理机构委派

【答案】A

学堂点拨

选项B错误：根据规定，国有独资公司不设股东会，由国有资产监督管理机构行使股东会职权，国有资产监督管理机构“可以”授权公司董事会行使股东会的部分职权，决定公司的重大事项，但公司的合并、分立、解散、增减注册资本和发行公司债券，必须由国有资产监督管理机构决定。选项C错误：监事会成员由国有资产监督管理机构委派，但监事会中的职工代表由职工代表大会选举产生。选项D错误：国有独资公司董事会中的职工代表由职工代表大会选举产生，其他董事由国有资产监督管理机构委派。

知识点4 有限责任公司股权的对外转让（★★★）

一、一般的股权转让

（一）其他股东的同意权

1．股东向股东以外的人转让股权，应当经“其他”股东“过半数”同意。（此处“过半数”不是股东出资比例上的过半数，而是股东人数上的过半数）

2．股东应就其股权转让事项以书面或者其他能够确认收悉的合理方式通知其他股东征求同意，其他股东自接到书面通知之日起满30日未答复的，视为同意转让。

3．其他股东半数以上不同意转让，不同意的股东不购买的，视为同意转让。

【解释】股东对外转让股权的情况下，其他股东只有两种选择：要么同意；要么自己购买。这表明，股东转让股权的渠道是畅通的。

（二）其他股东的优先购买权

经股东同意转让的股权，在同等条件下，其他股东有优先购买权。两个以上股东主张行使优先购买权的，协商确定各自的购买比例；协商不成的，按照转让时各自的出资比例行使优先购买权。

1．转让股东的通知义务

经股东同意转让的股权，其他股东主张转让股东应当向其以书面或者其他能够确认收悉的合理方式通知转让股权的同等条件的，人民法院应当予以支持。

2．同等条件的确定

应当考虑转让股权的数量、价格、支付方式及期限等因素。

3．行权期间

（1）章程规定：有限责任公司的股东主张优先购买转让股权的，应当在收到通知后，在公司章程规定的行使期间内提出购买请求。

（2）通知确定：公司章程没有规定行使期间或者规定不明确的，以通知确定的期间为准。

（3）30日：通知确定的期间短于30日或者未明确行使期间的，行使期间为30日。

4．转让股东的反悔权

有限责任公司的转让股东，在其他股东主张优先购买后又不同意转让股权的，对其他股东优先购买的主张，人民法院不予支持，但公司章程另有规定或者全体股东另有约定的除外。其他股东主张转让股东赔偿其损失合理的，人民法院应当予以支持。

5．侵害优先购买权的救济

有限责任公司的股东向股东以外的人转让股权，未就其股权转让事项征求其他股东意见，或者以欺诈、恶意串通等手段，损害其他股东优先购买权，其他股东主张按照同等条件购买该转让股权的，人民法院应当予以支持。但其他股东自知道或者应当知道行使优先购买权的同等条件之日起30日内没有主张，或者自股权变更登记之日起超过1年的除外。

提示

1．其他股东仅提出确认股权转让合同及股权变动效力等请求，未同时主张按照同等条件购买转让股权的，人民法院不予支持，但其他股东非因自身原因导致无法行使优先购买权,请求损害赔偿的除外。

2. 股东以外的股权受让人，因股东行使优先购买权而不能实现合同目的的，可以依法请求转让股东承担相应民事责任。

（三）章程另有规定

《公司法》在很大程度上奉行公司自治原则，允许公司章程对某些事项作出与《公司法》不同的规定。在股东转让股权问题上，《公司法》就明确规定：公司章程对股权转让另有规定的，从其规定。这表明，上述关于股东对外转让股权的规则只有在公司章程没有特别规定时才适用。

二、股权强制执行的规则

人民法院依照强制执行程序转让股东的股权时，应当通知公司及全体股东，其他股东在同等条件下有优先购买权。其他股东自人民法院通知之日起满“20日”不行使优先购买权的，视为放弃优先购买权。

三、股权继承规则

1. 直接继承：在公司章程没有另外规定的情况下，自然人股东死亡后，其合法继承人可以直接继承股东资格。

【相关链接1】普通合伙人死亡：1. 继承人具备完全民事行为能力的，按照合伙协议的约定或者经全体合伙人一致同意，可以取得普通合伙人资格；2. 继承人为无民事行为能力人或者限制民事行为能力人的，经全体合伙人一致同意，可以依法成为有限合伙人，普通合伙企业依法转为有限合伙企业；全体合伙人未能一致同意的，合伙企业应当将被继承合伙人的财产份额退还该继承人。

【相关链接2】有限合伙人死亡：继承人可以取得该有限合伙人在合伙企业中的资格（无须以合伙协议的约定或者取得全体合伙人一致同意为前提）。

2. 优先购买权排除适用：有限责任公司的自然人股东因“继承”发生变化时，其他股东主张行使优先购买权的，人民法院不予支持，但公司章程另有规定或者全体股东另有约定的除外。

四、股权转移的程序

（一）双方签订股权转让协议，完成转让。

（二）股东转让股权后，公司应当注销原股东的出资证明书，向新股东签发出资证明书，并相应修改公司章程和股东名册中有关股东及其出资额的记载。对公司章程的该项修改“不需”再由股东会表决（因为章程的此项修改不是为了修改而修改，而是因“经其他股东过半数同意”的股权转让必然导致的修改）。

提示

股权的转让不属于公司的事项，属于股东的个人事项，因此无需股东会决议。

【例5-2009-单选题】甲、乙、丙为某有限责任公司股东。现甲欲对外转让其股份，下列哪一判断是正确的？（　　）

A. 甲必须就此事书面通知乙、丙并征求其意见

B. 在任何情况下，乙、丙均享有优先购买权

C．在符合对外转让条件的情况下，受让人应当将股权转让款支付给公司

D．未经工商变更登记，受让人不能取得公司股东资格

【答案】A

学堂点拨

选项A正确：《公司法》第七十二条第二款规定，股东向股东以外的人转让股权，应当经其他股东过半数同意。股东应就其股权转让事项书面通知其他股东征求同意，其他股东自接到书面通知之日起满30日未答复的，视为同意转让。其他股东半数以上不同意转让的，不同意的股东应当购买该转让的股权；不购买的，视为同意转让。据此可知，股东甲欲对外转让其股份，先就该事项书面通知其他股东征求同意。选项B错误：根据《公司法》第七十二条第三款规定，经股东同意转让的股权，在同等条件下，其他股东有优先购买权。两个以上股东主张行使优先购买权的，协商确定各自的购买比例；协商不成的，按照转让时各自的出资比例行使优先购买权。据此可知，乙丙在同等条件下享有优先购买权，而非在任何情况下都享有优先购买权。选项C错误：有限责任公司的股东对外转让股权时，股权转让合同的主体是股东，而非公司，因此，受让人应该将股权转让款支付给出让的股东，而不是公司。选项D错误：《公司法》第七十四条规定，依照本法第七十二条、第七十三条转让股权后，公司应当注销原股东的出资证明书，向新股东签发出资证明书，并相应修改公司章程和股东名册中有关股东及其出资额的记载。对公司章程的该项修改不需再由股东会表决。据此可知，取得公司股东资格并不是以工商变更登记为生效要件。

表 6-12　CPA 经济法中的“优先购买权制度”比较

	共有人优先购买权	承租人优先购买权	合伙人优先购买权	股东优先购买权
权利主体	按份共有人	房屋承租人	合伙人（普通合伙人和有限合伙人）	有限责任公司股东
行使条件	1．共有人对外转让份额。 2．无须其他共有人同意。 3．同等条件下（价款及支付期限、方式）。	1．出租人转让房屋。 2．无须承租人同意。 3．同等条件下（价款及支付期限、方式）。	1．合伙人对外转让份额。 2．经过全体合伙人一致同意。 3．同等条件下（价款及支付期限、方式）。	1．有限责任公司股东对外转让股权。 2．经其他股东过半数同意。 3．同等条件下（转让股权的数量、价格、支付方式及期限）。
行使期限	约定优先，未约定或约定不明： 1．通知中载明的期间； 2．未载明，或通知载明的期间短于15日的，为15日； 3．未通知的，为知道同等条件之日起15日； 4．共有份额权属转移之日起6个月。	出租人履行通知义务之日起15日。		1．首先：章程规定的期间。 2．其次：通知确定的期间。 3．最后：通知确定的期间短于30日或者未明确行使期间的，行使期间为30日。

（续上表）

	共有人优先购买权	承租人优先购买权	合伙人优先购买权	股东优先购买权
行使限制	1. 共有份额的权利主体因继承、遗赠等原因发生变化时，但按份共有人之间另有约定的除外。 2. 按份共有人之间转让共有份额，按份共有人之间另有约定的除外。	1. 房屋共有人行使优先购买权。 2. 出租人将房屋出卖给近亲属。 3. 第三人善意购买并已办理登记手续的。	1. 合伙人内部转让。 2. 合伙协议另有约定。	1. 股东之间转让股权时，其他股东没有优先购买权。 2. 自然人股东因“继承”发生变化时，其他股东没有优先购买权，但公司章程另有规定或者全体股东另有约定的除外。
冲突解决	两个以上按份共有人主张优先购买且协商不成时，请求按照转让时各自份额比例行使优先购买权的，应予支持。	房屋共有人优先购买权与承租人优先购买权冲突的，共有人优先购买权优先行使。	两个以上合伙人主张优先购买权，协商确定各自的购买比例，协商不成时，按照转让时各自出资比例行使优先购买权。	两个以上股东主张优先购买权，协商确定各自的购买比例，协商不成时，按照转让时各自出资比例行使优先购买权。
救济措施	共有人不得以其优先购买权受到侵害为由，仅请求撤销共有份额转让合同或者认定该合同无效。	1. 有权向出租人主张损害赔偿。 2. 无权主张出租人与第三人的买卖合同无效。	合伙人可以请求对侵犯优先受让权的合伙企业财产份额转让协议进行撤销。	1. 股东仍可主张优先购买权，但自知道或者应当知道行使优先购买权的同等条件之日起30日内没有主张，或者自股权变更登记之日起超过一年的除外。 2. 不得仅提出确认股权转让合同及股权变动效力等请求，而不同时主张按照同等条件购买转让股权。

知识点5 有限责任公司与股份有限公司的形态转化（★）

一、事项的表决

（一）表决机构：股东会或股东大会。

（二）表决要求：特别决议事项。

1. 有限责任公司：经代表2/3以上表决权的股东通过。

2. 股份有限公司：经出席会议的股东所持表决权的2/3以上通过。

二、债权债务的承受

公司变更前的债权、债务由变更后的公司承受。

三、股本总额的要求

有限责任公司变更为股份有限公司的，折合的实收股本总额不得高于公司净资产额。

【例6-多选题】甲有限责任公司拟变更为乙股份有限公司，下列说法中，正确的有哪些？（　　）

A．甲公司应当召开股东会，并获全体股东一致同意

B．甲公司在变更为乙公司时，不得增加注册资本

C．甲公司在变更为乙公司时，折合的股本总额不得高于公司净资产额

D．乙公司必须承担甲公司的所有债权债务

【答案】CD

学堂点拨

选项A错误：公司形式的变更属于股东会获股东大会的特别决议事项，经过有限责任公司股东会代表2/3以上表决权的股东通过或者股份有限公司股东大会出席会议的股东所持表决权的2/3以上通过。选项B错误：法律并没有对公司变更后增加或减少注册资本作出禁止性规定。

表 6-13　股份有限公司与有限责任公司的部分区别

	股份有限公司	有限责任公司
投资人数	2～200人（发起人）	1～50人
董事会人数	5～19人	3～13人
监事会人数	≥3人	≥3人
是否设股东会	是	是
是否设董事会	是	小公司可不设
是否设监事会	有	小公司可不设
董事长产生方式	选举	由公司章程规定
监事会主席产生方式	选举	选举

第四单元　公司的财务会计与公司重大变更

知识点1　公司的财务会计（★）

一、公司的财务会计报告

（一）财务会计报告的内容

1．公司应当依法在每一会计年度终了时编制财务会计报告，并依法经会计师事务所审计。

2．财务会计报告主要包括以下内容：

（1）资产负债表；

（2）利润表；

（3）现金流量表；

（4）附注。

（二）财务会计报告的编制、验证和公示

1. 编制：由董事会负责编制，并对其真实性、完整性和准确性负责。

2. 审查验证：公司应当依法聘用会计师事务所对财务会计报告审查验证。

提示

公司聘用、解聘承办公司审计业务的会计师事务所，依照公司章程的规定，由股东会、股东大会或者董事会决定。

3. 公示

（1）有限责任公司：应当按照公司章程规定的期限将财务会计报告提交股东。

（2）股份有限公司：财务会计报告应当在召开股东大会年会的20日前置备于本公司。

（3）公开发行股票的股份有限公司：必须公告其财务会计报告。

二、利润分配

（一）利润分配顺序

弥补亏损→缴纳所得税→弥补在税前利润弥补亏损之后仍存在的亏损→提取法定公积金→提取任意公积金→向股东分配利润。

提示

1. 公司弥补亏损和提取公积金后所余税后利润，有限责任公司按照股东“实缴”（非认缴）的出资比例分配，但“全体股东”约定不按照出资比例分配的除外；股份有限公司按照股东持有的股份比例分配，但股份有限公司“章程”规定不按持股比例分配的除外。

2. 公司股东会、股东大会或者董事会违反规定，在公司弥补亏损和提取公积金之前向股东分配利润的，股东必须将违反规定分配的利润退还公司。

3. 公司持有的本公司股份不得分配利润。

（二）公积金

1. 盈余公积金

（1）法定公积金（强制性）：从公司税后利润中提取的公积金。

提示

法定公积金的提取标准：法定公积金按照“税后利润的10%”提取，当法定公积金累计额为“注册资本的50%”以上时可以不再提取。

（2）任意公积金（任意性）：按照公司股东会或者股东大会决议，从公司税后利润中提取的公积金。

提示

公司提取任意公积金没有强制性要求，是否提取以及提取比例都由公司自行决定。

2. 资本公积金

因资本原因形成的公积金，如股份有限公司以超过股票票面金额的发行价格发行股份所得的溢价款转化而成的公积金。

提示

资本公积金不能用于弥补亏损。

3. 公积金的用途

（1）弥补亏损。

提示

弥补亏损的顺序：用税前利润弥补→超过用税前利润弥补期限仍未补足的亏损，用税后利润弥补→用盈余公积金弥补（非资本公积金）。

（2）扩大公司生产经营。

（3）转增公司资本。

提示

用“法定公积金”转增资本时，转增后留存的法定公积金不得少于“转增前注册资本”的25%。

【例1-2016-单选题】甲公司注册资本为700万元，公司当年税后利润300万元，法定公积金累计额310万元。公司无亏损。根据公司法律制度的规定，甲公司当年度提取的法定公积金金额是（　　）。

A. 30万元　　B. 40万元　　C. 50万元　　D. 60万元

【答案】A

学堂点拨

根据规定，法定公积金按照公司税后利润的10%提取，当公司法定公积金累计额为公司注册资本的50%以上时可以不再提取。本题中，甲公司注册资本700万元，50%为350万元。如果当年应按照税后利润的10%正常提取，法定公积金即为300×10%＝30（万元）。310＋30＝340（万元）<350（万元）。故选项A正确。

知识点2 公司合并（★★）

一、公司合并的形式

（一）吸收合并

一个公司吸收其他公司加入本公司，被吸收的公司解散。

提示

除了采用法定吸收合并外，以下四种方式也可达到与吸收合并同样的效果：1. 以现金购买资产的方式；2. 以股权购买资产的方式；3. 以现金购买股权的方式；4. 以股权购买股权的方式。

【解释1】上述提示中的1和2两种属于资产收购，是吸收公司与被吸收公司之间的交易行为，相比较于法定吸收合并方式相比，其劣势在于：1. 被吸收公司的债务不能直接概括转移至吸收公司，而必须经过债权人同意才能转移；2. 被吸收公司的消灭必须经过解散清算程序。

【解释2】上述提示中的3和4两种属于股权收购，是吸收公司与被吸收公司股东之间的交易行为，相比较于法定吸收合并方式相比，其劣势在于：1. 股权收购不是公司行为，股东（大）会无权就股权收购事项作出决议，必须征求每个股东的同意，收购行为才能实现；2. 被吸收公司的消灭必须经过解散清算程序。

【例2-2010-单选题】甲公司拟吸收合并乙公司。下列关于乙公司解散的表述中，符合公司法律制度规定的是（　　）。

A. 乙公司不必进行清算，但必须办理注销登记

B. 乙公司必须进行清算，但不必办理注销登记

C. 乙公司必须进行清算，也必须办理注销登记

D. 乙公司不必进行清算，也不必办理注销登记

【答案】A

学堂点拨

根据规定，因吸收合并而解散的公司不必经过清算程序，但必须办理注销登记。

（二）新设合并

两个以上公司合并设立一个新的公司，合并各方解散。

二、合并决议的表决

公司合并属于股东（大）会的特别决议事项，应当采用特别多数决议方式。

（一）有限责任公司：股东会对公司合并作出决议时，必须经代表2/3以上表决权的股东通过。

（二）股份有限公司：股东大会对公司合并作出决议时，必须经出席会议的股东所持表决权的2/3以上通过。

提示

异议股东享有股份回购请求权：对于股东（大）会的合并决议持异议的股东，有权请求公司按照合理的价格收购其股权。

三、债权人的保护

（一）通知义务

公司应当自作出合并决议之日起10日内通知债权人，并于30日内在报纸上公告。

（二）债权人的债务清偿或提供担保请求权

债权人自接到通知书之日起30日内，未接到通知书的自公告之日起45日内可以要求公司清偿债务或者提供相应的担保。

【解释】《公司法》之所以规定债权人享有债务清偿或提供担保请求权，是因为：实践中，两个以上的公司合并并非都是“强强联合”，往往是数个经营面临困境的公司通过新设合并实现“自

救”，或者是通过吸收合并实现“他救”。因此，合并之后的公司的债务清偿能力并不一定强于合并之前，甚至会出现削弱原来公司的债务清偿能力，出现“1+1=1”的局面，这对于债权人而言，无疑是加大了债务风险。

四、合并各方债权债务的承受

（一）债权债务的法定概括转移

公司合并时，合并各方的债权、债务，应当由合并后继续存续的公司或者新设立的公司承继。

提示

公司合并导致的债权债务概括转移，无须经过对方当事人同意。

（二）合并一方隐瞒债务的处理

企业吸收合并或新设合并后，被合并企业的债务应当由合并方或新设合并后的企业法人承担。但是企业进行吸收合并时，公告通知了债权人，企业吸收合并后，债权人就被合并企业原资产管理人（出资人）隐瞒或遗漏的企业债务起诉合并方的，如债权人在公告期内申报过该笔债权，合并方在承担民事责任后，可再行向被合并企业原资产管理人（出资人）追偿，如债权人在公告期内未申报过该笔债权，则合并方不承担民事责任。人民法院可告知债权人另行起诉被合并企业原资产管理人（出资人）。

【解释】合并一方隐瞒债务的情况下，合并方是否对该债务承担清偿责任的关键在于该债务的债权人是否在公告期内申报过该笔债权。

（三）债权人对消灭公司提起诉讼的处理

企业吸收合并或新设合并后，被合并企业应当办理而未办理工商注销登记，债权人起诉被合并企业的，法院应根据企业合并后的具体情况，告知债权人追加责任主体，并判令责任主体承担民事责任。

【解释】此处的“责任主体”即吸收合并后继续存续的吸收方，以及新设合并后的新公司。

知识点3 公司分立（★★）

一、分立的形式

（一）派生分立：公司以其部分财产另设一个或数个新的公司，原公司存续。

（二）新设分立：公司以其全部财产分别归入两个以上的新设公司，原公司解散。

二、公司决议的表决

公司分立属于股东（大）会的特别决议事项，应当采用特别多数决议方式。

（一）有限责任公司：股东会对公司分立作出决议时，必须经代表2/3以上表决权的股东通过。

（二）股份有限公司：股东大会对公司分立作出决议时，必须经出席会议的股东所持表决权的2/3以上通过。

提示

异议股东享有股份回购请求权：对于股东（大）会的分立决议持异议的股东，有权请求公司按照合理的价格收购其股权。

三、债权人的保护

公司应当自作出合并决议之日起10日内通知债权人，并于30日内在报纸上公告。

【解释】《公司法》没有规定公司分立时债权人享有债务清偿或提供担保请求权，这是因为：分立并不会公司资产总量的减少，也就是说分立后的数个公司资产之和与分立之前的公司资产总体上相当。而且根据法律规定，原公司的债务由分立后的公司承担连带责任，这就意味着，公司分立并不会加大债权人的风险，相反，连带责任的规定还客观上增加了债权实现的保障。

四、分立后债权债务的承受

公司分立前的债务由分立后的公司承担连带责任。但是，公司在分立前与"债权人"就债务清偿达成的书面协议另有约定的除外。

提示

公司分立时，分立后的公司对债务承担所作的约定必须经过"债权人"同意，否则对债权人不产生效力。

【例3-2010-多选题】2010年，甲公司决定分立出乙公司单独经营。甲公司原有负债5000万元，债权人主要包括丙银行、供货商丁公司和其他一些小债权人。在分立协议中，甲、乙公司约定：原甲公司债务中，对丁公司的债务由分立出的乙公司承担，其余债务由甲公司承担，该债务分担安排经过了丁公司的认可，但未通知丙银行和其他小债权人。下列说法中，正确的有（　　）。

A．丁公司有权要求甲、乙连带清偿其债务

B．丙银行有权要求甲、乙连带清偿其债务

C．小债权人有权要求甲、乙连带清偿其债务

D．甲、乙公司不得对债务分担作出约定

【答案】BC

学堂点拨

根据规定，公司分立前的债务由分立后的公司承担连带责任。但是，公司在分立前与"债权人"就债务清偿达成的书面协议另有约定的除外。本题中，甲、乙公司在分立协议中对公司债务分担的约定，经过债权人丁公司认可，因此该项约定对丁公司生效，因此对丁公司的债务，应由乙公司承担；但是，甲、乙公司在分立协议中对公司债务分担的约定没有经过丙银行和其他小债权人同意，因此，乙公司对丙银行和其他小债权人的债务，仍由甲、乙公司承担连带承担。综上，选项B、C正确。

知识点4 公司减资（增资略）（★）

一、公司减资的原因

（一）公司为避免资本闲置、向股东返还出资或者减免股东出资负担。

（二）公司出现严重亏损，通过减资弥补亏损。

二、公司减资的方式

（一）返还出资或股款。

（二）减免出资或购股义务。

（三）缩减股权或股份。

三、减资决议的程序

（一）公司董事会制定减资方案，提交股东会或股东大会表决。

提示

公司减资属于特别决议事项，与公司合并、分立一样应当采用特别多数决议方式。

（二）公司应当编制资产负债表及财产清单。

（三）通知债权人和对外公告。

1．公司应当自作出减少注册资本决议之日起10日内通知债权人，并于30日内在报纸上公告。

2．债权人自接到通知书之日起30日内，未接到通知书的自公告之日起45日内有权要求公司清偿债务或者提供相应的担保。

（四）实施减资。

（五）变更工商登记和税务登记。

公司减少注册资本的，应当自公告之日起45日内申请变更登记。

第五单元　公司解散和清算

知识点1 公司解散（★★★）

一、公司解散的事由

（一）公司章程规定的营业期限届满或者公司章程规定的其他解散事由出现。

【解释】可以通过修改公司章程（特别决议事项）使公司存续。

（二）股东会或者股东大会决议解散。

（三）因公司合并、分立需要解散。

【解释】因公司合并、分立而解散的，不必进行清算。（因其他事由解散的，必须进行清算。）

（四）依法被吊销营业执照、责令关闭或者被撤销。

（五）人民法院依法予以解散（司法解散）。

二、司法解散

（一）司法解散的概念

司法解散是一种解决公司僵局的司法措施。

【解释】公司僵局是指公司经营管理发生严重困难，继续存续会使股东利益受到重大损失，且通过其他途径不能解决。

（二）司法解散的条件

有下列事由之一，公司继续存续会使股东利益受到重大损失，通过其他途径不能解决，提起解散公司诉讼，人民法院应当受理：

1. 公司持续2年以上无法召开股东会或者股东大会，公司经营管理发生严重困难的；

2. 股东表决时无法达到法定或者公司章程规定的比例，持续2年以上不能作出有效的股东会或者股东大会决议，公司经营管理发生严重困难的；

3. 公司董事长期冲突，并且无法通过股东会或者股东大会解决，公司经营管理发生严重困难的；

4. 经营管理发生其他严重困难，公司继续存续会使股东利益受到重大损失的情形。

提示

1. 股东以知情权、利润分配请求权等权益受到损害，或者公司亏损、财产不足以偿还全部债务，以及公司被吊销企业法人营业执照未进行清算等为由，提起解散公司诉讼的，人民法院不予受理。

2. 股东提起解散公司诉讼，同时又申请人民法院对公司进行清算的，人民法院对其提出的“清算申请”不予受理。待公司被判决解散后，再申请人民法院进行清算。

（三）强制解散之诉

1. 原告：持有公司全部股东表决权10%以上的股东

提示

其他股东也可以申请以共同原告身份参加诉讼，也可以根据人民法院的通知以第三人身份参加诉讼。

2. 被告：公司

提示

原告以其他股东为被告一并提起诉讼的，人民法院应当告知原告将其他股东变更为第三人；原告坚持不予变更的，人民法院应当驳回对“其他股东的起诉”（而非整个诉讼）。

3. 法院的司法处理措施：调解或者判决

提示

1. 经人民法院调解公司收购原告股份的，公司应当自调解书生效之日起6个月内将股份转让或注销。股份转让或者注销之前，原告不得以公司收购其股份为由对抗公司债权人，即原告仍需对公司债务承担有限责任。

2. 法院关于解散公司诉讼作出的判决，对公司全体股东具有法律约束力。

3. 人民法院判决驳回解散公司诉讼请求后，提起该诉讼的股东或者其他股东又以同一事实和理由提起解散公司诉讼的，人民法院不予受理。

知识点2 公司清算（★★）

一、公司清算的概述

（一）公司清算的概念

公司清算，是指公司解散或被依法宣告破产后，依照一定的程序结束公司事务，收回债权，偿还债务，清理资产，并分配剩余财产，终止消灭公司的过程。公司被依法宣告破产的，依照有关企业破产的法律实施破产清算。

（二）清算方式

1. 公司自行清算

当公司出现解散事由时（因公司合并或者分立需要解散的除外），公司应当在解散事由出现之日起15日内成立清算组，开始清算。

2. 人民法院指定清算组

如果公司不自行清算，则债权人和股东可以申请人民法院指定清算组进行清算。

3. 债权人申请指定清算组的情形

（1）公司解散逾期不成立清算组进行清算的。

（2）虽然成立清算组但故意拖延清算的（债权人未申请，股东也可以申请）。

（3）违法清算可能严重损害债权人或者股东利益的。

二、清算义务人及其责任

（一）清算义务人的范围

1. 有限公司的股东。

2. 股份公司的董事和控股股东。

（二）清算义务人的责任

1. 有限责任公司的股东、股份有限公司的董事和控股股东未在法定期限内成立清算组开始清算，导致公司财产贬值、流失、毁损或者灭失，债权人可主张其在造成损失范围内对公司债务承担赔偿责任。

2. 有限责任公司的股东、股份有限公司的董事和控股股东因怠于履行义务，导致公司主要财产、账册、重要文件等灭失，无法进行清算的，应当“对公司债务承担连带清偿责任”。

3. 清算义务人在公司解散后，恶意处置公司财产给债权人造成损失，或者未经依法清算，以虚假的清算报告骗取公司登记机关办理法人注销登记，清算义务人、实际控制人应“对公司债务承担相应的赔偿责任”。

4. 公司未经清算即办理注销登记，导致公司无法进行清算，清算义务人和实际控制人应当“对公司债务承担清偿责任”。

5. 公司未经依法清算即办理注销登记，股东或者第三人在公司登记机关办理注销登记时承诺对公司债务承担责任时，债权人有权要求该股东或第三人对公司债务承担相应的民事责任。

6．清算义务人对外承担连带责任，其中一人或数人按照这三项的规定承担民事责任后，可以要求其他人员按照过错大小分担责任。

三、公司在清算期间的行为限制

（一）清算期间，公司不再从事新的经营活动，仅局限于清理公司已经发生但尚未了结的事务，包括清偿债务、实现债权以及处理公司内部事务等。

（二）清算期间，公司的代表机构为清算组。清算组负责处理未了事务，代表公司对外进行诉讼。

（三）清算期间，公司财产在未按照法定程序清偿前，不得分配给股东。

四、清算组及其组成

（一）自行清算时，清算组的组成

1．有限责任公司：由股东组成。

2．股份有限公司：由董事或者股东大会确定的人员组成。

（二）法院指定清算时，清算组的组成

人民法院受理公司清算案件，应当及时指定有关人员组成清算组。清算组成员可以从下列人员或者机构中产生：

1．公司股东、董事、监事、高级管理人员；

2．依法设立的律师事务所、会计师事务所、破产清算事务所等社会中介机构；

3．依法设立的律师事务所、会计师事务所、破产清算事务所等社会中介机构中具备相关专业知识并取得执业资格的人员。

提示

人民法院指定的清算组成员有下列情形之一的，人民法院可以根据债权人、股东的申请，或者依职权更换清算组成员：

1．有违反法律或者行政法规的行为；

2．丧失执业能力或者民事行为能力；

3．有严重损害公司或者债权人利益的行为。

五、清算组的职权

根据《公司法》的规定，清算组在清算期间行使下列职权：

（一）清理公司财产，分编制资产负债表和财产清单；

（二）通知、公告债权人；

（三）处理与清算有关的公司未了结的业务；

（四）清缴所欠税款以及清算过程中产生的税款；

（五）清理债权、债务；

（六）处理公司清偿债务后的剩余财产；

（七）代表公司参与民事诉讼活动。

六、清算程序

（一）通知债权人

清算组应当自成立之日起10日内将公司解散清算事宜书面通知全体已知债权人，并根据公司规模和营业地域范围，于60日内在全国或者公司注册登记地省级有影响的报纸上进行公告。

（二）债权申报和登记

1. 债权人应当自接到通知书之日起30日内，未接到通知书的自公告之日起45日内，向清算组申报其债权。

2. 在申报债权期间，清算组不得对债权人进行清偿。

（三）清理公司财产，制订清算方案

1. 公司自行清算的，清算组在清理公司财产、编制资产负债表和财产清单后，发现公司财产不足清偿债务的，应当依法向人民法院申请宣告破产。公司经人民法院裁定宣告破产后，清算组应当将清算事务移交给人民法院。

2. 人民法院指定的清算组在清理公司财产、编制资产负债表和财产清单时，发现公司财产不足清偿债务的，可以与债权人协商制作有关债务清偿方案。债务清偿方案经全体债权人确认且不损害其他利害关系人利益的，人民法院可依清算组的申请裁定予以认可。清算组依据该清偿方案清偿债务后，应当向人民法院申请裁定终结清算程序。债权人对债务清偿方案不予确认或者人民法院不予认可的，清算组应当依法向人民法院申请宣告破产。

3. 公司解散时，股东尚未缴纳的出资均应作为清算财产。股东尚未缴纳的出资，包括到期应缴未缴的出资，以及依照《公司法》的规定分期缴纳尚未届满缴纳期限的出资。

4. 公司财产不足以清偿债务时，债权人可请求主张未缴出资股东，以及公司设立时的其他股东或者发起人在未缴出资范围内对公司债务承担连带清偿责任。

5. 公司自行清算的，清算方案应当报股东会或者股东大会决议确认；人民法院组织清算的，清算方案应当报人民法院确认。未经确认的清算方案，清算组不得执行。

6. 执行未经确认的清算方案给公司或者债权人造成损失，公司、股东或者债权人可要求清算组成员承担赔偿责任。

（四）清偿债务

公司财产在分别支付清算费用、职工的工资、社会保险费用和法定补偿金，缴纳所欠税款，清偿公司债务后的剩余财产，有限责任公司按照股东的出资比例分配，股份有限公司按照股东持有的股份比例分配。清算期间，公司存续，但不得开展与清算无关的经营活动。

（五）公告公司终止

人民法院组织清算的，清算组应当自成立之日起6个月内清算完毕。因特殊情况无法在6个月内完成清算的，清算组应当向人民法院申请延长。

七、清算组的责任

（一）清算组成员从事清算事务时，违反法律、行政法规或者公司章程给公司或者债权人造成损失，公司或者债权人可要求其承担赔偿责任。

（二）有限责任公司的股东、股份有限公司连续180日以上单独或者合计持有公司1%以上股份的股东，依据《公司法》的规定（即他人侵犯公司合法权益，给公司造成损失的，符合条件的股东可提起股东代表诉讼），以清算组成员有前款所述行为为由向人民法院提起诉讼的，人民法院应予受理。

【例-2017-多选题】根据公司法律制度的规定，清算组在清算期间，可以行使的职权有（　　）。

A．清理公司财产，分别编制资产负债表和财产清单

B．处理公司清偿债务后的剩余财产

C．代表公司参与民事诉讼

D．通知、公告债权人

【答案】ABCD

学堂点拨

根据《公司法》的规定，清算组在清算期间行使下列职权：1．清理公司财产，分别编制资产负债表和财产清单（选项A）；2．通知、公告债权人（选项D）；3．处理与清算有关的公司未了结的业务；4．清缴所欠税款以及清算过程中产生的税款；5．清理债权、债务；6．处理公司清偿债务后的剩余财产（选项B）；7．代表公司参与民事诉讼活动（选项C）。

本章强化练习

一、单项选择题

1．李某为甲股份公司的董事长。赵某为乙股份公司的董事长。甲公司持有乙公司60%的股份。甲、乙公司的下列行为中，《公司法》不予禁止的是（　　）。

A．乙公司向李某提供200万元购房借款

B．甲公司向赵某提供200万元购房借款

C．甲公司向李某提供200万元购房借款

D．乙公司向赵某提供200万元购房借款

2．在乙有限责任公司设立过程中，出资人甲以乙公司名义与他人签订一份房屋租赁合同，所租房屋供筹建乙公司之用。乙公司成立后，将该房屋作为公司办公用房，但始终未确认该房屋租赁合同。下列关于房屋租赁合同责任承担的表述中，符合公司法律制度规定的是（　　）。

A．甲承担

B．乙承担

C．甲、乙连带承担

D．先由甲承担，乙承担补充责任

3．根据公司法律制度的规定，下列情形中，构成股东要求司法解散公司的正当理由的是（　　）。

A．公司最近3年未开股东会，无法形成股东会决议，经营管理严重困难，继续存续会使股东利益严重受损，且无其他途径解决

B．公司无故拒绝股东查询公司会计账簿

C．公司连续5年盈利，并符合法律规定的利润分配条件，但不分红

D．公司连续3年亏损，累计亏损达到实收股本总额的1/2

4．某有限责任公司有甲、乙、丙三名股东。甲、乙各持8%的股权，丙持84%的股权。丙任执行董事，乙任监事。甲发现丙将公司资产以极低价格转让给其妻开办的公司，严重损害了本公司利益，遂书面请求乙对丙提起诉讼。乙碍于情面予以拒绝。根据公司法律制度的规定，下列表述中，正确的是（　　）。

A．甲可以提议召开临时股东会，要求丙对相关事项作出说明

B．甲可以请求公司以合理价格收购其股权，从而退出公司

C．甲可以以公司内部监督机制失灵、公司和股东利益严重受损为由，请求人民法院判决解散公司

D．甲可以以自己的名义对丙提起诉讼，要求其赔偿公司损失

5．根据公司法律制度的规定，下列各项中，不属于股东大会职权的是（　　）。

A．决定有关董事的报酬事项

B．修改公司章程

C．决定公司内部管理机构的设置

D．决定发行公司债券

6．某有限责任公司共有甲、乙、丙三名股东。因甲无法偿还个人到期债务，人民法院拟依强制执行程序变卖其股权偿债。根据公司法律制度的规定，下列表述中，正确的是（　　）。

A．人民法院应当征得乙、丙同意，乙、丙在同等条件下有优先购买权

B．人民法院应当通知乙、丙，乙、丙在同等条件下有优先购买权

C．人民法院应当征得公司及乙、丙同意，乙、丙在同等条件下有优先购买权

D．人民法院应当通知公司及全体股东，乙、丙在同等条件下有优先购买权

7．某有限公司共有股东3人，根据公司法律制度的规定，下列各项中，该公司必须设置的是（　　）。

A．董事会　　B．股东会

C．监事会　　D．经理

8．股份有限公司召开股东大会年会时应当提前将财务会计报告置备于公司。根据公司法律制度的规定，该提前的期限是（　　）。

A．20日　　B．10日　　C．30日　　D．50日

9．根据公司法律制度的规定，对于股份有限公司溢价发行股票所得溢价款，应采用的会计处理方式是（　　）。

A．列入法定公积金　　B．列入资本公积金

C．列入任意公积金　　D．列入盈余公积金

10．甲股份有限公司于2017年7月21日在上海证券交易所挂牌上市。2017年12月20日，公司发布公告说明的下列事项中，符合公司法律制度规定的是（　　）。

A．公司董事在首次公开发行股份前持有的本公司股份自2017年12月21日起可以转让，但每年不得超过其所持股份总数的25%

B．公司发起人在公司成立时持有的本公司股份自2017年12月21日起可以对外转让

C．股东大会通过决议，同意公司视股价情况收购本公司已发行股份的3%用于未来1年内奖励本公司职工

D．股东大会通过决议，同意接受债务人乙以其持有的本公司股份作为担保其债务履行的质押权标的

11． 甲、乙、丙成立一家科贸有限公司，约定公司注册资本100万元，甲、乙、丙各按20%、30%、50%的比例出资。甲、乙缴足了出资，丙仅实缴30万元。公司章程对于红利分配没有特别约定。当年年底公司进行分红。下列哪一说法是正确的？（　　）

A．丙只能按30%的比例分红

B．应按实缴注册资本80万元，由甲、乙、丙按各自的实际出资比例分红

C．由于丙违反出资义务，其他股东可通过决议取消其当年分红资格

D．丙有权按50%的比例分红，但应当承担未足额出资的违约责任

12．郑贺为甲有限公司的经理，利用职务之便为其妻吴悠经营的乙公司谋取本来属于甲公司的商业机会，致甲公司损失50万元。甲公司小股东付冰欲通过诉讼维护公司利益。关于付冰的做法，下列哪一选项是正确的？（　　）

A．必须先书面请求甲公司董事会对郑贺提起诉讼

B．必须先书面请求甲公司监事会对郑贺提起诉讼

C．只有在董事会拒绝起诉情况下，才能请求监事会对郑贺提起诉讼

D．只有在其股权达到1%时，才能请求甲公司有关部门对郑贺提起诉讼

13． 2012年5月，东湖有限公司股东申请法院对公司进行司法清算，法院为其指定相关人员组成

清算组。关于该清算组成员，下列哪一选项是错误的？（　　）

A．公司债权人唐某　　B．公司董事长程某

C．公司财务总监钱某　　D．公司聘请的某律师事务所

14．新余有限公司共有股东4人，股东刘某为公司执行董事。在公司章程无特别规定的情形下，刘某可以行使下列哪一职权？（　　）

A．决定公司的投资计划

B．否决其他股东对外转让股权行为的效力

C．决定聘任公司经理

D．决定公司的利润分配方案

15．泰昌有限公司共有6个股东，公司成立两年后，决定增加注册资本500万元。下列哪一表述是正确的？（　　）

A．股东会关于新增注册资本的决议，须经2/3以上股东同意

B．股东认缴的新增出资额可分期缴纳

C．股东有权要求按照认缴出资比例来认缴新增注册资本的出资

D．一股东未履行其新增注册资本出资义务时，公司董事长须承担连带责任

16．香根餐饮有限公司有股东甲、乙、丙三人，分别持股51%、14%与35%。经营数年后，公司又开设一家分店，由丙任其负责人。后因公司业绩不佳，甲召集股东会，决议将公司的分店转让。对该决议，丙不同意。下列哪一表述是正确的？（　　）

A．丙可以以该决议程序违法为由，主张撤销

B．丙可以以该决议损害其利益为由，提起解散公司之诉

C．丙可以以要求公司按照合理的价格收购其股权

D．公司可以以丙不履行股东义务为由，以股东会决议解除其股东资格

二、多项选择题

1．根据公司法律制度的规定，认股人缴纳出资后，有权要求返还出资的情形有（　　）。

A．公司未按期募足股份　　B．发起人未按期召开创立大会

C．创立大会决议不设立公司　　D．发起人抽逃出资，情节严重

2．甲、乙、丙、丁拟设立一家贸易公司，委派丙负责租赁仓库供公司使用，因公司尚未成立，丙以自己的名义与戊签订仓库租赁合同。根据公司法律制度的规定，下列关于仓库租赁合同义务承担的表述中，正确的有（　　）。

A．贸易公司一经成立，戊即可请求该公司承担合同义务

B．贸易公司成立后，对租赁合同明确表示承认的，戊可请求贸易公司承担合同义务

C．若贸易公司未能成立、戊可请求丙承担合同义务

D．贸易公司成立后，戊仍可请求丙承担合同义务

3．根据公司法律制度的规定，股份有限公司的下列文件中，股东有权查阅的有（　　）。

A．财务会计报告　　B．股东名册

C．董事会会议决议　　D．公司债券存根

4．根据公司法律制度的规定，下列各项中，有权提议召开临时股东大会的有（　　）。

A．持有公司1/10股份的股东　　B．董事长

C．1/3的董事　　D．监事会

5．根据公司法律制度的规定，下列各项中，应当在提取法定公积金之前实施的有（　　）。

A．向股东分配利润　　B．缴纳企业所得税

C．提取任意公积金　　D．弥补以前年度亏损

6．曾某与远亲范某签订一份协议，约定由曾某实际出资并享有投资权益，而以范某为名义股东。合同不存在法律规定的无效情形。后来范某见投资权益有利可图，于是向法院提起诉讼主张合同无效。对此下列哪些说法符合法律规定？（　　）

A．人民法院应当认定该合同有效

B．若曾某以其实际履行了出资义务为由主张权利，法院应予支持

C．若范某以其为股东名册记载、公司登记机关登记股东为由否认曾某权利的，法院应予支持

D．若曾某未经其他股东表决，便请求公司变更股东并向公司登记机关登记的，人民法院应予支持

7． 方圆公司与富春机械厂均为国有企业，合资设立富圆公司，出资比例为30%与70%。关于富圆公司董事会的组成，下列哪些说法是正确的？（　　）

A．董事会成员中应当有公司职工代表

B．董事张某任期内辞职，在新选出董事就任前，张某仍应履行董事职责

C．富圆公司董事长可由小股东方圆公司派人担任

D．方圆公司和富春机械厂可通过公司章程约定不按出资比例分红

8．甲、乙、丙设立一有限公司，制定了公司章程。下列哪些约定是合法的？（　　）

A．甲、乙、丙不按照出资比例分配红利

B．由董事会直接决定公司的对外投资事宜

C．甲、乙、丙不按照出资比例行使表决权

D．由董事会直接决定其他人经投资而成为公司股东

9．李方为平昌公司董事长。债务人姜呈向平昌公司偿还40万元时，李方要其将该款打到自己指定的个人账户。随即李方又将该款借给刘黎，借期1年，年息30%。下列哪些表述是正确的？（　　）

A．李方与刘黎的借款合同无效

B．李方因其行为已不再具有担任董事长的资格

C．在姜呈为善意时，其履行行为有效

D．平昌公司可要求李方返还利息

10．下列有关一人公司的哪些表述是正确的？（　　）

A．国有企业不能设立一人公司

B．一人公司发生人格或财产混同时，股东应当对公司债务承担连带责任

C．一人公司的注册资本必须一次足额缴纳

D．一个法人只能设立一个一人公司

11．2014年5月，甲、乙、丙、丁四人拟设立一家有限责任公司。关于该公司的注册资本与出

资，下列哪些表述是正确的？（　　）

A．公司注册资本可以登记为1元人民币

B．公司章程应载明其注册资本

C．公司营业执照不必载明其注册资本

D．公司章程可以要求股东出资须经验资机构验资

12．关于公司的财务行为，下列哪些选项是正确的？（　　）

A．在会计年度终了时，公司须编制财务会计报告，并自行审计

B．公司的法定公积金不足以弥补以前年度亏损时，则在提取本年度法定公积金之前，应先用当年利润弥补亏损

C．公司可用其资本公积金来弥补公司的亏损

D．公司可将法定公积金转为公司资本，但所留存的该项公积金不得少于转增前公司注册资本的25%

13．张某、李某为甲公司的股东，分别持股65%与35%，张某为公司董事长。为谋求更大的市场空间，张某提出吸收合并乙公司的发展战略。关于甲公司的合并行为，下列哪些表述是正确的？（　　）

A．只有取得李某的同意，甲公司内部的合并决议才能有效

B．在合并决议作出之日起15日内，甲公司须通知其债权人

C．债权人自接到通知之日起30日内，有权对甲公司的合并行为提出异议

D．合并乙公司后，甲公司须对原乙公司的债权人负责

三、案例分析题

1．赵某担任甲上市公司总经理，并持有该公司股票10万股。钱某为甲公司董事长兼法定代表人。2011年7月1日，钱某召集甲公司董事会，9名董事中有4人出席，另有1名董事孙某因故未能出席，书面委托钱某代为出席投票；赵某列席会议。会上，经钱某提议，出席董事会的全体董事通过决议，从即日起免除赵某总经理职务。赵某向董事会抗议称：公司无正当理由不应当解除其职务，且董事会实际出席人数未过半数，董事会决议无效。公司于次日公布了董事会关于免除赵某职务的决定。12月20日，赵某卖出所持的2万股甲公司股票。

2011年12月23日，赵某向中国证监会书面举报称：（1）甲公司的子公司乙公司曾向甲公司全体董事提供低息借款，用于个人购房；（2）2011年4月1日，公司召开的董事会通过决议为母公司丙公司向银行借款提供担保，但甲公司并未公开披露该担保事项。

2012年1月16日，中国证监会宣布对甲公司涉嫌虚假陈述行为立案调查。3月1日，中国证监会宣布：经调查，甲公司存在对外提供担保未披露情形，构成虚假陈述行为；决定对甲公司给予警告，并处罚款50万元；认定钱某为直接责任人员，并处罚款10万元；认定董事李某等人为其他直接责任人员，并处罚款3万元。钱某辩称，公司未披露担保事项是公司实际控制人的要求，自己只是遵照指令行事，不应受处罚；李某则辩称，自己是独立董事，并不直接参与公司经营管理活动，因此不应对公司的虚假陈述行为承担任何责任。中国证监会未采纳钱某和李某的抗辩理由。

中国证监会对甲公司的行政处罚生效后，有投资者拟对甲公司提起民事赔偿诉讼。其中，周某在

甲公司公开发行时即购入股票1万股，一直持有至今，损失10万元；吴某于2011年6月20日买入甲公司股票1万股，于2012年1月5日卖出，损失1万元；郑某于2011年4月5日买入甲公司股票1万股，2012年2月5日卖出，损失1万元。

根据上述内容，分别回答下列问题。

（1）2011年7月1日甲公司董事会的出席人数是否符合规定？并说明理由。

（2）甲公司董事会能否在无正当理由的情况下解除赵某的总经理职务？并说明理由。

（3）2011年12月20日赵某卖出所持甲公司2万股股票的行为是否合法？并说明理由。

（4）乙公司向甲公司的所有董事提供低息借款购房的行为是否合法？并说明理由。

（5）2011年4月1日甲公司董事会通过的为丙公司提供担保的决议是否合法？并说明理由。

（6）钱某和李某各自对中国证监会行政处罚的抗辩能否成立？并分别说明理由。

（7）投资者周某、吴某和郑某能否获得证券民事损害赔偿？并分别说明理由。

2．2016年4月，陈明设立一家有限责任公司，从事绿色食品开发，注册资本为200万元。公司成立半年后，为增加产品开发力度，陈明拟新增资本100万元，并为此分别与张巡、李贝洽谈，该二人均有意愿认缴全部新增资本，加入陈明的公司。陈明遂先后与张巡、李贝二人就投资事项分别签订了书面协议。张巡在签约后的第二天，即将款项转入陈明的个人账户，但陈明一直以各种理由拖延办理公司变更登记等手续。2016年11月5日，陈明最终完成公司章程、股东名册以及公司变更登记手续，公司注册资本变更为300万元，陈明任公司董事长，而股东仅为陈明与李贝，张巡的名字则未出现在公司登记的任何文件中。

李贝虽名为股东，但实际上是受刘宝之托，代其持股，李贝向公司缴纳的100万元出资，实际上来源于刘宝。2017年3月，在陈明同意的情况下，李贝将其名下股权转让给善意不知情的潘龙，并在公司登记中办理了相应的股东变更。

2014年6月，因产品开发屡次失败，公司陷入资不抵债且经营无望的困境，遂向法院申请破产。法院受理后，法院所指定的管理人查明：第一，陈明尚有50万元的出资未实际缴付；第二，陈明的妻子葛梅梅本是家庭妇女，但自2014年1月起，却一直以公司财务经理的名义，每月自公司领取奖金1万元。

根据上述内容，分别回答下列问题。

（1）在法院受理公司破产申请前，张巡是否可向公司以及陈明主张权利，主张何种权利？为什么？

（2）在法院受理公司破产申请后，张巡是否可向管理人主张权利，主张何种权利？为什么？

（3）李贝能否以自己并非真正股东为由，主张对潘龙的股权转让行为无效？为什么？

（4）刘宝可主张哪些法律救济？为什么？

（5）陈明能否以超过诉讼时效为由，拒绝50万元出资的缴付？为什么？

（6）就葛梅梅所领取的奖金，管理人应如何处理？为什么？

答案及解析

一、单项选择题

1. 【答案】B

【学堂点拨】公司不得直接或者通过子公司向董事、监事、高级管理人员提供借款。本题中，甲公司不得向李某或者通过乙公司向李某提供借款，选项A、C错误；乙公司不得向赵某提供借款，选项D错误。

2. 【答案】B

【学堂点拨】发起人以设立中公司名义对外签订合同，公司成立后合同相对人请求公司承担合同责任的，人民法院应予支持，选项B正确。

3. 【答案】A

【学堂点拨】公司经营管理发生严重困难，继续存续会使股东利益受到重大损失，通过其他途径不能解决的，持有公司全部股东表决权10%以上的股东，可以请求人民法院解散公司，选项A符合规定。

4. 【答案】D

【学堂点拨】有限责任公司代表1/10以上表决权的股东、1/3以上的董事、监事会或者不设监事会的公司的监事提议召开临时股东会，甲持股8%不满足提起临时股东会条件，选项A错误；有限责任公司异议股东股份请求回购权，股东在出现以下情形之一，对股东会决议投反对票的，可以请求公司按合理价格收购其股权，退出公司：（1）公司连续5年不向股东分配利润，而公司该5年连续盈利，并且符合《公司法》规定的分配利润条件的；（2）公司合并、分立、转让主要财产的；（3）公司章程规定的营业期限届满或者章程规定的其他解散事由出现，股东会会议通过决议修改章程使公司存续的。故甲不符合异议股东请求回购的条件，选项B错误；公司经营管理发生严重困难，继续存续会使股东利益受到重大损失，通过其他途径不能解决的，持有公司全部股东表决权10%以上的股东，可以请求人民法院解散公司。甲持股8%不满足条件，选项C错误。

5. 【答案】C

【学堂点拨】选项A、B、D均是股东大会的职权。

6. 【答案】D

【学堂点拨】人民法院依照法律规定的强制执行程序转让股东的股权时，应当通知公司及全体股东，其他股东在同等条件下有优先购买权，选项D正确。其他股东自人民法院通知之日起满20日不行使优先购买权的，视为放弃优先购买权。

7. 【答案】B

【学堂点拨】股东人数较少或者规模较小的有限责任公司，可以设1名执行董事，不设董事会。股东人数较少或者规模较小的有限责任公司，可以设1～2名监事，不设监事会。有限责任公司可以设经理。题目中不是一人有限责任公司，所以股东会是必设的，选项B正确。

8. 【答案】A

【学堂点拨】股份有限公司的财务会计报告应当在召开股东大会年会的20日前置备于本公司，供股东查阅，选项A正确。

9. 【答案】B

【学堂点拨】股份有限公司以超过股票票面金额的发行价格发行股份所得的溢价款以及国务院财政部门规定列入资本公积金的其他收入，应当列为公司资本公积金。选项B正确。

10. 【答案】C

【学堂点拨】选项A错误：董事、监事、高级管理人员所持本公司股份，自公司股票上市交易之日起1年内不得转让。选项B错误：发起人持有的本公司股份，自公司成立之日起1年内不得转让，而且，公司公开发行股份前已发行的股份，自公司股票在证券交易所上市交易之日起1年内不得转让。选项C正确：经过股东大会决议，公司可以在不超过本公司已发行股份总额的5%的范围内收购本公司股份，将其在1年内奖励给职工。选项D错误：股份有限公司不得接受以本公司的股票作为质押权的标的。

11. 【答案】B

【学堂点拨】《公司法》第三十四条规定，股东按照实缴的出资比例分取红利；公司新增资本时，股东有权优先按照实缴的出资比例认缴出资。但是，全体股东约定不按照出资比例分取红利或者不按照出资比例优先认缴出资的除外。《公司法》第二十八条第二款规定，股东不按照前款规定缴纳出资的，除应当向公司足额缴纳外，还应当向已按期足额缴纳出资的股东承担违约责任。据此可知，本题应按照实缴注册资本80万元，由3名股东按照各自的实际出资比例分红，且丙应当承担未足额出资的违约责任。

12. 【答案】B

【学堂点拨】选项A、C错误，选项B正确：根据规定，董事、高级管理人员侵害公司利益的，有限责任公司的股东、股份有限公司连续180日以上单独或者合计持有公司1%以上股份的股东，可以书面请求监事会或者不设监事会的有限责任公司的监事向人民法院提起诉讼；监事侵害公司利益的，前述股东可以书面请求董事会或者不设董事会的有限责任公司的执行董事向人民法院提起诉讼。监事会、不设监事会的有限责任公司的监事，或者董事会、执行董事收到前款规定的股东书面请求后拒绝提起诉讼，或者自收到请求之日起30日内未提起诉讼，或者情况紧急、不立即提起诉讼将会使公司利益受到难以弥补的损害的，前款规定的股东有权为了公司的利益以自己的名义直接向人民法院提起诉讼。本题中，郑贺是公司的经理，属于公司的高级管理人员，高级管理人员在执行公司职务时违反法律、行政法规或者公司章程的规定，给公司造成损失的，有限责任公司的股东可以书面请求监事会或者不设监事会（而非董事会）的有限责任公司的监事向人民法院提起诉讼。选项D错误：对高级管理人员提起股东代表诉讼，对有限责任的股东的持股比例没有要求，对股份有限公司的股东，才有连续180日以上单独或者合计持有公司1%以上股份的要求。

13. 【答案】A

【学堂点拨】根据规定，人民法院受理公司清算案件，应当及时指定有关人员组成清算组。清算组成员可以从下列人员或者机构中产生：（1）公司股东、董事、监事、高级管理人员；（2）依法设立的律师事务所、会计师事务所、破产清算事务所等社会中介机构；（3）依法设立的律师事务所、会计师事务所、破产清算事务所等社会中介机构中具备相关专业知识并取得执业资格的人员。据此，选项A正确。

14. 【答案】C

【学堂点拨】选项A错误：根据规定，决定公司的经营方针和投资计划属于股东会职权，而非执行董事的职权。选项B错误：根据规定，股东向股东以外的人转让股权，应当经其他股东过半数同意。据此可知，执行董事对此没有一票否决权。选项C正确：根据规定，董事会（执行董事）负责决定聘任或者解聘公司经理及其报酬事项，并根据经理的提名决定聘任或者解聘公司副经理、财务负责人及其报酬事项。选项D错误：根据规定，董事会（执行董事）负责制订公司的利润分配方案。该法第三十七条第一款第（六）项规定，股东会负责审议批准公司的利润分配方案。据此可知，对于公司的利润分配方案，执行董事有制订权，但是没有最终决定权。

15. 【答案】B

【学堂点拨】选项A错误：根据规定，股东会会议作出修改公司章程、增加或者减少注册资本的决议，以及公司合并、分立、解散或者变更公司形式的决议，必须经代表2/3以上表决权的股东通过。据此可知，有限责任公司增资决议须经代表2/3以上表决权的股东通过，而不是经2/3以上股东同意。选项B正确：根据《公司法》规定，有限责任公司增加注册资本时，股东认缴新增资本的出资，依照本法设立有限责任公司缴纳出资的有关规定执行。该法第二十六条第一款规定，有限责任公司的注册资本为在公司登记机关登记的全体股东认缴的出资额。选项C错误：根据规定，股东按照实缴的出资比例分取红利；公司新增资本时，股东有权优先按照实缴的出资比例认缴出资。但是，全体股东约定不按照出资比例分取红利或者不按照出资比例优先认缴出资的除外。据此可知，有限责任公司增资时，除另有约定外，股东应按照实缴出资比例来认购新股。选项D错误：根据规定，股东在公司增资时未履行或者未全面履行出资义务，依照本条第一款或者第二款提起诉讼的原告，请求未尽《公司法》第一百四十七条第一款规定的义务而使出资未缴足的董事、高级管理人员承担相应责任的，人民法院应予支持；董事、高级管理人员承担责任后，可以向被告股东追偿。据此可知，公司董事长有过错的，才承担相应的责任。

16. 【答案】C

【学堂点拨】选项A错误：该股东决议不存在程序违法的情况。选项B错误：根据规定，单独或者合计持有公司全部股东表决权10%以上的股东，以下列事由之一提起解散公司诉讼人民法院应予受理：（1）公司持续两年以上无法召开股东会或者股东大会，公司经营管理发生严重困难的；（2）股东表决时无法达到法定或者公司章程规定的比例，持续两年以上不能作出有效的股东会或者股东大会决议，公司经营管理发生严重困难的；（3）公司董事长期冲突，且无法通过股东会或者股东大会解决，公司经营管理发生严重困难的；（4）经营管理发生其他严重困难，公司继续存续会使股东利益受到重大损失的情形。本题中，公司经营目前不存在"僵局"，丙的解散主张不成立。选项C正确：根据规定，股东会作出转让公司主要财产的决议，对股东会该项决议投反对票的股东可以请求公司按照合理的价格收购其股权。选项D错误：题干中并未提到"丙不履行股东出资义务"的相关事实，因此以此为由解除其股东资格没有法律依据。

二、多项选择题

1. 【答案】ABC

【学堂点拨】公司成立后，股东不得抽逃出资。发行人、认股人缴纳股款或者交付抵作股款的出资后，除未按期募足股份、发起人未按期召开创立大会或者创立大会决议不设公司的情形外，不得抽回其股本。选项A、B、C正确。

2. 【答案】BCD

【学堂点拨】发起人为设立公司以自己名义对外签订合同，合同相对人请求该发起人承担合同责任的，人民法院应予支持。公司成立后对前款规定的合同予以确认，或者已经实际享有合同权利或者履行合同义务，合同相对人请求公司承担合同责任的，人民法院应予支持。选项B、C、D正确。

3. 【答案】ABCD

【学堂点拨】股份有限公司股东有权查阅公司章程、股东名册、债券存根、股东大会会议记录、董事会会议决议、监事会会议决议、财务会计报告，选项A、B、C、D正确。

4. 【答案】AD

【学堂点拨】有下列情形之一，应当在两个月内召开临时股东大会：（1）董事人数不足《公司法》规定人数或者公司章程所定人数的2/3时；（2）公司未弥补的亏损达实收股本总额1/3时；（3）单独或者合计持有公司10%以上股份的股东请求时（选项A正确）；（4）董事会认为必要时；（5）监事会提议召开时（选项D正确）；（6）公司章程规定的其他情形。

5. 【答案】BD

【学堂点拨】公司应当按照下列顺序进行利润分配：（1）弥补以前年度的亏损，但不得超过税法规定的弥补期限；（2）缴纳所得税；（3）弥补在税前利润弥补亏损之后仍存在的亏损；（4）提取法定公积金；（5）提取任意公积金；（6）向股东分配利润。所以在提取法定公积金之前实施的有选项B、D。

6. 【答案】AB

【学堂点拨】选项A、B 正确，选项C错误：根据规定，实际出资人与名义股东之间的隐名投资协议只要不存在合同法规定的合同无效情形，应当为有效，如果当事人之间就投资权益发生争议，应以协议的约定为准。名义股东以其为股东名册记载、公司登记机关登记股东为由否认实际出资人权利的，法院不予支持。选项D错误：根据规定，实际出资人"身份转正"应当经过其他股东半数以上同意，否则，请求公司变更股东并向公司登记机关登记的，人民法院不予支持。

7. 【答案】ACD

【学堂点拨】选项A正确：根据规定，两个以上的国有企业或者两个以上的其他国有投资主体投资设立的有限责任公司，其董事会成员中应当有公司职工代表；其他有限责任公司董事会成员中可以有公司职工代表。董事会中的职工代表由公司职工通过职工代表大会、职工大会或者其他形式民主选举产生。据此可知，富圆公司是由两个国有企业合资设立的，因此，其董事会成员中应当有公司职工代表。选项B错误：根据规定，董事任期届满未及时改选，或者董事在任期内辞职导致董事会成员低于法定人数的，在改选出的董事就任前，原董事仍应当依照法律、行政法规和公司章程的规定，履行董事职务。据此可知，只有在董事任期届满未及时改选或者董事在任期内辞职导致董事会成员低于法定人数的情况下，原董事才应当继续履行其董事职责。也就是说如果董事张某在任期内辞职，并没有导致董事会成员低于法定人数的，其不需要继续履行董事职责。选项C正确：根据规定，董事会设董事长一人，可以设副董事长。董事长、副董事长的产生办法由公司章程规定。据此可知，富圆公司的章程中可以规定富圆公司的董事长由股东方圆公司派人担任。选项D正确：根据规定，股东按照实缴的出资比例分取红利；公司新增资本时，股东有权优先按照实缴的出资比例认缴出资。但是，全体股东约定不按照出资比例分取红利或者不按照出资比例优先认缴出资的除外。据此可知，方圆公司和富春机械厂可通过公司章程约定不按出资比例分红。

8. 【答案】ABC

【学堂点拨】选项A正确：根据规定，股东按照实缴的出资比例分取红利；公司新增资本时，股东有权优先按照实缴的出资比例认缴出资。但是，全体股东约定不按照出资比例分取红利或者不按照出资比例优先认缴出资的除外。选项B正确：根据规定，公司向其他企业投资或者为他人提供担保，依照公司章程的规定，由董事会或者股东会、股东大会决议；公司章程对投资或者担保的总额及单项投资或者担保的数额有限额规定的，不得超过规定的限额。选项C正确：根据规定，股东会会议由股东按照出资比例行使表决权；但是，公司章程另有规定的除外。选项D错误：根据规定，股东会会议作出修改公司章程、增加或者减少注册资本的决议，以及公司合并、分立、解散或者变更公司形式的决议，必须经代表2/3以上表决权的股东通过。据此可知，公司通过增资来增添新股东的，需要股东会的特别多数决。

9.【答案】CD

【学堂点拨】选项A错误：根据规定，民间借贷合同约定的利率超过年利率36%的部分无效。本题中，双方约定的利率为30%，没有超出法定标准，因此不属于无效情形。选项B错误：李方擅自将公司资金对外提供借贷，不是其不具有担任董事长资格的禁止条件。选项C正确：姜呈作为外部善意第三人，其与平昌公司的交易行为当然有效。选项D正确：根据规定，李方违法将公司资金存入个人账户并擅自出借给刘黎的所获收益应当归入公司。

10. 【答案】BC

【学堂点拨】选项A错误：根据规定，本法所称一人有限责任公司，是指只有一个自然人股东或者一个法人股东的有限责任公司。据此可知，国有企业可以设立一人有限责任公司。选项B正确：根据规定，一人有限责任公司的股东不能证明公司财产独立于股东自己的财产的，应当对公司债务承担连带责任。选项C正确：根据规定，一人有限责任公司的注册资本最低限额为人民币10万元。股东应当一次足额缴纳公司章程规定的出资额。选项D错误：根据规定，一个自然人只能投资设立一个一人有限责任公司。该一人有限责任公司不能投资设立新的一人有限责任公司。据此可知，一个自然人只能投资设立一个一人有限责任公司，但是没有限制一个法人也只能投资设立一个一人有限责任公司。

11. 【答案】ABD

【学堂点拨】选项A正确：根据规定，有限责任公司的注册资本为在公司登记机关登记的全体股东认缴的出资额。法律、行政法规以及国务院决定对有限责任公司注册资本实缴、注册资本最低限额另有规定的，从其规定。据此可知，在法律、行政法规及国务院对该类公司注册资本最低限额没有另外规定的情况下，该公司的注册资本没有最低限额的限制，即可以登记为1元人民币。选项B、D正确：根据规定，有限责任公司章程应当载明下列事项：（1）公司名称和住所；（2）公司经营范围；（3）公司注册资本；（4）股东的姓名或者名称；（5）股东的出资方式、出资额和出资时间；（6）公司的机构及其产生办法、职权、议事规则；（7）公司法定代表人；（8）股东会会议认为需要规定的其他事项。据此可知，公司章程应载明其注册资本，且可以约定股东出资须经验资机构验资。选项C错误：根据规定，公司营业执照应当载明公司的名称、住所、注册资本、经营范围、法定代表人姓名等事项。据此可知，该公司营业执照上应载明其注册资本。

12.【答案】BD

【学堂点拨】选项A错误：根据规定，公司应当在每一会计年度终了时编制财务会计报告，并依法经会计师事务所审计。据此可知，公司的财务会计报告应依法经会计师事务所审计，而不能自行审计。选项B正确：根据规定，公司的法定公积金不足以弥补以前年度亏损的，在依照前款规定提取法定公积金之前，应当先用当年利润弥补亏损。选项C错误：根据规定，公司的公积金用于弥补公司的亏损、扩大公司生产经营或者转为增加公司资本。但是，资本公积金不得用于弥补公司的亏损。选项D正确：根据规定，法定公积金转为资本时，所留存的该项公积金不得少于转增前公司注册资本的25%。

13.【答案】AD

【学堂点拨】选项A正确：根据规定，股东会会议作出修改公司章程、增加或者减少注册资本的决议，以及公司合并、分立、解散或者变更公司形式的决议，必须经代表2/3以上表决权的股东通过。据此可知，仅张某同意，不满足"须经代表2/3以上表决权的股东通过"的要求。因此，还须取得李某的同意。选项B、C错误：根据规定，公司合并，应当由合并各方签订合并协议，并编制资产负债表及财产清单。公司应当自作出合并决议之日起10日内通知债权人，并于30日内在报纸上公告。债权人自接到通知书之日起30日内，未接到通知书的自公告之日起45日内，可以要求公司清偿债务或者提供相应的担保。选项D正确：根据规定，公司合并时，合并各方的债权、债务，应当由合并后存续的公司或者新设的公司承继。据此可知，合并乙公司后，甲公司须对原乙公司的债权人负责。

三、案例分析题

1.【答案】（1）2011年7月1日甲公司董事会的出席人数符合规定。根据规定，董事会会议应有过半数董事出席方可举行，但董事因故不能出席的，可以书面委托其他董事代为出席。甲公司有9名董事，4名实际出席，1名委托他人出席，符合过半数要求。

（2）董事会可在无正当理由的情况下解除赵某的总经理职务。根据规定，董事会有权解聘公司总经理，并不需要理由。

（3）2011年12月20日赵某卖出甲公司2万股股票的行为不合法。根据规定，公司高级管理人员在离职后半年内，不得转让其所持有的本公司股份。

（4）乙公司向甲公司所有董事提供低息购房借款的行为不合法。根据规定，公司不得直接或者通过子公司向董事、监事、高级管理人员提供借款。

（5）2011年4月1日甲公司董事会通过的为丙公司提供担保的决议不合法。根据规定，公司为公司股东提供担保的，必须经股东会或者股东大会决议。

（6）钱某的抗辩理由不能成立。根据规定，上市公司董事负有保证信息披露真实、准确、完整、及时和公平的义务。公司董事受到实际控制人控制这一情形不得单独作为不予处罚的理由。李某的抗辩理由不能成立。根据规定，上市公司董事负有保证信息披露真实、准确、完整、及时和公平的义务。不直接从事经营管理不得单独作为不予处罚的情形认定。

（7）周某不能获得证券民事赔偿。根据规定，周某是在虚假陈述实施日之前买入股票，因此不能推定其损失与虚假陈述行为之间存在因果关系。吴某不能获得证券民事赔偿。根据规定，吴某在虚假陈述揭露日之前已经卖出了股票，因此不能推定其损失与虚假陈述之间存在因果关系。郑某能够获得证券民事赔偿。根据规定，郑某是在虚假陈述实施日之后买入甲公司股票，并在虚假陈述揭露日之后卖出该股票而发生亏损，可以推定其损失与虚假陈述之间存在因果关系。注意题目说“2011年4月1日，公司召开的董事会通过决议为母公司丙公司向银行借款提供担保，但甲公司并未公开披露该担保事项”，所以实施日是2011年4月1日。“2012年1月16日，中国证监会宣布对甲公司涉嫌虚假陈述行为立案调查”，所以揭露日是2012年1月16日。（该小问待学完第七章时再做）

2.【答案】（1）根据案情交代，即陈明是以自己名义与张巡签订协议，款项也是转入陈明个人账户，且张巡并未登记为公司股东，故在张巡与公司之间：第一，张巡并未因此成为公司股东；第二，张巡与公司之间不存在法律关系。因此张巡不能向公司主张任何权利。鉴于投资协议仅存在于张巡与陈明个人之间，张巡只能向陈明主张违约责任，请求返还所给付的投资以及相应的损害赔偿。

（2）根据问题（1）的结论，张巡与公司之间不存在法律关系，故而在公司进入破产程序后，张巡也不得将其对陈明的债权，视为对公司的债权，向管理人进行破产债权的申报。（该小问待学完第八章时再做）

（3）根据规定，李贝虽为名义股东，但在对公司的关系上为真正的股东，其对股权的处分应为有权处分

（4）鉴于刘宝仅与李贝之间存在法律关系，即委托持股关系，因此刘宝也就只能根据该合同关系，向李贝主张违约责任，对公司不享有任何权利主张。

（5）股东的出资义务，不适用诉讼时效，因此管理人在向陈明主张50万元出资义务的履行时，其不得以超过诉讼时效为由来予以抗辩。

（6）根据规定，债务人的董事、监事、高级管理人员利用职权从企业获取的非正常收入，管理人负有追回义务；董事、监事、高级管理人员所获取的绩效奖金属于非正常收入范围，故而管理人应向葛梅梅请求返还所获取的收入，且可以通过起诉方式来予以追回。

第七章　证券法律制度

本章思维导图

- 证券法律制度
  - 证券法律制度概述★
    - 证券法律制度的基本原理
    - 证券市场监管体制
    - 强制信息披露制度
  - 股票的发行★★★
    - 股票发行的类型
    - 非上市公众公司
    - 首次公开发行股票并上市
    - 上市公司增发股票
    - 优先股发行与交易试点
  - 公司债券的发行与交易★★★
    - 公司债券的一般理论
    - 公司债券的发行
    - 可转换公司债券的发行
    - 公司债券的交易
  - 股票的上市与交易★★★
    - 股票市场的结构
    - 股票上市与退市
    - 股票交易与结算
  - 上市公司收购和重组★★★
    - 上市公司收购概述
    - 持股权益披露
    - 要约收购程序
    - 强制要约制度
    - 收购中的信息披露
    - 特殊类型收购
    - 上市公司重大资产重组
  - 证券欺诈的法律责任★
    - 虚假陈述行为
    - 内幕交易行为
    - 操纵市场行为

本章概述

《中华人民共和国证券法》（以下简称《证券法》）是证券市场的基本法，是解决资金供求双方信息不对称、维护证券市场参与主体公平交易的法律制度，主要内容包括股票的发行、公司债券的发行与交易、股票的上市与交易、上市公司收购和重组、证券欺诈的法律责任等方面。本章教材编写依据主要为：《中华人民共和国证券法》《上市公司证券发行管理办法》《首次公开发行股票并上市管理办法》《上市公司收购管理办法》《上市公司信息披露管理办法》《非上市公众公司监督管理办法》《证券发行与承销管理办法》《公司债券发行与交易管理办法》《上市公司重大资产重组管理办法》《首次公开发行股票并在创业板上市管理办法》等。

考情回顾及考情预测

本章为重点章节，近三年分值均为15～20分，考查题型全面，包括单选题、多选题和案例分析题。案例分析题一般是与第六章公司法律制度结合起来命题。因此考生不仅要掌握本章知识点，还要做到与前面章节知识点之间的融会贯通。2018年本章的分值与往年相当。

本章近五年考情一览

考点	重要程度	考查次数	大致分值	考查题型	考查概率
上市公司信息披露制度	★★★	2	2～3	单选题、多选题	50%
股票的发行与非上市公众公司	★★★	3	3～5	单选题、多选题、案例题	80%
首次公开发行股票并上市的条件	★★★	3	3～5	单选题、多选题、案例题	80%
上市公司公开增发股票	★★★	3	3～5	单选题、多选题、案例题	80%
可转换公司债券的发行	★★	2	2～3	单选题、多选题	50%
合伙人财产份额的转让	★★★	1	1	单选题	50%
上市公司收购与重大资产重组	★★★	3	3～5	单选题、多选题、案例题	50%
虚假陈述	★★	2	2～4	多选题、案例题	30%

本章重难点

重点：首发、增发股票的条件，上市公司发行可转换公司债券的条件，证券转让的限制性规定，股票和公司债券的上市，上市公司的收购和重组，上市公司信息披露，证券欺诈的法律责任。

难点：首次公开发行股票的条件和程序、上市公司增发股票的一般条件和特殊规定、股票转让的限制性规定、内幕交易行为的界定、一致行动人范围、上市公司收购和重大资产重组。

本章学习方法和技巧

本章的大多数知识点需要准确识记，难度较大。在学习的过程中，可以通过知识点对比的方法，加深对相近知识点的理解和记忆，例如股票的发行与债券的发行、股票的交易与债券的交易、上市公司首发股票并上市的条件与增发股票的条件、公开发行股票的条件与非公开发行股票的条件、要约收购与协议收购等都可以通过知识点的比较减轻记忆量。此外，还可以尝试通过总结口诀的方式化繁为简，帮助记忆。

2018年教材主要变化

依据《证券发行与承销管理办法》对网上和网下同时发行的机制进行了调查，其他无实质性变化。

第一单元　证券法律制度概述

知识点1　证券的种类及发行方式（★★）

《证券法》中的证券，目前主要分为股票、债券以及混合型的可转换公司债券。

一、证券的种类

（一）股票

股票是股份的纸面形式，是公司签发的证明股东所持股份的凭证。股票具有以下特征：

1. 收益性：股东凭股票可以取得股息，参与公司利润分配；

2. 流通性：股票可以在证券市场上进行买卖；

3. 非返还性：股票是无偿还期限的证券，投资者认购了股票后，就不能再要求退股；

4. 高风险性：由于股票价格要受到诸如公司经营状况、供求关系、银行利率、大众心理等多种因素的影响，其波动有很大的不确定性。

（二）公司债券

公司债券是指公司（不限于股份有限公司）依照法定程序发行、约定在一定期限还本付息的有价证券。

提示

公司债券与股票的区别：

1. 发行主体不同：股票的发行主体只有股份有限公司，公司债券的发行主体还包括有限责任公司；

2. 持有人的身份不同：股票持有人是股东，而公司债券持有人是公司的债权人；

3. 权利内容不同：股票持有人享有的是股权，而公司债券持有人享有对公司的债权；

4. 期限不同：股票没有期限的限制，而公司债券具有明确的期限；

5. 公司清算时获清偿的先后顺序不同：债券持有人享有优先于股票持有人获得清偿的权利；

6. 风险大小不同：股票价格波动较大，收益不稳定，风险较大，债券收益稳定，风险低。

（三）可转换公司债券

可转换公司债券是一种附"认股权"的债券，即发行人依法定程序发行、在一定期间内依据约定的条件可以转换为公司股份的公司债券，兼有债券和股票的双重法律特点。

【解释】可转换公司债券本质上仍属于债券，其与一般债券不同之处在于，可转换债券持有人拥有是否将债券（全部或部分）转换为股份的选择权。如果在约定期限内，持有人选择转换成股份，就不再享有要求公司还本付息的权利；反之，如果在约定期限内没有转换成股份，债券到期时，持有人有权要求公司还本付息。

【案例】德胜公司是上市公司，该公司发布公告，拟发行2 000万元可转换公司债券，债券面值100元，共发行债券200 000张，平价发行，每张发行价为100元，债券期限3年，年利率8%，债券到期一次还本付息，转股起止日期为自可转债发行结束之日起满6个月的第一个交易日至可转债到期日止，初始转股价格为8元/股。投资者丁某购买该可转债2 000张，存在以下几种情况：1.丁某选择一持到底，全部不转股，则到期请求德胜公司对其所持有的全部债券还本付息，共计2 000×100+2 000×100×8%×3=248 000元。2.转股期内全部转股，转股数量为：（2 000×100+2 000×100×8%×2）/8=232 000/8=29 000股。此时，丁某的身份由债券持有人转为股东，其权利亦由请求德胜公司到期还本付息转变为股东权利。3.部分转股，保留剩余债券。此时，丁某具有双重身份，就已转股部分，丁某不再拥有请求德胜公司还本付息的权利，而是行使股东权利；就未转股部分，丁某仍然以债券持有人身份请求德胜公司到期还本付息。

二、证券的发行方式

（一）公开发行

1. 向不特定对象发行证券。

2. 向"累计"超过200人的特定对象发行证券。

提示

公开发行证券，必须符合法律、行政法规规定的条件，并依法报经国务院证券监督管理机构或国务院授权的部门核准；未经依法核准，任何单位和个人不得公开发行证券。

（二）非公开发行

非公开发行，是指向"累计"不超过200人的特定对象发行证券。

提示

非公开发行证券，不得采用广告、公开劝诱和变相公开方式。

【解释】所谓变相公开方式是指公司股东自行或委托他人以公开方式向社会公众转让股票。

知识点2 强制信息披露制度（★★★）

信息公开是建立公开、公平、公正证券市场的基石，也是证券市场赖以存在和发展的前提。信息公开规范主要适用于公开发行的证券。

一、首次信息披露（发行信息披露）

（一）披露招股说明书

1. 在股票发行申请文件受理后，发行审核委员会审核前，发行人应当将招股说明书（申报稿）在中国证监会的网站预先披露。预先披露的招股说明书（申报稿）不是发行人发行股票的正式文件，不能含有价格信息，发行人不得据此发行股票。

2. 招股说明书中引用的财务报表在其最近一期截止日后6个月内有效。特别情况下发行人可申请适当延长，但至多不超过1个月。财务报表应当以年度末、半年度末或季度末为截止日。招股说明书的有效期为6个月，自中国证监会核准发行申请前招股说明书最后一次签署之日起计算。

3. 发行人及其全体董事、监事和高级管理人员应当在招股说明书上签署书面确认意见，保证招股说明书的内容真实、准确、完整；保荐人及其保荐代表人应当对招股说明书的真实性、准确性、完整性进行核查，并在核查意见上签字盖章；在创业板上市的公司，发行人的控股股东、实际控制人应当对招股说明书出具确认意见，并签名、盖章。

提示

根据上述规定，在创业板上市的公司，应当对招股说明书出具确认意见的主体包括：发行人，发行人的全体董事、监事、高级管理人员，发行人的控股股东和实际控制人。

（二）债券募集说明书

招股说明书的披露要求适用于公司债券募集说明书。

（三）上市公告书

1. 上市公告书应当经过证券交易所审核同意后公告。

2. 发行人的董事、监事、高级管理人员应当对上市公告书签署书面确认意见，保证所披露的信息真实、准确、完整。

【例1-2017-单选题】根据证券法律制度的规定，招股说明书有效期为6个月，有效期的起算日是（　　）。

A. 发行人全体董事在招股说明书上签名盖章之日

B. 保荐人及保荐代表人在核查意见上签名盖章之日

C. 中国证监会核准发行申请前招股说明书最后一次签署之日

D. 中国证监会在指定网站第一次全文刊登之日

【答案】C

学堂点拨

根据规定，招股说明书的有效期为6个月，自中国证监会核准发行申请前招股说明书最后一次签署之日起计算。

二、持续信息披露

（一）定期报告

定期报告主要分为年度报告、中期报告和季度报告三种。

1. 年度报告：应当在每个会计年度结束之日起4个月内编制完成并披露。

2. 中期报告：应当在每个会计年度的上半年结束之日起2个月内编制完成并披露。

3. 季度报告：应当在每个会计年度第3个月、第9个月结束后的1个月内编制完成并披露；第一季度季度报告的披露时间不得早于上一年度年度报告的披露时间。

【解释】季度报告只须披露第一季度和第三季度，因为第二季度、第四季度的季度报告所要披露的内容已经通过中期报告、年度报告披露。

【例2-2009-多选题】定期报告是上市公司进行持续信息披露的主要形式之一。甲上市公司下列做法中，符合证券法律制度有关定期报告的规定的有（　　）。

A. 该公司第一季度报告的披露时间早于上一年度年度报告的披露时间

B. 该公司的中期报告在该会计年度的第7个月披露

C. 该公司的第三季度报告在该会计年度的第11个月披露

D. 该公司的年度报告在该会计年度结束之日后的第3个月披露

【答案】BD

学堂点拨

选项A、C错误：根据规定，季度报告应当在每个会计年度第3个月、第9个月结束后的1个月内编制完成并披露；第一季度季度报告的披露时间不得早于上一年度年度报告的披露时间。因此，第三季度报告应在会计年度的第10个月披露。选项B正确：根据规定，中期报告应当在每个会计年度的上半年结束之日起2个月内，也就是会计年度的第7个月或第8个月编制完成并披露。选项D正确：根据规定，应当在每个会计年度结束之日起4个月内，也就是会计年度的1～4月编制完成并披露。

（二）临时报告

临时报告，即定期报告之外临时发布的报告。凡发生可能对上市公司证券及其衍生品种交易价格产生较大影响的重大事件，投资者尚未得知时，上市公司应当立即提出临时报告，披露事件内容，说明事件的起因、目前的状态和可能产生的影响。

【解释】重大事件包括：

1. 公司的经营方针和经营范围的“重大”变化；

2. 公司的重大投资行为和“重大”的购置财产的决定；

3. 公司订立重要合同，可能对公司的资产、负债、权益和经营成果产生“重要”影响；

4. 公司发生重大债务和未能清偿到期“重大”债务的违约情况，或者发生“大额”赔偿责任；

5. 公司发生“重大”亏损或者“重大”损失；

6. 公司生产经营的外部条件发生“重大”变化；

7. 公司的董事、1/3以上监事或者经理（不包括副经理、财务负责人）发生变动；董事长或者经理无法履行职责；

8. 持有公司5%以上股份的股东（大股东）或者实际控制人（老板），其持有股份或者控制公司的情况发生较大变化；

9. 公司减资、合并、分立、解散及申请破产的决定（注意：无增资）；或者依法进入破产程序、被责令关闭；

10. 涉及公司的“重大”诉讼、仲裁，股东大会、董事会决议被依法撤销或者宣告无效；

11. 公司涉嫌违法违规被有权机关调查，或者受到刑事处罚、“重大”行政处罚；公司董事、监事、高级管理人员涉嫌违法违纪被有权机关调查或者采取强制措施；

12. 新公布的法律、法规、规章、行业政策可能对公司产生“重大”影响；

13. 董事会就发行新股或者其他再融资方案、股权激励方案形成相关决议；

14. 法院裁决禁止控股股东转让其所持股份；任一股东（大股东）所持公司“5%以上股份”被质押、冻结、司法拍卖、托管、设定信托或者被依法限制表决权；

15. “主要”资产被查封、扣押、冻结或者被抵押、质押；

16. “主要”或者全部业务陷入停顿；

17. 对外提供“重大”担保；

18. 获得大额政府补贴等可能对公司资产、负债、权益或者经营成果产生“重大”影响的额外收益；

19. 变更会计政策、会计估计；

20. 因前期已披露的信息存在差错、未按规定披露或者虚假记载，被有关机关责令改正或者经董事会决定进行更正；

21. 中国证监会规定的其他情形。

提示

上述21项重大事件中，除了第7、9、13、19、20、21之外，其他各项里面都有“重大”“重要”“大额”“主要”“大股东”等关键词。

三、信息披露的事务管理

（一）定期报告的编制、审议和披露程序

1. 编制：经理、财务负责人、董事会秘书等高级管理人员编制定期报告草案。

2. 审议：董事会。

3. 审核：监事会。

4. 披露：董事会秘书负责组织披露。

提示

定期报告的披露无须股东大会决议，一方面是因为定期报告的披露不属于《公司法》规定的股东大会的职权范围；另一方面是因为定期报告每年要披露四次，而股东大会的定期会议一般是一年举行一次，由股东大会对定期报告进行审议表决，客观上不现实。

（二）重大事件的报告、传递、审核和披露程序

1. 报告：董事、监事、高级管理人员向董事长报告，董事长向董事会报告。

2. 披露：董事会秘书负责披露。

（三）关联交易的审议程序

1. 在关联交易的审议过程中，应当严格执行关联交易回避表决制度。交易各方不得通过隐瞒关联关系或者采取其他手段，规避上市公司的关联交易审议程序和信息披露义务。

2. 上市公司董事、监事、高级管理人员、持股5%以上的股东及其一致行动人、实际控制人应当及时向上市公司董事会报送上市公司关联人名单及关联关系的说明。

（四）信息披露义务人的职责

1. 确保质量

上市公司及其他信息披露义务人应当确保所披露的信息真实、准确、完整、及时，不得有虚假记载、误导性陈述或重大遗漏。

2. 依法披露

上市公司及其他信息披露义务人将公告文稿和相关备查文件：

（1）报送证交所登记，并在证监会指定的媒体发布；

（2）报送上市公司注册地证监局并置备于公司住所供社会公众查阅。

3. 正确披露

在公司网站及其他媒体发布信息的时间不得先于指定媒体，不得以新闻发布或者答记者问等任何形式代替应当履行的报告、公告义务，不得以定期报告形式代替应当履行的临时报告义务。

4. 及时披露

上市公司应当在最先发生的以下任一时点，及时履行重大事件的信息披露义务：

（1）“董事会或者监事会”（非股东大会）就该重大事件形成决议时；

（2）有关各方就该重大事件签署意向书或者协议时；

（3）董事、监事或者高级管理人员知悉该重大事件发生并报告时。

提示

1. “及时”是指自起算日起或者触及披露时点的2个交易日内。

2. 在上述规定的时点之前出现下列情形之一的，上市公司应当及时披露相关事项的现状、可能影响事件进展的风险因素：

（1）该重大事件难以保密；

（2）该重大事件已经泄露或者市场出现传闻；

（3）公司证券及其衍生品种出现异常交易情况。

【例3-2017-单选题】甲上市公司上一期经审计的净资产额为50亿元人民币。甲公司拟为乙公司提供保证担保，担保金额为6亿元，并经董事会会议决议通过。甲公司章程规定，单笔对外担保额超过公司最近一期经审计净资产10%的担保须经公司股东大会批准。根据证券法律制度的规定，甲公司披露该笔担保的最早时点应当是（　　）。

A. 甲公司股东大会就该笔担保形成决议时

B. 甲公司董事会就该笔担保形成决议时

C. 甲公司与乙公司的债权人签订保证合同时

D. 证券交易所核准同意甲公司进行担保时

【答案】B

学堂点拨

根据规定，上市公司对外提供重大担保，属于重大事件，应当披露临时报告。上市公司应当在最先发生的以下任一时点，及时履行重大事件的信息披露义务：1. 董事会或者监事会就该重大事件形成决议时；2. 有关各方就该重大事件签署意向书或者协议时；3. 董事、监事或者高级管理人员知悉该重大事件发生并报告时。因此，选项B正确。

（五）上市公司董事、监事、高级管理人员的职责

上市公司董事、监事、高级管理人员应当保证上市公司披露的信息真实、准确、完整。

1. 上市公司的“董事、高级管理人员”应当对公司定期报告签署书面“确认意见”。

2. 上市公司的监事应当对董事会编制的公司定期报告进行审核并提出书面“审核意见”。

【例4-2010-单选题】上市公司董事、监事和高级管理人员在信息披露工作中应当履行相应的职责。下列表述中，符合证券法律制度规定的是（　　）。

A. 上市公司董事应对公司年度报告签署书面审核意见

B. 上市公司监事应对公司年度报告签署书面确认意见

C. 上市公司高级管理人员应对公司年度报告签署书面审核意见

D. 上市公司监事应对公司年报告签署书面审核意见

【答案】D

学堂点拨

根据规定，上市公司董事、监事、高级管理人员应当保证上市公司披露的信息真实、准确、完整。其中，上市公司的“董事、高级管理人员”应当对公司定期报告签署书面“确认意见”；上市公司的监事应当对董事会编制的公司定期报告进行审核并提出书面“审核意见”。因此，选项D正确。

（六）股东、实际控制人的职责

1. 上市公司的股东、实际控制人发生以下事件时，应当主动告知上市公司董事会，并配合上市公司履行信息披露义务：

（1）持有公司5%以上股份的股东或者实际控制人，其持有股份或者控制公司的情况发生较大变化的；

（2）法院裁决禁止控股股东转让其所持股份，任何一个股东所持公司5%以上股份被质押、冻结、司法拍卖、托管、设定信托或者被依法限制表决权的；

（3）拟对上市公司进行重大资产或者业务重组的。

2. 当应披露的信息在依法披露前已经在媒体上传播或者公司证券及其衍生品种出现交易异常情况的，股东或者实际控制人应当及时、准确地向上市公司作出书面报告，并配合上市公司及时、准确地公告。

3. 通过接受委托或者信托等方式持有上市公司5%以上股份的股东（大股东）或者实际控制人，应当及时将委托人情况告知上市公司，配合上市公司履行信息披露义务。

第二单元　股票的发行

知识点1　非上市公众公司

非上市公众公司是指有下列情形之一且其股票未在证券交易所上市交易的股份有限公司：一、股票向特定对象发行或转让导致股东累积超过200人；二、股票以公开方式向社会公众公开转让。

一、对非上市公众公司的核准

（一）因股票以非公开方式转让导致股东累计超过200人

股票向特定对象转让导致股东累积超过200人的股份有限公司，应当自上述行为发生之日起“3个月”内，向中国证监会申请核准。

提示

1．申请文件应当包括但不限于：（1）定向转让说明书；（2）律师事务所出具的法律意见书；（3）会计事务所出具的审计报告。

2．在提交申请文件前，股份有限公司应当将相关情况通知所有股东。

3．可以豁免核准的情形：如果股份公司在3个月内将股东人数降至200人以内的，可以不提出申请。

（二）因股份公司申请其股票公开转让

1．决议程序（董事会决议，股东大会批准）

股份有限公司申请其股票公开转让，董事会应当依法就股票公开转让的具体方案作出决议，并提请股东大会批准，股东大会决议必须经出席会议的股东所持表决权的2/3以上通过。

2．核准程序

股东人数超过200人的公司申请其股票公开转让，应当向中国证监会申请核准。中国证监会在受理申请文件后，依法对公司治理和信息披露进行审核，在20个工作日内作出核准、中止审核、终止审核、不予核准的决定。

提示

1．申请文件应当包括但不限于：（1）公开转让说明书；（2）律师事务所出具的法律意见书；（3）具有证券期货相关业务资格的会计事务所出具的审计报告；（4）证券公司出具的推荐文件；（5）证券交易场所的审查意见。

2．可以豁免核准的情形：对于股东人数未超过200人的公司申请其股票公开转让，中国证监会豁免核准，由全国中小企业股份转让系统进行审查。

3．对于那些在《非上市公众公司监督管理办法》施行前、股东人数已经超过200人的股份有限公司，符合条件的，可以申请在全国中小企业股份转让系统挂牌公开转让股票，也可以申请首次公开发行股票并在证券交易所上市。

二、与非上市公众公司有关的股票定向发行

（一）与非上市公众公司有关的股票定向发行的两种情形

1. 普通公司通过向特定对象发行股票导致股东累积超过200人而成为非上市公众公司。

2. 已经成为非上市公众公司的发行人向特定对象发行股票。

提示

1. 上述两种情形原则上都必须经过中国证监会的核准，而且发行对象必须只能是中国证监会规定的特定对象。

2. 豁免核准的例外情形：在全国中小企业股份转让系统挂牌公开转让股票的非上市公众公司向特定对象发行股票后股东累计不超过200人的，豁免向中国证监会申请核准，由全国中小企业股份转让系统自律管理，但发行对象应当符合对特定对象范围的规定。

（二）特定对象的范围

1. 公司股东。

2. 公司的董事、监事、高级管理人员、核心员工。

3. 符合投资者适当性管理规定的自然人投资者、法人投资者及其他经济组织。

提示

1. 公司确定发行对象时，符合上述第2项、第3项规定的投资者合计不得超过35名。

2. 核心员工的认定，应当由公司董事会提名，并向全体员工公示和征求意见，由监事会发表明确意见后，经股东大会审议批准。

（三）决议方式（董事会决议，股东大会批准）

发行人董事会应当依法就本次股票发行的具体方案作出决议，并提请股东大会批准，股东大会决议必须经过出席会议的股东所持表决权的2/3以上通过。

提示

申请向特定对象发行股票导致股东累积超过200人的股份有限公司，董事会和股东大会决议中还应当包含以下内容：1. 按照中国证监会的相关规定修改公司章程；2. 按照法律、行政法规和公司章程的规定建立健全公司治理机制；3. 履行信息披露义务，按照相关规定披露定向发行说明书、发行情况报告书、年度报告、半年度报告及其他信息披露内容。

（四）发行期限

1. 公司申请定向发行股票，可申请一次核准，分期发行。

2. 自中国证监会予以核准之日起，公司应当在3个月内首次发行，剩余数量应当在12个月内发行完毕，超过核准文件限定的有效期未发行的，须重新经中国证监会核准后方可发行。

提示

首期发行数量应当不少于总发行数量的50%，剩余各期发行的数量由公司自行确定，每期发行后5个工作日内将发行情况报中国证监会备案。

【例1-2017-单选题】根据证券法律制度的规定，下列关于非上市公众公司的表述中，正确的是（　　）。

A．非上市公众公司不包括虽然在全国中小企业股份转让系统进行公开转让，但股东人数未超过200人的股份有限公司

B．非上市公众公司向特定对象发行股票，无须中国证监会核准

C．非上市公众公司包括股票向特定对象转让导致股东累计超过200人，但其股票未在证券交易所上市交易的股份有限公司

D．非上市公众公司经中国证监会核准，可以在全国中小企业股份转让系统向不特定对象公开发行

【答案】C

学堂点拨

选项A错误，选项C正确：根据规定，非上市公众公司是指有下列情形之一且其股票未在证券交易所上市交易的股份有限公司：1．股票向特定对象发行或者转让导致股东累计超过200人；2．股票以公开方式向社会公众公开转让。因此，只要股票以公开方式向社会公众公开的股份有限公司，不论其股东人数是否超过200人，都构成非上市公众公司。选项B错误：根据规定，无论是普通公司通过向特定对象发行股票累计超过200人而成为非上市公众公司，还是已经成为非上市公众公司的发行人向特定对象发行股票，都必须经过中国证监会的核准。选项D错误：非上市公众公司公开转让股票应当在全国中小企业股份转让系统进行。非上市公众公司经中国证监会核准向不特定对象公开发行股票，应当申请在证券交易所上市交易。

三、非上市公众公司的强制信息披露义务

（一）定期报告

定期报告包括半年度报告和年度报告（没有季度报告）。

1．公开转让和定向发行的非上市公众公司应当定期披露半年度报告和年度报告。

2．股票向特定对象转让导致股东累积超过200人的非上市公众公司，只需要每年定期披露年度报告。

提示

年度报告中的“财务会计报告”应当经具有证券期货相关业务资格的会计事务所审计。

（二）临时报告

发生可能对股票产生重大影响的重大事件，投资者尚未得知时，非上市公众公司应当立即将有关该重大事件的情况报送临时报告，并予以公告，说明事件的起因、目前的状态和可能产生的后果。

（三）董事、监事、高级管理人员的职责

“董事、高级管理人员”应当对定期报告签署书面“确认意见”；“监事会”应当对董事会编制的定期报告进行审核并提出书面“审核意见”。

（四）披露方式

除监事会公告外，非上市公众公司披露的信息应当以“董事会公告”的形式发布；公司及其他信

息披露义务人依法披露的信息，应当在中国证监会指定的信息披露平台发布。股票向特定对象转让导致股东累计超过200人的非上市公司可以在公司章程中约定其他信息披露方式。

四、非上市公众公司的股票转让

中国证监会建立了全国中小企业股份转让系统，为非上市公众公司提供股票发行和交易服务。非上市公众公司公开转让应当在依法设立的全国中小企业股份转让系统中进行，公开转让的非上市公众公司股票应当在中国证券登记结算公司集中登记存管。

五、非上市公众公司的收购

（一）收购方式

对于股票在全国中小企业股份转让系统挂牌的非上市公众公司（以下简称“公众公司”），收购人（投资者及其一致行动人）可以采取以下三种方式实现收购：

1. 直接收购——通过取得股份的方式成为公众公司的控股股东；

2. 间接收购——通过投资关系、协议、其他安排的途径成为公众公司的实际控制人；

3. 双管齐下——同时采取上述方式和途径取得公众公司的控制权。

（二）不得收购公众公司的情形

1. 收购人负有数额较大债务，到期未清偿，且处于持续状态（没钱）。

2. 收购人最近2年有重大违法行为或者涉嫌有重大违法行为（违法）。

3. 收购人最近2年有严重的证券市场失信行为（缺德）。

4. 收购人为自然人的，存在《公司法》第一百四十六条规定的情形（缺格）。

（三）持股权益披露

1. 首次披露：10%。

有下列情形之一的，投资者及其一致行动人应当在该事实发生之日起2日内编制并披露权益变动报告书，报送全国中小企业股份转让系统，同时通知该公众公司；自该事实发生之日起至披露后2日内，不得再行买卖该公众公司的股票：

（1）通过全国股份转让系统的做市方式、竞价方式进行证券转让，投资者及其一致行动人拥有权益的股份达到公众公司已发行股份的10%（不能超过10%）；

（2）通过协议方式，投资者及其一致行动人在公众公司中拥有权益的股份拟达到或者超过公众公司已发行股份的10%（≥10%）。

2. 权益变动披露：5%。

投资者及其一致行动人拥有权益的股份达到公众公司已发行股份的10%后，其拥有权益的股份占该公众公司已发行股份的比例每增加或者减少5%（即其拥有权益的股份每达到5%的整数倍时），应当依照前款规定进行披露。自该事实发生之日起至披露后2日内，不得再行买卖该公众公司的股票。

提示

1. 投资者及其一致行动人通过行政划转或者变更、执行法院裁定、继承、赠与等方式导致其直接拥有权益的股份变动达到前条规定比例的，应当按照上述规定履行披露义务。

2. 投资者虽不是公众公司的股东，但通过投资关系、协议、其他安排等方式进行收购导致其

> 间接拥有权益的股份变动达到前条规定比例的，应当按照上述规定履行披露义务。
>
> 3. 因公众公司向其他投资者发行股份、减少股本导致投资者及其一致行动人拥有权益的股份变动出现本章规定情形的，投资者及其一致行动人免于履行披露义务。公众公司应当自完成增加股本、减少股本的变更登记之日起2日内，就因此导致的公司股东拥有权益的股份变动情况进行披露。

（四）控制权变动披露

1. 披露情形

（1）通过全国中小企业股份转让系统的证券转让，投资者及其一致行动人拥有权益的股份变动导致其成为公众公司第一大股东或者实际控制人。

（2）通过投资关系、协议转让、行政划转或者变更、执行法院裁定、继承、赠与、其他安排等方式拥有权益的股份变动导致其成为或者拟成为公众公司第一大股东或者实际控制人且拥有权益的股份超过公众公司已发行股份10%的。

2. 披露要求

应当在该事实发生之日起2日内编制收购报告书，连同财务顾问专业意见和律师出具的法律意见书一并披露，报送全国中小企业股份转让系统，同时通知该公众公司。

（五）协议收购过渡期内相关主体的义务

以协议方式进行公众公司收购的，自签订收购协议起至相关股份完成过户的期间为公众公司收购过渡期。过渡期内，收购人和被收购公司应承担如下义务：

1. 改选董事会限制：收购人不得通过控股股东提议改选公众公司董事会，确有充分理由改选董事会的，来自收购人的董事不得超过董事会成员总数的1/3；

2. 担保限制：被收购公司不得为收购人及其关联方提供担保；

3. 募集资金限制：被收购公司不得发行股份募集资金；

4. 资产处置限制：被收购公司除继续从事正常的经营活动或者执行股东大会已经作出的决议外，被收购公司董事会提出拟处置公司资产、调整公司主要业务、担保、贷款等议案，可能对公司的资产、负债、权益或者经营成果造成重大影响的，应当提交“股东大会”审议通过。

（六）要约收购的程序

1. 投资者自愿选择以要约方式收购公众公司股份的，可以向被收购公司所有股东发出收购其所持有的全部股份的要约（“全面要约”），也可以向被收购公司所有股东发出收购其所持有的部分股份的要约（“部分要约”）。

2. 收购人自愿以要约方式收购公众公司股份的，其预定收购的股份比例不得低于该公众公司已发行股份的5%。

3. 收购人根据被收购公司章程规定需要向公司全体股东发出全面要约收购的，对同一种类股票的要约价格，不得低于要约收购报告书披露日前6个月内取得该种股票所支付的最高价格。

4. 收购要约约定的收购期限不得少于30日，并不得超过60日；但是出现竞争要约的除外。收购期限自要约收购报告书披露之日起开始计算。

5. 在要约收购期间，被收购公司董事不得辞职。

6．在收购要约约定的承诺期限内，收购人不得撤销其收购要约。

7．收购人需要变更收购要约的，应当重新编制并披露要约收购报告书，报送全国股份转让系统，同时通知被收购公司。变更后的要约收购价格不得低于变更前的要约收购价格。

8．收购要约期限届满前15日内，收购人不得变更收购要约；但是出现竞争要约的除外。

9．在要约收购期限届满前2日内，预受股东不得撤回其对要约的接受。

10．出现竞争要约时，发出初始要约的收购人变更收购要约距初始要约收购期限届满不足15日的，应当延长收购期限，延长后的要约期应当不少于15日，不得超过最后一个竞争要约的期满日，并按规定比例追加履约保证能力。发出竞争要约的收购人最迟不得晚于初始要约收购期限届满前15日披露要约收购报告书，并应当根据规定履行披露义务。

11．采取要约收购方式的，收购人披露后至收购期限届满前，不得卖出被收购公司的股票，也不得采取要约规定以外的形式和超出要约的条件买入被收购公司的股票。

12．在要约收购期限届满后2日内，收购人应当披露本次要约收购的结果。

（七）要约收购价款的支付

1．支付方式

现金、证券、现金与证券相结合。

提示

1．收购人以证券支付收购价款的，应当披露该证券的发行人“最近2年”经审计的财务会计报表、证券估值报告，并配合被收购公司或者其聘请的独立财务顾问的尽职调查工作。

2．收购人以未在中国证券登记结算有限责任公司登记的证券支付收购价款的，必须同时提供现金方式供被收购公司的股东选择，并详细披露相关证券的保管、送达被收购公司股东的方式和程序安排。

2．履约担保

收购人应当在披露要约收购报告书的同时，提供以下至少 项安排保证其具备履约能力：

（1）将不少于收购价款总额的20%作为履约保证金存入中国证券登记结算有限责任公司指定的银行等金融机构；收购人以在中国证券登记结算有限责任公司登记的证券支付收购价款的，在披露要约收购报告书的同时，将用于支付的全部证券向中国证券登记结算有限责任公司申请办理权属变更或者锁定；

（2）银行等金融机构对于要约收购所需价款出具的保函；

（3）财务顾问出具承担连带担保责任的书面承诺。如要约期满，收购人不支付收购价款，财务顾问应当承担连带责任，并进行支付。

知识点2 首次公开发行股票并上市的条件（★★★）

一、在主板和中小板上市的公司首次公开发行股票的条件

（一）发行人是依法设立且合法存续一定期限的股份有限公司

1．股份有限公司自成立后，持续经营时间在3年以上。

2．有限责任公司按原账面净资产值折股整体变更为股份有限公司的，持续经营时间可以从有限责任公司成立之日起计算，并达3年以上。

（二）发行人的资产确定

发行人的注册资本已足额缴纳，发起人或股东已履行出资义务，已转移出资财产的所有权或其他财产权利，发行人资产不存在重大权属纠纷。

（三）发行人合法经营

（四）发行人最近3年业务和人员稳定

发行人最近3年内主营业务和董事、高级管理人员没有发生重大变化，实际控制人没有发生变更。

（五）股权清晰

控股股东和受控股股东、实际控制人支配的股东持有的发行人股份不存在重大权属纠纷。

（六）发行人具备健全且运行良好的组织机构

（七）持续盈利

不得存在以下影响发行人持续盈利能力的情形：

1．经营模式、产品或服务结构发生或将要发生重大变化；

2．行业地位、经营环境发生或将要发生重大变化；

3．发行人最近1个会计年度的营业收入或净利润对关联方或者存在重大不确定性的客户存在重大依赖；

4．发行人最近1个会计年度的净利润主要来自合并财务报表范围以外的投资收益；

5．商标、专利、专有技术及特许经营权等重要资产或技术的取得或使用存在重大不利变化的风险。

（八）发行人财务指标良好

1．最近3个会计年度净利润均为正数且累计超过人民币3 000万元。

2．最近3个会计年度经营活动产生的现金流量净额累计超过人民币5 000万元；或者最近3个会计年度营业收入累计超过人民币3亿元。

3．“发行前”股本总额不少于人民币3 000万元。

4．最近一期期末无形资产占净资产的比例不高于20%。

5．最近一期期末不存在未弥补亏损。

【口诀】三年净利三千万；原有股本三千万；加上现金五千万；还有营收三个亿；无形占净百二零；最近没有未补损。

（九）不存在重大偿债风险

发行人不存在重大偿债风险，不存在影响持续经营的担保、诉讼以及仲裁等重大或有事项。

（十）财务资料真实完整

发行人披露的财务资料不得存在以下情形：

1．故意遗漏或虚构交易、事项或者其他重要信息；

2．滥用会计政策或者会计估计；

3．操纵、伪造或篡改编制财务报表所依据的会计记录或者相关凭证。

（十一）发行人不存在法定的违法行为（首次发行股票并上市的法定障碍）

1．最近“36个月”内未经法定机关核准，擅自公开或者变相公开发行过证券；或者上述行为发生在36个月前，但目前仍处于持续状态。

2．最近“36个月”内违反工商、税收、土地、环保、海关以及其他法律、行政法规，受到行政处罚，且情节严重。

3．最近“36个月”内曾向中国证监会提出发行申请，但报送的发行申请文件有虚假记载、误导性陈述或重大遗漏；或者不符合发行条件以欺骗手段骗取发行核准；或者以不正当手段干扰中国证监会及其发行审核委员会审核工作；或者伪造、变造发行人或其董事、监事、高级管理人员的签字、盖章。

4．本次报送的发行申请文件有虚假记载、误导性陈述或者重大遗漏。

5．涉嫌犯罪被司法机关立案侦查，尚未有明确结论意见。

6．严重损害投资者合法权益和社会公共利益的其他情形。

【例2–多选题】甲公司拟于2017年6月在主板上市，以下情形对上市构成实质性障碍的有（　　）。

A．甲公司2014年4月将公司的主营业务变更成绿色照明

B．甲公司的股东以一栋厂房投资，尚未办理产权过户登记手续

C．甲公司在2015年4月更换了监事

D．发行人的总经理在其实际控制人处兼任董事并领取薪酬

【答案】ABD

学堂点拨

选项A、C：根据规定，在主板上市，需要满足发行人最近3年内主营业务和董事、高级管理人员没有发生重大变化，实际控制人没有发生变更。这里的“最近3年”应是最近3个会计年度，而且相关人员不包括监事。因此，选项A构成障碍，C不构成障碍。选项B：根据规定，发行人的资产确定是在主板上市的必要条件。甲公司的股东以一栋厂房投资，尚未办理产权过户登记手续，违背了这一要求，不符合在主板上市的条件。选项D：根据规定，在主板上市，发行人应当具备健全且运行良好的组织机构。另根据规定，发行人的总经理、副总经理、财务负责人和董事会秘书等高级管理人员不得在控股股东、实际控制人及其控制的其他企业中担任除董事、监事以外的其他职务，不得在控股股东、实际控制人及其控制的其他企业领薪。因此，选项D构成发行障碍。

【例3–多选题】以下构成首次公开发行股票发行障碍的有（　　）。

A．发行人的财务负责人在母公司担任财务经理

B．发行人与母公司共同使用同一银行账户

C．发行人的副经理在母公司的一个控股子公司担任董事

D．发行人的董事会秘书在母公司担任监事并领取薪酬

【答案】ABD

学堂点拨

本题主要考查首发办法对独立性的相关要求，具体参见上题的学堂点拨。

二、在创业板上市的公司首次公开发行股票的条件

（一）发行人是依法设立且持续经营3年以上的股份有限公司；有限责任公司按原账面净资产值折股整体变更为股份有限公司的，持续经营时间可以从有限责任公司成立之日起计算。

（二）最近“2年”连续盈利，最近2年净利润累计不少于1 000万元；或者最近1年盈利，最近1年营业收入不少于5 000万元。净利润以扣除非经常性损益前后孰低者为计算依据。

（三）最近一期期末净资产不少于2 000万元，且不存在未弥补亏损。

（四）“发行后”股本总额不少于3 000万元（主板、中小板是发行前）。

（五）发行人的注册资本已足额缴纳，发起人或者股东用作出资的资产的财产权转移手续已办理完毕；发行人的主要资产不存在重大权属纠纷。

（六）发行人应当主要经营一种业务，其生产经营活动符合法律、行政法规和公司章程的规定，符合国家产业政策及环境保护政策。

（七）发行人最近“2年内”主营业务和董事、高级管理人员均没有发生重大变化，实际控制人没有发生变更。

【口诀】两年连挣一千万；无亏净资二千万；售后股本三千万；一年盈营五千万；主董高实两未变。

（八）发行人的股权清晰，控股股东和受控股股东、实际控制人支配的股东所持发行人的股份不存在重大权属纠纷。

（九）发行人具有完善的公司治理结构，依法建立健全股东大会、董事会、监事会以及独立董事、董事会秘书、审计委员会制度，相关机构和人员能够依法履行职责。发行人应当建立健全股东投票计票制度，建立发行人与股东之间的多元化纠纷解决机制，切实保障投资者依法行使收益权、知情权、参与权、监督权等股东权利。

（十）发行人会计基础工作规范，财务报表的编制和披露符合企业会计准则和相关信息披露规则的规定，在所有重大方面公允地反映了发行人的财务状况、经营成果和现金流量，并由注册会计师出具无保留意见的审计报告。

（十一）发行人内部控制制度健全且被有效执行，能够合理保证公司运行效率、合法合规和财务报告的可靠性，并由注册会计师出具无保留结论的内部控制鉴证报告。

（十二）发行人的董事、监事、高级管理人员具备法律、行政法规和规章规定的资格，且不存在下列情形：

1. 被中国证监会采取证券市场禁入措施尚在禁入期的；

2. 最近3年内受到中国证监会行政处罚，或者最近1年内受到证券交易所公开谴责的；

3. 因涉嫌犯罪被司法机关立案侦查或者涉嫌违法违规被中国证监会立案调查，尚未有明确结论意见的。

（十三）发行人及其控股股东、实际控制人最近3年内不存在损害投资者合法权益和社会公共利益的重大违法行为；发行人及其控股股东、实际控制人最近3年内不存在未经法定机关核准，擅自公开或者变相公开发行证券，或者有关违法行为虽然发生在3年前，但目前仍处于持续状态的情形。

表 7-1 首次发开发行股票条件对比

要求	主板和中小板上市	创业板上市
持续经营满3年规定	√	√
财产权属明晰，主要资产不存在重大权属纠纷	√	√
主营业务和董事、高级管理人员没有发生重大变化，实际控制人没有发生变更	最近3年内	最近2年内
股本总额/3 000万元	发行前总股本不少于3 000万元	发行后总股本不少于3 000万元
盈利能力	1. 最近3个会计年度净利润均为正数且累计超过3 000万元。 2. 最近3个会计年度经营活动产生的现金流量净额累计超过5 000万元，或最近3个会计年度营业收入累计超过3亿元。	1. 最近2年连续盈利，最近2年净利润累计不小于1 000万元。 2. 最近1年盈利，最近1年营业收入不少于5 000万元。
净资产	最近一期期末无形资产（扣除土地使用权、水面养殖权和采矿权等后）占净资产的比例不高于20%。	最近一期期末净资产不少于2 000万元，且不存在未弥补亏损。
法定障碍	“发行人”不得存在下列情形： 1. 最近“36个月”内未经法定机关核准，擅自公开或者变相公开发行过证券；或者上述行为发生在36个月前，但目前仍处于持续状态； 2. 最近“36个月”内违反工商、税收、土地、环保、海关以及其他法律、行政法规，受到行政处罚，且情节严重； 3. 最近“36个月”内曾向中国证监会提出发行申请，但报送的发行申请文件有虚假记载、误导性陈述或重大遗漏；或者不符合发行条件以欺骗手段骗取发行核准；或者以不正当手段干扰中国证监会及其发行审核委员会审核工作；或者伪造、变造发行人或其董事、监事、高级管理人员的签字、盖章； 4. 本次报送的发行申请文件有虚假记载、误导性陈述或者重大遗漏； 5. 涉嫌犯罪被司法机关立案侦查，尚未有明确结论意见； 6. 严重损害投资者合法权益和社会公共利益的其他情形。	1. 发行人的董事、监事、高级管理人员不得存在下列情形： （1）被中国证监会采取证券市场禁入措施尚在禁入期的； （2）最近3年内受到中国证监会行政处罚，或者最近1年内受到证券交易所公开谴责的； （3）因涉嫌犯罪被司法机关立案侦查或者涉嫌违法违规被中国证监会立案调查，尚未有明确结论意见的。 2. 发行人及其控股股东、实际控制人： （1）最近 3 年内不存在损害投资者合法权益和社会公共利益的重大违法行为； （2）最近 3 年内不存在未经法定机关核准，擅自公开或者变相公开发行证券，或者有关违法行为虽然发生在 3 年前，但目前仍处于持续状态的情形。

【例4–单选题】以下属于创业板首次公开发行的条件要求的是（　　）。

A．发行人只能经营一种业务

B．发行人最近3年主营业务没发生变更

C．发行人最近2年董事、监事、高级管理人员没发生重大变化

D．发行人最近2年实际控制人没有发生变更

【答案】D

学堂点拨

选项A错误：应为“发行人主要经营一种业务”；选项B错误：创业板关于主营业务没发生变更的要求年限是2年，并非3年；选项C错误：发行人最近2年董事、高级管理人员没发生重大变化。

【例5–单选题】下列公司拟于2017年上半年申请首次公开发行股票并在创业板上市，根据2014年5月14日颁布施行的《首次公开发行并在创业板上市管理办法》，构成发行障碍的情形有（　　）。

A．甲公司2014～2016年扣除非经常性损益前净利润分别为300万元、540万元、480万元，扣除非经常性损益后净利润分别为260万元、510万元、500万元；2016年度公司营业收入4 800万元

B．乙公司2014年度从事原料药生产，2015年度和2016年度从事制剂生产

C．丁公司，2014～2016年扣除非经营性损益前净利润分别为1 500万元、–210万元、1 300万元，扣除非经营性损益后净利润分别为1 400万元、–300万元、1 200万元；2016年度公司营业收入5 000万元

D．丙公司，2014年设立为有限责任公司，2016年6月按原账面净资产折股整体变更为股份有限公司，净资产为2 500万元，其中未分配利润为–100万元

【答案】A

学堂点拨

选项A：2014～2016年扣除非经常性损益前后孰低的净利润分别为260万元、510万元、480万元，2016年度公司营业收入为4 800万元，不满足“最近2年连续盈利，最近2年净利润累计不少于1 000万元；或者最近1年盈利，最近1年营业收入不少于5 000万元”的要求。

知识点3 首次公开发行股票的程序和承销（★★）

一、首次公开发行股票的程序

（一）发行人董事会作出决议，并提请股东大会批准。

（二）向中国证监会申报。

（三）中国证监会收到申请文件后，应在5个工作日内作出是否受理的决定。

（四）发行人招股说明书申报稿正式受理后，应当立即在中国证监会网站披露（即预披露）。招股说明书预先披露后，发行人相关信息及财务数据不得随意更改。

（五）审核过程中，发现发行人申请材料中记载的信息自相矛盾、或就同一事实前后存在不同表

述且有实质性差异的，中国证监会将中止审核，并在“12个月内”不再受理相关保荐代表人推荐的发行申请。（有失水准）

（六）发行人、中介机构报送的发行申请文件及相关法律文书涉嫌虚假记载、误导性陈述或重大遗漏，移交稽查部门查处，被稽查立案的，暂停受理相关中介机构推荐的发行申请；查证属实的，自确认之日起“36个月内”不再受理该发行人的股票发行申请，并依法追究中介机构及相关当事人责任。（违法违规）

（七）中国证监会发行监管部门和发行审核委员会依法对发行申请文件和信息披露内容的“合法合规性”进行审核，不对发行人的“盈利能力和投资价值”作出判断。发现申请文件和信息披露内容存在违法违规情形的，严格追究相关当事人的责任。

（八）中国证监会自受理证券发行申请文件之日起“3个月内”，依照法定条件和法定程序作出核准、中止审核、终止审核、不予核准的决定。

（九）股票发行申请经核准后，发行人应自中国证监会核准发行之日起“12个月内”发行股票。

（十）证监会或者国务院授权的部门对已经作出的核准证券发行的决定，发现不符合法定条件或者法定程序，尚未发行证券的，应当予以撤销，停止发行。已经发行尚未上市的，撤销发行核准决定，发行人应当按照发行价并加算银行同期存款利息返还证券持有人；保荐人应当与发行人承担连带责任，但是能够证明自己没有过错的除外；发行人的控股股东、实际控制人有过错的，应当与发行人承担连带责任。

【案例】欣泰电气于2016年7月7日收到中国证监会的《行政处罚决定书》及《市场禁入决定书》，除对相关人员处以罚款外，对温德乙、刘明胜采取终身禁入证券市场措施，不得从事证券业务或担任上市公司董事、监事、高级管理人员职务。同时，中国证监会对欣泰电气责令改正，给予警告，并处以832万元的罚款；对公司董事长、实际控制人温德乙给予警告，并处以892万元罚款；对公司总会计师刘明胜给予警告，并处以60万元罚款，还对12名有关人员给予警告和罚款。就在欣泰电气发布公告的同一日，其发行上市保荐机构兴业证券也收到了中国证监会出具的《行政处罚及市场禁入事先告知书》（下称《告知书》），相关责任人均受到处罚，并发布了《关于拟设立欣泰电气欺诈发行先行赔付专项基金情况的公告》。

根据相关规定，中国证监会拟决定对兴业证券给予警告，没收保荐业务收入1 200万元，并处以2 400万元罚款；没收承销股票违法所得2 078万元，并处以60万元罚款。对欣泰电气的保荐代表人兰翔、伍文祥给予警告，并分别处以30万元罚款，撤销证券从业资格，分别采取10年证券市场禁入措施。

二、股票承销

（一）承销方式：代销和包销。

（二）优先外销：证券公司在代销、包销期内，对所代销、包销的证券应当保证先行出售给认购人，证券公司不得为本公司预留所代销的证券和预先购入并留存所包销的证券。

（三）承销团承销：向不特定对象公开发行的证券票面总值超过人民币5 000万元的，应当由承销团承销。

（四）承销期限：证券的代销、包销期限最长不得超过90日。

（五）股票发行失败及其法律责任：股票发行采用代销方式，代销期限届满，向投资者出售的股票数量未达到拟公开发行股票数量“70%”的，为发行失败；发行人应当按照发行价并加算银行同期存款利息返还股票认购人。

【例6–多选题】甲公司委托乙证券公司以代销方式公开发行股票6 000万股。代销期限届满，投资者认购甲公司股票的数量为4 000万股。下列表述中，正确的有（　　）。

A．甲公司应当以自有资金购入剩余的2 000万股

B．股票发行失败

C．甲公司可以更换承销商，继续销售剩余的2 000万股

D．应当返还已收取的4 000万股发行价款，并加算银行同期存款利息

【答案】BD

学堂点拨

股票发行采用代销方式，代销期限届满，向投资者出售的股票数量未达到拟公开发行股票数量70%的，为发行失败。发行人应当按照发行价并加算银行同期存款利息返还股票认购人。本题中，公开发行股票数量为6 000万股，实际认购数量4 000万股，少于其发行总量的70%（4 200万股），因此应界定为发行失败，相关的认股款项应返还给认股人，并加算银行同期存款利息。

知识点4 上市公司公开增发股票（★★★）

一、上市公司公开增发股票的方式

（一）向原股东配售股份（配股）。

（二）向不特定对象公开募集股份（定增）。

二、上市公司增发股票的一般条件（适用于“配股”与“定增”两种情形）

（一）组织机构健全，运行良好

1．现任董事、监事和高级管理人员具备任职资格，不存在违反《公司法》第一百四十七条、第一百四十八条规定的行为，且最近36个月（3年）内未受到过中国证监会的行政处罚、最近12个月（1年）内未受到过证券交易所的公开谴责。

提示

1．《公司法》第一百四十七条是关于董事、监事、高级管理人员任职资格的规定（五种不适合情形）。

2．《公司法》第一百四十八条：董事、监事、高级管理人员不得利用职权收受贿赂或者其他非法收入，不得侵占公司的财产。

2．最近“12个月内”（1年）不存在违规对外提供担保的行为。

提示

1．下列对外担保行为须经股东大会审批：（1）上市公司及其控股子公司的对外担保总额，超过最近一期经审计“净资产”50%以后提供的任何担保；（2）上市公司的对外担保总额，超过

最近一期经审计"总资产"的30%以后提供的任何担保；（3）为借款后资产负债率超过70%的担保对象提供的担保；（4）单笔担保额超过最近一期经审计净资产10%的担保；（5）上市公司对股东、实际控制人及其关联方提供的担保。股东大会在审议为股东、实际控制人及其关联方提供的担保议案时，该股东或受该实际控制人支配的股东，不得参与该项表决，该项表决由出席股东大会的其他股东所持表决权的过半数通过。

2. 应由股东大会审批的对外担保，必须经董事会审议通过后，方可提交股东大会审批。

（二）盈利能力具有可持续性

1. 上市公司最近3个会计年度连续盈利，扣除非经常性损益后的净利润与扣除前的净利润相比，以低者作为计算依据。

2. 高级管理人员和核心技术人员稳定，最近"12个月"（1年）内未发生重大不利变化。

3. 最近24个月（2年）内曾公开发行证券的，不存在发行当年营业利润比上年下降50%以上的情形。

（三）财务状况良好

1. "最近3年及最近一期"财务报表未被注册会计师出具保留意见、否定意见或无法表示意见的审计报告；被注册会计师出具带强调事项段的"无保留意见"审计报告的，所涉及的事项对发行人无重大不利影响或者在发行前重大不利影响已经消除。

2. 最近3年资产减值准备计提充分合理，不存在操纵经营业绩的情形。

3. 最近3年以现金方式累计分配的利润不少于最近3年实现的年均可分配利润的"30%"，包括中期现金分红。

（四）财务会计文件无虚假记载

1. 上市公司不存在违反证券法律、行政法规或规章，受到证监会的行政处罚，或者受到刑事处罚的行为。

2. 不存在违反工商、税收、土地、环保、海关法律、行政法规或规章，受到行政处罚且情节严重，或者受到刑事处罚的行为。

（五）募集资金的使用符合规定

除金融类企业外，本次募集资金使用项目不得为持有交易性金融资产和可供出售的金融资产、借予他人、委托理财等财务性投资，不得直接或间接投资于以买卖有价证券为主要业务的公司。

（六）上市公司不存在下列行为

1. 本次发行申请文件有虚假记载、误导性陈述或重大遗漏。

2. 擅自改变前次公开发行证券募集资金的用途而未作纠正。

3. 上市公司最近"12个月"（1年）内受到过证券交易所的公开谴责。

4. 上市公司及其控股股东或实际控制人最近"12个月"（1年）内存在未履行向投资者作出的公开承诺的行为。

5. 上市公司或其现任董事、高级管理人员因涉嫌犯罪被司法机关立案侦查或涉嫌违法违规被中国证监会立案调查。

6. 严重损害投资者的合法权益和社会公共利益的其他情形。

【口诀】一年未遣担变诺；二年发利未五折；三年减提未留罚；现金分红达三成。

【例7-多选题】上市公司发生下列情形时，属于证券法律制度禁止其增发股票的有（　　）。

A. 公司在3年前曾经公开发行过可转换公司债券

B. 公司现任监事在最近36个月内曾经受到过中国证监会的行政处罚

C. 公司在前年曾经严重亏损

D. 公司现任董事因涉嫌违法已被中国证监会立案调查

【答案】BCD

学堂点拨

选项B：根据规定，上市公司现任董事、监事和高级管理人员在最近36个月内未受到过证监会的行政处罚；选项C：根据规定，上市公司最近3个会计年度须连续盈利；选项D：根据规定，须不存在上市公司或其现任董事、高级管理人员因涉嫌犯罪被司法机关立案侦查或涉嫌违法违规被证监会立案调查的情形。

【例8-单选题】扬子公司计划配股，2014～2016年可供分配利润为5 000万元，4 300万元和4 500万元，企业计划2017年配股，则企业过去3年以现金方式分配的股利至少为（　　）。

A. 1 380万元　　B. 960万元　　C. 4 140万元　　D. 460万元

【答案】A

学堂点拨

配股属于公开发行，应符合“最近3年以现金方式累计分配的利润不少于最近3年实现的年均可分配利润的30%”的规定，即（5 000+4 300+4 500）÷3×30%=1 380（万元）。

三、上市公司配股和公开增发新股应当具备的特殊条件

（一）上市公司向原股东配股应当具备的特殊条件

上市公司配股除了应满足增发股票的一般条件，还应当符合以下条件：

1. 拟配售股份数量不超过本次配售股份前股本总额的30%；

2. 控股股东应当在“股东大会召开前”公开承诺认配股份的数量；

3. 采用代销方式发行。控股股东不履行认配股份的承诺，或者代销期限届满，原股东认购股票的数量未达到拟配售数量70%的，发行人应当按照发行价并加算银行同期存款利息返还已经认购的股东。

【解释】上市公司配股，应当向股权登记日登记在册的股东配售，且配售比例应当相同。

（二）上市公司向不特定对象公开募股（增发）的特殊条件

上市公司向不特定对象公开募股除了应满足增发股票的一般条件，还应当符合以下条件：

1. 最近3个会计年度加权平均净资产收益率平均不低于6%，扣除非经常性损益后的净利润与扣除前的净利润相比，以低者作为加权平均净资产收益率的计算依据；

2. 除金融类企业外，最近一期期末不存在持有金额较大的交易性金融资产和可供出售的金融资产、借予他人款项、委托理财等财务性投资的情形；

3. 发行价格应不低于公告招股意向书前20个交易日公司股票均价“或”前1个交易日的均价。

【解释】上市公司增发可以全部或部分向原股东优先配售，优先配售比例应当在发行公告中披露。

四、上市公司公开增发股票的程序

（一）董事会作出决议

（二）提请股东大会批准

【注意1】股东大会就发行事项作出决议，必须经出席会议的股东所持表决权的2/3以上通过。

【注意2】向本公司特定股东及其关联人发行的，股东大会决议时，关联股东应当回避。

（三）发行期限

上市公司应自证监会核准发行之日起6个月内发行股票；超过6个月未发行的，核准文件失效，须重新经证监会核准后方可发行。

知识点5 上市公司非公开增发股票（★★★）

一、非公开发行股票的条件

（一）发行对象

非公开发行股票的发行对象不超过10名。

1. 证券投资基金管理公司以其管理的2只以上的基金认购的，视为一个发行对象。

2. 信托公司作为发行对象，只能以“自有资金”（不能以其受托管理的他人资金）认购。

3. 发行对象为境外战略投资者的，应当经国务院有关部门事先批准。

（二）认购条件之一

发行对象属于下列情形之一的，具体发行对象及其认购价格或者定价原则应当由上市公司董事会的非公开发行股票决议确定，并经股东大会批准，认购的股份自发行结束之日起“36个月内”（锁定期）不得转让：

1. 上市公司的（原）控股股东、实际控制人或者其控制的关联人；

2. 通过认购本次发行的股份（新）取得上市公司实际控制权的投资者；

3. 董事会拟引入的境内外战略投资者。

（三）认购条件之二

除上述之外的发行对象，上市公司应当在取得发行核准批文后，按照有关规定以“竞价方式”确定发行对象和发行价格。发行对象认购的股份自发行结束之日起“12个月内”（锁定期）不得转让。

（四）发行价格

不低于定价基准日前20个交易日公司股票均价的“90%”。

提示

1. 定价基准日的确定：本次非公开发行股票的董事会决议公告日、股东大会决议公告日与发行期的首日。

2. 定价基准日前20个交易日股票交易均价＝定价基准日前20个交易日股票交易总额÷定价基准日前20个交易日股票交易总量。

（五）不存在以下法定障碍

1．本次发行申请文件有虚假记载、误导性陈述或重大遗漏。

2．上市公司的权益被控股股东或实际控制人严重损害且尚未消除。

3．上市公司及其附属公司违规对外提供担保且尚未解除。

4．现任董事、高级管理人员最近“36个月内”受到过中国证监会的行政处罚，或者最近12个月内受到过证券交易所公开谴责。

5．上市公司或其现任“董事、高级管理人员”因涉嫌犯罪正被司法机关立案侦查或涉嫌违法违规正被中国证监会立案调查。

6．“最近1年及最近一期”财务报表被注册会计师出具保留意见、否定意见或无法表示意见的审计报告。保留意见、否定意见或无法表示意见所涉及事项的重大影响已经消除或者本次发行涉及重大重组的除外。

【例9-单选题】甲上市公司拟非公开发行股票，其发行方案的下列内容中，符合证券法律制度规定的是（　　）。

A．本次非公开发行股票的对象为20名机构投资者

B．本次非公开发行股票的对象中包括乙信托公司管理的一个集合资金信托计划

C．本次非公开发行股票的发行价格，不得低于定价基准日前20个交易日公司股票均价的90%

D．投资者在本次非公开发行中认购的股份，自发行结束之日起3个月内不得转让

【答案】C

学堂点拨

选项A：上市公司非公开发行股票的发行对象不超过10名；选项B：信托公司作为发行对象，只能以自有资金认购；选项D：发行对象属于下列情形之一的，认购的股份自发行结束之日起36个月内不得转让：1．上市公司的控股股东、实际控制人或其控制的关联人；2．通过认购本次发行的股份取得上市公司实际控制权的投资者；3．董事会拟引入的境内外战略投资者。除此之外的发行对象认购的股份自发行结束之日起12个月内不得转让。

知识点6　股票公开发行的方式（★★）

首次公开发行股票的网下发行应和网上发行同时进行，参与申购的网下和网上投资者应当全额缴付申购资金。投资者应自行选择参与网下或网上发行，不得同时参与。

一、网上发行和网下询价发行的概念

（一）网上发行

网上发行，是指利用证券交易所的交易系统，投资者在指定的时间内，按照“确定的发行价格”，向作为股票唯一卖方的主承销商买入股票而进行申购的发行方式。

（二）网下询价发行

网下询价发行，是指发行人及其保荐人在网下按照规定向机构投资者推介和“询价”，在确定发行价后，向网下机构投资者配售股票的发行方式。

二、网上和网下发行机制的具体内容

（一）自由选择发行方式

首次公开发行股票，可以通过向网下投资者询价的方式确定股票发行价格，也可以通过发行人与主承销商自主协商直接定价等其他合法可行的方式确定发行价格。

提示

发行股票数量在“2 000万股以下且无老股转让计划的”，应当通过直接定价的方式确定发行价格。

（二）网下发行的报价规则

1. 首次公开发行股票采用询价方式定价的，符合条件的网下机构和个人投资者可以自主决定是否报价，主承销商无正当理由不得拒绝。

2. 网下投资者报价应当包含每股价格和该价格对应的拟申购股数，且只能有一个报价。

3. 非个人投资者应当以机构为单位进行报价。

4. 首次公开发行股票价格确定后，提供有效报价的投资者方可参与申购。

（三）报价的剔除

首次公开发行股票采用询价方式的，网下投资者报价后，发行人和主承销商应当剔除拟申购总量中报价最高的部分，剔除部分“不得低于”所有网下投资者拟申购总量的“10%”。然后根据剩余报价及拟申购数量协商确定发行价格。剔除部分不得参与网下申购。

（四）有效报价投资者的数量要求

公开发行股票数量在4亿股（含）以下的，有效报价投资者数量不少于10家；公开发行股票数量超过4亿股的，有效报价投资者的数量不少于20家。剔除最高报价部分后有效报价投资者数量不足的，应当中止发行。

（五）网下发行比例

1. 首次公开发行股票后总股本“不超过4亿股（含）”的，网下初始发行比例不低于本次公开发行股票数量的“60%”；发行后总股本“超过4亿股”的，网下初始发行比例不低于本次公开发行股票数量的“70%”。其中，应安排不低于本次网下发行股票数量的“40%”优先向“公募基金”和“社保基金”配售，安排一定比例的股票向“企业年金基金”和“保险资金”配售。

2. 公募基金、社保基金、企业年金基金和保险资金有效申购不足安排数量的，发行人和主承销商可以向其他符合条件的网下投资者配售剩余部分。

表 7-2　网下初始发行比例

<table>
<tr><th>发行后总股本</th><th>网下初始发行比例</th><td rowspan="3">安排不低于本次网下发行股票数量的40%优先向公募基金和社保基金配售。</td></tr>
<tr><td>≤4亿股</td><td>≥60%</td></tr>
<tr><td>>4亿股</td><td>≥70%</td></tr>
</table>

（六）回拨

1. 网下向网上回拨——禁止

首次公开发行股票网下投资者申购数量低于网下初始发行量的，发行人和主承销商不得将网下发行部分向网上回拨，应当中止发行。

提示

以下情形应当从网下向网上回拨：网上投资者有效申购倍数超过50倍、低于100倍（含）的，应当从网下向网上回拨，回拨比例为本次公开发行股票数量的20%；网上投资者有效申购倍数超过100倍的，回拨比例为本次公开发行股票数量的40%；网上投资者有效申购倍数超过150倍的，回拨后网下发行比例不超过本次公开发行股票数量的10%。

表 7-3　网下向网上回拨的情形及回拨比例

网上有效申购倍数	回拨比例
超过50倍、低于100倍（含）	20%
超过100倍	40%
超过150倍	回拨后剩余的网下发行比例不超过10%

2．网上向网下回拨——允许

网上投资者申购数量不足网上初始发行量的，可回拨给网下投资者。

（七）无需缴付申购资金

首次公开发行股票的网下发行应和网上发行同时进行，参与申购的网下和网上投资者无需缴付“申购资金”。

提示

网下和网上投资者申购新股、可转换公司债券、可交换公司债券获得配售后，应当按时足额缴付认购资金。网上投资者连续12个月内累计出现3次中签后未足额缴款的情形时，6个月内不得参与新股、可转换公司债券、可交换公司债券申购。

（八）战略投资者申购

1．申购条件：首次公开发行股票数量在“4亿股”以上的，可以向战略投资者配售股票。

2．申购方式：发行人应当与战略投资者事先签署配售协议。战略投资者不参与网下询价，且应当承诺获得本次配售的股票持有期限不少于12个月，持有期自本次公开发行的股票上市之日起计算。

（九）中止发行

1．网下和网上投资者缴款认购的新股或可转换债券数量合计不足本次公开发行数量的70%的，可以中止发行。

2．中止发行后，在核准文件有效期内，经向中国证监会备案（无须再次核准），可重新启动发行。

三、首次公开发行时禁止配售的对象和监管

首次公开发行股票网下配售时，发行人和主承销商不得向下列对象配售股票：

（一）发行人及其股东、实际控制人、董事、监事、高级管理人员和其他员工；发行人及其股东、实际控制人、董事、监事、高级管理人员能够直接或间接实施控制、共同控制或施加重大影响的公司，以及该公司控股股东、控股子公司和控股股东控制的其他子公司；

（二）主承销商及其持股比例5%以上的股东，主承销商的董事、监事、高级管理人员和其他员工；主承销商及其持股比例5%以上的股东、董事、监事、高级管理人员能够直接或间接实施控制、共同控制或施加重大影响的公司，以及该公司控股股东、控股子公司和控股股东控制的其他子公司；

（三）承销商及其控股股东、董事、监事、高级管理人员和其他员工；

（四）上述前三项所述人士的关系密切的家庭成员，包括配偶、子女及其配偶、父母及配偶的父母、兄弟姐妹及其配偶、配偶的兄弟姐妹、子女配偶的父母；

（五）过去6个月内与主承销商存在保荐、承销业务关系的公司及其持股5%以上的股东、实际控制人、董事、监事、高级管理人员，或者已与主承销商签署保荐、承销业务合同或者达成相关意向的公司及其持股5%以上的股东、实际控制人、董事、监事、高级管理人员；

（六）通过配售可能导致不当行为或者不正当利益的其他自然人、法人和组织。

【解释】上述第（二）、（三）项规定的禁止配售对象管理的“公募基金”不受上述规定的限制，但应符合中国证监会的有关规定。

四、优先股发行与交易试点

（一）优先股的发行主体

1. 公开发行优先股：仅限于证监会规定的上市公司。

2. 非公开发行优先股：仅限于上市公司和非上市公众公司。

（二）发行条件

公司已发行的优先股不得超过公司普通股股份总数的50%，且筹资金额不得超过发行前净资产的50%，已回购、转换的优先股不纳入计算。

（三）优先股公开发行时的特殊要求

公开发行优先股的公司，必须在公司章程中规定以下事项：

1. 采取固定股息率；

2. 在有可分配税后利润的情况下必须向优先股股东分配股息；

3. 未向优先股股东足额派发股息的差额部分应当累积到下一会计年度；

4. 优先股股东按照约定的股息率分配股息后，不再同普通股股东一起参加剩余利润分配。

（四）优先股的交易转让及登记存管

1. 交易转让场所：优先股应当在证券交易所、全国中小企业股份转让系统或者在国务院批准的其他证券交易场所交易或转让。

2. 登记存管：优先股应当在中国证券登记结算公司集中登记存管。

（五）公司收购中的优先股

1. 优先股可以作为并购重组支付手段。

2. 上市公司收购要约适用于被收购公司的所有股东，但可以针对优先股股东和普通股股东提出不同的收购条件。

提示

在普通股和优先股内部，收购条件应当一致，即不能针对不同的普通股股东或不同的优先股股东，提出不同的收购条件。

3. 根据《证券法》第八十六条计算收购人持有上市公司已发行股份比例，以及根据《证券法》第八十八条和九十六条计算触发要约收购义务时，表决权未恢复的优先股不计入持股数额和股本总额。

【相关链接1】《证券法》第八十六条：通过证券交易所的证券交易，投资者持有或者通过协议、其他安排与他人共同持有一个上市公司已发行的股份达到5%时，应当在该事实发生之日起3日内，向国务院证券监督管理机构、证券交易所作出书面报告，通知该上市公司，并予公告；在上述期限内，不得再行买卖该上市公司的股票。投资者持有或者通过协议、其他安排与他人共同持有一个上市公司已发行的股份达到5%后，其所持该上市公司已发行的股份比例每增加或者减少5%，应当依照前款规定进行报告和公告。在报告期限内和作出报告、公告后2日内，不得再行买卖该上市公司的股票。

【相关链接2】《证券法》第八十八条：通过证券交易所的证券交易，投资者持有或者通过协议、其他安排与他人共同持有一个上市公司已发行的股份达到30%时，继续进行收购的，应当依法向该上市公司所有股东发出收购上市公司全部或者部分股份的要约。收购上市公司部分股份的收购要约应当约定，被收购公司股东承诺出售的股份数额超过预定收购的股份数额的，收购人按比例进行收购。

【相关链接3】《证券法》第九十六条：采取协议收购方式的，收购人收购或者通过协议、其他安排与他人共同收购一个上市公司已发行的股份达到30%时，继续进行收购的，应当向该上市公司所有股东发出收购上市公司全部或者部分股份的要约。但是，经国务院证券监督管理机构免除发出要约的除外。

（六）与持股数额相关的优先股计算

以下事项计算持股数额时，仅计算普通股和表决权恢复的优先股：

1. 根据《证券法》第五十四条和第六十六条，认定持有公司股份最多的前10名股东的名单和持股数额；

2. 根据《证券法》第四十七条（短线交易主体）、第六十七条（重大事件中的大股东持股情况发生较大变化）和第七十四条（内幕信息的知情人员），认定持有公司5%以上股份的股东。

第三单元　公司债券

知识点1　公司债券的公开发行（★★★）

一、公司债券发行的条件

（一）正面条件

1. 发行主体：股份有限公司和有限责任公司。

（1）股份有限公司的净资产不低于3 000万元。

（2）有限责任公司的净资产不低于6 000万元。

2. 本次发行后累计债券余额不超过最近一期期末净资产的40%。

3. 公司的生产经营符合法律、行政法规和公司章程的规定，募集的资金投向符合国家产业政策。

4. 最近3年年均可分配利润不少于公司债券1年的利息。

5. 债券的利率不超过国务院限定的利率水平。

6. 公司内部控制制度健全。

7. 公开发行公司债券募集的资金，必须用于核准的用途，不得用于“弥补亏损和非生产性支出”。

【口诀】估（股）三千有六千，三年均利够一年，累计四成净资产。

提示

资信状况符合以下标准的公司债券可以向“公众投资者”公开发行，也可以自主选择仅面向“合格投资者”公开发行：

1. 发行人最近3年无债务违约或者迟延支付本息的事实；
2. 发行人最近3个会计年度实现的年均可分配利润不少于债券1年利息的1.5倍；
3. 债券信用评级达到AAA级；
4. 中国证监会根据投资者保护的需要规定的其他条件。

【口诀】三年诚信三A级，三年均利够六季（一年半的利息）。

（二）反面条件——不存在法定障碍

1. 前一次公开发行的公司债券尚未募足。
2. 对已发行的公司债券或其他债务有违约或者迟延支付本息的事实，仍处于继续状态。
3. 违反规定，改变公开发行公司债券所募集资金的用途。
4. 最近36个月内公司财务会计文件存在虚假记载，或公司存在其他重大违法行为。
5. 本次发行申请文件存在虚假记载、误导性陈述或者重大遗漏。

【例1-2017-单选题】某上市公司2013年5月发行5年期公司债券1 000万元、3年期公司债券1 500万元。2017年1月，该公司鉴于到期债券已偿还且具备再次发行债券的其他条件，计划再次发行公司债券。经审计，确认该公司2016年12月末净资产额为9 000万元。根据证券法律制度的规定，该公司此次发行公司债务的最高限额是（　　）。

A. 2 700万元　　B. 3 600万元　　C. 1 700万元　　D. 2 600万元

【答案】D

学堂点拨

根据规定，公司公开发行债券要求本次发行后累计公司债券余额不超过最近一期期末净资产的40%。本题中，2013年5月发行5年期公司债券1 000万元，截至2017年1月尚未到期，同时发行的3年期债券已到期，故该公司此次发行公司债券的最高限额为9 000×40%－1 000=2 600（万元）。选项D正确。

二、公开发行的程序

（一）股东大会决议

1. 对发行债券进行决议属于股东大会的职权范围。

2. 决议事项：

（1）发行债券的数量；

（2）发行方式（公开发行）；

（3）债券期限；

（4）募集资金的用途；

（5）决议的有效期；

（6）其他按照法律法规及公司章程规定需要明确的事项。

（二）证监会核准

1. 公开发行公司债券应当经过中国证监会核准。

2. 仅面向“合格投资者”公开发行的，中国证监会简化核准程序。

（三）公开发行的方式——可以申请一次核准，分期发行

1. 首期发行：自中国证监会核准发行之日起12个月内完成。

2. 剩余数量：应当在24个月内发行完毕。

知识点2 公司债券的非公开发行（★★★）

一、发行对象

（一）范围：仅限于合格投资者。

（二）人数：每次发行对象不得超过200人。

（三）不得采用广告、公开劝诱和变相公开方式。

【解释】合格投资者的界定——“有实力”：应当具备相应的风险识别和承担能力，知悉并自行承担公司债券的投资风险，并符合下列资质条件：1. 经有关金融监管部门批准设立的金融机构，包括证券公司、基金管理公司及其子公司、期货公司、商业银行、保险公司和信托公司、经登记的私募基金管理人，其上述金融机构向投资者发行的理财产品的种类符合法律要求；2. 净资产不低于1 000万元的企事业单位法人、合伙企业；3. 合格境外机构投资者（QFII）、人民币合格境外机构投资者（RQFII）；4. 社会保障基金、企业年金等养老基金，慈善基金等社会公益基金；5. 名下金融资产（银行存款、股票、债券、保险产品等）不低于人民币300万元的个人投资者；6. 经证监会认可的其他合格投资者。

提示

发行人的董事、监事、高级管理人员及持股比例超过5%的股东，不受上述合格投资者资质条件的限制。

二、其他问题

（一）信用评级

非公开发行公司债券是否进行信用评级由发行人确定，并在债券募集说明书中披露。

（二）备案

非公开发行公司债券，承销机构或依法自行销售的发行人应当在每次发行完成后5个工作日内向中国证券业协会备案。

（三）转让范围

仅限于在合格投资者范围内转让，转让后持有同次发行债券的合格投资者合计不得超过200人。

【例2-单选题】甲股份有限公司非公开发行债券，乙证券公司担任承销商。下列关于此次非公开发行的表述中，符合证券法律制度规定的是（　　）。

A. 本次非公开发行的债券在发行后可申请在证券交易所转让

B. 债券发行后进行转让的，持有本次发行债券的合格投资者合计不得超过300人

C. 净资产不低于500万元的企业法人可以作为本次非公开发行债券的合格投资者

D. 乙证券公司应在本次发行完成后5个工作日内向中国证监会备案

【答案】A

学堂点拨

选项B错误：债券发行后进行转让的，持有本次发行债券的合格投资者合计不得超过200人。选项C错误：净资产不低于1 000万元的企事业单位法人、合伙企业可以作为本次非公开发行债券的合格投资者。选项D错误：非公开发行公司债券，承销机构或依法自行销售的发行人应当在每次发行完成后5个工作日内向“中国证券业协会”备案。

知识点3 公司债券发行与交易中的信息披露（★）

一、非公开发行的信息披露

（一）非公开发行公司债券的发行人信息披露的时点、内容，应当按照募集说明书的约定履行。

（二）相关信息披露文件应当由受托管理人向中国证券业协会备案。

（三）应当在债券募集说明书中约定募集资金使用情况的披露事宜。

二、公开发行的信息披露

（一）公开发行公司债券的发行人应当按照规定及时披露债券募集说明书，并在债券存续期内披露中期报告和经具有从事证券服务业务资格的会计师事务所审计的年度报告。

提示

中期报告可以不经过审计。

（二）公司债券募集资金的用途应当在债券募集说明书中披露，发行人应当在定期报告中披露公开发行公司债券募集资金的使用情况。

（三）发行人全体董事、监事、高级管理人员应当在债券募集说明书上签字，承诺不存在虚假记载、误导性陈述或者重大遗漏，并承担相应的法律责任，但是能够证明自己没有过错的除外。

（四）公开发行公司债券的发行人及其他信息披露义务人应当将披露的信息刊登在其债券交易场所的互联网网站上，同时将披露的信息或者信息摘要刊登在至少一种中国证监会指定的报刊上，供公众查阅。

（五）重大事项的披露。

“公开发行”公司债券的发行人应当及时披露债券存续期内发生可能影响其偿债能力或者债券价格的下列重大事项：

1. 发行人经营方针、经营范围或者生产经营外部条件等发生重大变化；

2．债券信用评级发生变化；

3．发行人主要资产被查封、扣押、冻结；

4．发行人发生未能清偿到期债务的违约情况；

5．发行人当年累计新增借款或者对外提供担保超过上年末净资产的“20%”；

6．发行人放弃债权或财产，超过上年末净资产的“10%”；

7．发行人发生超过上年末净资产“10%”的重大损失；

8．发行人作出减资、合并、分立、解散及申请破产的决定；

9．发行人涉及重大诉讼、仲裁事项或者受到重大行政处罚；

10．保证人、担保物或者其他偿债保障措施发生重大变化；

11．发行人情况发生重大变化导致可能不符合公司债券上市条件；

12．发行人涉嫌犯罪被司法机关立案调查，发行人董事、监事、高级管理人员涉嫌犯罪被司法机关采取强制措施；

13．其他对投资者作出投资决策有重大影响的事项。

知识点4 公司债券持有人的权益保护（★★）

一、信用评级

资信评级机构为公开发行的公司债券进行信用评级，应当符合以下规定：

（一）按照规定或者约定将评级信息告知发行人，并及时向市场公布首次评级报告、定期和不定期跟踪评级报告；

（二）在债券有效存续期间，应当“每年至少”向市场公布“一次定期”跟踪评级报告；

（三）应充分关注可能影响评级对象信用等级的所有重大因素，及时向市场公布信用等级调整及其他与评级相关的信息变动情况，并向证券交易所或者其他证券交易场所报告。

二、公司债券的受托管理

（一）发行人应当为债券持有人聘请债券受托管理人，并订立债券受托管理协议；在债券存续期间，由债券受托管理人按照规定或者依照协议的约定维护债券持有人的利益。

提示

同意债券受托管理协议的“默示”同意：发行人应当在债券募集说明书中约定，投资者认购或者持有本期公司债券视为同意债券受托管理协议、债券持有人会议规则及债券募集说明书中其他有关发行人、债券持有人权利义务的相关约定。

（二）为本次发行提供担保的机构不得担任本次债券发行的受托管理人。

（三）“公开发行”公司债券的受托管理人应当履行下列职责：

1．持续关注发行人和保证人的资信状况、担保物状况、增信措施及偿债保障措施的实施情况，出现可能影响债券持有人重大权益的事项时，召集债券持有人会议；

2．在债券存续期内监督发行人募集资金的使用情况；

3．对发行人的偿债能力和增信措施的有效性进行全面调查和持续关注，并至少每年向市场公告一次受托管理事务报告；

4．在债券存续期内持续督导发行人履行信息披露义务；

5．预计发行人不能偿还债务时，要求发行人追加担保，并可以依法申请法定机关采取财产保全措施；

6．在债券存续期内勤勉处理债券持有人与发行人之间的谈判或者诉讼事务；

7．发行人为债券设定担保的，债券受托管理协议可以约定担保财产为信托财产，债券受托管理人应在债券发行前或者债券募集说明书约定的时间内取得担保的权利证明或者其他有关文件，并在担保期间妥善保管；

8．发行人不能偿还债务时，可以接受全部或者部分债券持有人的委托，以自己的名义代表债券持有人提起民事诉讼、参与重组或者破产的法律程序。

三、债券持有人会议

存在下列情形的，债券受托管理人应当召集债券持有人会议：

（一）拟变更债券募集说明书的约定；

（二）拟修改债券持有人会议规则；

（三）拟变更债券受托管理人或者受托管理协议的主要内容；

（四）发行人不能按期支付本息；

（五）发行人减资、合并、分立、解散或者申请破产；

（六）保证人、担保物或者其他偿债保障措施发生重大变化；

（七）发行人、单独或者合计持有本期债券总额“10%以上”的债券持有人书面提议召开；

（八）发行人管理层不能正常履行职责，导致发行人债务清偿能力面临严重不确定性，需要依法采取行动的；

（九）发行人提出债务重组方案的；

（十）发生其他对债券持有人权益有重大影响的事项。

提示

在债券受托管理人应当召集而未召集债券持有人会议时，单独或者合计持有本期债券总额10%以上的债券持有人有权自行召集债券持有人会议。

四、公司债券的担保

发行人可采取内外部增信机制、偿债保障措施，提高偿债能力，控制公司债券风险。内外部增信机制、偿债保障措施包括但不限于下列方式：

（一）第三方担保（保证、抵押、质押）；

（二）商业保险；

（三）（发行人自己提供的）资产抵押、质押担保；

（四）限制发行人债务及对外担保规模；

（五）限制发行人对外投资规模；

（六）限制发行人向第三方出售或者抵押主要资产；

（七）设置债券回售条款。

【例3-2017-多选题】根据证券法律制度的有关规定，下列各项中，属于债券受托管理人应当召集债券持有人会议情形的有（　　）。

A. 拟变更债券募集说明书的约定

B. 发行人拟增加注册资本

C. 担保物发生重大变化

D. 发行人不能按期支付本息

【答案】ACD

学堂点拨

选项B：根据规定，发行人减资才属于债券受托管理人应当召集债券持有人会议的情形。

知识点5　可转换公司债券的发行（★★）

一、可转换公司债券的发行条件

（一）普通可转债的发行条件

上市公司发行可转换公司债券，除了应满足增发股票的一般条件，还应当符合以下条件：

1. 最近3个会计年度加权平均净资产收益率平均不低于6%，扣除非经常性损益后的净利润与扣除前的净利润相比，以低者作为加权平均净资产收益率的计算依据；

2. 本次发行后累计公司债券余额不超过最近一期期末净资产额的40%；

3. 最近3个会计年度实现的平均可分配利润不少于公司债券1年的利息。

【解释1】可转换债券持有人如果在转股期内选择转股，债券即转化为股票，因此，法律要求上市公司发行可转换债券时，就应当满足增发股票的一般条件。

【解释2】可转换公司债券是一种特殊的债券，因此，发行可转债也应当满足一般债券发行的基本条件，包括“三年均利够一年”和“累计四成净资产”，考生只须重点识记上述第1项条件。

（二）分离交易可转债及其发行条件

1. 分离交易可转债的概念

分离交易可转债是一种附认股权证的公司债，也就是投资者购买公司债券时获得了一定数额的认股权证。分离交易可转债是债券和股票的混合融资品种，它与普通可转债的本质区别在于债券与期权可分离交易。

2. 分离交易可转债的发行条件

上市公司发行分离交易的可转换公司债券，除了应满足增发股票的一般条件，还应当符合以下条件：

（1）公司最近一期期末经审计的净资产不低于人民币15亿元。

（2）最近3个会计年度实现的年均可分配利润不少于公司债券1年的利息。

（3）最近3个会计年度经营活动产生的现金流量净额平均不少于公司债券1年的利息，但最近3个会计年度加权平均净资产收益率平均不低于6%（扣除非经常性损益后的净利润与扣除前的净利润相比，以低者作为加权平均净资产收益率的计算依据）的除外。

（4）本次发行后累计公司债券余额不超过最近一期期末净资产额的40%，预计所附认股权全部行权后募集的资金总量不超过拟发行公司债券金额。

【解释1】分离交易可转债持有人如果在行权期内选择行权，认股权证即转化为股票，因此，法律要求上市公司在发行分离交易可转债时，就应当满足增发股票的一般条件。

【解释2】分离交易可转债是一种特殊的债券，因此，发行分离交易可转债也应当满足一般债券发行的基本条件，包括“三年均利够一年”和“累计四成净资产”，考生只需重点识记上述第（1）和（3）项条件。

二、可转换债券的期限、面值和利率

（一）期限：1～6年。

（二）面值：每张100元。

（三）利率：由发行公司与主承销商协商确定，但必须符合国家的有关规定。

三、可转换债券持有人的权利保护

（一）信用评级

应当委托具有资格的资信评级机构进行信用评级和跟踪评级，应当每年至少向市场公布一次跟踪评级报告。

（二）有下列情形之一的，应当召开债券持有人会议

1. 拟变更募集说明书的约定。
2. 发行人不能按期支付本息。
3. 发行人减资、合并、分立、解散或者申请破产。
4. 保证人或者担保物发生重大变化。
5. 其他影响债券持有人重大权益的事项。

（三）担保

1. 公开发行可转换公司债券，应当提供担保，但最近一期末经审计的净资产不低于人民币15亿元的公司除外。

提示

一般公司债券的发行，法律没有强制要求发行人提供担保。

2. 应当为全额担保，担保范围：债券的本金及利息、违约金、损害赔偿金和实现债权的费用。

3. 以保证方式提供担保的，应当为连带责任担保（不能是一般保证），且保证人最近一期经审计的净资产额应不低于其累计对外担保的金额。

提示

证券公司或上市公司不得作为发行可转债的担保人，但上市商业银行除外。

【案例】兴源上市公司拟发行可转换公司债券8 000万元，委托志盛公司作保证人。志盛公司最近一期经审计的净资产额为12 000万元，一年前，志盛公司已经为其子公司欠银行的5 000万元贷款提供了连带责任保证担保。本案例中：志盛公司不能为兴源上市公司发行可转换公司债券提供担保，因为志盛公司最近一期经审计的净资产额（12 000万元）低于其累计对外担保的金额（5 000+8 000=13 000万元）。

4．设定抵押或质押的，抵押或质押财产的估值应不低于担保金额。

（四）可转换公司债券转为股份

1．可转换公司债券自发行结束之日起6个月后方可转换为公司股票。债券持有人对转换股票或者不转换股票有选择权。

2．转股价格应不低于募集说明书公告日前20个交易日该公司股票交易均价和前一个交易日的均价。

3．可转换债券持有人不转换为股票的，上市公司应当在可转换公司债券期满后5个工作日内办理完毕偿还债券余额本息的事项。

【例4－多选题】根据证券法律制度的规定，下列关于可转换公司债券的表述中，正确的有（　　）。

A．上市公司可以公开发行认股权和债券分离交易的可转换公司债券

B．上市公司发行可转换公司债券不同于公开发行股票，无须报中国证监会核准

C．在转股期限内，可转换公司债券持有人有权决定是否将债券转换为股票

D．可转换公司债券的期限最长为10年

【答案】AC

学堂点拨

选项B 错误：公开发行可转换公司债券的程序与公开增发股票的程序相同，均须报中国证监会核准。选项D 错误：可转换公司债券的期限最长为6年。

知识点6　公司债券的交易（★★）

一、一般公司债券的上市交易

（一）上市条件（适用于普通公司债券和上市公司可转换公司债券）

1．公司债券的期限为1年以上。

2．公司债券实际发行额不少于人民币5 000万元。

3．符合法定的公司债券发行条件。

（二）暂停上市

公司债券有下列情形之一的，由证券交易所决定暂停其公司债券上市交易：

1．公司有重大违法行为；

2．公司情况发生重大变化不符合公司债券上市条件；

3．公司债券所募集资金不按照核准的用途使用；

4．未按照公司债券募集办法履行义务；

5．公司最近2年连续亏损。

（三）终止上市

1．公司有重大违法行为，经查实后果严重的。

2．未按照公司债券募集办法履行义务，经查实后果严重的。

3．公司情况发生重大变化不符合公司债券上市条件，在限期内未能消除的。

4．公司债券所募集资金不按照核准的用途使用，在限期内未能消除的。

5．公司最近2年连续亏损，在限期内未能消除的。

6．公司解散或者被宣告破产的。

表 7–4 公司债券的暂停上市和终止上市

暂停上市的法定情形	终止上市的法定情形
1．公司有重大违法行为。 2．公司情况发生重大变化不符合公司债券上市条件。 3．公司债券所募集资金不按照核准的用途使用。 4．未按照公司债券募集办法履行义务。 5．公司最近2年连续亏损。	1．公司有重大违法行为，经查实后果严重的。 2．未按照公司债券募集办法履行义务，经查实后果严重的。 3．公司情况发生重大变化不符合公司债券上市条件，在限期内未能消除的。 4．公司债券所募集资金不按照核准的用途使用，在限期内未能消除的。 5．公司最近2年连续亏损，在限期内未能消除的。 6．公司解散或者被宣告破产的。

二、分离交易的可转换公司债券的交易

（一）债券的交易

1．可转换公司债券应当申请在上市公司股票上市的证券交易所上市交易。

2．分离交易的可转换公司债券中的公司债券和认股权分别符合证券交易所上市条件的，应当分别上市交易。

3．分离交易可转换公司债券的期限最短为1年。

4．分离交易的可转换债券募集说明书中应当约定，上市公司改变公告的募集资金用途的，赋予债券持有人一次回售的权利。

（二）认股权证的交易

1．认股权证的行权价格应不低于公告募集说明书日前20个交易日公司股票均价和前一个交易日的均价。

2．认股权证的存续期间不超过公司债券的期限，自发行结束之日起不少于6个月。募集说明书公告的权证存续期间不得修改。

3．认股权证自发行结束至少已满6个月起方可行权，行权期间为存续期限届满前的一段期间，或者是存续期限内的特定交易日。

表 7–5 上市公司股票发行价格、转股价格和行权价格

上市公司增发股票的价格	不低于公告招股意向书前20个交易日公司股票均价“或”前一个交易日的均价。
上市公司非公开发行股票的价格	不低于定价基准日前20个交易日公司股票均价的“90%”。
可转换公司债权的转股价格	应不低于募集说明书公告日前20个交易日该公司股票交易均价和前一个交易日的均价。
分离交易可转债的行权价格	不低于公告募集说明书日前20个交易日公司股票均价和前一个交易日的均价。

第四单元　股票的上市与交易

知识点1　股票市场的结构

一、交易所市场（场内市场）

交易所市场主要由两个交易所（上交所和深交所）、三个板块（主板市场、中小企业板、创业板）构成，在交易模式上，又区分为集中竞价的交易模式和大宗交易模式。

（一）集中竞价的交易市场

1. 申报方式

交易所只接受会员申报，投资者必须委托作为交易所会员的证券经纪商下达买卖股票的指令，经纪商按照接受客户委托的先后顺序申报。

2. 交易原则

证券交易按"价格优先""时间优先"的原则竞价撮合成交。

【解释1】价格优先原则是指：较高价格买进申报优先于较低价格买进申报，较低价格卖出申报优先于较高价格卖出申报。

【解释2】时间优先原则是指：买卖方向、价格相同的，先申报者优先于后申报者。

3. 交易时间段

（1）交易日：每周一至周五。

（2）开盘集合竞价时间段：上午9:15开始接收集合竞价订单——9:25结束，产生开盘价。

（3）连续竞价交易时间段：上午9:30～11:30；下午13:00～15:00。

（二）大宗交易系统

1. 大宗交易制度的建立时间

上交所和深交所从2002年开始建立大宗交易制度。

2. 大宗交易的门槛

证券单笔买卖达到如下最低限额的，可以采用大宗交易方式：

（1）A股交易数量在50万股（含）以上，或交易金额在300万元（含）人民币以上；

（2）B股交易数量在50万股（含）以上，或交易金额在30万美元（含）以上。

3. 大宗交易的交易时间：交易日的15:00～15:30。

4. 大宗交易流程

（1）双方议价协商：买方和卖方根据大宗交易的意向申报信息，就大宗交易的价格和数量进行议价协商。

（2）成交申报：当意向申报被其他参与者接受（包括其他参与者报出比意向申报更优的价格）时，申报方应当至少与一个接受意向申报的参与者进行成交申报。

（3）成交价格的确定：大宗交易的成交价格，由买方和卖方在当日最高和最低成交价格之间确定；该证券当日无成交价的，以前收盘价为成交价。

（4）交易所确认：买方和卖方就大宗交易达成一致后，需要经过交易所确认。

（5）不得撤销或变更：经交易所确认后，买方和卖方不得撤销或变更成交申报，并履行相关义务。

【例1-2017-多选题】根据证券法律制度的规定，下列关于证券大宗交易系统的表述中，正确的有（　　）。

A. 大宗交易的交易时间为交易日的15:00～15:30

B. 目前只有上海证券交易所建立了大宗交易系统

C. 买方和卖方就大宗交易达成一致后，自行交易，无须交易所确认

D. 买方和卖方可以就大宗交易的价格和数量等要素进行议价协商

【答案】AD

学堂点拨

选项B错误：我国上交所和深交所从2002年开始建立大宗交易制度；选项C错误：大宗交易的成交申报须经交易所确认。

二、全国中小企业股份转让系统

全国中小企业股份转让系统，又称为“新三板”，其服务对象主要是中小微企业。

（一）投资者的资质要求

可以参与全国中小企业股份转让系统挂牌公司公开转让的投资者主要包括：

1. 机构投资者

（1）法人机构：注册资本500万人民币以上。

（2）合伙企业：实缴出资500万元人民币以上。

（3）集合信托计划、证券投资基金、银行理财产品、证券公司资产管理计划以及由金融机构或相关监管部门认可的其他机构管理的金融产品或资产。

2. 同时符合以下条件的自然人投资者

（1）本人名下前一交易日日终证券类资产市值500万元人民币以上。

（2）具有2年以上证券投资经营，或具有会计、金融、投资、财经等相关专业背景或培训经历；

3. 参与挂牌公司股票定向发行的投资者

（1）公司股东、公司董事、监事、高级管理人员、核心员工。

（2）符合参与挂牌公司股票转让条件的投资者。

【例2-多选题】以下可以参与挂牌公司股票定向发行的有（　　）。

A. 挂牌公司董、监、高

B. 基金管理公司

C. 注册资本600万元、实收资本400万元的合伙企业

D. 注册资本500万元的1人有限公司

【答案】ABD

学堂点拨

选项C：只有实缴出资500万元人民币以上的合伙企业才符合条件。

（二）分层监管

现阶段分为基础层和创新层，在市场服务和监管要求方面，对不同层级挂牌公司采取差异化制度安排。

（三）多元化交易机制

股票转让可以采取协议方式、做市方式、竞价方式或者其他中国证监会批准的转让方式。

三、产权交易所

（一）不得将任何权益拆分为等份额公开发行。

（二）不得采取集中交易方式进行交易。

（三）不得将权益按照标准化交易单位持续挂牌交易。

（四）权益持有人累计不得超过200人。

（五）不得以集中交易方式进行标准化合约交易。

（六）未经国务院相关金融监管部门批准，不得设立从事保险、信贷、黄金等金融产品交易的交易场所，其他任何交易场所也不得从事保险、信贷、黄金等金融产品交易。

知识点2 股票上市的条件（★★）

股份有限公司申请股票上市，应当符合下列条件：

一、股票经国务院证券监督管理机构核准已公开发行；

二、公司股本总额不少于人民币3 000万元；

三、公开发行的股份达到公司股份总数的25%以上；公司股本总额超过人民币4亿元的，公开发行股份的比例为10%以上；

四、公司最近3年无重大违法行为，财务会计报告无虚假记载。

表 7–6 公司债券上市条件与股票上市条件

公司债券上市条件	股票上市条件
1. 公司债券的期限为1年以上。 2. 公司债券实际发行额不少于人民币5 000万元。 3. 符合法定的公司债券发行条件。	1. 股票经国务院证券监督管理机构核准已公开发行。 2. 公司股本总额不少于人民币3 000万元。 3. 公开发行的股份达到公司股份总数的25%以上；公司股本总额超过人民币4亿元的，公开发行股份的比例为10%以上。 4. 公司最近3年无重大违法行为，财务会计报告无虚假记载。

知识点3 股票暂停上市和终止上市（★★）

一、主动退市制度

（一）上市公司主动申请退市或者转市

1. 股东大会决议

上市公司拟决定其股票不再在证券交易所交易，或者转而申请在其他交易场所交易或者转让的，应当召开股东大会作出决议，须经出席会议的股东所持表决权的2/3以上通过，且经出席会议的中小股东所持表决权的2/3以上通过。

提示

"中小股东"是指以下股东之外的其他股东：1. 上市公司的董事、监事、高级管理人员；2. 单独或者合计持有上市公司5%以上股份的股东。

2. 提出申请

申请其股票退出市场交易，或者转而申请在其他交易场所交易或者转让的上市公司应当在股东大会作出终止上市决议后的15个交易日内，向证券交易所提交退市申请。

3. 受理申请

证券交易所应当自上市公司提交退市申请之日起5个交易日内，作出是否受理的决定并通知公司。

4. 作出决定

决定受理的，应当自受理上市公司提交的退市申请之日起15个交易日内作出同意或不同意其股票终止上市交易的决定。

（二）通过要约收购实施的退市和通过合并、解散实施的退市

因全面要约收购上市公司股份、实施以上市公司为对象的公司合并、上市公司全面回购股份以及上市公司自愿解散，导致公司股票退出市场交易的，证券交易所应当在上市公司公告回购或者收购结果、完成合并交易、作出解散决议之日起"15个交易日"内，作出终止其股票上市的决定。

二、重大违法行为强制退市制度

（一）暂停上市

1. 事由——欺诈发行和重大信息披露违法。

（1）首次公开发行股票申请或者披露文件存在虚假记载、误导性陈述或者重大遗漏，致使不符合发行条件的发行人骗取了发行核准，或者对新股发行定价产生了实质性影响，受到证监会行政处罚。

（2）上市公司因信息披露文件存在虚假记载、误导性陈述或者重大遗漏，受到证监会行政处罚，并且因违法行为性质恶劣、情节严重、市场影响重大，在行政处罚决定书中被认定构成重大违法行为。

（3）因涉嫌欺诈发行罪、违规披露、不披露重要信息罪被依法移送公安机关。

2. 决定主体：证券交易所。

（二）终止上市

1. 一般情形

对于上述因受到证监会行政处罚，或者因涉嫌犯罪被依法移送公安机关而暂停上市的公司，在证监会作出行政处罚决定或者移送决定之日起"1年内"，证券交易所应当作出终止其股票上市交易的决定。

2. 例外情形

（1）行政处罚被撤销或被变更：对于上述因受到证监会行政处罚被暂停上市的公司，在证券交易所作出终止公司股票上市交易决定前，该行政处罚决定被依法撤销，且证监会不能重新作出相应行政处罚决定的，或者因对违法行为性质的认定发生根本性变化，被依法变更的，公司可以向证券交易

所申请恢复上市。

（2）犯罪嫌疑已消除：对于上述因涉嫌犯罪被依法移送公安机关而暂停上市的公司，在证券交易所作出终止公司股票上市交易决定前，公安机关决定不予立案或者撤销案件，或者人民检察院作出不予起诉决定，或者司法机关（法院）作出无罪判决或者免于刑事处罚，而证监会不能依法作出相应行政处罚决定的，公司可以向证券交易所申请恢复上市。在证券交易所作出终止公司股票上市交易决定后，出现上述规定情形的，公司可以向证券交易所申请重新上市。

（3）信息披露违法行为被纠正：对于上述因信息披露违法被暂停上市的公司，在证券交易所作出终止公司股票上市交易决定前，全面纠正违法行为、及时撤换有关责任人员、对民事赔偿责任承担作出妥善安排的，公司可以向证券交易所申请恢复上市。证券交易所应当在规定期限内作出同意其股票恢复上市的决定。

（三）因不能满足交易标准要求的强制退市指标

当上市公司的各项交易指标不能满足证券交易所的要求时，证券交易所出于维护公开交易股票的总体质量与市场信心的目的，也会依据规则要求交投不活跃、股权分布不合理、市值过低而不再适合公开交易的股票终止交易。这套规则主要依据各证券交易所发布的《股票上市规则》（以下简称《上市规则》）来处理。《上市规则》具体内容——退市风险警示、暂停上市、终止上市等。

1．退市风险警示

当上市公司出现财务异常或其他异常情况，导致其股票存在被终止上市的风险，证券交易所将对该公司股票交易实行特别处理。特别处理措施包括：退市风险警示（股票简称前冠以“*ST”）和其他特别处理措施（股票简称前冠以“ST”）。

上市公司出现以下情形之一的，证券交易所对其股票实施退市风险警示：

（1）最近2个会计年度经审计的“净利润”连续为负值或者被追溯重述后连续为负值；

（2）最近1个会计年度经审计的“期末净资产”为负值或者被追溯重述后为负值；

（3）最近1个会计年度经审计的“营业收入”低于1 000万元或者被追溯重述后低于1 000万元；

（4）最近1个会计年度的财务会计报告被会计师事务所出具“无法表示意见或者否定意见”的审计报告；

（5）因财务会计报告存在重大会计差错或者虚假记载，被中国证监会责令改正但未在规定期限内改正，且公司股票已停牌2个月；

（6）未在法定期限内披露年度报告或者中期报告，且公司股票已停牌2个月；

（7）因欺诈发行受到中国证监会行政处罚，或者因涉嫌欺诈发行罪被依法移送公安机关；

（8）因重大信息披露违法受到中国证监会行政处罚或者因涉嫌违规披露、不披露重要信息罪被依法移送公安机关；

（9）上市公司因要约收购或者其他原因导致股权分布不再具备上市条件的情形，公司披露的解决方案存在重大不确定性，或者在规定期限内未披露解决方案，或者在披露可行的解决方案后 1 个月内未实施完成；

【解释1】股权分布不具备上市条件，是指社会公众股东持有的股份连续20个交易日低于公司总股本的 25%；公司股本总额超过人民币 4 亿元的，低于公司总股本的 10%。

【解释2】上述社会公众股东，是指不包括下列股东的上市公司其他股东：1．持有上市公司 10%

以上股份的股东及其一致行动人；2．上市公司的董事、监事、高级管理人员及其关联人。

（10）人民法院依法受理公司重整、和解或者破产清算申请；

（11）出现可能导致公司被依法强制解散的情形。

2．暂停上市

上市公司出现下列情形之一的，由证交所决定暂停其股票上市：

（1）因最近2个会计年度的“净利润”连续为负值或者被追溯重述后连续为负值，其股票被实施退市风险警示后，首个会计年度经审计的期末净利润继续为负值；

（2）因最近1个会计年度经审计的“期末净资产”为负值或者被追溯重述后为负值，其股票被实施退市风险警示后，首个会计年度经审计的期末净资产继续为负值；

（3）最近1个会计年度经审计的“营业收入”低于1 000万元或者被追溯重述后低于1 000万元，其股票被实施退市风险警示后，首个会计年度经审计的营业收入继续低于1 000万元；

（4）因最近1个会计年度的财务会计报告被会计师事务所出具“无法表示意见或者否定意见”的审计报告，其股票被实施退市风险警示后，首个会计年度被会计师事务所出具“无法表示意见或者否定意见”的审计报告；

（5）因财务会计报告存在重大会计差错或者虚假记载，而未在规定期限内改正，其股票被实施退市风险警示后，公司在2个月内仍未按要求改正财务会计报告；

（6）因未在法定期限内披露年度报告或者中期报告，其股票被实施退市风险警示后，公司在 2 个月内仍未披露应披露的年度报告或者中期报告；

（7）因欺诈发行，其股票交易被实行退市风险警示的30个交易日期限届满；

（8）因重大信息披露违法，其股票交易被实行退市风险警示的30个交易日期限届满；

（9）因股权分布不再具备上市条件，其股票交易被实行退市风险警示后，在6个月内其股权分布仍不具备上市条件；

（10）公司股本总额发生变化不具备上市条件（低于3 000万元）。

3．终止上市

上市公司出现包括但不限于下列情形之一的，由证交所决定终止其股票上市：

（1）公司因净利润、净资产、营业收入或者审计意见类型触及相关标准，其股票被暂停上市的，未能在法定期限内披露暂停上市后的首个年度报告；

（2）公司因净利润、净资产、营业收入或者审计意见类型触及相关标准，其股票被暂停上市的，暂停上市后首个年度报告显示公司“净利润”或者扣除非经常性损益后的净利润为负值；

（3）公司因净利润、净资产、营业收入或者审计意见类型触及相关标准，其股票被暂停上市的，暂停上市后首个年度报告显示公司“期末净资产”为负值；

（4）公司因净利润、净资产、营业收入或者审计意见类型触及相关标准，其股票被暂停上市的，暂停上市后首个年度报告显示公司“营业收入”低于1 000万元；

（5）公司因净利润、净资产、营业收入或者审计意见类型触及相关标准，其股票被暂停上市的，暂停上市后首个年度报告显示公司财务会计报告被出具“保留意见、无法表示意见或者否定意见”的审计报告；

（6）公司因净利润、净资产、营业收入或者审计意见类型触及相关标准，其股票被暂停上市的，在法定期限内披露了暂停上市后首个年度报告但未能在其后5个交易日内提出恢复上市申请；

（7）公司因未在规定期限内改正财务会计报告或者未在法定期限内披露年度报告、半年度报告等情形，其股票被暂停上市的，在2个月内仍未能披露经改正的财务会计报告、相关年度报告或者半年度报告；

（8）公司因未在规定期限内改正财务会计报告或者未在法定期限内披露年度报告、半年度报告触及相关标准，其股票被暂停上市的，在2个月内披露了经改正的财务会计报告、相关年度报告或者半年度报告但未能在其后的5个交易日内提出恢复上市申请；

（9）公司因欺诈发行，其股票被暂停上市后，在中国证监会作出行政处罚决定、移送决定之日起的12个月内被法院作出有罪判决或者在前述规定期限内未满足恢复上市条件；

（10）公司因重大信息披露违法，其股票被暂停上市后，在中国证监会作出行政处罚决定、移送决定之日起的12个月内被法院作出有罪判决或者在前述规定期限内未满足恢复上市条件；

（11）在本所仅发行A股股票的主板上市公司，通过证交所交易系统连续120个交易日（不含公司股票全天停牌的交易日）股票累计成交量低于500万股；

（12）在本所仅发行B股股票的主板上市公司，通过本所交易系统连续120个交易日（不含公司股票全天停牌的交易日）股票累计成交量低于100万股；

（13）在本所既发行A股股票又发行B股股票的主板上市公司，通过本所交易系统连续120个交易日（不含公司股票全天停牌的交易日）的A股股票累计成交量低于500万股且其B股股票累计成交量同时低于100万股；

（14）主板上市公司连续20个交易日（不含公司股票全天停牌的交易日、不含公司首次公开发行股票上市之日起的20个交易日）股东人数低于2 000人；

（15）中小企业板上市公司连续20个交易日（不含公司股票全天停牌的交易日、不含公司首次公开发行股票上市之日起的20个交易日）股东人数低于1 000 人。

4. 退市整理期

（1）在证券交易所对股票作出终止上市决定之后，公司股票并非立即退市，现行《上市规则》还规定了一个缓冲阶段——退市整理期。

（2）对于股票已经被证券交易所决定终止上市交易的强制退市公司，证券交易所“应当”设置退市整理期，在其退市前给予“30个交易日”的股票交易时间。

5. 退市后的去向和交易安排

（1）主动退市公司——可以选择在证券交易场所交易或者转让其股票，或者依法作出其他安排。

（2）强制退市公司——应当统一在全国中小企业股份转让系统设立的专门层次挂牌转让其股票。

【例3-2015-单选题】根据证券法律制度规定，退市整理期的期限为（　　）。

A．10日　　B．30日　　C．45日　　D．60日

【答案】B

学堂点拨

对于股票已经被证券交易所决定终止上市交易的强制退市公司，证券交易所应当设置“退市整理期”，在其退市前给予30个交易日的股票交易时间。因此，选项B正确。

第五单元　上市公司收购与重大资产重组

知识点1　上市公司收购（★★★）

一、上市公司收购概述

（一）上市公司收购的概念

上市公司收购，是指收购人通过证交所股份转让活动持有上市公司的股份达到一定比例，或者通过证交所股份转让活动以外的其他合法方式控制上市公司的股份达到一定程度，致使其获得或者可能获得对该公司的实际控制权的行为。

（二）上市公司收购的途径

1. 通过证交所股份转让成为上市公司的控股股东。

2. 通过投资关系、协议、其他安排成为上市公司的实际控制人。

3. 同时采取上述方式和途径取得上市公司控制权。

【解释】实际控制权的认定：

1. 投资者为上市公司持股50%以上的控股股东；

2. 投资者可实际支配上市公司股份表决权超过30%；

3. 投资者通过实际支配上市公司股份表决权能够决定公司董事会半数以上成员选任；

4. 投资者依其可实际支配的上市公司股份表决权足以对公司股东大会的决议产生重大影响。

二、上市公司收购人

（一）上市公司收购人的范围

上市公司收购人包括投资者及与其一致行动的他人。

【解释1】所谓一致行动，是指投资者通过协议、其他安排，与其他投资者共同扩大其所能够支配的一个上市公司股份表决权数量的行为或者事实。

【解释2】在上市公司的收购及相关股份权益变动活动中有一致行动情形的投资者，互为一致行动人。

【解释3】一致行动人应当合并计算其所持有的股份。

（二）一致行动人的认定

如无相反证据，投资者有下列情形之一的，为一致行动人：

1. 投资者之间有股权控制关系（母子关系）；

2. 投资者受同一主体控制（兄弟姐妹关系）；

3. 投资者的董事、监事或者高级管理人员中的主要成员，同时在另一个投资者担任董事、监事或者高级管理人员（交叉任职）；

4. 投资者参股另一投资者，可以对参股公司的重大决策产生重大影响（参股关系）；

5. “银行”以外的其他法人、其他组织和自然人为投资者取得相关股份提供融资安排（融资关系）；

6. 投资者之间存在合伙、合作、联营等其他经济利益关系（合伙关系）；

7. 持有投资者30%以上股份的自然人，与投资者持有同一上市公司股份（投资关系）；

8. 在投资者任职的董事、监事及高级管理人员，与投资者持有同一上市公司股份（任职关系）；

9. 持有投资者30%以上股份的自然人和在投资者任职的董事、监事及高级管理人员，其父母、配偶、子女及其配偶、配偶的父母、兄弟姐妹及其配偶、配偶的兄弟姐妹及其配偶等亲属，与投资者持有同一上市公司股份（亲戚关系）；

10. 在上市公司任职的董事、监事、高级管理人员及其前项所述亲属，同时持有本公司股份的，或者与其自己或者其前项所述亲属直接或者间接控制的企业同时持有“本公司”股份（同事或亲戚关系）；

11. 上市公司董事、监事、高级管理人员和员工与其所控制或者委托的法人或者其他组织持有“本公司”股份；

12. 投资者之间具有其他关联关系。

【例1-多选题】甲公司拟收购乙上市公司。根据证券法律制度的规定，下列投资者中，如无相反证据，属于甲公司一致行动人的有（　　）。

A. 由甲公司的监事担任董事的丙公司

B. 持有乙公司1%股份且为甲公司董事之弟的张某

C. 持有甲公司20%股份且持有乙公司3%股份的王某

D. 在甲公司中担任董事会秘书且持有乙公司2%股份的李某

【答案】ABD

学堂点拨

选项A：投资者的董事、监事或者高级管理人员中的主要成员，同时在另一个投资者担任董事、监事或者高级管理人员。选项B：持有投资者30%以上股份的自然人和在投资者任职的董事、监事及高级管理人员，其父母、配偶、子女及其配偶、配偶的父母、兄弟姐妹及其配偶、配偶的兄弟姐妹及其配偶等亲属，与投资者持有同一上市公司股份。选项C：持有投资者“30%以上”股份的自然人，与投资者持有同一上市公司股份的，才构成一致行动人。选项D：在投资者任职的董事、监事及高级管理人员，与投资者持有同一上市公司股份。

（三）收购人不得收购上市公司的情形

1. 收购人负有数额较大债务，到期未清偿，且处于持续状态（无钱）。

2. 收购人最近3年有重大违法行为或者涉嫌有重大违法行为（违法）。

3. 收购人最近3年有严重的证券市场失信行为（缺德）。

4. 收购人为自然人的，存在《公司法》规定的“不得担任公司董事、监事、高级管理人员的五种情形”（缺格）。

三、上市公司收购中相关当事人的义务

（一）收购人的义务

1. 报告义务

（1）事先报送：实施要约收购的收购人必须事先向中国证监会报送上市公司收购报告书。

（2）事后报告：在要约收购完成后，收购人应当在“15日内”将收购情况报告中国证监会和证券交易所。

2. 禁售义务

收购人在“要约收购期内”，不得卖出被收购上市公司的股票。

3. 锁定义务

（1）一般情形：收购人持有的被收购上市公司的股票，在收购行为完成后“12个月内”不得转让。但是，收购人在被收购公司中拥有权益的股份在同一实际控制人控制的不同主体之间进行转让不受前述12个月的限制。

（2）特殊情形：在一个上市公司中拥有权益的股份达到或者超过该公司已发行股份的30%的，自上述事实发生之日起1年后，每12个月内增持不超过该公司已发行的2%的股份，该增持不超过2%的股份锁定期为增持行为完成之日起6个月。

（二）被收购上市公司的控股股东或者实际控制人的“消损义务”

被收购上市公司的控股股东或者实际控制人滥用股东权利造成被收购上市公司或者其他股东的合法权益受到损害的，在转让被收购上市公司控制权之前，应当主动消除损害。

提示

未能消除损害的，应当就其出让相关股份所得收入用于消除全部损害作出安排，对不足以消除损害的部分应当提供充分有效的履约担保或者安排，并依照公司章程取得被收购上市公司股东大会的批准。

（三）被收购公司董事会的义务

1. 收购人作出提示性公告后至要约收购完成前，被收购公司除继续从事正常的经营活动或者执行股东大会已经作出的决议外，未经股东大会批准，被收购公司董事会不得通过处置公司资产、对外投资、调整公司主要业务、担保、贷款等方式，对公司的资产、负债、权益或者经营成果造成重大影响。

2. 在要约收购期间，被收购公司董事不得辞职。

四、持股权益披露

（一）首次披露和权益变动披露

1. 通过证券交易所的证券交易（5%+5%）

（1）首次披露（大股东披露）

投资者持有或者通过协议、其他安排与他人共同持有一个上市公司已发行的股份达到5%时，应当在该事实发生之日起3日内向证监会、证交所提交书面报告，通知该上市公司，并予公告。在上述期限内，不得再行买卖该上市公司的股票。

（2）权益变动披露

投资者持有或者通过协议、其他安排与他人共同持有一个上市公司已发行的股份达到5%后，其所持该上市公司已发行的股份比例每增加或者减少5%，应当依照前述规定进行报告和公告。在报告期限内和作出报告、公告后2日内，不得再行买卖该上市公司的股票。

提示

投资者通过证券交易所的股票交易购买上市公司股票的情况下，由于投资者可以准确地控制购买比例（想买多少自己说了算），因此，上述5%的比例必须严格执行，不能超过。也就是说，只要投资者持有上市公司的股份达到5%时，就要进行首次披露；此后，该投资者持股每增加或减少5%时，都要进行权益变动披露。

2. 通过协议转让方式（≥5%+≥5%）

（1）首次披露：投资者在一个上市公司中拥有权益的股份拟“达到或超过”该上市公司已发行股份5%时，应履行披露义务。

（2）权益变动披露：此后，其拥有权益的股份占该上市公司已发行股份的比例每增加或者减少达到或者超过5%的，也应当履行报告、公告义务。

提示

投资者通过协议转让方式购买上市公司股票的情况下，由于投资者无法控制购买比例（想买多少不是完全由自己说了算，要看转让方的脸色），因此，法律不苛求披露界点必须控制在5%，允许超过5%。

【例2-2014-单选题】甲以协议转让方式取得乙上市公司7%的股份之后又通过交易所集中竞价交易陆续增持乙公司5%的股份，根据证券法律制度的规定，甲需要进行权益披露的时点分别是（　　）。

A. 其持乙公司股份5%和10%时

B. 其持乙公司股份7%和10%时

C. 其持乙公司股份5%和7%时

D. 其持乙公司股份7%和12%时

【答案】B

学堂点拨

根据规定，通过协议转让方式，投资者在一个上市公司中拥有权益的股份拟“达到或超过”该上市公司已发行股份5%时，应履行首次披露义务。此后，通过证交所证券交易，其所持该上市公司已发行的股份比例每增加或者减少5%，应当履行权益变动披露义务。本题中，甲以协议转让方式取得乙上市公司7%的股份，之后又通过交易所集中竞价交易陆续增持乙公司5%的股份。因此，甲的首次披露义务发生时点是持股7%时，权益变动披露时点是持股10%而非12%时。此处，要注意区分股份转让的两种方式，通过证交所转让和通过协议转让两种情况下对投资者披露时点的要求不一样。

（二）权益披露的内容

1．简式权益变动报告书：非第一大股东或实际控制人持股5%～20%

投资者不是上市公司的第一大股东或者实际控制人，其拥有权益的股份达到或者超过该公司已发行股份的5%，但未达到20%的，应当编制"简式"权益变动报告书。

2．详式权益变动报告书

（1）第一大股东或实际控制人持股5%～20%

投资者为上市公司第一大股东或者实际控制人，其拥有权益的股份达到或者超过一个上市公司已发行股份的5%，但未达到20%的，应当编制"详式"权益变动报告书。

（2）非第一大股东或实际控制人持股20%～30%

投资者拥有权益的股份达到或者超过一个上市公司已发行股份的20%，但未超过30%的，应当编制"详式"权益变动报告书。

表 7-7　权益变动报告书的类型

收购比例	收购主体	报告书类型
5%～20%	不是上市公司的第一大股东或实际控制人	简式权益变动报告书
	上市公司第一大股东或实际控制人	详式权益变动报告书
20%～30%	不是上市公司的第一大股东或实际控制人	详式权益变动报告书
	上市公司第一大股东或实际控制人	详式权益变动报告书

【例3-2017-单选题】甲持有某上市公司已发行股份的8%，2016年7月4日，投资者乙与甲签署股份转让协议，约定以6 000万元的价格受让甲持有的该上市公司全部股份。7月6日，乙将股份转让事项通知该上市公司。7月11日，双方办理了股份过户。7月18日，乙通知该上市公司股份过户已办理完毕。根据证券法律制度的规定，乙应当向证监会和证券交易所作出书面报告的日期是（　　）。

A．2016年7月8日　　B．2016年7月13日

C．2016年7月6日　　D．2016年7月20日

【答案】C

学堂点拨

在协议转让股权的情况下，如果协议中拟转让的股权达到或者超过5%，投资者应当在"协议达成之日"起3日内履行权益报告义务。

五、要约收购

采用要约方式收购上市公司的股份的，其预定收购的股份比例不得低于该上市公司已发行股份的5%。

（一）要约收购的程序

1．经审查后发出收购要约

收购人报送上市公司收购报告书之日起15日内，中国证监会没有表述异议的，公告发出其收购要约。公告之前，收购人可以自行取消收购计划，应向证监会提出取消收购计划的申请及原因说明，并公告。自公告之日起12个月内，该收购人不得再次对同一上市公司进行收购。

（1）收购期限：收购要约约定的收购期限不得少于30日，并不得超过60日；但是出现竞争要约的除外。

（2）禁止撤销：在收购要约约定的承诺期限内，收购人不得“撤销”其收购要约。

（3）要约变更：在收购要约确定的承诺期内，收购人如变更收购要约内容，必须及时公告，载明具体变更事项，并通知被收购公司。除了出现竞争要约外，在收购要约期限届满前15日内，不得变更收购要约。

提示

如果出现竞争要约，发出初始要约的收购人变更收购要约距收购期限届满不足15日的，应当将收购期限延长至不少于15日，但同时不得超过最后一个竞争要约的期满日。

（4）竞争要约的发出时间：发出竞争要约的收购人最迟不得晚于初始要约收购期限届满前15日发出要约收购的提示性公告。

（5）要约价格：收购人进行要约收购的，对同一种类股票的要约价格，不得低于要约收购提示性公告日前6个月内收购人取得该种股票所支付的最高价格。

（6）收购人买卖股票的限制：收购人作出公告后至收购期限届满前，不得卖出被收购公司的股票，也不得采取要约规定以外的形式和超出要约的条件买入被收购公司的股票。

2．预受要约

（1）预受是被收购公司股东同意接受要约的初步意思表示，因此，预受并不等于承诺。

（2）在要约收购期限届满3个交易日前，预受股东可以撤回预受。

（3）在要约收购期限届满前3个交易日内，预受股东不得撤回其对要约的接受，预受转化为承诺。

（4）预受要约的股票由证券登记结算机构临时保管，在要约收购期间不得转让，除非股东撤回预受。

3．要约期满

（1）收购期限届满，发出“部分要约”（向上市公司全体股东发出的收购部分股份的要约）的收购人应当按照收购要约约定的条件购买被收购公司股东预受的股份，预受要约股份的数量超过预定收购数量时，收购人应当按照同等比例收购预受要约的股份。

（2）以终止被收购公司上市地位为目的的，收购人应当按照收购要约约定的条件购买被收购公司股东预受的“全部股份”；未取得中国证监会豁免而发出全面要约的收购人应当购买被收购公司股东预受的“全部股份”。

（3）收购期限届满后3个交易日内，接受委托的证券公司应当向证券登记结算机构申请办理股份转让结算、过户登记手续。

【例4-多选题】下列关于上市公司收购的说法正确的有哪些？（　　）

A．上市公司收购可以采取要约收购或者协议收购的方式

B．投资者持有一个上市公司已发行的股份的5%时，应当在该事实发生之日起3日内，向国务院证券监督管理机构、证券交易所作出书面报告，通知该上市公司，并予以公告

C．收购要约的期限不得少于20日，并不得超过1年

D．在收购要约的有效期限内，收购人不得撤回其收购要约

【答案】ABD

学堂点拨

选项C错误：要约收购期限不少于30日，并不得超过60日。

（二）强制要约制度

1. 通过证券交易所的证券交易：投资者持有，或者通过协议、其他安排与他人共同持有一个上市公司已发行的股份"达到30%"（不能超过），继续增持股份的，即触发要约收购义务，应当向该上市公司所有股东发出收购上市公司全部或者部分股份的要约。

2. 通过协议收购有三种处理方式：

（1）协议收购"超过"30%股权，收购人申请豁免，且符合豁免条件的，可以免除强制要约收购义务；

（2）协议收购"超过30%"股权，收购人不申请豁免或者虽申请但不符合豁免条件，收购人必须向所有股东发出收购其手上全部股份的要约；

（3）协议收购"刚好30%"股权，不触发强制要约义务，如收购人继续增持股份，必须采用要约方式（非协议方式），但允许其采取"部分要约"的方式向所有股东发出收购公司一定比例（非全部）股份的要约。

（三）豁免事项

1. 适用一般程序的豁免事项

有下列情形之一的，收购人可以向中国证监会提出免于以要约方式增持股份的申请：

（1）收购人与出让人能够证明本次股份转让是在同一实际控制人控制的不同主体之间进行，未导致上市公司的实际控制人发生变化；

（2）上市公司面临严重财务困难，收购人提出的挽救公司的重组方案取得该公司股东大会批准，且收购人承诺"3年"内不转让其在该公司中所拥有的权益；

（3）中国证监会为适应证券市场发展变化和保护投资者合法权益的需要而认定的其他情形。

提示

适用一般程序时，中国证监会在受理豁免申请后20个工作日内，就收购人所申请的具体事项作出是否予以豁免的决定；取得豁免的，收购人可以完成本次增持行为。因此，证监会是通过"明示"表态。

2. 简易程序

有下列情形之一的，当事人可以向中国证监会提出免于发出要约的申请，中国证监会自收到符合规定的申请文件之日起"10个工作日"内未提出异议的（"默示"表态），相关投资者可以向证券交易所和证券登记结算机构申请办理股份转让和过户登记手续。

（1）经政府或者国有资产管理部门批准进行国有资产无偿划转、变更、合并，导致投资者在一个上市公司中拥有权益的股份占该公司已发行股份的比例超过30%。（政府行为，无从抗拒）

（2）因上市公司按照股东大会批准的确定价格向"特定股东"回购股份而减少本，导致当事人在该公司中拥有权益的股份超过该公司已发行股份的30%。（回购股份，分母变小）

（3）中国证监会为适应证券市场发展变化和保护投资者合法权益的需要而认定的其他情形。

3．免于提出豁免申请直接办理股份转让和过户的事项

有下列情形之一的，相关投资者可以免于按照有关规定提出豁免申请（无须申请），直接向证券交易所和证券登记结算机构申请办理股份转让和过户登记手续：

（1）经上市公司股东大会非关联股东批准，投资者取得上市公司向其发行的新股，导致其在该公司拥有权益的股份超过该公司已发行股份的30%，投资者承诺3年内不转让本次向其发行的新股，且公司股东大会同意投资者免于发出要约。

（2）在一个上市公司中拥有权益的股份达到或者超过该公司已发行股份的 30%的，自上述事实发生之日起1年后，每12个月内增持不超过该公司已发行的2%的股份。

（3）在一个上市公司中拥有权益的股份达到或者超过该公司已发行股份的50%的，继续增加其在该公司拥有的权益不影响该公司的上市地位。

【案例】A上市公司股本总额3亿元人民币，甲本来就是持股达到65%的控股股东，甲在此基础上增持股份只要不超过10%，即增持后持股比例不超过75%，都无须申请豁免，直接办理股份转让和过户。如果甲增持超过10%，即增持后甲的持股比例超过75%，就会导致A公司不再满足上市条件，此时就不能豁免。

（4）证券公司银行等金融机构在其经营范围内依法从事承销、贷款等业务导致其持有一个上市公司已发行股份超过 30%，没有实际控制该公司的行为或者意图，并且提出在合理期限内向非关联方转让相关股份的解决方案。

（5）因继承导致在一个上市公司中拥有权益的股份超过该公司已发行股份的30%。

（6）因履行“约定购回式证券交易协议”购回上市公司股份，导致投资者在一个上市公司中拥有权益的股份超过该公司已发行股份的30%，并且能够证明标的股份的表决权在协议期间未发生转移。

【解释】约定购回式证券交易是指符合条件的客户以约定价格向其指定交易的证券公司卖出标的证券，并约定在未来某一日期客户按照另一约定价格从证券公司购回标的证券。

（7）因所持优先股表决权依法恢复导致投资者在一个上市公司中拥有权益的股份超过该公司已发行股份的30%。

【案例】甲上市公司的总股本为1 000万股（普通股），乙公司持有甲公司 30%的股份。2017年6月10日，甲公司向乙公司非公开发行200万股优先股（发行对象仅为乙公司）。在计算乙公司的持股比例时，优先股不计入，乙公司并未触发要约收购义务。但是，如果甲上市公司累计3个会计年度未按约定向乙公司支付优先股股息，则乙公司持有5 000万股优先股将全部恢复表决权。此时，在计算乙公司的持股比例时，“表决权恢复的优先股”将计入分子和分母，乙公司的持股比例＝（300＋200）÷（1 000＋200）＝41.66%，从而就超过了 30%。

【例5-单选题】根据《上市公司收购管理办法》的规定，下列情形中，免于提出豁免申请直接办理股份转让和过户的是（　　）。

A．收购人与出让人能够证明本次转让未导致上市公司的实际控制人发生变化

B．上市公司面临严重财务困难，收购人提出的挽救公司的重组方案取得该公司股东大会批准，且收购人承诺3年内不转让其在该公司中所拥有的权益

C．因继承导致在一个上市公司中拥有权益的股份超过该公司已发行股份的30%

D．因上市公司按照股东大会批准的确定价格向特定股东回购股份而减少股本，导致当事人在该公司中拥有权益的股份超过该公司已发行股份的30%

【答案】C

学堂点拨

选项A、B属于适用一般程序的申请豁免事项；选项D属于适用简易程序的申请豁免事项。

表 7-8　强制要约收购的豁免

豁免类型	豁免事项	是否申请	表态方式	表态时限
一般程序豁免	1．收购人与出让人能够证明本次股份转让是在同一实际控制人控制的不同主体之间进行，未导致上市公司的实际控制人发生变化。 2．上市公司面临严重财务困难，收购人提出的挽救公司的重组方案取得该公司股东大会批准，且收购人承诺“3 年”内不转让其在该公司中所拥有的权益。	要申请	明示	20个工作日
简易程序豁免	1．经政府或者国有资产管理部门批准进行国有资产无偿划转、变更、合并，导致投资者在一个上市公司中拥有权益的股份占该公司已发行股份的比例超过 30%。 2．因上市公司按照股东大会批准的确定价格向“特定股东”回购股份而减少股本，导致当事人在该公司中拥有权益的股份超过该公司已发行股份的 30%。	要申请	默示	10个工作日
免于申请豁免	1．经上市公司股东大会非关联股东批准，投资者取得上市公司向其发行的新股，导致其在该公司拥有权益的股份超过该公司已发行股份的 30%，投资者承诺 3 年内不转让本次向其发行的新股，且公司股东大会同意投资者免于发出要约。 2．在一个上市公司中拥有权益的股份达到或者超过该公司已发行股份的 30%的，自上述事实发生之日起1年后，每 12 个月内增持不超过该公司已发行的 2%的股份。 3．在一个上市公司中拥有权益的股份达到或者超过该公司已发行股份的50%的，继续增加其在该公司拥有的权益不影响该公司的上市地位。 4．证券公司银行等金融机构在其经营范围内依法从事承销、贷款等业务导致其持有一个上市公司已发行股份超过30%，没有实际控制该公司的行为或者意图，并且提出在合理期限内向非关联方转让相关股份的解决方案。 5．因继承导致在一个上市公司中拥有权益的股份超过该公司已发行股份的 30%。 6．因履行“约定购回式证券交易协议”购回上市公司股份，导致投资者在一个上市公司中拥有权益的股份超过该公司已发行股份的 30%，并且能够证明标的股份的表决权在协议期间未发生转移。 7．因所持优先股表决权依法恢复导致投资者在一个上市公司中拥有权益的股份超过该公司已发行股份的 30%。	无须申请	无	无

六、特殊收购类型

（一）协议收购

协议收购是由收购人和被收购公司的控股股东之间通过协议转让股权的方式完成控制权转移。以协议方式收购上市公司的，自签订收购协议起至相关股份完成过户的期间为收购过渡期。过渡期内，收购人和被收购公司应承担如下义务：

1．改选董事会的限制：收购人不得通过控股股东提议改选上市公司董事会，确有充分理由改选董事会的，来自收购人的董事不得超过董事会成员的1/3；

2．担保限制：被收购公司不得为收购人及其关联方提供担保；

3．资产处置限制：被收购公司不得公开发行股份募集资金，不得进行重大购买、出售资产及重大投资行为或者与收购人及其关联方进行其他关联交易，但收购人为挽救陷入危机或者面临严重财务困难的上市公司的情形除外。

（二）管理层收购

上市公司董事、监事、高级管理人员、员工或者其所控制、委托的法人或其他组织，拟对本公司进行收购以取得本公司控制权，应当具备包括且不限于下列条件：

1．基本要求

（1）公司董事会成员中“独立董事”的比例应当达到或超过1/2（一般的为1/3）。

（2）本次收购应当经董事会“非关联董事”作出决议，且取得2/3以上的独立董事同意后，提交股东大会审议，经出席股东大会的非关联股东所持表决权“过半数”通过。

2．不得收购的情形

（1）上市公司董事、监事、高级管理人员存在《公司法》第一百四十八条规定情形；

（2）最近3年有证券市场不良诚信记录。

【相关链接】《公司法》第一百四十七条：董事、监事、高级管理人员应当遵守法律、行政法规和公司章程，对公司负有忠实义务和勤勉义务。董事、监事、高级管理人员不得利用职权收受贿赂或者其他非法收入，不得侵占公司的财产。

（三）间接收购

通过直接购买上市公司的股权以外的方式（通过协议、其他安排），获得对上市公司的间接控制权。

1．收购人虽不是上市公司的股东，但通过投资关系、协议、其他安排导致其拥有权益的股份达到或者超过一个上市公司已发行股份的5%，未超过30%的，应当按照规定作权益披露。

2．收购人拥有权益的股份超过该公司已发行股份的30%的，应当向该公司所有股东发出全面要约。

3．收购人预计无法在事实发生之日起30日内发出全面要约的，应当在前述30日内促使其控制的股东将所持有的上市公司股份减持至30%或30%以下。

【注意】间接收购中，收购主体并不是上市公司的股东，只是通过其实际控制的公司增持上市公司股份来实现其收购目的，从而取得上市公司的实际控制权。间接收购中投资者实际控制权的认定：

1．受投资者支配的上市公司股东所持股份达到前述规定比例（5%～30%、≥30%）；

2．该持股比例对该股东的资产和利润构成重大影响。

【案例1】李某购买了甲非上市公司80%的股权，成为该公司的控股股东，甲公司持有乙上市公司15%的股权，但是甲公司所持有的乙上市公司的股份在甲公司的资产和利润中所占比重不足30%，那么可以认为李某收购甲公司的主要目的不是取得对乙公司15%的股份的支配权，也就是说，李某的行为不构成间接收购，李某不用履行权益披露义务。

【案例2】李某购买了甲非上市公司80%的股权，成为该公司的控股股东，甲公司持有乙上市公司45%的股权，但是甲公司所持有的乙上市公司的股份在甲公司的资产和利润中所占比重不足30%，那么可以认为李某收购甲公司的主要目的不是取得对乙公司45%的股份的支配权，也就是说，李某的行为不构成间接收购，李某没有触发强制要约义务。

知识点2 上市公司“重大”资产重组（★★★）

一、重大资产重组行为的界定

（一）一般情形重大资产重组的界定

上市公司及其控股或者控制的公司在日常经营活动之外购买、出售资产或者通过其他方式进行资产交易达到规定的比例，导致上市公司的主营业务、资产、收入发生重大变化的资产交易行为。

1. 购买、出售的资产总额占上市公司最近1个会计年度经审计的合并财务会计报告期末资产总额的比例达到50%以上。

2. 购买、出售的资产在最近1个会计年度所产生的营业收入占上市公司同期经审计的合并财务会计报告营业收入的比例达到50%以上。

3. 购买、出售的资产净额占上市公司最近1个会计年度经审计的合并财务会计报告期末资产净额的比例达到50%以上，且超过5 000万元人民币。

提示

上市公司在12个月内连续对同一或者相关资产进行购买、出售的，以其累计数分别计算相应数额。

（二）“借壳上市”的界定

上市公司自控制权发生变更之日起60个月内，向收购人及其关联人购买资产，导致上市公司发生以下根本变化情形之一的，构成重大资产重组，应当按照本办法的规定报经中国证监会核准：

1. 购买的资产总额占上市公司控制权发生变更的前一个会计年度经审计的合并财务会计报告期末资产总额的比例达到100%以上；

2. 购买的资产在最近1个会计年度所产生的营业收入占上市公司控制权发生变更的前一个会计年度经审计的合并财务会计报告营业收入的比例达到100%以上；

3. 购买的资产在最近1个会计年度所产生的净利润占上市公司控制权发生变更的前一个会计年度经审计的合并财务会计报告净利润的比例达到100%以上；

4. 购买的资产净额占上市公司控制权发生变更的前一个会计年度经审计的合并财务会计报告期末净资产额的比例达到100%以上；

5. 为购买资产发行的股份占上市公司首次向收购人及其关联人购买资产的董事会决议前一个交

易日的股份的比例达到100%以上；

6．上市公司向收购人及其关联人购买资产虽未达到本款第1至第5项标准，但可能导致上市公司主营业务发生根本变化。

【解释】借壳上市，是指非上市公司购买一家上市公司一定比例的股权来取得上市的地位，然后注入自己有关业务及资产，实现间接上市的目的。

【案例】A公司是从事软件开发行业的一家上市公司，由于经营不善，业绩下滑，近年来，盈利水平微薄甚至亏损。B公司是从事新能源行业的非上市公众公司，拥有优质的资产和员工团队。为了实现上市，B公司收购了A公司60%的股份，成为A公司的控股股东。收购完成后，B公司将自己的资产出售给A公司。A公司就由原来主营软件开发转变为现在主营新能源开发，主营业务发生了根本性改变。这样，B公司就通过借A上市公司的壳，顺利实现自己资产的上市。

二、重大资产重组行为的要求

（一）一般要求

1．符合国家产业政策和有关环境保护、土地管理、反垄断等法律和行政法规的规定。

2．不会导致上市公司不符合股票上市条件。

3．重大资产重组所涉及的资产定价公允，不存在损害上市公司和股东合法权益的情形。

4．重大资产重组所涉及的资产权属清晰，资产过户或者转移不存在法律障碍，相关债权债务处理合法。

5．有利于上市公司增强持续经营能力，不存在可能导致上市公司重组后主要资产为现金或者无具体经营业务的情形。

6．有利于上市公司在业务、资产、财务、人员、机构等方面与实际控制人及其关联人保持独立，符合中国证监会关于上市公司独立性的相关规定。

7．有利于上市公司形成或者保持健全有效的法人治理机构。

（二）借壳上市的特殊要求

1．符合上市公司发行股份购买资产的规定。

2．上市公司购买的资产对应的经营实体应当是股份有限公司或者有限责任公司，且符合《首次公开发行股票并上市管理办法》规定的其他发行条件。

【解释】上述规定的目的在于使得借壳上市的标准与公开发行上市相同，防止通过“借壳上市”规避法律规定的上市条件。

3．上市公司及其最近3年内的控股股东、实际控制人不存在因涉嫌犯罪正被司法机关立案侦查或涉嫌违法违规正被中国证监会立案调查的情形，但是，涉嫌犯罪或违法违规的行为已经终止满3年，交易方案能够消除该行为可能造成的不良后果，且不影响对相关行为人追究责任的除外。

4．上市公司及其控股股东、实际控制人最近12个月内未受到证券交易所公开谴责，不存在其他重大失信行为。

5．本次重大资产重组不存在中国证监会认定的可能损害投资者合法权益，或者违背公开、公平、公正原则的其他情形。

提示

创业板上市公司则不得实施该种交易行为——创业板的“壳”不值钱!

（三）发行股份购买资产的规定

1. 基本要求

（1）充分说明并披露本次交易有利于提高上市公司资产质量、改善财务状况和增强持续盈利能力，有利于上市公司减少关联交易、避免同业竞争、增强独立性。

（2）上市公司最近一年及最近一期财务会计报告被注册会计师出具无保留意见的审计报告；被出具保留意见、否定意见或者无法表示意见的审计报告的，须经注册会计师专项核查确认，该保留意见、否定意见或者无法表示意见所涉及事项的重大影响已经消除或者将通过本次交易予以消除。

（3）上市公司及其现任董事、高级管理人员（不包括监事）不存在因涉嫌犯罪正被司法机关立案侦查或者涉嫌违法违规正被中国证监会立案调查的情形；但是，涉嫌犯罪或者违法违规的行为已经终止满3年，交易方案有助于消除该行为可能造成的不良后果，且不影响对相关行为人追究责任的除外。

（4）充分说明并披露上市公司发行股份所购买的资产为权属清晰的经营性资产，并能在约定期限内办理完毕权属转移手续。

【注意】上市公司为促进行业的整合、转型升级，在其控制权不发生变更的情况下，可以向控股股东、实际控制人或者其控制的关联人之外的特定对象发行股份购买资产。所购买资产与现有主营业务没有显著协同效应的，应当充分说明并披露本次交易后的经营发展战略和业务管理模式，以及业务转型升级可能面临的风险和应对措施。

2. 发行价格

（1）上市公司发行股份的价格不得低于市场参考价的90%。

（2）市场参考价为本次发行股份购买资产的董事会决议公告日前20个交易日、60个交易日或者120个交易日的公司股票交易均价之一。

3. 股份转让的限制

特定对象以资产认购而取得的上市公司股份，自股份发行结束之日起12个月内不得转让。属于下列情形之一的，36个月内不得转让：

（1）特定对象为上市公司控股股东、实际控制人或者其控制的关联人；

（2）特定对象通过认购本次发行的股份取得上市公司的实际控制权；

（3）特定对象取得本次发行的股份时，对其用于认购股份的资产持续拥有权益的时间不足12个月。

（四）重大资产重组的决议与核准

1. 股东大会决议

（1）特别决议事项：上市公司股东大会就重大资产重组事项作出决议，必须经过出席会议的股东所持表决权的2/3以上通过。

（2）关联股东的表决权回避：上市公司重大资产重组事宜与本公司股东或者其关联人存在关联关系的，股东大会就重大资产重组事项进行表决时，关联股东应当回避表决。

（3）会议形式：上市公司就重大资产重组事宜召开股东大会，应当以现场会议形式召开，并应当提供网络投票或者其他合法方式为股东参加股东大会提供便利。

（4）中小股东票数单独统计：除上市公司的董事、监事、高级管理人员、单独或者合计持有上市公司5%以上股份的股东以外，其他股东的投票情况应当单独统计并予以披露。

2．证监会核准

中国证监会在发行审核委员会中设立上市公司并购重组审核委员会（并购重组委），以"投票方式"对提交其审议的"借壳上市"申请或者"发行股份购买资产"申请进行表决，提出审核意见。

【例6-单选题】根据证券法律制度的规定，上市公司进行重大资产重组须由股东大会作出决议。下列关于该股东大会会议中召开和表决规则的表述中，正确的是（　　）。

A．股东大会会议应当以现场会议或通讯方式举行

B．持有上市公司股份不足5%的股东的投票情况无须单独统计或披露

C．与重组事项有关联关系的股东应当回避表决

D．决议经出席会议股东所持表决权过半数同意即可通过

【答案】C

学堂点拨

选项A错误：上市公司就重大资产重组事宜召开股东大会，应当以现场会议形式召开，并应当提供网络投票或者其他合法方式为股东参加股东大会提供便利。选项B错误：除上市公司的董事、监事、高级管理人员、单独或者合计持有上市公司5%以上股份的股东以外，其他股东的投票情况应当单独统计并予以披露。选项C正确：上市公司重大资产重组事宜与本公司股东或者其关联人存在关联关系的，股东大会就重大资产重组事项进行表决时，关联股东应当回避表决。选项D错误：上市公司股东大会就重大资产重组事项作出决议，必须经过出席会议的股东所持表决权的2/3以上通过。

第六单元　证券欺诈的法律责任

知识点1　虚假陈述（★★）

一、虚假陈述行为的界定

虚假陈述是指对证券发行、交易及其相关活动的事实、性质、前景、法律等事项作出不实、严重误导或者含有重大遗漏的、任何形式的虚假陈述或者诱导、致使投资者在不了解事实真相的情况下作出证券投资决定的行为以及未按照规定披露信息的行为。具体包括如下情形：

（一）发行人、上市公司和其他信息披露义务人在首次信息披露文件（招股说明书、公司债券募集办法、上市公告书）和持续信息披露文件（定期报告、临时报告）以及其他文件中作出虚假陈述；

（二）律师事务所、会计师事务所、资产评估机构等证券服务机构在其出具的法律意见书、审计报告、资产评估报告以及参与制作的其他文件中作出虚假陈述；

（三）上述主体在向证券监管部门提交的各种文件、报告和说明中作出虚假陈述；

（四）发行人、上市公司和其他信息披露义务人未按照规定的方式、时间披露信息。

二、虚假陈述行为的行政责任

（一）责任主体

1. 发行人、上市公司。

2. 发行人或者上市公司的董事、监事和高级管理人员。

提示

上述主体能够证明已尽忠实、勤勉义务，没有过错的除外。

3. 董事、监事、高级管理人员之外的其他人员。

提示

必须有证据证明上述主体的行为与信息披露违法行为具有直接因果关系。

4. 上市公司或其他信息披露义务人的控股股东、实际控制人。

提示

必须有证据证明信息披露违法行为是在控股股东、实际控制人指示下实施的。

（二）从轻或减轻情节

1. 间接参与：未“直接”参与信息披露违法行为。

2. 自首：在信息披露违法行为被发现之前，及时主动要求公司采取纠正措施或者向证券监管机构报告。

3. 质疑：获悉公司信息披露违法后，向公司有关主管人员或者公司上级主管提出质疑并采取了适当措施。

4. 立功：配合证券监管机构调查且有立功表现。

5. 受胁迫：受他人胁迫参与信息披露违法行为。

（三）不予行政处罚情节

1. 异议并反对：当事人对认定的信息披露违法事项提出具体异议记载于董事会、监事会、公司办公会会议记录，并在上述会议上投反对票。

2. 不可抗力：当事人在信息披露违法事实所涉及期间，由于不可抗力、失去人身自由等原因无法正常履行职责。

3. 非主要责任人及时报告：对公司信息披露违法行为不负有主要责任的人员及时向公司和证交所、证券监管机构报告。

提示

不得单独作为不予处罚情形：1. 不直接从事经营管理；2. 能力不足、无相关职业背景；3. 任职时间短、不了解情况；4. 相信专业机构或者专业人员出具的意见和报告；5. 受到股东、实际控制人控制或者其他外部干预。

（四）从重处罚情节

1. 干扰执法：不配合证券监管机构监管，或者拒绝、阻碍证券监管机构及其工作人员执法，甚至以暴力、威胁及其他手段干扰执法。

2. 作伪证：在信息披露违法案件中变造、隐瞒、毁灭证据，或者提供伪证，妨碍调查。

3. 有前科：两次以上违反信息披露规定并受到行政处罚或者证券交易所纪律处分。

4. 不诚信：在信息披露上有不良诚信记录并记入证券期货诚信档案。

三、虚假陈述的民事责任

（一）责任主体及责任类型

1. 无过错责任

发行人、上市公司只要在发行、上市文件中有虚假陈述而导致投资者受到损害，无论其是否存在过错，均应承担损害赔偿责任。

2. 过错推定责任（能够证明没有过错的除外）

（1）发行人、上市公司负有责任的董事、监事和经理等高级管理人员。

（2）证券承销商、保荐人。

（3）专业中介服务机构。

提示

上述机构和人员如果能够证明其没有过错的，应予免责，否则，应当承担连带赔偿责任。

3. 过错责任

发行人、上市公司的控股股东、实际控制人有过错的，应当与发行人、上市公司承担连带赔偿责任。

（二）虚假陈述行为与投资者受损之间因果关系的认定

1. 原告（投资者）举证事项

（1）投资者在虚假陈述实施日及以后，至揭露日或更正日之前买入该证券。

（2）投资者在虚假陈述揭露日或者更正日及以后，因卖出该证券发生亏损，或者因持续持有该证券而产生亏损。

2. 被告主张免责的举证事项

（1）在虚假陈述揭露日或者更正日之前已经卖出证券。

（2）在虚假陈述揭露日或者更正日及以后进行的投资。

（3）明知虚假陈述存在而进行的投资。

（4）损失或者部分损失是由证券市场系统风险等其他因素所导致。

（5）属于恶意投资、操纵证券价格的。

（三）赔偿范围

1. 投资差额损失。

2. 投资差额损失部分的佣金和印花税。

【例1-2014-单选题】根据证券法律制度的规定，下列主体中，对招股说明书中的虚假陈述记载承担无过错责任的是（　　）。

A．发行人　　B．保荐人　　C．承销人　　D．实际控制人

【答案】A

学堂点拨

选项A正确：根据规定，发行人、上市公司只要在发行、上市文件中有虚假陈述而导致投资者受到损害，无论其是否存在过错，均应承担损害赔偿责任。选项B、C错误：证券承销商、保荐人如果能够证明其没有过错的，应予免责，否则，应当承担连带赔偿责任。因此，证券承销商、保荐人承担的是过错推定责任。选项D错误：发行人、上市公司的控股股东、实际控制人有过错的，应当与发行人、上市公司承担连带赔偿责任。因此，实际控制人承担的是过错责任。

知识点2 内幕交易（★★★）

一、内幕交易的概念及认定

内幕交易是指证券交易内幕信息的知情人员利用内幕消息进行证券交易的行为。

（一）内幕信息的认定

内幕消息是指在证券交易活动中，涉及公司的经营、财务或者对该公司证券的市场价格有重大影响的尚未公开的信息。下列信息属于内幕信息：

1．应提交临时报告的重大事件（21条）；

2．上市公司分配股利或者增资的计划；

3．上市公司股权结构的重大变化；

4．公司债务担保的重大变更；

5．公司营业用主要资产的抵押、出售或者报废一次超过该资产的30%；

6．上市公司董事、监事、高级管理人员的行为可能依法承担重大损害赔偿责任；

7．上市公司的收购方案；

8．中国证监会认定的对证券交易价格有显著影响的其他重要信息。

（二）内幕信息知情人员的认定

内幕信息知情人员包括：

1．发行人的董事、监事、高级管理人员；

2．持有上市公司“5%”以上股份的股东及其董事、监事、高级管理人员，上市公司的实际控制人及其董事、监事、高级管理人员；

提示

在计算5%以上股东的持股数额时，仅计算普通股和表决权恢复的优先股的数额。

3．发行人控股的公司及其董事、监事、高级管理人员；

4．由于所任公司职务可以获取公司有关内幕信息的人员；

5．中国证监会工作人员以及由于法定职责对证券的发行、交易进行管理的其他人员；

6．保荐人、承销的证券公司、证券交易所、证券登记结算机构、证券服务机构的有关人员；

7. 国务院证券监督管理机构规定的其他人。

（三）内幕交易行为的认定

1. 属于内幕交易的行为

内幕信息知情人员和非法获取内幕信息的人员实施的下列行为均属于内幕交易行为：

（1）自己买卖该公司的证券；

（2）建议他人买卖该公司的证券；

（3）将内幕信息泄露给他人，他人基于内幕信息购买了该公司证券。

2. 不属于内幕交易的情形

（1）持有或者通过协议、其他安排与他人共同持有上市公司“5%”以上股份的自然人、法人或者其他组织收购该上市公司股份的。

（2）按照事先订立的书面合同、指令、计划从事相关证券、期货交易的。

（3）依据已被他人披露的信息而交易的。

（4）交易具有其他正当理由或正当信息来源的。

【例2-多选题】甲公司是一家上市公司。下列股票交易行为中，为证券法律制度所禁止的有（　　）。

A. 持有甲公司3%股权的股东李某已将其所持全部股权转让于他人，甲公司董事张某在获悉该消息后，告知其朋友王某，王某在该消息为公众所知悉前将其持有的甲公司股票全部卖出

B. 乙公司经研究认为甲公司去年盈利状况超出市场预期，在甲公司公布年报前购入甲公司4%的股权

C. 甲公司董事张某在董事会审议年度报告时，知悉了甲公司去年盈利超出市场预期的消息，在年报公布前买入了本公司股票10万股

D. 甲公司的收发室工作人员刘某看到了中国证监会寄来的公司因涉嫌证券违法行为被立案调查的通知，在该消息公告前卖出了其持有的本公司股票

【答案】CD

学堂点拨

选项A错误：根据规定，持有上市公司5%以上股份的股东或者实际控制人，其持有股份或者控制公司的情况发生较大变化时，才属于重大事件内幕信息，选项A所述情形不属于重大事件、内幕信息，王某的行为不构成内幕交易。选项B错误：乙公司的证券交易行为不是基于内幕信息而实施，不构成内幕交易。选项C正确：董事张某属于知悉证券交易内幕信息的知情人员，在内幕信息公开前，不得买卖该公司的证券。选项D正确：刘某属于知悉证券交易内幕信息的知情人员（由于所任公司职务可以获取公司有关内幕信息的人员），在内幕信息公开前，不得买卖该公司的证券。

二、短线交易

（一）短线交易行为的界定

上市公司董事、监事、高级管理人员、持有上市公司股份5%以上的股东，将其持有的该公司的股票在买入后6个月内卖出，或者在卖出后6个月内又买入。

提示

“买入后6个月内卖出”，是指最后一笔买入时点起算6个月内卖出；“卖出后6个月内买入”，是指最后一笔卖出时点起算6个月内又买入的。

（二）短线交易行为的法律后果

上述行为人实施短线交易所得收益归该公司所有，公司董事会应当收回其所得收益。

提示

1. 公司董事会不按照规定执行的，股东有权要求董事会在30日内执行。公司董事会未在上述期限内执行的，股东有权为了公司的利益以自己的名义直接向人民法院提起诉讼。

2. 公司董事会不按照规定执行的，负有责任的董事依法承担连带责任。

（三）例外情形

证券公司因包销购入售后剩余股票而持有5%以上股份的，卖出该股票不受6个月时间限制。

【例3-2014-单选题】甲为乙上市公司董事，并持有乙公司股票10万股。2013年3月1日和3月8日，甲以每股25元的价格先后卖出其持有的乙公司股票2万股和3万股。2013年9月3日，甲以每股15元的价格买入乙公司股票5万股。根据证券法律制度的规定，甲通过上述交易所获收益中，应当收归公司所有的金额是（　　）。

A．20万元　　B．30万元　　C．50万元　　D．75万元

【答案】B

学堂点拨

根据规定，上市公司董事、监事、高级管理人员、持有上市公司股份5%以上的股东，将其持有的该公司的股票在买入后6个月内卖出，或者在卖出后6个月内又买入，由此所得收益归该公司所有，公司董事会应当收回其所得收益。本题中，甲在3月1日、3月8日分别卖出乙公司股票2万股和3万股，在9月3日买入，则以3月8日最后一次卖出时间作为起算时点来计算短线交易所获得利益，因此应当以3万股作为计算标准，应当收归公司所有的金额=3×（25-15）=30（万元）。

知识点3 操纵市场行为（★★）

一、操纵市场行为的概念

操纵市场是指单位或个人以获取利益或者减少损失为目的，利用其资金、信息等优势或者滥用职权影响证券市场价格，制造证券市场假象，诱导或者致使投资者在不了解事实真相的情况下作出买卖证券的决定，扰乱证券市场秩序。

二、操纵市场行为的认定

操纵市场行为主要包括如下情形：

（一）单独或者通过合谋，集中资金优势、持股优势或者利用信息优势联合或者连续买卖，操纵证券交易价格或者证券交易量；

（二）与他人串通，以事先约定的时间、价格和方式相互进行证券交易，影响证券交易价格或者证券交易量；

（三）在自己实际控制的账户之间进行证券交易，影响证券交易价格或者证券交易量。

【例4-单选题】汪某为某知名证券投资咨询公司负责人。该公司经常在重要媒体和互联网平台免费公开发布咨询报告，并向公众推荐股票，已经买入的股票在公司咨询报告中予以推荐，并于咨询报告发布后将股票卖出。根据证券法律制度的规定，汪某的行为属于（　　）。

A．内幕交易　　B．虚假陈述　　C．操纵市场　　D．欺诈客户

【答案】C

学堂点拨

操纵市场是指单位或个人以获取利益或减少损失为目的，利用其资金、信息等优势或者滥用职权影响证券市场价格，制造证券市场假象，诱导或致使投资者在不了解事实真相的情况下作出买卖证券的决定。本题中的汪某的行为就属于利用其信息优势扰乱证券市场秩序的操纵市场行为。

本章强化练习

一、单项选择题

1．甲股份公司2018年拟在创业板上市，下列情形符合首次公开发行股票的条件的是（　　）。

A．发行人的实际控制人在2012年前擅自公开发行证券，目前仍处于持续状态

B．发行人不存在影响持续经营的担保、诉讼以及仲裁等重大或有事项

C．最近一期末净资产为1 900万元，且不存在未弥补亏损

D．发行后股本总额为2 800万元

2．投资者在接到中国证监会不予豁免通知之日起一定期限内将其或者其控制的股东所持有的目标公司股份减持到30%或者30%以下，可以避免处罚强制要约义务；该期限是（　　）。

A．15日　　B．20日　　C．30日　　D．60日

3．某股份有限公司拟申请发行可转换公司债券。该公司最近一期末经审计净资产额为2亿元人民币，4年前该公司曾发行6年期债券2 000万元。该公司此次发行可转换债券额最多不得超过（　　）。

A．1 000万元　　B．2 000万元

C．4 000万元　　D．6 000万元

4．某上市公司拟公开发行认股权和债券分离交易的可转换公司债券。根据证券法律制度的规定，下列表述中，正确的是（　　）。

A．上市公司最近一期期末经审计的净资产应不低于人民币12亿元

B．分离交易的可转换公司债券的期限最短为2年

C．认股权证的行权价格应不低于公告募集说明书日前20个交易日公司股票均价的90%

D．认股权证自发行结束至少已满6个月起方可行权

5．下列情形中，属于依法不得收购甲上市公司股份的主体是（　　）。

A．W先生，曾经负有数额较大债务，于半年前刚刚清偿完毕

B．P先生，曾任乙有限责任公司董事长，乙公司因不可抗力而被宣告破产不满3年

C．Y公司，持有甲上市公司20%的已发行股份

D．在过去的2年内因发布虚假信息而被中国证监会处罚的Z上市公司

6．甲上市公司于2018年2月1日作出虚假陈述，2018年7月1日中国证监会作出处罚决定，对甲上市公司的行为进行处罚并予以公告。根据规定，下列各项中，投资者的损失与甲上市公司的虚假陈述行为具有因果关系的是（　　）。

A．投资者王某持有的甲上市公司的股票系2018年3月份买入，2018年8月份卖出

B．投资者刘某明知甲上市公司存在虚假陈述行为仍进行投资

C．投资者赵某所持甲上市公司的股票系2018年1月份买入，2018年5月份卖出

D．投资者张某所持甲上市公司的股票系2018年10月份买入，2018年12月份卖出

7．上市公司非公开发行股票，对控股股东实际控制人及其控制的企业认购的股份限制转让的期限是（　　）。

A．自发行结束之日起12个月内　　B．自发行之日起24个月内

C．自发行结束之日起36个月内　　D．自发行之日起36个月内

8．甲上市公司拟非公开发行股票，其发行方案的下列内容中，符合证券法律制度规定的是（　　）。

A．本次非公开发行股票的对象为15名机构投资者

B．本次非公开发行股票的对象中包括乙信托公司管理的一个集合资金信托计划

C．本次非公开发行股票的发行价格，不得低于定价基准日前20个交易日该公司股票交易均价和前一交易日的均价

D．投资者在本次非公开发行中认购的股份，自发行结束之日起12个月内不得转让

9．根据证券法律制度的规定，下列各项关于公司债券发行程序的表述，不正确的是（　　）。

A．发行公司债券应当报经证券监督管理委员会核准

B．发行公司债券，应当由保荐人保荐，并向证监会申报

C．公司申请发行公司债券，应当先由公司董事会制订方案，由股东会或股东大会作出决议

D．发行公司债券，采用申请一次核准，分期发行的，应自证监会核准发行之日起3年内发行完毕

10．某上市公司拟向原股东配售股份，下列各项中，符合证券法律制度规定的是（　　）。

A．拟配售股份数量为本次配售股份前股本总额的35%

B．控股股东在股东大会召开前已经公开承诺认配股份的数量

C．上市公司最近3年以现金方式累计分配的利润为最近3年实现的年均可分配利润的20%

D．上市公司最近6个月受到过证券交易所的公开谴责

11．甲股份有限公司拟收购乙上市公司，下列各项中的主体均为乙公司的投资者，其中不属于甲公司一致行动人的是（　　）。

A．甲公司的控股股东

B．与甲公司同时受丙公司控制的丁公司

C．由甲公司的董事长兼任经理的戊公司

D．持有甲公司25%股份的王某

12．甲上市公司拟发行非分离交易可转换公司债券，其制订的发行方案中，不符合证券法律制度规定的是（　　）。

A．本次发行的可转换公司债券期限为5年

B．自发行结束之日起6个月后的第一个交易日起至债券到期日止的期间为转股期

C．如果可转换公司债券持有人不转换股票的，公司在可转换公司债券期满后第2个工作日办理完毕偿还债券余额本息的事项

D．转股价格修正方案须提交股东大会表决，且须出席会议所持表决权过半数通过

13．根据规定，下列有关上市公司的信息中，属于应当公告的重大事件是（　　）。

A．持有公司4%以上股份的股东发生变化

B．公司增资的决定

C．公司的监事会主席发生变动

D．股东大会决议被撤销

14．根据《证券法》的规定，采取协议收购方式的，收购人收购或者通过协议、其他安排与他人共同收购一个上市公司已发行的股份达到一定比例时，继续进行收购的，应当向该上市公司所有股东

发出收购上市公司全部或者部分股份的要约，该法定比例为（　　）。

A．50%　　B．30%　　C．20%　　D．10%

15．甲股份有限公司拟公开发行股票并上市，甲公司的董事、监事和高级管理人员应当符合法律、行政法规和规章规定的任职资格，而且在最近一定时期内没有受到证券交易所的公开谴责。该一定时期指的是（　　）。

A．12个月　　B．24个月　　C．36个月　　D．48个月

16．甲公司拟在创业板上市发行，有关其首次信息披露的下列说法中，正确的是（　　）。

A．甲公司应当将含有价格信息的招股说明书（申报稿）在中国证监会的网站上预先披露

B．甲公司招股说明书上引用的财务报表在最近一期截止日后12个月内有效

C．甲公司的控股股东、实际控制人应当在招股说明书上签署确认意见

D．甲公司的保荐人及其代表人应当在招股说明书上签署确认意见

17．某股份有限公司拟在中小板首次公开发行股票并上市，下列各项中，符合证券法律制度规定的是（　　）。

A．公司上一年度实际控制人发生变更

B．公司的副总经理在控股股东中担任监事

C．公司的总经理在控股股东中担任副总经理

D．公司的副总经理上一年度受到中国证监会行政处罚

18．甲股份有限公司主要经营建筑材料的加工，现有股东198人。公司经营一段时间后，股东王某将其持有的20%的股份，分别转让给了李某、丁某等四人。已知甲公司的股票未在证券交易所上市交易。根据我国证券法律制度的规定，下列选项的表述中，不正确的是（　　）。

A．甲公司经过中国证监会核准后可以成为非上市公众公司

B．甲公司应当在王某转让股权之日起3个月内向中国证监会提交申请文件

C．甲公司应当在王某转让股权之日起6个月内向中国证监会提交申请文件

D．甲公司在提交申请文件之前，应当将相应的情况通知所有股东

19．根据证券法律制度的规定，下列关于上市公司公开发行可转换公司债券的表述中，正确的是（　　）。

A．所有上市公司公开发行可转换公司债券均应由第三方提供担保

B．上市商业银行可以作为上市公司公开发行可转换公司债券的担保人

C．证券公司可以作为上市公司公开发行可转换公司债券的担保人

D．以保证方式提供担保的，可以为一般保证

20．证券监管部门调查发现，1年前在证券交易所挂牌上市的甲公司在首次公开发行股票过程中存在虚假陈述行为，并对投资者造成经济损失。乙系甲公司董事长。根据证券法律制度的规定，下列关于乙就甲公司虚假陈述行为所致投资者损失承担赔偿责任的表述中，正确的是（　　）。

A．无论乙有无过错，均须承担赔偿责任

B．无论乙有无过错，均不承担赔偿责任

C．乙须承担赔偿责任，除非能够证明自己没有过错

D．只有当投资者证明乙有过错时，乙才承担赔偿责任

二、多项选择题

1. 甲股份有限公司于2011年5月成立，股本总额为1 000万元，发起人股东人数为20人，2012年6月，甲股份有限公司准备增加注册资本发行新的股份，下列情形中，甲股份有限公司应当依法向证监会申请核准成为非上市公众公司的是（　　）。

A. 采用向特定对象发行股票的方式，特定对象主要为本行业的自然人投资者，人数为190人

B. 采用公开方式向社会公众公开转让

C. 采用向特定对象发行股票的方式，特定对象主要是国内本行业的10家战略投资者

D. 发行的股份向原有股东配售

2. 根据证券法律制度的规定，下列情形中，须经中国证监会核准的有（　　）。

A. 甲上市公司向某战略投资者定向增发股票

B. 乙上市公司向所有现有股东配股

C. 有30名股东的丙非上市股份有限公司拟将其股票公开转让

D. 有199名股东的丁非上市股份有限公司拟通过增资引入3名风险投资人

3. 上市公司发行股份购买资产时，发行股份的价格不得低于市场参考价的90%，市场参考价为本次发行股份购买资产的董事会决议公告日前特定时间段的公司股票交易均价。下列各项中，属于该特定时间段的有（　　）。

A. 20个交易日　　B. 120个交易日

C. 90个交易日　　D. 60个交易日

4. 根据证券法律制度的规定，股份有限公司的下列股份发行或转让活动中，可以豁免向证监会申请核准的有（　　）。

A. 在全国中小企业股份转让系统挂牌的公司拟向特定对象定向发行股份，发行后股东预计达到180人

B. 因向公司核心员工转让股份导致股东累计达到220人，但在1个月内降至180人

C. 股东累计已达180人的公司拟公开转让股份

D. 公司获得定向发行核准后第18个月，拟使用未完成的核准额度继续发行

5. 上市公司公开发行可转换公司债券应当约定保护债券持有人利益的办法，以及债券持有人会议的权利、程序和决议生效条件。下列选项中，属于应当召开债券持有人会议的事项有（　　）。

A. 拟变更募集说明书的约定

B. 发行人不能按期支付本息

C. 发行人增加注册资本

D. 保证人或者担保物发生重大变化

6. 王某持有甲上市公司8%的股份，其发生的下列事项中，王某应当主动告知甲上市公司董事会并配合上市公司履行信息披露义务的有（　　）。

A. 与乙公司达成协议，将其持有的甲上市公司股份全部转让给乙公司

B. 其中3%的股份被人民法院冻结，拟用于强制执行

C. 将其持有的甲上市公司股份向丙信托公司设定信托

D. 因前次拒不履行信息披露义务的行为，被中国证监会限制行使表决权

三、案例分析题

1．甲股份有限公司（简称“甲公司”）于2015年3月1日在深圳证券交易所（简称“深交所”）首次公开发行股票并上市（简称“IPO”）。2016年1月，中国证监会（简称“证监会”）接到举报称，甲公司的招股说明书中有财务数据造假行为。证监会调查发现，在甲公司IPO过程中，为减少应收账款余额，总会计师赵某经请示董事长钱某同意后，令公司财务人员通过外部借款、使用自有资金或伪造银行单据等手段，制造收回应收账款的假象。截至2014年12月31日，甲公司通过上述方法虚减应收账款3.5亿元。证监会调查还发现：2015年12月，甲公司持股90%的子公司乙有限责任公司（简称“乙公司”）的总经理孙某，向公安机关投案自首，交代了其本人擅自挪用乙公司贷款5 600万元用于个人期货交易和偿还个人债务，导致5 000万元无法归还的违法事实。孙某的违法行为造成乙公司巨额损失。公安机关立案后，将案情通报甲公司董事长钱某，由于乙公司是甲公司的主要利润来源之一，故甲公司利润因此遭受巨大减损。董事长钱某，要求甲公司和乙公司的知情人员对孙某挪用公司资金案的情况严格保密。2016年1月，在未对孙某造成的巨额损失做账务处理的情况下（如果对该损失做账务处理，乙公司2015年底累计未分配利润应为负数），乙公司股东会会议通过了2015年度利润分配决议，向甲公司和另一股东丙公司分别派发股利4 500万元和500万元。2016年3月，甲公司收到乙公司支付的2015年度股利4 500万元。2016年7月1日，证监会认定：甲公司制造应收账款回收假象，在IPO申请文件中提供虚假财务数据，构成欺诈发行；甲公司未及时披露乙公司总经理孙某挪用公款一案的相关信息，构成上市后在信息披露文件中遗漏重大事项。为此，证监会决定对甲公司以及包括董事长钱某在内的7名董事、3名监事、总经理李某、总会计师赵某、甲公司保荐人等作出行政处罚。

甲公司独立董事王某对证监会的处罚不服，提出行政复议申请，理由是：本人并不了解会计知识，无法发现财务造假。同年7月3日，深交所决定暂停甲公司股票上市。同年7月12日，由于乙公司不能清偿其对丁银行的到期债务，丁银行向人民法院提起诉讼，请求人民法院认定甲公司通过违规分红抽逃出资，判令甲公司在4 500万元本息范围内对乙公司债务不能清偿的部分承担补充赔偿责任。

同年7月15日，已连续7个月持有甲公司1.01%股份的股东周某，直接以自己的名义，对包括董事长钱某在内的7名董事提起诉讼，请求法院判令7名被告赔偿甲公司因缴纳证监会罚款而产生的500万元损失。2017年4月15日，深交所作出终止甲公司股票上市的决定。

根据上述内容，分别回答下列问题。

（1）甲公司是否应对乙公司总经理孙某挪用公款事件履行信息披露义务？并说明理由。

（2）甲公司独立董事王某的行政复议申请理由是否成立？并说明理由。

（3）深交所决定暂停甲公司股票上市是否符合证券法律制度的规定？并说明理由。

（4）丁银行请求人民法院认定甲公司抽逃出资，判令甲公司在4 500万元本息范围内承担补充赔偿责任，人民法院是否应予支持？并说明理由。

（5）对于周某直接以自己名义提起的诉讼，人民法院应否受理？并说明理由。

（6）深交所对甲公司作出终止股票上市决定，是否符合证券法律制度的规定？并说明理由。

2．大华股份有限公司（简称“大华公司”）于2006年在上海证券交易所上市，普通股总数为5亿股，甲、乙分别持有大华公司31%和25%的股份。截至2013年年底，大华公司净资产额为10亿元，最近3年可分配利润分别为3 000万元、2 000万元和1 000万元。2014年2月，大华公司董事会决定，拟发行公司债券筹资5亿元，期限为5年，年利率为6%。财务顾问四维公司认为，大华公司的净资产和利润情况均不符合发行公司债券的条件，建议考虑其他融资途径。

2014年3月，大华公司董事会作出决议，拟公开发行优先股，并制订方案如下：（1）发行优先股3亿股，拟筹资5亿元；（2）第一年股息率为6%，此后每两年根据市场利率调整一次；（3）优先股股东按照约定股息率分配股息后，还可与普通股股东一起参加剩余利润分配。2014年4月，在大华公司召开的年度股东大会上，优先股融资方案未获通过。

由于融资无望，大华公司股价持续走低。2014年5月8日，丙公司通知大华公司和上海证券交易所，同时发布公告，称其已于4月27日与大华公司的股东丁达成股权转让协议，拟收购丁持有的大华公司7%的股权。与此同时，甲宣布将在未来12个月内增持大华公司不超过2%的股份。

某媒体经调查后披露，丙与乙共同设有一普通合伙企业，因此，丙与乙构成一致行动人，丙在收购丁持有的大华公司7%的股权时必须采取要约收购方式。该媒体还披露：2014年4月28日，股民A和B均在亏本卖出其证券账户中的全部股票后，分别买入大华公司股票10万股和15万股；此前两人均未买卖过大华公司股票；A是股东丁之妻；B与丙公司董事长C系好友。

中国证监会调查发现，B与C曾于4月27日晚间通话，两人对此次交易均未提供合理解释；有关媒体披露的情况属实。

根据上述内容，分别回答下列问题。

（1）四维公司关于大华公司的净资产和利润情况均不符合发行公司债券条件的判断是否正确？并分别说明理由。

（2）大华公司董事会提出的优先股融资方案中有哪些内容不符合相关规定？并分别说明理由。

（3）有关媒体关于丙与乙构成一致行动人的说法是否符合法律规定？并说明理由。

（4）有关媒体关于丙在收购丁所持大华公司7%的股权时必须采取要约收购方式的说法是否符合法律规定？并说明理由。

（5）甲增持大华公司2%股份是否必须采取要约收购方式？并说明理由。

（6）A和B买卖大华公司股票的行为是否构成内幕交易？并分别说明理由。

3．2011年11月，甲股份有限公司（简称“甲公司”）拟向中国证监会（简称“证监会”）提交首次公开发行并上市（简称“IPO”）的申请。为解决公司应收账款余额过大问题，顺利实现上市目标，甲公司董事长赵某决定通过外部借款、伪造银行单据等方式冲减应收账款。2011年12月至2013年6月间，甲公司通过上述方式虚构回收应收账款1.5亿元。

2014年1月，甲公司取得证监会《关于核准甲公司首次公开发行股票并上市的批复》。3月，甲公司发布招股说明书，其中包含上述2011年至2013年间应收账款回收情况的虚假财务数据。乙会计师事务所为甲公司IPO提供审计服务并出具了无保留意见的审计报告。丙律师事务所为甲公司的招股说明书出具法律意见书，其中载明“根据上市申请人提供的相关文件、乙会计师事务所出具的审计报告及本所律师核查，……上市申请人在最近3年财务会计报告中无虚假记载……”。

2014年12月22日，投资者钱某以每股16.5元的价格买入甲公司股票1万股；2015年3月10日，钱某以每股14.3元的价格卖出其中5 000股，其余部分继续持有。

2015年7月，证监会启动对甲公司违法行为的调查。经查，乙会计师事务所在对甲公司2012年财务报表中的应收账款进行审计时，向甲公司46家客户发出询证函，有30家客户未回函，会计师仅对其中4家进行了替代测试；丙律师事务所则未对甲公司为减少应收账款而伪造的重大借款合同进行核查、验证。

证监会还查明，赵某存在假借其他员工名义从公司借款供个人使用的情形。截至2013年12月31日，累计借款金额达6 000万元；招标说明书中未披露该事项。

另外，在接受证监会调查过程中，甲公司董事孙某称：“公司都由董事长赵某说了算。我平时对公司事务不怎么关注，对公司会议只是例行参加，只负责签字。”

2015年7月7日，证监会对甲公司出具行政处罚决定书，7月14日，甲公司被实行退市风险警示，复牌交易。投资者李某于7月14日以每股3.5元的价格买入甲公司股票2万股，之后甲公司股价持续下跌。李某于7月22日以每股2.5元的价格将持有的2万股股票全部卖出。

投资者钱某于7月25日以每股2.3元的价格卖出其剩余的5 000股甲公司股票。复牌交易30个交易日后，证券交易所暂停甲公司股票交易。2017年6月21日，证券交易所决定终止甲公司股票上市。

根据上述内容，分别回答下列问题。

（1）赵某是否应对招股说明书中的虚假财务数据承担行政法律责任？并说明理由。

（2）乙会计师事务所是否应对招股说明书中的虚假财务数据承担行政法律责任？并说明理由。

（3）丙律师事务所是否应对招股说明书中的虚假财务数据承担行政法律责任？并说明理由。

（4）赵某从公司借款的行为是否符合公司法律制度的规定？并说明理由。

（5）孙某“平时对公司事务不怎么关注，对公司会议只是例行参加，只负责签字”的行为是否符合公司法律制度的规定？并说明理由。

（6）证券交易所终止甲公司上市的决定是否符合证券法律制度的规定？并说明理由。

（7）投资者李某能否要求甲公司赔偿其投资损失？并说明理由。

（8）投资者钱某能否要求甲公司赔偿其于2015年3月10日和2016年7月25日两次卖出甲公司股票的投资损失？并说明理由。

4．风顺科技是一家在深圳证券交易所上市的网络技术服务公司。2015年7月初，风顺科技拟与A公司签订一项技术服务合同，合同金额约3.5亿元。经过谈判，双方于7月15日就合同主要条款达成一致并签署合作意向书。

7月8日，市场出现关于风顺科技即将签署重大交易合同的传闻。7月9日，风顺科技股票开盘即涨停，之后又一个交易日涨停。7月10日，证券交易所就股价异动向风顺科技提出问询，要求其发布澄清公告。7月10日晚间，风顺科技发布公告称，公司无应披露之信息。7月16日，风顺科技发布临时公告，披露公司已与A公司签订重大技术服务合同合作意向书。

2015年10月底，监管机构根据举报，对风顺科技股票交易异常情况立案调查，并查明如下事实：

（1）孙某系风顺科技董事长王某的表弟，2015年7月8日市场开始出现传闻后，孙某于当日向王某之妻了解情况，王某向孙某确认风顺科技正与A公司商谈合作事宜，且签约可能性较大，孙某遂于7月9日买入风顺科技股票，并于7月15日卖出，获利30万元；

（2）投资者张某于2014年2月高价买入风顺科技股票，并一直持有，市场出现传闻后，张某担心有人以虚假信息操控股价，遂于2015年7月10日卖出所持有的全部风顺科技股票，亏损10万元。张某主张，其亏损系风顺科技虚假陈述所致。

在监管机构调查过程中，负责公司信息披露事务的董事会秘书郑某辩称，公司未正确披露重大技术服务合同的相关信息，是公司实际控制人授意而为，自己仅是遵照指令行事，不应受到处罚。

投资者刘某持有风顺科技11%的股份。刘某认为风顺科技董事长王某对这场股市风波负有直接责任，提议召开董事会会议罢免王某的董事长职务。

投资者钱某自2014年3月起一直持有风顺科技股票，持股比例为0.1%。钱某认为，董事长王某对公司信息披露不及时负主要责任，同时造成信息泄露，违反忠实和勤勉义务，损害了公司利益。2015年10月7日，钱某书面请求公司监事会起诉王某，遭到拒绝。次日，钱某以个人名义直接向法院提起诉讼，要求王某赔偿公司损失。

根据上述内容，分别回答下列问题。

（1）风顺科技于7月10日发布公告称无应披露之信息，是否符合证券法律制度的规定？并说明理由。

（2）孙某买卖风顺科技股票的行为是否构成内幕交易？并说明理由。

（3）投资者张某关于其亏损系风顺科技虚假陈述所致的主张是否成立？并说明理由。

（4）公司董事会秘书郑某主张其本人不应受处罚的抗辩是否成立？并说明理由。

（5）刘某是否具有提议召开董事会临时会议的资格？并说明理由。

（6）人民法院应否受理钱某提起的诉讼？并说明理由。

5．嘉业股份有限公司（简称“嘉业股份”）是一家在上海证券交易所上市的公司，股本总额为8亿元，最近一期期末经审计的净资产为6亿元。2014年3月5日，嘉业股份董事会对以下几种融资方案进行了讨论：

（1）优先股发行方案，该方案主要内容为：①公开发行优先股3亿股，筹资4亿元；②股息率暂定6%，每年根据市场情况调整一次；③公司每年如有可分配税后利润，须按约定向优先股股东分配股息；④若当年公司未能足额向优先股股东派发股息，差额部分不予累积；⑤优先股股东按照约定股息率分配股息后，还可同普通股股东一起参加剩余利润分配；

（2）定向增发方案，该方案主要内容为：非公开发行普通股2亿股；发行对象为一家证券投资基金管理的3只基金、7名自然人和一家境外战略投资者（境外战略投资者将在发行结束后报国务院相关部门备案）；境外战略投资者认购的股份自发行结束之日起12个月内不得转让；

（3）公司债券发行方案，该方案主要内容为：发行公司债券3亿元；期限为5年；利率拟为5%；自核准发行之日起30个月内分3次发行完毕，首期发行1亿元。

对上述几种方案，董事会讨论后认为，定向增发方案和公司债券发行方案存在有违相关规定之处，也不适合公司实际情况；优先股发行方案符合公司需要，但部分内容不符合法律规定，应予修改。2014年4月15日，修改后的优先股方案获股东大会通过，后经中国证监会核准发行。

2014年8月25日，A公司发布公告，称其已持有嘉业股份5%的股份，并拟继续增持。2014年9月10日，A公司再次发布公告，称其又增持了嘉业股份5%的股份，但因股价持续走高，未来12个月内将不再增持。经查，8月25日，A公司持有嘉业股份5%的普通股；9月10日，A公司持有嘉业股份7%的普通股和3%的优先股。

根据上述内容，分别回答下列问题。

（1）2014年3月5日嘉业股份董事会讨论的优先股发行方案中，有哪些内容不符合相关规定？并分别说明理由。

（2）2014年3月5日嘉业股份董事会讨论的定向增发方案中，发行对象的数量是否符合法律规定？并说明理由。

（3）2014年3月5日嘉业股份董事会讨论的定向增发方案中，引入境外战略投资者的审批程序和认购股份后限制转让的时间是否符合相关规定？并分别说明理由。

（4）2014年3月5日嘉业股份董事会的公司债券发行方案中，有哪些内容不符合法律规定？并说明理由。

（5）A公司于2014年9月10日发出公告的行为是否符合法律规定？并说明理由。

6. 甲股份有限公司（简称“甲公司”）为A股上市公司，2015年8月3日乙有限责任公司（简称“乙公司”）向中国证监会、证券交易所提交权益变动报告书，称其自2015年7月20日开始持有甲公司股份，截至8月1日已经通过公开市场交易持有该公司已发行股份的5%。乙公司同时也将该情况通知了甲公司并予以公告。8月16日和9月3日，乙公司连续两次公告其所持甲公司股份分别增加5%，截至9月3日，乙公司成为甲公司的第一大股东，持股15%，甲公司原第一大股东丙股份有限公司（简称“丙公司”）持股13%，退居次位。

2015年9月15日，甲公司公告称因筹划重大资产重组事项，公司股票停牌3个月。2015年11月1日甲公司召开董事会会议审议丁有限责任公司（简称“丁公司”）与甲公司的资产重组方案，方案主要内容是：

（1）甲公司拟向丁公司发行新股，购买丁公司价值60亿元的软件业务资产；

（2）股份发行价格拟定为本次董事会决议公告前20个交易日交易均价的85%；

（3）丁公司因该次重组取得的甲公司股份自发行结束之日起6个月方可自由转让。该项交易完成后，丁公司将持有甲公司12%的股份，但尚未取得甲公司的实际控制权；乙公司和丙公司的持股比例分别降至10%和8%。

甲公司董事会共有董事11人，7人出席会议，在讨论上述重组方案时，2名非执行董事认为，该重组方案对购入资产定价过高，同时严重稀释老股东权益，在与其他董事激烈争论之后，该2名非执行董事离席，未参加表决；其余5名董事均对重组方案投了赞成票，并决定于2015年12月25日召开临时股东大会审议该重组方案。

2015年11月5日，乙公司书面请求甲公司监事会起诉投票通过上述重组方案的5名董事违反忠实和勤勉义务，遭到拒绝，乙公司遂以自己的名义直接向人民法院起诉5名董事。

2015年11月20日，甲公司向中国证监会举报乙公司在收购上市公司过程中存在违反信息披露义务的行为，证监会调查发现，2015年8月1日至3日，戊公司和辛公司通过公开市场交易分别购入甲公司2.5%的股份；戊、辛两公司事先均向乙出具书面承诺，同意无条件按照乙公司指令行使各自所持甲公司股份的表决权。戊、辛、乙三公司均未对上述情况予以披露。

根据上述内容，分别回答下列问题。

（1）乙、戊、辛公司在收购甲股份时，是否构成一致行动人？并说明理由。

（2）乙在收购甲股份时，存在哪些不符合证券法律制度关于权益变动披露规定的行为？并说明理由。

（3）丁与甲的资产重组方案的三项内容中，哪些不符合证券法律制度的规定？并说明理由。

（4）2015年11月1日，董事会会议的到会人数是否符合《公司法》关于召开董事会会议法定人数的规定？并说明理由。

（5）2015年11月1日董事会作出的决议是否获得通过？并说明理由。

（6）人民法院应否受理乙公司的起诉？并说明理由。

答案及解析

一、单项选择题

1. 【答案】B

【学堂点拨】本题考核创业板上市的条件。发行人及其控股股东、实际控制人最近3年内不存在未经法定机关核准，擅自公开或者变相公开发行证券，或者有关违法行为虽然发生在3年前，但目前仍处于持续状态的情形，因此，选项A不当选；最近一期期末净资产不少于2 000万元，且不存在未弥补亏损，因此，选项C不当选；发行后股本总额不少于3 000万元，因此，选项D不当选。

2. 【答案】C

【学堂点拨】本题考核强制要约制度。投资者可以在接到中国证监会不予豁免通知之日起30日内将其或者其控制的股东所持有的目标公司股份减持到30%或者30%以下，可以避免处罚强制要约义务。

3. 【答案】D

【学堂点拨】本题考核点是发行可转换公司债券的条件。发行可转换公司债券的条件之一是本次发行后累计公司债券余额不超过最近一期期末净资产额的40%，即20 000×40%=8 000（万元），但应减去未到期的债券2 000万元。因此该公司此次发行可转换公司债券额最多不得超过8 000−2 000=6 000（万元）。

4. 【答案】D

【学堂点拨】本题考查分离交易可转债。发行分离交易可转债，公司最近一期期末经审计的净资产不低于人民币15亿元，因此，选项A错误；分离交易可转债的期限最短为1年，没有上限，因此，选项B错误；分离交易可转债行权价格应不低于公告募集说明书日前20个交易日公司股票均价“和”前一个交易日的均价，因此，选项C错误；认股权证自发行结束至少已满6个月起方可行权，行权期间为存续期限届满前的一段期间，或者是存续期限内的特定交易日，因此，选项D正确。

5. 【答案】D

【学堂点拨】本题考核不得收购上市公司的情形。不得收购上市公司的情形包括：（1）收购人负有数额较大债务，到期未清偿，且处于持续状态；（2）收购人最近3年有重大违法行为或者涉嫌有重大违法行为；（3）收购人最近3年有严重的证券市场失信行为；（4）收购人为自然人的，存在《公司法》第一百四十七条规定情形；（5）法律、行政法规规定以及中国证监会认定的不得收购上市公司的其他情形。本题选项D因为Z上市公司最近3年有严重的证券市场失信行为而不得收购上市公司。

6. 【答案】A

【学堂点拨】本题考查虚假陈述的认定。如果被告举证证明原告具有以下情形的，人民法院应当认定虚假陈述与损害结果之间不存在因果关系：（1）在虚假陈述揭露日或者更正日之前已经卖出证券（选项C）；（2）在虚假陈述揭露日或者更正日及以后进行的投资（选项D）；（3）明知虚假陈述存在而进行的投资（选项B）；（4）损失或者部分损失是由证券市场系统风险等其他因素所导致；（5）属于恶意投资、操纵证券价格的。因此，只有选项A当选。

7. 【答案】C

【学堂点拨】本题考核点是上市公司非公开发行股票的条件。上市公司非公开发行股票，本次发行的股份自发行结束之日起，12个月内不得转让；控股股东实际控制人及其控制的企业认购的股份，自发行结束之日起36个月内不得转让。

8. 【答案】D

【学堂点拨】本题考查上市公司非公开发行股票。上市公司非公开发行股票，发行对象不超过10名，因此，选项A表述错误；信托公司作为发行对象，只能以自有资金认购，因此，选项B表述错误；上市公司非公开发行股票的价格不得低于定价基准日前20个交易日公司股票均价的“90%”，因此，选项C表述错误；本次发行的股份自发行结束之日起，除特定的发行对象，12个月内不得转让，因此，选项D表述正确。

9. 【答案】D

【学堂点拨】本题考查公司债券发行程序。发行公司债券，可以申请一次核准，分期发行；自证监会核准发行之日起，公司应在6个月内首期发行，剩余数量应当在24个月内发行完毕。因此，选项D的表述错误。

10. 【答案】B

【学堂点拨】选项A：拟配售股份数量不超过本次配售股份前股本总额的30%。选项C：最近3年以现金方式累计分配的利润不少于最近3年实现的年均可分配利润的30%。选项D：上市公司最近12个月内受到过证券交易所的公开谴责，属于法定障碍。

11. 【答案】D

【学堂点拨】本题考查一致行动人的认定。选项A中的情形属于“投资者之间有股权控制关系”；选项B中的情形属于“投资者受同一主体控制”；选项C中的情形属于“投资者的董事、监事或者高级管理人员中的主要成员，同时在另一个投资者担任董事、监事或者高级管理人员”；选项D中，王某只持有投资者（甲公司）25%的股份，未达到30%以上，因此，王某不构成甲公司的一致行动人。

12. 【答案】D

【学堂点拨】本题考查非分离交易可转债的发行。非分离交易可转换公司债券的期限最短为1年，最长为6年，因此，选项A符合规定；可转换公司债券自发行结束之日起6个月后方可转换为公司股票，转换期限由公司根据可转换公司债券的存续期限及公司财务状况确定，因此，选项B符合规定；可转换公司债券持有人不转换为股票的，上市公司应当在可转换公司债券期满后5个工作日内办理完毕偿还债券余额本息的事项，因此，选项C符合规定；转股价格修正方案须提交公司股东大会表决，且须经出席会议的股东所持表决权2/3以上同意，因此，选项D不符合规定。

13. 【答案】D

【学堂点拨】本题考核点是上市公司临时报告中的重大事件。根据规定，公司减资、合并、分立、解散及申请破产的决定，或者依法进入破产程序、被责令关闭，属于临时报告中需要披露的重大事件，所以选项B错误。持有公司5%以上股份的股东发生变化属于重大事件，所以选项A错误。公司董事、1/3以上监事或者经理发生变动属于重大事件，所以选项C错误。股东大会决议被撤销属于重大事件，所以选项D正确。

14. 【答案】B

【学堂点拨】本题考核协议收购。采取协议收购方式时，收购人收购或者通过协议、其他安排与他人共同收购一个上市公司已发行的股份达到30%时，继续进行收购的，应当向该上市公司所有股东发出收购上市公司全部或者部分股份的要约，转化为要约收购。

15. 【答案】A

【学堂点拨】本题考核发行人首次公开发行股票并上市。发行人的董事、监事和高级管理人员符合法律、行政法规和规章规定的任职资格，而且不得有以下情形：被中国证监会采取证券市场禁入措施尚在禁入期的；最近36个月内受到中国证监会行政处罚，或者最近12个月内受到证券交易所公开谴责；因涉嫌犯罪被司法机关立案侦查或者涉嫌违法违规被中国证监会立案调查，尚未有明确结论意见。

16. 【答案】C

【学堂点拨】预先披露的招股说明书（申报稿）不是发行人发行股票的正式文件，不能含有价格信息，因此选项A错误；招股说明书中引用的财务报表在其最近一期截止日后6个月内有效，特别情况下发行人可申请适当延长，但至多不超过1个月，因此，选项B错误；保荐人及其代表人在招股说明书上签署的是“核查意见”，因此，选项D错误。

17. 【答案】B

【学堂点拨】选项A：发行人最近3年内主营业务和董事、高级管理人员没有发生重大变化，实际控制人没有发生变更。选项B、C：发行人的总经理、副总经理、财务负责人和董事会秘书等高级管理人员不得在控股股东、实际控制人及其控制的其他企业中担任除“董事、监事”以外的其他职务。选项D：发行人的董事、监事和高级管理人员最近36个月内受到中国证监会行政处罚，或者最近12个月内受到证券交易所公开谴责，属于法定障碍。

18. 【答案】C

【学堂点拨】本题考查非上市公众公司。王某转让股权后，甲公司股东累计超过了200人，股份有限公司可以经过证监会的核准后成为非上市公众公司。因此，选项A的表述正确；股票向特定对象转让导致股东累计超过200人的股份有限公司，应当自上述行为发生之日起3个月内，按照中国证监会有关规定制作申请文件，向中国证监会申请核准。在提交申请文件前，股份有限公司应当将相关情况通知所有股东。因此，选项B、D的表述正确，选项C的表述错误，当选。

19. 【答案】B

【学堂点拨】选项A：公开发行可转换公司债券，应当提供担保，但最近一期期末经审计的净资产不低于人民币15亿元的公司除外。选项B、C：证券公司或上市公司不得作为发行可转换公司债券的担保人，但上市商业银行除外。选项D：以保证方式提供担保的，应当为连带责任担保，且保证人最近一期经审计的净资产额应不低于其累计对外担保的金额。

20. 【答案】C

【学堂点拨】发行人的董事、监事和高级管理人员承担“过错推定责任”；首先推定其有过错，如果其能够证明自己没有过错，应予免责，否则，应当承担连带赔偿责任。

二、多项选择题

1. 【答案】AB

【学堂点拨】本题考核非上市公众公司的相关规定。根据规定，非上市公众公司是指有下列情形之一且其股票未在证券交易所上市交易的股份有限公司：（1）因股东向特定对象转让股票导致股东累计超过200人；（2）股份公司申请其股票向社会公开转让；（3）向特定对象发行股票导致股东累计超过200人。本题中，选项C，由于发行后股份人数没有超过200人，不用核准并成为非上市公众公司；选项D中只是向原有股东增发股份，股东人数没有变化，不构成非上市公众公司。

2.【答案】ABD

【学堂点拨】上市公司非公开发行股票需要提交发行申请并核准，选项A正确；上市公司增发股票需要经过证监会审核，选项B正确；对于股东人数未超过200人的公司申请其股票公开转让，中国证监会豁免核准，由全国中小企业股份转让系统进行审查，选项C错误；因股票向特定对象发行股票导致股东累计超过200人的，需要向中国证监会进行核准。选项D中，向特定对象发行股票后导致股东人数累计超过200人，此时应进行核准。

3.【答案】ABD

【学堂点拨】上市公司发行股份的价格不得低于市场参考价的90%。市场参考价为本次发行股份购买资产的董事会决议公告日前20个交易日、60个交易日或者120个交易日的公司股票交易均价之一，选项C错误。

4.【答案】ABC

【学堂点拨】在全国中小企业股份转让系统挂牌公开转让股票的非上市公众公司向特定对象发行股票后股东累计不超过200人的，豁免向中国证监会申请核准，由全国中小企业股份转让系统自律管理，但发行对象应当符合特定对象范围的规定，因此选项A的情形可以豁免核准。股票向特定对象转让导致股东累计超过200人的股份有限公司，应当自上述行为发生之日起3个月内，按照中国证监会有关规定申请核准；如果股份公司在3个月内将股东人数降至200人以内的，可以不提出申请，因此选项B的情形可以豁免核准。对于股东人数未超过200人的公司申请股票公开转让，中国证监会豁免核准，由全国中小企业股份转让系统进行审查，因此选项C的情形可以豁免核准。公司申请定向发行股票，可申请一次核准，分期发行。自中国证监会予以核准之日起，公司应当在3个月内首期发行，剩余数量应当在12个月内发行完毕。超过核准文件限定的有效期未发行的，须重新经中国证监会核准后方可发行。选项D中，由于超过了核准文件规定的12个月有效期，因此继续发行的，需要重新申请核准，选项D错误。

5.【答案】ABD

【学堂点拨】本题考核债券持有人会议。根据规定，有下列事项之一的，应当召开债券持有人会议：（1）拟变更募集说明书的约定；（2）发行人不能按期支付本息；（3）发行人减资、合并、分立、解散、申请破产；（4）保证人或者担保物发生重大变化；（5）其他影响债券持有人重大权益的事项。据此，应选ABD。

6.【答案】ACD

【学堂点拨】本题考查上市公司信息披露。持有公司5%以上股份的股东或者实际控制人，其持有股份或者控制公司的情况发生较大变化，属于重大事件，因此A当选；法院裁决禁止控股股东转让其所持股份，任一个股东所持公司5%以上股份被质押、冻结、司法拍卖、托管、设定信托或者被依法限制表决权，均属于重大事件，因此选项C、D当选。

三、案例分析题

1. 【答案】

（1）甲公司应履行信息披露义务。公司董事、监事、高级管理人员涉嫌违法违纪被有权机关调查或者采取强制措施属于重大事件，根据规定，上市公司控股子公司发生重大事件可能对上市公司证券及其衍生品种交易价格产生较大影响的，上市公司应当履行信息披露义务。

（2）王某的行政复议申请理由不成立。根据规定，能力不足、无相关职业背景不得单独作为不予处罚情形认定。

（3）暂停甲公司股票上市合法。根据规定，上市公司因欺诈发行或者重大信息披露违法行为，受到证监会行政处罚，或者因涉嫌犯罪被移送公安机关的，证券交易所应当依法作出暂停其股票上市交易的决定。

（4）人民法院应予支持。根据规定，公司债权人请求抽逃出资的股东在抽逃出资本息范围内对公司债务不能清偿的部分承担补充赔偿责任的，人民法院应予支持。

（5）人民法院不应受理。根据规定，公司董事、高级管理人员侵犯公司利益，股份有限公司连续180日以上单独或者合计持有公司1%以上股份的股东可以书面请求“监事会”向人民法院提起诉讼。如果监事会收到股东的书面请求后拒绝提起诉讼，或者自收到请求之日起30日内未提起诉讼，或者情况紧急、不立即提起诉讼将会使公司利益受到难以弥补的损害的，股东有权为了公司的利益以自己的名义直接向人民法院提起诉讼。本题中，周某应先书面请求监事会，不能直接提起诉讼。

（6）符合规定。上市公司因欺诈发行或者重大信息披露违法行为，受到中国证监会行政处罚，或者因涉嫌犯罪被移送公安机关而暂停上市后，在证监会作出行政处罚决定或者移送决定之日起12个月内，证券交易所应当作出终止其股票上市交易的决定。

2. 【答案】

（1）首先，四维公司关于大华公司的净资产不符合发行公司债券条件的判断正确。根据公司法律制度的规定，发行后累计公司债券余额不得超过公司最近一期期末净资产额的40%。大华公司最近一期期末净资产额为10亿元，本次拟发行额为5亿元，超过40%。其次，四维公司关于大华公司的利润情况不符合发行公司债券条件的判断正确。根据公司法律制度的规定，公司最近3个会计年度实现的年均可分配利润应不少于公司债券1年的利息。大华公司拟发行的公司债券1年的利息为3 000万元，而其最近3年年均可分配利润只有2 000万元。

（2）大华公司董事会提出的优先股融资方案中，以下内容不符合规定：

第一，拟发行的优先股股数不符合法律规定；根据证券法律制度的规定，公司已经发行的优先股不得超过公司普通股总数的50%，大华公司已发行的普通股总数为5亿股，拟发行优先股3亿股，超过50%；

第二，有关股息率调整的方案不符合法律规定；根据证券法律制度的规定，公开发行的优先股应当采取固定股息率，不能2年调整一次；

第三，有关优先股股东分配股息后还能继续参加剩余利润分配的内容不符合法律规定；根据证券法律制度的规定，公开发行的优先股，优先股股东分配股息后，不再同普通股股东一起参加剩余利润分配。

（3）有关媒体关于丙与乙构成一致行动人的说法符合法律规定。根据证券法律制度的规定，当投资者之间存在合伙关系时，可以推定为一致行动人。

（4）有关媒体关于丙在收购丁所持大华公司7%的股权时必须采取要约收购方式的说法符合法律规定。根据证券法律制度的规定，一致行动人应当合并计算所持有的股份。通过证券交易，投资者持有或者通过协议、其他安排与他人共同持有一个上市公司已发行的股份达到30%时，继续收购的，应当采取要约收购方式。乙已经持有大华公司25%的股份，丙协议购买将获得7%的股份，合计将超过30%。

（5）甲增持大华公司2%的股份无需采取要约收购方式。甲持有大华公司的股份超过30%，且距离增持之时已超过1年；其在12个月内增持的股份不超过公司已发行股份的2%时，豁免发出要约。

（6）第一，A买卖大华公司股票的行为构成内幕交易，A系内幕信息知情人的配偶，且其交易行为明显异常；第二，B买卖大华公司股票的行为构成内幕交易，B在内幕信息公开前，与内幕信息知情人员联络、接触，且其交易行为明显异常。

3．【答案】

（1）赵某应对招股说明书中的虚假财务数据承担行政法律责任。根据规定，上市公司的董事、监事、高级管理人员，负有保证信息披露真实、准确、完整、及时和公平义务，应当视情形认定其为直接负责的主管人员或者其他直接责任人员承担行政责任，但其能够证明已尽忠实、勤勉义务，没有过错的除外。本题中，赵某为甲公司董事长，决定虚构回收应收账款，有过错，应对上市公司虚假陈述行为承担行政责任。

（2）乙会计师事务所应对招股说明书中的虚假财务数据承担行政责任。对于虚假陈述行为，如果会计师事务所等证券服务机构有涉及的，应承担行政责任。根据规定，证券服务机构未勤勉尽责，所制作、出具的文件有虚假记载、误导性陈述或者重大遗漏的，应当承担行政责任。

（3）丙律师事务所应对招股说明书中的虚假财务数据承担行政责任。对于虚假陈述行为，如果律师事务所等证券服务机构也有涉及的，应承担行政责任。根据规定，证券服务机构未勤勉尽责，所制作、出具的文件有虚假记载、误导性陈述或者重大遗漏的，应当承担行政责任。

（4）赵某从公司借款的行为不符合公司法律制度的规定。根据规定，公司不得直接或者通过子公司向董事、监事、高级管理人员提供借款。

（5）孙某的行为不符合公司法律制度的规定。根据规定，公司董事、监事、高级管理人员应当遵守法律、行政法规和公司章程，对公司负有忠实义务和勤勉义务。勤勉义务，是公司管理者应当在执行公司职务时勤勉尽责。本题中，孙某为甲公司的董事，却不关注公司事务，违反了《公司法》中规定的勤勉义务。

（6）证券交易所终止甲上市公司的上市决定符合规定。根据规定，对于首次公开发行股票中涉及重大信息披露违法的公司，因受到证监会行政处罚，在证监会行政处罚决定或者移送决定之日起1年内，证券交易所应当作出终止其股票上市交易的决定。本题中，证监会作出行政处罚决定书之日为2016年7月7日，截至2017年6月21日，在12个月以内的期限，因此证券交易所可以作出终止上市的决定。

（7）李某不能要求甲公司就虚假陈述行为赔偿损失。根据规定，投资者在虚假陈述实施日及以后，至揭露日或者更正日之前买入该证券，在之后因卖出或持有该证券而产生的亏损，有权要求发行人赔偿。本题中，虚假陈述实施日为2014年3月（发布招股说明书），虚假陈述揭露日为2015年7月

（监察机关立案稽查的时间）。李某在2016年7月14日买入甲公司的股票，这是属于在虚假陈述揭露日之后进行的投资，其损失与虚假陈述行为不构成因果关系，因此不能要求甲公司赔偿。

（8）①钱某不能就2015年3月10日卖出甲公司股票的投资损失要求赔偿。因为这是钱某在甲公司虚假陈述行为揭露日（2015年7月）之前卖出的，该损失与虚假陈述行为不构成因果关系。

②钱某可以就2016年7月25日卖出甲公司股票的投资损失要求赔偿。因为这是钱某在甲公司虚假陈述实施日及以后，至揭露日或者更正日之前买入，并且在虚假陈述行为揭露日（2015年7月）之后卖出，该损失与虚假陈述行为构成因果关系。

4. 【答案】

（1）风顺科技于7月10日发布公告称无应披露之信息，不符合证券法律制度的规定。根据《证券法》规定，公司订立重要合同，可能对公司的资产、负债、权益和经营成果产生重要影响，属于重大事件，应当进行披露。而出现下列情形之一的，上市公司应当及时披露相关事项的现状、可能影响事件进展的风险因素：该重大事件难以保密；该重大事件已经泄露或者市场出现传闻；公司证券及其衍生品种出现异常交易情况。题目中7月8日市场出现关于风顺科技即将签署重大交易合同的传闻，上市公司应当及时披露签署重大交易合同的信息。

（2）孙某买卖风顺科技股票的行为构成内幕交易。根据《证券法》规定，证券交易内幕信息的知情人和非法获取内幕信息的人，在内幕信息公开前，不得买卖该公司的证券，或者泄露该信息，或者建议他人买卖该证券。在内幕信息敏感期内，与内幕信息知情人员联络、接触，或者泄露内幕信息导致他人从事与该内幕信息有关的证券、期货交易，相关交易行为明显异常，且无正当理由或者正当信息来源的，属于非法获取证券内幕信息的人员，其又在内幕信息敏感期买卖证券的，可推定其从事了内幕交易行为。

（3）张某关于其亏损系风顺科技虚假陈述所致的主张不成立。根据《证券法》规定，认定虚假陈述与损害结果之间存在因果关系，需要看买入时间与卖出时间。法律规定要求：投资人在虚假陈述实施日及以后，至揭露日或者更正日之前买入该证券；投资人在虚假陈述揭露日或者更正日及以后，因卖出该证券发生亏损，或者因持续持有该证券而产生的亏损。本题中，张某买入风顺科技股份的期限为2014年2月，这是在虚假陈述实施日之前已经买入股票，不符合规定；因此，张某的损失与风顺科技的虚假陈述无因果关系。

（4）公司董事会秘书郑某主张其本人不应受处罚的抗辩不成立。根据《证券法》规定，“受到股东、实际控制人控制或者其他外部干预”，不得单独作为不予处罚情形的认定。

（5）刘某具有提议召开董事会临时会议的资格。根据《公司法》规定，代表10%以上表决权的股东、1/3以上的董事或者监事会，可以提议召开董事会临时会议。本题中，刘某持有风顺科技11%股份，有权提议召开临时董事会。

（6）人民法院不应受理钱某提起的诉讼。根据《公司法》规定，“董事、高级管理人员”侵犯公司利益，股份有限公司连续180日以上单独或者合计持有公司1%以上股份的股东，可以书面请求监事会向人民法院提起诉讼。如果监事会收到股东书面请求后拒绝提起诉讼，或者自收到请求之日起30日内未提起诉讼，或者情况紧急、不立即提起诉讼将会使公司利益受到难以弥补的损害的，股东有权以自己的名义直接向人民法院提起诉讼。本题中，钱某仅持有风顺科技0.1%的股份，不符合法定的持股比例要求。

5.【答案】

（1）2014年3月5日嘉业股份董事会讨论的优先股发行方案中，以下内容不符合相关规定：

第一，关于拟筹资4亿元的内容不符合法律规定，因为公司发行优先股筹资的金额不得超过发行前净资产的50%；

第二，关于股息率每年调整一次的内容不符合法律规定，因为公开发行优先股，必须采取固定股息率；

第三，关于未能足额发放的优先股股息不予累积的内容不符合法律规定，因为公开发行的优先股，未能足额分配的优先股股息，差额部分应当累积到下一会计年度；

第四，关于优先股股东在按照约定的股息率分配股息后，还可同普通股股东一起参加剩余利润分配的内容不符合法律规定，因为公开发行优先股的公司，必须在公司章程中规定优先股股东在按照约定的股息率分配股息后，不再同普通股股东一起参加利润分配。

（2）2014年3月5日嘉业股份董事会讨论的定向增发方案中，发行对象的数量符合相关规定。根据证券法律制度的规定，非公开发行股票的发行对象不得超过10名。证券投资基金管理公司以其管理的2只以上基金认购的，视为一个发行对象。

（3）2014年3月5日嘉业股份董事会讨论的定向增发方案中，引入境外战略投资者的审批程序不符合相关规定；根据证券法律制度的规定，发行对象为境外战略投资者的，应当经国务院相关部门事先批准。境外战略投资者认购股份后限制转让的时间不符合相关规定；根据证券法律制度的规定，境外战略投资者认购的股份，自发行结束之日起36个月内不得转让。

（4）2014年3月5日嘉业股份董事会讨论的公司债券发行方案中，以下内容不符合法律规定：

第一，关于发行3亿元公司债券的内容不符合法律规定，根据证券法律制度的规定，公司累计债券余额不得超过公司净资产额的40%；

第二，关于30个月内发行完毕的内容不符合法律规定，根据证券法律制度的规定，公司债券应自证监会核准发行之日起24个月内发行完毕。

（5）A公司于9月10日发出公告的行为不符合法律规定。根据证券法律制度的规定，只有持有上市公司已发行的股份每增加或减少5%才需要公告；在计算收购人持有上市公司已发行的股份比例时，表决权未恢复的优先股不计入持股比例。

6. 【答案】

（1）乙、戊、辛构成一致行动人。所谓一致行动，是指投资者通过协议、其他安排，与其他投资者共同扩大其所能支配的一个上市公司股份表决权数量的行为或事实。戊、辛向乙书面承诺“无条件按照乙的指令行使甲公司的表决权”，构成一致行动。

（2）乙8月1日持有上市公司股份5%，戊、辛在8月1日至8月3日又分别购入上市公司2.5%的行为不符合规定。根据规定，通过证券交易所的证券交易，投资者持有或者通过协议、其他安排与他人共同持有一个上市公司已发行的股份达到5%时，应当在该事实发生之日起3日内，向国务院证券监督管理机构、证券交易所作出书面报告，通知该上市公司，并予公告，在上述期限内，不得再行买卖该上市公司的股票。所以在8月1日至8月3日期间，戊、辛不能继续收购上市公司的股份。

乙8月16日和9月3日的公告行为不符合规定。根据规定，投资者持有或者通过协议、其他安排与他人共同持有一个上市公司已发行的股份达到 5 %后，其所持该上市公司已发行的股份比例每增加或者减少5%，应当在该事实发生之日起3日内，向国务院证券监督管理机构、证券交易所作出书面报告，通知该上市公司，并予公告。

（3）①发行价格不符合规定。根据规定，上市公司发行股份的价格不得低于市场参考价的90%。市场参考价为本次发行股份购买资产的董事会决议公告日前20个交易日、60个交易日或者120个交易日的公司股票交易均价之一。

②丁取得的股份在6个月后可以转让不符合规定。根据规定，特定对象以资产认购而取得的上市公司股份，自股份发行结束之日起12个月内不得转让。

（4）董事会的到会人数符合规定。根据规定，董事会会议应有过半数的董事出席方可举行。题目中董事11人，7人到会，符合要求。

（5）董事会的决议没有通过。根据规定，董事会作出决议，必须经全体董事的过半数通过。题目中董事11人，5人同意，不符合要求。

（6）法院不应受理乙的起诉。根据规定，董事、高级管理人员的行为侵犯公司利益，股份有限公司连续180日以上单独或者合计持有公司1%以上股份的股东，可以书面请求监事会向人民法院提起诉讼。监事会收到规定的股东书面请求后拒绝提起诉讼，符合规定的股东有权为了公司的利益以自己的名义直接向人民法院提起诉讼。题目中乙持股时间不足180日，不符合要求。

第八章　企业破产法律制度

本章思维导图

- 企业破产法律制度
  - 破产法律制度概述★
    - 破产与破产法的概念与特征
    - 破产法的立法宗旨与调整作用
    - 破产法的适用范围
  - 破产申请与受理★★★
    - 破产原因
    - 破产申请的提出
    - 破产申请的受理
  - 管理人制度★★★
    - 管理人制度的一般理论
    - 管理人的资格与指定
    - 管理人的报酬
    - 管理人的职责与责任
  - 债务人财产★★★
    - 债务人财产的一般规定
    - 破产撤销权与无效行为
    - 取回权
    - 抵销权
    - 破产费用与共益债务
  - 破产债权★★
    - 破产债权申报的一般规则
    - 破产债权申报的特别规定
    - 破产债权的确认
  - 债权人会议★★
    - 债权人会议的组成
    - 债权人会议的召集与职权
    - 债权人委员会
  - 重整程序★★
    - 重整制度的一般理论
    - 重整申请和重整期间
    - 重整计划的制订与批准
    - 重整计划的执行、监督与终止
  - 和解制度★★
    - 和解的特征与一般程序
    - 和解协议的效力
  - 破产清算程序★★★
    - 破产宣告
    - 别除权
    - 破产财产的变价和分配
    - 破产程序的终结

本章概述

企业法人是拥有独立财产，并能独立承担责任的市场主体。当企业法人经营陷入困境，资产不足以清偿到期债务时，如何将企业所剩无几的财产在全体债权人之间进行公平地分配就直接影响到债权人利益的保护。企业破产法的宗旨就是为了规范企业破产程序，公平清理债权债务，保护债权人和债务人的合法权益。现代破产法的重点已不限于对一个出现破产原因的企业法人进行破产清算，更多地是关于如何挽救一个陷入困境的市场主体。因此，本章主要包括三大程序：破产清算、破产和解和破产重整。本章教材编写的主要依据是《中华人民共和国企业破产法》（以下简称《企业破产法》）《关于适用〈中华人民共和国企业破产法〉若干问题的规定（一）》（以下简称《企业破产法司法解释（一）》）《关于适用〈中华人民共和国企业破产法〉若干问题的规定（二）》（以下简称《企业破产法司法解释（二）》）。

考情回顾及考情预测

本章每年的考试分值为12～15分，考查题型主要是单选题、多选题和案例分析题。最近几年每年都会考查一道案例分析题，偶尔会与公司法律制度相结合进行考查。2018年本章的分值与往年大致相当。

本章近五年考情一览

考点	重要程度	考查次数	大致分值	考查题型	考查概率
《企业破产法》的适用范围	★★	1	1	单选题	30%
破产财产分配	★★★	3	3～5	单选题、多选题、案例题	80%
破产申请的受理效力	★★★	1	1	单选题	50%
管理人的资格与报酬	★★	2	2～3	单选题、多选题	50%
债务人财产	★★★	2	2～3	单选题、案例题	50%
破产债权的申报	★★★	2	2～4	多选题、案例题	80%
债权人会议	★★	2	2～3	单选题、多选题	50%
和解制度	★★	1	1～2	多选题	50%

本章重难点

重点：破产原因、破产受理的法律效力、管理人制度、债务人财产的范围、破产抵销权、破产撤销权、取回权、债权申报、重整与和解程序的异同、破产财产的分配。

难点：破产的申请和受理、破产债权的申报、重整草案的通过、破产费用和共益债务、债权人会议的表决、重整与和解程序的异同、破产清算。

本章学习方法和技巧

本章与第三章物权法律制度、第四章合同法律制度、第六章公司法律制度等章节联系密切，因此，在学习的过程中，要多运用对比法，注意本章知识点与这三章相关知识点之间的联系和区别。

2018年教材主要变化

第二节新增了“执行案件的移送破产审查”的相关内容。

第一单元 破产法律制度概述及破产申请与受理

知识点1 破产法律制度概述（★★）

一、破产的概念和特征

狭义上的破产又称为破产清算，是指对丧失清偿能力的债务人，经法院审理，强制清算其全部财产，公平、有序地清偿全部债权人的法律制度。与民事执行制度相比，破产清算具有如下特征：

（一）公平清偿

由于破产程序的债务人已丧失对债权人清偿全部债务的能力，故须以破产方式解决对全体债权人的公平、有序清偿问题。

（二）集体清偿

破产清算是为全体债权人的利益而进行，属于债权的集体清偿程序。

（三）全面清算

破产是对债务人财产等法律关系的全面清算，其结果是导致企业法人主体资格终止。

【解释】广义上的破产法律制度包括三大制度，即破产清算制度、破产重整制度和破产和解制度。其中，破产重整和破产和解的目的在于挽救一个已陷入困境、濒临破产清算的债务人。如果通过破产重整与破产和解程序挽救不成，就会转入破产清算程序。

二、破产法的适用范围

（一）主体适用范围

1. 《企业破产法》规定的主体适用范围是“所有的企业法人”。

提示

只要是企业法人，不论是私营企业还是国有企业，股份有限公司还是有限责任公司，金融机构还是非金融企业，都适用《企业破产法》。

2. 以下四种非企业法人参照适用：

（1）合伙企业；

（2）农民专业合作社；

（3）民办学校；

（4）个人独资企业。

【解释】所谓“参照适用”，是指上述四种组织的破产清算，可以遵循《企业破产法》的基本程序性规则，包括破产申请、债权申报、债务清偿。不同之处在于：破产清算完毕，破产程序终结后，企业法人的投资人无需对在破产清算中未获清偿的债权人承担无限或无限连带责任，而上述四种组织破产清算完毕，投资人仍需对债权人承担无限或无限连带责任，直至所有债务完全得到清偿。

（二）地域适用范围：有限制的普及主义原则

1．依照《企业破产法》开始的破产程序，对债务人在中华人民共和国领域外的财产发生效力。

2．外国法院作出的发生法律效力的破产案件的判决、裁定，涉及债务人在中华人民共和国领域内的财产，申请或者请求人民法院承认和执行的，人民法院依照中华人民共和国缔结或者参加的国际条约，或者按照互惠原则进行审查，认为不违反中华人民共和国法律的基本原则，不损害国家主权、安全和社会公共利益，不损害中华人民共和国领域内债权人的合法权益的，裁定承认和执行。

【例1-单选题】根据企业破产法律制度的规定，下列表述中，正确的是（　　）。

A．国有企业破产属政策性破产，不适用《企业破产法》

B．金融机构实施破产的，由国务院根据《商业银行法》等法律另行制定破产实施办法，不适用《企业破产法》

C．民办学校的破产清算可以参照适用《企业破产法》规定的程序

D．依照《企业破产法》开始的破产程序，对债务人在中华人民共和国领域外的财产不发生效力

【答案】C

学堂点拨

选项A、B错误，根据规定，《企业破产法》适用于所有的企业法人，国有企业、金融机构只要是企业法人均应适用。选项D错误，根据规定，依照《企业破产法》开始的破产程序，对债务人在中华人民共和国领域外的财产发生效力。

知识点2　破产申请与受理（★★★）

一、破产原因

（一）破产原因之一

债务人不能清偿到期债务，并且资产不足以清偿全部债务——主要适用于债务人提出破产申请且其资不抵债情况通过形式审查即可判断的案件。

（二）破产原因之二

债务人不能清偿到期债务，并且明显缺乏清偿能力——主要适用于债权人提出破产申请和债务人提出破产申请但其资不抵债状况通过形式审查不易判断的案件。

【解释1】对债务人丧失清偿能力、发生破产原因的认定，不以其他对其债务负有清偿义务者（如连带责任人、担保人）也丧失清偿能力、不能代为清偿为条件。只要债务人本人不能清偿到期债务即为发生破产原因，其他人对其负债的连带责任、担保责任，不能视为债务人的清偿能力或其延

伸。因此，相关当事人以对债务人的债务负有连带责任的人未丧失清偿能力为由，主张债务人不具备破产原因的，人民法院应不予支持。

【解释2】不能清偿到期债务的认定——下列情形“同时”存在的，人民法院应当认定债务人不能清偿到期债务：1. 债权债务关系依法成立；2. 债务履行期限已经届满；3. 债务人未完全清偿债务。

【解释3】“资不抵债”的认定：债务人的资产负债表，或者审计报告、资产评估报告等显示其全部资产不足以偿付全部负债的，人民法院应当认定债务人资产不足以清偿全部债务，但有相反证据足以证明债务人资产能够偿付全部负债的除外。

【解释4】“明显缺乏清偿能力”的认定——债务人账面资产虽大于负债，但存在下列情形之一的，人民法院应当认定其明显缺乏清偿能力：1. 因资金严重不足或者财产不能变现等原因，无法清偿债务；2. 法定代表人下落不明且无其他人员负责管理财产，无法清偿债务；3. 经人民法院强制执行，无法清偿债务；4. 长期亏损且经营扭亏困难，无法清偿债务；5. 导致债务人丧失清偿能力的其他情形。

二、破产申请

享有破产申请权的主体包括以下几种：

（一）债务人

债务人发生破产原因，可以向人民法院提出“重整、和解或者破产清算”的申请。

（二）债权人

债务人不能清偿到期债务，债权人可以向人民法院提出对债务人进行“重整或者破产清算”的申请。

提示

1. 债权人提出破产申请，不以债务人资不抵债为前提，只要债务人不能清偿到期债务，债权人即可提出。

2. 债权人只能提出重整或破产清算申请，不能提出破产和解申请。

3. 对破产人的特定财产享有担保权的债权人同样享有破产申请权，原因在于：（1）债权人处于某种原因放弃了优先受偿权；（2）担保物的价款可能不足以清偿所担保的债权。

4. 税务机关和社会保险机构作为债权人，只能提起破产清算申请，不能提出重整申请，因为他们无权在重整程序中主动作出债权减免的让步，不能为重整程序作出任何贡献。

5. 破产企业的职工作为债权人可以申请债务人企业破产，但鉴于申请破产对职工而言犹如一把“双刃剑”（解脱了，也失业了），职工提出破产申请应经职工代表大会或者全体职工2/3以上多数同意。

（三）清算组

1. 人民法院指定的清算组在清理公司财产、编制资产负债表和财产清单时，如果发现公司财产不足以清偿债务的，应当依法向人民法院申请宣告破产。具体而言，清算组有两种处理方式：

（1）直接依法向人民法院申请宣告破产；

（2）也可以与债权人协商制订有关债务清偿方案，清偿方案经全体债权人确认且不损害其他利害关系人利益的，人民法院可依清算组的申请裁定予以认可。清算组依据该清偿方案清偿债务后，应向人民法院申请裁定终结清算程序。债权人对债务清偿方案不予确认或人民法院不予认可的，清算组应当依法向人民法院申请宣告破产。

2. 企业法人已解散但未清算或者未在合理期限内清算完毕，债权人申请债务人破产清算的，除债务人在法定异议期限内举证证明其未出现破产原因外，人民法院应当受理。因清算义务人怠于履行义务，导致公司财产贬值、流失、毁损或者灭失，或者导致主要财产、账册、重要文件等灭失，无法进行破产清算时，债权人仍可在破产程序终结后主张由清算义务人对公司债务承担连带清偿责任。

【解释】这种情况下，债权人可以直接跳过司法强制清算程序，直接申请债务人破产，有利于节省司法资源，更好地维护自身利益。

（四）国务院金融监督管理机构

国务院金融监督管理机构可以向人民法院提出对商业银行、证券公司、保险公司等金融机构进行“重整或者破产清算”的申请。

【例2-多选题】根据企业破产法律制度的规定，向债务人所在地人民法院提出破产清算申请的当事人有（　　）。

A. 债务人　　B. 债权人

C. 人民法院　　D. 对债务人负有清算责任的人

【答案】ABD

学堂点拨

根据规定，享有破产申请权的主体包括债务人、债权人、对债务人负有清算责任的人、国务院金融监督管理机构。人民法院是破产案件的受理主体，而非申请主体。因此，选项A、B、D正确。

三、破产案件的管辖

（一）地域管辖

破产案件由“债务人住所地人民法院”管辖。

【解释】债务人住所地是指债务人的“主要办事机构”所在地；债务人主要办事机构所在地不明确、存在争议的，由其“注册登记地”人民法院管辖。

（二）级别管辖

破产案件的级别管辖依破产企业的工商登记情况确定。

1. 基层法院管辖的破产案件范围：县、县级市或者区的工商行政管理机关核准登记企业的破产案件。

2. 中级法院管辖的破产案件范围：（1）地区、地级市（含本级）以上的工商行政管理机关核准登记企业的破产案件；（2）纳入国家计划调整的国有企业破产案件；（3）金融机构、上市公司破产案件或者具有重大影响、法律关系复杂的破产案件。

（三）申请人的举证责任

1. 债权人提出破产申请时，应当提交债务人不能清偿到期债务的有关证据。

2. 债务人提出破产申请时，应当向人民法院提交财产状况说明、债务清册、债权清册、有关财务会计报告、职工安置预案及职工工资的支付和社会保险费用的缴纳情况等。

（四）破产申请的撤回

在人民法院“受理”破产申请前，申请人可以请求撤回申请。

四、破产申请受理的程序

（一）破产申请受理的一般程序

1. 人民法院应当自收到破产申请之日起15日内裁定是否受理。有特殊情况需要延长受理案件期限的，经上一级人民法院批准，可以延长15日。

2. 人民法院裁定受理破产申请的，应当将裁定自作出之日起5日内送达申请人。

3. 人民法院裁定受理破产申请的，应当同时指定管理人，并在裁定受理破产申请之日起25日内通知已知债权人，并予以公告。

4. 人民法院作出“不予受理”破产申请裁定的，应当将裁定自作出之日起5日内送达申请人并说明理由。申请人对裁定不服的，可以自裁定送达之日起10日内向上一级人民法院提起上诉。

5. 人民法院受理破产申请后至破产宣告前，经审查发现案件受理时债务人未发生破产原因的，可以裁定驳回申请；申请人对“驳回申请”的裁定不服的，可以自裁定送达之日起10日内向上一级人民法院提起上诉。但是，由于债务人财产的市场价值发生变化导致其在案件受理后破产原因消失的，不影响破产案件的受理与继续审理，人民法院不得裁定驳回申请，债务人可以通过和解、重整等方式结束破产程序。

提示

在整个破产程序中，当事人可以提起上诉的仅限于“不予受理”和“驳回申请”两个裁定；当事人对人民法院作出的其他裁定不服的，均不能提起上诉。

（二）债权人提出破产申请受理程序的特殊规定

1. 债权人提出破产申请的，人民法院应当自收到申请之日起5日内通知债务人。

2. 债务人对债权人提出的破产申请有异议的，应当自收到人民法院的通知之日起7日内向人民法院提出，并提交相关的证明材料。

提示

1. 债务人对债权人的申请未在法定期限内向人民法院提出异议，或者异议不成立的，人民法院应当依法裁定受理破产申请。

2. 异议不成立的情形：

（1）债务人以其具有清偿能力或者资产超过负债为由提出异议，但又不能立即清偿债务或者与债权人达成和解的，其异议不能成立；

（2）债务人对债权人申请人是否享有债权提出异议时，人民法院应当依法对相关债权进行审查；如果人民法院能够依据双方签订的合同、支付凭证、对账单和还款协议等主要证据确定债权存在，且债务人没有相关证据和合理理由予以反驳的，人民法院对其异议应不予支持；

（3）债务人对债权人申请人享有的债权数额提出异议，如果存在双方无争议的部分债权数额，且债务人对该数额已经丧失清偿能力，该项异议不能阻止法院受理破产申请；

（4）债务人对申请人的债权是否存在担保提出异议，因不影响破产原因的成立，也不能阻止法院受理破产申请；

（5）破产案件的诉讼费用，应计入破产费用，从债务人财产中拨付。相关当事人以申请人未预先交纳诉讼费用为由，对破产申请提出异议的，人民法院不予支持。

3. 人民法院应当自异议期满之日起10日内裁定是否受理；

4. 债权人提出破产申请的，人民法院应当自受理裁定作出之日起5日内送达债务人；债务人应当自裁定送达之日起15日内，向人民法院提交财产状况说明、债务清册、债权清册、有关财务会计报告以及职工工资的支付和社会保险费用的缴纳情况。

提示

1. 债务人不能提交或者拒不提交有关材料的，只要可以认定破产原因存在，即对依法成立的债权到期持续未能完全清偿，法院不得拒绝受理破产案件或驳回破产申请。

2. 债权人对人员下落不明或者财产状况不清（如债务人有逃债行为）的债务人申请破产清算，符合《企业破产法》的规定的，人民法院应依法予以受理。

五、破产申请受理的效力

（一）债务人的有关人员的义务

自人民法院受理破产申请的裁定送达债务人之日起至破产程序终结之日，债务人的有关人员承担如下的法定义务：

1. 妥善保管其占有和管理的财产、印章和账簿、文书等资料；
2. 根据人民法院、管理人的要求进行工作，并如实回答询问；
3. 列席债权人会议并如实回答债权人的询问；
4. 未经人民法院许可，不得离开住所地；
5. 不得新任其他企业的董事、监事、高级管理人员。

【解释】债务人的有关人员是指企业的法定代表人，经人民法院决定，可以包括企业的财务管理人员和其他经营管理人员。

（二）人民法院受理破产申请后，债务人对个别债权人的债务清偿无效。

提示

债务人以其自有财产向债权人提供物权担保的，其在“担保物价值内”向债权人所作的债务清偿，因为不会导致债务人财产的减少，没有损害其他债权人利益，故不受上述规定限制。

（三）人民法院受理破产申请后，债务人的债务人或者财产持有人应当向“管理人”清偿债务或者交付财产。

提示

如果债务人的债务人或者财产持有人明知或应知人民法院已经受理破产申请，仍然向债务人（而非“管理人”）清偿债务或交付财产，使债权人受到损失的，在债权人因此受到损失的范围内，不免除其清偿债务或交付财产的义务。

（四）人民法院受理破产申请后，“管理人”对破产申请受理前成立而债务人和对方当事人均未履行完毕的合同有权决定解除或者继续履行，并通知对方当事人。

提示

1. 管理人的选择权受到限制的四种情形：（1）破产企业为他人提供担保的合同，管理人无权选择解除合同；（2）保险公司破产时，对尚未履行完毕的保险合同特别是人寿保险合同，管理人无权予以解除；（3）金融衍生品交易合同，在企业进入破产程序时要提前终止，进行净额结算，管理人无权选择对合同继续履行；（4）破产企业对外出租不动产的合同，除存在严重影响破产财产的整体变价与价值实现、且无法分别处分等特殊情况外，管理人不得任意单方解除；在变价破产财产时，房屋可以带租约出售，承租人在同等条件下享有优先购买权。

2. 视为解除合同的三种情形：（1）管理人自破产申请受理之日起“2个月”内未通知对方当事人，视为解除；（2）自收到对方当事人催告之日起“30日”内未答复的，视为解除；（3）管理人决定继续履行合同的，对方当事人应当履行；但是，对方当事人有权要求管理人提供担保。管理人不提供担保的，视为解除合同。

（五）人民法院受理破产申请后，有关债务人财产的保全措施应当解除，执行程序应当中止。

提示

所谓执行程序应当中止，是指对“无物权担保”债权的执行，物权担保债权人对担保物的执行原则上不中止，除非当事人申请的是重整程序。因为在破产清算和和解程序中，物权担保债权人对担保物享有优先受偿权，其就担保物的执行，不会损害其他债权人的权益，不违反公平清偿原则。

（六）人民法院受理破产申请后，已经开始而尚未终结的有关债务人的民事诉讼或者仲裁应当中止；在管理人接管债务人的财产、掌握诉讼情况后能够继续进行时，该诉讼或者仲裁继续进行。

提示

此处的中止针对的是破产申请受理前已经开始的“旧”民事诉讼或仲裁；对案件继续审理或者仲裁的仍然是原来的人民法院或仲裁机构，没有改变案件的管辖。

（七）人民法院受理破产申请后，有关债务人的民事诉讼，只能向受理破产申请的人民法院提起。

提示

此处由受理破产申请的人民法院垄断管辖权的民事诉讼是破产申请受理后的“新”诉讼。

【例3–单选题】人民法院受理了甲公司的破产申请。根据企业破产法律制度的规定，下列已经开始、尚未终结的与甲公司有关的诉讼，不予中止的是（　　）。

A．甲公司以拖欠贷款为由，对丙公司提起的诉讼

B．股东乙以甲公司董事长决策失误导致公司损失为由，对其提起的诉讼

C．债权人丁公司以甲公司股东戊与甲公司法人人格严重混同为由，主张戊直接承担责任的诉讼

D．公司以总经理庚违反竞业禁止为由，主张其返还不当得利益的诉讼

【答案】B

学堂点拨

根据规定，人民法院受理破产申请后，已经开始而尚未终结的有关债务人的民事诉讼或者仲裁应当中止。选项B是股东代表诉讼，甲公司并不是诉讼当事人，所以不中止。

知识点3 执行案件的移送破产审查

一、执行案件移送破产审查的条件与管辖

（一）执行案件移送破产审查应符合的条件

1．被执行人为企业法人。

2．被执行人或者有关被执行人的任何一个执行案件的申请执行人书面同意将执行案件移送破产审查。

3．被执行人不能清偿到期债务，并且资产不足以清偿全部债务或者明显缺乏清偿能力。

（二）执行案件移送破产审查的管辖

1．地域管辖：由“被执行人住所地”人民法院管辖。

2．级别管辖：以中级人民法院管辖为原则、基层人民法院管辖为例外的管辖制度。中级人民法院经高级人民法院批准，也可以将案件交由具备审理条件的基层人民法院审理。

二、执行法院的征询、决定程序

（一）征询

执行法院采取财产调查措施后，发现作为被执行人具备破产原因的，应当及时询问申请执行人、被执行人是否同意将案件移送破产审查。

提示

执行法院不能越过征询程序，直接将执行案件移送破产审查。

（二）决定程序

1．基本程序

（1）承办人提出审查意见。

（2）合议庭评议同意。

（3）执行法院院长签署移送决定。

2．异地移动审查

基层人民法院拟将执行案件移送异地中级人民法院进行破产审查的，在作出移送决定前，应先报请其所在地中级人民法院执行部门审核同意。

3．送达当事人

执行法院作出移送决定后，应当于5日内送达申请执行人和被执行人。

4．当事人异议

申请执行人或被执行人对决定有异议的，可以在受移送法院破产审查期间提出，由受移送法院一并处理。

5．中止执行

执行法院作出移送决定后，应当书面通知所有已知执行法院，执行法院均应中止对被执行人的执行程序。

提示

对被执行人的季节性商品、鲜活、易腐烂变质以及其他不宜长期保存的物品，执行法院应当及时变价处置，处置的价款不作分配。

6．受移送法院受理

受移送法院裁定受理破产案件的，执行法院应当在收到裁定书之日起7日内，将该价款移交受理破产案件的法院。

提示

执行法院决定移送后、受移送法院裁定受理破产案件之前，对被执行人的查封、扣押、冻结措施不解除。查封、扣押、冻结期限在破产审查期间届满的，申请执行人可以向执行法院申请延长期限，由执行法院负责办理。

三、移送材料及受移送法院的接收义务

（一）移送材料的范围

执行法院作出移送决定后，应当向受移送法院移送下列材料：

1．执行案件移送破产审查决定书；

2．申请执行人或被执行人同意移送的书面材料；

3．执行法院采取财产调查措施查明的被执行人的财产状况，已查封、扣押、冻结财产清单及相关材料；

4．执行法院已分配财产清单及相关材料；

5．被执行人债务清单；

6．其他应当移送的材料。

（二）受移送法院的接收义务

1．移送的材料不完备或内容错误，影响受移送法院认定破产原因是否具备的，受移送法院可以要求执行法院补齐、补正，执行法院应于10日内补齐、补正。该期间不计入受移送法院破产审查的

期间。

2. 受移送法院不得以材料不完备等为由拒绝接收。

四、受移送法院破产审查与受理

（一）审查受理期限

受移送法院的破产审判部门应当自收到移送的材料之日起30日内作出是否受理的裁定。受移送法院作出裁定后，应当在5日内送达申请执行人、被执行人，并送交执行法院。

（二）申请人资格认定

1. 申请执行人申请或同意移送破产审查的，裁定书中以该申请执行人为申请人，被执行人为被申请人；

2. 被执行人申请或同意移送破产审查的，裁定书中以该被执行人为申请人；申请执行人、被执行人均同意移送破产审查的，双方均为申请人。

（三）执行费用承担

受移送法院裁定受理破产案件的，在此前的执行程序中产生的评估费、公告费、保管费等执行费用，可以参照破产费用的规定，从债务人财产中随时清偿。

（四）财产移交

执行法院收到受移送法院受理裁定后，应当于7日内将已经扣划到账的银行存款、实际扣押的动产、有价证券等被执行人财产移交给受理破产案件的法院或管理人。

提示

执行法院收到受移送法院受理裁定时的下列财产，因财产所有权已经发生变动，不属于被执行人的财产，不再移交：1. 已通过拍卖程序处置且成交裁定已送达买受人的拍卖财产；2. 通过以物抵债偿还债务且抵债裁定已送达债权人的抵债财产；3. 已完成转账、汇款、现金交付的执行款。

五、受移送法院不予受理或驳回申请的处理

（一）退回材料、财产，恢复执行

受移送法院做出不予受理或驳回申请裁定的，应当在裁定生效后7日内将接收的材料、被执行人的财产退回执行法院，执行法院应当恢复对被执行人的执行。

（二）不再启动移送审查程序

受移送法院作出不予受理或驳回申请的裁定后，人民法院不得重复启动执行案件移送破产审查程序。申请执行人或被执行人以有新证据足以证明被执行人已经具备了破产原因为由，再次要求将执行案件移送破产审查的，人民法院不予支持。

提示

受移送法院作出不予受理或驳回申请的裁定后，申请执行人或被执行人可以直接向具有管辖权的法院提出破产申请。

六、执行案件移送破产审查的监督

（一）监督主体

受移送法院拒绝接收移送的材料，或者收到移送的材料后不按规定的期限作出是否受理裁定的，执行法院可函请受移送法院的上一级法院进行监督。

（二）监督措施

1. 上一级法院收到函件后应当指令受移送法院在10日内接收材料或作出是否受理的裁定。

2. 受移送法院收到上级法院的通知后,10日内仍不接收材料或不作出是否受理裁定的,上一级法院可以径直对移送破产审查的案件行使管辖权。

3. 上一级法院裁定受理破产案件的，可以指令受移送法院审理。

第二单元 管理人制度及债务人财产

知识点1 破产管理人（★★★）

一、管理人的资格

（一）管理人的基本范围

管理人可以由有关部门、机构的人员组成的清算组或者依法设立的律师事务所、会计师事务所、破产清算事务所等社会中介机构担任。

（二）不得担任管理人的情形

1. 因故意犯罪受过刑事处罚。

2. 曾被吊销相关专业执业证书。

3. 与本案有利害关系。

4 人民法院认为不宜担任管理人的其他情形。

提示

1. 社会中介机构、清算组成员存在利害关系的情形：（1）与债务人、债权人有未了结的债权债务关系；（2）在人民法院受理破产申请前“3年内”，曾为债务人提供相对固定的中介服务；（3）现在是或者在人民法院受理破产申请前“3年内”曾经是债务人、债权人的控股股东或者实际控制人；（4）现在担任或者在人民法院受理破产申请前“3年内”曾经担任债务人、债权人的财务顾问、法律顾问。

2. 清算组成员的派出人员、社会中介机构的派出人员、个人管理人存在利害关系的情形（4+2）：（1）社会中介机构、清算组成员存在利害关系的上述四种情形；（2）现在担任或者在人民法院受理破产申请前“3年内”曾经担任债务人、债权人的董事、监事、高级管理人员；（3）与债权人或者债务人的控股股东、董事、监事、高级管理人员存在夫妻、直系血亲、三代以内旁系血亲或者近姻亲关系。

【例1–多选题】根据企业破产法律制度的规定，下列注册会计师中，不得担任管理人的有（　　）。

A．注册会计师甲曾担任债务人公司的独立董事至人民法院受理破产申请2年前卸任

B．注册会计师乙的父亲是债务人公司的控股股东

C．注册会计师丙因个人原因负债数额巨大，但与债务人公司无关

D．注册会计师丁最近3年来一直为债务人公司作外部审计工作，熟悉该企业情况

【答案】ABD

学堂点拨

根据规定，现在担任或者在人民法院受理破产申请前“3年内”曾经担任债务人、债权人的董事、监事、高级管理人员，不得担任管理人，选项A中的甲属于此种情形；与债权人或者债务人的控股股东、董事、监事、高级管理人员存在夫妻、直系血亲、三代以内旁系血亲或者近姻亲关系的，不得担任管理人，选项B中的乙属于此种情形；在人民法院受理破产申请前“3年内”，曾为债务人提供相对固定的中介服务的，不得担任管理人，选项D中的丁属于此种情形；根据规定，与债务人、债权人有未了结的债权债务关系的，不得担任管理人，选项C中的丙虽然对外负债，但与债务人无关，故可以担任管理人。

二、个人担任管理人的案件范围

对于“事实清楚”“债权债务关系简单”“债务人财产相对集中”的企业破产案件，人民法院可以指定管理人名册中的个人为管理人。

提示

此处无须考虑破产企业注册资本的多少、破产债权数额的大小等因素，只要是满足上述三个要件的案件，即可由个人担任管理人。

三、管理人的指定

（一）指定方式

随机、竞争、接受推荐。

提示

采取竞争方式指定管理人的，被指定为管理人的社会中介机构应经评审委员会成员1/2以上通过。

（二）指定主体

人民法院。

（三）不得拒绝

管理人无正当理由，不得拒绝人民法院的指定；管理人拒绝指定的，可以决定停止其担任管理人1年至3年，或将其从管理人名册中除名。

（四）更换

管理人不能依法、公正执行职务或者有其他不能胜任职务的情形，债权人会议可以申请“人民法院”予以更换。

提示

管理人的指定和更换，都是人民法院的职权范围，债权人会议只有申请权，无权直接更换。

四、管理人的报酬

（一）确定主体

管理人报酬的确定主体是人民法院。

提示

债权人会议对管理人的报酬有异议的，有权向人民法院提出，由人民法院决定是否调整，债权人会议无权直接调整管理人的报酬。

（二）纯报酬

管理人获得的报酬是纯报酬，不包括其执行职务和聘用工作人员的费用。

（三）不重复计酬

为防止重复计酬，律师事务所、会计师事务所通过聘用本专业的其他社会中介机构或者人员协助履行管理人职责的，所需费用从其报酬中支付。

【解释】要注意区分管理人聘用的两种人员：如果是律师事务所、会计师事务所聘用的协助履行管理人职责的本专业其他人员，所需费用从管理人报酬中支付，不另行支付；如果是管理人聘用上述专业人员之外的其他工作人员（例如因履行管理人职权需要而聘用的司机）的费用，则须在管理人报酬之外另行支付。

（四）分段确定

人民法院应根据“债务人最终清偿的财产价值总额”，分段确定管理人报酬。

提示

担保权人优先受偿的担保物价值，不计入“财产价值总额”。但是，管理人对担保物的维护、变现、交付等管理工作付出合理劳动的，有权向担保权人收取适当的报酬。

（五）公务人员无报酬

对清算组中参与工作的有关政府部门派出的工作人员，不支付报酬。

（六）列入方案或草案

在破产清算程序中，最终确定的管理人报酬及收取情况，应列入破产财产分配方案；在和解、重整程序中，管理人报酬方案内容应列入和解协议草案或重整计划草案。

【例2-2014-多选题】甲会计师事务所被人民法院指定为乙企业破产案件中的管理人，甲向债权人会议报告的有关报酬方案的下列内容中，符合企业破产法律制度规定的有（　　）。

A．将乙为他人设定抵押权的财产价值计入计酬基数

B．甲就自己为将乙的抵押财产变现而付出的合理劳动收取适当报酬

C．对受当地政府有关部门指派参与破产企业清算工作的政府官员不发放报酬

D．甲聘用外部专家协助履行管理人职责所需费用从其报酬中支付

【答案】BCD

学堂点拨

选项A错误：担保权人优先受偿的担保物价值原则上不计入管理人报酬的标的额；选项B正确：管理人对担保物的维护、变现、交付等管理工作付出合理劳动的，有权向担保权人收取适当的报酬；选项C正确：清算组中有关政府部门派出的工作人员参与工作的，不收取报酬；选项D正确：破产清算事务所通过聘用其他社会中介机构或者人员协助履行管理人职责的，所需费用从其报酬中支付。

五、管理人的职责与责任

（一）管理人的职责

1. 接管债务人的财产、印章和账簿、文书等资料。
2. 调查债务人财产状况，制作财产状况报告。
3. 决定债务人的内部管理事务。
4. 决定债务人的日常开支和其他必要开支。
5. 在第一次债权人会议召开之前，决定继续或者停止债务人的营业。
6. 管理和处分债务人的财产。
7. 代表债务人参加诉讼、仲裁或者其他法律程序。
8. 提议召开债权人会议。
9. 人民法院认为管理人应当履行的其他职责。

提示

在第一次债权人会议召开之后，由债权人会议决定继续或者停止债务人的营业。

（二）管理人的责任

1. 管理人未依法勤勉尽责，忠实执行职务的，人民法院可以依法处以罚款。
2. 管理人给债权人、债务人或者第三人造成损失的，依法承担赔偿责任。

知识点2 债务人财产的一般规定（★★）

一、债务人财产的范围

（一）破产申请受理时属于债务人的全部财产。

（二）破产申请受理后至破产程序终结前债务人取得财产。

提示

1. 债务人财产范围的界定时点是“破产申请受理时”，而非“破产宣告时”。

2. 债务人财产的范围：（1）债务人享有所有权的货币、实物；（2）债务人依法享有的可以货币估价并可依法转让的债权、股权、知识产权、用益物权等财产和财产权益；（3）已作为担保物的特定财产；（4）债务人作为共有人享有的财产份额和共同共有中的相应财产权利。

3. 不属于债务人财产的范围：（1）债务人基于仓储、保管、承揽、代销、借用、寄存、租赁、信托、委托交易、融资租赁等法律关系占有、使用的他人财产不属于债务人财产，权利人可以行使取回权取回；（2）债务人在所有权保留买卖中尚未取得所有权的财产，也不属于债务人财产，但是管理人有权要求继续履行合同从而取得财产所有权；（3）所有权专属于国家且不得转让的财产、债务人工会所有的财产，不属于债务人财产。

【例3-单选题】甲公司严重资不抵债，因不能清偿到期债务向法院申请破产。下列哪一财产属于债务人财产？（　　）

A．甲公司购买的一批在途货物，但尚未支付货款

B．甲公司从乙公司租用的一台设备

C．属于甲公司但已抵押给银行的一处厂房

D．甲公司根据代管协议合法占有的委托人丙公司的两处房产

【答案】C

学堂点拨

选项A中的货物所有权仍属于出卖方，而且根据规定，出卖方享有取回权，因此不属于债务人财产；选项B中的设备所有权属于出租方乙公司，也不属于债务人财产；选项D中的房产所有权属于丙公司，甲公司只是管理人，因此也不属于债务人财产；选项C中的厂房虽然已设定抵押，但甲公司仍享有所有权，因此属于债务人财产。

二、债务人财产的收回

（一）股东未缴纳的出资

人民法院受理破产申请后，债务人的出资人尚未完全履行出资义务的，管理人应当要求该出资人缴纳所认缴的出资，而且不受出资期限的限制。

【相关链接】根据公司法律制度规定，股东未履行或者未全面履行出资义务或者抽逃出资，公司或其他股东请求其向公司全面履行出资义务或者返还出资，被告股东不得以诉讼时效为由进行抗辩。

（二）非正常收入

债务人的董事、监事和高级管理人员利用职权从企业获取的非正常收入和侵占的企业财产，管理人应当追回。

提示

债务人发生破产原因时，债务人的董事、监事、高级管理人员利用职权获取的以下收入，属于非正常收入：1．绩效奖金；2．普遍拖欠职工工资情况下获取的工资性收入；3．其他非正常收入。

（三）担保物

人民法院受理破产申请后，管理人可以通过清偿债务或者提供为债权人接受的担保，取回质物、留置物。

提示

管理人所作的债务清偿或者替代担保，在质物或者留置物的价值低于被担保的债权额时，以该质物或者留置物当时的市场价值为限。否则，就可能损害全体债权人的公平受偿利益。

【案例】A公司以其设备设定质押向B银行贷款50万元，A公司破产，则管理人可以通过清偿债务取回质物。若该设备当时的市场价值为20万元，管理人只能向B银行清偿20万元，剩下的30万元B银行可申报普通债权。

知识点3 破产撤销权与无效行为制度（★★）

一、破产撤销权

（一）破产撤销权的概念

破产撤销权，是指管理人对债务人在破产案件受理前的法定期间内进行的欺诈逃债或损害公平清偿的行为，有申请法院撤销，并追回财产的权利。

提示

1. 只要债务人的特定行为发生在法定期间内，即构成可撤销行为，不要求被撤销行为实施时债务人存在破产原因。

2. 债务人与第三人主观上为恶意或善意，原则上也不影响撤销权的行使。

3. 管理人因过错未依法行使撤销权导致债务人财产不当减损，债权人提起诉讼主张管理人对其损失承担相应赔偿责任的，人民法院应予支持。

（二）破产撤销权的适用情形

1. 人民法院受理破产申请前“1年内”，涉及债务人财产的下列破产欺诈行为，管理人有权请求人民法院予以撤销：

（1）无偿转让财产；

（2）以明显不合理的价格进行交易；

提示

不合理的交易条件不只限于“价格”，付款条件、付款期限等其他交易条件明显不合理，也可以撤销。

（3）对没有财产担保的债务提供财产担保；

提示

1. 该情形是指对原来已经成立的无财产担保的债务“事后”追加提供的担保，因为这种追加的担保会让担保物权人就担保财产享有优先受偿权，这就会损害其他债权人的公平受偿。

2. 如果是债务人在可撤销期间内设定债务的“同时”提供的财产担保，就不属于可撤销行为之列，因为这种担保是有对价的行为，不会损害其他债权人的利益。

（4）对未到期的债务提前清偿；

提示

破产申请受理前1年内债务人提前清偿的未到期债务，如果在破产申请受理前已经到期，管理人不得请求撤销该清偿行为。但是，该清偿行为发生在破产申请受理前6个月内且债务人发生破产原因的除外。

（5）放弃债权。

提示

对外债权诉讼时效的强制中断：1. 债务人对外享有债权的诉讼时效，自人民法院受理破产申请之日起中断；2. 债务人无正当理由未对其到期债权及时行使权利，导致其对外债权在破产申请受理前1年内超过诉讼时效期间的，人民法院受理破产申请之日起重新计算上述债权的诉讼时效期间。

2. 个别清偿行为的撤销

人民法院受理破产申请前6个月内，债务人不能清偿到期债务，并且资产不足以清偿全部债务或者明显缺乏清偿能力，仍对个别（已到期债权的）债权人进行清偿的，管理人有权请求人民法院予以撤销。但是，个别清偿使债务人财产受益的除外。

提示

1. “对个别债权人进行清偿”是指对无财产担保债权人的个别清偿，对有财产担保的债权人在担保物的市价范围内所作的清偿不受限制，因为这种个别清偿并未损害其他债权人利益。

2. 人民法院受理破产申请前6个月内，债务人实施的前述五种破产欺诈行为也属于可撤销行为之列。

3. 不能撤销的个别清偿行为：（1）债务人为维系基本生产需要而支付水费、电费等的；（2）债务人支付劳动报酬、人身损害赔偿金的；（3）使债务人财产受益的其他个别清偿；（4）债务人经诉讼、仲裁、执行程序对债权人进行的个别清偿，但是，债务人与债权人恶意串通损害其他债权人利益的除外。

表 8-1　债权人撤销权与破产撤销权

	债权人撤销权	破产撤销权
定义	当债务人所为的减少其财产的行为危害债权实现时，债权人为保全债权请求法院予以撤销该行为的权利。	管理人对债务人在破产案件受理前的法定期间内进行的欺诈逃债或损害公平清偿的行为，有申请法院撤销，并追回财产的权利。
制度目的	保全特定债权人的债权。	维护全体债权人利益，确保公平受偿。
撤销范围	1. 放弃债权。 2. 放弃债权担保。 3. 无偿转让财产。 4. 恶意延长到期债权履行期。	1. 人民法院受理破产申请前“1年内”的下列“欺诈破产行为”： （1）无偿转让财产的； （2）以明显不合理的价格进行交易的；

（续上表）

	债权人撤销权	破产撤销权
撤销范围	5．以明显不合理低价转让财产。 6．以明显不合理高价收购他人财产。 7．抵押权实现时，以明显低价折价抵押物。	（3）对没有财产担保的债务提供财产担保的； （4）对未到期的债务提前清偿的； （5）放弃债权的。 2．人民法院受理破产申请前“6个月内”的“个别清偿行为”。
权利主体	债权人	管理人
行使方式	提起诉讼	提起诉讼
行使期间	1．1年（自债权人知道或应当知道撤销事由之日起）。 2．5年（自债务人行为发生之日起）。	自破产程序终结之日起2年内。
行使后果	被撤销的行为自始无效，受让人或受益人向债务人返还财产。	管理人向受让人追回财产，用于对全体债权人公平清偿。

【例4-单选题】根据企业破产法律制度的规定，人民法院受理破产申请前6个月内，涉及债务人财产的下列行为中，管理人有权请求人民法院予以撤销的是（　　）。

A．向他人无偿转让企业财产　　B．支付职工劳动报酬

C．支付人身损害赔偿金　　D．在设定债务的同时，为该债务提供财产担保

【答案】A

学堂点拨

根据规定，人民法院受理破产申请前1年内，涉及债务人财产的下列行为，管理人有权请求人民法院予以撤销：1．无偿转让财产的；2．以明显不合理的价格进行交易的；3．对没有财产担保的债务提供财产担保的；4．对未到期的债务提前清偿的；5．放弃债权的。据此，选项A当选，而选项D并非属于“对没有财产担保的债务提供财产担保”，而是在设定债务同时设定财产担保，因此不属于可撤销的情形。不能撤销的个别清偿行为：1．债务人为维系基本生产需要而支付水费、电费等的；2．债务人支付劳动报酬、人身损害赔偿金的；3．使债务人财产受益的其他个别清偿；4．债务人经诉讼、仲裁、执行程序对债权人进行的个别清偿，但是，债务人与债权人恶意串通损害其他债权人利益的除外。因此，选项B、C不属于可撤销行为。

二、破产无效行为

（一）为逃避债务而隐匿、转移财产的。

（二）虚构债务或者承认不真实的债务的。

【解释】为逃避债务而隐匿、转移财产，是指债务人的行为客观上构成逃避债务的后果，不要求债务人必须具有逃避债务的目的。因为无论债务人有无逃避债务的目的，其在丧失清偿能力时隐匿、转移财产，本身就是损害债权人利益的无效行为。

三、与破产撤销权和破产无效行为相关的财产追回问题

（一）2年内追回的财产——对全体债权人追加分配

在破产程序终结之日起2年内，债权人可以行使破产撤销权或者针对债务人的无效行为而追回财产。在此期间追回的财产，应当按照破产财产分配方案，对“全体债权人”进行追加分配。

（二）2年后追回的财产——谁追回，分配给谁

破产程序终结之日起2年后，追回的财产不再用于对全体债权人清偿，而是用于对追回财产的债权人个别清偿。

知识点4 取回权（★★★）

一、一般取回权

人民法院受理破产申请后，债务人占有的不属于债务人的财产，该财产的权利人可以通过管理人取回。

【解释】“取回”与“追回”的区别：取回是权利人从债务人处取回属于权利人自己的财产；追回是管理人从他人手中追回属于债务人的财产。

（一）取回权行使的条件或期限

1. 破产清算、和解程序中：取回权的行使不受事先约定条件、期限的限制。

2. 重整程序中：取回权的行使应当符合事先约定的条件，但因管理人或债务人违反约定，可能导致取回物被转让、毁损、灭失或价值明显减少的除外。

（二）取回权的客体仅限于原物

一般取回权的行使通常仅限于取回原物。如在破产案件受理前，该财产已经毁损灭失，取回权消灭，财产权利人只能以物价即直接损失额为限申报债权，作为破产债权要求清偿。

（三）权利人行使取回权的时间

在破产财产变价方案或者和解协议、重整计划草案提交债权人会议表决前向管理人提出。权利人在上述期限后主张取回相关财产的，应当承担延迟行使取回权增加的相关费用。

（四）权利人的费用偿还义务

权利人行使取回权时未依法向管理人支付相关的加工费、保管费、托运费、委托费、代销费等费用，管理人有权拒绝其取回相关财产。

二、出卖人取回权

（一）出卖人取回权的行使条件

人民法院受理破产申请时，出卖人已将买卖标的物向作为买受人的债务人发运，债务人尚未收到且未付清全部价款的，出卖人可以取回在运途中的标的物。但是，管理人可以支付全部价款，请求出卖人交付标的物。

【解释】出卖人取回权的行使条件可以概括为：1. 已发货；2. 未交付；3. 未清款。

（二）出卖人取回权的行使要求

出卖人只要向管理人作出行使取回权的意思表示，即发生取回的法律效力，并不要求出卖人必须在买受人收到货物前实际控制并取回货物。管理人即使收到货物，也仅处于保管人的地位。

知识点5 抵销权（★★）

债权人在破产申请受理前对债务人负有债务的，可以向管理人主张抵销。抵销权的行使可以使债权人的债权在破产财产范围内得到全额、优先清偿。

一、破产抵销权的行使

（一）抵销权主体

抵销权只能由债权人提出行使，管理人不得主动主张债务抵销，但抵销使债务人财产受益的除外。

（二）抵销权的生效时间

抵销自管理人收到通知之日起生效。

二、管理人的异议

（一）异议期间

在约定的异议期限内或者自收到主张债务抵销的通知之日起3个月内向人民法院提起诉讼。

（二）不能成立的异议理由

1. 破产申请受理时，债务人对债权人负有的债务尚未到期。

2. 破产申请受理时，债权人对债务人负有的债务尚未到期。

3. 双方互负债务标的物种类、品质不同。

【相关链接】根据合同法律制度规定，合同抵销权的行使需要满足：1. 双方债务均届清偿期；2. 双方债务的种类、品质相同。

三、破产抵销之禁止

（一）禁止抵销的情形

1. 恶意受让债权：债务人的债务人在破产申请受理后取得他人对债务人的债权的。

2. 恶意负担债务：债权人已知债务人有不能清偿到期债务或者破产申请的事实，对债务人负担债务的；但是，债权人因为法律规定或者有破产申请1年前所发生的原因而负担债务的除外。

3. 恶意取得债权：债务人的债务人已知债务人有不能清偿到期债务或者破产申请的事实，对债务人取得债权的；但是，债务人的债务人因为法律规定或者有破产申请1年前所发生的原因而取得债权的除外。

4. 出资义务不得抵销：股东的破产债权，不得与其因欠缴注册资本金而对债务人的债务相抵销。

5. 股东不称职：股东的破产债权不得与股东滥用股东权利或者关联关系损害公司利益对债务人所负的债务相抵销。

（二）例外

债权人以对债务人特定财产享有优先受偿权的债权进行抵销，因未损害其他债权人的利益，不受上述禁止规定的限制，但是用以抵销的债权大于债权人享有优先受偿权财产价值的除外。

表 8-2 合同抵销权与破产抵销权

<table>
<tr><th></th><th>合同抵销权</th><th>破产抵销权</th></tr>
<tr><td rowspan="2">构成要件</td><td>1. 双方互负债务，互享债权。
2. 双方债务的给付为同一种类。
3. 双方债务均届清偿期。
4. 主张抵销的债权未过诉讼时效期间。</td><td>只要求双方互负债务，不要求双方债务的给付为同一种类，也不要求双方债务均届清偿期。</td></tr>
<tr><td colspan="2">【相关法条】《企业破产法司法解释（二）》第四十三条：“债权人主张抵销，管理人以下列理由提出异议的，人民法院不予支持：1. 破产申请受理时，债务人对债权人负有的债务尚未到期；2. 破产申请受理时，债权人对债务人负有的债务尚未到期；3. 双方互负债务标的物种类、品质不同。”
【总结】人穷被人欺，马善被人骑。进入破产程序中的债务人，很可怜！</td></tr>
<tr><td>行使主体</td><td>双方当事人都可主张抵销。</td><td>只能由债权人向管理人提出，管理人（或债务人）不得主动主张抵销。</td></tr>
<tr><td>行使限制</td><td>1. 法律规定不得抵销的（如因故意侵权产生的债务）。
2. 依合同性质不得抵销的（如提供劳务的债务、不作为的债务）。
3. 当事人约定不得抵销的。</td><td>1. 债务人的债务人在破产申请受理后取得他人对债务人的债权的。
2. 债权人已知债务人有不能清偿到期债务或者破产申请的事实，对债务人负担债务的；但是，债权人因为法律规定或者有破产申请1年前所发生的原因而负担债务的除外。
3. 债务人的债务人已知债务人有不能清偿到期债务或者破产申请的事实，对债务人取得债权的；但是，债务人的债务人因为法律规定或者有破产申请1年前所发生的原因而取得债权的除外。
4. 股东的破产债权，不得与其因欠缴注册资本金而对债务人的债务相抵销。
5. 股东的破产债权不得与股东滥用股东权利或者关联关系损害公司利益对债务人所负的债务相抵销。</td></tr>
</table>

知识点6 破产费用与共益债务（★★★）

一、破产费用的概念及构成

（一）破产费用的概念

破产费用，是指在破产程序中为全体债权人共同利益，因程序进行而支付的各项费用的总称。

（二）破产费用的构成

人民法院受理破产申请后发生的下列费用，为破产费用：

1. 破产案件的诉讼费用；
2. 管理、变价和分配债务人财产的费用；
3. 管理人执行职务的费用、报酬和聘用工作人员的费用。

二、共益债务的概念及构成

（一）共益债务的概念

共益债务，是在破产程序中发生的应由债务人财产负担的债务的总称。

（二）共益债务的构成

人民法院受理破产申请后发生的下列债务，为共益债务：

1. 因管理人或者债务人请求对方当事人履行双方均未履行完毕的合同所产生的债务；

2. 债务人财产受无因管理所产生的债务；

3. 因债务人不当得利所产生的债务；

4. 为债务人继续营业而应支付的劳动报酬和社会保险费用以及由此产生的其他债务；

5. 管理人或者相关人员执行职务致人损害所产生的债务；

6. 债务人财产致人损害所产生的债务。

【解释】无因管理是指没有法定的或者约定的义务，为避免他人利益受到损失而进行的管理或者服务。如人民法院受理A公司破产申请后，A公司的羊走失到张三家门口，张三发现后把羊当作宝贝饲养，其行为构成无因管理。张三有权要求受益人A公司支付必要的费用3 000元。对于A公司来说此3 000元属于共益债务。

三、共益债务与破产费用的清偿

（一）破产费用和共益债务由债务人财产随时清偿。

（二）债务人财产不足以清偿所有破产费用“和”共益债务的，先行清偿破产费用。

【解释】此处是将“破产费用”与“共益债务”进行PK，其结果是：“破产费用”>“共益债务”。

【案例】A公司进入破产程序，A公司的破产财产只有200万元，破产费用为150万，共益债务为180万，均尚未支付。本案例中，债务人财产不足以清偿所有破产费用和共益债务，应当先清偿150万元破产费用，剩余的50万元用于清偿共益债务。

（三）债务人财产不足以清偿所有破产费用“或者”共益债务的，按照比例清偿。

【解释】此处所确立的清偿规则是：当债务人财产不足以清偿破产费用或共益债务时，破产费用或共益债务内部各个不同项目按比例得到清偿。

【案例】A公司进入破产程序，A公司的破产财产只有200万元，破产费用为150万，共益债务为120万。经核实，共益债务包括以下几项：1. 因管理人决定继续履行A公司与B公司的原材料采购合同而欠付B公司的货款60万元；2. 管理人因执行职务而导致C公司损害，需要赔偿60万元。以上费用或债务均尚未支付或清偿。本案例中，首先，债务人财产不足以清偿所有破产费用和共益债务，应当先清偿150万元破产费用，剩余的50万元用于清偿共益债务。其次，剩余财产不足以清偿全部共益债务，因此，共益债务的债权人B公司和C公司的债权应按比例受清偿，即B公司和C公司各得到25万元清偿。

（四）债务人财产不足以清偿破产费用的，管理人应当提请人民法院终结破产程序。人民法院应当自收到请求之日起15日内裁定终结破产程序，并予以公告。

提示

在债权人或债务人等提出破产清算申请时，人民法院即发现破产人财产可能不足以支付破产费用、无财产可供分配的，应当先受理破产案件，在对此情况审查确认后作出破产宣告，同时作出终结破产程序的裁定。

【例5-多选题】下列关于破产费用与共益债务清偿的表述中，符合《企业破产法》规定的有（　　）。

A. 破产费用和共益债务由债务人财产随时清偿

B. 债务人财产不足以清偿所有破产费用和共益债务的，先行清偿共益债务

C. 债务人财产不足以清偿所有共益债务的，按照比例清偿

D. 债务人财产不足以清偿所有破产费用的，在按照比例清偿后，管理人应当提请人民法院终结破产程序

【答案】ACD

学堂点拨

选项B错误，根据规定，债务人财产不足以清偿所有破产费用和共益债务的，应先行清偿破产费用。

第三单元　破产债权

知识点1　破产债权申报的一般规则（★★★）

一、申报期限

（一）起算点

自人民法院发布受理破产申请"公告"（而非受理）之日起。

（二）期限

最短不得少于30日，最长不得超过3个月。

（三）补充申报

在人民法院确定的债权申报期限内，债权人未申报债权的，可以在"破产财产最后分配前"补充申报；但是，此前已进行的分配，不再对其补充分配。为审查和确认补充申报债权的费用，由补充申报人承担。补充申报的债权人对其申报债权前已经进行完毕的各项破产活动，如债权人会议所作出的各项决议，不得再提出异议。

【解释】"破产财产最后分配前"的界定：1. 在破产清算程序中，是指破产财产分配方案提交债权人会议表决之前；2. 在重整与和解程序中，是指和解协议草案、重整计划草案提交债权人会议表决之前。

二、不必申报的债权——劳动债权

债务人所欠职工的工资和医疗、伤残补助、抚恤费用，所欠的应当划入职工个人账户的基本养老保险、基本医疗保险费用，以及法律、行政法规规定应当支付给职工的补偿金，不必申报，由管理人调查后列出清单并予以公示。职工对清单记载有异议的，可以要求管理人更正；管理人不予更正的，职工可以向人民法院提起诉讼。

提示

税收债权、社会保障债权以及对债务人特定财产享有担保权的债权均需依法申报。

三、其他规定

（一）未到期的债权，在破产申请受理时视为到期。

（二）附利息的债权自“破产申请受理时”起停止计息；无利息的债权，无论是否到期均以本金申报债权。

（三）附条件、附期限的债权和诉讼、仲裁未决的债权，债权人可以申报。

【解释】此类债权如果只能条件成就、期限届满、判决或裁定生效时，才允许申报，就可能因破产程序终结而错失申报机会。

（四）连带债权人可以由其中一人代表全体连带债权人申报债权，也可以共同申报债权。

（五）连带债务人的全体或数人破产时，债权人可以将债权总额作为破产债权，同时或先后分别在各破产案件中申报债权。

【例1-2017-单选题】根据企业破产法律制度的规定，下列免于申报的破产债权是（　　）。

A．有担保的债权　　B．社会保障债权

C．职工劳动债权　　D．地方税收债权

【答案】C

学堂点拨

债务人所欠职工的工资和医疗、伤残补助、抚恤费用，所欠的应当划入职工个人账户的基本养老保险、基本医疗保险费用，以及法律、行政法规规定应当支付给职工的补偿金，不必申报，由管理人调查后列出清单并予以公示。因此，选项C正确。

知识点2　保证关系中破产债权申报的特别规则（★★★）

一、主债务人破产

（一）连带保证

1．人民法院受理债务人破产案件后，对于负连带责任的保证人，债权人有权直接要求保证人承担保证责任，也可以首先向进入破产程序的债务人追偿，然后再以未受清偿的余额向保证人追偿（最迟在破产程序终结之日起6个月内提出）。

【解释】连带保证中，主债务人破产的情况下，债权人可根据保证人的经济状况选择对自己有利的权利实现途径。如果保证人有足够的清偿能力，债权人可直接请求保证人承担保证责任；如果保证人清偿能力有限，也可以先向主债务人申报债权，参与破产分配后再就未受清偿的债权余额向保证人追偿。

2．债务人的保证人已经代替债务人清偿债务的，以其对债务人的求偿权申报债权。债务人的保证人尚未代替债务人清偿债务的，以其对债务人的将来求偿权申报债权。但是，债权人已经向管理人申报全部债权的除外。

【解释】法律之所以赋予保证人对债务人的预先追偿权，原因在于，在债务人破产的情况下，债权人的债权不可能得到全额清偿，债权人迟早要向保证人主张保证债权。只有赋予保证人预先追偿权，让其提前申报债权，才能避免将来保证人承担保证责任后，由于破产程序已经终结，保证人无法追偿的现象发生。

3. 债权人知道或者应当知道债务人破产，既未申报债权也未通知保证人，致使保证人不能预先行使追偿权的，保证人在该债权在破产程序中可能受偿的范围内免除保证责任。

（二）一般保证

1. 人民法院受理债务人破产案件，中止执行程序的，一般保证人不得行使先诉抗辩权。因此，债权人可以直接向一般保证人追偿。

【相关链接】根据合同法律制度规定，下列情形下，一般保证人不得行使先诉抗辩权：1. 债务人住所变更，致使债权人要求其履行债务发生重大困难的；2. 人民法院受理债务人破产案件，中止执行程序的；3. 保证人以书面形式放弃先诉抗辩权的。

2. 破产案件受理时主债务未到期的，一般保证人并无提前履行保证责任的义务，仍应按照原保证合同的约定承担保证责任。因此，一般保证人的先诉抗辩权丧失，但期限利益并未丧失。

二、保证人破产

（一）连带保证

1. 人民法院受理保证人破产案件后，保证人的保证责任不得因其破产而免除。

2. 主债务到期时，债权人可以按照保证合同的约定直接向保证人申报债权进行追偿；主债务未到期的，视为已到期，取消了保证人的期限利益后，债权人对连带保证人可以直接申报债权进行追偿。

（二）一般保证

1. 人民法院受理保证人破产案件后，保证人的保证责任不得因其破产而免除。

2. 一般保证人破产的，不得行使先诉抗辩权。

提示

不论是主债务人破产还是保证人破产，一般保证人都不得行使先诉抗辩权。

3. 由于债权人尚未获得主债务人的清偿，申报债权时无法确定一般保证人应承担补充保证责任的大小，但债权人可以就“全部债权”向一般保证人申报债权。在破产财产分配过程中，如果债权人先获得主债务人的清偿，便可根据主债务人的清偿结果相应调整其对一般保证人的破产债权额；如果债权人先从一般保证人处获得清偿，应先行提存，待债权人从主债务人处行使受偿权利后，再确定保证人是否还应承担保证责任，并按照一般保证人实际应承担的补充保证责任，按照破产财产分配方案中规定的清偿率，向债权人支付，余额由人民法院分给其他债权人。

【解释】上述规则可以概括为“全额申报、事后调整”，也就是说，既要保护债权人的利益（全额申报），又要兼顾一般保证人的补充清偿责任（事后调整）。

知识点3 破产申请受理后产生的新债权的申报规则（★★）

一、解除合同后的损害赔偿请求权

管理人解除双方均未履行完毕的合同，对方当事人以因合同解除所产生的损害赔偿请求权申报债权。

提示

对方当事人申报的破产债权以"实际损失"为限，"违约金"不得作为破产债权申报，定金则按照定金罚则以双倍数额申报破产债权。

二、委托关系产生的债权

（一）不知而为——可以申报

债务人是委托合同的委托人，其破产案件被人民法院受理，受托人"不知"该事实，继续处理委托事务的，受托人以由此产生的请求权申报"普通债权"。

（二）已知而善为——共益债务

如果受托人"已知"该事实，但为了债务人即全体债权人利益而在无法向管理人移交事务的紧急情况下继续处理委托事务的，受托人由此产生的请求权作为"共益债务"优先受偿。

（三）已知而恶为——不得申报

如果受托人"已知"委托人破产之事实，无必要地继续处理委托事务，不当增加委托费用与报酬数额的，由此而产生的债权，"不得"作为破产债权受偿。

三、因票据关系产生的债权

债务人是票据的出票人，其破产案件被人民法院受理，该票据的付款人继续付款或者承兑的，付款人以由此产生的请求权申报债权。

【例2-单选题】辽沈公司因不能清偿到期债务而申请破产清算。法院受理后，管理人开始受理债权人的债权申报。对此，下列哪一债权人申报的债权属于应当受偿的破产债权？（　　）

A. 债权人甲的保证人，以其对辽沈公司的将来求偿权进行的债权申报

B. 债权人乙，以其已超过诉讼时效的债权进行的债权申报

C. 债权人丙，要求辽沈公司作为承揽人继续履行承揽合同进行的债权申报

D. 某海关，以其对辽沈公司进行处罚尚未收取的罚款进行的债权申报

【答案】A

学堂点拨

选项B错误：破产程序是通过司法强制措施实现对债权人的公平清偿，诉讼时效期间届满的债权不受法律保护，债权人丧失胜诉权，故此类债权不属于应当受偿的破产债权。选项C错误：根据规定，对于破产申请受理前成立而债务人和对方当事人均未履行完毕的合同，只有管理人才有权决定解除或者继续履行，相对人无权做出选择。选项D错误：行政罚款不属于破产债权。

第四单元　债权人会议

知识点1 债权人会议（★★）

一、债权人会议的概念

债权人会议，是指由所有依法申报债权的债权人组成，以保障债权人共同利益为目的，为实现债权人的破产程序参与权，讨论决定有关破产事宜，表达债权人意志，协调债权人行为的破产议事机构。

二、债权人会议的成员及其表决权

（一）一般债权人

凡是申报债权者均有权参加第一次债权人会议，对于第一次会议以后的债权人会议，只有债权得到确认者才有权行使表决权。

提示

因债权存在争议而未被列入债权确认者，如果已经提起债权确认诉讼，可以参加债权人会议；但债权尚未确定的债权人，除人民法院能够为其行使表决权而临时确定债权额者外，不得行使表决权。

（二）职工债权人

一般情况下，债务人的职工代表和工会代表在债权人会议上没有表决权。如果职工劳动债权不能从破产财产中全额优先受偿，债权人会议决议影响其清偿利益时，职工债权人应有表决权。

（三）担保债权人

对债务人的特定财产享有担保权的债权人，未放弃优先受偿权利的，对通过"和解协议和破产财产的分配方案"的事项不享有表决权，对其他事项享有表决权。

三、债权人会议的召集与职权

（一）债权人会议的召集

第一次债权人会议由人民法院召集，自债权申报期限届满之日起15日内召开。以后的债权人会议，在下列情况下，由"债权人会议主席"召集：

1. 人民法院认为必要时；
2. 管理人向债权人会议主席提议时；
3. 债权人委员会向债权人会议主席提议时；
4. 占"债权总额"1/4以上的债权人向债权人会议主席提议时。

（二）债权人会议的职权

1. 核查债权。

提示

第一次债权人会议对债权表进行核查后，需由人民法院进行确认。

2. 申请人民法院更换管理人，审查管理人的费用和报酬。

提示

债权人会议只有申请权，无权直接更换管理人。

3. 监督管理人。

4. 选任和更换债权人委员会成员。

5. 决定继续或者停止债务人的营业。

提示

在第一次债权人会议召开之前，由管理人决定继续或者停止债务人的营业。

6. 通过重整计划。

7. 通过和解协议。

8. 通过债务人财产的管理方案。

9. 通过破产财产的变价方案。

10. 通过破产财产的分配方案。

（三）债权人会议的决议

1. 一般事项

由出席会议的有表决权的债权人“过半数”通过，并且其所代表的债权额占“无财产担保债权总额”的“1/2以上”。

2. 特别事项

（1）和解协议：由出席会议的有表决权的债权人过半数同意，并且其所代表的债权额占“无财产担保债权总额”的2/3以上。

（2）重整计划的分组表决：出席会议的同一表决组的债权人过半数同意，并且其所代表的债权额占“该组债权总额”的2/3以上。

（四）债权人会议僵局及其解决办法

1. “债务人财产的管理方案”和“通过破产财产的变价方案”僵局

（1）债权人会议表决“债务人财产的管理方案”和“通过破产财产的变价方案”时未通过的，由人民法院裁定。

（2）“债权人”（没有债权额比例限制）对人民法院作出的裁定不服的，可以自裁定宣布之日或者收到通知之日起15日内向该人民法院申请复议（非上诉）。复议期间不停止裁定的执行。

2. “破产财产的分配方案”僵局

（1）债权人会议表决“破产财产的分配方案”时，经两次表决仍未通过的，由人民法院裁定。

（2）“债权额占无财产担保债权总额1/2以上的”债权人对人民法院作出的裁定不服的，可以自裁定宣布之日或者收到通知之日起15日内向该人民法院申请复议（非上诉）。复议期间不停止裁定的执行。

【相关链接】在破产申请程序中，如果人民法院对破产申请进行审查，作出“不予受理”裁定或

"驳回申请"裁定，申请人如果不服，可以向上级人民法院上诉。

（五）债权人会议决议的效力

1. 债权人会议的决议，对于"在该决议事项上有表决权的全体债权人"均有约束力。

2. 债权人认为债权人会议的决议违反法律规定，损害其利益的，可以自债权人会议作出决议之日起15日内，请求人民法院裁定撤销该决议，责令债权人会议依法重新作出决议。

知识点2 债权人委员会（★）

一、债权人委员会的设置

（一）在债权人会议中"可以"设置债权人委员会，并非必设机构。

（二）债权人委员会由债权人会议选任的债权人代表和1名债务人的职工代表或者工会代表组成，债权人委员会成员不得超过9人。

（三）出任债权人委员会的成员应当经人民法院书面认可。

二、债权人委员会的职权

（一）监督债务人财产的管理和处分。

（二）监督破产财产分配。

（三）提议召开债权人会议。

（四）债权人会议委托的其他职权。

提示

债权人委员会行使职权时，有权要求管理人、债务人的有关人员对其职权范围内的事务作出说明或提供有关文件。管理人、债务人的有关人员拒绝接受监督的，债权人委员会有权就监督事项请求人民法院作出决定，强制施行。人民法院接到债权人委员会的请求后，应当在5日内作出决定。

第五单元　重整程序与和解制度

知识点1 重整程序（★★）

一、重整申请的提出

（一）重整申请提出的前提

重整申请的提出并不要求债务人已经出现破产原因，只要债务人有发生破产原因的"可能"时即可提出。

提示

提出破产清算与和解申请，以债务人已发生破产原因为前提。

（二）重整申请的提出主体

1．债权人。

2．债务人以及债务人的出资人。

3．破产清算程序向重整程序的转换。

债权人申请对债务人进行破产清算的，在人民法院受理破产申请后、宣告债务人破产前，债务人或者出资额占债务人注册资本10%以上的出资人，可以向人民法院申请重整；提出破产清算的债权人之外的其他债权人也可以申请对债务人进行重整。

提示

和解程序只能由债务人提出。

【例-单选题】根据企业破产法律制度的规定，关于破产案件受理后、破产宣告前的程序转换，下列表述中，正确的是（　　）。

A．如为债务人申请破产清算的案件，债权人可以申请和解

B．如为债权人申请债务人破产清算的案件，债务人可以申请重整

C．如为债权人申请债务人重整的案件，债务人可以申请破产清算

D．如为债权人申请债务人破产清算的案件，债务人的出资人可以申请和解

【答案】B

学堂点拨

选项B正确，选项C错误：根据规定，债权人申请对债务人进行破产清算的，在人民法院受理破产申请后、宣告债务人破产前，债务人或者出资额占债务人注册资本10%以上的出资人，可以向人民法院申请重整。选项A、D错误：和解程序只能由债务人提出。

二、重整期间及相关主体在重整期间的权利和义务

重整期间是指重整申请受理至重整计划草案得到债权人会议分组表决通过和人民法院审查批准的期间，不包括重整计划得到批准后的执行期间。

（一）在重整期间，债务人的财产管理和营业事务执行，可以由管理人或者债务人负责。

提示

债务人自行管理财产和营业事务，必须满足以下条件：1．债务人申请；2．人民法院批准；3．接受管理人监督。

（二）在重整期间，对债务人的特定财产享有的担保权暂停行使。但是，对企业重整无保留必要的担保财产，经债务人或者管理人同意，担保权人可以行使担保权。

（三）在重整期间，债务人或者管理人为继续营业而借款的，可以为该借款设定担保。

（四）债务人在重整期间为重整进行而发生的费用与债务，性质上相当于共益债务，可以不受重整程序限制从债务人财产中受偿。

（五）债务人合法占有的他人财产，该财产的权利人在重整期间要求取回的，应当符合事先约定的条件。

（六）在重整期间，债务人的出资人不得请求投资收益分配。

（七）在重整期间，债务人的董事、监事、高级管理人员不得向第三人转让其持有的债务人的股权。但是，经人民法院同意的除外。

（八）在重整期间，有下列情形之一的，经管理人或者利害关系人请求，人民法院应当裁定终止重整程序，并宣告债务人破产：1. 债务人的经营状况和财产状况继续恶化，缺乏挽救的可能性；2. 债务人有欺诈、恶意减少债务人财产或者其他显著不利于债权人的行为；3. 由于债务人的行为致使管理人无法执行职务。

三、重整计划的制订、表决与批准

（一）重整计划的制订

1. 重整计划草案的制订主体

（1）债务人：债务人自行管理财产和营业事务的，由债务人制订重整计划草案。

（2）管理人：管理人负责管理财产和营业事务的，由管理人制订重整计划草案。

（3）利害关系人：债权人、股东、战略投资人等利害关系人也可以制订重整计划草案，提交给债务人或管理人。

2. 重整计划草案的提交

债务人或者管理人应当自人民法院裁定债务人重整之日起6个月内，同时向人民法院和债权人会议提交重整计划草案。期限届满，经债务人或者管理人请求，有正当理由的，人民法院可以裁定延期3个月。债务人或者管理人未按期提出重整计划草案的，人民法院应当裁定终止重整程序，并宣告债务人破产。

3. 重整计划的内容

重整计划草案应当包括下列内容：（1）债务人的经营方案；（2）债权分类；（3）债权调整方案；（4）债权受偿方案；（5）重整计划的执行期限；（6）重整计划执行的监督期限；（7）有利于债务人重整的其他方案。

（二）重整计划草案的分组表决

1. 债权人表决组的种类

（1）对债务人的特定财产享有担保权的债权组。

（2）职工债权组。

（3）债务人所欠税款债权组。

（4）普通债权组。

提示

重整计划不得规定减免纳入社会统筹账户的社会保险费用，该项费用的债权人不参加重整计划草案的表决。（不作贡献的不参加）

2. 债权人会议表决程序

（1）各组表决要求：出席会议的同一表决组的债权人过半数同意重整计划草案，并且其所代表的债权额占该组债权总额的2/3以上的，即为该组通过重整计划草案。

（2）重整计划通过要求：各表决组均通过重整计划草案时，重整计划即为通过。

3．出资人组表决程序

（1）重整计划草案涉及出资人权益调整事项的，应当单设出资人组，对该事项进行表决。

（2）出资人组对重整计划草案中涉及出资人权益调整事项的表决，经参与表决的出资人所持表决权2/3以上通过的，即为该组通过重整计划草案。

提示

出资人组进行表决时，只是按照出资比例行使表决权，与人数无关。

（三）重整计划草案的批准

1．一般批准程序

重整计划通过之日起10日内，债务人或管理人应当向人民法院提出批准重整计划的申请。人民法院经审查认为符合规定的，应当自收到申请之日起30日内裁定批准。

2．强制批准程序

“部分”表决组未通过重整计划草案的，重整计划草案符合下列条件的，债务人或者管理人可以申请人民法院批准重整计划草案：

（1）按照重整计划草案，对债务人的特定财产享有担保权的债权就该特定财产将获得全额清偿，其因延期清偿所受的损失将得到公平补偿，并且其担保权未受到实质性损害，或者该表决组已经通过重整计划草案；

（2）按照重整计划草案，职工债权和债务人所欠税款将获得全额清偿，或者相应表决组已经通过重整计划草案；

（3）按照重整计划草案，普通债权所获得的清偿比例，不低于其在重整计划草案被提请批准时依照破产清算程序所能获得的清偿比例，或者该表决组已经通过重整计划草案；

（4）重整计划草案对出资人权益的调整公平、公正，或者出资人组已经通过重整计划草案；

（5）重整计划草案公平对待同一表决组的成员，并且所规定的债权清偿顺序不违反《企业破产法》的规定；

（6）债务人的经营方案具有可行性。

（四）重整计划草案表决未通过或未获批准的后果

重整计划草案未获得债权人会议的通过且未获得人民法院的强制批准，或者债权人会议通过的重整计划未获得人民法院批准的，人民法院应当裁定终止重整程序，并宣告债务人破产。

表 8-3　引起重整程序终结的原因

1．在重整期间，有下列情形之一的，经管理人或者利害关系人请求，人民法院应当裁定终止重整程序，并宣告债务人破产： （1）债务人的经营状况和财产状况继续恶化，缺乏挽救的可能性； （2）债务人有欺诈、恶意减少债务人财产或者其他显著不利于债权人的行为； （3）由于债务人的行为致使管理人无法执行职务。
2．债务人或者管理人未按期提出重整计划草案的，人民法院应当裁定终止重整程序，并宣告债务人破产。
3．重整计划草案未获得债权人会议的通过且未获得人民法院的强制批准，或者债权人会议通过的重整计划未获得人民法院批准的，人民法院应当裁定终止重整程序，并宣告债务人破产。

四、重整计划的执行、监督与终止

（一）重整计划的执行

1. 重整计划经人民法院批准后由“债务人”执行。

提示

不论重整计划草案由何种主体制订，均由债务人自己执行。

2. 人民法院裁定批准重整计划后，已接管财产和营业事务的管理人应当向债务人移交财产和营业事务。

（二）重整计划的监督

在重整计划规定的监督期内，由“管理人”监督重整计划的执行，债务人应当向管理人报告重整计划执行情况和债务人财务状况。

（三）重整计划的效力

1. 经人民法院裁定批准的重整计划，对债务人和全体债权人（包括有财产担保的债权人）均有约束力。

2. 债权人对债务人的保证人和其他连带债务人所享有的权利，不受重整计划的影响。

3. 债权人未依法申报债权的，在重整计划执行期间不得行使权利；在重整计划执行完毕后，可以按照重整计划规定的同类债权的清偿条件行使权利。

4. 按照重整计划减免的债务，自重整计划执行完毕时起，债务人不再承担清偿责任。

5. 债务人不能执行或者不执行重整计划的，人民法院经管理人或者利害关系人请求，应当裁定终止重整计划的执行，并宣告债务人破产。

6. 人民法院裁定终止重整计划执行的情况下，发生以下法律后果：

（1）债权人在重整计划中作出的债权调整的承诺失去效力，但为重整计划的执行提供的担保继续有效；

（2）债权人因执行重整计划所受的清偿仍然有效，债权未受清偿的部分作为破产债权；

（3）在重整计划执行中已经接受清偿的债权人，只有在其他同顺位债权人同自己所受的清偿到同一比例时，才能继续接受破产分配。

知识点2 和解制度（★★）

一、和解申请的提出

（一）和解申请提出的前提

提出破产清算与和解申请，以债务人已发生破产原因为前提。

（二）和解申请的提出主体——债务人

债权人以及其他主体都不能提出和解申请。

（三）和解申请提出的时间

1. 直接申请：在发生破产原因时，债务人可以直接向人民法院申请和解。

2. 程序转换：也可以在人民法院受理破产申请后、宣告债务人破产前，向人民法院申请和解。

二、和解协议的表决和认可

（一）和解协议的表决

1．债权人会议通过和解协议的决议，由出席会议的有表决权的债权人过半数同意，并且其所代表的债权额占无财产担保债权总额的2/3以上。

2．对债务人的特定财产享有担保权的债权人，对和解协议无表决权。

（二）和解协议的认可

1．和解协议经债权人会议通过后，由人民法院裁定认可，终止和解程序，并予以公告。

2．和解协议草案经债权人会议表决未获通过，或者已经债权人会议通过的和解协议未获得人民法院认可的，人民法院应当裁定终止和解程序，并宣告债务人破产。

三、和解协议的效力

（一）对债务人和债权人的效力

1．经人民法院裁定认可的和解协议，对债务人和全体“和解债权人”均有约束力。

【解释】和解债权人，是指人民法院受理破产申请时对债务人享有无物权担保债权的人。

2．有财产担保的债权人不受和解协议的约束，自人民法院裁定和解之日起就可以行使担保物权。

3．按照和解协议减免的债务，自和解协议执行完毕时起，债务人不再承担清偿责任。

4．和解债权人未依法申报债权的，在和解协议执行期间不得行使权利；在和解协议执行完毕后，可以按照和解协议规定的清偿条件行使权利。

（二）对债务人的保证人和其他连带债务人的效力

和解债权人对债务人的保证人和其他连带债务人所享有的权利，不受和解协议的影响。和解债权人对债务人所作的债务减免清偿或延期偿还的让步，效力不及于债务人的保证人或连带债务人，他们仍应按原来的约定或法定责任承担保证或连带责任。

（三）和解协议的终止

1．和解协议无效

（1）无效情形：因债务人的欺诈或者其他违法行为而成立的和解协议，人民法院应当裁定无效，并宣告债务人破产。

（2）无效后果：和解协议被裁定无效的，和解债权人因执行和解协议所受的清偿，在其他权利人所受清偿同等比例的范围内，不需要返还。

2．和解协议终止

（1）终止情形：债务人不能执行或不执行和解协议，人民法院经和解债权人请求，应当裁定终止和解协议的执行，并宣告债务人破产。

提示

和解协议没有强制执行的效力，债务人不能执行或者不执行和解协议的，只能终止和解程序，宣告债务人破产，债权人不能申请对和解协议强制执行。

（2）终止后果：债权人在和解协议中作出的债权调整的承诺失去效力，但债务人为和解协议的执行提供的担保继续有效。债权人因执行和解协议所受的清偿仍然有效，债权人未受清偿的部分作为破产债权。在和解协议执行中已经接受清偿的债权人，只有在其他债权人同自己所受的清偿到同一比例时，才能继续接受破产分配。

第六单元　破产清算程序

知识点1　别除权（★★★）

一、别除权的概念

别除权是指债权人因其债权设有物权担保或享有法定特别优先权，而在破产程序中就债务人（即破产人）特定财产享有的优先受偿权利。

提示

1. 别除权的基础权利是担保物权（抵押权、质权和留置权）以及法定特别优先权（建设工程合同优先受偿权），不包括保证债权。

2. 别除权人的优先受偿权不受破产清算与和解程序的限制，但在重整程序中受到一定限制。

二、别除权的两种情形

【解释】只有破产人作为担保人的情况下，债权人才享有别除权。具体包括两种情形：破产人以特定财产为自己的债务提供担保；破产人以特定财产为他人债务提供担保。

（一）破产人以特定财产为自己提供担保

1. 别除权人须事先申报债权，未依法申报债权者，不得行使别除权。

2. 由于破产人同时又是被担保债权的债务人，因此，如果别除权人放弃优先受偿权或者别除权人行使优先受偿权未能完全受偿的，其债权或剩余债权作为普通破产债权。

3. 担保财产只有在全部清偿其担保的债权后，还有剩余的，才能用于对其他普通债权人的清偿。

（二）破产人以特定财产为他人提供担保

1. 由于破产人不是被担保债权的债务人，别除权人行使优先受偿权未能完全受偿的，债权余额不得作为破产债权向破产人要求清偿，只能向被担保债权的债务人求偿。

2. 如果别除权人放弃优先受偿权，其债权不能转为对破产人的破产债权。

【例-多选题】根据企业破产法律制度的规定，对破产人的特定财产享有担保权的权利人，对该特定财产享有优先受偿的权利。下列选项中，构成该项优先受偿权的有（　　）。

A. 破产人为他人债务提供的保证担保

B. 破产人为自己的债务提供的质押担保

C. 破产人为他人债务提供的抵押担保

D. 第三人为破产人的债务提供的抵押担保

【答案】BC

学堂点拨

别除权是指债权人因其债权设有物权担保或享有法定特别优先权，而在破产程序中就破产人特定财产享有的优先受偿权利。据此，别除权的基础权利是设立在破产人特定财产之上的担保物权（抵押权、质权和留置权）以及法定特别优先权，不包括保证债权。因此，选项B、C正确。

知识点2 破产财产的分配（★★★）

一、破产财产的清偿顺序

（一）破产费用和共益债务。

（二）劳动债权。

【解释】劳动债权包括：破产人所欠职工的工资和医疗、伤残补助、抚恤费用，所欠的应当划入职工个人账户的基本养老保险、基本医疗保险费用，以及法律、行政法规规定应当支付给职工的补偿金。

（三）纳入社会统筹账户的社会保险费用和破产人所欠税款。

（四）普通债权。

提示

1．破产财产不足以清偿同一顺序的清偿要求的，按照比例分配。

2．破产企业的董事、监事和高级管理人员的工资按照该企业职工的平均工资计算。

3．政府或第三方就劳动债权的垫款，可以在破产程序中按照职工债权的受偿顺序优先获得清偿。

4．税收滞纳金：（1）破产案件受理前产生的税收滞纳金属于普通债权，不享有与欠缴税款相同的优先受偿地位；（2）破产案件受理后产生的税收滞纳金，不属于破产债权。

5．商业银行破产清算时，在支付清算费用、所欠职工工资和劳动保险费用后，应当优先支付个人储蓄存款的本金和利息。

二、破产财产分配方案的执行

（一）破产财产分配方案由管理人拟订，债权人会议表决通过（属于债权人会议的一般决议），经人民法院裁定认可后，由管理人执行。

（二）无法通知且无法直接交付、或者经通知债权人未受领也无法直接交付的破产财产分配额，管理人应当提存。债权人自最后分配公告之日起满“2个月”仍不领取的，视为放弃受领分配的权利，管理人或者人民法院应当将提存的分配额分配给其他债权人。

（三）对于附生效条件或者解除条件的债权，管理人应当将其分配额提存。管理人依照规定提存的分配额，在最后分配公告日，生效条件未成就或者解除条件成就的，应当分配给其他债权人；在最后分配公告日，生效条件成就或者解除条件未成就的，应当交付给该债权人。

（四）破产财产分配时，对于诉讼或者仲裁未决的债权，管理人应当将其分配额提存，按照诉讼或者仲裁结果处理。自破产程序终结之日起满2年仍不能受领分配的，人民法院应当将提存的分配额分配给其他债权人。

知识点3 破产程序的终结（★★）

一、破产程序终结的方式

（一）因和解、重整程序顺利完成而终结。

（二）第三人为债务人提供足额担保或者为债务人清偿全部到期债务。

（三）因债务人的破产财产不足以支付破产费用而终结。

（四）因破产财产分配完毕而终结。

管理人应当自破产程序终结之日起10日内，持人民法院终结破产程序的裁定，向破产人的原登记机关办理注销登记。

二、遗留事务的处理

自破产程序终结之日起2年内，有下列情形之一的，债权人可以请求人民法院按照破产财产分配方案进行追加分配：

（一）发现在破产案件中有可撤销行为、无效行为或者债务人的董事、监事和高级管理人员利用职权从企业获取非正常收入和侵占企业财产的情况，应当追回财产的；

（二）发现破产人有应当供分配的其他财产的。

本章强化练习

一、单项选择题

1．2013年6月1日，人民法院受理了对甲公司提起的破产申请。根据企业破产法律制度的规定，下列人员中，有资格担任管理人的是（　　）。

A．3年前被吊销执业证书，但现已重获执业资格的会计师乙

B．曾于2008年1月1日至2009年12月31日担任甲公司法律顾问的丙律师事务所

C．甲公司董事丁

D．甲公司监事会主席的妻子戊

2．根据企业破产法律制度规定，下列关于破产案件诉讼费用承担的表述中，正确的是（　　）。

A．由债权人和债务人分担　　B．由破产申请人预先支付

C．从债务人财产中随时拨付　　D．由全体债权人按比例分担

3．甲商业银行破产清算时，已支付清算费用、所欠职工工资和劳动保险费用，根据企业破产法律制度的规定，其尚未清偿的下列债务中，应当优先偿还的是（　　）。

A．购买办公设备所欠货款　　B．欠缴监管机构的罚款

C．企业账户中存款本金及利息　　D．个人储蓄存款的本金及利息

4．破产企业甲公司在破产案件受理前因欠缴税款产生滞纳金。下列关于该滞纳金在破产程序中清偿顺位的表述中，符合企业破产法律制度规定的是（　　）。

A．该滞纳金与欠缴税款处于相同受偿顺位

B．该滞纳金属于普通债权，受偿顺位劣后于欠缴税款

C．该滞纳金劣后于普通债权受偿

D．该滞纳金不属于破产债权，在破产程序中不予清偿

5．甲公司于2012年12月申请破产。法院受理后查明：在2012年9月，因甲公司无法清偿欠乙公司100万元的货款，而甲公司董事长汪某却有150万元的出资未缴纳，乙公司要求汪某承担偿还责任，汪某随后确实支付给乙公司100万元。下列哪一表述是正确的？（　　）

A．就汪某对乙公司的支付行为，管理人不得主张撤销

B．汪某目前尚未缴纳的出资额应为150万元

C．管理人有义务要求汪某履行出资义务

D．汪某就其未履行的出资义务，可主张诉讼时效抗辩

6．2014年6月经法院受理，甲公司进入破产程序。现查明，甲公司所占有的一台精密仪器，实为乙公司委托甲公司承运而交付给甲公司的。关于乙公司的取回权，下列哪一表述是错误的？（　　）

A．取回权的行使，应在破产财产变价方案或和解协议、重整计划草案提交债权人会议表决之前

B．乙公司未在规定期限内行使取回权，则其取回权即归于消灭

C．管理人否认乙公司的取回权时，乙公司可以诉讼方式主张其权利

D．乙公司未支付相关运输、保管等费用时，保管人可拒绝其取回该仪器

7．祺航公司向法院申请破产，法院受理并指定甲为管理人。债权人会议决定设立债权人委员

会。现昊泰公司提出要受让祺航公司的全部业务与资产。甲的下列哪一做法是正确的？（　　）

A．代表祺航公司决定是否向昊泰公司转让业务与资产

B．将该转让事宜交由法院决定

C．提议召开债权人会议决议该转让事宜

D．作出是否转让的决定并将该转让事宜报告债权人委员会

8．关于破产重整的申请与重整期间，下列哪一表述是正确的？（　　）

A．只有在破产清算申请受理后，债务人才能向法院提出重整申请

B．重整期间为法院裁定债务人重整之日起至重整计划执行完毕时

C．在重整期间，经债务人申请并经法院批准，债务人可在管理人监督下自行管理财产和营业事务

D．在重整期间，就债务人所承租的房屋，即使租期已届至，出租人也不得请求返还

9．某公司经营不善，现进行破产清算。关于本案的诉讼费用，下列哪一说法是错误的？（　　）

A．在破产申请人未预先交纳诉讼费用时，法院应裁定不予受理破产申请

B．该诉讼费用可由债务人财产随时清偿

C．债务人财产不足时，诉讼费用应先于共益费用受清偿

D．债务人财产不足以清偿诉讼费用等破产费用的，破产管理人应提请法院终结破产程序

10．在某公司破产案件中，债权人会议经出席会议的有表决权的债权人过半数通过，并且其所代表的债权额占无财产担保债权总额的60%，就若干事项形成决议。该决议所涉下列哪一事项不符合《企业破产法》的规定？（　　）

A．选举8名债权人代表与1名职工代表组成债权人委员会

B．通过债务人财产的管理方案

C．申请法院更换管理人

D．通过和解协议

二、多项选择题

1．2013年3月，债权人甲公司对债务人乙公司提出破产申请。下列哪些选项是正确的？（　　）

A．甲公司应提交乙公司不能清偿到期债务的证据

B．甲公司应提交乙公司资产不足以清偿全部债务的证据

C．乙公司就甲公司的破产申请，在收到法院通知之日起7日内可向法院提出异议

D．如乙公司对甲公司所负债务存在连带保证人，则其可以该保证人具有清偿能力为由，主张其不具备破产原因

2．尚友有限公司因经营管理不善，决定依照《企业破产法》进行重整。关于重整计划草案，下列哪些选项是正确的？（　　）

A．在尚友公司自行管理财产与营业事务时，由其自己制作重整计划草案

B．债权人参加讨论重整计划草案的债权人会议时，应按法定的债权分类，分组对该草案进行表决

C．出席会议的同一表决组的债权人过半数同意重整计划草案，即为该组通过重整计划草案

D．2/3以上表决组通过重整计划草案，重整计划即为通过

3．甲公司因不能清偿到期债务且明显缺乏清偿能力，遂于2014年3月申请破产，且法院已受理。

经查，在此前半年内，甲公司针对若干债务进行了个别清偿。关于管理人的撤销权，下列哪些表述是正确的？（　　）

A．甲公司清偿对乙银行所负的且以自有房产设定抵押担保的贷款债务的，管理人可以主张撤销

B．甲公司清偿对丙公司所负的且经法院判决所确定的货款债务的，管理人可以主张撤销

C．甲公司清偿对丁公司所负的为维系基本生产所需的水电费债务的，管理人不得主张撤销

D．甲公司清偿对戊所负的劳动报酬债务的，管理人不得主张撤销

4．法院受理了利捷公司的破产申请。管理人甲发现，利捷公司与翰扬公司之间的债权债务关系较为复杂。下列哪些说法是正确的？（　　）

A．翰扬公司的某一项债权有房产抵押，可在破产受理后行使抵押权

B．翰扬公司与利捷公司有一合同未履行完毕，甲可解除该合同

C．翰扬公司曾租给利捷公司的一套设备被损毁，侵权人之前向利捷公司支付了赔偿金，翰扬公司不能主张取回该笔赔偿金

D．茹洁公司对利捷公司负有债务，在破产受理后茹洁公司受让了翰扬公司的一项债权，因此茹洁公司无需再向利捷公司履行等额的债务

5．根据企业破产法律制度的规定，下列债务中，债权人应在人民法院确定的期限内进行债权申报的有（　　）。

A．债务人所欠税款　　　　B．债务人所欠银行未到清偿期的借款

C．债务人所欠职工工资　　D．债务人所欠职工医疗费

6．甲公司依据买卖合同，在买受人乙公司尚未付清全部货款的情况下，将货物发运给乙公司。乙公司尚未收到该批货物时，向法院提出破产申请，且法院已裁定受理。对此，下列哪些选项是正确的？（　　）

A．乙公司已经取得该批货物的所有权

B．甲公司可以取回在运货物

C．乙公司破产管理人在支付全部价款情况下，可以请求甲公司交付货物

D．货物运到后，甲公司对乙公司的价款债权构成破产债权

7．中南公司不能清偿到期债务，债权人天一公司向法院提出对其进行破产清算的申请，但中南公司以其账面资产大于负债为由表示异议。天一公司遂提出各种事由，以证明中南公司属于明显缺乏清偿能力的情形。下列哪些选项符合法律规定的关于债务人明显缺乏清偿能力、无法清偿债务的情形？（　　）

A．因房地产市场萎缩，构成中南公司核心资产的房地产无法变现

B．中南公司陷入管理混乱，法定代表人已潜至海外

C．天一公司已申请法院强制执行中南公司财产，仍无法获得清偿

D．中南公司已出售房屋质量纠纷多，市场信誉差

8．A公司因经营不善，资产已不足以清偿全部债务，经申请进入破产还债程序。关于破产债权的申报，下列哪些表述是正确的？（　　）

A．甲对A公司的债权虽未到期，仍可以申报

B．乙对A公司的债权因附有条件，故不能申报

C．丙对A公司的债权虽然诉讼未决，但丙仍可以申报

D．职工丁对A公司的伤残补助请求权，应予以申报

三、案例分析题

1．2016年6月3日，人民法院裁定受理债务人甲公司的破产申请。同日，人民法院发布受理破产申请的公告，确定债权人申报债权的期限。在此期限内，管理人收到以下债权申报：

（1）A公司曾为甲公司的50万元银行借款提供连带保证；2016年3月，因甲公司无力偿还借款，A公司承担连带保证责任，向银行支付50万元借款本息；A公司因此向管理人申报50万元借款本息的债权；

（2）甲公司欠B信用社60万元借款未还；C公司为该笔借款提供连带保证，但尚未承担保证责任；B信用社向管理人申报60万元借款本息的债权后，C公司也提出相同金额债权的申报；

（3）甲公司的关联企业乙公司也进入破产程序；甲公司和乙公司对D公司负有70万元的连带债务；D公司向乙公司管理人申报70万元债权后，又向甲公司管理人申报该70万元债权；

（4）甲公司长期拖欠E公司货款，累计20万元。E公司申报20万元本息的债权。

甲公司管理人收到上述申报后，审查了A、B、C、D、E五家债权人的相关材料，认为E公司主张的债权已经超过诉讼时效期间，故未将E公司申报的债权编入债权登记表。

根据上述内容，分别回答下列问题。

（1）根据企业破产法律制度的规定，债权人申报债权的最短期限和最长期限分别是多少？

（2）甲公司管理人对A公司申报的50万元借款本息债权应否确认？并说明理由。

（3）甲公司管理人对C公司申报的60万元借款本息债权应否确认？并说明理由。

（4）甲公司管理人对D公司申报的70万元债权应否确认？并说明理由。

（5）甲公司管理人不将E公司债权编入债权登记表的理由是否成立？并说明理由。

2．A公司是一家拥有200多名职工的中型企业。自2015年年底开始，A公司生产经营停滞，无力偿还银行贷款本息，并持续拖欠职工工资。2017年1月，A公司20名职工联名向人民法院提出对A公司的破产申请，人民法院认为该20名职工无破产申请权，作出不予受理的裁定。2017年2月，A公司的债权人B银行向人民法院申请A公司破产。A公司提出异议称，A公司账面资产总额超过负债总额，并未丧失清偿能力。在此情形下，人民法院召集A公司和B银行代表磋商偿还贷款事宜，但A公司坚持要求B银行再给其半年还款缓冲期，争取恢复生产，收回货款后再清偿贷款，B银行则要求A公司立即清偿债务，双方谈判破裂。人民法院认为，A公司的抗辩异议不成立，于5日后作出受理破产申请的裁定，并指定了破产管理人。在管理人接管A公司、清理财产和债权债务期间，发生如下事项：

（1）C公司欠A公司的20万元货款到期，C公司经理在得知A公司进入破产程序的情况下，因被A公司经理收买，直接将货款交付A公司账务人员，A公司财务人员收到货款后，迅速转交给A公司的股东；

（2）A公司未经管理人同意，擅自向债权人D公司清偿10万元债务，A公司此前为担保该笔债务而以市值50万元的机器设备设定抵押，也因此解除。管理人清理债权债务时还发现，A公司的部分财产已在破产申请受理前发生的多宗民事诉讼案件中被人民法院采取保全措施或者已进入强制执行程序。

根据上述内容，分别回答下列问题。

（1）人民法院认为A公司20名职工无破产申请权，是否符合企业破产法律制度的规定？并说明理由。

（2）人民法院驳回A公司的抗辩异议，是否符合企业破产法律制度的规定？并说明理由。

（3）根据企业破产法律制度的规定，C公司向A公司财务人员交付20万元货款的行为是否产生债务清偿效果？并说明理由。

（4）根据企业破产法律制度的规定，A公司向D公司的清偿行为是否应当认定为无效？并说明理由。

（5）根据企业破产法律制度的规定，A公司破产申请受理前人民法院对其部分财产所采取的保全措施以及强制执行程序，应如何处理？

3. A公司因不能清偿到期债务，且明显缺乏清偿能力，主动向人民法院申请破产。2016年4月1日，人民法院裁定受理A公司破产申请，并指定某会计师事务所为管理人。

管理人在清理公司资产过程中发现，A公司的股东甲于2014年3月认缴增资200万元，根据公司章程规定，甲应于2014年4月至2017年4月底，至少分4次缴足出资，每次不低于50万元。截至2016年4月1日，甲已经实缴100万元出资。2016年4月6日，管理人要求甲缴纳剩余出资100万元，甲以其出资义务尚未到期为由拒绝。

2016年4月7日，B公司获悉A公司申请破产的消息后，要求取回其委托A公司加工定做的一套高档古典家具。由于B公司尚未支付加工费，管理人以此为由拒绝其取回家具。

2016年4月11日，C公司申报债权。管理人认为，C公司所主张的对A公司的50万元债权，未得到A公司原负责人认可，故以该债权有争议为由拒绝将之编入债权登记表。C公司对此提出异议，管理人研究后提出如下处理方案：先将C公司主张的债权列入债权登记表，交由第一债权人会议核查是否成立，但C公司不得参加第一次债权人会议。债权人申报工作结束后，管理人指定本所一名资深注册会计师担任债权人会议的主席。

根据上述内容，分别回答下列问题。

（1）甲拒绝缴纳剩余100万元出资的理由是否成立？并说明理由。

（2）管理人拒绝B公司取回家具的理由是否成立？并说明理由。

（3）管理人拒绝将C公司主张的债权编入债权登记表的理由是否成立？并说明理由。

（4）管理人拒绝C公司参加第一次债权人会议是否符合企业破产法律制度的规定？并说明理由？

（5）管理人指定本所注册会计师为债权人会议主席是否符合企业破产法律制度的规定？并说明理由。

4. 人民法院于2015年11月5日受理了债权人提出的针对A公司的破产申请。法院向A公司送达受理裁定，并要求其在15日内提交财产状况说明、债务清册、债权清册等有关资料。A公司以企业管理不善、材料保存不全为由拒绝。

管理人在调查债务人财产状况时发现下述情况：

（1）2015年1月，A公司向B公司出售一台机床，B公司验货后，将机床暂存于A公司库房；双方约定，在B公司付清全部价款前，A公司保留机床所有权；2015年10月，B公司付清全部价款，但尚未提货；

（2）2015年2月，A公司向C银行借款20万元，由D公司承担连带责任保证。借款到期后A公司未能清偿。C银行已就20万元借款及利息向管理人申报了债权，同时要求D公司承担连带保证责任。D公司遂向管理人预先申报此笔债权，遭到拒绝。

在债权人会议对破产财产的变价方案进行表决时，出席会议并参与表决的债权人共计30人（全体债权人人数为45人），债权额占全部无财产担保债权总额的60%；其中赞成的为28人，代表债权额占全部无财产担保债权总额的45%。

在人民法院对本案件作出破产宣告前，当地社会保险机构以债权人名义提出对A公司进行重整的申请。

根据上述内容，分别回答下列问题。

（1）A公司拒不提交相关资料，人民法院可对其采取何种处罚措施？

（2）A公司销售给B公司的机床是否属于债务人财产？并说明理由。

（3）管理人拒绝D公司预先申报债权，是否符合企业破产法律制度的规定？并说明理由。

（4）债权人会议关于破产财产变价方案的表决结果，是否达到通过表决方案的法定最低比例要求？并说明理由。

（5）当地社会保险机构是否有权提出重整申请？

5. A公司自2014年年底开始出现不能清偿到期债务且资产不足以清偿全部债务的情况。2015年6月8日，人民法院受理了A公司的破产申请并指定某律师事务所为管理人。在该破产案件中存在下列情形：

（1）管理人清理A公司库存产品时，发现仓库中存有B公司委托代销的一批产品，管理人将该批产品列为债务人A公司的财产；

（2）2014年10月，A公司以分期付款方式向C公司购买一台生产设备（已交付A公司使用），合同约定2015年10月A公司付清全款时，设备所有权转移至A公司；至破产案件受理时，A公司已累计支付该生产设备全部价款的90%，管理人决定继续履行该合同；

（3）2015年2月，A公司因其运输车辆造成交通事故而支付受害者人身损害赔偿金25万元，现管理人向人民法院请求撤销对该人身损害赔偿金的支付行为；

（4）2015年3月，A公司以厂房抵押，向D银行借款500万元，借款期限1年。管理人报酬方案将该厂房价值计入确定报酬依据的财产价值总额；同时，管理人向D银行主张支付该厂房维护管理工作的适当报酬。

根据上述内容，分别回答下列问题。

（1）B公司委托A公司代销的产品是否属于A公司财产？并说明理由。

（2）C公司能否以生产设备所有权尚未移转为由，要求将其取回？并说明理由。

（3）人民法院应否撤销A公司支付的人身损害赔偿金？并说明理由。

（4）向D银行抵押的厂房价值应否计入确定管理人报酬依据的财产价值总额？管理人可否向D银行请求支付适当报酬？并分别说明理由。

6. 2014年5月5日，因A公司未能偿还对B公司的到期债务，B公司向人民法院提出对A公司进行破产清算的申请。

A公司收到人民法院通知后，于5月9日提出异议，认为本公司未达破产界限，理由是：第一，B公司对A公司之债权由C公司提供连带保证，而C公司完全有能力代为清偿该笔债务；第二，尽管A公司暂时不能清偿所欠B公司债务，但其资产总额超过负债总额，不构成资不抵债。

经审查相关证据，人民法院发现：虽然A公司的账面资产总额超过负债总额，但其流动资金不足，实物资产大多不能立即变现，无法立即清偿到期债务。据此，人民法院于5月16日裁定受理B公司的破产申请，并指定了管理人。

在该破产案件中，有以下情况：

（1）2014年4月14日，人民法院受理了D公司诉A公司股东甲的债务纠纷案件；D公司主张，因甲未缴纳出资，故应就A公司所欠D公司债务承担出资不实责任，该案尚未审结；

（2）A公司于2013年4月8日向E信用社借款200万元，期限1年，A公司以其所属厂房为该笔借款提供了抵押担保。2014年5月18日，经管理人同意，A公司向E信用社偿还了其所欠200万元借款本金及其利息；经查，A公司用于抵押的厂房市场价值为500万元；有其他债权人提出，A公司向E信用社的清偿行为属于破产申请受理后对个别债权人的债务清偿，故应认定为无效；

（3）2014年6月2日，F公司向管理人提出，根据其与A公司之间的合同约定，由其提供原材料、委托A公司加工了一批产品，现合同到期，要求提货；据查，该批产品价值50万元，现存于A公司仓库，F公司已于2014年2月支付了全部加工费10万元；管理人认为该批产品属于债务人财产，故不允许F公司提走。

根据上述内容，分别回答下列问题。

（1）A公司以C公司为其债务提供了连带保证且有能力代为清偿为由，对破产申请提出的异议是否成立？并说明理由。

（2）人民法院以A公司现金不足、实物资产大多不能立即变现清偿债务为由，裁定受理破产申请，是否符合企业破产法律制度的规定？并说明理由。

（3）对于D公司诉A公司股东甲的债务纠纷案，在程序上人民法院应如何处理？并说明理由。

（4）有关债权人关于A公司向E信用社清偿行为无效的主张是否成立？并说明理由。

（5）F公司是否有权提走其委托A公司加工的产品？并说明理由。

7. 2013年10月15日，人民法院根据债权人申请受理了A公司破产清算案，并指定了管理人。在该破产案件中，存在以下情况：

（1）根据A公司章程的规定，股东分两期缴纳出资，其中，第一期出资于2010年2月1日公司设立时缴纳，第二期出资于2014年2月28日前缴纳；B公司和C公司均为A公司创始股东，其中B公司按时缴纳了第一期出资，C公司尚未缴纳任何出资；管理人要求B公司和C公司补缴其各自认缴的出资，被两公司拒绝；两公司提出，章程规定的第二期出资的缴纳期限尚未到期，因此目前无需缴纳；C公司还主张，虽然其未按章程规定的期限缴纳第一期出资，但由于其未履行出资缴纳义务的行为已经超过3年的诉讼时效，故可不再缴纳；

（2）2013年1月起，A公司出现破产原因，但公司董事、监事和高级管理人员仍然领取了绩效奖金；2013年4月起，A公司普遍拖欠职工工资，但公司董事、监事和高级管理人员仍然领取工资；

（3）2013年9月，A公司向D公司订购一台设备，根据双方合同的约定，A公司向D公司支付了30%的货款，D公司将该设备向A公司发运；获悉人民法院受理A公司破产案件后，D公司立即向A公司主张取回在运途中的设备，并通知承运人中止运输、返还货物，但因承运人原因，未能取回设备。2013年10月17日，管理人收到设备。

根据上述内容，分别回答下列问题。

（1）B、C两公司关于A公司章程规定的第二期出资的缴纳期限尚未届至，目前无需缴纳的主张是否成立？并说明理由。

（2）C公司关于其未履行出资缴纳义务已经超过诉讼时效，可不再缴纳出资的主张是否成立？并说明理由。

（3）对于A公司董事、监事和高级管理人员在公司发生破产原因后领取绩效奖金及在普遍拖欠职工工资情况下领取工资的行为，管理人应分别如何处理？

（4）管理人收到设备后，D公司还能否向管理人主张出卖人取回权？并说明理由。

8. 自2012年初以来，A公司出现不能清偿到期债务，且资产不足清偿全部债务的情况。2012年12月17日，人民法院经审查裁定受理了A公司的破产申请，并指定了管理人。在该破产案件中，存在下述情况：

（1）2011年10月8日，B公司向C银行借款1 000万元，期限1年；A公司以所属机器设备为B公司该笔借款提供了抵押担保，并办理了抵押登记；B公司到期未偿还C银行的借款，C银行将上述抵押物拍卖得款900万元，将不足清偿的150万元借款本息向管理人申报了债权；

（2）2012年7月，A公司向D公司租用机床一台，租期1年，租金已一次性付清；2012年11月，A公司以30万元的市场价格将机床售予E公司，双方已交货、付款，E公司对A公司无处分权的事实并不知情；D公司获悉机床已被A公司卖给E公司后，要求E公司返还机床，遭E公司拒绝；

（3）2009年1月，A公司与F公司签订房屋租赁合同，将所属300平方米门面房出租给F公司用作超市经营，租期5年，每年1月底前支付当年租金；F公司一直正常缴纳租金；2013年2月，管理人通知F公司解除该房屋租赁合同，但F公司表示反对；

（4）2011年10月，A公司欠刘某专利转让费29万元到期未付；2012年12月20日，刘某将该债权以15万元的价格转让给G公司；G公司现提出：以该债权与其所欠A公司的30万元货款在相同金额范围内抵销；

（5）2012年8月17日，供电局向A公司发出欠缴电费催收通知书，要求A公司1周内补缴拖欠电费20万元，否则将对其生产区停止供电。A公司于8月22日向供电局补缴了全部拖欠电费。2013年2月，管理人主张撤销A公司向供电局补缴电费的行为。

根据上述内容，分别回答下列问题。

（1）C银行以抵押物拍卖款不足清偿的150万元借款本息向管理人申报债权的行为，是否符合企业破产法律制度的规定？并说明理由。

（2）E公司是否有权拒绝D公司返还机床的请求？并说明理由。如果E公司有权拒绝D公司返还机床的请求，D公司能否向管理人申报债权？并说明理由。

（3）管理人是否有权解除A公司与F公司之间的房屋租赁合同？并说明理由。

（4）G公司关于债务抵销的主张是否成立？并说明理由。

（5）管理人是否有权撤销A公司向供电局补缴电费的行为？并说明理由。

答案及解析

一、单项选择题

1. 【答案】B

【学堂点拨】选项A错误：根据规定，曾被吊销相关专业执业证书的人员，不得担任破产管理人；选项B正确：根据规定，现在担任或者在人民法院受理破产申请前3年内曾经担任债务人、债权人的财务顾问、法律顾问的，属于需要回避的利害关系，但选项B中，由于已经超出了3年，因此不属于回避情形；选项C错误：根据规定，现在担任或者在人民法院受理破产申请前3年内曾经担任债务人、债权人的董事、监事、高级管理人员的，属于有利害关系；选项D错误：根据规定，与债权人或者债务人的控股股东、董事、监事、高级管理人员存在夫妻、直系血亲、三代以内旁系血亲或者近姻亲关系的，属于利害关系人。

2. 【答案】C

【学堂点拨】本题考核破产费用。破产案件的诉讼费用，属于破产费用，从债务人财产中随时清偿。

3. 【答案】D

【学堂点拨】商业银行破产清算时，已支付清算费用、所欠职工工资和劳动保险费用后，应优先偿还个人储蓄存款的本金及利息。

4. 【答案】B

【学堂点拨】在破产案件“受理前”因欠缴税款产生的滞纳金属于“普通破产债权”，不享有与欠缴税款相同的优先受偿地位；在破产案件“受理后”因欠缴税款产生的滞纳金，不属于破产债权，在破产程序中不予清偿。

5. 【答案】C

【学堂点拨】选项A错误：人民法院受理破产申请前6个月内，仍对个别债权人进行清偿的，管理人有权请求人民法院予以撤销。但是，个别清偿使债务人财产受益的除外。企业法人不能清偿到期债务，并且资产不足以清偿全部债务或者明显缺乏清偿能力的，依照《企业破产法》规定清理债务。根据上述规定，本题中甲公司已申请破产，对于其是否出现资不抵债的情况并没有具体说明，如果存在该情况，那么汪某的行为属于仍对个别债权人清偿债务，管理人可以请求撤销。选项B错误：公司债权人请求未履行或者未全面履行出资义务的股东在未出资本息范围内对公司债务不能清偿的部分承担补充赔偿责任的，人民法院应予支持；未履行或者未全面履行出资义务的股东已经承担上述责任，其他债权人提出相同请求的，人民法院不予支持。据此，汪某的出资范围为150万，汪某向乙公司支付100万的行为属于在未出资本息范围内对公司债务不能清偿的部分承担补充责任，应当视为履行了100万的出资义务，所以汪某目前尚未缴纳的出资额应为50万。选项C正确：根据规定，人民法院受理破产申请后，债务人的出资人尚未完全履行出资义务的，管理人应当要求该出资人缴纳所认缴的出资，而不受出资期限的限制。选项D错误：当事人基于投资关系产生的缴付出资请求权提出诉讼时效抗辩的，人民法院不予支持。汪某不得就其未履行的出资义务主张时效抗辩。

6. 【答案】B

【学堂点拨】选项A说法正确，选项B说法错误。权利人依据《企业破产法》第三十八条的规定行使取回权，应当在破产财产变价方案或者和解协议、重整计划草案提交债权人会议表决前向管理人提出。权利人在上述期限后主张取回相关财产的，应当承担延迟行使取回权增加的相关费用。据此可知，未在规定期限内行使取回权并不会导致取回权的消灭。

7. 【答案】D

【学堂点拨】根据规定，管理人实施下列行为，应当及时报告债权人委员会：（1）涉及土地、房屋等不动产权益的转让；（2）探矿权、采矿权、知识产权等财产权的转让；（3）全部库存或者营业的转让；（4）借款；（5）设定财产担保；（6）债权和有价证券的转让；（7）履行债务人和对方当事人均未履行完毕的合同；（8）放弃权利；（9）担保物的取回；（10）对债权人利益有重大影响的其他财产处分行为。

8. 【答案】C

【学堂点拨】选项A错误：债务人或者债权人可以依照《企业破产法》规定，直接向人民法院申请对债务人进行重整。据此可知，债务人可直接向法院提出重整申请。选项B错误：根据规定，自人民法院裁定债务人重整之日起至重整程序终止，为重整期间。据此可知，重整期间的截止点是重整程序终止之时，而非重整计划执行完毕之时。选项C正确：根据规定，在重整期间，经债务人申请，人民法院批准，债务人可以在管理人的监督下自行管理财产和营业事务。选项D错误：根据规定，债务人合法占有的他人财产，该财产的权利人在重整期间要求取回的，应当符合事先约定的条件。据此可知，在重整期间，就债务人所承租的房屋租期已届至的，出租人有权请求返还。

9. 【答案】A

【学堂点拨】选项A说法错误：根据规定，破产案件的诉讼费用，应计入破产费用，从债务人财产中拨付。相关当事人以申请人未预先交纳诉讼费用为由，对破产申请提出异议的，人民法院不予支持。

10. 【答案】D

【学堂点拨】选项A符合规定：根据规定，债权人会议可以决定设立债权人委员会。债权人委员会由债权人会议选任的债权人代表和1名债务人的职工代表或者工会代表组成。债权人委员会成员不得超过9人。债权人委员会成员应当经人民法院书面决定认可。选项B、C符合规定，选项D不符合规定：根据规定，债权人会议的决议，由出席会议的有表决权的债权人过半数通过，并且其所代表的债权额占无财产担保债权总额的1/2以上。但是，债权人会议通过和解协议的决议，由出席会议的有表决权的债权人过半数同意，并且其所代表的债权额占无财产担保债权总额的2/3以上。

二、多项选择题

1. 【答案】AC

【学堂点拨】选项A正确，选项B错误：根据规定，债权人申请债务人破产的，应当提交债务人不能清偿到期债务的有关证据。债务人对债权人的申请未在法定期限内向人民法院提出异议，或者异议不成立的，人民法院应当依法裁定受理破产申请。选项C正确：根据规定，债权人提出破产申请的，人民法院应当自收到申请之日起5日内通知债务人。债务人对申请有异议的，应当自收到人民法院的通知之日起7日内向人民法院提出。人民法院应当自异议期满之日起10日内裁定是否受理。选项D错误：债务人是否具备破产原因的认定与连带保证人是否具有清偿能力没有任何关系。

2. 【答案】AB

【学堂点拨】选项A正确：根据规定，债务人自行管理财产和营业事务的，由债务人制作重整计划草案。选项B正确：根据规定，下列各类债权的债权人参加讨论重整计划草案的债权人会议，依照下列债权分类，分组对重整计划草案进行表决：（1）对债务人的特定财产享有担保权的债权；（2）债务人所欠职工的工资和医疗、伤残补助、抚恤费用，所欠的应当划入职工个人账户的基本养老保险、基本医疗保险费用，以及法律、行政法规规定应当支付给职工的补偿金；（3）债务人所欠税款；（4）普通债权。人民法院在必要时可以决定在普通债权组中设小额债权组对重整计划草案进行表决。选项C错误：根据规定，出席会议的同一表决组的债权人过半数同意重整计划草案，并且其所代表的债权额占该组债权总额的2/3以上的，即为该组通过重整计划草案。选项D错误：根据规定，各表决组均通过重整计划草案时，重整计划即为通过。

3. 【答案】CD

【学堂点拨】选项A错误：根据规定，债务人对以自有财产设定担保物权的债权进行的个别清偿，管理人依据《企业破产法》第三十二条的规定请求撤销的，人民法院不予支持。但是，债务清偿时担保财产的价值低于债权额的除外。选项B错误：根据规定，债务人经诉讼、仲裁、执行程序对债权人进行的个别清偿，管理人请求撤销的，人民法院不予支持。但是，债务人与债权人恶意串通损害其他债权人利益的除外。选项C、D正确：根据规定，债务人对债权人进行的以下个别清偿，管理人依据《企业破产法》第三十二条的规定请求撤销的，人民法院不予支持：（1）债务人为维系基本生产需要而支付水费、电费等的；（2）债务人支付劳动报酬、人身损害赔偿金的；（3）使债务人财产受益的其他个别清偿。

4. 【答案】BC

【学堂点拨】选项A错误：对破产人的特定财产享有担保权的权利人，对该特定财产享有优先受偿的权利。据此可知，翰扬公司对设定抵押的房产享有别除权，但该别除权须在破产宣告后才能行使，而不是在破产申请受理后即可行使。选项B正确：人民法院受理破产申请后，管理人对破产申请受理前成立而债务人和对方当事人均未履行完毕的合同有权决定解除或者继续履行，并通知对方当事人。管理人自破产申请受理之日起2个月内未通知对方当事人，或者自收到对方当事人催告之日起30日内未答复的，视为解除合同。选项C正确：保险金、赔偿金已经交付给债务人，或者代偿物已经交付给债务人且不能与债务人财产予以区分的，人民法院应当按照以下规定处理：（1）财产毁损、灭失发生在破产申请受理前的，权利人因财产损失形成的债权，作为普通破产债权清偿；（2）财产毁损、灭失发生在破产申请受理后的，因管理人或者相关人员执行职务导致权利人损害产生的债务，作为共益债务清偿。据此可知，翰扬公司不能主张取回该笔赔偿金，其损失只能作为普通破产债权清偿。选项D错误：债务人的债务人在破产申请受理后取得他人对债务人的债权的，不得向管理人主张抵销。据此可知，茹洁公司在破产申请受理后取得的翰扬公司对利捷公司的债权不得抵销。

5. 【答案】AB

【学堂点拨】债务人所欠职工的工资和医疗、伤残补助、抚恤费用，所欠的应当划入职工个人账户的基本养老保险、基本医疗保险费用，以及法律、行政法规规定应当支付给职工的补偿金，不必申报，由管理人调查后列出清单并予以公示。除此之外，其他债权如税收债权、社会保障债权以及对债务人特定财产享有担保权的债权均需依法申报。据此，选项A、B正确。

6. 【答案】BCD

【学堂点拨】根据规定，人民法院受理破产申请时，出卖人已将买卖标的物向作为买受人的债务人发运，债务人尚未收到且未付清全部价款的，出卖人可以取回在运途中的标的物。但是，管理人可以支付全部价款，请求出卖人交付标的物。据此可知，甲公司可以取回在运货物，乙公司破产管理人也可以在支付全部价款的情况下，请求甲公司交付货物。若甲公司未及时行使取回权，则货物运到后，甲公司对乙公司的价款债权构成破产债权。

7. 【答案】ABC

【学堂点拨】根据规定，债务人账面资产虽大于负债，但存在下列情形之一的，人民法院应当认定其明显缺乏清偿能力：（1）因资金严重不足或者财产不能变现等原因，无法清偿债务（选项A）；（2）法定代表人下落不明且无其他人员负责管理财产，无法清偿债务（选项B）；（3）经人民法院强制执行，无法清偿债务（选项C）；（4）长期亏损且经营扭亏困难，无法清偿债务；（5）导致债务人丧失清偿能力的其他情形。

8. 【答案】AC

【学堂点拨】选项A正确：根据规定，未到期的债权，在破产申请受理时视为到期。据此可知，未到期的债权，仍可申报。选项B错误，选项C正确：根据规定，附条件、附期限的债权和诉讼、仲裁未决的债权，债权人可以申报。选项D错误：根据规定，债务人所欠职工的工资和医疗、伤残补助、抚恤费用，所欠的应当划入职工个人账户的基本养老保险、基本医疗保险费用，以及法律、行政法规规定应当支付给职工的补偿金，不必申报，由管理人调查后列出清单并予以公示。职工对清单记载有异议的，可以要求管理人更正；管理人不予更正的，职工可以向人民法院提起诉讼。据此可知，伤残补助不必申报。

三、案例分析题

1. 【答案】

（1）债权申报期限自人民法院发布受理破产申请公告之日起计算，最短不得少于30日，最长不得超过3个月。

（2）管理人对A公司申报的债权应当确认。根据规定，债务人的保证人或者其他连带债务人已经代替债务人清偿债务的，以其对债务人的求偿权申报债权。保证人A公司代替债务人甲公司向银行清偿50万元本息，可以50万元本息申报债权。

（3）管理人对C公司申报的债权不应当确认。根据规定，债务人的保证人或者其他连带债务人尚未代替债务人清偿债务的，以其对债务人的将来求偿权申报债权。但是，债权人已经向管理人申报全部债权的除外。题目中，债权人信用社已经申报全部债权，则保证人C公司不能以将来求偿权申报债权。

（4）管理人对D公司申报的债权应当确认。根据规定，连带债务人数人被裁定适用破产程序的，其债权人有权就全部债权分别在各破产案件中申报债权。

（5）管理人不将E公司债权编入债权登记表的理由不成立。根据规定，管理人收到债权申报材料后，应当登记造册，对申报的债权进行审查，并编制债权登记表。管理人必须将申报的债权全部登记在债权登记表上，不允许以其认为债权超过诉讼时效或债权不能成立为由拒绝编入债权登记表。

2. 【答案】（1）人民法院认为A公司20名职工无破产申请权符合规定。根据规定，职工提出破产申请应经职工代表大会或者全体职工会议多数决议通过。本题中，A公司20名职工联名向人民法院提出对A公司的破产申请，没有经过职工代表大会或者全体职工会议多数决议通过，所以没有破产申请权。

（2）人民法院驳回A公司的抗辩异议符合规定。根据规定，债务人以其具有清偿能力或资产超过负债为由提出抗辩异议，但又不能立即清偿债务或与债权人达成和解的，其异议不能成立。本题中，A公司称其账面资产总额超过负债总额，并未丧失清偿能力，但不能立即清偿B银行债务亦不能与B银行达成和解，所以异议不成立。

（3）C公司向A公司财务人员交付20万元货款的行为不产生债务清偿的效果。根据规定，人民法院受理破产申请后，债务人的债务人或者财产持有人应当向管理人清偿债务或者交付财产，如其故意违反法律规定向债务人清偿债务或者交付财产，使债权人受到损失的，不免除其清偿债务或者交付财产的义务。本题中，C公司经理在得知A公司进入破产程序后直接将货款交付A公司账务人员，使其他债权人受到损失，所以此行为不产生债务清偿的效果。

（4）A公司向D公司的清偿行为不应当认定为无效。根据规定，人民法院受理破产申请后，债务人对个别债权人的债务清偿无效；但是，债务人以其财产向债权人提供物权担保的，其在担保物市场价值内向债权人所作的债务清偿，不受上述规定限制。本题中，A公司未经管理人同意，擅自向债权人D公司清偿在担保物市场价值内的10万元债务有效。

（5）A公司破产申请受理前人民法院对其部分财产所采取的保全措施应当解除，强制执行程序应当中止。根据规定，人民法院受理破产申请后，有关债务人财产的保全措施应当解除，执行程序应当中止。

3.【答案】（1）甲拒绝缴纳剩余100万元出资的理由不成立。根据规定，债务人的出资人尚未完全履行出资义务的，管理人应当要求该出资人缴纳所认缴的出资，而不受出资期限的限制。

（2）管理人拒绝B公司取回家具的理由成立。根据规定，权利人行使取回权时未依法向管理人支付相关的加工费、保管费、托运费、委托费、代销费等费用，管理人拒绝其取回相关财产的，人民法院应予支持。

（3）管理人拒绝将C公司主张的债权编入债权登记表的理由不成立。根据规定，管理人收到债权申报材料后，应当登记造册，对申报的债权进行审查，并编制债权登记表。管理人必须将申报的债权全部登记在债权登记表上，不允许以其认为债权不能成立为由拒绝编入债权登记表。

（4）管理人拒绝C公司参加第一次债权人会议不符合企业破产法律制度的规定。根据规定，依法申报债权的债权人为债权人会议的成员，有权参加债权人会议，享有表决权。即凡是申报债权者均有权参加第一次债权人会议，有权参加对其债权的核查、确认活动，并可依法提出异议。

（5）管理人指定本所注册会计师为债权人会议主席不符合企业破产法律制度的规定。根据规定，债权人会议设主席一人，由人民法院从有表决权的债权人中指定。

4.【答案】（1）债务人拒不提交相关资料的，人民法院可以对债务人的直接责任人员采取罚款等强制措施。

（2）A公司销售给B公司的机床不属于债务人财产。根据A公司和B公司的销售合同可知，B公司支付全款后，机床所有权即归B公司。现B公司已经支付全款，取得机床所有权。

（3）管理人拒绝D公司预先申报债权，符合企业破产法律制度的规定。根据企业破产法律制度的规定，债务人的保证人尚未代替债务人清偿债务的，可以其对债务人的将来求偿权申报债权，但是，债权人已经向管理人申报全部债权的，保证人不能再申报债权。

（4）债权人会议关于破产财产变价方案的表决结果，未达到通过表决方案的法定最低比例要求。根据企业破产法律制度的规定，债权人会议的决议，须由出席会议的有表决权的债权人过半数通过，且其代表的债权额占无财产担保债权总额的1/2以上。本案中的决议虽然由债权人过半数通过，但赞成决议的债权人所代表的债权额仅占全部无财产担保债权总额的45%，未能达到无财产担保债权总额的1/2。

（5）当地社会保险机构无权提出重整申请。

5.【答案】（1）B公司委托A公司代销的产品，不属于A公司财产。根据规定，债务人基于仓储、保管、承揽、代销、借用、寄存、租赁等合同或者其他法律关系占有、使用的他人财产，不应认定为债务人财产。

（2）C公司不能要求取回设备。根据规定，买受人破产，其管理人决定继续履行所有权保留买卖合同的，原买卖合同中约定的买受人支付价款或者履行其他义务的期限在破产申请受理时视为到期，买受人管理人应当及时向出卖人支付价款或者履行其他义务。买受人管理人无正当理由未及时支付价款或者履行完毕其他义务，或者将标的物出卖、出质或者作出其他不当处分，给出卖人造成损害，出卖人依据《合同法》第一百三十四条等规定主张取回标的物的，人民法院应予支持。但是，买受人已支付标的物总价款75%以上或者第三人善意取得标的物所有权或者其他物权的除外。

（3）法院不应撤销A公司支付的人身损害赔偿金。根据规定，债务人对债权人进行的以下个别清偿，管理人依据《企业破产法》第三十二条的规定请求撤销的，人民法院不予支持：①债务人为维系基本生产需要而支付水费、电费等的；②债务人支付劳动报酬、人身损害赔偿金的；③使债务人财产受益的其他个别清偿。

（4）①向D银行抵押的厂房价值，不应计入确定管理人报酬依据的财产价值总额；根据规定，担保权人优先受偿担保物价值，不计入确定管理人报酬依据的财产价值总额；②管理人可以向D银行请求支付适当报酬。根据规定，管理人对担保物的维护、变现、交付等管理工作付出合理劳动的，有权向担保权人收取适当的报酬。

6.【答案】（1）A公司以C公司为其所欠B公司债务提供了连带保证且有能力代为清偿为由，对破产申请提出的异议不成立。根据规定，相关当事人以对债务人的债务负有连带责任的人未丧失清偿能力为由，主张债务人不具备破产原因的，人民法院不予支持。

（2）人民法院以A公司现金不足、实物资产大多不能变现清偿债务为由，裁定受理破产申请，符合企业破产法律制度的规定。A公司已经出现不能清偿到期债务的事实，并且，虽然账面资产多于负债，但现金不足、实物资产无法变现，足以认定其明显缺乏清偿能力。

（3）人民法院应当中止D公司与甲的债务纠纷案件的审理。根据企业破产法律制度的规定，破产申请受理前，债权人主张债务人的出资人直接向其承担出资不实责任的诉讼，破产申请受理时案件尚未审结的，人民法院应当中止审理。

（4）有关债权人关于A公司向E信用社清偿行为无效的主张不成立。根据企业破产法律制度的规定，破产申请受理后，债务人对个别债权人的债务清偿无效。但是，债务人以其财产向债权人提供物权担保的，其在担保物市场价值范围内向债权人所作的债务清偿，不受上述限制。A公司向E信用社清偿200万元本金及相应利息，而其抵押物的市价为500万元，符合上述规定。

（5）F公司有权提走其委托A公司加工的产品。F公司提供原材料、委托A公司加工产品的合同，属于承揽合同。根据企业破产法律制度的规定，债务人基于承揽合同关系占有的他人财产不应认定为债务人财产。故F公司可以行使取回权。

7. 【答案】（1）B、C两公司关于A公司章程规定的第二期出资的缴纳期限尚未届至，目前无需缴纳的主张不成立。根据企业破产法律制度的规定，在破产程序中，公司股东是以其认缴的出资而不仅是已经缴纳的出资对债权人承担责任；公司股东尚未完全履行出资义务的，管理人应当要求股东缴纳所认缴的出资，不受出资期限的限制。

（2）C公司关于其未履行出资缴纳义务已经超过诉讼时效，可不再缴纳出资的主张不成立。根据民事法律制度的规定，对基于投资关系产生的缴付出资请求权提出诉讼时效抗辩的，人民法院不予支持。根据企业破产法律制度的规定，管理人代表债务人提起诉讼，主张出资人向债务人依法缴付未履行的出资，出资人以其违反的出资缴纳义务已经超过诉讼时效为由抗辩的，人民法院不予支持。

（3）管理人应当向A公司董事、监事和高级管理人员追回其在公司发生破产原因后领取的绩效奖金。在对绩效奖金追回后，董事、监事和高级管理人员由此形成的债权应作为普通破产债权清偿。A公司的董事、监事和高级管理人员在普遍拖欠职工工资情况下领取的工资也应予以追回。对董事、监事和高级管理人员追回非正常领取的工资后，其按照该企业职工平均工资计算的部分作为拖欠的职工工资，纳入第一清偿顺序清偿；高出该企业职工平均工资计算的部分，作为普通破产债权清偿。

（4）管理人收到货物后，D公司仍可向管理人主张出卖人取回权。根据企业破产法律制度的规定，出卖人通过通知承运人中止运输，对在运途中标的物主张了取回权但未能实现，或者在货物未达管理人前已向管理人主张取回在运途中标的物，在买卖标的物到达管理人后，出卖人向管理人主张取回的，管理人应予准许。

8. 【答案】（1）C银行以抵押物拍卖款不足清偿的150万元借款本息向管理人申报债权的行为，不符合企业破产法律制度的规定。由于A公司是为B公司所欠C银行借款提供的抵押担保，A公司并非主债务人，故在抵押物价款不足以清偿担保债额时，余债不能作为破产债权向A公司要求清偿。

（2）E公司有权拒绝向D公司返还机床。A公司系以市场价格向E公司转让机床并已交付，且E公司对A公司对该机床无处分权的事实并不知情，因此，E公司已善意取得机床所有权，D公司的机床取回权消灭。D公司可以向管理人申报债权。债务人占有的他人财产被违法转让给第三人，依据《物权法》的规定，第三人已善意取得财产所有权，原权利人无法取回该财产，转让行为发生在破产申请受理前的，原权利人因财产损失形成的债权，作为普通破产债权清偿。

（3）管理人无权解除A公司与F公司之间的房屋租赁合同。对于破产申请受理前成立而债务人和对方当事人均未履行完毕的合同，管理人应以保障债权人权益最大化为原则，决定解除还是继续履行，但是，对于债务人对外出租不动产的合同，管理人不得任意解除。

（4）G公司关于债务抵销的主张不成立。根据企业破产法律制度的规定，债务人的债务人在破产申请受理后取得他人对债务人的债权的，不得抵销。

（5）管理人无权撤销A公司向供电局补缴电费的行为。根据企业破产法律制度的规定，人民法院受理破产申请前6个月内，债务人在出现破产原因的情形下，仍对个别债权进行清偿的，管理人有权请求人民法院予以撤销，但是，个别清偿使债务人财产受益的除外。债务人清偿欠缴电费，是为了维系企业的生产经营，可使债务人受益，因此不得撤销。

第九章　票据与支付结算法律制度

本章思维导图

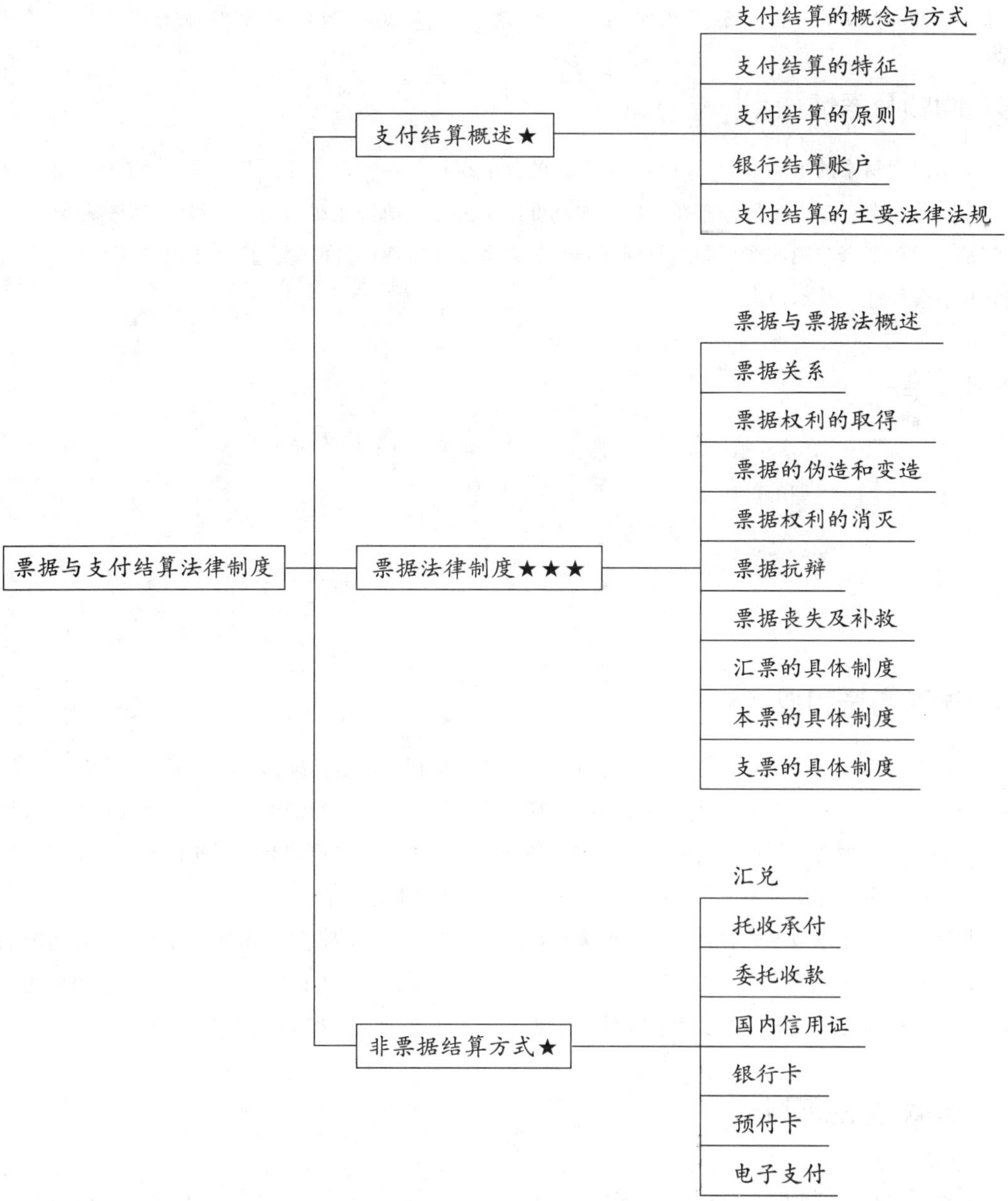

本章概述

本章包括两大部分：一是票据法律制度；二是支付结算法律制度。票据法律制度是本章的重点，这一部分首先介绍了票据的基本原理，包括票据的概念和特征、票据关系、票据权利、票据行为、票据代理、票据的伪造和变造、票据抗辩、票据丧失的补救措施等问题；其次，分别介绍了汇票、本票和支票的具体制度。支付结算法律制度是本章相对次要的部分，主要介绍票据之外的几种结算方式，包括汇兑、托收承付、委托收款、国内信用证。本章教材的主要编写依据包括《中华人民共和国票据法》（以下简称《票据法》）、《最高人民法院关于审理票据纠纷案件若干问题的规定》（以下简称《票据法司法解释》）《支付结算办法》《商业汇票承兑、贴现与再贴现管理暂行办法》《电子商业汇票业务管理办法》《人民币银行结算账户管理办法》等法律、司法解释和部门规章。

考情回顾及考情预测

本章是教材中的重点章节，每年直接考查的分值在12分左右，考查题型全面，涵盖单选题、多选题和案例分析题，考点主要分布在票据法律制度这一部分。值得注意的是，自2010年以来，本章几乎每年都会单独或者与第四章合同法律制度结合起来考查一道案例分析题。预计2018年，本章的考查题型和分值会与往年基本相当。

本章重难点

重点：票据的签章和记载事项，票据权利与抗辩，背书、保证和承兑的具体规定，追索权的行使，支票绝对记载事项的授权补记。

难点：票据签章的效力、票据抗辩及其限制、票据的记载事项、票据无权代理的法律效力、票据提示承兑和提示付款的期限、票据保证责任的独立性、票据权利善意取得、追索对象的确定、伪造和变造的区别及其后果。

本章学习方法和技巧

票据法律制度主要围绕两个大的问题展开：一是票据权利，包括票据权利的概念、票据权利的内容、票据权利的取得、票据权利的转让、票据权利的行使和票据权利的消灭；二是票据行为，包括票据行为的概念和种类、票据行为的生效要件、各种票据行为的具体规则等。因此，考生在学习的过程中，应抓住这两条主线对知识点进行梳理、整合，形成体系化思维。

此外，与其他章节的内容相比，本章《票据法》的内容具有较强的技术性，考生在学习备考的过程中，不仅要熟悉《票据法》的基本规则，更要注重与其他章节尤其是民事法律制度、物权法律制度、合同法律制度相关知识点之间的联系和区别。通过比较，深层次理解票据法规则的特殊性。

2018年教材主要变化

本章教材在2018年没有实质性变化。

第一单元 票据法律制度

知识点1 票据和票据关系（★★★）

一、票据的概念和种类

（一）票据的概念

票据，是指出票人签发的、承诺由本人或者委托他人在见票时或者在票载日期无条件支付一定金额给持票人的有价证券。

（二）票据的种类

1. 汇票

汇票是出票人签发的，委托付款人在见票时或者在指定日期无条件支付确定金额给收款人或者持票人的票据。

2. 本票

本票是出票人签发的，承诺自己在见票时无条件支付确定的金额给收款人或者持票人的票据。

3. 支票

支票是出票人签发的，委托办理支票存款业务的银行或者其他金融机构在见票时无条件支付确定的金额给收款人或者持票人的票据。

二、票据的特征

（一）票据是有价证券

票据上记载的是请求支付一定金额的债权，并且票据权利与票据具有紧密的结合关系。

（二）票据是债权证券和金钱证券

票据权利即持票人请求票据债务人支付一定金额的权利，性质上属于债权，而且以金钱为内容。

（三）票据是设权证券

票据权利因出票行为而创设，没有票据，就没有票据权利。

（四）票据是文义证券

票据上的一切权利和义务，严格以票据上记载的文义内容而定，文义之外的任何理由、事项都不得作为依据。

三、票据关系与非票据关系

（一）票据关系

票据关系，是指基于“票据行为”而发生的、以请求支付票据金额为内容的债权债务关系。

【解释】票据关系当事人一般包括出票人、收款人、付款人、持票人、承兑人、背书人、被背书人、保证人等。在各种票据关系中，出票人、持票人、付款人三者之间的关系是票据的基本关系。

（二）非票据关系

非票据关系，是指由票据法直接规定的，非基于票据行为而发生，并且不以请求支付票据金额为内容的法律关系。非票据关系包括票据法上的非票据关系和民法上的非票据关系。

1．票据法上的非票据关系

票据法上的非票据关系，主要是指因时效届满或手续欠缺而丧失票据上权利的持票人对于出票人或承兑人行使利益偿还请求权而发生的关系。

2．民法上的非票据关系（票据基础关系）

票据的签发、转让，应当遵循诚实信用的原则，具有真实的交易关系和债权债务关系。因此，民法上的非票据关系，也就是成为当事人签发、转让票据原因的基础法律关系，一般是指当事人之间的合同法律关系。

【案例】甲公司向乙公司购买一套生产设备，双方于2017年3月12日签订了一份买卖合同，合同价款为100万元。合同约定：乙公司应于2017年3月20日送货上门，甲公司检验合格后应于10日内向乙公司签发一张转账支票支付价款。3月20日，乙公司如期送货，甲公司检验合格，并于3月25日向乙公司签发了一张金额为100万元、以丙银行作为付款人的转账支票。乙公司没有在出票日起10日内请求丙银行付款，直至2018年3月乙公司也没有向甲公司提出过任何请求。本案例中：1．甲公司与乙公司之间签订的买卖合同是甲公司向乙公司签发支票的基础法律关系，属于民法上的非票据关系；2．甲公司向乙公司签发票据的行为，导致甲公司、乙公司之间成立票据关系，乙公司是票据权利人，享有付款请求权以及在付款请求权不能实现时享有对甲公司的追索权；3．由于乙公司没有依法自出票日起10日内向丙银行请求付款，导致付款请求权不能实现，乙公司可向甲公司行使追索权，但由于乙公司没有在出票之日起6个月内向甲公司追索，导致票据权利因时效届满而消灭。此时，乙公司可以请求甲公司返还与未支付的票据金额相当的利益，甲公司与乙公司的此种关系属于票据法上的非票据关系。

（三）票据基础关系对票据行为效力的影响

1．原则：欠缺真实合法基础关系的票据行为无效

根据《票据法司法解释》的规定，票据债务人（即出票人）以“在票据未转让时”的基础关系违法、双方不具有真实的交易关系和债权债务关系、持票人应付对价而未付对价为由，要求返还票据而提起诉讼的，人民法院应当依法受理。

提示

1．如果出票原因不存在，或者双方不具有真实的交易关系和债权债务关系时，出票行为无效，出票人有权请求持票人返还票据。这一规定同样适用于背书转让行为，亦即缺乏真实交易关系的票据背书转让行为无效，背书人有权请求受让人返还票据。

2．缺乏真实交易关系的情形包括两种：（1）作为原因关系的合同无效、被撤销；（2）票据接受的原因是票据权利买卖，即票据行为的双方当事人之间根本不存在基础法律关系，而是纯粹的票据买卖。

3．出票和背书转让票据的原因不必是有偿的合同关系，因税收、继承、赠与等无偿法律关系为原因，同样可以成为接受票据的合法原因，但此时，持票人的票据权利不得优于其前手。

4．虽然没有真实的交易关系和债权债务关系的出票和背书转让行为无效，票据持有人不能取得票据权利，但是，如果持票人再将票据权利背书转让时，受让人可以基于善意取得制度取得票据权利。

【案例】甲公司与乙公司签订了一份水果的合同，乙公司以劣质水果冒充优质水果卖给甲公司，

双方约定：甲公司先支付价款，乙公司在甲公司付款后3天内送货。合同签订后，甲公司向乙公司签发了一张由丙银行作为承兑人和付款人、金额为30万元的汇票。乙公司送货后，甲公司检验发现水果质量严重不符合合同约定，于是请求法院撤销了买卖合同，并请求乙公司返还票据。乙公司不予理会，并于第二天将该票据背书转让给不知情的丁公司，用以支付所欠丁公司的30万元运输费用。丁公司超过提示承兑期限向丙银行承兑，遭拒绝。本案例中：1. 甲公司与乙公司之间的买卖合同被撤销，基础关系不复存在，因此，甲公司签发票据的行为无效，乙公司并未取得票据权利，甲公司有权请求乙公司返还票据；2. 乙公司将票据转让给丁公司的行为属于无权处分，丁公司主观上为善意，且双方完成了票据转让行为，丁公司善意取得票据权利；3. 在票据被拒绝承兑后，丁公司有权向甲公司和乙公司行使追索权。此时，甲公司不能以其与乙公司之间不存在基础关系为由，抗辩持票人丁公司。

2. 两种例外情形

（1）票据贴现：持票人可以将未到期的商业汇票向金融机构办理贴现；贴现是一种单纯的票据权利买卖关系，并不以其他交易作为基础。

（2）签发银行本票：向银行申请签发银行汇票、银行本票的当事人，需要向银行足额支付金额后，银行才会签发银行汇票和银行本票。由于不存在当事人套取银行资金的风险，银行在出票时，可以将票据签发给与其没有真实交易关系的持票人。但是，在其背书转让的过程中，仍然需要以真实的交易关系作为基础。

【例1-2017-单选题】A公司因急需资金，将其作为收款人的一张已获银行承兑的商业汇票背书转让给B公司。汇票票面金额为50万元，B公司向A公司支付现金42万元作为取得该汇票的对价。根据票据法律制度的规定，下列关于A公司背书行为效力及其理由的表述中，正确的是（　　）。

A. 背书行为有效，因为该汇票已获银行承兑

B. 背书行为有效，因为A公司是票据权利人

C. 背书行为无效，因为不具有真实的交易关系

D. 背书行为无效，因为B公司支付的对价过低

【答案】C

学堂点拨

根据规定，缺乏真实交易关系的票据背书转让行为无效，背书人有权请求受让人返还票据。本题中，A公司与B公司之间的票据转让行为属于纯粹的票据买卖，双方之间并不存在真实合法的交易关系，因此，背书行为无效。

知识点2 票据权利（★★★）

一、票据权利的概念和内容

票据权利是指持票人基于票据行为或者其他原因所取得的、向票据债务人请求支付票据金额的权利。票据权利包括付款请求权和追索权。

（一）付款请求权

付款请求权，即持票人请求票据付款人支付票据上所记载金额的权利。付款请求权是持票人的最基本权利，又称为票据的“第一顺序权利”或者“主票据权利”。只有在付款请求权没有得到满足

时，持票人才能行使追索权。

【解释】付款请求权对应的是“主票据责任”“主票据责任”的责任主体包括：1. 本票的出票人；2. 汇票的承兑人；3. 为“主票据责任”的责任主体提供保证的保证人。

提示

票据法上，只有在票据上存在有效签章的行为人才可能成为票据责任人。支票的付款人、未经承兑的汇票付款人由于未在票据上签章，不是票据责任主体，只是票据关系的“关系人”。

（二）追索权

追索权，是指持票人的付款请求权没有获得满足时，向其前手请求支付票据金额的权利。追索权是持票人在付款请求权行使未果后的再次请求，所以将其称为“第二顺序权利”。

【解释】持票人行使追索权的对象是一切在票据上存在合法签章的“前手”，包括出票人、背书人、保证人、承兑人和参加承兑人。在票据追索法律关系中，上述主体承担带责任，即持票人可以不按照汇票债务人的先后顺序，对其中的任何一人、数人或全体行使追索权。

【案例】甲公司与乙公司之间签订了原材料买卖合同，甲公司为了支付合同款项，向乙公司签发一张银行承兑汇票，A银行作为承兑人和付款人。为了担保甲公司的票据责任，丙公司受甲公司委托在票据上以保证人身份进行了签章。A银行对汇票承兑后，乙公司将票据背书转让给丁公司。本案例中：1. 持票人乙公司于票据到期后，首先应向A银行行使付款请求权；2. 如果乙公司的付款请求权没有获得满足，乙公司可向其前手行使追索权，被追索的前手包括：甲公司（出票人）、乙公司（背书人）、A银行（承兑人）、丙公司（保证人）。

二、票据权利的取得

（一）票据权利取得的原因

1. 依票据行为而取得票据权利

（1）依出票行为而取得。

【案例】甲公司与乙公司之间物资采购关系，甲公司向乙公司签发一张现金支票以支付采购款，甲公司完成出票签章并将票据交付给乙公司，乙公司取得票据权利。如果该票据被拒绝付款，甲公司应向乙公司承担票据责任。

（2）依让与而取得。

【案例】甲公司与乙公司之间物资采购关系，甲公司向乙公司签发一张现金支票以支付采购款，甲公司完成出票签章并将票据交付给乙公司。乙公司为了支付丙公司的物资运输费用，将该票据背书转让给丙公司，丙公司因此取得票据权利。如果该票据被拒绝付款，丙公司可向出票人甲公司以及背书人乙公司行使追索权。

（3）依票据保证而取得。

【案例】甲公司与乙公司之间物资采购关系，甲公司向乙公司签发一张现金支票以支付采购款，甲公司完成出票签章并将票据交付给乙公司。乙公司为了支付丙公司的物资运输费用，将该票据背书转让给丙公司。为了担保乙公司的票据债务，丁公司以保证人身份在票据上签章。此时，丁公司与被保证人乙公司处于同一地位，在付款请求权不能实现时，持票人丙公司除了向出票人甲公司以及背书人乙公司行使追索权外，还可以向保证人丁公司行使追索权。

（4）依票据质押而取得。

【案例】甲公司与乙公司之间物资采购关系，甲公司向乙公司签发一张现金支票以支付采购款，甲公司完成出票签章并将票据交付给乙公司。乙公司向B银行借款，以该票据设定质押担保。B银行因此取得票据质权，如果乙公司没有清偿对B银行的到期债务，B银行即可以持票人身份行使票据权利，包括付款请求权和追索权，并可就票据金额优先受偿。

2. 依法律规定而直接取得票据权利

（1）依票据法上的规定而取得

被追索人向持票人偿还票据金额、利息和费用后，可以取得票据权利，向其前手行使再追索权。

（2）依其他法律规定而取得

因为继承、法人合并或者分立、税收等原因而取得票据权利。

提示

因继承、法人合并或者分立、税收等原因而取得票据权利时，不以背书为要件。

【例2-2010-单选题】甲公司是一张3个月以后到期的银行承兑汇票所记载的收款人。甲公司和乙公司合并为丙公司，丙公司于上述票据到期时向承兑人提示付款。根据票据法律制度的规定，下列表述中，正确的是（　　）。

A. 丙公司不能取得票据权利

B. 丙公司取得票据权利

C. 甲公司背书后，丙公司才能取得票据权利

D. 甲公司和乙公司共同背书后，丙公司才能取得票据权利

【答案】B

学堂点拨

根据规定，因为继承、法人合并或者分立、税收等原因而取得票据权利的，不以背书为要件。因此，选项B正确。

（二）票据权利的善意取得

票据权利的善意取得，是指无处分权人处分他人之票据权利，受让人依照《票据法》所规定的票据转让方式取得票据，并且善意且无重大过失，则可以取得票据权利。

1. 票据权利善意取得的要件

（1）转让人是“形式上”的票据权利人。

提示

在通常情形下，票据所记载的收款人或者被背书人才享有票据权利。因此，转让人须为票据记载的最后持票人（收款人或者被背书人），受让人才有理由相信其有处分权。这一点不同于物权善意取得，在物权善意取得中，转让人对动产或不动产享有处分权的外观是通过“动产占有”和“不动产登记”来表现的。

（2）转让人“实质上”没有处分权。

虽然票据上记载了转让人是票据权利人，此人却可能因为各种原因而在实质上并不享有票据权利。

提示

导致转让人对票据没有处分权的原因包括：1. 从无行为能力人或限制行为能力人处背书取得票据；2. 从意思表示不真实的背书人处取得票据；3. 从无权代理人处取得票据；4. 冒充权利人并伪造签章转让票据权利；5. 没有真实的交易关系而从前手取得票据。

（3）受让人依照《票据法》规定的转让方式取得票据。

提示

《票据法》规定的票据权利转让方式是背书转让，因此，受让人取得票据只有符合背书行为的形式要件和实质要件，才能善意取得票据权利。这一点不同于物权善意取得，物权善意取得以无权处分人与受让人之间完成动产交付或不动产登记为要件。

（4）受让人善意且无重大过失。

提示

此处不仅要求受让人不知转让人对票据无处分权，而且强调受让人主观上没有重大过失；换言之，如果受让人因重大过失而不知情，仍然属于恶意，不能善意取得。

（5）受让人须付出相当对价。

提示

因税收、继承、赠与可以依法无偿取得票据的，不受给付对价的限制。但是，所享有的票据权利不得优于其前手的权利。在无权处分的情形下，前手并不享有票据权利，因此，无偿的善意受让人也不能取得票据权利。

2. 票据权利善意取得的法律后果

（1）受让人取得票据权利。

（2）原权利人丧失票据权利。

（3）无权处分人对原权利人承担赔偿责任。

（4）无权处分人如果以自己的名义在票据上签章，应承担票据责任。

（5）原权利人如果在票据上签章，应承担票据责任，但原权利人为行为能力欠缺者的除外。

表 9–1　所有权善意取得与票据权利善意取得

	所有权善意取得	票据权利善意取得
构成要件	1. 转让人系无权处分，且存在权利外观。 （转让人为动产占有人或不动产登记名义人） 2. 受让人受让不动产或动产时为善意。	1. 转让人是“形式上”的票据权利人。 （转让人为票据记载的最后持票人） 2. 转让人“实质上”没有处分权。

（续上表）

	所有权善意取得	票据权利善意取得
构成要件	3. 以合理的价格转让。 4. 动产已交付，不动产已办理登记。 5. 转让人基于原权利人的意思合法占有标的物。 6. 转让合同本身不存在效力瑕疵。	3. 受让人依照《票据法》规定的转让方式（背书）取得票据。 4. 受让人善意且无重大过失。 5. 受让人须付出相当对价。
法律效果	1. 物权法律效果：在原权利人与受让人之间，原权利人丧失标的物的所有权，而受让人则基于善意取得制度而获得标的物的所有权。 2. 债权法律效果：在原权利人与无权处分人之间，原权利人可以向无权处分人请求赔偿（违约或侵权）或者请求返还不当得利。	1. 受让人取得票据权利。 2. 原权利人丧失票据权利。 3. 无权处分人对原权利人承担赔偿责任。 4. 无权处分人如果以自己的名义在票据上签章，应承担票据责任。 5. 原权利人如果在票据上签章，应承担票据责任，但原权利人为行为能力欠缺者的除外。

三、票据权利的消灭

（一）票据权利的一般消灭原因——付款（票据权利实现）

如果汇票的付款人或者承兑人、支票的付款人、本票的出票人向票据权利人支付了票据金额，票据权利全部消灭。

提示

票据权利人向其他票据债务人主张追索权，被追索人向其履行债务后，取得再追索权，因此，票据权利并不消灭。

（二）因为进行票据权利保全而导致追索权消灭

1. 未遵期提示

（1）未遵期提示承兑

汇票未按照规定期限提示承兑的，持票人丧失对其前手的追索权，但不丧失对出票人的追索权。

提示

提示承兑期限：定日付款或者出票后定期付款的汇票，持票人应当在汇票到期日前向付款人提示承兑；见票后定期付款的汇票，持票人应当自出票日起1个月内向付款人提示承兑。

（2）未遵期提示付款

如果持票人未在规定期限内提示付款的，丧失对“出票人”“汇票承兑人”以外的前手的追索权。

表 9-2 各种票据提示付款的期限及逾期后果

	票据类型	起算点	期限
提示付款期限	见票即付的汇票（银行汇票）	出票日起	1个月
	远期汇票（商业汇票）	到期日起	10日
	银行本票	出票日起	2个月
	支票	出票日起	10日
逾期后果	丧失对出票人、承兑人以外的前手的追索权。		

2. 未依法取证

如果持票人未取得拒绝证明或者具有相同效力的其他证明，或者在行使追索权时不出示该证明，则不能行使追索权，但仍享有对“出票人、承兑人”的追索权。

（三）消灭时效期间的经过

1. 付款请求权的消灭时效

（1）持票人对汇票承兑人的付款请求权，消灭时效期间为2年，自票据到期日起算。

（2）持票人对本票出票人的付款请求权，消灭时效期间为2年，自出票日起算。

2. 追索权的消灭时效

（1）汇票：持票人对汇票承兑人、出票人的追索权，消灭时效期间为2年，自票据到期日起算；见票即付的汇票，自出票日起算。

（2）本票：持票人对本票出票人的追索权，消灭时效期间为2年，自出票日起算。

（3）支票：持票人对支票出票人的追索权，消灭时效期间为6个月，自出票日起算。

（4）汇票、本票、支票的持票人对其他前手的首次追索权，消灭时效期间为6个月，自被拒绝承兑或者被拒绝付款之日起算。

（5）汇票、本票、支票的被追索人对其他前手的再追索权，消灭时效期间为3个月，自清偿日或者被提起诉讼之日起算。

表 9–3 票据权利消灭时效

情形		起算点	期限
对出票人或承兑人的权利	远期汇票	到期日	2年
	见票即付的汇票和本票	出票日	2年
	支票		6个月
对其他前手的追索权		被拒绝承兑或拒绝付款之日	6个月
对其他前手的再追索权		清偿日或被提起诉讼之日	3个月

3. 票据时效期间经过的法律效果

（1）票据权利消灭

票据消灭时效经过，票据权利消灭；民法上的诉讼时效经过会导致胜诉权消灭，实体权利并不因此而消灭。

（2）利益返还请求权

持票人因超过票据权利时效或者因票据记载事项欠缺而丧失票据权利的，仍享有民事权利，可以请求出票人或者承兑人返还其与未支付的票据金额相当的利益。

【例3–2014–单选题】甲公司于2012年2月10日签发一张汇票给乙公司，付款日期为同年3月20日。乙公司将该汇票提示承兑后背书转让给丙公司，丙公司又将该汇票背书转让给丁公司。丁公司于同年3月23日向承兑人请求付款时遭到拒绝。根据票据法律制度的规定，丁公司向甲公司行使追索权的期限是（　　）。

A. 自2012年2月10日至2014年2月10日

B. 自2012年3月20日至2014年3月20日

C. 自2012年3月23日至2012年9月23日

D. 自2012年3月23日至2012年6月23日

【答案】B

学堂点拨

根据规定，远期汇票持票人对出票人的追索权的消灭时效为2年，自到期日开始起算。本题中，汇票到期日为2012年3月20日，因此，2014年3月20日为票据权利消灭时效的届满日。选项B正确。

知识点3 票据行为（★★★）

一、票据行为的概念及种类

票据行为是指能够发生票据权利和义务的法律行为。票据行为包括以下几种：

（一）出票

出票，是指出票人依法定格式制作票据，并交付收款人的行为。

（二）背书

背书，是指持票人将票据权利转让他人时在票据背面或者粘单上记载有关事项并签章的行为。

（三）承兑

承兑，是指汇票的付款人承诺负担票据债务的行为。在我国需要承兑的汇票仅有商业汇票。

【解释】商业汇票的出票人和付款人之间是一种委托关系，出票人签发汇票后，付款人并不当然承担付款义务，只有持票人在汇票到期前向付款人承兑提示，付款人以承兑人身份在票据上进行签章后，付款人才成为票据债务人，承担到期付款的责任。

（四）保证

保证，是指票据保证人以担保票据债务的履行为目的而进行的票据行为。

二、票据行为的独立性

票据上的各个票据行为之间互相独立，根据各自的要件判断其是否有效；一个票据行为因欠缺一定的要件而无效，原则上不影响其他票据行为的效力。

提示

《票据法》上几个典型的关于票据行为独立性的规定：

1. 无民事行为能力人、限制民事行为能力人在票据上签章的，其签章无效，但不影响其他符合规定签章的效力；

2. 票据上有伪造签章的，不影响票据上其他真实签章的效力；

3. 保证人对合法取得汇票的持票人所享有的汇票权利，承担保证责任。保证人的保证行为不因票据上的其他行为无效而受到影响，除非被保证人的债务因记载事项欠缺而无效。

三、票据行为的要件

（一）形式要件

1．使用中国人民银行规定的统一格式的票据，否则票据无效。

2．特定事项的记载方式合法。

（1）票据金额以中文大写和数码同时记载，二者必须一致，否则无效。

（2）票据金额、出票日期、收款人名称不得更改，否则无效。

3．签章方式符合要求。

（1）自然人："签字"或"盖章"或"签字+盖章"。

（2）法人或单位：法人或单位的盖章+法定代表人或者其授权的代理人的签章。

提示

1．票据上法人或单位的盖章一般为法人或单位的公章或财务专用章。

2．签章不符合规定的法律后果：（1）出票人的签章不符合规定的，票据无效；（2）其他票据行为人（背书人、承兑人、保证人）的签章不符合规定的，只是该签章本身无效，但并不影响票据上其他签章的效力。

4．符合《票据法》对票据行为记载事项的要求。

（1）绝对必要记载事项（如票据金额）：如果欠缺，票据行为无效。

（2）相对必要记载事项（如票据到期日）：如果欠缺，票据行为有效，但是该事项内容依据法律规定决定。

（3）任意记载事项（如背书行为中的"禁止转让"事项）：记载则发生效力；没记载则不发生票据法上的效力。

（4）记载不产生票据法上效力的事项（如背书时记载的条件）：该记载不产生票据法上的效力，但可能产生民法上的效力。

【案例】A公司向B公司采购100台办公用电脑，合同价款50万元，A公司将其持有的一张已由C银行承兑的商业汇票背书转让给B公司用于支付价款，A公司背书时在票据上记载："如果B公司交付的电脑检验合格，本票据转让生效。"后经检验，B公司提供的电脑有一半存在严重的质量问题，无法使用。本案例中：首先，A公司背书时记载的条件不产生票据法上的效力，因此，虽然B公司交付的电脑不符合要求，B公司仍然取得票据权利，可以在到期日请求C银行付款；其次，A公司背书时记载的条件产生民法上的效力，A公司可追究B公司的合同违约责任。

（5）记载本身无效事项（如出票人免除其担保承兑、担保付款责任的记载）：视为未记载，不产生任何效力，但是不影响票据行为本身的效力。

（6）记载使票据行为无效的事项（如承兑行为附条件）：记载会导致票据行为整体无效。

提示

票据行为记载事项必须在票据上记载，不能在票据之外另行书面记载，否则不产生票据法上的效力。

表 9-4 票据行为记载事项

记载事项类型	举例	法律后果
绝对必要记载事项	票据金额	如果欠缺，票据行为无效。
相对必要记载事项	票据到期日	如果欠缺，票据行为有效，但是该事项内容依据法律规定决定。
任意记载事项	“禁止转让”字样	记载则发生效力；没记载则不发生票据法上的效力。
记载不产生票据法上效力的事项	背书时记载的条件	记载不产生票据法上的效力，但可能产生民法上的效力。
记载本身无效事项	出票人免除其担保付款责任的记载	视为未记载，不产生任何效力，但是不影响票据行为本身的效力。
记载使票据行为无效的事项	承兑行为附条件	记载会导致票据行为整体无效。

5．交付

任何票据行为，都必须由票据行为人将票据交付给相对人。

【例4–单选题】甲公司签发的支票上，中文大写记载的金额为“壹万玖仟捌佰元整”，而阿拉伯数字（数码）记载的金额为“19 810元”，下列关于该支票效力的表述中，正确的是（　　）。

A．甲公司将金额更改为一致并签章后，支票有效

B．支票无效

C．支票有效，以中文记载为准

D．支票有效，以阿拉伯数字（数码）记载为准

【答案】B

学堂点拨

根据规定，票据金额以中文大写和数码同时记载，二者必须一致，否则无效。本题中，票据中文大写与数码记载不一致，因此，该票据无效。选项B正确。

（二）票据行为的实质要件

1．行为人必须具有从事票据行为的能力。

无民事行为能力或者限制民事行为能力人在票据上签章的，其签章无效。签章者不因此而成为票据上的债务人，但不影响票据上其他签章的效力。

提示

1．根据第二章基本民事法律制度的规定，限制行为能力人可以独立实施与其年龄、智力、精神状况相适应的法律行为。因此，法律对于行为人实施票据行为的行为能力要求比其他法律行为（如订立合同）更严格。

2．受让人从无行为能力人或限制行为能力人处通过背书取得票据后，如果再将票据转让给第三人，第三人可能善意取得票据权利，但无行为能力人或限制行为能力人仍然不承担票据责任。

【案例】2017年6月18日，小王过15岁生日，其爷爷赠与其一张金额为10万元的支票。一周后，小王从周某手中购买游戏装备，将该支票背书转让给周某，第二天，周某为向李某支付已到期的借款，又将该票据背书转让给不知情的李某，李某未在法定期间内提示付款，请求付款时，被银行拒绝。本案例中：1. 小王是限制行为能力人，其将票据转让给周某所为的签章无效，周某没有取得票据权利；2. 周某将票据转让给李某的行为属于无权处分，李某善意取得票据权利；3.李某可以向周某行使追索权，但不得向小王追索。

2. 行为人的意思表示必须真实。

以偷盗、欺诈、胁迫等手段取得票据的，或者明知有前列情形，出于恶意取得票据的，不能取得票据权利。

【相关链接】根据第二章基本民事法律制度的规定，以欺诈、胁迫的手段实施的民事法律行为，受害方有权请求法院或仲裁机构撤销。

3. 票据行为的代理人有代理权，票据权利的转让人有处分权。

【例5-单选题】张某因采购货物签发一张票据给王某，胡某从王某处窃取该票据，陈某明知胡某系窃取所得但仍受让该票据，并将其赠与不知情的黄某，下列取得票据的当事人中，享有票据权利的是（　　）。

A. 王某　　B. 胡某　　C. 陈某　　D. 黄某

【答案】A

学堂点拨

根据规定，持票人以欺诈、偷盗或者胁迫等手段取得票据的，或者明知有上述情形，出于恶意取得票据的，不享有票据权利。本题中，胡某盗窃取得票据，胡某不享有票据权利，陈某从胡某处恶意取得票据，陈某也不享有票据权利。根据规定，因税收、继承、赠与可以依法无偿取得票据的，所享有的票据权利不得优于其前手。本题中，黄某无对价取得票据，其是否享有票据权利取决于其前手陈某；既然陈某不享有票据权利，黄某也不享有票据权利。因此，票据权利仍属于王某。

四、票据行为的代理

（一）票据代理行为的生效要件

1. 代理人在票据上表明代理关系。

提示

代理人须在票据上表明自己的真实身份是代理人，明确真正的票据当事人是本人（被代理人）；如果代理人没有表明代理关系，而是以自己的名义实施票据行为，不发生票据代理的法律效果，由代理人自己承担法律行为的法律效果。

2. 票据代理必须由代理人签章。

3. 代理人有代理权。

【解释】代理人的代理权可因法律规定而产生（法定代理），也可因本人的授权而产生（委托代理）。

（二）票据行为的无权代理

没有代理权而以代理人名义在票据上签章的，应当由签章人承担票据责任；票据代理人超越代理权限的，应当就其超越权限的部分承担票据责任。为了便于理解该规定的确切含义，下面从“狭义无权代理”和“表见代理”进行分解。

1. 狭义无权代理

（1）如果得到本人追认，票据行为对本人发生效力，由本人承担票据责任。

（2）如果本人拒绝追认，不发生票据行为的效力，相对人不能取得票据权利，本人和无权代理人均不承担票据责任。

提示

第（2）种情况下，相对人又将票据权利背书转让给他人，该行为属于无权处分，如果他人善意取得票据权利，本人由于未在票据上签章，不承担票据责任，此时，无权代理人因为在票据上存在有效签章，应承担票据责任。

【案例】甲向乙签发一张银行承兑汇票，乙的儿子丙趁乙外出期间，偷出该票据，并伪造了乙的授权委托书，由于匆忙，忘记在授权委托书上签上乙的姓名。然后，以乙的名义将该票据背书转让给丁，丁查看了丙手中的授权委托书后认为丙有代理权，受让了票据。乙得知后极为愤慨，向丁索要票据。本案例中：1. 丙的行为属于票据的无权代理，由于丁存在重大过失，因此构成狭义的无权代理，因乙拒绝追认，该票据代理行为无效，丁不能取得票据权利，此时票据权利仍属于乙；2. 如果丁将票据转让给戊，丁的行为属于无权处分，如果戊符合善意取得的要件，即取得票据权利，如果戊依法提示付款被拒后，可以向甲、丙、丁追索，但无权向乙追索。

2. 表见代理

如果相对人有理由相信代理人有代理权，此时就产生与有权代理相同的法律效果，相对人取得票据权利，由本人承担票据责任，无权代理人不承担票据责任。

五、票据行为的伪造

票据伪造，是指假冒或虚构他人名义而为的票据行为。

（一）构成要件

1. 伪造者的行为符合票据行为的形式要件。

2. 伪造者假冒或者虚构他人名义在票据上签章。

（1）假冒他人签章，是指行为人假冒他人或者声称获得了他人之授权，而径行以他人之名义为票据行为。

（2）虚构他人名义签章，是指行为人虚构某个并不存在的人，并以此人名义为票据行为。

提示

注意票据伪造与票据无权代理的区分：如果行为人在票据上指明本人的存在，并以代理人的身份签章，即使没有获得本人的授权，也不属于票据伪造，而属于无权代理。

（二）法律后果

1. 伪造行为的法律效力

（1）假冒他人名义的伪造行为，发生类似于无权代理的法律效果。

（2）虚构他人名义的伪造行为，无效。

提示

票据伪造行为无效，不影响票据上其他真实签章的效力。

2. 对被伪造人的法律后果

（1）在虚构他人名义的情形下，并不存在一个真正的“被伪造人”，因此不存在相应的法律后果问题。

（2）在假冒他人名义的情形下，被伪造人不承担票据责任。

3. 对伪造人的法律后果

由于伪造人没有以自己的名义在票据上签章，因此不承担票据责任。但是，如果伪造人的行为给他人造成损失的，必须承担民事责任；构成犯罪的，还应承担刑事责任。

4. 票据伪造与票据权利善意取得

（1）情形之一：行为人伪造票据权利人签章将票据直接背书给第三人：①如果受让人是善意的，可以取得票据权利；②如果受让人不是善意的，票据行为无效，受让人不能取得票据权利。如果受让人再将票据权利背书转让给他人，他人可能善意取得票据权利，受让人要承担票据责任。

【案例】甲向乙签发一张汇票，乙丢失票据被丙捡到。丙声称自己就是乙并在票据上伪造乙的签章将票据背书转让给丁。本案例中：1. 若丁对此不知情，主观上为善意，因此丁取得票据权利；2. 若丁为恶意，票据行为无效，丁不能取得票据权利，如果丁将票据背书转让给戊，丁的行为属于无权处分，但若戊符合善意取得的要件，即可主张善意取得票据权利，正常行使票据权利，依法提示付款被拒后——（1）不能向乙、丙追索，因为他们二人均没有在票据上签章；（2）有权向甲、丁追索，因为他们有真实有效的签章。

（2）情形之二：如果行为人伪造他人签章将票据权利背书转让给自己，然后再背书转让给他人，他人可能善意取得票据权利，此时，被伪造人不承担票据责任，但伪造人要承担票据责任。

【案例】甲向乙签发一张汇票，乙丢失票据被丙拾到。丙伪造乙的签章将票据背书转让给自己。本案例中：1. 丙的行为属于票据伪造，并不能取得票据权利，乙仍为票据权利人；2. 若丙又将票据背书转让给第三人丁，属于无权处分，在符合善意取得的情况下，丁取得票据权利，若丁正常行使票据权利，依法提示付款被拒后——（1）不能向乙追索，因为乙未在票据上签章；（2）有权向甲、丙追索，因为他们有真实有效的签章。

六、票据变造

票据变造，是指没有变更权限的人对票据上“签章以外”的记载事项进行变更的行为。

（一）构成要件

1. 存在变更票据上除签章以外的其他记载事项的行为。

提示

1．票据伪造限于对票据签章的伪造，而票据变造是对签章之外的其他记载事项的更改。

2．“票据金额、出票日期、收款人名称”不得更改，更改的票据无效。如果这三种事项的更改难以通过查看票面发现，票据不因此而无效，适用票据变造的规定。

2．变更行为人没有变更权。

原记载人有权对票据上除了“票据金额、出票日期和收款人名称”外的其他记载事项进行更改，但应当在更正处签章证明。也就是说，除了原记载人之外的其他人无权更改，其更改行为属于变造。

（二）法律后果

1．变造前在票据上签章的票据行为人，依照原记载事项负责。

2．变造后在票据上签章的票据行为人，依照变造后的记载事项负责。

3．如果无法辨别签章发生在变造之前还是之后，视同在变造之前签章。

【例6-单选题】根据票据法律制度的规定，汇票的出票人依法完成出票行为后即产生票据上的效力。下列表述中，正确的是（　　）。

A．收款人在汇票金额的付款请求权不能满足时，仅享有对出票人的追索权

B．付款人在出票人完成出票之日，即成为汇票上的主债务人

C．汇票签发后，如付款人不予付款，出票人应当承担票据责任

D．持票人变造汇票金额的，出票人不仅不对变造后汇票记载的内容承担责任，而且也不对变造前汇票记载的内容承担责任

【答案】C

学堂点拨

选项A错误：根据规定，持票人或收款人在付款请求权不能满足时，享有对所有前手的追索权，被追索人并不限于出票人。选项B错误：根据规定，汇票付款人只有承兑后才成为票据主债务人。选项C正确：根据规定，出票人完成出票后就对票据承担担保承兑和担保付款的责任，成为票据债务人。选项D错误：根据规定，变造前在票据上签章的票据行为人，依照原记载事项负责；变造后在票据上签章的票据行为人，依照变造后的记载事项负责。因此，在票据被变造的情况下，出票人应对变造前的记载事项负责。

知识点4 票据抗辩（★★★）

票据抗辩，是指票据上记载的票据债务人基于“合法事由”对持票人拒绝履行票据债务的行为。

一、票据抗辩的类型

（一）物的抗辩

物的抗辩，是指票据上记载的票据债务人可以对“任何持票人”所主张的抗辩。物的抗辩事由包括：

1．票据所记载的全部票据权利均不存在

（1）出票行为因为法定形式要件的欠缺而无效，如票据签章不符合要求，“绝对必要记载事

项”没有记载或者记载不符合要求。

（2）票据权利已经因票据义务人履行其票据债务而消灭。

2. 票据上记载的“特定债务人”的债务不存在

（1）签章人是无民事行为能力或者限制民事行为能力人的，其签章无效，不承担票据责任。

（2）狭义无权代理的情形下，本人不承担票据责任。

（3）票据伪造的被伪造人，不承担票据责任。

（4）票据被变造时，变造前在票据上签章的债务人，可以拒绝依照变造后的记载事项承担票据责任。

（5）对特定债务人的票据权利时效期间经过，其票据债务消灭。

（6）对特定票据债务人的追索权，因持票人未进行票据权利的保全而丧失。

3. 票据权利的行使不符合债的内容

（1）票据权利人行使其权利的时间、地点、方式不符合票据记载或者法律规定。

（2）人民法院经公示催告后作出除权判决的，票据权利人持票据主张权利的。

提示

除权判决作出后，票据不能再作为权利凭证，票据权利人只能出示除权判决主张权利。

（二）人的抗辩

人的抗辩，是指票据债务人仅可以对“特定的持票人”主张抗辩。

【解释】人的抗辩中，票据上记载的债务人是真正的债务人，其只能向特定的持票人抗辩，而不能向其他持票人主张抗辩，因此，人的抗辩是相对的，是特定人对特定人的抗辩，这一点不同于物的抗辩。人的抗辩事由包括：

1. 持票人不享有票据权利，例如持票人从行为能力欠缺者手中受让票据权利；

2. 由于背书不连续，持票人不能证明其票据权利；

3. 背书人记载了“不得转让”，记载人对于其直接后手的后手不承担票据责任；

4. 票据债务人可以对不履行约定义务的与自己有直接债权债务关系的持票人进行抗辩。

【案例】A公司与B公司签订大米买卖合同，A公司为了支付合同项下的货款，向B公司签发一张汇票，如果B公司没有依约交付大米，当B公司向A公司主张票据权利时，A公司可以以B公司未履行合同义务为由进行抗辩。

5. 持票人取得的票据是无对价或者不相当对价的（如赠与、继承、税收），只要持票人取得票据时是善意的，仍然享有票据权利，但其享有的票据权利不能优于其前手的权利。因此，票据债务人可以以对抗持票人前手的抗辩事由对抗该持票人。

【案例】A公司与B公司签订大米买卖合同，A公司为了支付合同项下的货款，向B公司签发一张汇票，B公司没有依约交付大米，当B公司向A公司主张票据权利时，A公司可以以B公司未履行合同义务为由进行抗辩。如果B公司为了缴纳税款将该票据背书转让给税务机关，当税务机关向A公司主张票据权利时，A公司可以以B公司未履行合同义务为由抗辩税务机关。

6. 如果持票人“明知”票据债务人与出票人或者与持票人的前手之间存在抗辩事由，仍受让票据权利的，票据债务人可以对抗该持票人。

提示

持票人"明知"与否的判断时点，应为票据交付之时。假如持票人在票据交付后才知道的，不适用该规定，票据债务人不得对其主张抗辩。

【案例】A公司与B公司签订大米买卖合同，A公司为了支付合同项下的货款，向B公司签发一张汇票，B公司没有依约交付大米，当B公司向A公司主张票据权利时，A公司可以以B公司未履行合同义务为由进行抗辩。假如B公司与C公司之间存在房屋租赁合同关系，B公司将该票据背书转让给C公司用作支付租金。本案例中：1．如果C公司明知A公司对B公司存在前述抗辩事由仍然从B公司处受让取得该票据，当C公司向A公司主张票据权利时，A公司可以抗辩C公司。2．如果C公司从B公司处受让该票据时不知而是受让后才得知前述抗辩事由，则A公司不得抗辩C公司。

【例7–多选题】根据票据法律制度的规定，下列选项中，票据债务人可以拒绝履行义务，行使票据抗辩权的有（　　）。

A．背书不连续

B．持票人向票据债务人交付的货物有严重的质量问题

C．票据金额的中文大写与数码记载不一致

D．票据上没有记载付款地

【答案】ABC

学堂点拨

选项A、B属于人的抗辩事由；选项C属于物的抗辩事由；选项D不属于抗辩事由。

二、票据抗辩的切断

票据债务人只能抗辩基础关系中不履行约定义务的直接相对人以及从该直接相对人手中无偿取得票据的持票人和明知该情形而恶意取得票据的持票人。除此之外，票据债务人不得以自己与出票人或者与持票人的前手之间的抗辩事由，对抗持票人。

【案例】A公司与B公司签订大米买卖合同，A公司为了支付合同项下的货款，向B公司签发一张汇票，B公司没有依约交付大米，当B公司向A公司主张票据权利时，A公司可以以B公司未履行合同义务为由进行抗辩。假如C公司"不知"前述抗辩事由从B公司处"有偿"受让票据，则A公司不得以其与B公司之间的抗辩事由抗辩C公司。

【例8–单选题】甲公司购买乙公司电脑20台，向乙公司签发金额为10万元的银行承兑汇票一张，丁银行在汇票上签章承诺："本汇票本行已经承兑，到期日无条件付款"。当该汇票的持票人行使付款请求权时，下列哪一说法是正确的？（　　）

A．如该汇票已背书转让给丙公司，丙公司恰好欠汇票付款人丁银行10万元到期贷款，则丁银行可以提出抗辩而拒绝付款

B．如该汇票已背书转让给丙公司，则甲公司可以乙公司交付的电脑质量存在瑕疵为抗辩理由拒绝向丙公司付款

C．因该汇票已经丁银行无条件承兑，故丁银行不可能再以任何理由对持票人提出抗辩

D．甲公司在签发汇票时可以签注"以收到货物为付款条件"

【答案】A

学堂点拨

选项A正确：根据规定，票据债务人可以对不履行约定义务的与自己有直接债权债务关系的持票人，进行抗辩。丙与丁银行有直接的债权债务关系，丁银行可以以此提出抗辩，拒绝付款。选项B错误：票据债务人不得以自己与出票人或者与持票人的前手之间的抗辩事由，对抗持票人。但是，持票人明知存在抗辩事由而取得票据的除外。据此可知，甲公司不能以自己与持票人丙公司的前手乙公司的抗辩事由对抗持票人丙公司。选项C错误：付款人承兑汇票后，应当承担到期付款的责任。本题中丁银行已经对汇票进行了承兑，成为票据主债务人，要承担到期付款的票据责任。但是并非任何情况下都不能对抗持票人，如果丁银行与持票人之间有直接的债权、债务关系时，持票人没有履行相应的债务，那么丁银行可以以此为由对抗持票人的付款请求。选项D错误：汇票是出票人签发的，委托付款人在见票时或者在指定日期无条件支付确定的金额给收款人或者持票人的票据。无条件支付的委托是汇票的必要记载事项。据此可知，汇票出票时不能记载附条件的付款，如果在付款上附有条件的话，就会导致该汇票无效。

知识点5 票据丧失的补救（★★★）

一、挂失止付

（一）可以挂失止付的票据

1. 已承兑的商业汇票。

2. 支票。

3. 填明“现金”字样和代理付款人的银行汇票。

4. 填明“现金”字样的银行本票。

（二）不可以挂失止付的票据

1. 未填明“现金”字样和代理付款人的银行汇票。

2. 未填明“现金”字样的银行本票。

（三）挂失止付的法律效力

1. 挂失止付仅仅是失票人丧失票据后可以采取的一种暂时的预防措施，以防止票据被冒领或者骗取。

2. 失票人应当在通知挂失止付后3日内，依法向人民法院申请公示催告或者提起诉讼。

3. 挂失止付并非票据丧失后票据权利补救的必经程序，失票人也可以直接向人民法院申请公示催告或者提起诉讼。

4. 如果付款人或者代理付款人自收到挂失止付通知书之日起12日内未收到人民法院的止付通知书的，自第13日起，挂失止付通知书失效。

二、公示催告

（一）公示催告的概念

公示催告程序，是指人民法院根据失票人的申请，以公示的方式催告利害关系人在一定期限内向人民法院申报权利，到期无人申报权利的，人民法院将根据申请人的申请作出除权判决的一种非讼程序。

1. 如果没有人在指定期限内申报权利，则可以推定申请人的主张成立。人民法院根据申请人的“再次”申请作出除权判决，宣告票据无效，确认申请人为票据权利人，申请人就可以持除权判决书（而非票据）行使票据权利。

2. 如果有利害关系人就同一票据申报权利，人民法院并不在该程序之下对申请人与申报权利人之间的争议进行实体审理，而是裁定终结该程序。申请人如欲主张票据权利，可以向法院提起普通民事诉讼，请求法院对票据权利纠纷进行审判。

（二）公示催告程序适用的票据种类

1. 可以适用公示催告程序的票据——可以背书转让的票据。

2. 不可以适用公示催告程序的票据——填明“现金”字样的银行汇票、银行本票和现金支票。

（三）公示催告申请人的资格

1. 丧失票据占有以前的最后合法持票人（票据所记载的票据权利人）。

2. 出票人已经签章的授权补记的支票丧失前的最后持票人。

（四）公示催告的具体程序

1. 失票人向“票据付款地”的基层人民法院提出书面的公示催告申请。

2. 人民法院收到申请后，应当立即审查；符合条件的，通知予以受理。

3. 人民法院在受理公示催告申请的同时通知付款人或者代理付款人停止支付。付款人或者代理付款人应当停止支付，直到公示催告程序终结。

4. 人民法院在受理后的3日内发出公告，催促利害关系人申报权利。公示催告的期间，由人民法院根据情况决定，但不得少于60日。

5. 利害关系人在人民法院作出除权判决之前申报权利的，人民法院应通知其向人民法院出示票据，并通知公示催告申请人查看该票据。如果该票据就是申请人申请公示催告的票据，人民法院应裁定终结公示催告程序，并通知申请人和付款人。如果该票据并非申请人公示催告的票据，人民法院应裁定驳回利害关系人的申报。

6. 公示催告期届满，且无应裁定终结公示催告程序的事由，申请人可以在届满次日起1个月内，申请人民法院作出除权判决。逾期未申请的，人民法院终结公示催告程序。

7. 人民法院根据申请人的申请，作出除权判决。

（五）除权判决的效力

1. 确认申请人是票据权利人。

2. 宣告票据失去效力，申请人有权持除权判决向票据上的权利人主张票据权利。

（六）除权判决的撤销

利害关系人因为正当理由不能在除权判决之前向人民法院及时申报权利的，自知道或者应当知道判决公告之日起1年内，可以向作出除权判决的人民法院起诉，请求撤销除权判决。

三、提起民事诉讼

（一）失票人为行使票据所有权，向非法持有票据人请求返还票据的，人民法院应当依法受理。

（二）当票据因遗失、被盗等原因而被他人占有时，票据权利人可以基于其所有权，请求返还票据。

（三）票据行为因为行为人欠缺行为能力等原因而无效，占有票据的人并未依法取得票据权利，票据权利并未转移，因此，票据权利人可以基于其所有权而请求占有票据的人返还票据。

知识点6 汇票（★★★）

一、汇票的概念和分类

（一）汇票的概念

汇票，是指由出票人签发，委托付款人在指定的到期日向持票人无条件支付一定金额的票据。

（二）汇票的分类

1. 根据出票人的不同，汇票分为银行汇票和商业汇票。

（1）银行汇票是指银行作为出票人和付款人的汇票。

提示

1. 只有申请人在银行有全款，银行才会根据申请人的申请开出相应金额的银行汇票。因此，银行汇票都是见票即付，无须承兑。

2. 银行汇票的“出票金额”与“实际结算金额”有可能不一致，只有“实际结算金额”才是法律上的票据金额，即票据权利人有权请求支付的金额。

3. 未填明实际结算金额和多余金额或实际结算金额超过出票金额的，银行不予受理。多余金额由出票银行退交申请人。

（2）商业汇票是由银行之外的企业或者其他组织作为出票人的汇票。

2. 商业汇票根据承兑人的不同，分为商业承兑汇票和银行承兑汇票。

（1）银行承兑汇票是指由银行承兑和付款的商业汇票。

（2）商业承兑汇票是由银行之外的企业或其他组织承兑和付款的商业汇票。

提示

商业承兑汇票既可以由出票人兼任“承兑人和付款人”，也可以由出票人兼任“收款人”。

3. 商业汇票根据付款期限的不同，分为即期商业汇票和远期商业汇票。

（1）即期商业汇票，是指持票人向付款人提示后对方立即付款的汇票，又称见票即付汇票。

（2）远期汇票，是指在出票一定期限后或特定日期付款的汇票。

提示

即期商业汇票无需承兑，远期商业汇票才涉及到承兑问题。

二、汇票的出票

（一）汇票出票的款式

1. 绝对必要记载事项

（1）表明“汇票”的字样。

（2）无条件支付的委托。

（3）确定的金额。

（4）付款人名称。

（5）收款人名称。

（6）出票日期。

（7）出票人签章。

提示

欠缺绝对必要记载事项或者记载不符合规定的，汇票无效。

2．相对必要记载事项

（1）未记载付款日期的，视为见票即付。

（2）未记载付款地的，以付款人的营业场所、住所或者经常居住地为付款地。

（3）未记载出票地的，以出票人的营业场所、住所或者经常居住地为出票地。

提示

欠缺相对必要记载事项，出票行为仍然有效，但应根据法律规定确定该事项的内容。

3．可以记载的事项

出票人如果在汇票上记载“不得转让”字样的，收款人不得将该汇票背书转让（包括贴现）给他人，否则背书行为无效，取得票据的人并不能因此而取得票据权利。

4．记载不产生票据法上的效力的事项

记载不具有汇票上效力的事项，但可能产生民法上的效力，如出票人关于票据签发用途的记载，以及有关利息、违约金的记载。

5．记载无效事项

出票人不得在汇票上记载“不承担该汇票承兑或付款的责任”的事项，否则该记载无效，但不影响出票行为的效力。

6．记载使票据无效的事项

汇票上记载有“出票人对付款人的委托附条件”内容的，票据无效。

【例9-多选题】根据票据法律制度的规定，下列各项中，属于汇票上的绝对必要记载事项的有（　　）。

A．汇票金额　　B．收款人名称　　C．付款日期　　D．出票日期

【答案】ABD

学堂点拨

选项C属于相对必要记载事项。

【例10-多选题】根据票据法律制度的规定，下列有关汇票出票人记载事项的表述中，可以导致票据无效的有（　　）。

A. 附条件的支付委托　　　　B. 票据不得转让

C. 票据金额仅以数码记载　　　　D. 未记载付款地

【答案】AC

学堂点拨

选项A：汇票上记载有“出票人对付款人的委托附条件”内容的，票据无效；选项B：出票人记载“不得转让”字样的，收款人不得将该汇票背书转让，但票据并不因此而无效；选项C：票据金额要中文大写和数码同时记载，二者要保持一致，否则票据无效；选项D：付款地属于汇票的相对必要记载事项，未记载付款地的，以付款人的营业场所、住所或者经常居住地为付款地。

（二）汇票出票的效力

1. 对出票人的效力：出票人成为票据债务人，承担担保承兑和担保付款的责任。

2. 对付款人的效力：付款人成为票据上的关系人，但是，由于付款人尚未在票据上签章，并非票据义务人。

3. 对收款人的效力：收款人取得票据权利，包括付款请求权、追索权，以及以背书等方式处分其票据权利的权利。

三、汇票的背书

（一）背书概述

背书，是指持票人为将票据权利转让给他人或者将票据权利授予他人行使，在票据背面或者粘单上记载有关事项并签章，然后将票据交付给被背书人的票据行为。

1. 背书的种类：（1）转让背书；（2）委托收款背书；（3）质押背书。

2. 背书转让是票据权利转让的主要方式。

提示

背书转让并非票据权利转让的唯一方式，除了背书转让之外，票据权利还可以因为其他原因而发生转移，例如继承、法人的合并或分立。

3. “出票人”记载“不得转让”的，票据权利禁止背书转让。

提示

背书人在背书时记载“不得转让”字样，并不影响其后手的背书行为的效力，但是对后手的被背书人不承担票据责任。

（二）转让背书的款式

1. 绝对必要记载事项：（1）被背书人；（2）背书人的签章。

提示

背书人未记载被背书人名称即将票据交付他人的，持票人在票据被背书人栏内记载自己的名称与背书人记载具有同等法律效力。也就是说，被背书人并非背书的绝对必要记载事项，而是属于可以授权补记的事项。

2．相对必要记载事项：背书日期。

提示

背书未记载日期的，视为在汇票到期日前背书。

3．可以记载的事项："背书人"在汇票上记载"不得转让"字样，其后手再背书转让的，原背书人对后手的被背书人不承担保证责任。

提示

"背书人"在票据上记载"不得转让"字样的，不会影响到背书行为的效力，这一点与"出票人"在票据上记载"不得转让"字样会导致收款人的背书行为无效的法律后果截然不同。

【例11－多选题】甲公司在与乙公司交易中获得由乙公司签发的银行承兑汇票一张，付款人为丙银行。甲公司向丁某购买了一批货物，将汇票背书转让给丁某以支付货款，并记载"不得转让"字样。后丁某又将此汇票背书给张某，张某在向丙银行提示承兑时遭拒绝。根据票据法律制度的规定，张某可对其行使追索权的有（　　）。

A．丁某　　B．乙公司

C．甲公司　　D．丙银行

【答案】AB

学堂点拨

根据规定，背书人在汇票上记载"不得转让"字样，其后手再背书转让的，原背书人对后手的被背书人不承担保证责任。本题中，甲公司在背书时记载"不得转让"字样，因此，甲公司对其后手（丁某）的被背书人（张某）不承担票据责任，也就是说，张某不得向甲公司追索。付款人只有承兑后才成为票据债务人，本题中，丙银行没有承兑，故不用承担票据责任。综上，选项A、B正确。

4．记载不产生票据法上效力的事项。

附条件的背书，背书有效，所附条件不具有汇票上的效力，但可能具有民法上的效力。

5．记载无效事项。

背书人作出免除担保承兑、担保付款责任的记载，该记载无效，但不影响背书行为本身的效力。

6．记载使背书无效事项。

将汇票金额的一部分转让（部分背书）或者将汇票金额分别转让给两人以上的（多头背书），背书无效。

提示

由于背书无效，意味着票据权利并未转移，票据权利仍由原背书人享有。

【例12－多选题】根据票据法律制度的规定，下列情形中，属于汇票背书行为无效的有（　　）。

A．附有条件的背书

B．只将汇票金额的一部分进行转让的背书

C．将汇票金额分别转让给两人以上的背书

D．出票人在汇票上记载“不得转让”，收款人进行背书转让的

【答案】BCD

学堂点拨

选项B、C：将汇票金额的一部分转让或者将汇票金额分别转让给两人以上的，背书无效。选项D：出票人如果在汇票上记载“不得转让”字样的，收款人不得将该汇票背书转让给他人，否则，背书行为无效。选项A：附条件的背书，背书有效，所附条件不具有汇票上的效力，但可能具有民法上的效力。

（三）背书转让的效力

1．权利转移的效力

转让背书生效后，被背书人取得票据权利，原权利人（背书人）的权利消灭。

2．权利担保的效力

背书人对于所有后手承担了担保承兑和担保付款的责任，从而在被追索时，承担相应的票据责任。两种例外情形：

（1）背书人在汇票上记载“不得转让”字样，其后手再背书转让的，原背书人对后手的被背书人不承担保证责任。

（2）回头背书：持票人为出票人的，对其前手无追索权；持票人为背书人的，对其后手无追索权。

3．权利证明的效力

以背书转让的汇票，背书应当连续。持票人以背书的连续，证明其汇票权利。

【解释】连续背书即前一个转让背书的被背书人，必须是后一个转让背书的背书人，前后依次衔接。连续背书的第一背书人应当是在票据上记载的收款人，最后的票据持有人应当是最后一次背书的被背书人。

提示

以转让背书方式取得票据，但背书不连续的，票据债务人对持票人提出抗辩的，人民法院应予支持。

【案例】甲公司出票给乙公司，乙公司将票据背书转让给丙公司，丙公司将票据转让给丁公司，丁公司将票据转让给戊公司；本案例中：1．乙公司既是票据的收款人，又是票据的第一背书人；2．丙公司是第一个背书中的被背书人，又是第二个背书中的背书人；3．丁公司是第二个背书中的被背书人，又是第三个背书中的背书人；4．该票据中前一个转让背书的被背书人，是后一个转让背书的背书人，该票据背书是连续的；5．该票据的持票人是戊公司（最后一个转让背书的被背书人）。

提示

背书不连续，但仍然享有票据权利的情形：（1）因继承取得票据；（2）因公司的合并取得票据。此时，只要持票人能举证证明发生了相关事由，即可行使票据权利。

【案例1】老甲有一张自己为收款人，A银行作为付款人的已承兑商业汇票。在汇票到期日前，老甲死亡，其子甲作为唯一继承人继承了该票据，但票据上收款人一栏内仍然记载的是老甲的姓名（背书不连续）。本案例中：甲持票据请求A银行付款时，只要能提供老甲的死亡证明，以及证明其自己的唯一继承人身份，A银行即应付款。

【案例2】甲公司是一张商业汇票的收款人，A银行作为付款人的已承兑商业汇票。在汇票到期日前，甲公司被乙公司吸收合并，甲公司被注销，乙公司取得该汇票，但票据上收款人一栏内仍然记载的是甲公司的名称（背书不连续）。本案例中：甲公司持票据请求A银行付款时，只要能提供甲公司被乙公司吸收合并、甲公司被注销、甲公司所有债权债务由乙公司承受的证明，A银行即应付款。

（四）票据贴现

1．贴现

票据贴现，是指商业汇票的持票人在汇票到期日前，将票据权利“背书转让”给金融机构，由其扣除一定利息后，将约定金额支付给持票人的一种票据行为。

【解释】票据贴现是一种不要求真实交易关系的纯粹的票据权利的买卖行为，票据贴现也需要通过背书才能完成。

提示

票据贴现应当满足如下条件：1．办理票据贴现业务的机构，必须是经过中国人民银行批准经营贷款业务的金融机构；2．贴现申请人必须是商业汇票的持票人，并在该金融机构开立存款账户；3．贴现人必须审查申请人与前手之间交易关系的有关文件；4．贴现利息以及贴现票据的选择须符合国家规定。

2．转贴现

进行了贴现而通过转让背书取得票据权利的金融机构，还可以将未到期的汇票以贴现方式转让给其他金融机构，这种业务称为“转贴现”。

3．再贴现

贴现人、转贴现人，还可以将贴现取得的票据以贴现方式背书转让给中国人民银行，这种业务称为“再贴现”。

（五）委托收款背书

委托收款背书，是指以授予他人行使票据权利、收取票据金额的代理权为目的的背书。

1．委托收款背书的款式

相对于转让背书，委托收款背书属于一种特殊的背书，因此必须加上“委托收款”（或者“托收”“代理”）字样作为绝对必要记载事项，否则，在形式上体现为转让背书。

2．委托收款背书的效力

（1）被背书人取得代理权，具体包括行使付款请求权、追索权以及收取款项的代理权。

（2）被背书人的代理权不包括处分票据权利（转让票据权利或者设立票据质押），否则，可能构成无权代理。

（3）被背书人还可以对他人进行委托收款背书。

（六）质押背书

质押背书，是指为担保他人之债权的实现，票据权利人在票据上为了对债权人设定质权而进行的背书行为。票据质权是权利质权的一种。

1. 质押背书的款式

（1）相对于转让背书，质押背书是另一种特殊的背书，必须记载“质押”（或者“设质”“担保”）字样作为绝对必要记载事项，否则，形式上构成转让背书。

【例13-2014-单选题】票据权利人为将票据权利出质给他人进行背书时，如果未记载“质押”“设质”或者“担保”字样，只是签章并记载被背书人名称，则该背书行为的效力是（　　）。

A. 票据转让　　B. 票据承兑

C. 票据贴现　　D. 票据质押

【答案】A

学堂点拨

质押背书时，如果背书人未在票据上记载“质押”“设质”“担保”等字样，形式上构成转让背书。因此，选项A正确。

（2）质押背书必须在票据上进行，不得以另行签订质押合同或质押条款代替，否则，不构成票据质押。

2. 质押背书的效力——被背书人即取得票据质权

（1）附条件的票据转让

债务人不能履行到期债务时，票据质权人有权以相当于票据权利人的地位行使票据权利，包括行使付款请求权、追索权。

（2）票据质权人的优先受偿权

出质人如有其他债权人，票据质权人享有优先于其他债权人的权利。

【例14-2010-单选题】甲公司对乙公司负有债务。为了担保其债务的履行，甲公司同意将一张以本公司为收款人的汇票质押给乙公司，为此，双方订立了书面的质押合同，并交付了票据。甲公司未按时履行债务，乙公司遂于该票据到期时持票据向承兑人提示付款。根据票据法律制度的规定，下列表述中，正确的是（　　）。

A. 承兑人应当向乙公司付款

B. 如果乙公司同时提供了书面质押合同证明自己的权利，承兑人应当付款

C. 如果甲公司书面证明票据质押的事实，承兑人应当付款

D. 承兑人可以拒绝付款

【答案】D

学堂点拨

根据规定，质押背书必须在票据上进行，不得以另行签订质押合同或质押条款代替，否则，不构成票据质押。本题中的票据质押由于没有在票据上进行，不符合票据质押的形式要求，故乙公司并不享有票据质权，承兑人可以拒绝付款。选项D正确。

四、汇票的承兑

汇票的承兑，是指汇票的付款人，在票据正面作出承诺在票据到期日无条件支付票据金额的记载并签章，然后将票据交付请求承兑之人的票据行为。

（一）承兑的款式

1. 绝对必要记载事项：“承兑”字样和签章。

2. 相对必要记载事项：承兑日期。

承兑人没有记载承兑日期的，以收到提示承兑的汇票之日起的第3日为承兑日期。

3. 使承兑无效的记载事项：承兑附条件的，视为拒绝承兑。

（二）承兑的效力

1. 对付款人的效力

付款人（承兑人）成为汇票的主债务人，承担最终的追索责任。

2. 对持票人的效力

持票人取得对付款人（承兑人）的付款请求权。

五、汇票的保证

票据保证，是指票据债务人之外的人，为担保特定票据债务人的债务履行，以负担同一内容的票据债务为目的，在票据上记载有关事项并签章的票据行为。

（一）票据保证的实质要件

国家机关、以公益为目的的事业单位和社会团体、企业法人的分支机构和职能部门作为票据保证人的，票据保证无效。

提示

1. 经国务院批准为使用外国政府或者国际经济组织贷款进行转贷，国家机关提供票据保证的，有效。

2. 企业法人的分支机构在法人书面授权范围内提供票据保证的，有效。

（二）票据保证的款式

1. 绝对必要记载事项

（1）保证文句（表明“保证”的字样）。

（2）保证人的名称和住所。

（3）保证人签章。

提示

票据保证是一种票据行为，必须“在票据上”记载有关事项，才能发生票据保证的效力。如果保证人未在票据或者粘单上记载“保证”字样而另行签订保证合同或者保证条款的，不属于票据保证。

2. 相对必要记载事项

（1）被保证人名称：未记载被保证人的，已承兑的汇票，承兑人为被保证人；未承兑的汇票，出票人为被保证人。

（2）保证日期：未记载保证日期的，出票日期为保证日期。

3．记载不发生票据法上效力的事项

保证不得附有条件；附有条件的，所附条件不发生票据法上的效力，不影响对汇票的保证责任。

表 9–5 票据行为附条件及其法律效力

附条件保证	保证不得附有条件；附有条件的，不影响对汇票的保证责任。
附条件背书	背书不得附条件；附有条件的，所附条件不产生票据法上的效力，背书有效。
附条件承兑	承兑不得附条件；附有条件的，视为拒绝承兑。

（三）票据保证的效力

1．票据责任的从属性

（1）汇票保证人与被保证人负有同一责任；持票人对被保证人可以主张的任何票据权利，均可向保证人行使。

（2）如果以承兑人为被保证人，由于持票人可以向承兑人行使付款请求权，也可以向保证人行使付款请求权；如果以特定的背书人作为被保证人，则只能对其行使追索权。

提示

1．票据保证人不享有先诉抗辩权（不同于民法上的一般保证）；2．持票人也无需在被保证人到期不履行债务时才向票据保证人主张权利，而是可以直接对其行使权利（也不同于民法上的连带责任保证）。

2．票据责任的独立性

如果被保证人的债务因形式要件的欠缺而无效，保证人也不承担票据责任；如果被保证人的债务因实质要件（如当事人欠缺民事行为能力、签章伪造、无权代理）的欠缺而无效，则不影响票据保证的效力。

【案例】张三向李四购买货物，双方签订了买卖合同，张三向李四签发一张支票，王五以保证人身份在票据上进行了签章。本案例中：1．假如张三的出票行为不符合票据的形式要件（例如票据金额的记载不符合要求），该票据无效，张三不承担票据责任，王五也不承担票据保证责任。2．假如该票据形式上无瑕疵，但张三是个限制行为能力人，此时张三的签章无效，李四并未取得票据权利，不论背书人张三还是保证人王五都无须向持票人李四承担票据责任；但如果李四将该票据背书转让给马六，且符合票据权利善意取得的构成要件，马六就善意取得票据权利。此时，尽管张三不用对马六承担票据责任，但保证人王五仍须对马六承担票据保证责任。因此，如果马六请求银行付款遭到拒绝，其可向李四、王五行使追索权。

3．票据责任的连带性

保证人为两人以上的，保证人之间承担连带责任。

4．保证人的再追索权

保证人清偿汇票债务后，可以对被保证人及其前手行使追索权。

提示

如果承兑人是被保证人，保证人向持票人履行票据债务后，票据关系全部消灭，就不存在保证人的再追索权。

六、汇票的付款

（一）提示付款

1．提示付款期限

（1）即期汇票：见票即付的汇票，自出票日起1个月内向付款人提示付款。

（2）远期汇票：定日付款、出票后定期付款、见票后定期付款的汇票，自到期日起10日内向承兑人提示付款。

2．未遵期提示付款的后果

如果持票人未在法定期限内提示付款的，将丧失对部分前手的追索权，但是对承兑人、出票人的票据权利仍然存在。

（二）付款

1．付款人的审查

付款人应当审查：（1）票据权利的真实性；（2）提示付款人身份的真实性。

提示

1．付款人对票据权利真实性的审查，仅仅是形式审查，例如背书是否连续、绝对必要记载事项是否有遗漏等。只要票据形式上没有瑕疵，即便票据行为因为欠缺实质要件而无效，由此导致持票人并非真的权利人，付款人付款后也不承担责任。

2．对提示付款人身份的真实性，付款人应当进行实质审查。

2．审查无误的，付款人即应足额付款。

（三）汇票的签收与缴回

持票人获得付款的，应当在汇票上签收，并将汇票交给付款人。持票人委托银行收款的，受委托的银行将代收的汇票金额转账收入持票人账户，视同签收。

（四）错误付款

1．善意且无重大过失的错误付款

如果付款人不知道提示付款人并非票据权利人，并且因为无过失或者轻过失而不知情，则付款人的付款行为与一般的付款具有相同的效力，即全部票据关系消灭。真正票据权利人的“票据权利”也因此而消灭，其只能根据民法上的侵权责任制度或者不当得利制度向获得票据金额的当事人主张权利。

2．恶意或者重大过失付款

下列两种情形下，付款人的付款不发生付款的效力，由付款人自行承担责任，票据关系并不消灭。

（1）恶意（明知故犯）——付款人明知持票人并非票据权利人，而向持票人付款。

提示

虽然付款人对票据权利真实性没有实质审查义务，但如果付款人因为某种其他原因而知情，却以没有实质审查义务为由而“假装”不知情，仍构成“恶意”。

（2）重大过失（应知而不知）——进行一般的审查即可获知持票人并非票据权利人，但付款人疏于审查没有发现，而向持票人付款。

提示

由于票据行为的独立性，即使付款人对于某个票据行为存在形式或者实质瑕疵处于明知或者应知的状态，只要这一瑕疵不影响持票人的票据权利，其付款不属于恶意或者重大过失。

【案例】对于A签发的票据，付款人X明知收款人B对C的转让背书属于狭义无权代理（被背书人C不能取得票据权利），但是C又将该票据背书转让给D，D作为最后持票人请求付款。假如D可以基于善意取得制度取得票据权利，付款人X就应当对D付款。尽管X明知B的转让背书无效，也不构成恶意付款。

3. 期前的错误付款

对定日付款、出票后定期付款或者见票后定期付款的汇票，付款人在到期日前付款的，由付款人自行承担所产生的责任。

提示

对于远期汇票，付款人如果在到期日之前付款，假如提示付款人是真正的票据权利人，付款的法律效果与到期之后的付款相同。但是，假如发生了错误付款，那么即使付款人善意且无过失，仍然要“自行承担所产生的责任”，其法律效果与到期后恶意或者重大过失付款相同。

七、汇票的追索权

（一）追索权的概念

汇票的追索权，是指汇票到期不获付款、到期前不获承兑或者有其他法定原因时，持票人依法向汇票上的债务人请求偿还票据金额、利息和其他法定款项的票据权利。

（二）追索权当事人

1. 追索权人

（1）最初追索权人：持票人。

（2）再追索权人：背书人、保证人、出票人。

2. 被追索人：背书人、出票人、保证人、承兑人。

（三）追索权的取得

1. 到期追索权

汇票到期被拒绝付款的，持票人可以行使追索权。

2. 期前追索权

持票人取得期前追索权的情形：

（1）被拒绝承兑（包括承兑附条件）；

（2）承兑人或者付款人死亡、逃匿；

（3）承兑人或者付款人被宣告破产或者因违法被责令终止业务活动。

提示

期前追索都是因为“承兑人或付款人”方面的原因导致，与出票人、背书人无关。

【例15–多选题】甲公司在与乙公司交易中获汇票一张，出票人为丙公司，承兑人为丁公司。根据票据法律制度的规定，下列各项中，甲公司可以在汇票到期日前行使追索权的有（　　）。

A．乙公司申请注销法人资格

B．丙公司被吊销营业执照

C．丁公司被宣告破产

D．丁公司因违法被责令终止业务活动

【答案】CD

学堂点拨

根据规定，汇票期前追索的发生情形包括：1．被拒绝承兑（包括承兑附条件）；2．承兑人或者付款人死亡、逃匿；3．承兑人或者付款人被宣告破产或者因违法被责令终止业务活动。本题中，丁公司为承兑人。因此，选项C、D正确。

（四）追索权的保全

1．遵期提示。

2．依法取证。

提示

如果持票人未采取上述保全措施，即丧失对出票人和承兑人之外的其他前手的追索权。

（五）追索的金额

1．最初追索权的追索金额

（1）票据金额：被拒绝付款的汇票金额。

（2）利息：汇票金额自到期日或者提示付款日起至清偿日止，按照中国人民银行规定的利率计算的利息。

（3）费用：取得有关拒绝证明和发出通知书的费用。

2．再追索权

（1）金额：已清偿的金额。

（2）利息：自清偿日起至再追索清偿日止，已清偿金额按照中国人民银行规定的利率计算的利息。

（3）费用：发出通知书的费用。

表 9-6　票据追索的金额

最初追索	1. 被拒绝付款的票据金额。
	2. 票据金额自到期日或者提示付款日起至清偿日止，按照中国人民银行规定的利率计算的利息。
	3. 取得有关拒绝证明和发出通知书的费用。
再追索	1. 已清偿的全部金额。
	2. 前项金额自清偿日起至再追索清偿日止，已清偿金额按照中国人民银行规定的利率计算的利息。
	3. 发出通知书的费用。

（六）追索权的行使

1. 通知前手

持票人应当自收到被拒绝承兑或者拒绝付款的有关证明之日起3日内，将被拒绝的事由书面通知其直接前手，还可以同时通知其他（甚至全部）的被追索人。

提示

未按照规定期限发出追索通知的，持票人仍可以行使追索权。但因延期通知给其前手或者出票人造成损失的，由其承担该损失的赔偿责任，但所赔偿的金额以汇票金额为限。

2. 确定被追索对象

（1）追索对象：出票人、背书人、承兑人和保证人。

（2）连带责任：所有被追索对象对持票人承担“连带责任”，持票人可以不按照汇票债务人的先后顺序，对其中任何一人、数人或者全体行使追索权。

提示

持票人对汇票债务人中的一人或者数人已经开始进行追索的，对其他汇票债务人仍然可以行使追索权。

3. 追索权的限制

（1）如果被追索人是票据上的最终债务人（承兑人或者未经承兑的汇票的出票人），则票据上的全部债权债务消灭，谈不上承兑人再向他人追索的问题。

（2）最终持票人为出票人的，对其前手无追索权；最终持票人为背书人的，对其后手无追索权。

知识点7　本票制度的特殊规定（★★）

汇票的很多制度同样适用于本票，例如本票的背书、保证、付款行为和追索权的行使除了《票据法》作出特殊规定外，都可以适用关于汇票的规定。

一、本票的概念

本票，是指出票人签发的，承诺自己在见票时无条件支付确定的金额给收款人或持票人的票据。

（一）无需承兑：本票的出票人与付款人为同一人，不需要承兑。

（二）种类：本票可以分为银行本票与商业本票，我国《票据法》上只有银行本票，而且为见票即付的汇票。

二、本票的出票

（一）出票人

银行本票的出票人，为中国人民银行批准办理银行本票业务的银行机构。

（二）出票款式

1. 绝对必要记载事项：（1）“本票”字样；（2）无条件支付的承诺；（3）确定的金额；（4）收款人名称；（5）出票日期；（6）出票人签章。

提示

1. 由于本票是出票人自己付款，因此，付款人名称无需另行记载。

2. 本票的收款人可以是出票人本人，如果收款人是本票申请人指定的第三人，出票人出票后，将本票交付给申请人（而非收款人），申请人将本票交付给收款人时，出票行为才完成并生效。

2. 相对必要记载事项：付款地和出票地。

提示

未记载付款地和出票地的，都是以出票人的营业场所为准。

（三）出票的效力

出票行为完成后，出票人成为第一债务人，收款人成为票据权利人。

三、本票的付款

持票人向“出票人”提示付款的期限最长不超过2个月，否则，即丧失对出票人之外的前手的追索权。

【例16–多选题】甲出具一张本票给乙，乙将该本票背书转让给丙，丁作为乙的保证人在票据上签章。丙又将该本票背书转让给戊，戊作为持票人未按规定期限向出票人提示付款。根据票据法律制度的规定，下列选项中，戊不得行使追索权的有（　　）。

A. 甲　　B. 乙　　C. 丙　　D. 丁

【答案】BCD

学堂点拨

根据规定，本票的持票人未遵期提示付款，丧失对出票人之外的前手的追索权。因此，本题中，持票人戊只能向出票人甲行使追索权。选项B、C、D正确。

知识点8 支票制度的特别规定（★★）

一、支票的概念

支票，是指出票人签发的，委托办理支票存款业务的银行或者其他金融机构在见票时无条件支付确定的金额给收款人或者持票人的票据。

提示

1. 出票人：支票的出票人必须是在经中国人民银行批准办理支票存款业务的银行、城市信用合作社和农村信用合作社开立支票存款账户的企业、其他组织和个人。

2. 付款人：支票的付款人必须是办理支票存款业务的银行或者其他金融机构，其他组织或者个人不能成为支票的付款人。出票人在付款人处的存款金额如果不足，付款人应当拒绝付款。

3. 支票的付款人并未在票据上签章，因此，支票的付款人并非票据债务人。

二、支票的出票

（一）绝对必要记载事项

支票的出票行为的绝对必要记载事项：1. 表明“支票”的字样；2. 无条件支付的委托；3. 确定的金额；4. 付款人名称；5. 出票日期；6. 出票人签章。

提示

支票上的金额可以由出票人授权补记，未补记前不得使用。

（二）相对必要记载事项：付款地和出票地。

提示

未记载付款地的，以付款人的营业场所为准；未记载出票地的，以出票人的营业场所、住所或者经常居住地为准。

（三）任意记载事项

1. 收款人

收款人名称并非出票行为的绝对必要记载事项，可以授权补记。出票人既可以授权相对人补记，也可以由相对人再授权他人补记。例如，甲签发支票给乙，但是未记载收款人名称。乙为支付货款，直接将支票交付给丙，丙将自己的名称记载为收款人后，可以持票主张票据权利。也就是说，就支票而言，《票据法》承认了背书转让之外的这种特殊的票据权利转让方式。

2. “不得转让”字样

出票人可以记载“不得转让”字样，如有该记载，则支票不得转让。

（四）记载无效事项

支票限于见票即付，不得另行记载到期日，另行记载付款日期的，该记载无效。

（五）致使支票无效的事项

“无条件支付的委托”属于绝对必要记载事项，如果出票人记载了付款人支付票据金额的条件，应认为出票行为欠缺绝对必要记载事项，该支票无效。

表 9-7　汇票、本票、支票的绝对必要记载事项

汇票的绝对必要记载事项	本票的绝对必要记载事项	支票的绝对必要记载事项
1. 表明“汇票”的字样。 2. 无条件支付的委托。 3. 确定的金额。 4. 付款人名称。 5. 收款人名称。 6. 出票日期。 7. 出票人签章。	1. 表明“本票”的字样。 2. 无条件支付的承诺。 3. 确定的金额。 4. 收款人名称。 5. 出票日期。 6. 出票人签章。 【提示】本票的付款人即出票人本人。	1. 表明“支票”的字样。 2. 无条件支付的委托。 3. 确定的金额。 4. 付款人名称。 5. 出票日期。 6. 出票人签章。 【提示】支票的金额和收款人名称可由出票人授权补记，但金额在未补记之前票据不得使用。

三、支票的付款

（一）提示付款期限

支票的持票人应当自出票日起10日内提示付款；异地使用的支票，其提示付款的期限由中国人民银行另行规定。

（二）逾期后果

超过上述期限提示付款的，付款银行可以拒绝付款，持票人只能对“出票人”进行追索，丧失对其他前手的追索权。

【例17-多选题】甲公司为了支付货款，签发了一张以本市的乙银行为付款人、以丙公司为收款人的转账支票。丙公司在出票日之后的第14天向乙银行提示付款。根据票据法律制度的规定，下列表述中，正确的有（　　）。

A. 如果甲公司在乙银行的存款足以支付支票金额，乙银行应当足额付款

B. 乙银行可以拒绝付款

C. 乙银行应当无条件付款

D. 如果乙银行拒绝付款，甲公司仍应承担票据责任

【答案】BD

学堂点拨

支票的持票人应当自出票日起10日内提示付款，逾期提示付款的，付款银行可以拒绝付款，持票人只能对“出票人”进行追索，丧失对其他前手的追索权。本题中，收款人丙公司逾期提示付款，乙银行可以拒绝付款，丙公司只能向甲公司追索。因此，选项B、D正确。

第二单元　非票据结算方式

知识点1　汇兑（★★）

一、汇兑的概念

汇兑是指汇款人委托银行将其款项支付给收款人的结算方式。

提示

汇兑适用于“单位和个人”的各种款项的结算，且不受金额起点的限制。

二、汇兑的基本流程

（一）汇款人签发汇兑凭证。

（二）汇出银行受理并审查汇兑凭证。

（三）汇出银行向汇入银行办理汇款，并向汇款人签发汇款回单。

提示

汇款回单只能作为汇出银行受理汇款的依据，不能作为该笔汇款已经转入收款人账户的证明。

（四）汇入银行接收汇出银行的汇兑凭证，审查后办理付款手续。

提示

汇入银行将款项转入收款人的账户，并向其发出收账通知，收账通知是银行将款项确已收入收款人账户的凭据。

三、汇兑的撤销

汇款人对汇出银行“尚未汇出”的款项可以申请撤销。

四、汇兑的退汇

（一）当事人申请退汇

汇款人对汇出银行已经汇出的款项可以申请退汇。

1. 对在汇入银行开立存款账户的收款人，由汇款人与收款人自行联系退汇。

2. 对未在汇入银行开立存款账户的收款人，汇款人应出具正式函件或者本人身份证件以及原信、电汇回单，由汇出银行通知汇入银行，经汇入银行核实汇款确未支付，并将款项汇回汇出银行，方可办理退汇。

（二）银行退汇

1. 汇入银行对于收款人拒绝接受的汇款，应当立即办理退汇。

2. 汇入银行对于向收款人发出取款通知，经过“2个月”无法交付的汇款，应主动办理退汇。

知识点2 托收承付（★★）

一、托收承付的概念

托收承付是指根据买卖合同由收款人发货后委托银行向异地付款人收取款项，由付款人向银行承认付款的结算方式。

提示

托收承付结算每笔的金额起点为1万元。

二、托收承付的适用条件

（一）主体条件

使用托收承付结算方式的收款单位和付款单位，必须是国有企业、供销合作社以及经营管理较好，并经开户银行审查同意的城乡集体所有制工业企业。

提示

收付款方必须是“公有制”单位。

（二）款项条件

办理托收承付结算的款项，必须是商品交易，以及因商品交易而产生的劳务供应的款项；代销、寄销、赊销商品的款项，不得办理托收承付结算。

（三）双方明确约定

结算双方必须签有符合《合同法》规定的买卖合同，并在合同中订明使用托收承付结算方式。

（四）收款人已发货

收款人办理托收，必须具有商品确已发运的证件。

（五）不存在暂停办理情形

如果收款人对同一付款人发货托收累计三次收不回货款的，收款人开户银行应暂停收款人向付款人办理托收；付款人累计三次提出无理拒付的，付款人开户银行应暂停其向外办理托收。

三、托收承付的基本流程

（一）托收：收款人根据买卖合同发货后，委托银行向付款人收取款项。

（二）承付：由付款人向银行承认付款，分为验单付款和验货付款两种。

1. 验单付款的承付期为3天，从付款人开户银行发出承付通知的次日算起（承付期内遇法定休假日顺延）。

提示

付款人在承付期内，未向银行表示拒绝付款的，银行即视为承付，并在承付期满的次日（遇法定休假日顺延）上午银行开始营业时，将款项主动从付款人的账户内付出，划给收款人。

2. 验货付款的承付期为10天，从运输部门向付款人发出提货通知的次日算起，收付双方在合同中明确规定，并在托收凭证上注明验货付款期限的，银行从其规定。

提示

付款人收到提货通知后，应立即向银行交验提货通知，付款人在银行发出承付通知后（次日算起）的10天内，未收到提货通知，应在第10天将货物尚未到达的情况通知银行。在第10天付款人不通知银行的，银行即视同已验货，于10天期满的次日上午银行开始营业时，将款项划给收款人；第10天付款人通知银行货物未到，而以后收到提货通知没有及时送交银行，银行仍按10天期满的次日作为划款日期，并按超过天数，计扣逾期付款赔偿金。

四、拒绝付款的情形

（一）未约定——没有签订购销合同或者购销合同未订明托收承付结算方式的款项。

（二）不适用——代销、寄销、赊销商品的款项。

（三）卖方违约——未经双方事先达成协议，收款人提前交货或因逾期交货付款人不再需要该项货物的款项。

（四）卖方违约——未按合同规定的到货地址发货的款项。

（五）卖方违约——验单付款，发现所列货物的品种、规格、数量、价格与合同规定不符；或者货物已到，经查验货物与合同规定或与发货清单不符的款项。

（六）卖方违约——验货付款，经查验货物与合同规定或与发货清单不符的款项。

（七）计算错误——货款已经支付或计算错误的款项。

知识点3 委托收款（★）

一、委托收款的概念及适用范围

（一）概念

委托收款是收款人委托银行向付款人收取款项的结算方式。

（二）适用范围

1. 单位和个人凭已承兑商业汇票、债券、存单等付款人债务证明办理款项的结算，均可以使用委托收款结算方式。

2. 同城范围内，收款人收取公用事业费用，可以使用同城特约委托付款。

提示

收款人收取公用事业费，必须具有收付双方事先签订的合同，由付款人向开户银行授权，并经开户银行同意，报经中国人民银行当地分支行批准。

二、委托收款的基本流程

（一）委托

收款人办理委托收款，应向银行提交委托收款凭证和有关债务证明。

（二）付款

付款人应于接到通知的当日书面通知银行付款。如果付款人未在“接到通知日”的次日起3日内通知银行付款的，视同付款人同意付款，银行应于付款人“接到通知日”的次日起第4日上午开始营业时，将款项划给收款人。

提示

银行在办理划款时，发现付款人存款账户不足支付的，应通过被委托银行向收款人发出“未付款通知书”。

三、拒绝付款的处理

（一）以银行为付款人的，应自收到委托收款及债务证明的次日起3日内日出具拒绝证明。

（二）以单位为付款人的，应在付款人接到通知日的次日起3日内日起出具拒绝证明。

知识点4 国内信用证（★★）

一、国内信用证的概念

国内信用证，是指开证银行依照申请人（买方）的申请向受益人（卖方）开出的凭符合信用证条款的单据支付的付款承诺。信用证结算方式适用于国内企业之间的商品交易。

我国的信用证为不可撤销、不可转让的跟单信用证，具有如下特点：

（一）“不可撤销”：信用证开具后在有效期内，非经信用证各有关当事人（即开证银行、开证申请人和受益人）的同意，开证银行不得修改或者撤销；

（二）“不可转让”：受益人不能将信用证的权利转让给他人；

（三）用途：只能用于转账结算，不得支取现金；

（四）独立性：信用证与作为其依据的买卖合同相互独立，银行在处理信用证业务时，不受买卖合同的约束；

（五）融资功能：开证申请人向开证行支付一定比例的保证金（不低于20%）即可申请开立国内信用证，因此信用证具有融资功能。

二、信用证的具体流程

（一）开证

1. 申请

开证申请人申请办理开证业务时，应当填具开证申请书、信用证申请人承诺书并提交有关买卖合同。

2. 受理

开证行在决定受理该项业务时，应向申请人收取不低于开证金额20%的保证金，并可根据申请人资信情况要求其提供抵押、质押或者由其他金融机构出具保函。

提示

信用证的有效期为受益人向银行提交单据的最迟期限，最长不得超过6个月。

（二）通知

1. 通知行的确定

（1）开证行与受益人开户行为同一系统行的，受益人开户行为通知行。

（2）开证行与受益人开户行为跨系统行的，开户行确定的在受益人开户行的同城系统银行机构为通知行。

（3）开证行在受益人开户行所在地没有同系统分支机构的，应在受益人所在地选择一家银行机构建立信用证代理关系，其代理行为通知行。

2. 通知行的责任

（1）通知行经过核验无误的，应填制信用证通知书或信用证修改通知书，连同信用证或信用证修改书交付受益人。

（2）通知行应在收到信用证或信用证修改书的次日起3个营业日内作出处理。

（三）议付

1．议付是指信用证指定的议付行在单证相符条件下，扣除议付利息后向受益人给付对价的行为。

提示

只审核单据而未付出对价的，不构成议付。议付仅限于延期付款信用证。

2．议付行必须是开证行指定的受益人开户行；未被指定议付的银行或指定的议付行不是受益人开户行，不得办理议付。

3．议付行议付后，应通过委托收款将单据寄至开证行索偿资金。议付行议付信用证后，对受益人具有追索权。到期不获付款的，议付行可从受益人账户收取议付金额。

（四）付款

申请人交存的保证金和其存款账户余额不足支付的，开证行仍应在规定的付款时间内进行付款，对不足支付的部分作逾期贷款处理。

【例-单选题】根据国内信用证法律制度的规定，开证行收到受益人开户行寄交的委托收款凭证、单据等材料，并与信用证条款核对无误后，若发现开证申请人交存的保证金和存款账户余额不足以支付信用证金额的，开证行应采取的正确做法是（　　）。

A．在规定付款时间内全额付款

B．在规定付款时间内，在保证金以及申请人存款账户余额范围内付款

C．拒绝付款并将有关材料退还受益人开户行

D．在征得开证申请人同意后全额付款

【答案】A

学堂点拨

根据规定，申请人交存的保证金和其存款账户余额不足支付的，开证行仍应在规定的付款时间内进行付款。对不足支付的部分作逾期贷款处理。因此，选项A正确。

本章强化练习

一、单项选择题

1．依票据法原理，票据具有无因性、设权性、流通性、文义性、要式性等特征。关于票据特征的表述，下列哪一选项是错误的？（　　）

A．没有票据，就没有票据权利

B．任何类型的票据都必须能够进行转让

C．票据的效力不受票据赖以发生的原因行为的影响

D．票据行为的方式若存在瑕疵，不影响票据的效力

2．出票人在汇票上记载"不得转让"字样，其后手再背书转让的，将产生的法律后果是（　　）。

A．汇票因记载"不得转让"字样而无效

B．背书转让无效，出票人对受让人不承担票据责任

C．背书转让有效，但出票人对受让人不承担票据责任

D．转让有效，且出票人对受让人承担票据责任

3．甲公司与乙公司签订货物采购合同，为了支付货款，甲公司以一张汇票支付货款。乙公司要求甲公司提供担保，甲公司请丁公司为该汇票作保证。丁公司在汇票背书栏签注：如果甲公司提供了反担保，本公司愿意承担保证责任。后甲公司并未为丁公司提供反担保。丁公司对该汇票承担的责任是（　　）。

A．应承担一定赔偿责任

B．只承担一般保证责任，不承担票据保证责任

C．应当承担票据保证责任

D．不承担任何责任

4．根据票据法律制度的规定，下列关于汇票的表述中，正确的是（　　）。

A．汇票金额中文大写与数码记载不一致的，以中文大写金额为准

B．汇票保证中，被保证人的名称属于绝对必要记载事项

C．见票即付的汇票，无须提示承兑

D．银行承兑汇票即银行作为出票人和承兑人的汇票

5．甲公司向乙公司出售商品，乙公司开具商业汇票用于支付款项，甲公司将该汇票背书转让给丙公司，丙公司的出纳不慎将该汇票丢失，则丙公司可以采取的补救措施是（　　）。

A．申请仲裁　　B．请求乙公司重新签发

C．向甲公司追索　　D．申请公示催告

6．2017年1月1日，甲银行向乙公司签发一张本票，乙公司将其背书转让给了丙公司，丙公司一直未主张票据权利。根据票据法律制度的规定，丙公司可以向甲银行主张票据权利的最后日期是（　　）。

A．2017年1月11日　　B．2017年4月1日

C．2017年7月1日　　D．2019年1月1日

7. 甲公司向乙公司签发一张汇票，根据票据法律制度的规定，下列选项中，该汇票未记载的，票据无效的是（　　）。

A. 付款地　　B. 出票地

C. 签发汇票的原因　　D. 甲公司的签章

8. 甲将一张20万元的汇票分别背书转让给乙和丙，每人10万元，下列有关该背书效力的表述中，正确的是（　　）。

A. 背书无效

B. 背书有效

C. 背书转让给乙10万元有效，转让给丙10万元无效

D. 背书转让给乙10万元无效，转让给丙10万元有效

9. 根据票据法律制度的规定，下列有关汇票未记载事项的表述中，正确的是（　　）。

A. 汇票上未记载付款日期的，为出票后1个月内付款

B. 汇票上未记载付款地的，以出票人的营业场所、住所或者经常居住地为付款地

C. 汇票上未记载付款人名称的，以出票人的基本存款账户开户银行作为付款人

D. 汇票出票人签章不符合要求的，该汇票无效

10. 根据票据法律制度的规定，下列选项中，不构成票据质押的是（　　）。

A. 出质人与债权人私下签订了质押合同，明确以票据设定质押，并交付了票据

B. 出质人在汇票粘单上记载了“质押”字样并在汇票粘单上签章的

C. 出质人在汇票上记载了“质押”字样并在汇票上签章，但是未记载背书日期的

D. 出质人在汇票上记载了“设质”字样并在汇票上签章的

11. 汇票背书人在票据上记载了“不得转让”字样，但其后手仍进行了背书转让。下列关于票据责任承担的表述中，错误的是（　　）。

A. 不影响承兑人的票据责任

B. 不影响出票人的票据责任

C. 不影响原背书人之前手的票据责任

D. 不影响原背书人对后手的被背书人承担票据责任

12. 甲公司为履行与乙公司的箱包买卖合同，签发一张以乙公司为收款人、某银行为付款人的汇票，银行也予以了承兑。后乙公司将该汇票背书赠与给丙。此时，甲公司发现乙公司的箱包为假冒伪劣产品。关于本案，下列哪一选项是正确的？（　　）

A. 该票据无效

B. 甲公司不能拒绝乙公司的票据权利请求

C. 丙应享有票据权利

D. 银行应承担票据责任

13. 甲从乙处购置一批家具，给乙签发一张金额为40万元的汇票。乙将该汇票背书转让给丙。丙请丁在该汇票上为“保证”记载并签章，随后又将其背书转让给戊。戊请求银行承兑时，被银行拒绝。对此，下列哪一选项是正确的？（　　）

A. 丁可以采取附条件保证方式

B．若丁在其保证中未记载保证日期，则以出票日期为保证日期

C．戊只有在向丙行使追索权遭拒绝后，才能向丁请求付款

D．在丁对戊付款后，丁只能向丙行使追索权

14．甲未经乙同意而以乙的名义签发一张商业汇票，汇票上记载的付款人为丙银行。丁取得该汇票后将其背书转让给戊。下列哪一说法是正确的？（　　）

A．乙可以无权代理为由拒绝承担该汇票上的责任

B．丙银行可以该汇票是无权代理为由而拒绝付款

C．丁对甲的无权代理行为不知情时，丁对戊不承担责任

D．甲未在该汇票上签章，故甲不承担责任

15．张某在将一汇票背书转让给李某时，张某在背书人栏内完成签章，但由于疏忽忘记将李某的姓名记载于被背书人栏内便将票据交付给李某。李某发现后将自己的姓名填入被背书人栏内。下列关于李某在被背书人栏内填入自己姓名的行为效力的表述中，正确的是（　　）。

A．无效　　　　B．有效

C．可撤销　　　　D．效力待定

16．甲公司向乙公司购买原材料，为了付款将其所持有的汇票背书转让给乙公司，为了确保乙公司能如期交货，甲公司相关负责人在背书栏中记载了“如果乙公司按时交付符合合同约定数量和质量的货物，该票据转让才生效”的字样。乙公司在收到票据后没有按期交货。根据票据法律制度的规定，下列表述中，正确的是（　　）。

A．因背书附有条件，导致票据无效

B．背书不生效，因为乙公司没有按期交货

C．背书有效，乙公司取得票据权利，背书中所附条件没有汇票上的效力

D．背书无效，乙公司不能取得票据权利

17．甲公司委托乙银行向丙企业收取款项，丙企业开户银行在债务证明到期日办理划款时，发现丙企业存款账户不足支付的，应采取的行为是（　　）。

A．直接向甲公司出具拒绝支付证明

B．无条件支付款项

C．应通过乙银行向甲公司发出未付款通知书

D．应通知丙企业存足相应款项，如果丙企业在规定的时间内未存足款项的，再通过乙银行向甲公司发出未付款通知书

18．根据支付结算法律制度的规定，下列关于托收承付结算方式的表述中，不正确的是（　　）。

A．代销、寄销、赊销商品的款项，不得办理托收承付结算

B．收付双方使用托收承付结算方式必须签有合法的买卖合同，而且应当在合同里明确约定采用托收承付结算方式

C．收款人对同一付款人发货托收累计3次收不回货款的，收款人开户银行应暂停收款人办理所有托收业务

D．付款人累计3次提出无理拒付的，付款人开户银行应暂停其向外办理托收

19．下列关于国内信用证的表述中，不符合票据法律制度规定的是（　　）。

A. 不可转让　　B. 不可撤销

C. 不可取现　　D. 不可跟单

二、多项选择题

1. 根据票据法律制度的规定，下列各项中，属于需要提示承兑的汇票有（　　）。

A. 见票后定期付款的汇票　　B. 银行汇票

C. 银行本票　　D. 出票后定期付款的汇票

2. 根据票据法律制度的规定，下列各项中属于票据保证的绝对必要记载事项的有（　　）。

A. 表明“保证”的字样　　B. 被保证人的名称

C. 保证日期　　D. 保证人签章

3. 甲公司与乙公司签订一份买卖合同，甲公司向乙公司签发一张金额为100万元的银行承兑汇票，为了担保甲公司的票据债务，丙公司和丁公司分别以保证人身份在票据上进行了保证签章。丙公司和丁公司在票据背面写明“丙公司承担60万元票据金额的保证责任，丁公司承担剩余的40万元票据金额的保证责任”。下列说法错误的是（　　）。

A. 只有乙公司向甲公司主张票据权利被拒绝时，乙公司才可向丙公司和丁公司追索

B. 只要票据付款请求权没有获得满足，乙公司即可直接向丙公司或丁公司追索

C. 丙公司和丁公司之间是按份保证责任

D. 甲公司、丙公司和丁公司都承担连带责任

4. 甲签发一张金额为1万元的本票交付收款人乙，乙背书转让给丙，丙将本票金额变造为7万元后转让给丁，丁又背书转让给戊。那么，下列说法正确的有（　　）。

A. 如果戊向甲请求付款，甲只应支付1万元

B. 如果戊向乙请求付款，乙应支付7万元

C. 如果戊向丙请求付款，丙只应支付1万元

D. 如果戊向丁请求付款，丁应支付7万元

5. 根据票据法律制度的规定，票据质押背书的被背书人所为的下列背书行为中，无效的有（　　）。

A. 再质押背书　　B. 委托收款背书

C. 有偿转让背书　　D. 无偿转让背书

6. 根据票据法律制度的规定，下列关于票据质押背书的表述中，正确的有（　　）。

A. 被背书人可以行使付款请求权　　B. 被背书人可以行使追索权

C. 被背书人可以再进行转让背书　　D. 被背书人可以再进行委托收款背书

7. 甲公司为清偿对乙公司的欠款，开出一张收款人是乙公司财务部长李某的汇票。李某不慎将汇票丢失，王某拾得后在汇票上伪造了李某的签章，并将汇票背书转让给外地的不知情的丙公司，用来支付购买丙公司电缆的货款，王某收到电缆后转卖得款，之后不知所踪。关于本案，下列哪些说法是正确的？（　　）

A. 甲公司应当承担票据责任　　B. 李某不承担票据责任

C. 王某应当承担票据责任　　D. 丙公司应当享有票据权利

8．甲向乙购买原材料，为支付货款，甲向乙出具金额为50万元的商业汇票一张，丙银行对该汇票进行了承兑。后乙不慎将该汇票丢失，被丁拾到。乙立即向付款人丙银行办理了挂失止付手续。下列哪些选项是正确的？（　　）

A．乙因丢失票据而确定性地丧失了票据权利

B．乙在遗失汇票后，可直接提起诉讼要求丙银行付款

C．如果丙银行向丁支付了票据上的款项，则丙应向乙承担赔偿责任

D．乙在通知挂失止付后15日内，应向法院申请公示催告

9．关于汇票的表述，下列哪些选项是正确的？（　　）

A．汇票可以质押，当持票人将汇票交付给债权人时质押生效

B．如汇票上记载的付款人在承兑之前即已破产，出票人仍须承担付款责任

C．汇票的出票人既可以是银行、公司，也可以是自然人

D．如汇票上未记载出票日期，该汇票无效

10．甲公司签发一张汇票给乙，票面记载金额为10万元，乙取得汇票后背书转让给丙，丙取得该汇票后又背书转让给丁，但将汇票的记载金额由10万元变更为20万元。之后，丁又将汇票最终背书转让给戊。其中，乙的背书签章已不能辨别是在记载金额变更之前，还是在变更之后。下列哪些选项是正确的？（　　）

A．甲应对戊承担10万元的票据责任

B．乙应对戊承担20万元的票据责任

C．丙应对戊承担20万元的票据责任

D．丁应对戊承担10万元的票据责任

11．根据支付结算法律制度的规定，关于支票的下列表述中，正确的有（　　）。

A．支票上未记载付款地的，付款人的营业场所为付款地

B．支票金额和收款人名称可以由出票人授权补记，因此都不属于绝对必要记载事项

C．支票均为见票即付，无远期支票

D．支票的付款人是出票人的开户银行

12．根据支付结算法律制度的规定，下列选项中，托收承付的付款人可以拒绝付款的款项有（　　）。

A．代销商品发生的款项

B．购销合同中未订明以托收承付结算方式结算的款项

C．货物已经依照合同规定发运到指定地址，付款人尚未提取货物的款项

D．因逾期交货，付款人不需要该项货物的款项

13．根据支付结算法律制度的规定，下列关于国内信用证的表述中，正确的有（　　）。

A．信用证具有融资功能

B．开证行可以单方修改或撤销信用证

C．受益人可以将信用证的部分权利转让给他人

D．信用证与作为其依据的买卖合同相互独立

三、案例分析题

1．2017年2月10日，甲公司向乙公司签发一张金额为50万元的商业汇票，以支付所欠货款。汇票

到期日为2017年8月10日。A银行作为承兑人在汇票票面上签章。

3月10日，乙公司将该汇票背书转让给丙公司，用于支付装修工程款，并在汇票上注明："票据转让于工程验收合格后生效。"后丙公司施工的装修工程因存在严重质量问题未能通过验收。

4月10日，丙公司将该汇票背书转让给丁公司，用于支付房屋租金。丁公司随即将汇票背书转让给戊公司，用于购买办公设备，并在汇票背书人栏内记载"不得转让"字样。

5月10日，戊公司将该汇票背书转让给庚公司，用于支付咨询服务费用，但未在汇票被背书人栏内记载庚公司名称。

8月15日，庚公司持该汇票向A银行提示付款。A银行以庚公司名称未记载于汇票被背书人栏内为由拒付。庚公司在汇票被背书人栏内补记本公司名称后，再次向A银行提示付款。A银行以自行补记不具效力为由再次拒付。庚公司向乙、丙、丁、戊公司追索，均遭拒绝。其中，丙公司的拒绝理由是，丁公司在汇票背书人栏内记载有"不得转让"字样；乙公司的拒绝理由是，丙公司的装修工程未通过验收，不符合乙公司在汇票上注明的转让生效条件。

根据上述内容，分别回答下列问题。

（1）A银行第一次拒付的理由是否成立？并说明理由。

（2）A银行第二次拒付的理由是否成立？并说明理由。

（3）丙公司拒绝庚公司追索的理由是否成立？并说明理由。

（4）乙公司拒绝庚公司追索的理由是否成立？并说明理由。

2. 甲公司为支付货款，向乙公司签发一张以A银行为承兑人、金额为100万元的银行承兑汇票。A银行作为承兑人在汇票票面上签章，甲公司的股东郑某在汇票上以乙公司为被保证人，进行了票据保证的记载并签章。甲公司将汇票交付给乙公司工作人员孙某。

孙某将该汇票交回乙公司后，利用公司财务管理制度的疏漏，将汇票暗中取出，并伪造乙公司财务专用章和法定代表人签章，将汇票背书转让给与其相互串通的丙公司。丙公司随即将该汇票背书转让给丁公司，用于支付房屋租金，丁公司对于孙某伪造汇票之事不知情。

丁公司于汇票到期日向A银行提示付款。A银行在审核过程中发现汇票上的乙公司签章系伪造，故拒绝付款。丁公司遂向丙公司、乙公司和郑某追索，均遭拒绝。后丁公司知悉孙某伪造汇票之事，遂向其追索，亦遭拒绝。

根据上述内容，分别回答下列问题。

（1）丁公司能否因丙公司的背书转让行为而取得票据权利？并说明理由。

（2）乙公司是否应当向丁公司承担票据责任？并说明理由。

（3）郑某是否应当向丁公司承担票据责任？并说明理由。

（4）孙某是否应当向丁公司承担票据责任？并说明理由。

3. 2016年3月1日，为支付工程款项，A公司向B公司签发一张以甲银行为承兑人，金额为150万元的银行承兑汇票。汇票到期日为2016年9月1日，甲银行作为承兑人在汇票票面上签章。

4月1日，B公司将该汇票背书转让给C公司，用于支付买卖合同价款，后因C公司向B公司出售的合同项下货物存在严重质量问题，双方发生纠纷。

5月1日，C公司为支付广告费，将该汇票背书给D公司。D公司负责人知悉B、C之间合同纠纷的详情，对该汇票产生疑虑，遂要求C公司的关联企业E公司与D公司签订了一份保证合同，保证合同约定，E公司就C公司对D公司承担的票据责任提供连带责任保证。但E公司未在汇票上记载有关保证事项，亦未签章。

6月1日，D公司将该汇票背书转让给F公司，以偿还所欠F公司的租金。

9月2日，F公司持该汇票向甲银行提示付款，甲银行以A公司资信状况不佳，账户余额不足为由拒付。F公司遂向B、D公司追偿。B公司以C公司违反买卖合同为由，对F公司的追索予以拒绝。D公司向F公司承担票据责任后，分别向B、E公司追索。B公司仍以C公司违反买卖合同为由，对D公司的追索予以拒绝，E公司亦拒绝。

根据上述内容，分别回答下列问题。

（1）甲银行的拒付理由是否成立？并说明理由。

（2）B公司拒绝F公司追索的理由是否成立？并说明理由。

（3）B公司拒绝D公司追索的理由是否成立？并说明理由。

（4）D公司能否要求E公司承担票据责任？能否依保证合同要求E公司承担保证责任？并分别说明理由。

4．2015年2月1日，为支付贷款，A公司向B公司签发一张以X银行为承兑人、金额为80万元的银行承兑汇票。汇票到期日为2015年8月1日。X银行作为承兑人在汇票票面签章。

3月1日，B公司因急需现金将该汇票背书转让给C公司，C公司向B公司支付现金75万元，4月1日，C公司将该汇票背书转让给D公司，以支付房屋租金。D公司对B公司与C公司之间票据买卖事实不知情。D公司随即将汇票背书转让给E公司，用于支付装修工程款，并在汇票上注明："本票据转让于工程验收合格后生效"。后E公司施工的装修工程因存在严重质量问题未能通过验收。

5月，E公司被F公司吸收合并，E公司注销了工商登记。6月1日，F公司为支付材料款将该汇票背书转让给G公司。

8月3日，G公司持该汇票向X银行请求付款，X银行以背书不连续为由拒付。

根据以上内容，分别回答下列问题。

（1）C公司能否因B公司的背书转让行为而取得票据权利？并说明理由。

（2）D公司能否因C公司的背书转让行为而取得票据权利？并说明理由。

（3）在装修工程未能验收合格的情况下，D公司对E公司的背书转让是否生效？并说明理由。

（4）在X银行以背书不连续为由拒付时，G应如何证明其是票据权利人？

5．甲系A公司业务员，负责A公司与B公司的业务往来事宜。2014年2月，甲离职，但A公司并未将这一情况通知B公司。2014年3月3日，甲仍以A公司业务员名义到B公司购货，并向B公司交付了一张出票人为A公司、金额为30万元的支票，用于支付货款，但未在支票上记载收款人名称。之后，甲提走货物。后查明，支票上所盖A公司公章及其财务负责人名章均系甲伪造。

B公司于2月20日与公益机构C基金会签订书面协议，约定捐赠30万元用于救灾。3月4日，B公司将该支票交付C基金会，但未在支票上作任何记载。

3月5日，C基金会为支付向D公司购买救灾物品的货款，将自己记载为收款人后，将该支票背书转让给D公司。

3月6日，D公司将该支票背书转让给E公司，用于购买生产原料。后发现，E公司向D公司出售的原料存在严重质量问题。

3月10日，E公司将该支票背书转让给F大学，用于设立奖学金。

3月11日，F大学向支票所记载的付款银行请求付款时，银行发现支票上的A公司及其财务负责人的签章系伪造，遂拒绝付款。

F大学先后向E、D公司追索，均遭拒绝。后F大学向C基金会追索，C基金会向F大学承担票据责任后，分别向B公司和A公司追索，均遭拒绝。

根据以上内容，分别回答下列问题。

（1）D公司是否有权拒绝F大学的追索请求？并说明理由。

（2）C基金会向F大学承担票据责任后，是否有权向B公司追索？是否有权要求B公司继续履行赠与义务？并分别说明理由。

（3）C基金会是否有权向A公司追索？并说明理由。

（4）C基金会是否有权向甲追索？并说明理由。

6. 2013年3月2日，甲公司为支付货款，向乙公司签发一张票面金额为40万元的银行承兑汇票，承兑银行已经签章，票据到期日为2013年9月2日。

2013年4月28日，乙公司为支付货款，拟将该汇票背书转让给丙公司，遂在背书人签章一栏签章背书，但未填写被背书人名称，亦未交付。

2013年5月1日，乙公司财务人员王某利用工作之便，盗走存放于公司保险柜中的该汇票。乙公司未能及时发觉。

王某盗取汇票后，未在汇票上进行任何记载即直接交付给丁公司，换取现金。2013年5月18日，丁公司将该空白背书汇票交付给戊公司，用以支付所欠货款。丁公司和戊公司对王某盗取汇票一事均不知情，戊公司对于该汇票系丁公司以现金自王某处换取一事也不知情。戊公司在汇票被背书人栏内补记了自己的名称。

2013年5月20日，乙公司发现汇票被盗，遂于当日向公安机关报案，并向人民法院申请公示催告。人民法院于2013年5月21日发出公告。公告期间，无人申报票据权利，但因律师工作失误，乙公司未向人民法院申请作出除权判决。法院遂于2013年8月25日裁定终结公示催告程序。

2013年9月5日，戊公司向承兑人A银行提示付款，A银行按照汇票金额向戊公司支付了款项。

根据以上内容，分别回答下列问题。

（1）王某是否取得票据权利？并说明理由。

（2）丁公司是否取得票据权利？并说明理由。

（3）戊公司是否取得票据权利？并说明理由。

（4）A银行的付款行为是否正当？并说明理由。

7. A公司以30万元的价格向B公司订购一台机床。根据合同约定，A公司应以银行承兑汇票支付价款。2010年3月1日，A公司签发一张以B公司为收款人、金额为30万元的银行承兑汇票（承兑银行已经签章），到期日为2010年9月1日。A公司将该汇票交给采购经理甲，拟由其携至B公司交票提货。

甲获取汇票后，利用其私自留存的空白汇票和私刻的A公司和承兑银行的公章及其各自授权代理人的名章，按照A公司所签发汇票的内容进行复制。3月20日，甲将其复制的汇票交付B公司，提走机床并占为己有。4月10日，甲将汇票原件交回A公司，声称B公司因机床断货要求解除合同。

3月23日，B公司为向C公司购买原料，将甲交付的汇票背书转让给C公司。

6月1日，C公司因急需现金，将该汇票背书转让给D公司，D公司则向C公司支付现金29万元。

7月1日，D公司为支付厂房租金，将该汇票背书转让给E公司。E公司对C公司与D公司之间票据转让的具体情况并不知晓。

9月5日，E公司向汇票承兑银行提示付款，被告知：该汇票系伪造票据，原票据已于4月15日由出票人A公司交还该行并予作废，该行对此伪造票据不承担票据责任。银行将该汇票退还E公司，并出具了退票理由书。

根据上述内容，分别回答下列问题。

（1）E公司是否有权向A公司追索？并说明理由。

（2）D公司是否取得了票据权利？并说明理由。

（3）E公司是否取得了票据权利？并说明理由。

（4）E公司是否有权向甲追索？并说明理由。

（5）E公司是否有权向B公司追索？并说明理由。

答案及解析

一、单项选择题

1. 【答案】D

【学堂点拨】票据是设权证券，票据权利的产生必须先做成证券。在票据做成之前，票据权利不存在，选项A正确；票据上的权利，经背书或单纯交付即可让与他人，选项B正确；票据具有无因性，选项C正确；票据是要式证券，不按《票据法》及相关法规的规定进行票据事项的记载，会影响票据的效力甚至会导致票据的无效，选项D的表述错误。

2. 【答案】B

【学堂点拨】根据票据法律制度规定，出票人在汇票上记载“不得转让”字样，其后手再背书转让的，该转让不发生票据法上的效力，出票人和承兑人对受让人不承担票据责任。

3. 【答案】C

【学堂点拨】根据票据法律制度的规定，保证不得附有条件；附有条件的，不影响对汇票的保证责任。

4. 【答案】C

【学堂点拨】选项A错误：根据规定，汇票金额中文大写与数码记载不一致的，票据无效；选项B错误：汇票保证中，被保证人的名称属于相对必要记载事项；选项D错误：银行承兑汇票是商业汇票的一种，即银行之外的商业组织出票，银行作为承兑人的汇票。

5. 【答案】D

【学堂点拨】根据规定，票据丧失后，可以采取挂失止付、公示催告、普通诉讼进行补救。

6. 【答案】D

【学堂点拨】持票人对本票出票人的付款请求权和追索权，消灭时效期间为2年，自出票日（本题为2017年1月1日）起算。

7. 【答案】D

【学堂点拨】选项A、B属于汇票的相对必要记载事项，未记载的，汇票有效；选项C属于记载不产生票据法上效力的事项，未记载的，汇票有效；选项D属于汇票的绝对必要记载事项，未记载的，汇票无效。

8. 【答案】A

【学堂点拨】将汇票金额的一部分转让或者将汇票金额分别转让给两人以上的背书无效。

9. 【答案】D

【学堂点拨】选项A：汇票上未记载付款日期的，视为见票即付；选项B：汇票上未记载付款地的，以“付款人”（而非出票人）的营业场所、住所或者经常居住地为付款地；选项C：付款人名称属于汇票的绝对必要记载事项，未记载收款人名称的汇票无效；选项D：出票人签章属于绝对必要记载事项，出票人签章不符合要求的，汇票无效。

10. 【答案】A

【学堂点拨】以汇票设定质押时，出质人在汇票上只记载了“质押”字样而未在票据上签章的，或者出质人未在汇票上记载“质押”字样而另行签订质押合同、质押条款的，不构成汇票质押。

11. 【答案】D

【学堂点拨】背书人在汇票上记载“不得转让”字样，其后手再背书转让的，原背书人对其直接被背书人以后通过背书方式取得汇票的一切当事人，不负保证责任。

12. 【答案】D

【学堂点拨】根据《票据法》的规定，票据不存在无效的事由，因此有效，选项A错误；在原因关系不存在、无效或者消灭的情形下，票据债务人可对有直接原因关系的票据权利人进行抗辩，选项B错误；丙未支付对价而获得票据，享有的票据权利不得优于前手乙，而甲、乙之间存在直接原因关系，甲可以对乙和丙抗辩拒付，选项C错误；银行作为付款人应当承担票据责任，选项D正确。

13. 【答案】B

【学堂点拨】根据票据法律规定，保证不得附条件，选项A错误；保证中未记载保证日期的，出票日期为保证日期，选项B正确；保证人和被保证人对持票人承担连带责任，选项C错误；保证人清偿汇票债务后，可以行使持票人对被保证人及其前手的追索权，选项D错误。

14. 【答案】A

【学堂点拨】没有代理权而以代理人名义在票据上签章的，应当由签章人承担票据责任；代理人超越代埋权限的，应当就其超越权限的部分承担票据责任，选项A正确；甲无权代理而签章，应当承担票据责任，选项D错误；丙银行作为付款人，有权承兑或者拒绝承兑，而一旦承兑，则必须承担票据责任，履行付款义务，选项B错误；背书具有无因性，丁不得以甲的无权代理为由而拒绝对戊承担票据责任，选项C错误。

15. 【答案】B

【学堂点拨】根据规定，背书人未记载被背书人名称即将票据交付他人的，持票人在被背书人栏内记载自己的名称与背书人记载具有同等法律效力。因此，选项B正确。

16. 【答案】C

【学堂点拨】根据规定，背书时附有条件的，所附条件不具有汇票上的效力，即不影响背书行为本身的效力，被背书人仍可依该背书取得票据权利。

17. 【答案】C

【学堂点拨】银行在办理划款时，发现付款人存款账户不足支付的，应通过被委托银行向收款人发出未付款通知书。

18. 【答案】C

【学堂点拨】收款人对同一付款人发货托收累计3次收不回货款的，收款人开户银行应当暂停收款人向该付款人办理托收，而非暂停所有托收业务。

19. 【答案】D

【学堂点拨】我国的信用证为不可转让、不可撤销的跟单信用证。信用证只能用于转账结算，不能支取现金。因此，选项D当选。

二、多项选择题

1. 【答案】AD

【学堂点拨】选项B、C错误：银行汇票和银行本票都是见票即付的票据，无须承兑。选项A、D

正确：远期商业汇票都需要承兑，包括见票后定期付款的汇票、出票后定期付款的汇票和定日付款的汇票。

2. 【答案】AD

【学堂点拨】选项A、D正确：根据规定，票据保证的绝对必要记载事项包括：表明“保证”的字样；保证人名称和住所；保证人签章。选项B、C错误：被保证人的名称、保证日期属于相对必要记载事项。

3. 【答案】AC

【学堂点拨】选项A错误、选项B正确：票据保证中，持票人无需在被保证人到期不履行债务时才向票据保证人主张权利，而是可以直接对其行使权利。选项C错误，选项D正确：根据规定，票据保证的保证人为两人以上的，保证人之间承担连带责任。

4. 【答案】AD

【学堂点拨】根据规定，票据的变造应依照签章是在变造之前或是之后来承担责任。具体而言，变造之前在票据上签章的行为人对变造之前的记载内容负责，变造之后签章的票据行为人对变造之后的记载内容负责。本题中，甲、乙的签章发生在变造之前，因此只须支付1万元，丙、丁的签章发生在变造之后，因而须支付7万元。

5. 【答案】ACD

【学堂点拨】质押背书的被背书人并不享有对票据权利的处分权。被背书人再行转让背书或者质押背书的，背书行为无效。但是，被背书人有权再进行委托收款背书。

6. 【答案】ABD

【学堂点拨】选项A、B正确：根据规定，经质押背书，被背书人取得票据质权的，票据质权人有权以相当于票据权利人的地位行使票据权利，包括行使付款请求权、追索权；选项C错误，选项D正确：票据质权人进行转让背书或者质押背书的，背书行为无效。但是，被背书人可以再进行委托收款背书。

7. 【答案】ABD

【学堂点拨】根据规定，票据上有伪造、变造的签章的，不影响票据上其他真实签章的效力。本题中，甲公司在票据上进行了真实的签章，故甲公司应承担票据责任。李某是被伪造签章之人，王某是伪造签章之人，两人均未在票据上进行真实的签章，故李某和王某均不承担票据责任。王某将伪造的汇票背书转让丙公司，丙公司为不知情的善意第三人，丙公司应享有票据权利。

8. 【答案】BC

【学堂点拨】失票人应当在通知挂失止付后3日内，也可以在票据丧失后，依法向人民法院申请公示催告，或者向人民法院提起诉讼。丢失票据后并非确定性地丧失了票据权利。挂失止付不是公示催告程序和诉讼程序的必经程序，选项A、D错误，选项B正确；收到挂失止付通知的付款人，应当暂停支付，如果其仍对票据进行付款，则无论善意与否，都应该承担赔偿责任，选项C正确。

9. 【答案】BCD

【学堂点拨】选项A错误：根据规定，汇票可以设定质押；质押时应当以背书记载“质押”字样。被背书人依法实现其质权时，可以行使汇票权利。据此可知，汇票可以质押，但是质权并非自汇票交付给债权人时生效。选项B正确：根据规定，承兑人或者付款人被依法宣告破产的或者因违法被责令终止业务活动的，持票人也可以在票据到期日前对背书人、出票人以及汇票的其他债务人行使追索权。选项C正确：汇票的出票人可以是任何人，只有本票的出票人限定只能是银行。选项D正确：根据规定，汇票必须记载下列事项：（1）表明“汇票”的字样；（2）无条件支付的委托；（3）确定的金额；（4）付款人名称；（5）收款人名称；（6）出票日期；（7）出票人签章。汇票上未记载前款规定事项之一的，汇票无效。

10. 【答案】AC

【学堂点拨】根据规定，票据被变造的，在变造之前签章的人，对原记载事项负责；在变造之后签章的人，对变造之后的记载事项负责；不能辨别是在票据被变造之前或者之后签章的，视同在变造之前签章。因此，出票人甲是在票据被变造之前签章的人，对戊承担10万元的票据责任，选项A正确。乙的背书签章已不能辨别是在记载金额变更之前，还是在变更之后，则视同为在变造之前签章，其应对戊承担10万元的票据责任，而非20万元的票据责任，选项B错误。丙将汇票上的10万元金额变造为20万元，并在变造后背书给丁，属于在变造后签章的人，对戊承担20万元的票据责任，选项C正确。背书人丁是在票据被变造之后签章的人，对戊承担20万元的票据责任，选项D错误。

11. 【答案】ACD

【学堂点拨】选项B错误：支票金额和收款人名称可以由出票人授权补记，但支票金额是绝对必要记载事项，未补记之前，不得使用。

12. 【答案】ABD

【学堂点拨】选项A正确：根据规定，代销、寄销、赊销商品的款项，付款人可以拒绝付款；选项B正确：根据规定，没有签订购销合同或者购销合同未订明托收承付结算方式的款项，付款人可以拒绝付款；选项D正确：未经双方事先达成协议，收款人提前交货或因逾期交货付款人不再需要该项货物的款项，付款人可以拒绝付款；选项C错误：卖方已经完全履行了合同义务，付款人不得拒付。

13. 【答案】AD

【学堂点拨】我国的信用证为不可撤销、不可转让的跟单信用证。选项B、C错误。

三、案例分析题

1. 【答案】（1）第一次拒付理由成立。根据规定，汇票以背书转让或者以背书将一定的汇票权利授予他人行使时，必须记载被背书人名称。因此未记载被背书人名称的，付款人可以拒绝付款。

（2）第二次拒付理由不成立。根据规定，背书人未记载被背书人名称即将票据交付他人的，持票人在票据被背书人栏内记载自己的名称与背书人记载具有同等法律效力。

（3）丙的理由不成立。根据规定，背书人在汇票上记载“不得转让”字样，其后手再背书转让的，原背书人对后手的被背书人不承担保证责任。题目中，记载“不得转让”字样的是丁，丁可以对戊拒绝付款；而丙是不能以此为由拒绝付款的。

（4）乙的理由不成立。根据规定，背书附条件的，条件无效。票据债务人可以对不履行约定义务的与自己有直接债权债务关系的持票人进行抗辩。而庚是善意的支付对价的持票人，与乙并没有直接债权债务关系，所以乙不能以该理由拒绝付款。

2. 【答案】（1）丁公司取得票据权利。根据规定，以欺诈、偷盗或者胁迫等手段取得票据的，或者明知有前列情形，出于恶意取得票据的，不得享有票据权利。处分权人处分他人之票据权利，受让人依照《票据法》所规定的票据转让方式取得票据，并且善意且无重大过失，则可以取得票据权利。因此本题中尽管丙是恶意的，不享有票据权利，但是丁是善意第三人，可以基于善意取得制度取得票据权利。

（2）乙公司无需向丁公司承担票据责任。根据规定，票据伪造的被伪造人，不承担票据责任。因此本题中被伪造人乙公司不承担票据责任。

（3）郑某应当向丁公司承担票据责任。根据规定，保证人对合法取得汇票的持票人所享有的汇票权利，承担保证责任。但是，被保证人的债务因汇票记载事项欠缺而无效的除外。题目中，被保证人的债务是因为签章伪造而无效，这是实质要件欠缺，并非形式要件欠缺，因此保证人（郑某）仍应对票据权利人（丁公司）承担票据保证责任。

（4）孙某不应当向丁公司承担票据责任。根据规定，伪造人并未以自己名义在票据上签章，不承担票据责任，但是可能要承担刑事责任、行政法律责任或者民法上的赔偿责任。本题中伪造人孙某没有以自己的名义在票据上签章，因此不应当向丁公司承担票据责任。

3. 【答案】（1）甲银行的拒付理由不成立。根据规定，票据债务人不得以自己与出票人之间的抗辩事由，对抗持票人。因此甲银行已经承兑，是主债务人，就不能以资金关系为由对持票人拒绝付款。

（2）B公司拒绝F公司追索的理由不成立。根据规定，票据债务人可以对不履行约定义务的与自己有直接债权债务关系的持票人进行抗辩。但如果该票据已被不履行约定义务的持票人进行背书转让，而最终的持票人属善意、已支付对价取得票据的持票人，则票据债务人不能对其进行抗辩。

（3）B公司拒绝D公司追索的理由成立。根据规定，票据债务人不得以自己与持票人的前手之间的抗辩事由，对抗持票人。但是，持票人明知存在抗辩事由而取得票据的除外。题目中，D知道B、C之间的纠纷，所以B可以对抗C的事由对抗D。

（4）D公司不能要求E公司承担票据责任。根据规定，保证人未在票据或者粘单上记载“保证”字样而另行签订保证合同或者保证条款的，不属于票据保证。因此D公司不能要求E公司承担票据责任，可以依保证合同要求E公司承担保证责任。根据规定，保证人未在票据或者粘单上记载“保证”字样而另行签订保证合同或者保证条款的，虽然不属于票据保证，但可以适用《担保法》的有关规定。题目中E公司与D公司签订了保证合同，因此D公司可以要求E公司承担合同中的保证责任。

4. 【答案】（1）C公司不能因为B公司的背书行为而取得票据权利。根据规定，票据的签发、取得和转让，应当遵循诚实信用的原则，具有真实的交易关系和债权债务关系。B、C之间是票据买卖行为，没有真实交易关系，所以背书行为无效，C不能取得票据权利。

（2）D公司能因C公司的背书转让行为而取得票据权利。根据规定，虽然未以真实交易关系作为原因关系的背书行为无效，被背书人不能因此取得票据权利，但由于其是形式上的票据权利人，在其向他人背书转让票据权利时，受让人可能基于善意取得制度而取得票据权利。题目中不知情的D公司就是基于善意取得制度而取得票据权利。

（3）D、E公司之间的背书转让生效。根据规定，背书不得附有条件。背书时附有条件的，所附条件不具有汇票上的效力。因此题目中背书时所附条件无效，背书有效。

（4）根据规定，以背书转让的汇票，背书应当连续。持票人以背书的连续，证明其汇票权利；

非经背书转让，而以其他合法方式取得汇票的，依法举证，证明其汇票权利。所以G需要证明：E与F发生了吸收合并，E公司被注销登记，E公司的所有权利、义务均由F公司承受。那么尽管背书不连续，但G用相关证件证明了E、F之间权利转移的原因，G就可以主张票据权利了。

5.【答案】（1）D公司有权拒绝F大学的追索请求。根据票据法律制度的规定，因税收、继承、赠与等依法无偿取得票据的，其票据权利不得优于其前手；票据债务人可以对不履行约定义务的与自己有直接债权债务关系的持票人进行抗辩。E公司向D公司出售的原料存在严重质重问题，构成违约，D公司可以据此对E公司进行抗辩，而F大学系无偿取得票据，其票据权利不得优于其前手E公司。

（2）C基金会向F大学承担票据责任后，无权向B公司追索。根据票据法律制度的规定，B公司未在票据上签章，不是票据债务人，故不应承担票据责任。

C基金会有权要求B公司继续履行赠与义务。根据合同法律制度的规定，B、C双方的赠与合同具有社会公益性质，B公司不得撤销，C基金会有权要求其继续履行。

（3）C基金会无权向A公司追索。由于A公司及其财务负责人的签章系伪造，故A公司不应承担票据责任。

（4）C基金会无权向甲追索。由于甲并未以自己的名义在票据上签章，故不承担票据责任。

6.【答案】（1）王某未取得票据权利。根据票据法律制度的规定，以欺诈、偷盗、胁迫等手段取得票据的，不得享有票据权利。

（2）丁公司未取得票据权利。根据票据法律制度的规定，票据转让行为应有真实的交易关系，否则无效。因此，王某转让汇票给丁公司以换取现金的行为无效，丁公司未取得票据权利。

（3）戊公司取得票据权利。虽然王某与丁公司之间的汇票转让行为无效，丁公司未取得票据权利，但戊公司善意且无重大过失，并支付了相应对价，因此可以善意取得票据权利。此外，根据票据法律制度的规定，持票人在票据被背书人栏内记载自己的名称与背书人记载具有同等法律效力。

（4）A银行的付款行为正当。根据票据法律制度的规定，法院终结公示催告程序后，票据权利恢复正常，持票人在付款期间内提示付款，付款人必须在当日足额付款。

7.【答案】（1）E公司无权向A公司追索。因为A公司在票据上的签章是被伪造的，A公司并未在票据上签章，不应承担票据责任。

（2）D公司没有取得票据权利。根据票据法律制度的规定，票据的签发、取得和转让，应具有真实的交易关系和债权债务关系，否则无效。

（3）E公司取得了票据权利。虽然D公司在背书转让时并非票据权利人，构成无权处分，但是E公司善意且无重大过失，并付出了相当对价，因此可以善意取得票据权利。

（4）E公司无权向甲追索。甲是票据的伪造人，但是并未以自己的名义在票据上签章，因此不应承担票据责任。

（5）E公司有权向B公司追索。根据票据法律制度的规定，汇票到期被拒绝付款的，持票人可以对背书人行使追索权。B公司在票据上的签章是真实签章，应承担票据责任。

第十章 企业国有资产法律制度

本章思维导图

- 企业国有资产法律制度
  - 企业国有资产法律制度概述★★
    - 企业国有资产的概念和监督管理体制
    - 履行出资人职责的机构
    - 国家出资企业
    - 国家出资企业管理者的选择和考核
    - 关系企业国有资产出资人权益的重大事项
    - 企业国有资产损失责任
  - 企业国有资产产权登记制度★
    - 企业国有资产产权登记的概念
    - 企业国有资产产权登记的范围
    - 企业国有资产产权登记的内容和程序
    - 企业国有资产产权登记的管理
  - 企业国有资产评估管理制度★★
    - 企业国有资产评估的概念
    - 企业国有资产评估的范围
    - 企业国有资产评估的组织管理
    - 企业国有资产评估项目核准制和备案制
    - 企业国有资产评估程序
  - 企业国有资产交易管理制度★★
    - 企业国有资产交易概述
    - 企业产权转让
    - 企业增资
    - 企业资产转让
    - 企业国有产权无偿划转
    - 国有股东转让所持上市公司股份
  - 金融企业国有资产管理制度★★
    - 金融企业国有资产的概念
    - 金融企业国有资产评估管理
    - 金融企业国有资产产权登记管理
    - 金融企业国有资产转让管理
  - 企业境外国有资产管理制度★
    - 企业境外国有资产的概念和管理体制
    - 境外出资管理
    - 境外投资管理
    - 境外产权管理
    - 境外企业管理
    - 境外企业重大事项管理

本章概述

本章围绕“国有资产”进行讲解，介绍了与企业国有资产相关的法律制度，主要包括企业国有资产产权登记制度、企业国有资产评估、交易管理制度、金融企业国有资产管理制度与企业境外国有资产管理制度。本章教材编写的主要依据为：《中华人民共和国企业国有资产法》（以下简称《企业国有资产法》）《国有资产评估管理办法》《企业国有资产产权登记管理办法》《企业国有资产评估管理暂行办法》《中央企业境外国有资产监督管理暂行办法》《中央企业境外国有产权管理暂行办法》和《国家出资企业产权登记管理暂行办法》等。

考情回顾及考情预测

本章是非重点章节，与其他章节结合考查的可能性不大。近几年考试分值在3分左右，主要为客观题，且每年的考点都会有所不同，考查难度也不高，考生无须过虑。

本章近五年考情一览

考点	重要程度	考查次数	大致分值	考查题型	考查概率
国家出资企业管理的选择	★★★	1	1	单选题	50%
重大事项的决定和管理	★★★	2	2～3	单选题、多选题	80%
企业国有资产损失责任追究	★★	2	2～3	单选题、多选题	50%
企业国有资产产权登记法律制度	★	1	1	单选题	50%
企业国有资产评估管理制度	★	1	1	单选题	50%
企业国有产权转让	★★	1	1	单选题	30%
金融企业国有资产评估管理	★★	1	1	单选题	50%

本章重难点

国家出资企业管理的选择、重大事项的决定和管理等。

本章学习方法和技巧

学习本章时，需要注意各节之间的关联性，可以将“企业国有资产管理制度”与“金融企业国有资产管理制度”进行对比学习。

2018年教材主要变化

第四节新增“企业国有产权向管理层转让”的内容，删除第六节“企业境外国有资产管理制度”的内容。

第一单元 企业国有资产法律制度概述

知识点1 企业国有资产监督管理体制（★★）

一、企业国有资产属于国家所有

二、国务院代表国家行使国有资产所有权

三、国务院和各级人民政府依法代表国家对国家出资企业履行出资人职责，享有出资人权益

（一）国务院所确定的关系国民经济命脉和国家安全的大型国家出资企业、重要基础设施和重要自然资源等领域的国家出资企业，由国务院代表国家履行出资人职责。

（二）其他的国家出资企业，由地方人民政府代表国家履行出资人职责。

四、履行出资人职责的机构

中央、地方国有资产监督管理机构，国务院和地方人民政府授权的其他部门、机构（财政部）。

五、履行出资人职责的机构的基本职责

（一）“收益、决策、选择”

代表本级人民政府对国家出资企业依法享有资产收益、参与重大决策和选择管理者等出资人权利。

（二）“制定章程”

制定或者参与制定国家出资企业的章程。

（三）“报批”

对法律、行政法规和本级人民政府规定须经本级人民政府批准的履行出资人职责的重大事项，应当报请本级人民政府批准。

（四）“指示”

履行出资人职责的机构委派的股东代表参加国有资本控股公司、国有资本参股公司召开的股东会会议、股东大会会议，应当按照委派机构的指示提出提案、发表意见、行使表决权，并将其履行职责的情况和结果及时报告委派机构。

六、《关于改革和完善国有资产管理体制的若干意见》（以下简称《若干意见》）

2015年10月国务院发布《若干意见》进一步明确国有资产所有权与企业经营权的职责边界，确保国有资产所有权有效行使，保障企业享有独立的法人财产权，真正确立企业市场主体地位。改革的重点有以下三点：

（一）管理人职责转变：科学界定国有资产出资人监管的边界，专司国有资产监管，不行使政府公共管理职能，不干预企业自主经营权；

（二）坚持以管资本为主：将依法应由企业自主经营决策的事项归位于企业；将延伸到监管企业子企业的管理事项原则上归位于一级企业；

（三）坚持放管结合：国有资产监管机构要依据《公司法》《企业国有资产法》有关规定，将行

使的投资计划、部分产权管理和重大事项决策等出资人权利，授予国有资产监督管理机构直接监管的企业行使。

【例1-2017-多选题】根据国有资产法律制度的规定，下列各项中，属于国务院和地方人民政府依法履行出资人职责时应遵循的原则有（　　）。

A. 政企分开

B. 社会公共管理职能与企业国有资产出资人职能分开

C. 不干预企业依法自主经营

D. 保护消费者合法权益

【答案】ABC

知识点2 国家出资企业管理者的选择（★★★）

一、国家出资企业的范围

国家独资企业（非公司制）、国有独资公司、国有资本控股公司和国有资本参股公司。

提示

1. 国有资本控股，是指国有资本的出资人具有控股股东地位。包括两种情形：出资额占有限责任公司资本总额50%以上或者其持有的股份占股份有限公司股本总额50%以上；出资额或者持有股份的比例虽然不足50%，但依其出资额或者持有的股份享有的表决权已足以对股东会、股东大会的决议产生重大影响。

2. 国有独资公司、国有资本控股公司和国有资本参股公司“应当”设立监事会。

二、国家出资企业管理者的任免范围

履行出资人职责的机构依法任免或建议任免国家出资企业的下列人员：

（一）国有独资企业：任免总经理、副总经理、财务负责人和其他高级管理人员；

（二）国有独资公司：任免董事长、副董事长、董事、监事会主席和监事；

（三）国有资本控股公司、国有资本参股公司：向股东会、股东大会提出董事、监事人选。

【例2-多选题】根据企业国有资产法律制度的规定，国有独资公司的下列人员中，应当由履行出资人职责的机构任免的有（　　）。

A. 董事长　　B. 副董事长　　C. 董事　　D. 监事

【答案】ABCD

三、管理机构中的职工代表

（一）监事会

所有国家出资的公司（无论是有限责任公司、国有独资公司还是股份有限公司）的监事会中均应包括职工代表，职工代表的比例不得低于监事会人数的1/3。

（二）董事会

1. 应当有职工代表：“国有独资公司”、“由两个以上的国有企业或者其他两个以上的国有投资主体投资设立的有限责任公司”的董事会，应当有职工代表，但是职工代表的比例不受1/3的限制。

2. 可以有职工代表：其他有限责任公司、股份有限公司的董事会中可以有职工代表。

四、管理者的兼职限制

（一）未经履行出资人职责的机构同意，国有独资企业、国有独资公司的董事、高级管理人员不得在其他企业兼职。

（二）未经股东会、股东大会同意，国有资本控股公司、国有资本参股公司的董事、高级管理人员不得在“经营同类业务”的其他企业兼职。

（三）未经履行出资人职责的机构同意，国有独资公司的董事长不得兼任经理。

（四）未经股东会、股东大会同意，国有资本控股公司的董事长不得兼任经理。

（五）董事、高级管理人员不得兼任监事。

五、国家出资企业管理者的经营业绩考核

（一）考核分类

国家出资企业管理者的经营业绩考核可分为年度经营业绩考核和任期经营业绩考核。

（二）年度经营业绩考核

1. 考核期：以公历年为考核期。

2. 基本指标：利润总额和经济增加值。

（三）任期经营业绩考核

1. 考核期：3年。

2. 基本指标：国有资本保值增值率和总资产周转率。

六、国家出资企业管理者的任期责任审计

（一）对象

国有独资企业、国有独资公司和国有资本控股公司的主要负责人。

（二）方式

1. 委托国家有关审计机关具体实施审计工作。

2. 聘请具有相应资质条件的社会审计组织承担审计工作。

知识点3 重大事项的决定和管理（★★★）

一、国有独资企业、国有独资公司

（一）由企业负责人集体讨论决定（国有独资企业）或由董事会（国有独资公司）决定的事项

进行重大投资、为他人提供大额担保、转让重大财产、进行大额捐赠。（投保转捐）

（二）由履行出资人职责的机构决定的事项

1. 增减注册资本、发行债券、分配利润；

2. 一般国有独资企业和国有独资公司的合并、分立、解散、申请破产、改制。

【注意】重要的国有独资企业和国有独资公司的合并、分立、解散、申请破产、改制，还需要事先报请本级人民政府批准。

【例3-单选题】根据企业国有资产法律制度的规定，在国有独资公司发生的下列事项中，由履行

出资人职责的机构决定的是（　　）。

A．分配利润　　　　B．进行重大投资

C．转让重大资产　　　　D．为他人提供大额担保

【答案】A

二、国有资本控股公司、国有资本参股公司

（一）由股东（大）会或者董事会决定的事项

企业合并、分立、改制、上市，进行重大投资、为他人提供大额担保、转让重大财产、进行大额捐赠、增减注册资本、发行债券、分配利润。

（二）需要事先报请本级人民政府批准的事项

合并、分立、解散、改制、申请破产（限于重要的国有资本控股公司）。

三、国有资产转让

国有资产转让由履行出资人职责的机构决定；履行出资人职责的机构决定转让全部国有资产的，或者转让部分国有资产致使国家对该企业不再具有控股地位的，应当报请本级人民政府批准。

四、听取企业工会、职工的意见和建议

国家出资企业的合并、分立、改制、解散、申请破产。

【例4-多选题】下列关于涉及国有资产出资人权益的重大事项决策的表述中，符合企业国有资产法律制度规定的有（　　）。

A．国有独资企业进行大额捐赠，应由企业职工代表大会讨论决定

B．国有独资公司进行重大投资，可由董事会决定

C．重要的国有资本控股公司分立，履行出资人职责的机构在向其委派参加公司股东会或股东大会会议的股东代表作出指示前，应当报请本级人民政府批准

D．国家出资企业改制，应当听取企业工会的意见，并通过职工代表大会或者其他形式听取职工的意见和建议

【答案】BCD

学堂点拨

选项A错误：国有独资公司进行大额捐赠的，由董事会决定。

知识点4　企业改制（★★★）

一、企业改制的类型

（一）国有独资企业改为国有独资公司。

（二）国有独资企业、国有独资公司改为国有资本控股公司或者非国有资本控股公司。

（三）国有资本控股公司改为非国有资本控股公司。

二、审批程序

（一）一般情况下，由履行出资人职责的机构决定或者由股东（大）会决定。

（二）重要的国有独资企业、国有独资公司、国有资本控股公司的改制，履行出资人职责的机构在作出决定或者向其委派参加国有资本控股公司股东（大）会会议的股东代表作出指示之前，应当将改制方案报请本级人民政府批准。

提示

国家出资企业改制，应当听取企业工会的意见，并通过职工代表大会或者其他形式听取职工的意见和建议。

三、职工的安置

（一）企业改制涉及重新安置企业职工的，职工安置方案须经职工代表大会或者职工大会审议通过。

（二）企业实施改制时，必须向职工公布企业主要财务指标的财务审计、资产评估结果。

（三）企业改制时，对经确认的拖欠职工工资、医疗费等，原则上应当一次付清。

（四）对解除劳动合同且不再继续留用的职工，要支付经济补偿金，对继续留用的职工不得支付经济补偿金。

知识点5 与关联方的交易（★★★）

一、国有独资企业、国有独资公司未经履行出资人职责的机构同意，国有独资企业、国有独资公司不得有下列行为

（一）与关联方订立财产转让、借款的协议。

（二）为关联方提供担保。

（三）与关联方共同出资设立企业。

（四）向董事、监事、高级管理人员或者其近亲属所有或者实际控制的企业投资。

二、国有资本控股公司、国有资本参股公司

国有资本控股公司、国有资本参股公司与关联方的交易，按照法律、行政法规和公司章程的规定，由股东（大）会或者董事会决定。董事会对公司与关联方的交易作出决议时，该交易涉及的董事不得行使表决权，也不得代理其他董事行使表决权。

【相关链接】“上市公司”董事与董事会会议决议事项所涉及的企业有关联关系的，不得对该项决议行使表决权，也不得代理其他董事行使表决权。

知识点6 企业资产损失责任追究（★★）

国家出资企业董事、监事、高级管理人员的禁入规定：

一、5年禁入

国有独资企业、国有独资公司、国有资本控股公司的董事、监事、高级管理人员违反法律规定，造成国有资产重大损失，被免职的，自被免职之日起5年内不得担任上述三类公司的董事、监事、高级管理人员。

二、终身禁入

造成国有资产特别重大损失，或者因贪污、贿赂、侵占财产、挪用财产或者破坏社会主义市场经济秩序被判处刑罚的，终身不得担任上述三类公司的董事、监事、高级管理人员。

提示

1. 重大损失：5年；特别重大损失或经济犯罪：终身。

2. 上述规定仅限于“国有独资企业、国有独资公司、国有资本控股公司”，而不包括国有资本参股公司，更不包括非国有企业。此外，要注意上述规定与《公司法》中关于公司的董事、监事、高级管理人员任职资格限制相关规定的区别，即“因贪污、贿赂、侵占财产、挪用财产或者破坏社会主义市场经济秩序，被判处刑罚，执行期满未逾5年；或者因犯罪被剥夺政治权利，执行期满未逾5年的，不得担任公司的董事、监事、高级管理人员”。

【例5-单选题】甲曾担任某国有独资公司董事，后因违反规定造成国有资产重大损失被免职。根据企业国有资产法律制度的规定，甲自被免职之日起一定期限内，不得再担任国有独资公司董事。该期限是（　　）。

A．2年　　B．3年　　C．5年　　D．10年

【答案】C

第二单元　企业国有资产产权登记

知识点1　企业国有资产产权登记的范围（★）

一、应当办理产权登记

（一）国有企业和国有独资公司。

（二）国有企业和国有独资公司投资设立的企业。

（三）设置国有股权的有限责任公司、股份有限公司。

（四）国家出资企业（包含国有资本参股公司）、国家出资企业（不含国有资本参股公司）拥有实际控制权的境内外各级企业及其投资参股企业。

【解释】“拥有实际控制权”：国家出资企业直接或者间接合计持股比例超过50%，或者持股比例虽然未超过50%，但为第一大股东，并通过股东协议、公司章程、董事会决议或者其他协议安排能够实际支配企业。

（五）其他占有国有资产的企业。

（六）国家出资企业所属事业单位。

二、不进行产权登记的情形

（一）为了赚取差价从二级市场购入的上市公司股权。

（二）为了近期内（1年以内）出售而持有的其他股权。

知识点2 国有资产产权登记内容

表10-1 国有资产产权登记内容

登记类别	内容
占有产权登记	1. 因投资、分立、合并而新设企业的；2. 因收购、投资入股而首次取得企业股权的；3. 其他应当办理占有产权登记的情形。
变动产权登记	1. 企业名称改变的；2. 企业组织形式、级次发生变动的；3. 企业国有资本额发生增减变动的；4. 企业国有资本出资人发生变动的；5. 企业国有资产产权发生变动的其他情形。
注销产权登记	1. 企业解散、被依法撤销或被依法宣告破产；2. 企业转让全部国有资产产权或改制后不再设置国有股权的；3. 其他需要注销国有资产产权的情形。
产权登记管理机关	1. 非金融企业国有资产由各级国有资产监督管理机构登记；2. 金融类企业由财政部门登记。

第三单元 资产评估管理制度

知识点1 国有资产评估的范围

一、应当评估的情形

（一）整体或者部分改建为有限责任公司或者股份有限公司。

（二）以非货币资产对外投资。

（三）合并、分立、破产、解散。

（四）非上市公司的国有股东股权比例变动。

（五）产权转让。

（六）资产转让、置换。

（七）整体资产或者部分资产租赁给非国有单位。

（八）以非货币资产偿还债务。

（九）资产涉讼。

（十）收购非国有单位的资产。

（十一）接受非国有单位以非货币资产出资。

（十二）接受非国有单位以非货币资产抵债。

（十三）法律、行政法规规定的其他需要进行评估的事项。

二、可以不评估的情形

（一）经各级人民政府或者国有资产监督管理机构批准，对整体企业或者部分资产实行无偿划转。

（二）国有独资企业与其下属独资企业（事业单位）之间或者其下属的独资企业（事业单位）之

间的合并、资产（产权）置换和无偿划转。

【例-单选题】根据企业国有资产管理法律制度的规定，金融企业发生下列情形时，对相关资产应当进行资产评估的是（　　）。

A. 整体改制为有限责任公司

B. 县级人民政府批准其所属企业实施无偿划转

C. 国有独资企业与其下属的独资企业之间的合并

D. 上市公司可流通的股权转让

【答案】A

知识点2 企业国有资产评估的组织管理

一、各级国有资产监督管理机构负责其所出资企业的国有资产评估监管工作。

二、省级国有资产监督管理机构和中央企业应当于每年度终了30个工作日内将其资产评估项目情况的统计分析资料上报国务院国有资产监督管理机构。

知识点3 企业国有资产评估项目核准制和备案制

一、核准制

（一）核准机关

各级国有资产监督管理机构。

（二）核准程序

1. 企业收到资产评估机构出具的评估报告后应当逐级上报初审，初审同意后，自评估基准日起“8个月”内向国有资产监督管理机构提出核准申请。

2. 国有资产监督管理机构收到核准申请后，对符合核准要求的，及时组织有关专家审核，在“20个工作日”内完成对评估报告的核准。

二、备案制

（一）备案机关

国务院国有资产监督管理机构和中央企业。

（二）备案程序

1. 企业收到资产评估机构出具的评估报告后，将备案材料逐级报送给国有资产监督管理机构或其所出资企业，自评估基准日起“9个月”内提出备案申请。

2. 国有资产监督管理机构或者所出资企业收到备案材料后，对材料齐全的，在“20个工作日”内办理备案手续。

三、其他规定

（一）国有资产监督管理机构下达的资产评估项目核准文件和经国有资产监督管理机构或所出资企业备案的资产评估项目备案表是企业办理产权登记、股权设置和产权转让等相关手续的必备文件。

（二）经核准或备案的资产评估结果使用有效期为自评估基准日起“1年”。

（三）企业进行与资产评估相应的经济行为时，应当以经核准或备案的资产评估结果为作价参考依据；当交易价格低于评估结果的“90%”时，应当暂停交易，在获得原经济行为批准机构同意后方可继续交易。

知识点4 企业国有资产评估程序

一、企业国有资产评估业务委托人应当依法选择资产评估机构，应当与评估机构订立委托合同，约定双方的权利和义务。

二、资产评估机构受理企业国有资产评估业务后，应指定至少两名相应专业类别的评估师承办。

三、资产评估报告应当由至少两名承办该项业务的评估师签名并加盖资产评估机构印章。

四、资产评估档案的保存期限不少于30年。

五、委托人或资产评估报告使用人应当按照法律规定和资产评估报告载明的使用范围使用评估报告。

第四单元　企业国有资产交易管理制度

知识点1 企业国有资产交易概述

2016年6月24日，国务院国有资产监督管理委员会（下称“国资委”）、财政部联合发布了《企业国有资产交易监督管理办法》，对除金融、文化类国家出资企业的国有资产交易和上市公司的国有股权转让以外的企业国有资产交易行为的监督管理作出了规定。

一、企业国有资产交易的范围

（一）履行出资人职责的机构、国有及国有控股企业、国有实际控制企业转让其对企业各种形式出资所形成权益的行为（以下称 “企业产权转让”）。

（二）国有及国有控股企业、国有实际控制企业增加资本的行为（以下称“企业增资”），政府以增加资本金方式对国家出资企业的投入除外。

（三）国有及国有控股企业、国有实际控制企业的重大资产转让行为（以下称“企业资产转让”）。

二、上述所称的国有及国有控股企业、国有实际控制企业

（一）政府部门、机构、事业单位出资设立的国有独资企业（公司），以及上述单位、企业直接或者间接合计持股为100%的国有全资企业。

（二）上述（一)中所列单位、企业单独或者共同出资，合计拥有产（股）权比例超过50%，且其中之一为最大股东的企业。

（三）上述（一）、（二）中所列企业对外出资，拥有股权比例超过50%的各级子企业。

（四）政府部门、机构、事业单位、单一国有及国有控股企业直接或者间接持股比例未超过50%，但为第一大股东，并且通过股东协议、公司章程、董事会决议或者其他协议安排能够对其实际支配的企业。

知识点2 企业产权转让（★★）

一、审核批准

（一）国有资产监督管理机构负责审核。

（二）因产权转让致使国家不再拥有所出资企业控股权的，须由国有资产监督管理机构报本级人民政府批准。

（三）涉及到职工合法权益的，应当听取转让企业的职工代表大会的意见，职工安置等事项应当经过职工代表大会讨论通过。

二、审计评估

（一）产权转让事项经批准后，由转让方委托会计师事务所对转让标的企业进行审计。涉及参股权转让不宜单独进行专项审计的，转让方应当取得转让标的企业最近一期年度审计报告。

（二）对按照有关法律法规要求必须进行资产评估的产权转让事项，转让方应当委托具有相应资质的评估机构对转让标的进行资产评估，产权转让价格应以经核准或备案的评估结果为基础确定。

三、确定受让方

（一）国有产权转让信息披露的时间：正式披露时间不得少于20个工作日。

【提示】因产权转让导致转让标的企业的实际控制权发生转移的，转让方应当在转让行为获批后的10个工作日内，通过产权交易机构进行“信息预披露”，时间不少于20个工作日。

（二）产权转让项目首次正式信息披露的转让底价，不得低于经核准或备案的转让标的评估结果。

（三）信息披露期满未征集到意向受让方的，可以延期或在降低转让底价、变更受让条件后重新进行信息披露。

（四）降低转让底价或变更受让条件后重新披露信息的，披露时间不得少于20个工作日。新的转让底价低于评估结果的“90%”时，应当经转让行为批准单位书面同意。

四、结算交易价款

（一）原则上一次性付清

（二）分期支付

1. 首付款：受让方首期付款不得低于总价款的30%，并在合同生效之日起5个工作日内支付。

2. 余款的支付：其余款项应当提供合法的担保，并应当按同期银行贷款利率向转让方支付延期付款期间的利息，付款期限不得超过1年。

五、非公开协议方式转让企业产权

（一）可以采取非公开协议方式转让企业产权的情形

1. 涉及主业处于关系国家安全、国民经济命脉的重要行业和关键领域企业的重组整合，对受让方有特殊要求，企业产权需要在国有及国有控股企业之间转让的，经国有资产监督管理机构批准，可以采取非公开协议转让方式。

2. 同一国家出资企业及其各级控股企业或者实际控制企业之间因实施内部重组整合进行产权转

让的，经该国家出资企业审议决策，可以采取非公开协议转让方式。

（二）非公开协议方式转让企业产权的转让价格

转让价格不得低于经核准或者备案的评估结果。以下情形按照《公司法》、企业章程履行决策程序后，转让价格可以资产评估报告或者最近一期审计报告确认的净资产值为基础确定，且不得低于经评估或者审计的净资产值：

1. 同一国家出资企业内部实施重组整合，转让方和受让方为该国家出资企业及其直接或者间接全资拥有的子企业；

2. 同一国有控股企业或者国有实际控制企业内部实施重组整合，转让方和受让方为该国有控股企业或者国有实际控制企业及其直接、间接全资拥有的子企业。

知识点3 企业增资（★★）

一、审核批准

国有资产监督管理机构负责审核国家出资企业的增资行为。其中，因增资致使国家不再拥有所出资企业控股权的，须由国有资产监督管理机构报本级人民政府批准。

国家出资企业决定其子企业的增资行为。其中，对主业处于关系国家安全、国民经济命脉的重要行业和关键领域，主要承担重大专项任务的子企业的增资行为，须由国家出资企业报同级国有资产监督管理机构批准。增资企业为多家国有股东共同持股的企业，由其中持股比例最大的国有股东负责履行相关批准程序；各国有股东持股比例相同的，由相关股东协商后确定其中一家负责履行相关批准程序。

二、审计评估

企业增资在完成决策批准程序后，应当由增资企业委托具有相关资质的中介机构开展审计和资产评估。

以下情形依照《公司法》、企业章程履行决策程序后，可以依据评估报告或最近一期审计报告确定企业资本及股权比例：

（一）增资企业原股东同比例增资的；

（二）履行出资人职责的机构对国家出资企业增资的；

（三）国有控股或国有实际控制企业对其独资子企业增资的；

（四）增资企业和投资方均为国有独资或国有企业的。

三、确定投资方

（一）公开征集投资方

企业增资通过产权交易机构网站对外披露信息公开征集投资方，时间不得少于40个工作日。

（二）遵守法律法规

企业增资涉及上市公司实际控制人发生变更的，应当同时遵守上市公司国有股权管理以及证券监管相关规定。

（三）遴选投资方

产权交易机构接受增资企业的委托提供项目推介服务，负责意向投资方的登记工作，协助企业开展投资方资格审查。通过资格审计的意向投资方数量较多时，可以采用竞价、竞争性谈判、综合评议等方式进行多轮次遴选。产权交易机构负责统一接收意向投资方的投标和报价文件，协助企业开展投资方遴选有关工作。企业董事会或股东会以资产评估结果为基础，结合意向投资方的条件等因素审议选定投资方。

（四）确认出资额

投资方以非货币资产出资的，应当经增资企业董事会或股东会审议同意，并委托具有相应资质的评估机构进行评估，确认投资方的出资金额。

（五）交易完成公示

增资协议签订并生效后，产权交易机构应当出具交易凭证，通过交易机构网站对外公告结果，公告内容包括投资方名称、投资金额、持股比例等，公告期不少于5个工作日。

四、非公开协议方式增资

以下情形经同级国有资产监督管理机构批准，可以采取非公开协议方式进行增资：

（一）因国有资本布局结构调整需要，由特定的国有及国有控股企业或国有实际控制企业参与增资；

（二）因国家出资企业与特定投资方建立战略合作伙伴或利益共同体需要，由该投资方参与国家出资企业或其子企业增资。

以下情形经国家出资企业审议决策，可以采取非公开协议方式进行增资：

（一）国家出资企业直接或指定其控股、实际控制的其他子企业参与增资；

（二）企业债权转为股权；

（三）企业原股东增资。

知识点4 企业国有资产转让（★★★）

企业一定金额以上的生产设备、房产、在建工程以及土地使用权、债权、知识产权等资产对外转让，应当按照企业内部管理制度履行相应决策程序后，在产权交易机构公开进行。

转让方应当根据转让标的情况合理确定转让底价和转让信息公告期：

一、转让底价高于100万元、低于1 000万元的资产转让项目，信息公告期应不少于10个工作日；

二、转让底价高于1 000万元的资产转让项目，信息公告期应不少于20个工作日，资产转让价款原则上一次性付清；

三、涉及国家出资企业内部或特定行业的资产转让，确需在国有及国有控股、国有实际控制企业之间非公开转让的，由转让方逐级报国家出资企业审核批准。

知识点5 企业国有产权的无偿划转（★★）

一、审批机构的确定

（一）企业国有产权在同一国有资产监督管理机构所出资企业之间无偿划转的，由所出资企业“共同”报国有资产监督管理机构批准。

（二）企业国有产权在不同国有资产监督管理机构所出资企业之间无偿划转的，依据划转双方的产权归属关系，由所出资企业“分别”报同级国有资产监督管理机构批准。

（三）下级政府国有资产监督管理机构所出资企业国有产权无偿划转上级政府国有资产监督管理机构所出资企业或其子企业持有的，由下级政府和上级政府国有资产监督管理机构分别批准。

二、不得无偿划转的情形

（一）被划转企业主业不符合划入方主业及发展规划的。

（二）中介机构对被划转企业划转基准日的财务报告出具否定意见、无法表示意见或保留意见的审计报告的。

（三）无偿划转涉及的职工分流安置事项未经被划转企业的职工代表大会审议通过的。

（四）被划转企业或有负债未有妥善解决方案的。

（五）划出方债务未有妥善处置方案的。

知识点6 国有股东转让所持上市公司股份（★★★）

在股权分置改革后，持有上市公司股份的国有及国有控股企业、有关机构、部门、事业单位等（以下简称国有股东）可以采用一定的方式转让所持上市公司股份。国有股东转让所持上市公司股份可以通过证券交易系统转让、以协议方式转让、无偿划转或间接转让等方式进行。

一、证券交易系统转让

国有股东通过证券交易系统转让上市公司股份，应当采用事先报批和事后备案两种情况处理。

（一）国有控股股东

国有控股股东通过证券交易系统转让上市公司股份，同时符合以下两个条件的，由国有控股股东按照内部决策程序决定，并在股份转让完成后7个工作日内报省级或省级以上国有资产监督管理机构备案：

1．总股本≤10亿元，连续3个会计年度内累计净转让股份＜总股本×5%；

总股本＞10亿元，连续3个会计年度内净转让股份＜5 000万股或总股本×5%；

2．国有控股股东转让股份不涉及上市公司控制权的转移，多个国有股东属于同一控制人的，其累计净转让股份的数量或比例应合并计算。

国有控股股东转让股份不符合上述规定的两个条件之一的，应将转让方案逐级报国务院国有资产监督管理机构审核批准后实施。

（二）国有参股股东

国有参股股东通过证券交易系统在一个完整会计年度内累计净转让股份比例未达到上市公司总股本5%的，由国有参股股东按照内部决策程序决定，并在每年1月31日前将其上年度转让上市公司股份的情况报省级或省级以上国有资产监督管理机构备案；达到或超过上市公司总股本5%的，应将转让方案逐级报国务院国有资产监督管理机构审核批准后实施。

二、协议转让

（一）公开信息披露

国有股东拟协议转让上市公司股份的，在内部决策后，应当及时按照规定程序逐级书面报告省级以上国有资产监督管理机构，并应当同时将拟协议转让股份的信息书面告知上市公司，由上市公司依法公开披露该信息，向社会公众进行提示性公告。

（二）不进行信息披露，直接签订转让协议情形

存在下列特殊情形的，经省级或省级以上国有资产监督管理机构批准后，国有股东可不披露协议转让股份的信息直接签订转让协议：

1. 上市公司连续2年亏损并存在退市风险或严重财务危机，受让方提出重大资产重组计划及具体时间表的；

2. 国民经济关键行业、领域中对受让方有特殊要求的；

3. 国有及国有控股企业为实施国有资源整合或资产重组，在其内部进行协议转让的；

4. 上市公司回购股份涉及国有股东所持股份的；

5. 国有股东因接受要约收购方式转让其所持上市公司股份的；

6. 国有股东因解散、破产、被依法责令关闭等原因转让其所持上市公司股份的。

（三）聘请财务顾问

国有控股股东拟采取协议转让方式转让股份并不再拥有上市公司控股权的，应当聘请在境内注册的专业机构担任财务顾问，财务顾问应当具有良好的信誉及近3年内无重大违法违规记录。

（四）转让定价依据

国有股东协议转让上市公司股份的价格应以不低于上市公司股份转让信息公告日（经批准不须公开股份转让信息的，以股份转让协议签署日为准）前30个交易日的每日加权平均价格算术平均值的90%。

（五）转让价款支付进度要求

拟受让方以现金支付股份转让价款的，国有股东应在股份转让协议签订后5个工作日内收取不低于转让收入30%的保证金，其余价款应在股份过户前全部结清。在全部转让价款支付完毕或交由转让双方共同认可的第三方妥善保管前，不得办理转让股份的过户登记手续。拟受让方以股票等有价证券支付股份转让价款的按照有关规定办理。

三、间接转让

（一）概念

间接转让是指国有股东因产权转让或增资扩股等原因导致其经济性质或实际控制人发生变化的行为。

（二）定价原则

应当充分考虑对上市公司的影响，并按照有关国有股东协议转让上市公司股份价格的确定原则合理确定其所持上市公司股份价格，上市公司股份价格确定的基准日应与国有股东资产评估的基准日一致。国有股东资产评估的基准日与国有股东产权持有单位对该国有股东产权变动决议的日期相差不得超过1个月。

（三）报批

国有股东应在产权转让或增资扩股方案实施前，由国有股东逐级报国务院国有资产监督管理机构审核批准。

第五单元　金融企业国有资产管理制度

知识点1　金融企业国有资产评估管理（★★★）

一、应当评估的情形

（一）整体或者部分改制为有限责任公司或者股份有限公司的。

（二）以非货币性资产对外投资的。

（三）合并、分立、清算的。

（四）非上市金融企业国有股东股权比例变动的。

（五）产权转让的。

（六）资产转让、置换、拍卖的。

（七）债权转股权的。

（八）债务重组的。

（九）接受非货币性资产抵押或者质押的。

（十）处置不良资产的。

（十一）以非货币性资产抵债或者接受抵债的。

（十二）收购非国有单位资产的。

（十三）接受非国有单位以非货币性资产出资的。

（十四）确定涉讼资产价值的。

二、可以不进行评估的情形

（一）县级以上人民政府或者其授权部门批准其所属企业或者企业的部分资产实施无偿划转的。

（二）国有独资企业与其下属的独资企业之间，或者其下属独资企业之间的合并，以及资产或者产权置换、转让和无偿划转的。

（三）发生多次同类型的经济行为时，同一资产在评估报告使用有效期内，并且资产、市场状况未发生重大变化的。

（四）上市公司可流通的股权转让。

（五）中央直接管理的金融企业与其下属的独资企业之间，或者其下属独资企业之间的合并，以及资产或者产权置换、转让和无偿划转的，未造成国有股权比例发生变动的，对相关的资产可以不进行评估。

三、评估报告的有效期

金融企业有关经济行为的资产评估报告，自评估基准日起1年内有效。

四、评估核准制

金融企业下列经济行为涉及资产评估的，资产评估项目实行核准制：

（一）经批准进行改组改制、拟在境内或者境外上市、以非货币性资产与外商合资经营或者合作经营的经济行为；

（二）经县级以上人民政府批准的其他涉及国有资产产权变动的经济行为。

【解释】中央金融企业资产评估项目报财政部核准，地方金融企业资产评估项目报本级财政部门核准。

【例-2013-单选题】根据企业国有资产法律制度的规定，下列各项中，履行金融企业国有资产监督管理职责的是（　　）。

A．中国银行业监督管理委员会

B．国务院国有资产监督管理委员会

C．中国人民银行

D．财政部

【答案】D

学堂点拨

财政部门是“金融企业”国有资产的监督管理部门。

知识点2 金融企业国有资产产权登记管理（★）

一、产权登记的范围和管辖

（一）登记范围

在中华人民共和国境内或境外设立的金融类企业，其实收资本包括国家资本和国有法人资本的，应当办理国有资产产权登记。但是，金融类企业依法行使债权或者担保物权而受偿于债务人、担保人或者第三人的股权资产，不属于产权登记的范围。

（二）产权登记的管辖

金融类企业国有资产的产权登记和管理机关为出资的人民政府同级的财政部门。两个及两个以上国有资本出资人共同投资设立的金融类企业，按“国有资本额最大”的出资人的产权归属关系确定产权登记的主管财政部门。如果国有资本各出资人出资额相等，则按“推举的出资人”的产权归属关系确定产权登记的主管财政部门，其余出资人出具产权登记委托书。

二、产权登记的类型

（一）产权占有登记（初始登记）

1．未办理产权占有登记的企业发生国有资产产权变动时，应当按规定补办产权占有登记后，再申办变动或者注销产权登记。

2．未办理产权占有登记的企业不得进行国有资产产权转让。

（二）产权变动登记

金融类企业产权变动登记的情形：

1．名称、住所或者法定代表人改变；

2．组织形式、管理级次发生变动；

3．国有资本出资人发生变动；

4．国有资本额发生增减变动；

5．因其他出资人的出资额发生变动，造成国有资本持股比例发生5%以上（含5%）变化的。

（三）产权注销登记

金融类企业产权注销登记的情形：

1. 解散、被依法撤销或被依法宣告破产；

2. 转让全部国有产权或者改制后不再设置国有股权；

3. 由金融类国有企业转变为非金融类国有企业；

4. 主管财政部门认定的其他需要注销国有资产产权的情形。

知识点3 金融企业国有资产转让管理（★★）

一、非上市企业国有产权转让

（一）产权转让公告期不得少于20个工作日。

（二）在产权交易过程中，首次挂牌价格不得低于经核准或者备案的资产评估结果。首次挂牌未能征集到意向受让方的，转让方可以根据转让标的企业情况确定新的挂牌价格并重新公告，如果新的挂牌价格低于资产评估结果的90%，应当重新报批。

（三）经产权交易机构公开征集只产生一个符合条件的意向受让方时，产权转让可以采取场内协议转让方式进行，但转让价格不得低于挂牌价格。

（四）经公开征集，产生两个以上意向受让方时，转让方应当会同产权交易机构共同对意向受让方进行资格审核，根据转让标的企业的具体情况采取拍卖、招投标或者国家规定的其他公开竞价方式实施产权交易。

（五）转让价款原则上应当采取货币性资产一次性收取。如金额较大、一次付清确有困难的，可以约定分期付款方式，但分期付款期限不得超过1年。采用分期付款方式的，受让方首期付款不得低于总价款的30%，并在协议生效之日起5个工作日内支付；其余款项应当办理合法的价款支付保全手续，并按同期金融机构基准贷款利率向转让方支付分期付款期间的利息。在全部转让价款支付完毕前或者未办理价款支付保全手续前，转让方不得申请办理国有产权登记和工商变更登记手续。

（六）受让方以非货币性资产支付产权转让价款的，转让方应当按照有关规定委托资产评估机构进行资产评估，确定非货币性资产的价值。

二、上市公司国有股份的转让

（一）转让方为上市公司参股股东的，在一个完整会计年度内累计净转让股份的比例未达到上市公司总股本5%的，由转让方按照内部决策程序决定；达到或者超过上市公司总股本5%的，应当事先将转让方案报财政部门批准后实施。

（二）转让方采取大宗交易方式转让上市公司股份的，股份转让价格不得低于该上市公司股票当天交易的加权平均价格；当日无成交的，不得低于前1个交易日的加权平均价格。

【相关链接】大宗交易的交易时间为交易日的15点至15点30分。

（三）转让方依法直接协议转让上市公司股份的，转让价格应当按照上市公司股份转让信息公告日（经批准不须公开股份转让信息的，以股份转让协议签署日为准）前30个交易日每日加权平均价格的加权平均价格或者前1个交易日加权平均价格“孰高”的原则确定。

知识点4 企业境外国有资产管理体制（“三权分立”、“各司其职”）（★★）

企业境外国有资产，是指中央企业及其各级独资、控股子企业（以下简称“各级子企业”）在境外以各种形式出资所形成的国有权益。

一、国资委的监督管理职责

（一）制定和组织实施中央企业境外国有资产监督管理制度。

（二）“组织开展”中央企业境外国有资产产权登记、资产统计、清产核算、资产评估和绩效评价等“基础管理工作”。

（三）“督促、指导”中央企业建立健全境外国有资产经营责任体系。

（四）依法监督管理中央企业境外投资、境外国有资产经营管理重大事项，“组织协调处理”境外企业重大突发事件。

（五）“组织开展”境外企业重大资产损失责任追究工作。

二、中央企业的监督管理职责

（一）依法审核决定境外企业重大事项。

（二）“建立健全”境外企业监管的规章制度及内部控制和风险防范机制。

（三）“建立健全”境外国有资产经营责任体系。

（四）“负责或者配合”国资委开展所属境外企业重大资产损失责任追究工作。

（五）“协调处理”所属境外企业突发事件。

三、中央企业及其各级子企业

享有出资人权利（资产收益、参与重大决策、选择管理者、依法制定或参与制定其出资的境外企业章程）。

第六单元　企业境外国有资产管理制度

知识点1 境外国有产权管理（★★）

一、产权登记

中央企业及其各级子企业发生以下事项时，应当由“中央企业”统一向国资委申办产权登记：

（一）以投资、分立、合并等方式新设境外企业，或者以收购、投资入股等方式首次取得境外企业产权的；

（二）境外企业名称、注册地、注册资本、主营业务范围等企业基本信息发生改变，或者因企业出资人、出资额、出资比例等变化导致境外企业产权状况发生改变的；

（三）境外企业解散、破产，或者因产权转让、减资等原因不再保留国有产权的。

二、产权转让

(一)资产评估

中央企业及其各级子企业以其拥有的境内国有产权向境外企业注资或者转让，或者以其拥有的境外国有产权向境内企业注资或者转让，应当依照企业国有资产评估管理的有关规定，聘请具有相应资质的“境内评估机构”对标的物进行评估，并办理评估备案或者核准。

(二)审批

1. 境外国有产权转让等涉及国有产权变动的事项，由中央企业决定或者批准，并按国家有关法律和法规办理相关手续。

2. 中央企业重要子企业由国有独资转为绝对控股、绝对控股转为相对控股或者失去控股地位的，应当报国资委审核同意。

【例1-2014-单选题】甲公司是乙中央企业在香港设立的全资子公司，是乙企业的重要子公司。根据企业国有资产法律制度的规定，下列情形中，需报国资委审核同意的是（　　）。

A. 甲公司减少注册资本

B. 甲公司发行公司债券

C. 甲公司为其他企业的银行借款提供担保

D. 乙企业将其所持甲公司30%的股权转让给香港商人丙

【答案】D

学堂点拨

选项A、B、C应当按照法定程序报乙中央企业核准。选项D：境外企业转让国有资产，导致中央企业重要子企业由国有独资转为绝对控股、绝对控股转为相对控股或者失去控股地位的，应当按照有关规定报国资委审核同意。

(三)受让人和转让价格的确定

1. 中央企业及其各级子企业转让境外国有产权，要多方比选意向受让方。具备条件的，应当公开征集意向受让方并竞价转让，或者进入中央企业国有产权转让交易试点机构挂牌交易。

2. 中央企业在本企业内部实施资产重组，转让方为中央企业及其直接或者间接全资拥有的境外企业，受让方为中央企业及其直接或者间接全资拥有的境内外企业的，转让价格可以以评估或者审计确认的净资产值为底价确定。

3. 境外国有产权转让价款应当按照产权转让合同的约定支付，原则上应当一次付清。确需采取分期付款的，受让方须提供合法的担保。

知识点2 境外企业重大事项管理（★★★）

一、境外企业有下列重大事项之一的，应当按照法定程序报中央企业核准

(一)增加或者减少注册资本，合并、分立、解散、清算、申请破产或者变更企业组织形式。

(二)年度财务预算方案、决算方案、利润分配方案和弥补亏损方案。

(三)发行公司债券或者股票等融资活动。

（四）收购、股权投资、理财业务以及开展金融衍生业务。

（五）对外担保、对外捐赠事项。

（六）重要资产处置、产权转让。

（七）开立、变更、撤并银行账户。

（八）企业章程规定的其他事项。

二、境外企业发生以下有重大影响的突发事件，应当立即报告中央企业；影响特别重大的，应当通过中央企业在24小时内向国资委报告

（一）银行账户或者境外款项被冻结。

（二）开户银行或者存款所在的金融机构破产。

（三）重大资产损失。

（四）发生战争、重大自然灾害，重大群体性事件，以及危及人身或者财产安全的重大突发事件。

（五）受到所在国（地区）监管部门处罚产生重大不良影响。

（六）其他有重大影响的事件。

【例2-2014-多选题】根据企业国有资产法律制度的规定，中央企业所属境外企业发生某些有重大影响的突发事件时，应当立即报告中央企业。下列各项中，属于此类事件的有（　　）。

A．境外企业的开户银行破产

B．境外企业所在地发生重大群体性事件

C．境外企业发生重大资产损失

D．境外企业受到所在地监管部门处罚，产生重大不良影响

【答案】ABCD

本章强化练习

一、单项选择题

1．根据企业国有资产法律制度的规定，代表国家行使企业国有资产所有权的是（　　）。

A．全国人民代表大会　　B．国有资产监督管理委员会

C．国家主席　　D．国务院

2．根据企业国有资产法律制度的规定，下列关于商业类和公益类国有企业的相关表述中，正确的是（　　）。

A．公益类国有企业以保障民生、服务社会、提供公共产品和服务为主要目标

B．公益类国有企业的产品或服务价格均由政府调控

C．商业类国有企业均须实行公司制股份改革

D．商业类国有企业须保持国有资本绝对控股或相对控股

3．根据企业国有资产法律制度的规定，选择国有资本控股公司的企业管理者时，履行出资人职责的机构享有的职权是（　　）。

A．任免企业经理、副经理

B．任免企业董事长、副董事长、董事和监事

C．任免企业的财务负责人和其他高管

D．向企业的股东会或股东大会提出董事、监事人选

4．根据企业国有资产法律制度的规定，履行出资人责任的机构对其任命的企业管理者的任期经营业绩考查周期为（　　）。

A．2年　　B．1年　　C．3年　　D．5年

5．根据企业国有资产法律制度的规定，国有独资公司的下列事项中，由公司董事会决定的是（　　）。

A．发行债券　　B．分配利润

C．增加注册资本　　D．转让重大财产

6．根据企业国有资产法律制度的规定，国有独资公司发生的下列事项中，除其他法律、行政法规或公司章程有特殊规定外，应当由履行出资人职责机构决定的是（　　）。

A．为他人提供大额担保　　B．进行重大投资

C．转让重大财产　　D．分配利润

7．国有资产监督管理机构负责审核国家出资企业的增资行为。其中，因增资致使国家不再拥有所出资企业控股权的，须由国有资产监督管理机构报特定主体批准。该特定主体是（　　）。

A．上级人民政府

B．本级人民政府

C．国家出资企业所在地省级人民政府

D．上级国有资产监督管理机构

8．根据企业国有资产法律制度的规定，下列表述中，不正确的是（　　）。

A．未经履行出资人职责的机构同意，国有独资公司不得为关联方提供担保

B．国有资本控股公司不得无偿向关联方提供资金、商品、服务或者其他资产

C．未经履行出资人职责的机构同意，国有资本控股公司的董事长不得兼任经理

D．国有资本控股公司董事会对公司与关联方的交易作出决议时，该交易涉及的董事不得行使表决权，也不得代理其他董事行使表决权

二、多项选择题

1．根据企业国有资产管理法律制度的规定，下列各项中，属于国家出资企业的有（　　）。

A．国有独资公司　　B．国有资本控股公司

C．国有资本参股公司　　D．国有独资企业

2．根据企业国有资产法律制度的规定，国有独资公司的下列事项中，应当由履行出资人职责的机构决定的有（　　）。

A．合并、分立　　B．申请公司破产

C．分配公司利润　　D．增减注册资本

3．根据企业国有资产法律制度的规定，国有股东协议转让所持上市公司股份时，受让方在受让股份后拥有上市公司实际控制权的，应当满足特定的资格条件。下列关于该特定资格条件的表述中，正确的有（　　）。

A．受让方既可以是法人，也可以是自然人

B．受让方具有明晰的经营发展战略

C．受让方或其实际控制人设立3年以上，最近2年连续盈利且无重大违法违规行为

D．受让方具有促进上市公司持续发展和改善上市公司法人治理结构的能力

4．根据企业国有资产法律制度的规定，国有股东转让所持上市公司股份时，可以采取的方式有（　　）。

A．协议转让　　B．无偿划转

C．通过证券交易所转让　　D．间接转让

5．国有独资企业与其属的独资企业之间的下列情形中，可以不进行资产评估的有（　　）。

A．合并　　B．资产划转

C．置换　　D．转让

6．根据《金融企业国有资产评估监督管理暂行办法》的相关规定，金融企业有下列情形之一的，应当委托资产评估机构进行资产评估的有（　　）。

A．非上市金融企业国有股东股权比例发生变动

B．处置不良资产

C．收购非国有单位资产

D．接受非国有单位以货币性资产出资

7．下列有关企业国有产权转让价款支付的方式，不符合规定的有（　　）。

A．必须一次付清

B．金额较大，一次付清确有困难的，可以采取分期付款

C．采取分期付款方式的，受让方首期付款不得低于总价款的20%

D．其余款项应当提供合法的担保，并应当按同期银行贷款利率向转让方支付延期付款期间利息，付款期限不得超过2年

8．下列选项中，属于企业改制的情形的有（　　）。

A．国有独资企业改为国有合伙企业

B．国有独资公司改为国有资本控股公司

C．国有独资企业改为国有资本控股公司

D．国有资本控股公司改为非国有资本控股公司

答案及解析

一、单项选择题

1. 【答案】D

【学堂点拨】国务院代表国家行使企业国有资产所有权，选项D正确。

2. 【答案】A

【学堂点拨】公益类国有企业以保障民生、服务社会、提供公共产品和服务为主要目标，必要的产品或服务价格“可以”由政府调控，选项A正确，选项B错误。商业类国有企业要按照市场决定资源配置的要求，“原则上”都要实行公司制股份制改革，国有资本“可以”绝对控股、相对控股或参股，选项C、D错误。

3. 【答案】D

【学堂点拨】履行出资人职责的机构依照法律、行政法规以及企业章程的规定，任免或者建议任免国家出资企业的下列人员：（1）任免国有独资企业的经理、副经理、财务负责人和其他高级管理人员；（2）任免国有独资公司的董事长、副董事长、董事、监事会主席和监事；（3）向国有资本控股公司、国有资本参股公司的股东会、股东大会提出董事、监事人选。

4. 【答案】C

【学堂点拨】任期经营业绩考查以3年为考查期，选项C正确。

5. 【答案】D

【学堂点拨】国有独资企业、国有独资公司合并、分立，增加或者减少注册资本，发行债券，分配利润，以及解散、申请破产，由履行出资人职责的机构决定；国有独资企业、国有独资公司有《企业国有资产法》第三十条所列事项的，除依照本法第三十一条和有关法律、行政法规以及企业章程的规定，由履行出资人职责的机构决定的以外，国有独资企业由企业负责人集体讨论决定，国有独资公司由董事会决定。选项D正确。

6. 【答案】D

【学堂点拨】国有独资企业、国有独资公司合并、分立，增加或者减少注册资本，发行债券，分配利润，以及解散、申请破产，由履行出资人职责的机构决定，选项D正确。

7. 【答案】B

【学堂点拨】国有资产监督管理机构负责审核国家出资企业的增资行为。其中，因增资致使国家不再拥有所出资企业控股权的，须由国有资产监督管理机构报本级人民政府批准，选项B正确。

8. 【答案】C

【学堂点拨】选项C不正确：未经股东会、股东大会的同意，国有资本控股公司的董事长不得兼任经理。

二、多项选择题

1. 【答案】ABCD

【学堂点拨】选项A、B、C、D均正确。

2. 【答案】ABCD

【学堂点拨】选项A、B：合并、分立、解散、申请破产、改制，一般的国有独资公司，由履行出资人职责的机构决定；重要的国有独资公司，履行出资人职责的机构在作出决定之前，应当报请本级人民政府批准。选项C、D：增减注册资本、发行债券、分配利润，由履行出资人职责的机构决定。

3. 【答案】BCD

【学堂点拨】受让国有股东所持上市公司股份后拥有上市公司实际控制权的，受让方应为法人，且应当具备以下条件：（1）受让方或其实际控制人设立3年以上，最近2年连续盈利且无重大违法违规行为；（2）具有明晰的经营发展战略；（3）具有促进上市公司持续发展和改善上市公司法人治理结构的能力。选项A错误，选项B、C、D正确。

4. 【答案】ABCD

【学堂点拨】国有股东转让所持上市公司股份可以通过证券交易系统转让、以协议方式转让、无偿划转或间接转让等方式进行。间接转让，是指国有股东因产权转让或增资扩股等原因导致其经济性质或实际控制人发生变化的行为。选项A、B、C、D均正确。

5. 【答案】ABC

【学堂点拨】经各级人民政府及其授权部门批准，对整体企业或者部分资产实行无偿划转，以国有独资企业、行政事业单位下属的独资企业（事业单位）之间的合并、资产（产权）划转、置换的，可以不进行资产评估。

6. 【答案】ABC

【学堂点拨】根据规定，金融企业接受非国有单位以非货币性资产出资的，应当委托资产评估机构进行资产评估，所以选项D错误，其他三项均属于应当委托资产评估机构进行资产评估的事项。

7. 【答案】ACD

【学堂点拨】国有产权转让价款支付方式不是必须一次付清，选项A说法错误，选项B说法正确。选项C错误：受让方首期付款不得低于总价款的30%。选项D错误：其余款项的付款期限不得超过1年。

8. 【答案】BCD

【学堂点拨】根据《企业国有资产法》的规定，企业改制是指：（1）国有独资企业改为国有独资公司；（2）国有独资企业、国有独资公司改为国有资本控股公司或者非国有资本控股公司；（3）国有资本控股公司改为非国有资本控股公司。

第十一章　反垄断法律制度

本章思维导图

- 反垄断法律制度
  - 反垄断法律制度概述★★
    - 反垄断法的立法宗旨
    - 反垄断法的适用范围
    - 相关市场界定
    - 反垄断法的实施机制
  - 垄断协议及其法律规制★★★
    - 垄断协议的概念、特征与分类
    - 横向垄断协议规制制度
    - 纵向垄断协议规制制度
    - 垄断协议的豁免
    - “其他协同行为”的认定
    - 对行业协会组织达成和实施垄断协议的规制
    - 法律责任
    - 宽恕制度
  - 滥用市场支配地位规则制度★★★
    - 市场支配地位的概念
    - 滥用市场支配地位行为的概念与分类
    - 市场支配地位的认定
    - 《反垄断法》禁止的滥用市场支配地位行为
    - 法律责任
  - 经营者集中反垄断审查制度★★
    - 经营者集中反垄断审查制度概述
    - 经营者集中的申报
    - 经营者集中审查程序
    - 经营者集中审查的实体标准
    - 经营者集中附加限制性条件批准制度
    - 经营者集中未依法申报的调查处理
  - 滥用行政权力排除、限制竞争规则制度★★★
    - 滥用行政权力排除、限制竞争行为概述
    - 《反垄断法》禁止的滥用行政权力排除、限制竞争行为
    - 公平竞争审查制度
    - 法律责任

本章概述

本章主要介绍了反垄断法的实施机制、垄断协议、滥用支配地位、经营者和滥用行政权力排除等相关知识，理论性较强。本章教材编写的主要依据为：《中华人民共和国反垄断法》（以下简称《反垄断法》）《国务院关于经营者集中申报标准的规定》《国务院反垄断委员会关于相关市场界定的指南》。

考情回顾及考情预测

本章考试分值不高，一般在3分左右，主要为客观题。本章学习难度不大，内容不难理解，属于比较容易得分的一章，但考生也须认真对待，尽量避免失分。

本章近五年考情一览

考点	重要程度	考查次数	大致分值	考查题型	考查概率
《反垄断法》的适用范围与实施机制	★★★	2	2～3	单选题、多选题	50%
垄断协议	★★★	1	1.5	多选题	80%
对行业协会组织实施垄断协议的规则	★★	1	1	单选题	50%
《反垄断法》禁止的滥用市场支配地位行为	★★★	1	2	多选题	80%
集中经营者	★★	2	2～3	单选题、多选题	50%
《反垄断法》禁止的滥用性质权力排除、限制竞争行为	★★★	1	1	单选题	50%

本章重难点

《反垄断法》的适用范围与实施机制、垄断协议、《反垄断法》禁止的滥用市场支配地位行为以及《反垄断法》禁止的滥用性质权力排除、限制竞争行为等。

本章学习方法和技巧

本章需要在了解的基础上有所侧重，重点理解与记忆《反垄断法》原文规定的内容。

2018年教材主要变化

2018年本章教材没有实质性变化。

第一单元 反垄断法律制度概述

知识点1 《反垄断法》的适用范围（★★★）

一、《反垄断法》适用的地域范围

（一）属地原则

境内经济活动中的垄断行为，适用《反垄断法》。

（二）效果原则

境外的垄断行为，对境内市场竞争产生排除、限制影响的，适用《反垄断法》。

【例1-2017-多选题】下列关于《反垄断法》适用范围的表述中，正确的有（ ）。

A．只要垄断行为发生在境内，无论该行为是否对境内市场竞争产生排除、限制影响，均应适用《反垄断法》

B．只要行为人是我国公民或境内企业，无论该行为是否发生在境内，均应适用《反垄断法》

C．只要行为人是我国公民或境内企业，无论该行为是否对境内市场竞争产生排除、限制影响，均应适用《反垄断法》

D．只要垄断行为对境内市场竞争产生排除、限制影响，无论该行为是否发生在境内，均应适用《反垄断法》

【答案】AD

二、主体和行为类型

（一）经营者的垄断行为

1．经营者达成垄断协议。

2．经营者滥用市场支配地位。

3．具有或者可能具有排除、限制竞争效果的经营者集中。

（二）行政主体的垄断行为

滥用行政权力排除、限制竞争行为（行政垄断行为）。

（三）行业协会的垄断行为

三、《反垄断法》的适用除外

（一）知识产权的正当行使

1．经营者依法行使知识产权的行为，不适用《反垄断法》。

2．经营者滥用知识产权，排除、限制竞争的行为，不可排除《反垄断法》的适用。

（二）农业生产中的联合或者协同行为

农业生产者及农村经济组织在农产品生产、加工、销售、运输、储存等经营活动中实施的联合或者协同行为不适用《反垄断法》。

（三）国有垄断企业

1．国家保护铁路、石油、电信、电网、烟草等重点行业的国有企业的垄断经营权。

2．国有垄断企业从事垄断协议、滥用市场支配地位行为，或者从事可能排除、限制竞争的经营者集中行为，同样应受《反垄断法》的限制。

知识点2 相关市场界定（★★）

一、相关市场的概念

根据《反垄断法》第十二条第二款，相关市场是经营者在一定时期内就特定商品或者服务（统称商品）进行竞争的商品范围和地域范围。

界定相关市场涉及的维度包括时间、商品和地域，但并非任何市场界定都涉及全部三个维度。大部分反垄断分析中，相关市场只需从商品和地域两个维度进行界定，只有在时间因素可以影响商品之间的竞争关系的特定情况下，才会用到时间维度。

二、相关商品市场及其界定

相关商品市场，是指具有较为紧密替代关系的商品范围。所有具有较为紧密的相互替代关系的商品构成同一个市场。

这里的“商品”是个广义概念，不仅包括传统意义上的货物，还包括服务。在技术贸易、许可协议等涉及知识产权的反垄断执法工作中，商品的概念还会拓展到“相关技术市场”和“相关创新市场”。

（一）从需求角度界定相关商品市场

一般考虑以下几个方面的因素：

1. 需求者因商品价格或其他竞争因素变化，转向或考虑购买其他商品的证据；

2. 商品的外形、特性、质量和技术特点等总体特征和用途；

3. 商品之间的价格差异；

4. 商品的销售渠道；

5. 其他重要因素，如：需求者偏好或需求者对商品的依赖程度；可能阻碍大量需求者转向某些紧密替代商品的障碍、风险和成本；是否存在区别定价等。

（二）从供给角度界定相关商品市场

一般考虑以下因素包括：经营者的生产流程和工艺、转产的难易程度、转产需要的时间、转产的额外费用和风险、转产后所提供商品的市场竞争力、营销渠道等。

三、相关地域市场及其界定

相关地域市场，是指相同或具有替代关系的商品相互竞争的地理区域。不同的地理区域之间因空间距离导致的运输成本以及关税等贸易壁垒形成的阻隔，会影响商品的自由流动，进而导致相同或近似的商品之间不具有竞争关系。

（一）从需求角度界定相关地域市场

一般考虑以下因素：

1. 需求者因商品价格或其他竞争因素变化，转向或考虑转向其他地域购买商品的证据；

2. 商品的运输成本、运输特征，如存在运输半径的水泥，需要管道运输的天然气；

3. 多数需求者选择商品的实际区域和主要经营者商品的销售分布；

4. 地区间的贸易壁垒，包括关税、地方性法规、环保因素、技术因素等；

5. 其他重要因素，如特定区域需求者偏好，商品运进和运出该地域的数量。

（二）从供给角度界定相关地域市场

一般需要考虑其他地域供应或销售相关商品的即时性和可行性，如将订单转向其他地域经营者的转换成本等。

知识点3 反垄断法的实施机制（★★★）

反垄断法的实施机制主要包括法律责任、行政执法机制以及民事诉讼机制三个方面的内容。

一、反垄断法律责任

（一）行政责任

1. 责任形式：责令停止违法行为、没收违法所得、罚款。

2. 当事人的救济措施：当事人可以申请行政复议，也可以直接提起行政诉讼。

【注意】当事人对反垄断执法机构作出的有关“经营者集中”的决定不服的，必须先申请行政复议，对行政复议决定不服，才可提起行政诉讼。

（二）民事责任

1. 产生原因：《反垄断法》上的民事责任，既可以基于非法垄断行为侵害他人合法权益而产生，也可以基于合同因违反《反垄断法》而无效产生。

2. 责任形式：停止侵害、赔偿损失以及返还财产。

（三）刑事责任

1. 根据我国《反垄断法》，“垄断行为”本身并不构成刑事责任。

2. 行为人实施“阻碍、拒绝反垄断执法机构审查、调查行为”以及“反垄断执法机构的工作人员滥用职权、玩忽职守、徇私舞弊或者泄露执法过程中知悉的商业秘密”的，要承担刑事责任。

【例2-多选题】根据反垄断法律制度的规定，经营者因实施垄断行为的可能承担的法律责任类型有哪些（　　）。

A. 行政责任　　B. 民事责任　　C. 刑事责任　　D. 宪法责任

【答案】AB

学堂点拨

选项C：我国《反垄断法》并未对反垄断行为规定刑事责任，仅对阻碍、拒绝反垄断执法机构审查、调查行为以及反垄断执法机构工作人员滥用职权、玩忽职守、徇私舞弊或者泄露执法过程中知悉的商业秘密两种情形，规定了刑事责任。

二、反垄断行政执法

（一）反垄断行政执法机构

1. 国家工商局：负责垄断协议，滥用市场支配地位，滥用行政权力排除、限制竞争方面的反垄断执法工作。

2. 国家发展改革委：负责依法查处价格垄断行为。

3. 商务部：负责经营者集中行为的反垄断审查工作。

（二）国务院反垄断委员会

国务院反垄断委员会并非执法机构，而是关于反垄断工作的议事协调机构。

【解释】国务院反垄断执法机构根据工作需要，可以授权“省级”人民政府相应的机构，负责有关反垄断执法工作。

【例3-2017-单选题】根据我国反垄断执法机构的职责分工，负责不涉及价格的滥用行政权力排除、限制竞争行为的执法工作的机构是（　　）。

A. 国家工商总局　　B. 商务部

C. 国务院反垄断委员会　　D. 国家发展改革委

【答案】A

学堂点拨

商务部负责经营者集中行为的反垄断审查工作；国务院反垄断执法机构根据工作需要，可以授权省、自治区、直辖市人民政府相应机构，负责有关反垄断执法工作；国家发展改革委负责依法查处价格垄断行为。

三、反垄断行政调查

（一）调查措施

1. 进入被调查经营者营业场所“检查”。

2. “询问”被调查经营者、利害关系人或有关单位、个人。

3. “查阅、复制”有关文件、资料。

4. “查封、扣押”相关证据。

5. “查询”经营者的银行账户。

【例4-2014-多选题】反垄断法机构调查涉嫌垄断行为时，可采取必要的调查措施，这类措施包括（　　）。

A. 进入被调查经营者的营业场所进行检查

B. 查阅、复制被调查者的有关单证、协议、会计账簿等文件和资料

C. 查封、扣押相关证据

D. 冻结被调查经营者的银行账户

【答案】ABC

学堂点拨

D选项不正确，只能“查询”而非“冻结”经营者的银行账户。

（二）立案

反垄断执法机构可以依举报人的举报对涉嫌垄断行为立案调查，也可以依职权主动立案。

（三）中止调查

被调查的经营者承诺在反垄断执法机构认可的期限内采取具体措施消除该行为后果的，反垄断执法机构可以决定中止调查。

（四）终止调查

经营者履行承诺的，反垄断执法机构可以决定终止调查。

（五）恢复调查

具有下列情形之一的，应当恢复调查：

1. 经营者未履行承诺的；

2. 作出中止调查决定所依据的事实发生重大变化的；

3. 中止调查的决定是基于经营者提供的不完整或不真实信息作出的。

第二单元　垄断协议及其法律规制

知识点1　反垄断民事诉讼（与普通民事诉讼相比所具有的特殊性）（★）

一、原告资格

因垄断行为受到损失以及因合同内容、行业协会的章程等违反《反垄断法》而发生争议的自然人、法人或者其他组织，可以向人民法院提起反垄断民事诉讼。

【解释】消费者可以作为垄断民事案件原告，从而有利于维护消费者合法权益，打击非法垄断行为。

二、民事诉讼与行政执法的关系

原告直接向人民法院提起民事诉讼，或者在反垄断执法机构认定构成垄断行为的处理决定发生法律效力后向人民法院提起民事诉讼，并符合法律规定的其他受理条件的，人民法院应当受理。

提示

人民法院受理垄断民事纠纷案件，是不以执法机构已对相关垄断行为进行了查处为条件的。

三、专家在诉讼中的作用

（一）专家出庭就专门问题进行说明

在反垄断民事诉讼中，当事人可以向人民法院申请一至二名具有相应专门知识的人员出庭，就案件的专门性问题进行说明。根据这一规定，原被告双方都有权向人民法院申请专家出庭；经人民法院准许，双方聘请的专家都可以出庭并发表专业意见。

（二）专家出具市场调查或者经济分析报告

当事人可以向人民法院申请委托专业机构或者专业人员就案件的专门性问题作出市场调查或者经济分析报告。经人民法院同意，双方当事人可以协商确定专业机构或者专业人员；协商不成的，由人民法院指定。专业人员就案件的专门性问题作出市场调查或者经济分析报告应当视为鉴定意见。

四、诉讼时效

（一）诉讼时效的起算

因垄断行为产生的损害赔偿请求权，诉讼时效期间从原告知道或者应当知道权益受侵害之日起计算。

（二）诉讼时效的中断

原告向反垄断执法机构举报被诉垄断行为的，诉讼时效从其举报之日起中断。反垄断执法机构决定不立案、撤销案件或者决定终止调查的，诉讼时效期间从原告知道或者应当知道不立案、撤销案件或者终止调查之日起重新计算。反垄断执法机构调查后认定构成垄断行为的，诉讼时效期间从原告知道或者应当知道反垄断执法机构认定构成垄断行为的处理决定发生法律效力之日起重新计算。

（三）持续性垄断行为的诉讼时效抗辩

原告起诉时被诉垄断行为已经持续超过3年，被告提出诉讼时效抗辩的，损害赔偿应当自原告向人民法院起诉之日起向前推算3年计算。

知识点2 垄断协议（★★★）

一、垄断协议的概念

垄断协议，也称限制竞争协议、联合限制竞争行为，是指两个或两个以上经营者排除、限制竞争的协议、决定或者其他协同行为。

二、垄断协议的分类

（一）横向垄断协议与纵向垄断协议

1．横向垄断协议：具有竞争关系的经营者达成的联合限制竞争行为。

2．纵向垄断协议：同一产业中处于不同市场环节而具有买卖关系的企业通过共谋达成的联合限制竞争行为，如生产商与销售商之间关于限制转售价格的协议。

（二）价格垄断协议和非价格垄断协议

1．价格垄断协议：在价格方面排除、限制竞争的协议、决定或者其他协同行为。价格垄断协议由国家发展改革委依法查处。

2．非价格垄断协议：除价格垄断协议以外的其他垄断协议。非价格垄断协议由国家工商局依法查处。

知识点3 《反垄断法》禁止的横向垄断协议（主体竞争关系）（★★★）

一、固定或者变更商品价格的协议

固定或者变更商品价格的协议的表现形式：

（一）经营者之间通过协议统一确定、维持商品的价格；

（二）统一提高商品价格；

（三）非绝对地限制经营者的定价自由，而是对经营者定价过程设定统一的限制条件，从而实现固定价格、限制竞争的目的。

【解释】上述限制条件主要包括：

1．固定或者变更价格变动幅度；

2. 固定或者变更对价格有影响的手续费、折扣或者其他费用；

3. 使用约定的价格作为与第三方交易的基础；

4. 约定采用据以计算价格的标准公式；

5. 约定未经参加协议的其他经营者同意不得变更价格等。

二、限制商品的生产数量或者销售数量的协议

（一）限制商品的生产数量或者销售数量的协议，是指参与垄断协议的经营者通过限制相关市场上商品的生产或销售数量，间接控制商品价格的垄断协议。

（二）具有竞争关系的经营者不得就限制商品的生产数量或者销售数量达成下列垄断协议：

1. 以限制产量、固定产量、停止生产等方式限制商品的生产数量或者限制商品特定品种、型号的生产数量；

2. 以拒绝供货、限制商品投放量等方式限制商品的销售数量或者限制商品特定品种、型号的销售数量。

三、分割销售市场或者原材料采购市场的协议

禁止具有竞争关系的经营者就分割销售市场或者原材料采购市场达成下列垄断协议：

（一）划分商品销售地域、销售对象或者销售商品的种类、数量；

（二）划分原料、半成品、零部件、相关设备等原材料的采购区域、种类、数量；

（三）划分原料、半成品、零部件、相关设备等原材料的供应商。

四、限制购买新技术、新设备或者限制开发新技术、新产品的协议

禁止具有竞争关系的经营者就限制购买新技术、新设备或者限制开发新技术、新产品达成下列垄断协议：

（一）限制购买、使用新技术、新工艺；

（二）限制购买、租赁、使用新设备；

（三）限制投资、研发新技术、新工艺、新产品；

（四）拒绝使用新技术、新工艺、新设备；

（五）拒绝采用新的技术标准。

五、联合抵制交易

（一）联合抵制交易的概念

联合抵制交易，是指具有竞争关系的经营者联合起来，共同拒绝与其他的特定经营者进行交易的行为。

（二）禁止具有竞争关系的经营者就联合抵制交易达成下列垄断协议

1. 联合拒绝向特定经营者供货或者销售商品。

2. 联合拒绝采购或者销售特定经营者的商品。

3. 联合限定特定经营者不得与其具有竞争关系的经营者进行交易。

知识点4 《反垄断法》禁止的纵向垄断协议（主体买卖关系）（★★★）

一、纵向垄断协议的主要表现形式

（一）维持转售价格协议。

（二）地域或客户限制协议。

（三）排他性交易协议。

二、我国《反垄断法》禁止的纵向垄断协议

（一）固定向第三人转售商品的价格（固价）。

【解释】A供应商在销售商品给B公司时，对B公司将该商品转售给C客户的价格进行“固定”，比如单价为100元。

（二）限定向第三人转售商品的最低价格（限定最低价）。

【解释】A供应商在销售商品给B公司时，对B公司将该商品转售给C客户的最低价格进行限定，比如单价不得低于100元。

（三）国务院反垄断执法机构认定的其他垄断协议。

【注意】只禁止有关价格的垄断协议，而且没有限定最高价。

【例1-2013-多选题】经营者与其交易相对人达成的下列协议中，被我国反垄断法律制度明确禁止的有（　　）。

A．固定向第三人转售商品的价格　　B．限定向第三人转售商品的最低价格

C．限定向第三人转售商品的最高价格　　D．限定向第三人转售商品的地域范围

【答案】AB

学堂点拨

我国《反垄断法》明确禁止的纵向垄断协议包括：1．固定向第三人转售商品的价格；2．限定向第三人转售商品的最低价格；3．国务院反垄断执法机构认定的其他垄断协议。

知识点5 垄断协议的豁免（★★★）

一、豁免与适用除外的区别

（一）《反垄断法》上的适用除外是指将特定领域（如农业生产中的联合或者协同行为）排除在《反垄断法》的适用范围，根本不予适用。

（二）豁免则是在适用《反垄断法》的过程中，发现某些行为符合法定条件而不予禁止。

二、可被《反垄断法》豁免的垄断协议类型

（一）为改进技术、研究开发新产品的（技术性卡特尔）。

（二）为提高产品质量、降低成本、增进效率，统一产品规格、标准或者实行专业化分工的（标准化卡特尔、专业化卡特尔）。

（三）为提高中小经营者经营效率，增强中小经营者竞争力的（中小企业合作卡特尔）。

（四）为实现节约能源、保护环境、救灾救助等社会公共利益的。

（五）因经济不景气，为缓解销售量严重下降或者生产明显过剩的（不景气卡特尔或结构危机卡特尔）。

（六）为保障对外贸易和对外经济合作中的正当利益的（出口卡特尔）。

（七）法律和国务院规定的其他情形。

【解释】对于上述（一）至（五）项情形的垄断协议，《反垄断法》要求经营者应当证明所达成的协议不会严重限制相关市场的竞争，并且能够使消费者分享由此产生的利益，否则也不能获得豁免。

【例2-多选题】下列垄断协议中，须由经营者证明不会严重限制相关市场的竞争且能使消费者分享由此产生的利益，才能获得《反垄断法》豁免的有（　　）。

A. 为改进技术、研究开发新产品达成的垄断协议

B. 为提高中小经营者经营效率、增强中小经营者竞争力达成的垄断协议

C. 为实现节约能源、保护环境、救灾救助等社会公共利益达成的垄断协议

D. 为保障对外贸易和对外经济合作中的正当利益达成的垄断协议

【答案】ABC

知识点6 "其他协同行为"的认定（★★）

"其他协同行为"，是指经营者虽未明确订立书面或口头形式的协议或决定，但实质上存在协调一致的行为。

一、价格性"其他协同行为"的认定

对于价格垄断协议中的"其他协同行为"的认定，应当依据下列因素：

（一）经营者的价格行为具有一致性；

（二）经营者进行过意思联络；认定协同行为还应考虑市场结构和市场变化等情况。

二、非价格性"其他协同行为"的认定

认定非价格性"其他协同行为"，应当考虑下列因素：

（一）经营者的市场行为是否具有一致性；

（二）经营者之间是否进行过意思联络或者信息交流；

（三）经营者能否对一致行为作出合理的解释。

此外，还应当考虑相关市场的结构情况、竞争情况、市场变化情况、行业情况等。

【例3-2016-多选题】根据反垄断法律制度的规定，执法机构认定非价格性"其他协同行为"时，应考虑的因素有（　　）。

A. 经营者之间是否进行过意思联络或者信息交流

B. 经营者能否对一致行为作出合理的解释

C. 相关市场的结构情况、竞争状况、市场变化情况、行业情况

D. 经营者的市场行为是否具有一致性

【答案】ABCD

知识点7 对行业协会组织实施垄断协议的规制（★★）

法律禁止的行业协会组织本行业经营者从事垄断协议的行为具体包括：

一、制定、发布含有排除、限制竞争内容的行业协会章程、规则、决定、通知、标准等；

二、召集、组织或者推动本行业的经营者达成含有排除、限制竞争内容的协议、决议、纪要、备忘录等。

知识点8 法律责任（★★）

一、民事责任

经营者因达成并实施垄断协议给他人造成损失的，依法承担民事责任。

二、行政责任

（一）经营者违反《反垄断法》的规定，达成并实施垄断协议的，由反垄断执法机构责令停止违法行为，没收违法所得，并处“上一年度销售额”（而非违法所得）1%以上10%以下的罚款；尚未实施所达成的垄断协议的，可以处50万元以下的罚款。

（二）行业协会违反《反垄断法》的规定，组织本行业的经营者达成垄断协议的，反垄断执法机构可以处50万元以下的罚款；情节严重的，社会团体登记管理机关可以依法撤销登记。

【例4-2016-多选题】根据反垄断法律制度的规定，下列情形中，可处以50万元以下罚款的有（　　）。

A．经营者达成垄断协议，但未实施

B．行业协会组织本行业经营者从事垄断协议行为

C．经营者未依法申报达到申报标准的经营者集中

D．行政机关滥用行政权力排除竞争

【答案】ABC

学堂点拨

选项A：经营者违反《反垄断法》规定，达成并实施垄断协议的，由反垄断执法机构责令停止违法行为，没收违法所得，并处上一年度销售额1%以上10%以下的罚款；尚未实施所达成的垄断协议的，可以处50万元以下的罚款。选项B：行业协会违反《反垄断法》规定，组织本行业经营者达成垄断协议的，反垄断执法机构可以处50万元以下的罚款；情节严重的，社会团体登记管理机关可以依法撤销登记。选项C：经营者违反《反垄断法》规定实施集中的(应该申报而未申报的)，由国务院反垄断执法机构责令停止实施集中、限期处分股份或者资产、限期转让营业以及采取其他必要措施恢复到集中前的状态，可以处50万元以下的罚款。

知识点9 宽恕制度（★★）

宽恕制度，是指参与垄断协议的经营者主动向反垄断执法机构报告达成垄断协议的有关情况并提供重要证据的，反垄断执法机构可以对其宽大处理，酌情减轻或者免除其处罚。

一、“重要证据”的界定

（一）查处“非价格垄断协议”时的“重要证据”

能够对工商行政管理机关启动调查或者对认定垄断协议行为起到关键性作用的证据，包括参与垄断协议的经营者、涉及的产品范围、达成协议的内容和方式、协议的具体实施情况等。

（二）查处“价格垄断协议”时的“重要证据”

对政府价格主管部门认定价格垄断协议具有关键作用的证据，并未把对启动调查具有关键性作用的证据列入。

二、区分情况减免处罚的具体规则

（一）查处“非价格垄断协议”时的减免处罚规则

对第一个主动报告所达成垄断协议的有关情况、提供重要证据并全面主动配合调查的经营者，免除处罚；对主动向工商行政管理机关报告所达成垄断协议的有关情况并提供重要证据的其他经营者，酌情减轻处罚；对垄断协议的组织者，不适用宽恕的规定。

（二）查处“价格垄断协议”时的减免处罚规则

第一个主动报告达成价格垄断协议的有关情况并提供重要证据的，可以免除处罚；第二个主动报告达成价格垄断协议的有关情况并提供重要证据的，可以按照不低于50%的幅度减轻处罚；其他主动报告达成价格垄断协议的有关情况并提供重要证据的，可以按照不高于50%的幅度减轻处罚。

第三单元　滥用市场支配地位规则制度

知识点1　滥用市场支配地位行为（★★★）

一、市场支配地位

市场支配地位，是指经营者在相关市场内具有能够控制商品价格、数量或者其他交易条件，或者能够阻碍、影响其他经营者进入相关市场能力的市场地位。

【解释1】所谓“其他交易条件”，是指除商品价格、数量之外能够对市场交易产生实质影响的其他因素，包括商品品质、付款条件、交付方式、售后服务等。

【解释2】所谓“能够阻碍、影响其他经营者进入相关市场”，是指排除其他经营者进入相关市场，或者延缓其他经营者在合理时间内进入相关市场，或者其他经营者虽能够进入该相关市场，但进入成本提高难以在市场中开展有效竞争等。

二、滥用市场支配地位行为

（一）概念

滥用市场支配地位行为，是指具有市场支配地位的经营者凭借其市场支配地位实施的排挤竞争对手或不公平交易行为。

（二）类型

1. 排他性滥用是指寻求损害竞争者的竞争地位，或者从根本上将它们排除出市场的行为，主要表现形式包括掠夺定价、搭售、价格歧视和拒绝交易等。

2．剥削性滥用是指具有市场支配地位的经营者凭借其市场支配地位对交易对方进行剥削的行为，实践中主要表现为不公平定价行为。

知识点2 市场支配地位的认定（★★★）

一、认定经营者具有市场支配地位时应当依据的因素

（一）经营者在相关市场的市场份额，以及相关市场的竞争状况。

（二）经营者控制销售市场或者原材料采购市场的能力（“供销”）。

（三）经营者的财力和技术条件。

（四）其他经营者对该经营者在交易上的依赖程度。

（五）其他经营者进入相关市场的难易程度。

（六）与认定该经营者市场支配地位有关的其他因素。

二、市场支配地位的推定标准（“份额”：1，1/2； 2,2/3；3,3/4）

（一）一个经营者市场支配地位的推定标准：一个经营者在相关市场的市场份额达到1/2的，即可推定为具有市场支配地位。

（二）多个经营者可能共同拥有市场支配地位的推定：两个经营者在相关市场的市场份额合计达到2/3的，或三个经营者在相关市场的市场份额合计达到3/4的，这些经营者被推定为共同占有市场支配地位。同时，对于多个经营者被推定为共同占有市场支配地位时，其中有的经营者市场份额不足10%的，不应当推定该经营者具有市场支配地位。

【注意】经营者的举证推翻：由于市场份额不是认定市场支配地位唯一的和绝对的标准，因此，被“推定”具有市场支配地位的经营者，如有证据证明不具有市场支配地位的，不应当“认定”其具有市场支配地位。

知识点3 《反垄断法》禁止的滥用市场支配地位行为（★★★）

一、以“不公平的”高价销售商品或者以“不公平的”低价购买商品(不公平的低买高卖)

认定“不公平的高价”和“不公平的低价”时应当考虑的因素：

（一）销售价格或者购买价格是否明显高于或者低于其他经营者销售或者购买同种商品的价格；

（二）在成本基本稳定的情况下，是否超过正常幅度提高销售价格或者降低购买价格；

（三）销售商品的提价幅度是否明显高于成本增长幅度，或者购买商品的降价幅度是否明显高于交易相对人成本降低幅度；

（四）需要考虑的其他相关因素。

二、“没有正当理由”，以低于成本的价格销售商品（低价销售）

正当的“低于成本价格销售行为”：

（一）降价处理鲜活商品、季节性商品、有效期限即将到期的商品和积压商品的；

（二）因清偿债务、转产、歇业降价销售商品的；

（三）为推广新产品进行促销的；

（四）能够证明行为具有正当性的其他理由。

三、“没有正当理由”，拒绝与交易相对人进行交易（拒绝交易）

（一）只有“无正当理由”拒绝与交易相对人交易的行为才属于非法。

【注意】排除拒绝交易行为违法性的正当理由包括：1. 交易相对人有严重的不良信用记录，或者出现经营状况持续恶化等情况，可能会给交易安全造成较大风险的；2. 交易相对人能够以合理的价格向其他经营者购买同种商品、替代商品，或者能够以合理的价格向其他经营者出售商品的；3. 能够证明行为具有正当性的其他理由。

（二）无正当理由，以“间接方式”变相拒绝交易的行为：

1. 通过设定过高的销售价格或者过低的购买价格，变相拒绝与交易相对人进行交易；
2. 削减与交易相对人的现有交易数量；
3. 拖延、中断与交易相对人的现有交易；
4. 拒绝与交易相对人进行新的交易；
5. 设置限制性条件，使交易相对人难以继续与其进行交易；
6. 拒绝交易相对人在生产经营活动中以合理条件使用其必需设施。

四、“没有正当理由的”强制交易行为（强制交易）

（一）没有正当理由，限定交易相对人只能与其进行交易或者只能与其指定的经营者进行交易。

（二）具有市场支配地位的经营者限定交易相对人不得与其竞争对手进行交易。

【解释】强制交易的“正当理由”包括：

1. 为了保证产品质量和安全的；
2. 为了维护品牌形象或者提高服务水平的；
3. 能够显著降低成本、提高效率，并且能够使消费者分享由此产生的利益的；
4. 能够证明行为具有正当性的其他理由。

五、“没有正当理由”搭售商品，或者在交易时附加其他“不合理的”交易条件（不合理搭售）

【解释】所谓“附加其他不合理的交易条件”主要包括：

1. 在价格之外附加不合理的费用；
2. 对合同期限、支付方式、商品的运输及交付方式或者服务的提供方式等附加不合理的限制；
3. 对商品的销售地域、销售对象、售后服务等附加不合理的限制；
4. 附加与交易标的无关的交易条件。

六、“没有正当理由”，对条件相同的交易相对人在交易价格等交易条件上实行差别待遇（差别待遇或歧视待遇）

【解释1】除价格外的“其他交易条件”主要包括：

1. 实行不同的交易数量、品种、品质等级；
2. 实行不同的数量折扣等优惠条件；
3. 实行不同的付款条件、交付方式；

4. 实行不同的保修内容和期限、维修内容和时间、零配件供应、技术指导等售后服务条件。

【解释2】就差别待遇可能出现的合理性抗辩理由主要包括：1. 回应竞争对手的竞争，如果采取差别待遇的卖方证明它向买方提供商品的价格是为了适应竞争对手在相关市场中的低价竞争，即可使行为获得合法性；2. 成本抗辩，有时不同的买方获得了不同的价格折扣，是因为卖方在不同的买方那里付出的生产、运输以及销售成本不同。

【例1-2013-多选题】我国反垄断法律制度禁止具有市场支配地位的经营者，无正当理由以低于成本的价格销售商品。下列各项中，属于法定正当理由的有（　　）。

A. 处理鲜活商品　　B. 清偿债务

C. 为推广新产品进行促销　　D. 处理积压商品

【答案】ABCD

学堂点拨

因下列情形而进行的低于成本价格销售均为正当：1. 降价处理鲜活商品、季节性商品、有效期限即将到期的商品和积压商品的；2. 因清偿债务、转产、歇业降价销售商品的；3. 为推广新产品进行促销的；4. 能够证明行为具有正当性的其他理由。

【例2-2014-多选题】某行业协会组织本行业7家主要企业的领导人召开“行业峰会”，并就共同提高本行业产品价格及提价幅度形成协议，与会企业领导人均在协议上签名。会后，决议以行业协会名义下发全行业企业，与会7家企业的市场份额合计达85%。根据反垄断法律制度的规定，下列表述中，正确的有（　　）

A. 行业协会实施了组织本行业经营者达成垄断协议的行为

B. 行业协会实施了行政性限制竞争行为

C. 7家企业实施了滥用市场支配地位行为

D. 7家企业实施了达成垄断协议的行为

【答案】AD

学堂点拨

选项A、B：行业协会“召集、组织或者推动本行业的经营者达成含有排除、限制竞争内容的协议、决议、纪要、备忘录等”，属于“组织本行业经营者从事垄断协议的行为”；该行业协会不属于“行政机关和法律、法规授权的具有管理公共事务职能的组织”，谈不上“行政垄断”的问题。选项C、D：7家企业实施了“达成垄断协议”的行为；尽管7家企业的市场份额合计达85%，但按照题目交代的情况，不足以推定该7家企业具有市场支配地位，题中亦未明确提及“滥用市场支配地位”的行为（例如，销售价格是否构成“不公平的高价”）。

知识点4　与知识产权行使有关的滥用市场支配地位行为的特殊规定（★★★）

一、拒绝许可

具有市场支配地位的经营者没有正当理由，不得在其知识产权构成生产经营活动必需设施的情况下，拒绝许可其他经营者以合理条件使用该知识产权，排除、限制竞争。认定此种行为需要同时考虑下列因素：一是该项知识产权在相关市场上不能被合理替代，为其他经营者参与相关市场的竞争所必需；二是拒绝许可该知识产权将会导致相关市场上的竞争或者创新受到不利影响，损害消费者利益或者公共利益；三是许可该知识产权对该经营者不会造成不合理的损害。

二、附加不合理限制条件

具有市场支配地位的经营者没有正当理由，在行使知识产权的过程中，不得实施下列附加不合理限制条件的行为，排除、限制竞争：

（一）要求交易相对人将其改进的技术进行独占性的回授；

（二）禁止交易相对人对其知识产权的有效性提出质疑；

（三）限制交易相对人在许可协议期限届满后，在不侵犯知识产权的情况下利用竞争性的商品或者技术；

（四）对保护期已经届满或者被认定无效的知识产权继续行使权利。

三、专利联营中的滥用行为

专利联营，是指两个或者两个以上的专利权人通过某种形式将各自拥有的专利共同许可给第三方的协议安排，其形式可以是为此目的成立的专门合资公司，也可以是委托某一联营成员或者某独立的第三方进行管理。具有市场支配地位的专利联营管理组织没有正当理由，不得利用专利联营实施下列滥用市场支配地位的行为，排除、限制竞争：

（一）限制联营成员在联营之外作为独立许可人许可专利；

（二）限制联营成员或者被许可人独立或者与第三方联合研发与联营专利相竞争的技术；

（三）强迫被许可人将其改进或者研发的技术独占性地回授给专利联营管理组织或者联营成员；

（四）禁止被许可人质疑联营专利的有效性；

（五）对条件相同的联营成员或者同一相关市场的被许可人在交易条件上实行差别待遇。

四、标准必要专利滥用行为

标准必要专利是指实施该项标准所必不可少的专利。具有市场支配地位的经营者没有正当理由，不得在标准的制定和实施过程中实施下列排除、限制竞争行为：

（一）在参与标准制定的过程中，故意不向标准制定组织披露其权利信息，或者明确放弃其权利，但是在某项标准涉及该专利后却对该标准的实施者主张其专利权；

（二）在其专利成为标准必要专利后，违背公平、合理和无歧视原则，实施拒绝许可、搭售商品或者在交易时附加其他的不合理交易条件等排除、限制竞争的行为。

第四单元　经营者集中反垄断审查制度

知识点1　经营者集中的概念、分类及经济效果（★）

一、概念

经营者集中，是指经营者之间通过合并、取得股份或者资产、委托经营或联营以及人事兼任等方式形成的控制与被控制状态。主要包括以下三种情形：

（一）合并。

（二）通过取得股权或资产的方式取得对其他经营者的控制权。

（三）通过合同等方式取得对其他经营者的控制权或者能够对其他经营者施加决定性影响。

二、分类

（一）横向集中

生产或销售同类产品，或者提供同种服务而具有相互直接竞争关系的经营者之间的集中。

（二）纵向集中

某种产品的买方与卖方之间的集中或上游经营者与下游经营者之间的集中。

（三）混合集中

既不具有竞争关系，也不具有买卖关系的跨行业的经营者之间的集中。

三、经济效果

（一）积极效果

实现规模经济，提高经济效率，提高企业的经营效率，优化市场竞争环境。

（二）消极效果

减少市场竞争者数量，加大形成垄断的风险，阻碍市场进入。

【注意】《反垄断法》并不一概“禁止”经营者集中，而是对其进行“控制”，以防止其出现消极效果。这种控制制度体现为“强制的事前申报制度”，即法律要求当事人在实施集中前必须事先向反垄断法执法机构申报，待执法机构审查批准后才可实施集中的制度。

知识点2 经营者集中的申报（★★）

一、申报标准

经营者集中达到下列标准之一的，经营者应当事先向商务主管部申报，未申报的不得实施集中：

（一）参与集中的所有经营者上一会计年度“在全球范围内”的营业额合计超过100亿元人民币，并且其中至少两个经营者上一会计年度“在中国境内”的营业额均超过4亿元人民币；

（二）参与集中的所有经营者上一会计年度“在中国境内”的营业额合计超过20亿元人民币，并且其中至少两个经营者上一会计年度“在中国境内”的营业额均超过4亿元人民币。

【解释1】上述申报标准中所称“营业额”，包括相关经营者上一会计年度内销售产品和提供服务所获得的收入，扣除相关税金及其附加；“在中国境内”是指经营者提供产品或服务的买方所在地在中国境内。

【解释2】参与集中的单个经营者的营业额应当为下述经营者的营业额总和：1. 该单个经营者；2. 第1项所指经营者直接或间接控制的其他经营者；3. 直接或间接控制第1项所指经营者的其他经营者；4. 第3项所指经营者直接或间接控制的其他经营者；5. 第1至4项所指经营者中两个或两个以上经营者共同控制的其他经营者。参与集中的单个经营者的营业额不包括上述1至5项所列经营者之间发生的营业额。

【解释3】如果参与集中的单个经营者之间或者参与集中的单个经营者和未参与集中的经营者之间有共同控制的其他经营者，参与集中的单个经营者的营业额应当包括被共同控制的经营者与第三方经营者之间的营业额，且此营业额只计算一次。如果参与集中的单个经营者之间有共同控制的其他经营者，则参与集中的所有经营者的合计营业额不应包括被共同控制的经营者与任何一个共同控制他的参与集中的经营者，或与后者有控制关系的经营者之间发生的营业额。

【例1-多选题】甲公司拟与乙公司合并（经营者集中），丙公司为甲公司和乙公司共同控制的公司。在确定营业额时，根据反垄断法律制度的规定，下列表述中，正确的有（　　）。

A. 丙公司与第三方丁公司之间的营业额应计入甲公司或者乙公司的营业额，该营业额只计算一次

B. 在计算甲公司与乙公司的合计营业额时，甲公司与丙公司之间发生的营业额应计入

C. 在计算甲公司与乙公司的合计营业额时，乙公司与丙公司之间发生的营业额应计入

D. 在计算甲公司与乙公司的合计营业额时，甲公司与丙公司之间发生的营业额以及乙公司与丙公司之间发生的营业额均不计入

【答案】AD

学堂点拨

选项A：如果参与集中的单个经营者之间或者参与集中的单个经营者和未参与集中的经营者之间有共同控制的其他经营者，参与集中的单个经营者的营业额应当包括被共同控制的经营者与第三方经营者之间的营业额，且此营业额只计算一次；选项B、C、D：如果参与集中的单个经营者之间有共同控制的其他经营者，则参与集中的所有经营者的合计营业额不应包括被共同控制的经营者与任何一个共同控制他的参与集中的经营者之间发生的营业额。

二、免予申报的情形

（一）参与集中的一个经营者拥有其他每个经营者50%以上有表决权的股份或者资产的（母子关系）。

（二）参与集中的每个经营者50%以上有表决权的股份或者资产被同一个未参与集中的经营者拥有的（兄弟关系）。

知识点3 经营者集中的审查程序（★★）

一、两阶段审查

（一）初步审查

反垄断执法机构应当自收到经营者提交的符合规定的文件、资料之日起“30日内”，对申报的经营者集中进行初步审查，作出是否实施进一步审查的决定，并书面通知经营者。反垄断执法机构作出决定前，经营者不得实施集中。反垄断执法机构作出不实施进一步审查的决定或者逾期未作出决定的，经营者可以实施集中。

（二）第二阶段审查

1. 第二阶段审查应当自执法机构作出实施进一步审查决定之日起90日内完毕，并作出是否禁止

经营者集中的决定，书面通知经营者。作出禁止经营者集中的决定，应当说明理由。审查期间，经营者不得实施集中。反垄断执法机构逾期未作出决定的，经营者可以实施集中。

2. 审查期限的延长

（1）延长时限：最长60日。

（2）延长情形：①经营者同意延长；②经营者提交的文件、资料不准确，需要进一步核实；③经营者申报后有关情况发生重大变化。

【例2–单选题】根据反垄断法律制度的规定，我国经营者集中反垄断审查程序的最长审查时限为（　　）。

A. 60日　　B. 90日　　C. 180日　　D. 210日

【答案】C

学堂点拨

根据反垄断法律制度的规定，我国经营者集中反垄断审查程序的最长审查时限=30+90+60=180（日）。

二、简易程序

（一）简易案件的认定标准

1. 在同一相关市场，所有参与集中的经营者所占的市场份额之和小于15%。

2. 存在上下游关系的参与集中的经营者，在上下游市场所占的份额均小于25%。

3. 不在同一相关市场、也不存在上下游关系的参与集中的经营者，在与交易有关的每个市场所占的份额均小于25%。

4. 参与集中的经营者在中国境外设立合营企业，合营企业不在中国境内从事经济活动。

5. 参与集中的经营者收购境外企业股权或资产的，该境外企业不在中国境内从事经济活动。

6. 由两个以上经营者共同控制的合营企业，通过集中被其中一个或一个以上经营者控制。

（二）例外情形

1. 由两个以上经营者共同控制的合营企业，通过集中被其中的一个经营者控制，该经营者与合营企业属于同一相关市场的竞争者。

2. 经营者集中涉及的相关市场难以界定。

3. 经营者集中对市场进入、技术进步可能产生不利影响。

4. 经营者集中对消费者和其他有关经营者可能产生不利影响。

5. 经营者集中对国民经济发展可能产生不利影响。

6. 商务部认为可能对市场竞争产生不利影响的其他情形。

知识点4　审查的实体标准（★★）

一、一般标准

经营者集中具有或者可能具有排除、限制竞争效果的，国务院反垄断执法机构应当作出禁止经营者集中的决定。

二、对经营者集中竞争影响的评估

（一）评估内容

1. 集中是否产生或加强了“某一经营者”单独排除、限制竞争的能力、动机及其可能性。

2. 集中是否产生或加强了“相关经营者”共同排除、限制竞争的能力、动机及其可能性。

3. 集中在上下游市场或关联市场是否具有或可能具有排除、限制竞争的效果。

（二）应考虑的因素

在对经营者集中进行审查并作出相应决定过程中，国务院反垄断执法机构主要考虑下列因素：

1. 参与集中的经营者在相关市场的市场份额及其对市场的控制力；

2. 相关市场的市场集中度；

3. 经营者集中对市场进入、技术进步的影响；

4. 经营者集中对消费者和其他有关经营者的影响；

5. 经营者集中对国民经济发展的影响；

6. 国务院反垄断执法机构认为应当考虑的影响市场竞争的其他因素。

知识点5 审查决定（★）

一、禁止集中决定

具有或者可能具有排除、限制竞争效果的，禁止集中。

二、不予禁止决定

（一）不具有排除、限制竞争效果。

（二）虽具有或可能具有排除、限制竞争效果，但经营者能够证明该集中对竞争产生的有利影响明显大于不利影响，或者符合社会公共利益。

三、附加限制性条件的不予禁止决定

知识点6 经营者集中附加限制性条件制度（★★★）

一、概念

经营者集中附加限制性条件，也称经营者集中的救济措施，是指在经营者集中反垄断审查中，为了消除集中对竞争造成的不利影响，由参与集中的经营者向执法机构提出消除不利影响的解决办法，执法机构附条件批准该项集中的制度。

二、限制性条件的分类

（一）结构性条件

业务剥离——剥离参与集中的经营者的部分资产（有形和无形）或权益。

（二）行为性条件

参与集中的经营者开放其网络或平台等基础设施、许可关键技术（包括专利、专有技术或其他知识产权）、终止排他性协议。

（三）综合性条件

结构性条件和行为性条件相结合。

三、“业务剥离”的实施

（一）剥离方式

1. 自行剥离。

2. 受托剥离。

【注意】剥离的过程：寻找买方→签订出售协议→经商务部审核批准。

（二）买方资格

1. 独立于参与集中的经营者。

2. 拥有必要的资源、能力并有意愿使用剥离的业务参与市场竞争。

3. 取得其他监管机构的批准。

4. 不得向参与集中的经营者融资购买剥离业务。

5. 买方的生产要素应当与剥离业务相匹配。

（三）剥离受托人与监督受托人的任职资格

1. 独立于买卖双方。

2. 具有履行职责的专业团队。

3. 提出可行的工作方案。

4. 对买方人选确定过程的监督。

5. 商务部提出的其他要求。

（四）剥离完成前剥离义务人的特定义务

1. 保持独立：保持剥离业务与保留业务互相独立。

2. 禁止不利行为：禁止实施对剥离业务有不利影响的行为（聘用被剥离业务的关键员工、获取商业秘密）。

3. 指定管理人：指定专门管理人负责管理剥离业务（管理人的任命和更换应得到监督受托人同意）。

4. 信息披露：确保潜在买方能以公平合理的方式获得有关剥离业务的充分信息，评估剥离业务的商业价值和发展潜力。

5. 提供支持：根据买方的要求向其提供必要的便利和支持，确保剥离业务的顺利交接和稳定经营。

6. 及时移交：向买方及时移交剥离业务并履行相关法律程序。

【例3-2017-多选题】为消除经营者集中对竞争造成的不利影响，反垄断执法机构可以在批准集中时附加业务剥离的条件。下列关于业务剥离的表述中，符合反垄断法律制度规定的有（　　）。

A. 剥离受托人的报酬由剥离义务人支付，监督受托人的报酬由反垄断执法机构支付

B. 剥离受托人可以是法人和其他组织，也可以是自然人

C. 监督受托人不得披露其在履职过程中向商务部提交的各种报告及相关信息

D. 在受托剥离中，剥离受托人有权以无底价方式出售剥离业务

【答案】BCD

学堂点拨

选项A错误：剥离义务人应负责支付监督受托人和剥离受托人报酬。

第五单元　滥用行政权力排除、限制竞争规则制度

知识点1　《反垄断法》禁止的滥用行政权力排除、限制竞争行为（★★）

一、强制交易

禁止行政机关和法律、法规授权的具有管理公共事务职能的组织"以明确要求、暗示或者拒绝、拖延行政许可以及重复检查等方式限定或者变相限定单位或者个人经营、购买、使用其指定的经营者提供的商品或者限定他人正常的经营活动"。

二、地区封锁（地方保护主义）

（一）对外地商品设定歧视性收费项目、实行歧视性收费标准，或者规定歧视性价格。

（二）对外地商品执行与本地同类商品不同的技术要求、检验标准，或者采取重复检验、重复认证等歧视性技术措施，阻碍、限制外地商品进入本地市场。

（三）采取专门针对外地商品的行政许可，或者对外地商品实施行政许可时采取不同的许可条件、程序、期限等，阻碍、限制外地商品进入本地市场。

（四）设置关卡或者采取其他手段，阻碍、限制外地商品进入本地市场或者本地商品运往外地市场。

（五）妨碍商品在地区之间自由流通的其他行为。

三、排斥或限制外地经营者参加本地招标投标

（一）对外地投标者设定歧视性资质要求、评审标准。

（二）不依法发布信息。

四、排斥或者限制外地经营者在本地投资或者设立分支机构或者妨碍外地经营者在本地的正常经营活动

五、强制经营者从事垄断行为

"经营者"不得以行政机关和法律、法规授权的具有管理公共事务职能的组织的行政限定、行政授权等为由，实施垄断行为。

六、抽象行政性垄断行为

抽象行政性垄断行为，是指行政机关滥用行政权力，制定含有排除、限制竞争内容的规定的行为，其具体形式包括决定、公告、通告、通知、意见、会议纪要等。

【例-多选题】下列行为中，属于《反垄断法》所禁止的垄断行为的有（　　）。

A．某药品生产企业因拥有一项治疗心血管疾病的药品专利，占据了相关市场95%的份额

B．年销售额在1亿元以上的药品零售企业之间达成联盟协议，共同要求药品生产企业按统一的优

惠价格向联盟内的企业供应药品，联盟内的企业按统一的零售价向消费者销售药品

C．某市政府在与某国有医药企业签订的战略合作协议中承诺，该国有医药企业在本市医疗机构药品招标中享有优先中标机会

D．某省政府招标办公室发布文件称：凡不在本省纳税的企业，一律不得参与本省的招投标活动

【答案】BCD

学堂点拨

选项A：《反垄断法》对经营者合法取得的市场支配地位（包括垄断地位）并不视为非法，法律所禁止的是当事人滥用其垄断地位“排除或者限制竞争的行为”；选项B属于法律禁止的垄断协议；选项C、D属于行政性垄断行为。

知识点2 公平竞争审查制度（★★）

促进市场公平竞争是提高经济效率、增加消费者福利的根本保障，为保证公平竞争，必须清除阻碍公平竞争的不合理制度安排，形成公平竞争的体制环境。

2016年6月1日，国务院发布了《关于在市场体系建设中建立公平竞争审查制度的意见》，对公平竞争审查的对象、方式、标准、实施步骤和保障措施等作了框架性规定。

一、公平竞争审查对象和方式

（一）审查对象

公平竞争审查的对象包括三类：

1．行政机关和法律、法规授权的具有管理公共事务职能的组织制定市场准入、产业发展、招商引资、招标投标、政府采购、经营行为规范、资质标准等涉及市场主体经济活动的规章、规范性文件和其他政策措施；

2．行政法规和国务院制定的其他政策措施；

3．地方立法机关制定的地方性法规。

（二）审查方式

公平竞争审查采取事前自我审查的方式。

1．国务院制定行政法规和其他政策措施，以及地方立法机关制定地方性法规时，起草部门应当在起草过程中进行公平竞争审查。未进行自我审查的，不得提交审议。

2．行政机关和法律、法规授权的具有管理公共事务职能的组织（以下统称政策制定机关）制定涉及市场主体经济活动的规章、规范性文件和其他政策措施的，经自我审查认为不具有排除、限制竞争效果的，可以实施；具有排除、限制竞争效果的，应当不予出台，或调整至符合相关要求后出台；没有进行公平竞争审查的，不得出台。

3．国务院反垄断执法机构（国家发展改革委、商务部、工商总局）和国务院法制办，会同有关部门建立健全工作机制，指导公平竞争审查制度实施工作。

二、公平竞争审查标准

（一）市场准入和退出标准

1. 不得设置不合理和歧视性的准入和退出条件。

2. 公布特许经营权目录清单，且未经公平竞争审查，不得授予经营者特许经营权。

3. 不得限定经营、购买、使用特定经营者提供的商品和服务。

4. 不得设置没有法律法规依据的审批或者事前备案程序。

5. 不得对市场准入负面清单以外的行业、领域、业务等设置审批程序。

（二）商品和要素自由流动标准

1. 不得对外地和进口商品、服务实行歧视性价格和歧视性补贴政策。

2. 不得限制外地和进口商品、服务进入本地市场或者阻碍本地商品运出、服务输出。

3. 不得排斥或者限制外地经营者参加本地招标投标活动。

4. 不得排斥、限制或者强制外地经营者在本地投资或者设立分支机构。

5. 不得对外地经营者在本地的投资或者设立的分支机构实行歧视性待遇，侵害其合法权益。

（三）影响生产经营成本标准

1. 不得违法给予特定经营者优惠政策。

2. 安排财政支出一般不得与企业缴纳的税收或者非税收入挂钩。

3. 不得违法免除特定经营者需要缴纳的社会保险费用。

4. 不得在法律规定之外要求经营者提供或者扣留经营者各类保证金。

（四）影响生产经营行为标准

1. 不得强制经营者从事《反垄断法》规定的垄断行为。

2. 不得违法披露或者要求经营者披露生产经营敏感信息，为经营者从事垄断行为提供便利条件。

3. 不得超越定价权限进行政府定价。

4. 不得违法干预实行市场调节价的商品和服务的价格水平。

三、例外规定

属于下列情形的政策措施，如果具有排除和限制竞争的效果，在符合规定的情况下可以实施：

（一）维护国家经济安全、文化安全或者涉及国防建设的；

（二）为实现扶贫开发、救灾救助等社会保障目的的；

（三）为实现节约能源资源、保护生态环境等社会公共利益的；

（四）法律、行政法规规定的其他情形。

知识点3 法律责任（★）

一、由上级机关（而非反垄断执法机构）责令改正。

二、对直接负责的主管人员和其他直接责任人员依法给予处分。

三、反垄断执法机构可以向有关上级机关提出依法处理的“建议”。

本章强化练习

一、单项选择题

1．下列行为中，涉嫌违反我国《反垄断法》的是（　　）。

A．中国移动、中国联通等少数几家国有电信企业共同占据我国电信基础运营业务市场的全部份额

B．经国家有关部门批准，中石油、中石化等石油企业联合上调成品油价格

C．某行业协会召集本行业经营者，共同制定本行业产品的定价公式

D．某生产企业通过协议，限制分销商转售商品的最高价格

2．在“唐山人人诉百度滥用市场支配地位案”中，人民法院将该案的相关市场界定为“中国搜索引擎服务市场”。根据反垄断法律制度的规定，“搜索引擎服务”属于（　　）。

A．相关商品市场　　B．相关技术市场

C．相关创新市场　　D．相关时间市场

3．根据反垄断法律制度的规定，下列各项中，属于从供给角度界定相关商品市场时所应考虑的因素的是（　　）。

A．商品的功能及用途　　B．商品间的价格差异

C．消费者的消费偏好　　D．其他经营者的转产成本

4．下列垄断行为中，行为人可能承担刑事责任的是（　　）。

A．经营者滥用市场支配地位，搭售商品

B．经营者与交易相对人达成固定转售价格协议

C．经营者未经执法机构批准，擅自实施集中

D．经营者之间串通投标

5．根据反垄断法律制度的规定，对于价格垄断协议行为，负责反垄断执法工作的机构是（　　）。

A．国家发展改革委　　B．国家工商总局

C．商务部　　D．国家质检总局

6．根据反垄断法律制度的规定，下列关于反垄断调查程序的表述，正确的是（　　）。

A．反垄断执法机构可依举报等方式对垄断行为立案调查，但不得依职权主动立案

B．当事人以书面形式举报并提供相关事实和证据的，反垄断执法机构可以根据案情决定是否进行调查

C．执法人员一般不得少于两人，情况紧急，可由一人单独调查

D．反垄断执法机构及其工作人员对执法过程中知悉的商业秘密负有保密义务

7. 滥用行政权力排除、限制竞争行为的行为主体不包括（　　）。

A. 市人民政府　　B. 镇政府

C. 县财政局　　D. 国有邮政公司

8. 依《反垄断法》规定，下列属于垄断行为的是（　　）。

A. 经营者利用市场支配地位　　B. 经营者达成垄断协议

C. 经营者集中　　D. 政府利用行政权力宏观调控

二、多项选择题

1. 根据反垄断法律制度的规定，下列垄断协议中，由国家工商总局负责执法的有（　　）。

A. 限制数量协议　　B. 价格卡特尔

C. 划分市场协议　　D. 维持转售价格协议

2. 根据反垄断法律制度的规定，反垄断执法机构调查涉嫌垄断行为时可以采取必要的调查措施。下列各项中，属于此措施的有（　　）。

A. 查封、扣押相关证据

B. 冻结被调查经营者的银行账户

C. 进入被调查经营者的营业场所进行检查

D. 查阅、复制被调查者的有关单证、协议、会计账簿等文件和资料

3. 根据反垄断法律制度的规定，在经营者集中附加限制性条件批准制度中，监督受托人应当符合的要求有（　　）。

A. 具有履行受托人职责的专业团队　　B. 独立于剥离义务人和剥离业务的买方

C. 提出可行的工作方案　　D. 提出可行的履职经费保障方案

4. 某行业协会组织本行业市场份额在10%以上的3家主要企业的领导人召开"行业峰会"，并就共同提高本行业产品价格及提价幅度形成决议，与会企业领导人均于决议上签字。会后，决议以行业协会名义下发全行业企业。与会3家企业的市场份额合计达85%，提价幅度巨大、构成垄断高价。根据反垄断法律制度的规定，下列表述中，正确的有（　　）。

A. 行业协会实施了组织本行业经营者达成垄断协议的行为

B. 行业协会实施了行政性限制竞争行为

C. 3家企业实施了滥用市场支配地位行为

D. 3家企业实施了达成垄断协议的行为

5. A省政府为了扶持本省企业发展，遂通过下列决议，属于《反垄断法》所禁止的滥用行政权力排除、限制竞争行为的有（　　）。

A. 本省所有超市所出售的酒品必须是本市B酒厂所生产的

B．本省唯一一家百年老店生产的茶叶只能在A省范围内销售，不得外销

C．凡是不在本省纳税的企业，一律不得参与本省的招投标活动

D．外省经营者在本省设立分支机构，要比本省经营者多一道审批程序

6．下列行为中，违反我国《反垄断法》的有（　　）。

A．农业生产者在农产品生产加工、销售、运输、储存等经营活动中实施的联合行为

B．外国企业在中国境外实施的对中国境内市场竞争产生排除或限制效果的行为

C．具有竞争关系的境内企业就固定商品出口价格达成的垄断协议

D．国有经济占控制地位的关系国民经济命脉行业的国有企业之间达成垄断协议的行为

7．下列属于《反垄断法》所禁止的横向垄断协议的有（　　）。

A．固定或者变更商品价格的协议

B．限制商品的生产数量的协议

C．联合抵制交易

D．为改进技术、研究开发新产品的协议

8．某县政府规定：施工现场不得搅拌混凝土，只能使用预拌的商品混凝土。2012年，县建材协会组织协调县内6家生产企业达成协议，各自按划分的区域销售商品混凝土。因货少价高，一些施工单位要求县工商局处理这些企业的垄断行为。根据《反垄断法》，下列哪些选项是错误的？（　　）

A．县政府的规定属于行政垄断行为

B．县建材协会的行为违反了《反垄断法》

C．县工商局有权对6家企业涉嫌垄断的行为进行调查和处理

D．被调查企业承诺在反垄断执法机构认可的期限内采取具体措施消除该行为后果的，该机构可决定终止调查

答案及解析

一、单项选择题

1. 【答案】C

【学堂点拨】选项C属于固定或变更商品价格的横向垄断协议。

2. 【答案】A

【学堂点拨】界定相关市场涉及三个维度，包括时间、商品和地域；但是，并非任何的市场界定都涉及全部三个维度。大部分反垄断分析中，相关市场只需从商品和地域两个维度进行界定，只有在时间因素可以影响商品之间的竞争关系的特定情形下，才会用到时间维度。本题中，法院将相关市场界定为“中国搜索引擎服务市场”，其中商品维度就是“搜索引擎服务”，地域维度是“中国”，选项A正确。

3. 【答案】D

【学堂点拨】从供给角度界定相关商品市场，一般考虑的因素包括：经营者的生产流程和工艺、转产的难易程度、转产需要的时间、转产的额外费用和风险、转产后所提供商品的市场竞争力、营销渠道等。选项D正确。

4. 【答案】D

【学堂点拨】我国《反垄断法》未对垄断行为规定刑事责任，选项A、B、C错误；我国《招标投标法》和《刑法》均对情节严重的串通招投标行为规定了刑事责任。

5. 【答案】A

【学堂点拨】国家发展改革委负责价格垄断行为的执法查处工作，选项A正确。

6. 【答案】D

【学堂点拨】选项A错误：反垄断执法机构可依举报立案，亦可依职权主动立案；选项B错误：举报采用书面形式并提供相关事实和证据的，反垄断执法机构“应当”进行必要的调查；选项C错误：反垄断执法机构调查涉嫌垄断行为，执法人员不得少于两人，并应当出示执法证件。

7. 【答案】D

【学堂点拨】本题考核行政权力排除、限制竞争行为的行为主体。选项D属于经营者，不属于滥用行政权力的主体。

8. 【答案】B

【学堂点拨】选项A没有提到“滥用”；选项C没有提到限制竞争的目的；选项D不属于垄断行为。

二、多项选择题

1. 【答案】AC

【学堂点拨】国家工商总局负责垄断协议、滥用市场支配地位、滥用行政权力排除、限制竞争方面的反垄断执法工作，价格垄断行为除外。选项B、D属于价格垄断，错误。

2. 【答案】ACD

【学堂点拨】根据规定，反垄断执法机构调查涉嫌垄断行为，可以采取下列措施：（1）进入被调查的经营者的营业场所或者其他有关场所进行检查（选项C正确）；（2）询问被调查的经营者、利害关系人或者其他有关单位或者个人，要求其说明有关情况；（3）查阅、复制被调查的经营者、利害关系人或者其他有关单位或者个人的有关单证、协议、会计账簿、业务函电、电子数据等文件和资料（选项D正确）；（4）查封、扣押相关证据（选项A正确）；（5）查询经营者的银行账户。

3. 【答案】ABC

【学堂点拨】监督受托人和剥离受托人应当符合下列要求：（1）独立于剥离义务人和剥离业务的买方（选项B正确）；（2）具有履行受托人职责的专业团队，团队成员应当具有对限制性条件进行监督所需的专业知识、技能及相关经验（选项A正确）；（3）提出可行的工作方案（选项C正确）；（4）对买方人选确定过程的监督；（5）商务部提出的其他要求。

4. 【答案】ACD

【学堂点拨】选项C：三个经营者在相关市场的市场份额合计达到3/4的，且各个经营者在相关市场所占市场份额均在1/10以上，这些经营者可以被推定为共同占有市场支配地位。

5. 【答案】ABCD

【学堂点拨】《反垄断法》所禁止的滥用行政权力排除、限制竞争行为包括：（1）强制交易；（2）地区封锁；（3）排斥或限制外地经营者参加本地招标投标；（4）排斥或者限制外地经营者在本地投资或者设立分支机构或者妨碍外地经营者在本地的正常经营活动；（5）强制经营者从事垄断行为；（6）抽象行政性垄断行为。

6. 【答案】BD

【学堂点拨】选项A属于《反垄断法》的适用排外。中华人民共和国境外的垄断行为，对境内市场竞争产生排除、限制影响的，适用《反垄断法》，选项B当选。选项C是垄断协议的豁免情形。国有垄断企业从事垄断协议，受《反垄断法》的限制，选项D当选。

7. 【答案】ABC

【学堂点拨】本题考核《反垄断法》所禁止的横向垄断协议。为改进技术、研究开发新产品的协议属于可被《反垄断法》豁免的垄断协议类型。

8. 【答案】ACD

【学堂点拨】选项A说法错误，县政府的行为属于正常的行政管理，并没有从事地区封锁、限制竞争的行为。选项B说法正确，《反垄断法》第十六条规定，行业协会不得组织本行业的经营者从事本章禁止的垄断行为。本题中，县建材协会的行为属于行业协会的垄断协议，分割销售市场。选项C说法错误，《反垄断法》第十条第二款规定，国务院反垄断执法机构根据工作需要，可以授权省、自治区、直辖市人民政府相应的机构，依照本法规定负责有关反垄断执法工作。据此可知，县工商局没有反垄断执法权。选项D说法错误，《反垄断法》第四十五条第一款规定，对反垄断执法机构调查的涉嫌垄断行为，被调查的经营者承诺在反垄断执法机构认可的期限内采取具体措施消除该行为后果的，反垄断执法机构可以决定中止调查。中止调查的决定应当载明被调查的经营者承诺的具体内容。据此可知，应该是“中止”调查，而非“终止”调查。

第十二章　涉外经济法律制度

本章思维导图

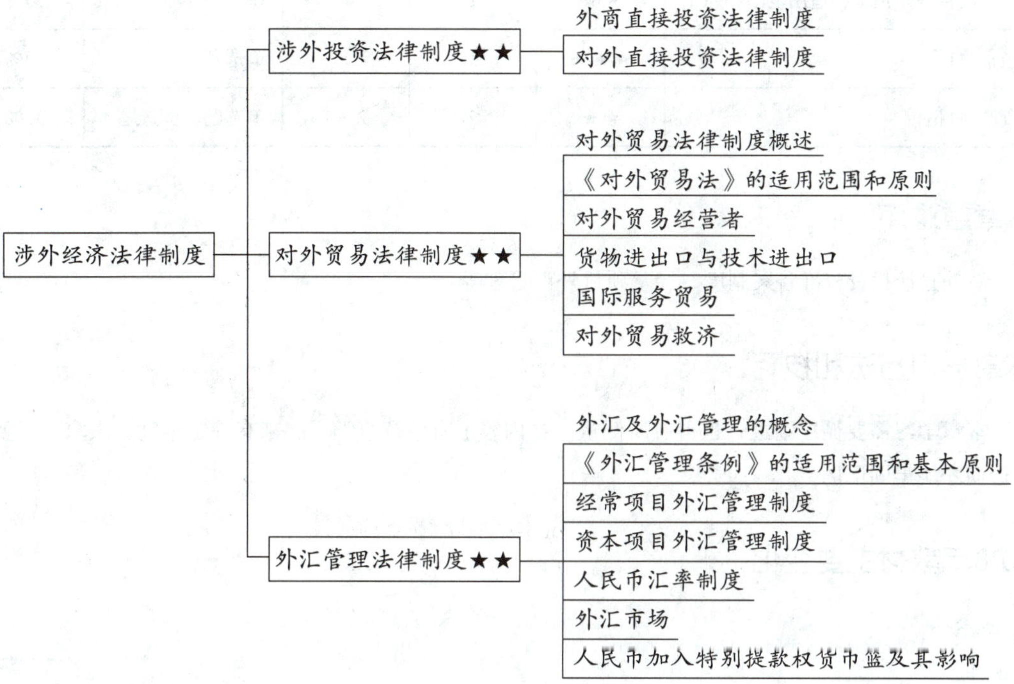

本章概述

本章主要介绍了外商直接投资法律制度、对外直接投资法律制度、对外贸易法律制度以及外汇管理法律制度。教材编写的主要依据为：《中华人民共和国中外合资经营企业法》《中华人民共和国中外合资经营企业法实施条例》《中华人民共和国外资企业法》《中华人民共和国中外合作经营企业法》《指导外商投资方向规定》《外商投资项目核准和备案管理办法》等。

考情回顾及考情预测

近年，本章考试分值在8分左右，题型全部为客观题。本章知识点较多，学习起来有一定的难度，希望各位考生能加以重视。

本章近五年考情一览

考点	重要程度	考查次数	大致分值	考查题型	考查概率
外商直接投资	★★	2	2~3	单选题、多选题	20%
对外直接投资核准备案制度	★★★	1	1	单选题	80%
货物进出口与技术进出口	★★	1	1	单选题	50%
反倾销措施与保障措施	★★	1	1	单选题	50%
《外汇管理条例》的适用范围和原则	★★	1	1	单选题	50%
经常项目	★★★	1	1	单选题	50%
资产项目	★★	2	2~3	单选题、多选题	30%

本章重难点

对外直接投资核准备案制度、经常项目外汇管理等。

本章学习方法和技巧

本章学习需要循序渐进，也得有所侧重。在内容上有些章节学习起来有一定难度，大家务必要理解透彻才能牢固记忆。

2018年教材主要变化

新增了对外投资备案（标准）制度，调查了外汇市场交易的币种和形式，其他无实质性变化。

第一单元　涉外投资法律制度

知识点1　外商直接投资的投资项目（★★）

一、鼓励类外商投资项目

（一）属于农业新技术、农业综合开发和能源、交通、重要原材料工业的。

（二）属于高新技术、先进适用技术，能够改进产品性能、提高企业技术经济效益或者生产国内生产能力不足的新设备、新材料的。

（三）适应市场需求，能够提高产品档次、开拓新兴市场或者增加产品国际竞争能力的。

（四）属于新技术、新设备，能够节约能源和原材料、综合利用资源和再生资源以及防治环境污染的。

（五）能够发挥中西部地区的人力和资源优势，并符合国家产业政策的。

二、限制类外商投资项目

（一）技术水平落后的。

（二）不利于节约资源和改善生态环境的。

（三）从事国家规定实行保护性开采的特定矿种勘探、开采的。

（四）属于国家逐步开放的产业的。

三、禁止类外商投资项目

（一）危害国家安全或者损害社会公众利益的。

（二）对环境造成污染损害，破坏自然资源或者损害人体健康的。

（三）占用大量耕地，不利于保护、开发土地资源的。

（四）危害军事设施安全和使用效能的。

（五）运用我国特有工艺或者技术生产产品的。

四、允许类外商投资项目

不属于鼓励类、限制类和禁止类的外商投资项目，为允许类外商投资项目。

产品全部直接出口的允许类外商投资项目，视为鼓励类外商投资项目。产品出口销售额占其产品销售总额70%以上的限制类外商投资项目，经省、自治区、直辖市及计划单列市人民政府或者国务院主管部门批准，可以视为允许类外商投资项目。

【例1-单选题】根据外商直接投资法律制度的规定，下列各项中，属于禁止类外商投资项目的是（　　）。

A. 技术水平落后的项目

B. 不利于节约资源和改善生态环境的项目

C. 占用大量耕地，不利于保护、开发土地资源的项目

D. 从事国家规定实行保护性开采的特定矿种勘探、开采的项目

【答案】C

学堂点拨

选项A、B、D属于限制类外商投资项目。

知识点2 外商投资项目的核准与备案（★★）

外商投资项目管理分为核准和备案两种方式。

实行核准制的外商投资项目的范围：

一、《外商投资产业指导目录》中有中方控股（含相对控股）要求的总投资（含增资）10亿美元以上鼓励类项目，以及总投资（含增资）1亿美元及以上限制类（不含房地产）项目，由国务院投资主管部门（发展改革委）核准；其中总投资（含增资）20亿美元及以上项目报国务院备案。

二、《外商投资产业指导目录》限制类中的房地产项目和总投资（含增资）不足1亿美元的其他

限制类项目，由省级政府核准；《外商投资产业指导目录》中有中方控股（含相对控股）要求的总投资（含增资）不足10亿美元的鼓励类项目，由地方政府核准。

表 12-1　外商投资项目核准权限对比

<table>
<tr><th colspan="3">具体情形</th><th>核准机关</th><th>备注</th></tr>
<tr><td rowspan="2">鼓励类</td><td colspan="2">不足10亿美元</td><td>地方政府</td><td>将级政府可以具体划分地方各级政府的核准权限</td></tr>
<tr><td colspan="2">10亿美元及以上</td><td>国家发展改革委</td><td>20亿美元及以上项目报国务院备案</td></tr>
<tr><td rowspan="3">限制类</td><td colspan="2">房地产项目</td><td rowspan="2">省级政府</td><td rowspan="2">核准权限不得下放</td></tr>
<tr><td rowspan="2">其他限制类项目</td><td>不足1亿美元</td></tr>
<tr><td>1亿美元及以上</td><td>国家发展改革委</td><td>20亿美元及以上项目报国务院备案</td></tr>
</table>

知识点3　外商直接投资的准入管理（★★）

一、外商投资企业的设立

设立外商投资企业，属于《外商投资企业设立及变更备案管理暂行办法》（以下简称《暂行办法》）规定的备案范围的，在取得企业名称预核准后，应由全体投资者（或外商投资股份有限公司的全体发起人）指定的代表或者共同委托的代理人在营业执照签发前，或者由外商投资企业指定的代表或者委托的代理人在营业执照签发后30日内，在线填报和提交《外商投资企业设立备案申报表》及相关文件，办理设立备案手续。

二、外商投资企业的变更

属于《暂行办法》规定的备案范围内的外商投资企业，发生以下变更事项的，应由外商投资企业指定的代表或者委托的代理人在变更事项发生后30日内在线填报和提交《外商投资企业变更备案申报表》及相关文件，办理变更备案手续：

（一）外商投资企业基本信息变更，包括名称、注册地址、企业类型、经营期限、投资行业、业务类型、经营范围、是否属于国家规定的进口设备减免税范围、注册资本、投资总额、组织机构构成、法定代表人、外商投资企业最终实际控制人信息、联系人及联系方式；

（二）外商投资企业投资者基本信息变更，包括姓名（名称）、国籍/地区或者地址 （注册地或者注册地址）、证照类型及号码、认缴出资额、出资方式、出资期限、资金来源地、投资者类型；

（三）股权（股份）、合作权益变更；

（四）合并、分立、终止；

（五）外资企业财产权益对外抵押转让；

（六）中外合作企业外国合作者先行回收投资；

（七）中外合作企业委托经营管理。

知识点4 外商直接投资的主要形式（★★★）

一、中外合资经营企业（合营企业）

（一）合营企业属于股权式企业，由双方共同投资、共同经营，按照各自的出资比例共担风险，共负盈亏。

（二）合营企业不设股东会，董事会是最高权力机构，董事长是合营企业的法定代表人。

提示

合营企业的组织形式为有限责任公司或者股份有限公司。

二、中外合作经营企业（合作企业）

（一）合作企业属于契约式企业，由双方通过合作合同约定各自的权利和义务。

（二）合作企业不设股东会，董事会（联合管理委员会）是合作企业的最高权力机构。

三、外商独资经营企业（外资企业）

外资企业的组织形式一般为有限责任公司，经批准也可以为其他责任形式。

【解释】以上三种形式都是按照中国法律设立和运营的企业，性质上属于中国法人或者非法人实体。合营企业、合作企业的中方投资者只能是中国的公司、企业或者其他经济组织，不包括个人；外方投资者可以是外国公司、企业、其他经济组织或者个人。

【例2-2017-单选题】下列关于中外合资经营企业的组织形式和组织结构的表述中，符合涉外投资法律制度规定的是（　　）。

A．合营企业的组织形式为有限责任公司的，股东会是其最高权力机构

B．合营企业的组织形式可以为有限责任公司，也可以为合伙企业或股份有限公司

C．合资股份公司的组织结构应按照《公司法》关于股份公司组织结构的规定办理

D．总经理是合营企业的法定代表人

【答案】C

学堂点拨

选项A：合营企业不设股东会，董事会是最高权力机构。选项B：合营企业的组织形式为有限责任公司或者股份有限公司。中外合资股份有限公司是合营企业的一种，是按照股份有限公司形式组织的合营企业。选项D：董事长是合营企业的法定代表人。

知识点5 外商投资企业的出资方式（★★★）

一、现金

（一）外方投资者只能以外币缴付出资，不能以人民币缴付出资。

【解释】外国投资者还可以用其合法获得的“境外人民币”依法在中国境内开展直接投资。

（二）中方投资者以人民币出资。

二、作价出资（以实物、工业产权、专有技术的作价出资）

（一）实物、工业产权或专有技术出资的评估作价：由中外投资者按照公平合理的原则协商确定，或聘请中外投资各方同意的第三者评定。

（二）外方出资者用作出资的机器设备或其他物料、工业产权、专有技术，应报审查机关批准。

【注意1】外方出资者用作出资的机器设备或其他物料，应具备以下条件：1. 为企业生产所必需；2. 作价不得高于同类机器设备或其他物料当时的国际市场价格。

【注意2】外方投资者用作出资的工业产权、专有技术，应具备以下条件：

1. 能显著改进现有产品的性能、质量，提高生产效率；

2. 能显著节约原材料、燃料、动力。

【例3-2013-多选题】根据外商直接投资法律制度的规定，下列关于外商投资企业出资方式的表述中，正确的有（　　）。

A. 中方投资者的出资方式包括现金、实物、场地使用权、工业产权、专有技术和其他财产权利

B. 外方投资者以现金出资时，可以外币缴付出资，也可以其合法获得的境外人民币缴付出资

C. 中外投资者缴付出资额后，无须中国的注册会计师验证

D. 中外投资者以实物出资需要作价时，其作价由中外投资各方按照公平合理的原则协商确定，或者聘请中外投资各方同意的第三方评定

【答案】ABD

学堂点拨

中外投资者缴付出资额后，须由中国的注册会计师验证。

知识点6 外国投资者并购境内企业（★★★）

一、外国投资者并购国内企业的方式

（一）股权并购

外国投资者购买境内非外商投资企业股东的股权或认购境内公司增资，使该境内公司变更设立为外商投资企业。

（二）资产并购

外国投资者设立外商投资企业，并通过该企业协议购买境内企业资产并运营该资产，或者外国投资者协议购买境内企业资产，并以该资产投资设立外商投资企业运营该资产。

二、外国投资者并购国内企业报“商务部”审批的情形

（一）境内公司、企业或自然人以其在境外合法设立或控制的公司名义并购与其有关联关系的境内公司，应报商务部审批。

（二）外国投资者并购境内企业并取得实际控制权：“涉及重点行业”，“存在影响或可能影响国家经济安全因素”或者“导致拥有驰名商标或中华老字号的境内企业实际控制权转移”的，当事人应向商务部进行申报。当事人未申报，但其并购行为对国家经济安全造成或可能造成重大影响的，商务部可以会同相关部门要求当事人“终止交易”或“采取转让相关股权、资产或其他有效措施”，以消除并购行为对国家经济安全的影响。

三、境内企业债权债务的承担

外国投资者股权并购的，并购后所设外商投资企业承继被并购境内公司的债权债务；外国投资者资产并购的，出售资产的境内企业承担原有的债权债务。

四、审批和登记

（一）审批：商务部或省级商务主管部门。

（二）登记：国家工商管理总局或其授权的地方工商行政管理局。

提示

外国投资者以股权作为支付手段并购境内公司，是指境外公司的股东以其持有的境外公司股权或境外公司以其增发的股份，作为支付手段，购买境内公司股东的股权或境内公司增发股份的行为。上述所称的境外公司应合法设立并且其注册地具有完善的公司法律制度，且公司及其管理层最近3年未受到监管机构的处罚。

【例4-2017-单选题】甲境外公司控股股东拟以股权作为支付手段并购乙境内公司。根据涉外经济法律制度的规定，甲公司及其管理层最近一定年限内未受到监管机构的处罚。该一定年限是（　　）。

A．2年　　B．3年　　C．4年　　D．5年

【答案】B

五、外国投资者并购境内企业的安全审查

（一）审查范围

1．外国投资者并购境内军工及军工配套企业，重点、敏感军事设施周边企业，以及关系国防安全的其他单位。

2．外国投资者并购境内关系国家安全的重要农产品、重要能源和资源、重要基础设施、重要运输服务、关键技术、重大装备制造等企业，且实际控制权可能被外国投资者取得。

【解释】外国投资者取得实际控制权的认定：1．外国投资者及其控股母公司、控股子公司在并购后持有的股份总额在50%以上；2．数个外国投资者在并购后持有的股份总额合计在50%以上；3．外国投资者在并购后所持有的股份总额不足50%，但依其持有的股份所享有的表决权已足以对股东会或股东大会、董事会的决议产生重大影响；4．其他导致境内企业的经营决策、财务、人事、技术等实际控制权转移给外国投资者的情形。

（二）审查内容

1．国防安全：并购交易对国防安全，包括对国防需要的国内产品生产能力、国内服务提供能力和有关设备设施的影响。

2．经济安全：并购交易对国家经济稳定运行的影响。

3．社会安全：并购交易对社会基本生活秩序的影响。

4．技术安全：并购交易对涉及国家安全关键技术研发能力的影响。

（三）审查工作机制

建立外国投资者并购境内企业安全审查部际联席会议制度，由国家发展改革委、商务部牵头。

【例5-多选题】根据涉外投资法律制度的规定，外国投资者并购境内企业安全审查部际联席会议的牵头机构有（　　）。

A．国家发展改革委　　B．工业与信息化部

C．商务部　　D．国家工商总局

【答案】AC

学堂点拨

根据规定，联席会议在国务院领导下，由国家发展改革委、商务部牵头，根据外资并购所涉及的行业和领域，会同相关部门开展并购安全审查。

知识点7 自由贸易试验区外商投资国家安全审查（★★★）

2015年4月8日，国务院办公厅印发《自由贸易试验区外商投资国家安全审查试行办法》，将此前仅适用于外资并购领域的国家安全审查，在上海、广东、天津和福建自贸试验区范围内扩展为全面覆盖外商投资领域。

一、审查范围

总的原则是，对影响或者可能影响国家安全、国家安全保障能力，涉及敏感投资主体、敏感并购对象、敏感行业、敏感技术、敏感地域的外商投资进行安全审查。

具体的安全审查范围包括：

（一）外国投资者在自贸试验区内投资军工、军工配套和其他关系国防安全的领域，以及重点、敏感军事设施周边地域；

（二）外国投资者在自贸试验区内投资关系国家安全的重要农产品、重要能源和资源、重要基础设施、重要运输服务、重要文化、重要信息技术产品和服务、关键技术、重大装备制造等领域，并取得所投资企业的实际控制权。

二、审查内容

（一）外商投资对国防安全，包括对国防需要的国内产品生产能力、国内服务提供能力和有关设施的影响。

（二）外商投资对国家经济稳定运行的影响。

（三）外商投资对社会基本生活秩序的影响。

（四）外商投资对国家文化安全、公共道德的影响。

（五）外商投资对国家网络安全的影响。

（六）外商投资对涉及国家安全关键技术研发能力的影响。

三、审查工作机制程序

（一）自贸试验区外商投资安全审查工作，由外国投资者并购境内企业安全审查部际联席会议（以下简称“联席会议”）具体承担。在联席会议机制下，国家发展改革委、商务部根据外商投资涉及的领域，会同相关部门开展安全审查。审查程序依照上述外国投资者并购境内企业安全审查的程序进行。

（二）对影响或者可能影响国家安全，但通过附加条件能够消除影响的投资联席会议可要求外国投资者出具修改投资方案的书面承诺。外国投资者出具书面承诺后，联席会议可作出附加条件的审查意见。

知识点8 外商投资企业的合并与分立（★★★）

一、审批

拟合并的公司至少有一家为股份有限公司的，由商务部审批。

二、合并、分立限制

（一）在投资者按照合同、章程的规定缴清出资并且实际开始生产、经营之前，外商投资企业不得合并、分立。

（二）外商投资企业合并的，外国投资者的股权比例不得低于合并后注册资本的25%；外商投资企业分立的，外国投资者的股权比例不得低于分立后注册资本的25%。

【例6-单选题】下列关于外商投资企业的表述中，符合我国外商投资企业法律制度规定的是（　　）。

A．中外合资经营企业在合营期限内，不得减少注册资本

B．中外合作经营企业章程的内容与合作经营企业合同的内容不一致的，以章程为准

C．外资企业可以是非法人企业

D．中外合资经营企业在投资者按照公司合同、章程规定缴清出资且实际开始生产、经营之前，不得分立，但是，可以和其他具有法人资格的外商投资企业合并

【答案】C

学堂点拨

选项A：合营企业在合营期限内，不得减少其注册资本，但因投资总额和生产经营规模等发生变化，确需减少注册资本的，须经审批机关批准。选项B：合作企业章程的内容与合作企业合同不一致的，以合作企业合同为准。选项C：外资企业的组织形式为有限责任公司，经批准也可以成为其他责任形式。选项D：在投资者按照公司合同、章程规定缴清出资、提供合作条件且实际开始生产、经营之前，公司之间不得合并，公司不得分立。

三、合并后的组织形式

（一）有限责任公司之间合并后为有限责任公司。

（二）股份有限公司之间合并后为股份有限公司。

（三）上市的股份有限公司与有限责任公司合并后为股份有限公司。

（四）非上市的股份有限公司与有限责任公司合并后可以是股份有限公司，也可以是有限责任公司。

四、外商投资企业与中国内资企业合并的条件

（一）投资者已按规定缴付出资、提供合作条件。

（二）拟合并的中国内资企业为有限责任公司或股份有限公司。

（三）投资者符合法律、法规和规章对合并后公司所从事有关产业的投资者资格要求。

（四）外国投资者的股权比例不得低于合并后公司注册资本的25%。

（五）合并各方保证原有职工的充分就业或给予安置。

知识点9 对外直接投资核准备案制度（★★★）

一、商务部的核准和备案

（一）核准管理和备案的范围

1．核准管理：企业境外投资涉及敏感国家和地区、敏感行业。

2．备案管理：其他情形的境外投资。

（二）权限范围

1．核准管理：中央企业向商务部申请核准，地方企业通过所在地省级商务主管部门向商务部提出申请。

2．备案管理：中央企业报商务部备案，地方企业报所在地省级商务主管部门备案。

3．两个以上企业共同开展境外投资：

（1）由相对最大股东在征求其他投资方书面同意后办理核准或备案；

（2）投资比例相等，协商处理。

（三）不予核准的情形

1．危害我国国家主权、安全和社会公共利益，或者违反我国法律法规。

2．损害我国与有关国家（地区）关系。

3．可能违反我国对外缔结的国际条约。

4．涉及我国禁止出口的技术和货物。

二、国家发展改革委的核准和备案

（一）核准

涉及敏感国家和地区、敏感行业的，由商务部核准，中方投资20亿美元以上的，由国家发展改革委提出审核意见后报国务院核准。

（二）备案

其他境外投资项目。

1．国家发展改革委备案：中央企业实施的境外投资、地方企业实施的中方投资额为3亿美元及以上的境外投资项目。

2．省级政府投资主管部门备案：地方企业实施的中方投资额为3亿美元以下的境外投资项目。

【例7-2015-单选题】根据涉外投资法律制度的规定，我国对于境内企业向境外直接投资采取的管理方式是（　　）。

A．注册和核准制　　B．核准和特许制　　C．备案和特许制　　D．核准和备案制

【答案】D

第二单元 对外贸易法律制度

知识点1 对外贸易的一般规定（★★）

一、《中华人民共和国对外贸易法》（以下简称《对外贸易法》）的适用范围

《对外贸易法》规定，中华人民共和国的单独关税区不适用该法。我国香港特别行政区、澳门特别行政区和台湾地区已经分别以“中国香港”“中国澳门”和“台湾、澎湖、金门、马祖单独关税区”（简称“中国台北”）的名义加入世贸组织，成为我国的单独关税区。

【例1-2014-单选题】下列各项中，属于世界贸易组织所称的“单独关税区”的是（　　）。

A. 中国（上海）自由贸易试验区　　B. 中国香港特别行政区

C. 京津冀一体化都市圈　　D. 海南经济特区

【答案】B

二、对外贸易经营者

（一）对外贸易经营者既可以是法人，也可以是非法人组织如合伙企业，还可以是自然人。

（二）对外贸易经营无需专门许可。

（三）货物贸易和技术贸易经营者备案登记。

（四）关于国营贸易的特别规定：

国家可以对部分货物的进出口实行国营贸易管理，实行国营贸易管理货物的进出口业务只能由经授权的企业经营，但国家允许部分数量的国营贸易管理货物的进出口业务由非授权企业经营的除外。

三、限制进出口的货物

国家对限制进出口的货物，实行配额、许可证等方式管理。国家规定有数量限制的限制进出口货物，实行配额管理；其他限制进出口货物，实行许可证管理。

四、限制进出口的技术

对限制进出口的技术，实行许可证管理，技术进出口合同自许可证颁发之日起生效。

【例2-2016-单选题】根据对外贸易法律制度的规定，对于国家规定有数量限制的进出口货物，我国实行的管理方式是（　　）。

A. 配额管理　　B. 自由进出口管理

C. 备案登记管理　　D. 许可证管理

【答案】A

知识点2 反倾销措施（★★）

一、基本概念

其他国家或者地区的产品以低于正常价值的倾销方式进入我国市场，对已经建立的国内产业造成实质损害或者产生实质损害威胁，或者对建立国内产业造成实质阻碍的，国家可以采取反倾销措施。

二、反倾销调查

（一）反倾销调查的启动

国内产业或者代表国内产业的自然人、法人或者有关组织（统称“申请人”），可以依照《反倾销条例》的规定向商务部提出反倾销调查的书面申请。商务部应当自收到申请书及有关证据之日起 60 日内，进行审查并决定立案调查或者不立案调查。

在表示支持申请或者反对申请的国内产业中，支持者的产量占支持者和反对者的总产量的50%以上的，应当认定申请是由国内产业或者代表国内产业提出，可以启动反倾销调查；但是，表示支持申请的国内生产者的产量不足国内同类产品总产量的25%的，不得启动反倾销调查。

在特殊情形下，商务部虽未收到反倾销调查的书面申请，但有充分证据认为存在倾销和损害以及二者之间有因果关系的，可以自行决定立案调查。

（二）反倾销调查的期限

反倾销调查应当自立案调查决定公告之日起12个月内结束；特殊情况下可以延长，但延长期不得超过6个月。

（三）反倾销调查应当终止的情形

1. 申请人撤销申请的。

2. 没有足够证据证明存在倾销、损害或者二者之间有因果关系的。

3. 倾销幅度低于2%的。

4. 倾销进口产品实际或者潜在的进口量或者损害属于可忽略不计的。

5. 商务部认为不适宜继续进行反倾销调查的。

三、反倾销措施

（一）临时反倾销措施

“初裁决定”确定倾销成立，并由此对国内产业造成损害的，可以采取下列临时反倾销措施：

1. 征收临时反倾销税；

2. 要求提供保证金、保函或者其他形式。

（二）价格承诺

1. 倾销进口产品的出口经营者在反倾销调查期间，可以向商务部作出改变价格或者停止以倾销价格出口的价格承诺。

2. 商务部可以向出口经营者提出价格承诺的建议，但不得强迫出口经营者作出价格承诺。

3. 商务部对倾销以及由倾销造成的损害作出肯定的初裁决定前不得寻求或者接受价格承诺。

4. 出口经营者不作出价格承诺或者不接受价格承诺的建议的，不妨碍对反倾销案件的调查和确定。

5. 商务部认为出口经营者作出的价格承诺能够接受并符合公共利益的，可以决定中止或者终止反倾销调查，不采取临时反倾销措施或者征收反倾销税。

（三）反倾销税

终裁决定确定倾销成立，并由此对国内产业造成损害的，可以征收反倾销税。征收反倾销税，由商务部提出建议，国务院关税税则委员会根据商务部的建议作出决定，由商务部予以公告，海关自公告规定实施之日起执行。

【例3-2016-单选题】根据涉外经济法律制度的规定，有权作出征收反倾销税决定的机构是（　　）

A. 商务部　　B. 海关总署　　C. 国家税务总局　　D. 国务院关税税则委员会

【答案】D

知识点3 反补贴措施（★★）

一、反补贴调查

反补贴调查在申请、启动、实施、终止等方面的条件和程序与反倾销调查基本相同。略有差异的是，反补贴调查的终止情形之一是“补贴金额为微量补贴”，而不是“幅度低于2%”。

二、反补贴措施

反补贴措施包括临时反补贴措施，取消、限制补贴或者其他有关措施的承诺，以及反补贴税，其具体内容和实施程序与反倾销措施基本相同。略有差异的是，临时反补贴措施实施的期限，自临时反补贴措施决定公告规定实施之日起不超过4个月，不得延长。

提示

临时反倾销措施实施的期限，自临时反倾销措施决定公告规定实施之日起，不超过4个月；在特殊情形下，可以延长至9个月。

知识点4 保障措施（★★）

一、基本概念

因进口产品数量大量增加，对生产同类产品或者与其直接竞争的产品的国内产业造成严重损害或者严重损害威胁的，国家可以采取必要的保障措施，消除或者减轻这种损害或者损害的威胁，并可以对该产业提供必要的支持。

【解释】从性质上说，保障措施与反倾销和反补贴措施有所不同，反倾销和反补贴措施针对的是倾销和补贴这样的“不公平贸易”行为，而保障措施针对的是“公平贸易”条件下的特殊情形。

【例4-2015-单选题】根据对外贸易法律制度的规定，针对公平贸易条件下的特殊情形，可以采取特定的贸易救济措施，该措施是（　　）。

A. 反补贴税　　B. 反倾销税　　C. 价格承诺　　D. 保障措施

【答案】D

二、保障措施的启动

与国内产业有关的自然人、法人或者其他组织，可以依法向“商务部”提出采取保障措施的书面申请，商务部应当及时对申请进行审查，决定立案调查或者不立案调查；商务部虽未收到采取保障措施的书面申请，但有充分证据认为国内产业因进口产品数量增加而受到损害的，也可以自行决定立案调查。

三、临时保障措施

商务部根据调查结果，可以作出初裁决定，也可以直接作出终裁决定，并予以公告。有明确证据表明进口产品数量增加，不采取临时保障措施将对国内产业造成难以补救的损害时，商务部可以作出初裁决定，并采取临时保障措施。

临时保障措施的实施期限，自临时保障措施决定公告规定实施之日起，不超过200天。

四、保障措施

（一）终裁决定确定进口产品数量增加，并由此对国内产业造成损害的，可以采取保障措施，保障措施可以采取提高关税、数量限制等形式。

（二）保障措施采取提高关税形式的，由商务部提出建议，“国务院关税税则委员会”根据商务部的建议作出决定，由商务部予以公告。

表 12-2 “两反一保”的比较

	反倾销	反补贴	保障措施
能否主动立案调查	√	√	√
临时措施	征收临时反倾销税 要求提供保证金、保函或者其他形式的担保		提高关税
临时措施的期限	4个月＋5个月	4个月，不得延长	200天
最终措施	反倾销税	反补贴税	提高关税、数量限制
最终措施的期限	5年，可适当延长		4年/最长10年

第三单元　外汇管理法律制度

知识点1　《外汇管理条例》的适用范围和原则（★★）

一、外汇的概念

外汇包括外币现钞（包括纸币和铸币）、外币支付凭证或者支付工具（包括票据、银行存款凭证、银行卡）、外币有价证券（包括股票、债券）、特别提款权及其他外汇资产。

二、《外汇管理条例》的适用范围

（一）境内机构和境内个人的外汇收支或者外汇经营活动，不论其发生在境内或者境外，均适用该条例。

（二）境外机构和境外个人，仅对其发生在中国境内的外汇收支和外汇经营活动适用该条例。

三、《外汇管理条例》的原则

我国目前外汇管理的基本原则是经常项目与资本项目区别管理原则，即经常项目开放（可自由兑换），资本项目管制。

【解释】境内个人是指中国公民和在中国境内连续居住满1年的外国人，外国驻华外交人员和国际组织驻华代表除外。

知识点2 经常项目（★★★）

一、经常项目

经常项目包括贸易收支、服务收支、收益（包括职工报酬和股息、红利等投资收益）和经常转移（单方面转移，如个人之间的无偿赠与或者政府之间的军事及经济援助、赠与、赔款等）。

二、经常项目外汇收支管理

（一）经常项目外汇收入管理

经常项目外汇收入，可以按照国家有关规定保留或者卖给经常结汇、售汇业务的金融机构。

（二）经常项目外汇支出管理

凭有效单证以自有外汇支付或者向经营结汇、售汇业务的金融机构购汇支付。

（三）经常项目外汇收支需有真实、合法的交易基础

经营结汇、售汇业务的金融机构应当按照国务院外汇管理部门的规定，对交易单证的真实性及其与外汇收支的一致性进行合理审查。外汇管理机关有权对前款规定事项进行监督检查。

三、个人外汇管理制度

（一）个人外汇收支管理遵循经常项目可兑换的总体原则，立足于满足个人正当合理的用汇需求，采用额度管理的方式。目前，对于个人结汇和境内个人购汇实行年度总额管理，年度总额为每人每年等值5万美元。

（二）个人经常项目项下外汇收支和非经常性外汇收支，对于个人开展对外贸易产生的经营性外汇收支，视同机构按照货物贸易的有关原则进行管理。

知识点3 资本项目（★★）

一、资本项目

资本项目，是指国际收支中引起对外资产和负债水平发生变化的交易项目，包括资本转移、非生产及非金融资产的收买或放弃、直接投资、证券投资、衍生产品投资及贷款等。

【案例】境内个人张某于2016年12月购买碧桂园马来西亚森林城市项目洋房一套，总价300万元人民币，张某需向银行购汇，问是走资本项目还是经营项目？

答：资本项目，居民个人境外买房属于直接投资。

二、资本项目外汇收入

资本项目外汇收入，保留或者卖给经营结汇、售汇业务的金融机构，应当经外汇管理机关批准，但国家规定无需批准的除外。

三、资本项目外汇支出

凭有效单证以自有外汇支付或者向经营外汇、售汇业务的金融机构购汇支付。

知识点4 直接投资项下的外汇管理（★★）

一、外商直接投资

无论是直接投资的汇入还是汇出，外国投资者应先在外汇局办理登记，如果登记事项发生变化，外国投资者还应当办理变更登记。

二、境外直接投资

（一）境内机构可以使用自有外汇资金、符合规定的国内外汇贷款、人民币购汇或者实物、无形资产及经外汇局核准的其他外汇资产进行境外直接投资；境内机构境外直接投资所得利润也可留存境外用于其境外直接投资。其中，自有外汇资金包括经常项目外汇账户、外商投资企业资本金账户等账户内的外汇资金。

（二）境内机构将其所得的境外直接投资利润汇回境内的，可以保存在其经常项目外汇账户或办理结汇。

知识点5 间接投资项下的外汇管理（★★）

目前，我国关于有价证券及衍生产品发行、交易项下的外汇管理主要涉及合格境外机构投资者（QFII）、合格境内机构投资者（QDII）、境外上市外资股（H股）、境内上市外资股（B股）等制度。

一、合格境外机构投资者（QFII）

（一）中国证监会负责QFII资格审定、投资工具确定、持股比例限制等。

（二）国家外汇管理局负责投资额度审定、资金汇出入以及汇兑管理等。

二、合格境内机构投资者（QDII）

（一）银监会、证监会、保监会分别负责各自监管范围内金融机构境外投资业务的市场准入，包括资格审批、投资品种确定以及相关风险管理。

（二）国家外汇管理局负责QDII机构境外投资制度、账户及资金汇兑管理等。

三、境外上市外资股（H股）

（一）境内公司应在境外上市首次发股结束后的15个工作日内，到其注册所在地外汇局办理境外上市登记。

（二）境内公司境外上市后，其境内股东拟增持或者减持境外股份的，也应到境内股东所在地外汇局办理境外持股登记。

（三）境内公司和境内股东应当凭上述登记证明，分别在所在地银行开立境内专用账户，用以办理与该项业务对应的资金汇兑与划转。

（四）境内公司申请境外上市境内专用账户资金结汇的，应向所在地外汇局申请，外汇局审核上述材料无误后为境内公司出具结汇核准件，境内公司凭该核准件到银行办理结汇手续。

四、境内上市外资股（B股）

境内上市外资股是指在中国境内注册的股份有限公司向境外投资者发行并在中国境内证券交易所上市的股票。2001年2月19日，B股市场向境内持有外汇账户的居民个人开放。

知识点6 外债管理（★）

一、外商投资企业借用的外债资金可以结汇使用。除另有规定外，境内金融机构和中资企业借用的外债资金不得结汇使用。

二、外保内贷

（一）符合规定的债务人向境内金融机构借款时，可以接受境外机构或者个人提供的担保。发生境外担保违约的，债务人应到所在地外汇局办理外汇登记。

（二）外商投资企业办理境内借款接受境外担保的，可直接与境外担保人、债权人签订担保合同。发生境外担保履约的，其担保履约额应纳入外商投资企业外债规模管理。

（三）中资企业办理境内借款接受境外担保的，应事前向所在地外汇局申请外保内贷额度，中资企业可在外汇局核定的额度内直接签订担保合同。

知识点7 人民币汇率与特别提款权（★）

一、人民币汇率制度

2005年7月21日，经国务院批准，中国人民银行发布了《关于完善人民币汇率形成机制改革的公告》，决定自2005年7月21日起，在我国开始实行以市场供求为基础，参考“一篮子”货币进行调节、有管理的浮动汇率制度。

二、特别提款权

2015年12月，国际货币基金组织执行董事会正式批准人民币加入特别提款权货币篮，权重为10.92%，自2016年10月1日起生效。人民币由此成为与美元（41.73%）、欧元（30.93%）、日元（8.33%）、英镑（8.09%）并列的第五种可自由使用货币。

本章强化练习

一、单项选择题

1．下列关于外国投资者并购境内企业安全审查的表述中，符合涉外投资法律制度规定的是（　　）。

A．拟并购境内企业的外国投资者应按照规定，向商务部申请进行并购安全审查

B．国务院有关部门可不经商务部，直接向并购安全审查部际联席会议提出审查申请

C．评估并购交易对国内产业竞争力的影响是安全审查的重要内容

D．对并购交易的安全审查应当由商务部作出最终决定

2．外商投资企业设立、变更等过程中订立的某些合同，依法律、行政法规的规定应当经外商投资企业审批机关批准后才生效的，自批准之日起生效。根据外商投资企业法律制度的规定，此类合同未经批准时的效力状态是（　　）。

A．可撤销　　B．无效

C．未生效　　D．效力待定

3．某省属企业拟实施一项境外投资项目，中方投资额2.5亿美元，项目所在国系敏感国家。下列表述中，符合涉外经济法律制度规定的是（　　）。

A．该项目应报国家发展改革委核准

B．该项目应报国家发展改革委备案

C．该项目应报省级投资主管部门备案

D．该项目应报省级投资主管部门核准

4．下列关于对外贸易经营者及其管理的表述中，符合对外贸易法律制度规定的是（　　）。

A．对外贸易经营者包括法人和其他组织，但不包括个人

B．对外贸易经营实行特许制，经营者需经审批并获得外贸经营资格

C．国家可以允许部分数量的国营贸易管理货物的进出口业务由非授权企业经营

D．从事货物进出口或者技术进出口的对外贸易经营者，应当向国家工商总局或其委托的机构办理备案登记

5．根据对外贸易法律制度的规定，我国对限制进出口的技术实行的管理措施是（　　）。

A．配额管理　　B．许可证管理

C．关税配额及许可证管理　　D．非关税配额及许可证管理

6．根据对外贸易法律制度的规定，决定征收反倾销税的机构是（　　）。

A．商务部　　B．国务院关税税则委员会

C．财政部　　D．国家税务总局

7．根据外汇管理法律制度的规定，外国人在我国境内连续居住满一定期限后，即成为“境内个人”，其发生在境内外的外汇收支或者外汇经营活动，均适用《外汇管理条例》。该连续居住的期限是（　　）。

A．6个月　　B．1年　　C．2年　　D．3年

8．根据外汇管理法律制度的规定，负责对合格境内机构投资者（QDII）的境外投资额度进行管

理的机构是（　　）。

A．财务部　　　　B．国家外汇管理局

C．国家发展改革委　　　　D．证监会

9．下列关于经常项目外汇收支管理的表述中，符合外汇管理法律制度规定的是（　　）。

A．我国对经常项目外汇收支实行有限度的自由兑换

B．经常项目外汇收入实行强制结汇制

C．经营外汇业务的金融机构应当对经常项目外汇收支的真实性进行审核

D．境内个人购汇额度为每人每年等值5万美元，应凭相关贸易单证办理

10．根据涉外经济法律制度的规定，下列关于人民币汇率制度的表述中，正确的是（　　）。

A．双重汇率制　　　　B．固定汇率制

C．自由浮动汇率制　　　　D．有管理的浮动汇率制

二、多项选择题

1．根据涉外经济法律制度的规定，下列企业形式中，可以作为中外合资经营企业组织形式的有（　　）。

A．合伙企业　　　　B．有限责任公司

C．股份有限公司　　　　D．个人独资企业

2．下列关于外商投资企业组织形式的表述中，符合外商直接投资法律制度规定的有（　　）。

A．合营企业的组织形式可以是股份有限公司

B．合作企业的组织形式可以是有限责任公司

C．合作企业可以采取不具有法人资格的组织形式

D．外资企业不得采取有限责任公司以外的其他组织形式

3．下列关于外商投资企业股权质押的表述中，符合涉外投资法律制度与物权法律制度规定的有（　　）。

A．在股权质押期间，未经全体股东同意，质权人不得转让出质股权

B．除法律、行政法规另有规定或合同另有约定外，股权质押合同自办理质权登记时生效

C．股东不得质押未缴付出资部分的股权

D．经其他股东一致同意，股东可以将股权质押给本企业

4．在中国境域内履行的下列合同中，专属适用中国法律、不得由当事人意思自治选择合同准据法的有（　　）。

A．中外合资经营企业合同

B．中外合作经营企业合同

C．外商投资企业股权转让合同

D．外商投资企业原材料采购合同

5．根据涉外经济法律制度的规定，投资者对外直接投资实行（　　）制度。

A．核准制　　　　B．备案制　　　　C．注册制　　　　D．特许制

6．根据涉外投资法律制度的规定，外国投资者以股权作为支付手段并购境内公司的，所涉及的

境内外公司的股权应符合特定条件。下列各项中，属于该特定条件的有（　　）。

A．无所有权争议

B．股东合法持有并依法可以转让

C．境外公司股权如挂牌交易的，最近3年交易价格稳定

D．没有设定质押及任何其他权利限制

7．根据外汇管理法律制度的规定，下列各项中，纳入外债管理的有（　　）。

A．境外发债　　B．境外借款

C．境内机构对外担保　　D．国际融资租赁

8．根据外汇管理法律制度的规定，可以结汇的外债有（　　）。

A．外商投资企业的外债　　B．国际金融组织贷款

C．外国政府贷款　　D．中资企业直接对外商业性借款

9．根据外汇法律制度的规定，下列各项中，属于外汇经常性项目的有（　　）。

A．贸易收支　　B．对外借款

C．投资收益　　D．单方转移

10．下列关于资本项目外汇收支管理的表述中，符合外汇管理法律制度规定的有（　　）。

A．外商直接投资的汇入和汇出均须在外汇局办理登记

B．境内机构向境外直接投资，须由外汇局对外汇资金的来源进行审核

C．境内机构境外直接投资所获利润可以留存境外继续用于直接投资，也可汇回境内

D．合格境外机构投资者（QFII）的资格和投资额度由外汇局负责审定

11．下列关于人民币汇率制度的表述中，符合外汇管理法律制度规定的有（　　）。

A．单一汇率制度　　B．固定汇率制度

C．双重汇率制度　　D．有管理的浮动汇率制度

12．下列货币中，属于特别提款权货币篮组成货币的有（　　）。

A．英镑　　B．美元

C．人民币　　D．加拿大元

13．根据涉外经济法律制度的规定，下列关于特别提款权的表述中，正确的有（　　）。

A．特别提款权本身具有价值

B．特别提款权的“货币篮”由5种货币组成

C．特别提款权是一种货币

D．加入特别提款权“货币篮”标志着人民币完全实现了可自由兑换

答案及解析

一、单项选择题

1. 【答案】A

【学堂点拨】外国投资者并购境内企业，应按照规定，由投资者向商务部提出申请，选项A正确；属于并购安全审查范围的，商务部应在5个工作日内将建议提交联席会议。联席会议认为确有必要进行并购安全审查的，可以决定进行审查，选项B、D错误。并购安全审查的内容包括：（1）并购交易对国防安全，包括对国防需要的国内产品生产能力、国内服务提供能力和有关设备设施的影响；（2）并购交易对国家经济稳定运行的影响；（3）并购交易对社会基本生活秩序的影响；（4）并购交易对涉及国家安全关键技术研发能力的影响，选项C错误。

2. 【答案】C

【学堂点拨】当事人在外商投资企业设立、变更等过程中订立的合同，依法律、行政法规的规定应当经外商投资企业审批机关批准后才生效的，自批准之日起生效；未经批准的，人民法院应当认定该合同未生效，选项C正确。

3. 【答案】A

【学堂点拨】涉及敏感国家和地区、敏感行业的境外投资项目，由国家发展改革委核准；其中，中方投资额20亿美元及以上的，由国家发展改革委提出审核意见报国务院核准，选项A正确。

4. 【答案】C

【学堂点拨】对外贸易经营者包括法人、其他组织和个人，选项A错误；2004年，《对外贸易法》修订时取消了外贸特许制，规定依法办理了工商登记或其他执业手续的单位和个人均可从事外贸经营，选项B错误；从事货物进出口或者技术进出口的对外贸易经营者，应当向商务部或者其委托的机构办理备案登记；但是，法律、行政法规和商务部规定不需要备案登记的除外，选项D错误。

5. 【答案】B

【学堂点拨】我国对限制进口或者出口的技术，实行许可证管理，选项D正确。

6. 【答案】B

【学堂点拨】征收反倾销税，由商务部提出建议，国务院关税税则委员会根据商务部的建议作出决定，由商务部予以公告，选项B正确。

7. 【答案】B

【学堂点拨】所谓境内个人，是指中国公民和在中华人民共和国境内连续居住满1年的外国人、外国驻华外交人员和国际组织驻华代表除外，选项B正确。

8. 【答案】B

【学堂点拨】国家外汇管理局负责QDII机构境外投资额度、账户及资金汇兑管理等，选项B正确。

9. 【答案】C

【学堂点拨】经常项目可自由兑换，选项A错误；经常项目外汇收入实行意愿结汇制，选项B错误；选项D中应当是“凭本人有效身份证件在银行办理”，错误。

10. 【答案】D

【学堂点拨】我国实行的汇率制度是：以市场供求为基础，参考“一篮子”货币进行调节、有管理的浮动汇率制度，选项D正确。

二、多项选择题

1.【答案】BC

【学堂点拨】合营企业的组织形式为有限责任公司；合资股份公司实际上是合营企业的一种，是按照股份有限公司形式组织的合营企业，选项B、C正确。

2.【答案】ABC

【学堂点拨】选项A是针对中外合资股份有限公司，合资股份公司实际上是合营企业的一种，是按照股份有限公司形式组织的合营企业；合作企业可以采取有限责任公司的形式，也可以采取不具有法人资格的组织形式；外资企业的组织形式为有限责任公司，经批准也可以为其他组织形式，选项D错误。

3.【答案】AC

【学堂点拨】外商投资企业股东与债权人签订的股权质押合同，除法律、行政法规另外规定或合同另有约定外，股权质押合同自成立时生效，选项B错误。股东不得将股权质押给本企业，选项D错误。

4.【答案】ABC

【学堂点拨】在中国领域内履行的下列合同，专属适用中国法律，不得由当事人意思自治选择合同准据法或者适用其他法律选择规则：（1）中外合资经营企业合同；（2）中外合作经营企业合同；（3）中外合作勘探、开发自然资源合同；（4）中外合资经营企业、中外合作经营企业、外商独资企业股份转让合同；（5）外国自然人、法人或者其他组织承包经营在中国领域内设立的中外合资经营企业、中外合作经营企业的合同；（6）外国自然人、法人或者其他组织购买中国领域内的非外商投资企业股东的股权的合同；（7）外国自然人、法人或者其他组织认购中国领域内的非外商投资有限责任公司或者股份有限公司增资的合同；（8）外国自然人、法人或者其他组织购买中国领域内的非外商投资企业资产的合同。选项A、B、C正确。

5.【答案】AB

【学堂点拨】对外直接投资实行核准制、备案制，选项A、B正确。

6.【答案】ABD

【学堂点拨】外国投资者以股权并购境内公司所涉及的境内外公司的股权，应符合以下条件：（1）股东合法持有并依法可以转让；（2）无所有权争议且没有设定质押及任何其他权利限制；（3）境外公司的股权在境外公开合法证券交易市场（柜台交易市场除外）挂牌交易；（4）境外公司的股权最近1年交易价格稳定。选项A、B、D正确。

7.【答案】ABCD

【学堂点拨】外债包括境外借款、发行债券、国际融资租赁等。境内机构对外提供担保形成的潜在外汇偿还义务，是一种或有外债，也纳入外债管理。选项A、B、C、D均正确。

8.【答案】ABC

【学堂点拨】外商投资企业的外债和国际金融组织或外国政府贷款可以结汇，其他外债（包括金融机构的外债和中资企业直接对外商业性借款）均不能结汇，选项A、B、C正确。

9. 【答案】ACD

【学堂点拨】经常项目包括贸易收支、服务收支、收益（包括职工报酬和股息、红利等投资收益）和经常转移（单方面转移）；选项B，对外借款属于资本项目。

10. 【答案】AC

【学堂点拨】现行规定取消了境外投资外汇资金的来源审核，改为实行登记备案制度，选项B错误。我国现行的QFII制度框架是，市场准入审定和投资额度审批，分别由中国证监会和国家外汇管理局负责。具体监管分工如下：中国证监会负责QFII资格的审定、投资工具的确定、持股比例限制等；国家外汇管理局负责投资额度的审定、资金汇出入和汇兑管理等，选项D错误。

11. 【答案】AD

【学堂点拨】我国目前实行的是单一的，以市场供求为基础，参考“一篮子”货币进行调节、有管理的浮动汇率制度。

12. 【答案】ABC

【学堂点拨】属于特别提款权货币篮组成货币的有人民币、美元、欧元、日元、英镑，选项A、B、C均正确。

13. 【答案】AB

【学堂点拨】特别提款权本身不是货币，选项C错误；人民币尚未完全实现可自由兑换，资本项目下还存在限制，选项D错误。

2018年注册会计师全国统一考试

历年真题

经济法

注册会计师资格考试辅导教材研究院 编

SPM 南方出版传媒、广东人民出版社
·广 州·

目　　录

2017年注册会计师全国统一考试

《经济法》历年真题

一、单项选择题

1. 关于法律规范与法律条文关系的表述中，正确的是（　　）。

A. 法律规范等同于法律条文

B. 法律条文的内容除法律规范外，还包括法律原则等法要素

C. 法律规范是法律条文的表现形式

D. 法律规范与法律条文一一对应

2. 根据民法，关于诉讼时效起算的表述正确的是（　　）。

A. 当事人约定同一债务分期履行的，从最后一期履行期限届满之日起算

B. 国家赔偿的，自国家机关及其工作人员实施违法行为时起算

C. 请求他人不作为的，自义务人违反不作为义务时起算

D. 可撤销合同的撤销权，从当事人知道或应当知道撤销事由之日起算

3. 根据民事法律制度的规定，下列关于附条件民事法律行为所附条件的表述中，正确的是（　　）。

A. 既可以是将来事实，也可以是过去事实

B. 既可以是人的行为，也可以是自然现象

C. 既可以是确定发生的事实，也可以是不确定发生的事实

D. 既包括约定事实，也包括法定事实

4. 根据物权法律制度的规定，下列各项中属于独立物权的是（　　）。

A. 地役权　　B. 抵押权

C. 质权　　D. 建设用地使用权

5. 甲公司与乙银行签订300万元的借款合同，以甲的房屋提供债权额为300万元的抵押担保，并已办理登记。其后，借款合同的借款金额增加为400万元，仍以该房屋提供抵押担保，担保债权额相应增加为400万元。为使新增抵押生效，根据物权法律制度的规定，乙银行应向不动产登记机构申请的登记类型是（　　）。

A. 更正登记　　B. 预告登记

C. 变更登记　　D. 转移登记

6. 朋友6人共同出资购买一辆小汽车，未约定共有形式，且每人的出资额也不能确定。部分共有人欲对外转让该车。为避免该转让成为无权处分，在没有其他约定的情况下，根据物权法律制度的规定，同意转让的共有人至少应当达到的人数是（　　）。

A. 4人　　B. 3人

C. 6人　　D. 5人

7. 根据物权法律制度的规定，下列关于物的种类的表述中，正确的是（　　）。

A. 海域属于不动产　　B. 文物属于禁止流通物

C. 金钱属于非消耗物　　D. 牛属于可分割物

8. 根据合同法律制度的规定，下列关于抵销的表述中，正确的是（　　）。

A. 抵销通知为要式　　B. 抵销可附条件或期限

C. 抵销的效果自通知发出时生效　　D. 抵销的意思表示溯及于得为抵销之时

9. 甲、乙双方签订买卖合同，约定甲支付货款一周后乙交付货物。甲未在约定日期付款，却请求乙交货。根据合同法律制度的规定，对于甲的请求，乙可行使的抗辩权是（　　）。

A. 不安抗辩权　　B. 先诉抗辩权

C. 不履行抗辩权　　D. 先履行抗辩权

10. 根据合同法律制度的规定，下列关于法定抵销权性质的表述中，正确的是（　　）。

A. 支配权　　B. 请求权

C. 抗辩权　　D. 形成权

11. 某普通合伙企业合伙人甲因个人借款，拟将其合伙财产份额质押给债权人乙。根据合伙企业法律制度的规定，为使该质押行为有效，同意质押的合伙人人数应当是（　　）。

A. 超过全体合伙人的三分之二　　B. 超过全体合伙人的二分之一

C. 全体合伙人　　D. 超过全体合伙人的四分之三

12. 根据合伙企业法律制度的规定，构成有限合伙人当然退伙情形的是（　　）。

A. 作为有限合伙人的法人被宣告破产

B. 作为有限合伙人的自然人丧失民事行为能力

C. 作为有限合伙人的自然人失踪

D. 作为有限合伙人的自然人故意给合伙企业造成损失

13. 根据合伙企业法律制度的规定，下列关于普通合伙企业合伙人的表述中，正确的是（　　）。

A. 上市公司可以成为合伙人

B. 限制民事行为能力的自然人不能成为合伙人

C. 非法人组织不能成为合伙人

D. 公益性社会团体可以成为合伙人

14. 某普通合伙企业合伙人甲死亡，其未成年子女乙、丙是其全部合法继承人。根据合伙企业法律制度的规定，下列表述中，正确的是（　　）。

A. 乙、丙可以继承甲的财产份额，但不能成为合伙人

B. 乙、丙因继承甲的财产份额自动取得合伙人资格

C. 经全体合伙人一致同意，乙、丙可以成为有限合伙人

D. 应解散合伙企业，清算后向乙、丙退还甲的财产份额

15. 根据合伙企业法律制度的规定，下列关于普通合伙企业合伙人的表述中，正确的是（　　）。

A. 非法人组织不能成为合伙人

B. 国有企业不能成为合伙人

C. 限制民事行为能力的自然人可以成为合伙人

D. 公益性社会团体可以成为合伙人

16. 境外甲私募基金与境内乙有限责任公司拟合作设立丙有限合伙企业，在境内经营共享充电宝项目。其中，甲为有限合伙人，乙为普通合伙人。根据合伙企业法律制度的规定，下列关于设立丙有限合伙企业须遵守的相关规定的表述中，正确的是（　　）。

A. 应当由乙负责办理审批手续

B. 甲出资的货币应当是人民币

C. 应当领取《外商投资合伙企业营业执照》

D. 应当向商务主管部门申请设立登记

17. 甲有限责任公司成立于2017年1月5日。公司章程规定，股东乙以其名下的一套房产出资。乙于1月7日将房产交付公司，但未办理权属变更手续。5月9日，股东丙诉至人民法院，要求乙履行出资义务。5月31日，人民法院责令乙于10日内办理权属变更手续。6月6日，乙完成办理权属变更手续。根据公司法律制度的规定，乙享有股东权利的起始日期是（　　）。

A. 1月7日　　　　B. 1月5日

C. 6月6日　　　　D. 5月31日

18. 根据公司法律制度的规定，股份有限公司以超过股票票面金额的价格发行股份所得的溢价款，应当列为（　　）。

A. 盈余公积金　　　　B. 未分配利润

C. 法定公益金　　　　D. 资本公积金

19. 甲盗用乙的身份证，以乙的名义向丙公司出资。乙被记载于丙公司股东名册，并进行了工商登记，但直至出资期限满仍未履行出资义务。根据公司法律制度的规定，下列关于出资责任承担的表述中，正确的是（　　）。

A. 乙承担出资责任

B. 甲承担出资责任

C. 乙首先承担出资责任，不足部分再由甲补足

D. 甲、乙对出资承担连带责任

20. 甲、乙、丙三人拟设立一有限责任公司。在公司设立过程中，甲在搬运为公司购买的办公家具时，不慎将丁撞伤。根据公司法律制度的规定，下列关于对丁的侵权责任承担的表述中，正确的是（　　）。

A. 若公司未成立，丁仅能请求甲承担该侵权责任

B. 若公司成立，则由公司自动承受该侵权责任

C. 若公司未成立，丁应先向甲请求赔偿，不足部分再由乙、丙承担

D. 无论公司是否成立，该侵权责任应由甲、乙、丙共同承担

21. 某上市公司 2013 年 5 月发行 5 年期公司债券 1 000 万元、3 年期公司债券 1 500 万元。2017 年 1 月，该公司鉴于到期债券已偿还且具备再次发行债券的其他条件，计划再次发行公司债券。经审计，确认该公司 2016 年 12 月末净资产额为 9 000 万元。根据证券法律制度的规定，该公司此次发行公司债务的最高限额是（　　）。

A. 2 700 万元　　B. 3 600 万元

C. 1 700 万元　　D. 2 600 万元

22. 根据证券法律制度的规定，招股说明书有效期为 6 个月，有效期的起算日是（　　）。

A. 发行人全体董事在招股说明书上签名盖章之日

B. 保荐人及保荐代表人在核查意见上签名盖章之日

C. 中国证监会核准发行申请前招股说明书最后一次签署之日

D. 中国证监会在指定网站第一次全文刊登之日

23. 甲上市公司上一期经审计的净资产额为 50 亿元人民币。甲公司拟为乙公司提供保证担保，担保金额为 6 亿元，并经董事会会议决议通过。甲公司章程规定，单笔对外担保额超过公司最近一期经审计净资产 10% 的担保须经公司股东大会批准。根据证券法律制度的规定，甲公司披露该笔担保的最早时点应当是（　　）。

A. 甲公司股东大会就该笔担保形成决议时

B. 甲公司董事会就该笔担保形成决议时

C. 甲公司与乙公司的债权人签订保证合同时

D. 证券交易所核准同意甲公司进行担保时

24. 根据证券法律制度的规定，下列关于非上市公众公司的表述中，正确的是（　　）。

A. 非上市公众公司不包括虽然在全国中小企业股份转让系统进行公开转让，但股东人数未超过 200 人的股份有限公司

B. 非上市公众公司向特定对象发行股票，无须中国证监会核准

C. 非上市公众公司包括股票向特定对象转让导致股东累计超过 200 人，但其股票未在证券交易所上市交易的股份有限公司

D. 非上市公众公司经中国证监会核准，可以在全国中小企业股份转让系统向不特定对象公开发行

二、多项选择题

1. 下列各项中，属于法律关系客体的有（　　）。

A. 建筑物　　B. 自然人的不作为

C. 人格利益　　D. 有价证券

2. 下列各项中，属于法人的有（　　）。

A. 北京大学

B. 中华人民共和国最高人民法院

C. 中国人民保险集团股份有限公司

D. 中国注册会计师协会

3. 根据民事法律制度的规定，提起诉讼是中断诉讼时效的法定事由。下列各项中，与提起诉讼具有同等效力。导致诉讼时效中断的有（　　）。

A. 申请强制执行　　B. 申请仲裁

C. 在诉讼中主张抵销　　D. 申请追加当事人

4. 根据物权法律制度的规定，下列关于建设用地使用权的表述中，正确的有（　　）。

A. 兴办乡镇企业需要对集体土地建设利用的，必须先将土地征归国有，然后取得国有建设用地使用权

B. 住宅建设用地使用权期间届满的，自动续期

C. 建设用地使用权出让，优先考虑双方协议的方式，协议不成，则采取拍卖、招标方式

D. 用于商业开发的建设用地，不得以划拨方式取得建设用地使用权

5. 赠与合同履行后，受赠人有特定忘恩行为时，赠与人有权撤销赠与合同。根据合同法律制度的规定，下列各项中，属于此类忘恩行为的有（　　）。

A. 受赠人严重侵害赠与人亲属

B. 受赠人严重侵害赠与人

C. 受赠人不履行赠与合同约定的义务

D. 受赠人对赠与人有扶养义务而不履行

6. 保证合同是保证人与债权人订立的主债务人不履行其债务时，由保证人按约定履行或者承担责任的协议。根据合同法律制度的规定，下列关于保证合同性质的表述中，正确的有（　　）。

A. 单务合同　　B. 要式合同

C. 诺成合同　　D. 有偿合同

7. 甲、乙和丙设立某普通合伙企业，从事餐饮服务，2017 年 6 月 5 日，甲退伙；6 月 10 日，丁入伙。6 月 9 日，合伙企业经营的餐厅发生卡式燃气炉灼伤顾客戊的事件，需要支付医疗费用等共计 45 万元，经查，该批燃气炉系当年 4 月合伙人共同决定购买，其质量不符合相关国家标准。该合伙企业支付 30 万元赔偿后已无赔偿能力。现戊请求合伙人承担其余 15 万元赔偿责任。根据合伙企业法律制度的规定，应承担赔偿责任的合伙人有（　　）。

A. 乙　　B. 甲

C. 丁　　D. 丙

8. 根据支付结算法律制度的规定，下列关于国内信用证的表述中，正确的有（　　）。

A. 信用证具有融资功能

B. 开证行可以单方修改或撤销信用证

C. 受益人可以将信用证的部分权利转让给他人

D. 信用证与作为其依据的买卖合同相互独立

9. 根据合伙企业法律制度的规定，下列有限合伙人的行为中，视为执行合伙企业事务的有（　　）。

A. 参与决定普通合伙人退伙

B. 参与决定合伙企业为第三人提供担保

C. 为合伙企业提供担保

D. 参与决定出售合伙企业房产

10. 甲有限责任公司未设董事会，股东乙为执行董事。根据公司法律制度的规定，在公司章程无特别规定的情形下，乙可以行使的职权有（　　）。

A. 决定公司的投资计划　　B. 召集股东会会议

C. 决定公司的利润分配方案　　D. 决定聘任公司经理

11. 根据公司法律制度的规定，清算组在清算期间，可以行使的职能有（　　）。

A. 清理公司财产，分别编制资产负债表和财产清单

B. 处理公司清偿债务后的剩余财产

C. 代表公司参与民事诉讼

D. 通知、公告债权人

12. 根据证券法律制度的有关规定，下列各项中，属于债券受托管理人应当召集债券持有人会议情形的有（　　）。

A. 拟变更债券募集说明书的约定　　B. 发行人拟增加注册资本

C. 担保物发生重大变化　　D. 发行人不能按期支付本息

13. 根据证券法律制度的规定，下列关于证券大宗交易系统的表述中，正确的有（　　）。

A. 大宗交易的交易时间为交易日的15:00—15:30

B. 目前只有上海证券交易所建立了大宗交易系统

C. 买方和卖方就大宗交易达成一致后，自行交易，无须交易所确认

D. 买方和卖方可以就大宗交易的价格和数量等要素进行议价协商

14. 上市公司发行股份购买资产时，发行股份的价格不得低于市场参考价的90%，市场参考价为本次发行股份购买资产的董事会决议公告日前特定时间段的公司股票交易均价。下列各项中，属于该特定时间段的有（　　）。

A. 20个交易日　　B. 120个交易日

C. 90个交易日　　D. 60个交易日

三、案例分析题

1. 2016年4月4日，甲公司从乙银行借款80万元，用于购置A型号自行车1 000辆，借款期限自2016年4月4日至2016年6月4日，并以价值90万元的自有房屋一套为乙银行设定抵押，同时，乙银行与丙公司签订书面保证合同，约定丙公司为甲公司的借款承担连带保证责任。因自行车价格上调，甲公司于4月5日，又向乙银行追加借款20万元，借款期限自2016年4月5日至2016年6月4日。4月7日，甲公司与自行车生产商丁公司正式签署买卖合同。合同约定："丁公司为甲公司提供A型号自行车1 000辆，总价100万元，甲公司应于4月9日、4月20日分别支付价款50万元，丁公司应于4月16日、4月27日分别交付A型号自行车500辆。"双方未就自行车质量问题作出约定。4月9日，甲公司向丁公司支付第一期自行车价款50万元。4月16日，丁公司交付A型号自行车500辆。甲公司在验货时发现该批自行车存在严重质量瑕疵，非经维修无法符合使用要求。4月18日，甲公司表示同意收货，但要求丁公司减少价款，被丁公司拒绝。理由是：第一，双方未就自行车的质量要求作出约定；第二，即使自行车存在质量问题，甲公司也只能就质量问题导致的损失要求赔偿。4月20日，丁公司请求甲公司支付第二期自行车价款50万元，甲公司调查发现，丁公司经营状况严重恶化，可能没有能力履行合同，遂告知丁暂不履行合同并要求丁在15天内提供具有足够履约能力的保证，丁公司未予理会。5月6日，丁公司发函告知甲公司：如果再不付款，将向人民法院起诉甲公司违约。甲公司收到函件后，了解到丁公司经营状况继续恶化，便通知丁公司解除未交付的500辆自行车买卖合同。5月20日，甲公司隐瞒已受领的500辆自行车的质量瑕疵，将该批自行车以30万元卖与戊公司，约定6月30日付款交货。5月25日，庚公司告知甲公司，愿以35万元购买上述500辆自行车。5月30日，甲公司以自己隐瞒质量瑕疵为由，主张撤销与戊公司之间的买卖合同。6月4日，甲公司无力偿还乙银行两笔贷款，乙银行考虑到拍卖抵押房屋比较繁琐，遂直接要求丙公司还贷，被丙公司拒绝。

要求：根据上述内容，分别回答下列问题：

（1）甲公司是否取得已受领自行车的所有权？并说明理由。

（2）甲公司是否有权要求减少价款？并说明理由。

（3）甲公司中止履行向丁公司支付第二期自行车价款的义务，是否构成违约？并说明理由。

（4）甲公司是否有权就未交付的自行车解除合同？并说明理由。

（5）甲公司是否有权撤销与戊公司买卖合同？并说明理由。

（6）乙银行是否有权要求丙公司偿还第一笔贷款？并说明理由。

（7）乙银行是否有权要求丙公司偿还第二笔贷款？并说明理由。

2. 2016 年 3 月，甲公司因业务需要分别向乙公司和丙公司购买绒布面料和丝质面料。为筹措面料采购资金，甲公司与丁银行签订合同，约定：借款 50 万元，借期为自放款日起的 1 个月，月利率 4%。借款合同签订当日，丁银行预先扣除相应利息后发放贷款 48 万元。戊公司为甲公司借款提供保证，双方未约定保证方式属于一般保证还是连带责任保证。甲公司和乙公司绒布面料买卖合同约定：面料总价 40 万元，乙公司交付绒布面料 3 日内一次付清；合同签订次日，甲公司给付定金 10 万元。合同签订后，甲公司如数给付定金。后因绒布面料价格上涨，乙公司要求加价，被甲公司拒绝。最终，乙公司比约定交货日期延迟 10 日才向甲公司交货。此时，甲公司因无原料投产，不能向买方按时交货，订单已被原买方取消。甲公司为此遭受损失 19 万元。鉴于乙公司的履行已无意义，甲公司拒绝接受乙公司履行，通知乙公司解除合同，要求适用定金罚则由乙公司双倍返还定金共 20 万元，并赔偿全部损失 19 万元。乙公司不同意解除合同，拒绝赔偿 19 万元损失，要求甲公司收货并支付货款。甲公司和丙公司丝质面料买卖合同约定：甲公司向丙公司购买丝质面料 100 匹；甲公司应在收货后 10 日内检验面料质量并通知丙公司；甲公司于质量检验后 3 日内支付价款。甲公司收货后，由于业务繁忙，至收货后的第 12 日才开箱验货，发现面料质量存在问题，不能正常使用，遂通知丙公司解除合同。丙公司拒绝。验货次日，甲公司所在地山洪暴发，丝质面料全部毁损。甲公司未能按期偿还丁银行借款。丁银行要求戊公司承担保证责任，为甲公司还本付息。戊公司拒绝，理由是：（1）4% 的月利率不合法；（2）丁银行应先就甲公司财产强制执行。

要求：根据上述内容，分别回答下列问题：

（1）甲公司是否有权解除与乙公司的绒布面料买卖合同？并说明理由。

（2）根据定金罚则，甲是否有权要求乙返还 20 万元？并说明理由。

（3）适用定金罚则后，甲公司能否要求乙公司赔偿全部损失 19 万元？并说明理由。

（4）甲公司是否有权解除与丙公司的丝质面料买卖合同？并说明理由。

（5）丝质面料遭山洪毁损的损失由谁承担？并说明理由。

（6）甲公司与丁银行借款合同约定的4%月利率是否合法？借款到期后，甲公司应向丁银行支付多少利息？并分别说明理由。

（7）戊公司关于“丁银行应先就甲公司财产强制执行”的理由是否成立？并说明理由。

3. A公司是一家拥有200多名职工的中型企业。自2015年年底开始，A公司生产经营停滞，无力偿还银行贷款本息，并持续拖欠职工工资，2017年1月，A公司20名职工联名向人民法院提出对A公司的破产申请，人民法院认为该20名职工无破产申请权，作出不予受理的裁定。2017年2月，A公司的债权人B银行向人民法院申请A公司破产。A公司提出异议称，A公司账面资产总额超过负债总额，并未丧失清偿能力。在此情形下，人民法院召集A公司和B银行代表磋商偿还贷款事宜，但A公司坚持要求B银行再给其半年还款缓冲期，争取恢复生产，收回货款后再清偿贷款，B银行则要求A公司立即清偿债务，双方谈判破裂。人民法院认为，A公司的抗辩异议不成立，于5日后作出受理破产申请的裁定，并指定了破产管理人。在管理人接管A公司、清理财产和债权债务期间，发生如下事项：

（1）C公司欠A公司的20万元货款到期，C公司经理在得知A公司进入破产程序的情况下，因被A公司经理收买，直接将货款交付A公司账务人员。A公司财务人员收到货款后，迅速转交给A公司的股东。

（2）A 公司未经管理人同意，擅自向债权人 D 公司清偿 10 万元债务，A 公司此前为担保该笔债务而以市值 50 万元的机器设备设定抵押，也因此解除。管理人清理债权债务时还发现，A 公司的部分财产已在破产申请受理前发生的多宗民事诉讼案件中被人民法院采取保全措施或者已进入强制执行程序。

要求：根据上述内容，分别回答下列问题：

（1）人民法院认为 A 公司 20 名职工无破产申请权，是否符合企业破产法律制度的规定？并说明理由。

（2）人民法院驳回 A 公司的抗辩异议，是否符合企业破产法律制度的规定？并说明理由。

（3）根据企业破产法律制度的规定，C 公司向 A 公司财务人员交付 20 万元货款的行为是否产生债务清偿效果？并说明理由。

（4）根据企业破产法律制度的规定，A 公司向 D 公司的清偿行为是否应当认定为无效？并说明理由。

（5）根据企业破产法律制度的规定，A 公司破产申请受理前人民法院对其部分财产所采取的保全措施以及强制执行程序，应如何处理？

4. 2017年2月10日，甲公司向乙公司签发一张金额为50万元的商业汇票，以支付所欠货款。汇票到期日为2017年8月10日。A银行作为承兑人在汇票票面上签章。3月10日，乙公司将该汇票背书转让给丙公司，用于支付装修工程款，并在汇票上注明："票据转让于工程验收合格后生效。"后丙公司施工的装修工程因存在严重质量问题未能通过验收。4月10日，丙公司将该汇票背书转让给丁公司，用于支付房屋租金。丁公司随即将汇票背书转让给戊公司，用于购买办公设备，并在汇票背书人栏内记载"不得转让"字样。5月10日，戊公司将该汇票背书转让给庚公司，用于支付咨询服务费用，但未在汇票被背书人栏内记载庚公司名称。8月15日，庚公司持该汇票向A银行提示付款。A银行以庚公司名称未记载于汇票被背书人栏内为由拒付。庚公司在汇票被背书人栏内补记本公司名称后，再次向A银行提示付款。A银行以自行补记不具效力为由再次拒付。庚公司向乙、丙、丁、戊公司追索，均遭拒绝。其中，丙公司的拒绝理由是，丁公司在汇票背书人栏内记载有"不得转让"字样；乙公司的拒绝理由是，丙公司的装修工程未通过验收，不符合乙公司在汇票上注明的转让生效条件。

要求：根据上述内容，分别回答下列问题：

（1）A银行第一次拒付的理由是否成立？并说明理由。

（2）A银行第二次拒付的理由是否成立？并说明理由。

（3）丙公司拒绝庚公司追索的理由是否成立？并说明理由。

（4）乙公司拒绝庚公司追索的理由是否成立？并说明理由。

2016 年注册会计师全国统一考试
《经济法》历年真题

一、单项选择题

1. 下列关于法律渊源的表述中，正确的是（　　）。

   A. 全国人大常委会有权依法修改由全国人大制定的基本法律

   B. 部门规章可以设定减损公民、法人和其他组织权利或增加其义务的规范

   C. 地方性法规是指地方人民政府对地方性事务制定的规范性法律文件的总称

   D. 除最高人民法院外，其他国家机关无权解释法律

2. 根据民事法律制度的规定，下列各项中，属于诉讼时效中止法定事由的是（　　）。

   A. 申请仲裁

   B. 权利被侵害的无民事行为能力人没有法定代理人

   C. 申请宣告义务人死亡

   D. 申请支付令

3. 甲、乙、丙三兄弟共同继承一幅古董字画，由甲保管。甲擅自将该画以市场价出卖给丁并已交付，丁对该画的共有权属关系并不知情。根据物权法律制度的规定，下列表述中，正确的是（　　）。

   A. 丁取得该画的所有权，但须以乙和丙均追认为前提

   D. 无论乙和丙追认与否，丁均不能取得该画的所有权

   C. 无论乙和丙追认与否，丁均可取得该画的所有权

   D. 经乙和丙中一人追认，丁即可取得该画的所有权

4. 根据合同法律制度的规定，建设工程合同当事人对工程实际竣工日期有争议时，下列处理规则中，正确的是（　　）。

   A. 工程竣工验收合格的，以工程转移占有之日为竣工日期

   B. 工程未经竣工验收，发包人擅自使用的，以开始使用之日为竣工日期

   C. 工程未经竣工验收，发包人擅自使用的，以工程封顶之日为竣工日期

   D. 承包人已提交竣工验收报告，发包人拖延验收的，以承包人提交验收报告之日为竣工日期

5. 根据合同法律制度的规定，下列情形中，构成有效承诺的是（　　）。

   A. 受要约人向要约人发出承诺函后，随即又发出一份函件表示收回承诺，两封函件同时到达要约人

B. 受要约人在承诺期内发出承诺，正常情形下可如期到达要约人，但因连日暴雨致道路冲毁，承诺通知到达要约人时已超过承诺期限，要约人收到承诺通知后未作任何表示

C. 受要约人发出表示承诺的函件时已超过要约人规定的承诺期限，要约人收到后未作任何表示

D. 受要约人向要约人回函表示："若价格下调5%，我司即与贵司订立合同。"

6. 乙承租甲的房屋，约定租赁期间为2015年1月1日至2016年12月31日。经甲同意，乙将该房屋转租给丙，租赁期间为2015年6月1日至2016年5月31日。根据合同法律制度的规定，下列表述中，正确的是（　　）。

A. 甲有权直接向丙收取租金

B. 甲和乙之间的租赁合同在转租期内失效

C. 甲有权解除乙和丙之间的转租合同

D. 若丙对房屋造成损害，甲有权向乙主张赔偿

7. 甲、乙、丙、丁拟共同投资设立一有限合伙企业，甲、乙为普通合伙人，丙、丁为有限合伙人。四人草拟了一份合伙协议。该合伙协议的下列内容中，符合合伙企业法律制度规定的是（　　）。

A. 丙任执行事务合伙人

B. 甲以房屋作价30万元出资，乙以专利技术作价15万元出资，丙以劳务作价20万元出资，丁以现金50万元出资

C. 丙、丁可以将其在合伙企业中的财产份额出质

D. 合伙企业名称为"环宇商贸有限公司"

8. 某普通合伙企业的一名合伙人拟将其合伙财产份额转让给合伙企业以外的人，但合伙协议对该事项的决定规则未作约定。根据合伙企业法律制度的规定，下列关于该事项决定规则的表述中，正确的是（　　）。

A. 须其他合伙人半数以上同意　　B. 须其他合伙人一致同意

C. 须其他合伙人2/3以上同意　　D. 须其他合伙人过半数同意

9. 根据合伙企业法律制度的规定，下列出资形式中，只能由全体合伙人协商确定价值评估办法的是（　　）。

A. 实物　　B. 土地使用权

C. 知识产权　　D. 劳务

10. 根据合伙企业法律制度的规定，合伙企业解散清算时，企业财产首先应当清偿或支付的是（　　）。

A. 所欠税款　　B. 所欠银行借款

C. 所欠职工工资　　D. 清算费用

11. 根据公司法律制度的规定，下列关于一人有限责任公司（简称"一人公司"）的表述中，正确的是（　　）。

A. 一个自然人只能投资设立一个一人公司，但该一人公司可以再投资设立新的一人公司

B. 一人公司应当在公司登记中注明自然人独资或者法人独资

C. 一人公司设立时，股东应当一次缴足公司章程规定的出资额

D. 一人公司的股东应当对公司债务承担连带清偿责任

12. 某股份有限公司于2016年3月7日首次公开发行股份并在上海证券交易所上市交易。2016年4月8日，该公司召开股东大会，拟审议的有关董事、高级管理人员（简称“高管”）持股事项的议案中包含下列内容。其中，符合公司法律制度规定的是（　　）。

A. 董事、高管离职后半年内，不得转让其所持有的本公司股份

B. 董事、高管持有的本公司股份，自决议通过之日起6个月后可以对外自由转让

C. 董事、高管持有的本公司股份，自决议通过之日起3个月后可以内部自由转让

D. 董事、高管在任职期间每年转让的股份不得超过其所持有的本公司股份总数的50%

13. 根据公司法律制度的规定，下列情形中，构成股东要求司法解散公司的正当理由的是（　　）。

A. 公司最近3年未开股东会，无法形成股东会决议，经营管理严重困难，继续存续会使股东利益严重受损，且无其他途径解决

B. 公司连续3年亏损，累计亏损达到实收股本总额的1/2

C. 公司连续5年盈利，并符合法律规定的利润分配条件，但不分红

D. 公司无故拒绝股东查询公司会计账簿

14. 某有限责任公司有甲、乙、丙三名股东。甲、乙各持8%的股权，丙持84%的股权。丙任执行董事，乙任监事。甲发现丙将公司资产以极低价格转让给其妻开办的公司，严重损害了本公司利益，遂书面请求乙对丙提起诉讼。乙碍于情面予以拒绝。根据公司法律制度的规定，下列表述中，正确的是（　　）。

A. 甲可以提议召开临时股东会，要求丙对相关事项作出说明

B. 甲可以以自己的名义对丙提起诉讼，要求其赔偿公司损失

C. 甲可以以公司内部监督机制失灵、公司和股东利益严重受损为由，请求人民法院判决解散公司

D. 甲可以请求公司以合理价格收购其股权，从而退出公司

15. 证券监管部门调查发现，1年前在证券交易所挂牌上市的甲公司在首次公开发行过程中存在虚假陈述行为，并对投资者造成经济损失。乙系甲公司董事长。根据证券法律制度的规定，下列关于乙就甲公司虚假陈述行为所致投资者损失承担赔偿责任的表述中，正确的是（　　）。

A. 无论乙有无过错，均须承担赔偿责任

B. 只有当投资者证明乙有过错时，乙才承担赔偿责任

C. 乙须承担赔偿责任，除非能证明自己没有过错

D. 无论乙有无过错，均不承担赔偿责任

16. 根据证券法律制度的规定，上市公司进行重大资产重组须由股东大会作出决议。下列关于该股东大会会议召开和表决规则的表述中，正确的是（　　）。

A. 股东大会会议应当以现场会议或通讯方式举行

B. 决议经出席会议股东所持表决权过半数同意即可通过

C. 与重组事项有关联关系的股东应当回避表决

D. 持有上市公司股份不足5%的股东的投票情况无须单独统计或披露

17. 根据企业破产法律制度的规定，下列关于破产案件诉讼费用承担的表述中，正确的是（　　）。

A. 由破产申请人预先支付　　B. 由全体债权人按比例分担

C. 从债务人财产中随时拨付　　D. 由债权人和债务人分担

18. 根据票据法律制度的规定，下列票据行为人中，其签章不符合票据法规定可导致票据无效的是（　　）。

A. 出票人　　B. 保证人

C. 背书人　　D. 承兑人

19. 根据企业国有资产法律制度的规定，下列关于商业类和公益类国有企业的相关表述中，正确的是（　　）。

A. 公益类国有企业以保障民生、服务社会、提供公共产品和服务为主要目标

B. 商业类国有企业须保持国有资本绝对控股或相对控股

C. 商业类国有企业均须实行公司制股份制改革

D. 公益类国有企业的产品或服务价格均由政府调控

20. 根据企业国有资产法律制度的规定，代表国家行使企业国有资产所有权的是（　　）。

A. 全国人民代表大会　　B. 国有资产监督管理委员会

C. 国家主席　　D. 国务院

21. 甲公司在相关市场中具有市场支配地位，从2012年3月1日起，甲公司凭借其市场支配地位，持续从事不公平的垄断高价行为。2016年3月1日，该滥用行为的受害人乙公司向人民法院提起民事诉讼，要求判令甲公司赔偿损失。甲公司提出，其滥用行为始于2012年，开始之时，乙公司即知情，直至今日才提出损害赔偿，2年诉讼时效已过。下列关于本案损害赔偿的表述中，符合反垄断法律制度规定的是（　　）。

A. 诉讼时效已过，甲公司有权拒绝赔偿乙公司损失

B. 甲公司应赔偿乙公司全部经济损失的50%

C. 甲公司应赔偿乙公司自2014年3月1日以来的经济损失

D. 甲公司应赔偿乙公司全部经济损失

22. 根据涉外经济法律制度的规定，对于国家规定有数量限制的进出口货物，我国实行的管理方式是（　　）。

A. 配额管理　　B. 自由进出口管理

C. 备案登记管理　　D. 许可证管理

23. 某省属企业拟实施一项境外投资项目，中方投资额2.5亿美元，项目所在国家系敏感国家。下列表述中，符合涉外经济法律制度规定的是（　　）。

A. 该项目应报国家发展改革委备案

B. 该项目应报该省投资主管部门核准

C. 该项目应报该省投资主管部门备案

D. 该项目应报国家发展改革委核准

24. 根据外汇管理法律制度的规定，负责对合格境内机构投资者（QDII）的境外投资额度进行管理的机构是（　　）。

A. 财政部　　B. 国家外汇管理局

C. 国家发展改革委　　D. 证监会

二、多项选择题

1. 甲、乙均为完全民事行为能力人。甲、乙之间的下列约定中，能够产生法律上的权利义务的有（　　）。

A. 甲将房屋出租给乙　　B. 二人此生不离不弃

C. 二人共进晚餐　　D. 甲送给乙一部手机

2. 根据物权法律制度的规定，以出让方式取得土地使用权的，转让房地产时，应当符合的条件有（　　）。

A. 按照出让合同约定已经支付全部土地使用权出让金，并取得土地使用权证书

B. 按照出让合同约定投资开发，属于成片开发土地的，形成工业用地或其他建设用地条件

C. 转让房地产时房屋已经建成的，应当持有房屋所有权证书

D. 按照出让合同约定投资开发，属于房屋建设工程的，完成开发投资总额的20%以上的

3. 甲为庆祝好友乙60岁生日，拟赠与其古董瓷瓶一只。但双方约定，瓷瓶交付乙后，甲可以随时借用该瓷瓶。根据合同法律制度的规定，下列表述中，正确的有（　　）。

A. 瓷瓶交付乙前，甲不得撤销赠与

B. 瓷瓶交付乙后，若被鉴定为赝品，乙有权以欺诈为由撤销赠与

C. 瓷瓶交付乙后，若甲请求借用时被乙拒绝，甲可以撤销赠与

D. 瓷瓶交付乙前，若甲的经济状况显著恶化，严重影响其生活，可不再履行赠与义务

4. 某普通合伙企业经营期间，吸收甲入伙。甲入伙前合伙企业已负债20万元。甲入伙1年后退伙，在此期间合伙企业新增负债10万元。甲退伙后半年，合伙企业解散，以企业全部财产清偿债务后，尚有80万元债务不能清偿。根据合伙企业法律制度的规定，下列关于甲承担清偿责任的表述中，正确的有（　　）。

A. 甲对入伙前合伙企业的20万元债务承担无限连带责任

B. 甲对入伙后至合伙企业解散时新增的60万元债务承担无限连带责任

C. 甲对合伙企业解散后尚未清偿的全部80万元债务承担无限连带责任

D. 甲对担任合伙人期间合伙企业新增的10万元债务承担无限连带责任

5. 根据合伙企业法律制度的规定，下列关于特殊的普通合伙企业执业风险防范措施的表述中，正确的有（　　）。
A. 企业可以选择建立执业风险基金或者办理职业保险
B. 执业风险基金用于偿付合伙人执业活动造成的债务
C. 执业风险基金应当单独立户管理
D. 企业应当从其经营收益中提取相应比例资金作为执业风险基金

6. 根据公司法律制度的规定，有限责任公司股东会会议的下列决议中，须经代表 2/3 以上表决权的股东通过的有（　　）。
A. 修改公司章程　　B. 决定利润分配方案
C. 对外提供担保　　D. 增加注册资本

7. 根据公司法律制度的规定，股份有限公司的下列文件中，股东有权查阅的有（　　）。
A. 公司债券存根　　B. 股东名册
C. 董事会会议决议　　D. 公司会计账簿

8. 甲、乙、丙、丁拟设立一家贸易公司，委派丙负责租赁仓库供公司使用，因公司尚未成立，丙以自己的名义与戊签订仓库租赁合同。根据公司法律制度的规定，下列关于仓库租赁合同义务承担的表述中，正确的有（　　）。
A. 若贸易公司未能成立，戊可请求丙承担合同义务
B. 贸易公司成立后，戊仍可请求丙承担合同义务
C. 贸易公司成立后，对租赁合同明确表示承认的，戊可请求贸易公司承担合同义务
D. 贸易公司一经成立，戊即可请求该公司承担合同义务

9. 根据票据法律制度的规定，下列各项中，属于汇票上的绝对必要记载事项的有（　　）。
A. 汇票金额　　B. 收款人名称
C. 付款日期　　D. 出票日期

10. 根据企业国有资产管理法律制度的规定，下列各项中，属于国家出资企业的有（　　）。
A. 国有独资企业　　B. 国有资本参股公司
C. 国有资本控股公司　　D. 国有独资公司

11. 根据反垄断法律制度的规定，执法机构认定非价格性“其他协同行为”时，应当考虑的因素包括（　　）。
A. 经营者的市场行为是否具有一致性
B. 相关市场的结构情况、竞争状况、市场变化情况、行业情况
C. 经营者能否对一致行为作出合理解释
D. 经营者之间是否进行过意思联络或者信息交流

12. 下列行为中，违反我国《反垄断法》的有（　　）。
A. 国有经济占控制地位的关系国民经济命脉行业的国有企业之间达成垄断协议的行为
B. 具有竞争关系的境内企业就固定商品出口价格达成的垄断协议
C. 外国企业在中国境外实施的对中国境内市场竞争产生排除或限制效果的垄断行为
D. 农业生产者在农产品生产、加工、销售、运输、储存等经营活动中实施的联合行为

13. 根据涉外经济法律制度的规定，下列关于特别提款权的表述中，正确的有（　　）。

A. 特别提款权是一种货币

B. 加入特别提款权“货币篮”标志着人民币完全实现了可自由兑换

C. 特别提款权的“货币篮”由5种货币组成

D. 特别提款权本身具有价值

14. 根据涉外经济法律制度的规定，下列企业形式中，可以作为中外合资经营企业组织形式的有（　　）。

A. 个人独资企业

B. 股份有限公司

C. 有限责任公司

D. 合伙企业

三、案例分析题

1. 2016年3月1日，为支付工程款项，A公司向B公司签发一张以甲银行为承兑人、金额为150万元的银行承兑汇票，汇票到期日为2016年9月1日，甲银行作为承兑人在汇票票面上签章。

4月1日，B公司将该汇票背书转让给C公司，用于支付买卖合同价款。后因C公司向B公司出售的合同项下货物存在严重质量问题，双方发生纠纷。5月1日，C公司为支付广告费，将该汇票背书转让给D公司。D公司负责人知悉B、C公司之间合同纠纷的详情，对该汇票产生疑虑，遂要求C公司的关联企业E公司与D公司签订了一份保证合同。保证合同约定，E公司就C公司对D公司承担的票据责任提供连带责任保证。但E公司未在汇票上记载有关保证事项，亦未签章。

6月1日，D公司将该汇票背书转让给F公司，以偿还所欠F公司的租金。9月2日，F公司持该汇票向甲银行提示付款，甲银行以A公司资信状况不佳、账户余额不足为由拒付。F公司遂向B、D公司追索。B公司以C公司违反买卖合同为由，对F公司的追索予以拒绝，D公司向F公司承担票据责任后，分别向B、E公司追索，B公司仍以C公司违反买卖合同为由，对D公司的追索予以拒绝，E公司亦拒绝。

要求：根据上述内容，分别回答下列问题：

（1）甲银行的拒付理由是否成立？并说明理由。

（2）B公司拒绝F公司追索的理由是否成立？并说明理由。

（3）B 公司拒绝 D 公司追索的理由是否成立？并说明理由。

（4）D 公司能否要求 E 公司承担票据责任？能否依保证合同要求 E 公司承担保证责任？并分别说明理由。

2. 人民法院于 2015 年 11 月 5 日受理了债权人提出的针对 A 公司的破产申请。法院向 A 公司送达受理裁定，并要求其在 15 日内提交财产状况说明、债务清册、债权清册等有关资料，A 公司以企业管理不善、资料保存不全为由拒绝。管理人在调查债务人财产状况时发现下述情况：

（1）2015 年 1 月，A 公司向 B 公司出售一台机床，B 公司验货后，将机床暂存于 A 公司库房。双方约定，在 B 公司付清全部价款前，A 公司保留机床所有权。2015 年 10 月，B 公司付清全部价款，但尚未提货。

（2）2015 年 2 月，A 公司向 C 银行借款 20 万元，由 D 公司承担连带责任保证。借款到期后 A 公司未能清偿，C 银行已就 20 万元借款本金及利息向管理人申报了债权，同时要求 D 公司承担连带责任保证，D 公司遂向管理人预先申报此笔债权，遭到拒绝。在债权人会议对破产财产的变价方案进行表决时，出席会议并参与表决的债权人共计 30 人（全体债权人人数为 45 人），债权额占全部无财产担保债权总额的 60%，其中赞成的为 28 人，代表债权额占全部无财产担保债权总额的 45%。在人民法院对本案作出破产宣告前，当地社会保险机构以债权人名义提出对 A 公司进行重整的申请。

要求：根据上述内容，分别回答下列问题：

（1）A 公司拒不提交相关材料，人民法院可对其采取何种处罚措施？

（2）A 公司销售给 B 公司的机床是否属于债务人财产？并说明理由。

(3) 管理人拒绝D公司预先申报债权，是否符合企业破产法律制度的规定？并说明理由。

(4) 债权人会议关于破产财产变价方案的表决结果，是否达到通过表决方案的法定最低比例要求？并说明理由。

(5) 当地社会保险机构是否有权提出重整申请?

3. 2014年3月5日，机床生产商甲公司向乙公司出售机床20台，每台20万元。乙公司因资金周转困难，欲向丙银行贷款400万元，并与甲公司约定：“仅在乙公司的400万元银行借款于2014年6月2日前到账时，机床买卖合同始生效。”2014年4月2日，乙公司与丙银行签订借款合同，并以其自有房屋一套为丙银行设定抵押。双方签订了书面抵押合同，但未办理抵押登记。直至6月16日，乙公司始获得丙银行发放的3个月短期贷款400万元。6月17日，乙公司请求甲公司履行机床买卖合同，甲公司以合同未生效为由拒绝。同年5月20日，甲公司与丁公司签订买卖合同。双方约定：“甲公司向丁公司出售机床5台，每台21万元；甲公司应于2014年7月11日前交付机床，交付机床的同时，丁支付货款。”6月20日，丁公司与乙公司签订买卖合同，将拟从甲公司购入的5台机床以每台22万元的价格转售给乙公司。双方约定于7月12日交货付款。6月5日，甲公司的债权人戊公司要求其清偿到期债务100万元。甲公司遂将对丁公司的合同债权让与戊公司用于抵债，并通知丁公司；丁公司表示反对。7月11日，甲公司欲向丁公司交付机床，同时要求丁公司将货款支付给戊公司。丁公司拒绝向戊公司付款，甲公司遂停止交付机床。

7月12日，乙公司请求丁公司交付机床，丁公司无货可交。7月20日，乙公司另行购得机床5台，共计花费120万元。7月28日，乙公司请求丁公司赔偿其另行购买机床多花费的10万元。9月16日，乙公司无法偿还丙银行到期贷款，丙银行要求实现在乙公司房屋上设定的抵押权。

要求：根据上述内容，分别回答下列问题：

（1）甲公司是否有义务向乙公司交付机床？并说明理由。

（2）乙公司与丙银行之间的抵押合同是否有效？并说明理由。

（3）丁公司反对甲公司将债权转让给戊公司，该债权转让是否有效？并说明理由。

（4）丁公司拒绝向戊公司付款，甲公司是否有权停止向丁公司交付机床？并说明理由。

（5）乙公司是否有权请求丁公司赔偿其另行购买机床多花费的 10 万元？并说明理由。

（6）丙银行要求实现抵押权的主张能否得到支持？并说明理由。

4. 甲股份有限公司（简称“甲公司”）为A股上市公司。2015年8月3日，乙有限责任公司（简称“乙公司”）向中国证监会、证券交易所提交权益变动报告书，称其自2015年7月20日开始持有甲公司股份，截至8月1日已经通过公开市场交易持有该公司已发行股份的5%。乙公司同时也将该情况通知了甲公司并予以公告。8月16日和9月3日，乙公司连续两次公告其所持甲公司股份分别增加5%。截至9月3日，乙公司已经成为甲公司的第一大股东，持股15%。甲公司原第一大股东丙有限责任公司（简称“丙公司”）持股13%，退居次位。2015年9月15日，甲公司公告称因筹划重大资产重组事项，公司股票停牌3个月。2015年11月1日，甲公司召开董事会会议审议丁有限责任公司（简称“丁公司”）与甲公司的资产重组方案。方案主要内容是：（1）甲公司拟向丁公司发行新股，购买丁公司价值60亿元的软件业务资产；（2）股份发行价格拟定为本次董事会决议公告前20个交易日交易均价的85%；（3）丁公司因该次重组取得的甲公司股份自发行结束之日起6个月后方可自由转让。该项交易完成后，丁公司将持有甲公司12%的股份，但尚未取得甲公司的实际控制权；乙公司和丙公司的持股比例分别降至10%和8%。甲公司董事会共有董事11人，7人到会。在讨论上述重组方案时，2名非执行董事认为，该重组方案对购入资产定价过高，同时严重稀释老股东权益，在与其他董事激烈争论之后，该2名非执行董事离席，未参加表决，其余5名董事均对重组方案投了赞成票，并决定于2015年12月25日召开临时股东大会审议该重组方案。2015年11月5日，乙公司书面请求甲公司监事会起诉投票通过上述重组方案的5名董事违反忠实和勤勉义务，遭到拒绝。乙公司遂以自己的名义直接向人民法院起诉5名董事。2015年11月20日，甲公司向中国证监会举报乙公司在收购上市公司过程中存在违反信息披露义务的行为，证监会调查发现：2015年8月1日至3日，戊公司和辛公司通过公开市场交易分别购入甲公司2.5%的股份；戊、辛两公司事先均向乙公司出具书面承诺，同意无条件按照乙公司指令行使各自所持甲公司股份的表决权。戊、辛、乙三公司均未对上述情况予以披露。

要求：根据上述内容，分别回答下列问题：

（1）乙、戊、辛公司在收购甲公司股份时，是否构成一致行动人？并说明理由。

（2）乙公司在收购甲公司股份时，存在哪些不符合证券法律制度关于权益变动披露规定的行为？并说明理由。

（3）丁公司与甲公司的资产重组方案的三项内容中，哪些不符合证券法律制度的规定？并说明理由。

（4）2015 年 11 月 1 日董事会会议的到会人数是否符合公司法关于召开董事会会议法定人数的规定？并说明理由。

（5）2015 年 11 月 1 日董事会作出的决议是否获得通过？并说明理由。

（6）人民法院应否受理乙公司的起诉？并说明理由。

2015 年注册会计师全国统一考试
《经济法》历年真题

一、单项选择题

1. 法律规范可以分为授权性规范和义务性规范，根据这一分类标准，下列法律规范中，与“当事人依法可以委托代理人订立合同”属于同一规范类型的是（　　）。
   A. 中华人民共和国境内经济活动中的垄断行为，适用本法
   B. 公司股东依法享有资产收益、参与重大决策和选择管理者等权利
   C. 未经证券交易所许可，任何单位和个人不得发布证券交易即时行情
   D. 票据的签发、取得和转让，应当遵循诚实信用的原则，具有真实的交易关系和债权债务关系
2. 根据民事法律制度的规定，下列关于可撤销的民事行为的表述中，正确的是（　　）。
   A. 可撤销的民事行为亦称“效力待定的民事行为”
   B. 可撤销的民事行为一经撤销，自始无效
   C. 自撤销事由发生之日起 1 年内当事人未撤销的，撤销权消灭
   D. 法官审理案件时发现民事行为具有可撤销事由的，可依职权撤销
3. 根据物权法律制度的规定，下列关于更正登记与异议登记的表述中，正确的是（　　）。
   A. 更正登记的申请人可以是权利人，也可以是利害关系人
   B. 提起更正登记之前，须先提起异议登记
   C. 异议登记之日起 10 日内申请人不起诉的，异议登记失效
   D. 异议登记不当造成权利人损害的，登记机关应承担损害赔偿责任
4. 甲对乙的债务清偿期已届满却未履行，乙欲就甲对他人享有的债权提起代位权诉讼，根据合同法律制度的规定，甲享有的下列债权中，乙可代位行使的是（　　）。
   A. 抚恤金请求权　　B. 劳动报酬请求权
   C. 人身伤害赔偿请求权　　D. 财产损害赔偿请求权
5. 债权人甲下落不明，为履行到期债务，债务人乙将标的物提存。根据合同法律制度的规定，下列表述中，正确的是（　　）。
   A. 提存费用由乙负担
   B. 标的物提存后，毁损、灭失的风险由乙承担
   C. 甲领取提存物的权利，自提存之日起 5 年内不行使则消灭
   D. 若甲自提存之日起 5 年内不领取提存物，提存物归乙所有

6. 根据合同法律制度的规定，下列关于委托合同的表述中，正确的是（　　）。

A. 原则上受托人有权转委托，不必征得委托人同意

B. 无偿的委托合同，因受托人一般过失给委托人造成损失的，委托人可以要求赔偿损失

C. 有偿的委托合同，因不可归责于受托人的事由，委托事务不能完成的，委托人有权拒绝支付报酬

D. 两个以上的受托人共同处理委托事务的，对委托人承担连带责任

7. 某普通合伙企业举行合伙人会议表决对外投资事项，但合伙协议对该事项的表决办法未作约定。根据合伙企业法律制度的规定，下列关于该事项表决办法的表述中，正确的是（　　）。

A. 须全体合伙人一致同意

B. 须持有过半数财产份额的合伙人同意

C. 须过半数合伙人同意

D. 须2/3以上合伙人同意

8. 甲国有独资公司、乙上市公司、丙外商独资企业、丁民营投资有限公司拟成立一家有限合伙企业。根据合伙企业法律制度的规定，上述投资主体中，可以担任普通合伙人的是（　　）。

A. 甲和丙　　B. 乙和丙

C. 丙和丁　　D. 甲和丁

9. 某普通合伙企业合伙人甲因执行合伙事务有不正当行为，经合伙人会议决议将其除名，甲接到除名通知后不服，诉至人民法院。根据合伙企业法律制度的规定，该合伙企业对甲除名的生效日期为（　　）。

A. 甲的不正当行为作出之日　　B. 除名决议作出之日

C. 甲接到除名通知之日　　D. 甲的诉讼请求被人民法院驳回之日

10. 根据合伙企业法律制度的规定，下列关于普通合伙企业债务清偿的表述中，正确的是（　　）。

A. 债权人应当首先向合伙企业求偿

B. 债权人应当首先向合伙人求偿

C. 债权人应当同时向合伙企业及其合伙人求偿

D. 债权人可以选择向合伙企业或其合伙人求偿

11. 2014年1月，自然人甲和乙设立丙有限责任公司，双方约定甲出资4万元，乙出资2万元，对盈余分配无特别约定，截至2014年底，甲实际缴付出资1万元，乙足额缴付出资，公司拟分配盈余9万元。根据公司法律制度的规定，甲可以分得的盈余是（　　）。

A. 6万元　　B. 3万元

C. 4.5万元　　D. 1.5万元

12. 根据公司法律制度的规定，下列各项中，属于董事会职权的是（　　）。

A. 修改公司章程　　B. 决定有关董事的报酬事项

C. 决定公司内部管理机构的设置　　D. 决定发行公司债券

13. 股份有限公司召开股东大会年会时，应当提前将财务会计报告置备于公司。根据公司法律制度的规定，该提前置备财务会计报告的时限是（　　）。

A. 10 日　　B. 20 日

C. 30 日　　D. 60 日

14. 根据公司法律制度的规定，公司董事的下列行为中，涉嫌违反勤勉义务的是（　　）。

A. 擅自披露公司商业秘密　　B. 将公司资金以个人名义开立账户存储

C. 无正当理由长期不出席董事会会议　　D. 篡夺公司商业机会

15. 汪某为某知名证券投资咨询公司负责人，该公司经常在重要媒体和互联网平台免费公开发布咨询报告，并向公众推荐股票，汪某多次将其本人已经买入的股票在公司咨询报告中予以推荐，并于咨询报告发布后将股票卖出。根据证券法律制度的规定，汪某的行为涉嫌（　　）。

A. 虚假陈述　　B. 内幕交易

C. 操纵市场　　D. 欺诈客户

16. 根据证券法律制度的规定，退市整理期是指（　　）。

A. 股票被实行退市风险警示之日起到退市的期间

B. 股票被实行退市风险警示之日起的 30 个交易日

C. 上市公司向证券交易所提交退市申请之日起的 15 个交易日

D. 证券交易所对股票作出终止上市决定之日起的 30 个交易日

17. 2014 年 11 月 3 日，人民法院受理了甲公司的破产申请。根据企业破产法律制度的规定，下列已经开始、尚未终结的与甲公司有关的民事诉讼中，应当中止，且不因管理人能够代表债务人参加诉讼而继续进行的是（　　）。

A. 股东乙以甲公司董事长决策失误导致公司损失为由，对其提起的诉讼

B. 甲公司以拖欠货款为由，对丙公司提起的诉讼

C. 债权人丁公司以甲公司股东戊与甲公司法人人格严重混同为由，主张戊直接承担责任的诉讼

D. 甲公司以总经理庚违反竞业禁止为由，主张其返还不当利益的诉讼

18. 甲公司签发的支票上，中文大写记载的金额为“壹万玖仟捌佰元整”，而阿拉伯数字（数码）记载的金额为“19 810 元”。根据票据法律制度的规定，下列关于该支票效力的表述中，正确的是（　　）。

A. 支票无效

B. 经甲公司将金额更改为一致并签章后，支票有效

C. 支票有效，以中文记载为准

D. 支票有效，以阿拉伯数字（数码）记载为准

19. 根据企业国有资产法律制度的规定，履行出资人职责的机构对其任命的企业管理者的任期经营业绩考核周期为（　　）。

A. 1 年　　B. 2 年

C. 3 年　　D. 5 年

20. 根据企业国有资产法律制度的规定，在国有独资公司发生的下列事项中，由履行出资人职责的机构决定的是（　　）。

A. 分配利润　　B. 进行重大投资

C. 转让重大资产　　D. 为他人提供大额担保

21. 在反垄断执法机构查处某横向价格垄断协议案件的过程中，作为垄断协议当事人之一的甲企业因主动向执法机构报告达成垄断协议的有关情况并提供重要证据，被免除处罚。根据反垄断法律制度的规定，甲企业被免除处罚的依据是（　　）。

A. 豁免制度　　B. 宽恕制度

C. 适用除外制度　　D. 经营者承诺制度

22. 某外国投资者出资并购一家中国境内企业，并购后所设外商投资企业的注册资本为 700 万美元，根据涉外投资法律制度的规定，该外商投资企业的投资总额上限是（　　）。

A. 1 000 万美元　　B. 1 400 万美元

C. 1 750 万美元　　D. 2 100 万美元

23. 外商投资企业在设立、变更等过程中订立的某些合同，依法律、行政法规的规定应当经外商投资企业审批机关批准后才生效。根据涉外投资法律制度的规定，此类合同未经批准时的效力状态是（　　）。

A. 无效　　B. 可撤销

C. 未生效　　D. 效力待定

24. 根据涉外投资法律制度的规定，我国对于境内企业向境外直接投资采取的管理方式是（　　）。

A. 注册和核准制　　B. 核准和特许制

C. 备案和特许制　　D. 核准和备案制

二、多项选择题

1. 下列各项中，可以成为法律关系主体的有（　　）。

A. 无国籍人　　B. 有限责任公司的分公司

C. 公立医院　　D. 国家

2. 根据民事法律制度的规定，下列行为中，属于滥用代理权的有（　　）。

A. 代理人甲以被代理人乙的名义将乙的一台塔吊卖给自己

B. 代理人甲以被代理人乙的名义卖出一台塔吊，该塔吊由甲以丙的名义买入

C. 代理人甲与买受人丁串通，将被代理人乙的一台塔吊低价卖给丁

D. 代理人甲在被代理人乙收回代理权后，仍以乙的名义将乙的塔吊卖给戊

3. 甲、乙、丙、丁、戊、庚六人对一台挖掘机按份共有，甲的份额是2/3，其余五人的份额各为1/15。根据物权法律制度的规定，没有特别约定时，下列转让挖掘机的行为中，有效的有（　　）。

A. 甲将挖掘机转让给辛，乙、丙、丁、戊、庚均表示反对

B. 甲、乙将挖掘机转让给辛，丙、丁、戊、庚均表示反对

C. 乙、丙、丁、戊、庚将挖掘机转让给辛，甲表示反对

D. 丙、丁、戊、庚将挖掘机转让给辛，甲、乙均表示反对

4. 根据合伙企业法律制度的规定，合伙企业的下列事项中，应当在工商行政管理机关登记的有（　　）。

A. 主要经营场所　　B. 执行事务合伙人

C. 合伙人的住所　　D. 合伙人的家庭状况

5. 根据合伙企业法律制度的规定，下列各项中，属于普通合伙企业的合伙人当然退伙情形的有（　　）。

A. 经全体合伙人一致同意

B. 个人丧失偿债能力

C. 合伙人在合伙企业中的全部财产份额被人民法院强制执行

D. 发生合伙人难以继续参加合伙的事由

6. 根据公司法律制度的规定，下列人员或机构中，有权要求有限责任公司召开临时股东会议的有（　　）。

A. 代表1/10以上表决权的股东　　B. 1/3以上的董事

C. 董事长　　D. 监事会

7. 根据证券法律制度的规定，股份有限公司的下列股份发行或者转让活动中，可以豁免向中国证监会申请核准的有（　　）。

A. 在全国中小企业股份转让系统挂牌的公司拟向特定对象定向发行股份，发行后股东预计达到195人

B. 因向公司核心员工转让股份导致股东累计达到220人，但在1个月内降至195人

C. 股东累计已达195人的公司拟公开转让股份

D. 公司获得定向核准后第13个月，拟使用未完成的核准额度继续发行

8. 根据证券法律制度的规定，下列情形中，构成对上市公司实际控制的有（　　）。

A. 投资者为上市公司持股56%的股东

B. 投资者可以实际支配上市公司股份表决权的40%

C. 投资者通过实际支配上市公司股份表决权能够决定公司董事会1/3成员选任

D. 投资者依其可实际支配的上市公司股份表决权足以对公司股东大会的决议产生重大影响

9. 下列关于国内信用证的表述中，符合支付结算法律制度规定的有（　　）。

A. 不可撤销　　B. 不可转让

C. 不可取现　　D. 不可跟单

10. 根据企业国有资产法律制度的规定，国有独资公司的下列人员中，应当由履行出资人职责的机构任免的有（　　）。

A. 董事长　　B. 副董事长

C. 董事　　D. 监事

11. 根据反垄断法律制度的规定，下列垄断协议中，由国家工商总局负责执法的有（　　）。

A. 限制数量协议　　B. 价格卡特尔

C. 划分市场协议　　D. 维持转售价格协议

12. 根据反垄断法律制度的规定，在经营者集中附加限制性条件批准制度中，剥离业务的买方应当符合的要求有（　　）。

A. 独立于参与集中的经营者

B. 拥有必要的资源、能力并有意愿使用剥离业务参与市场竞争

C. 取得其他监管机构的批准

D. 优先向参与集中的经营者融资购买剥离业务

13. 根据涉外投资法律制度的规定，外国投资者并购境内企业安全审查部际联席会议的牵头机构有（　　）。

A. 工业与信息化部　　B. 国家发改委

C. 商务部　　D. 国家工商总局

14. 根据外汇管理法律制度的规定，下列交易项目中，属于经常项目的有（　　）。

A. 贸易收支　　B. 投资收益

C. 对外借款　　D. 单方转移

三、案例分析题

1. A公司因拖欠B公司债务被诉至人民法院并败诉，判决生效后，经人民法院强制执行，A公司仍无法完全清偿B公司债务。A公司的债权人C公司知悉该情况后，于2014年7月30日向人民法院提出对A公司的破产申请，A公司提出异议：第一，A公司账面资产仍大于负债；第二，C公司并未就其债权向A公司提出清偿要求，因此不能直接判断其债

权能否获得清偿。人民法院驳回A公司的异议，于8月12日裁定受理破产申请。管理人接管A公司后，在清理债权债务过程中发现如下事项：

（1）2013年6月，D公司向甲银行借款80万元，借期1年，A公司以其设备为D公司的借款提供抵押担保，并办理了抵押登记。借款到期后，D公司未能偿还，经A公司、D公司和甲银行协商，A公司用于抵押的设备依法变现，所得价款全部用于偿还借款本息，但尚有14万元未能清偿。

（2）2013年9月，A公司向乙银行借款50万元，借期6个月，E公司为此提供保证担保。2014年2月2日，A公司提前偿还借款。

（3）2013年11月，F公司向A公司订购一批汽车零部件，合同价款30万元，A公司交货后，F公司一直未付款，获悉人民法院受理针对A公司的破产申请后，F公司以30万元的价格受让了G公司对A公司的58万元债权，之后，F公司向管理人主张以其受让G公司的债权抵销所欠A公司的债务。

要求：根据上述内容，分别回答下列问题：

（1）A公司就破产申请提出的两项异议是否成立？并分别说明理由。

（2）甲银行能否将尚未得到清偿的14万元向管理人申报破产债权？并说明理由。

（3）对A公司提前偿还乙银行借款的行为，管理人是否有权请求人民法院予以撤销？并说明理由。

（4）F公司向管理人提出以其受让G公司的债权抵销所欠A公司债务的主张是否成立？并说明理由。

2. 2015年2月1日，为支付货款，A公司向B公司签发一张以X银行为承兑人、金额为80万元、到期日为2015年8月1日的承兑汇票，X银行依法在汇票票面上签章。3月1日，B公司因急需现金，将该汇票背书转让给C公司，C公司向B公司支付现金75万元。4月1日，C公司将该汇票背书转让给D公司，以支付房屋租金，D公司对B公司与C公司之间的票据买卖事实不知。D公司将该票据背书转让给E公司，以支付装修工程款，并在汇票上注明："本票据转让于工程验收合格后生效。"后E公司施工的装修工程存在严重的质量问题。5月，E公司被F公司吸收合并，E公司办理了工商注销登记。6月1日，F公司为支付材料款将该汇票背书转让给G公司。8月3日，G公司向X银行提示付款，X银行以背书不连续为由拒绝支付。

要求：根据上述内容，分别回答下列问题：

（1）C公司能否因B公司的背书转让行为而取得票据权利？并说明理由。

（2）D公司能否因C公司的背书转让行为而取得票据权利？并说明理由。

（3）在装修工程未验收合格的情况下，D公司对E公司的背书转让行为是否生效？并说明理由。

（4）在X银行拒绝付款时，G公司应如何证明其是票据权利人？

3. 甲曾任乙装修公司经理，2013年3月辞职。5月8日，为获得更多折扣，甲使用其留有的盖有乙公司公章的空白合同书，以乙公司名义与丙公司订立合同，购买总价15万元的地板，合同约定，6月7日丙公司将地板送至指定地点，乙公司于收到地板后3日内验货，地板经验收合格后，乙公司一次性付清全部价款，对于甲离职一事，丙公司并不知情。丙公司于约定日期将地板送至指定地点，并要求乙公司付款，乙公司同意付款，并同意将地板以相同价格转卖给甲，但要求甲为该笔货款的支付提供担保。6月8日，丁以其所有的一辆小汽车为甲提供抵押担保，但未办理抵押登记；戊也为甲提供了付款保证，但未约定是连带责任保证还是一般保证，当事人亦未约定丁和戊分别为甲提供担保的实现顺序。乙公司在未检验地板的情况下，即于6月10日向丙公司付清了货款，但甲未向乙公司付款，乙公司要求戊承担保证责任，戊拒绝，理由有二：第一，乙公司必须先向丁实现抵押权；第二，戊承担一般保证责任，享有先诉抗辩权。乙公司多次催告，甲仍不付款，8月25日，乙公司宣布解除与甲的地板转卖合同，将地板从甲处取回。次日，乙公司发现丙公司交付的地板约有1/3质量不符合合同约定，遂向丙公司要求退货。

要求：根据上述内容，分别回答下列问题：

（1）甲以乙公司名义与丙公司签订的地板买卖合同是否有效？并说明理由。

（2）乙公司是否取得了对小汽车的抵押权？并说明理由。

（3）戊关于乙公司必须先向丁实现抵押权的主张是否成立？并说明理由。

（4）戊关于其承担的是一般保证责任，享有先诉抗辩权的说法是否成立？并说明理由。

（5）乙公司是否有权解除其与甲的地板转卖合同？并说明理由。

（6）乙公司发现地板质量不合格后，是否有权向丙公司要求退货？并说明理由。

4. 恒利发展是在上海证券交易所挂牌的上市公司，股本总额10亿元，主营业务为医疗器械研发与生产。维义高科是从事互联网医疗业务的有限责任公司，甲公司和乙公司分别持有维义高科90%和10%的股权。为谋求业务转型，2015年6月3日，恒利发展与维义高科、甲公司、乙公司签署了四方重组协议书，协议的主要内容包括：（1）恒利发展以主业资产及负债（资产净额经评估为9亿元），置换甲公司持有的维义高科的全部股权；（2）恒利发展以1亿元现金购买乙公司持有的维义高科的全部股权。恒利发展最近一个会计年度经审计的合并财务会计报告显示期末净资产额为17亿元。

恒利发展拟通过非公开发行公司债券的方式筹集1亿元收购资金，并初拟了发行方案，内容如下：（1）拟发行的公司债券规模为1亿元，期限5年，面值10元；（2）发行对象为不超过300名的合格投资者，其中：企事业单位、合伙企业的净资产不得低于500万元，个人投资者名下金融资产不得低于100万元。董事会讨论后，对上述方案中不符合证券法律制度规定的内容进行了修改。

恒利发展召开的临时股东大会对资产重组和公司债券发行事项分别进行了表决，出席该次股东大会的股东共持有4.5亿股有表决权的股票，关于资产重组的议案获得3.1亿股赞成票，关于发行公司债券的议案获得2.3亿股赞成票，该次股东大会宣布两项议案均获得通过。在上述两项方案的表决中，持股比例为0.1%的股东孙某均投了反对票。根据前述表决结果，孙某认为，两议案的赞成票数均未达到法定比例，不能形成有效的股东大会决议。孙某还对恒利发展通过置换方式出让主业资产持反对意见，遂要求公司回购其持有的恒利发展的全部股份，被公司拒绝。随后，孙某书面请求监事会对公司全体董事提起诉讼，称公司全体董事在资产重组交易中低估了公司主业资产的价值，未尽到勤勉义务，给公司造成巨大损失，应承担赔偿责任，亦被拒绝，孙某遂直接向人民法院提起股东代表诉讼，人民法院裁定不予受理。

要求：根据上述内容，分别回答下列问题：

（1）该资产重组交易是否应向中国证监会申请核准？并说明理由。

（2）公司初拟的非公开发行公司债券方案中，有哪些内容不符合证券法律制度的规定？并分别说明理由。

（3）临时股东大会作出的重大资产重组决议，是否符合法定表决权比例？并说明理由。

（4）临时股东大会作出的公司债券发行决议，是否符合法定表决权比例？并说明理由。

（5）恒利发展是否有义务回购股东孙某所持公司的股份？并说明理由。

（6）人民法院对孙某的起诉裁定不予受理，是否符合法律规定？并说明理由。

2014年注册会计师全国统一考试
《经济法》历年真题

一、单项选择题

1. 小凡年满10周岁，精神健康，智力正常。他在学校门口的文具店看中一块橡皮，定价2元，于是用自己的零用钱将其买下。下列关于小凡购买橡皮行为效力的表述中，正确的是（　　）。

A. 小凡是无民事行为能力人，其购买橡皮的行为无效

B. 小凡是无民事行为能力人，其购买橡皮的行为须经法定代理人追认方为有效

C. 小凡是限制民事行为能力人，其购买橡皮的行为有效

D. 小凡是限制民事行为能力人，其购买橡皮的行为须经法定代理人追认方为有效

2. 甲向乙兜售毒品时，虽然提供了真实的毒品作为样品，实际交付的却是面粉。下列关于该民事行为效力的表述中，正确的是（　　）。

A. 有效　　B. 无效

C. 可变更、可撤销　　D. 效力待定

3. 甲公司于2010年3月1日将一台机器寄存于乙公司。2010年4月1日，机器因乙公司保管不善受损。甲公司于2011年3月1日提取机器时发现机器受损，但考虑到两公司之间的长期合作关系，未要求赔偿。后两公司交恶，甲公司遂于2012年9月1日要求乙公司赔偿损失。下列关于甲公司要求乙公司赔偿损失的诉讼时效期间的表述中，正确的是（　　）。

A. 适用2年的普通诉讼时效期间，尚未届满

B. 适用2年的普通诉讼时效期间，已经届满

C. 适用1年的短期诉讼时效期间，已经届满

D. 适用4年的长期诉讼时效期间，尚未届满

4. 下列关于以无偿划拨方式取得的建设用地使用权期限的表述中，符合物权法律制度规定的是（　　）。

A. 最长期限为30年　　B. 最长期限为50年

C. 最长期限为70年　　D. 一般无使用期限的限制

5. 根据物权法律制度的规定，以下列权利出质时，质权可以自权利凭证交付时设立的是（　　）。

A. 仓单　　B. 股票

C. 基金份额　　D. 应收账款

6. 甲、乙两公司的住所地分别位于北京和海口。甲向乙购买一批海南产香蕉，3 个月后交货。但合同对于履行地点和价款均无明确约定，双方也未能就有关内容达成补充协议，依照合同其他条款及交易习惯也无法确定。根据合同法律制度的规定，下列关于合同履行价格的表述中，正确的是（　　）。

A. 按合同订立时海口的市场价格履行　　B. 按合同订立时北京的市场价格履行

C. 按合同履行时海口的市场价格履行　　D. 按合同履行时北京的市场价格履行

7. 根据合同法律制度的规定，下列关于提存的法律效果的表述中，正确的是（　　）。

A. 标的物提存后，毁损、灭失的风险由债务人承担

B. 提存期间，标的物的孳息归债务人所有

C. 提存费用由债权人负担

D. 债权人提取提存物的权利，自提存之日起 2 年内不行使消灭

8. 甲上市公司、乙普通合伙企业、丙全民所有制企业和丁公立大学拟共同设立一有限合伙企业。根据合伙企业法律制度的规定，甲、乙、丙、丁中可以成为普通合伙人的是（　　）。

A. 甲　　B. 乙

C. 丙　　D. 丁

9. 某普通合伙企业的合伙人包括有限责任公司甲、乙，自然人丙、丁。根据合伙企业法律制度的规定，下列情形中，属于当然退伙事由的是（　　）。

A. 甲被债权人申请破产　　B. 丁因斗殴被公安机关拘留

C. 丙被依法宣告失踪　　D. 乙被吊销营业执照

10. 根据合伙企业法律制度的规定，下列各项中，有限合伙人可用作合伙企业出资的是（　　）。

A. 为合伙企业提供财务管理　　B. 为合伙企业提供战略咨询

C. 债权　　D. 社会关系

11. 在乙有限责任公司设立过程中，出资人甲以设立中的乙公司名义与他人签订一份房屋租赁合同，所租房屋供筹建乙公司之用。乙公司成立后，将该房屋作为公司办公用房，但始终未确认该房屋租赁合同。下列关于房屋租赁合同责任承担的表述中，符合公司法律制度规定的是（　　）。

A. 甲承担　　B. 乙公司承担

C. 甲、乙公司连带承担　　D. 先由甲承担，乙公司承担补充责任

12. 某有限责任公司共有甲、乙、丙三名股东。因甲无法偿还个人到期债务，人民法院拟依强制执行程序变卖其股权偿债。根据公司法律制度的规定，下列表述中，正确的是（　　）。

A. 人民法院应当征得乙、丙同意，乙、丙在同等条件下有优先购买权

B. 人民法院应当通知乙、丙，乙、丙在同等条件下有优先购买权

C. 人民法院应当征得公司及乙、丙同意，乙、丙在同等条件下有优先购买权

D. 人民法院应当通知公司及全体股东，乙、丙在同等条件下有优先购买权

13. 中国公民甲、乙、丙共同设立一家有限责任公司。根据公司法律制度的规定，该公司必须设立的组织机构是（　　）。

A. 股东会　　B. 董事会

C. 监事会　　D. 职工代表大会

14. 甲以协议转让方式取得乙上市公司7%的股份，之后又通过交易所集中竞价交易陆续增持乙公司5%的股份。根据证券法律制度的规定，甲需要进行权益披露的时点分别是（　　）。

A. 其持有乙公司股份5%和10%时　　B. 其持有乙公司股份7%和10%时

C. 其持有乙公司股份5%和7%时　　D. 其持有乙公司股份7%和12%时

15. 根据证券法律制度的规定，下列主体中，对招股说明书中的虚假记载承担无过错责任的是（　　）。

A. 发行人　　B. 保荐人

C. 承销人　　D. 实际控制人

16. 甲为乙上市公司董事，并持有乙公司股票10万股。2013年3月1日和3月8日，甲以每股25元的价格先后卖出其持有的乙公司股票2万股和3万股。2013年9月3日，甲以每股15元的价格买入乙公司股票5万股。根据证券法律制度的规定，甲通过上述交易所获收益中，应当收归公司所有的金额是（　　）。

A. 20万元　　B. 30万元

C. 50万元　　D. 75万元

17. 破产企业甲公司在破产案件受理前因欠缴税款产生滞纳金。下列关于该滞纳金在破产程序中清偿顺位的表述中，符合破产法律制度规定是（　　）。

A. 该滞纳金与欠缴税款处于相同受偿顺位

B. 该滞纳金属于普通债权，受偿顺位劣后于欠缴税款

C. 该滞纳金劣后于普通债权受偿

D. 该滞纳金不属于破产债权，在破产程序中不予清偿

18. 票据权利人为将票据权利出质给他人而进行背书时，如果未记载“质押”、“设质”或者“担保”字样，只是签章并记载被背书人名称，则该背书行为的效力是（　　）。

A. 票据转让　　B. 票据质押

C. 票据承兑　　D. 票据贴现

19. 甲公司是乙中央企业在香港设立的全资子公司，是乙企业的重要子公司。根据企业国有资产法律制度的规定，下列情形中，需报国资委审核同意的是（　　）。

A. 甲公司减少注册资本

B. 甲公司发行公司债券

C. 甲公司为其他企业的银行借款提供担保

D. 乙企业将其所持甲公司30%的股权转让给香港商人丙

20. 下列行为中，涉嫌违反我国《反垄断法》的是（　　）。

A. 中国移动、中国联通等少数几家国有电信企业共同占据我国电信基础运营业务市场的全部份额

B. 经国家有关部门批准，中石油、中石化等石油企业联合上调成品油价格

C. 某行业协会召集本行业经营者，共同制定本行业产品的定价公式

D. 某生产企业通过协议，限制分销商转售商品的最高价格

21. 根据反垄断法律制度的规定，下列各项中，属于从供给角度界定相关商品市场时所应考虑的因素的是（　　）。

A. 商品的功能及用途　　B. 商品间的价格差异

C. 消费者的消费偏好　　D. 其他经营者的转产成本

22. 下列关于外国投资者并购境内企业安全审查的表述中，符合涉外投资法律制度规定的是（　　）。

A. 拟并购境内企业的外国投资者应按照规定，向商务部申请进行并购安全审查

B. 国务院有关部门可不经商务部，直接向并购安全审查部际联席会议提出审查申请

C. 评估并购交易对国内产业竞争力的影响是安全审查的重要内容

D. 对并购交易的安全审查应当由商务部作出最终决定

23. 下列各项中，属于世界贸易组织所称的“单独关税区”的是（　　）。

A. 中国（上海）自由贸易试验区　　B. 海南经济特区

C. 京津冀一体化都市圈　　D. 中国香港特别行政区

24. 下列关于经常项目外汇收支管理的表述中，符合外汇管理法律制度规定的是（　　）。

A. 我国对经常项目外汇收支实行有限度的自由兑换

B. 经常项目外汇收入实行强制结汇制

C. 经营外汇业务的金融机构应当对经常项目外汇收支的真实性进行审核

D. 境内个人购汇额度为每人每年等值5万美元，应凭相关贸易单证办理

二、多项选择题

1. 下列各项中，能导致一定法律关系产生、变更或消灭的有（　　）。

A. 人的出生　　B. 自然灾害

C. 时间的经过　　D. 侵权行为

2. 根据物权法律制度的规定，当事人可申请预告登记的情形有（　　）。

A. 预购商品房　　B. 租赁商业用房

C. 房屋所有权转让　　D. 房屋抵押

3. 根据合同法律制度的规定，下列情形中，买受人可以取得合同解除权的有（　　）。

A. 因出卖人过错导致标的物在交付前灭失，合同目的已无法实现

B. 因不可抗力导致标的物在交付前灭失，合同目的已无法实现

C. 出卖人在履行期限届满前明确表示拒绝交付标的物

D. 出卖人在履行期限届满后明确表示拒绝交付标的物

4. 根据合伙企业法律制度的规定，下列各项中，属于合伙企业财产的有（　　）。

A. 合伙人缴纳的实物出资　　B. 合伙企业借用的某合伙人的电脑

C. 合伙企业对某公司的债权　　D. 合伙企业合法接受的赠与财产

5. 甲、乙分别为某有限合伙企业的普通合伙人和有限合伙人。后甲变更为有限合伙人，乙变更为普通合伙人。下列关于甲、乙对其合伙人性质互换前的企业债务承担的表述中，符合合伙企业法律制度规定的有（　　）。

A. 甲对其作为普通合伙人期间的企业债务承担有限责任

B. 甲对其作为普通合伙人期间的企业债务承担无限连带责任

C. 乙对其作为有限合伙人期间的企业债务承担无限连带责任

D. 乙对其作为有限合伙人期间的企业债务承担有限责任

6. 根据公司法律制度的规定，认股人缴纳出资后，有权要求返还出资的情形有（　　）。

A. 公司未按期募足股份　　B. 发起人未按期召开创立大会

C. 创立大会决议不设立公司　　D. 公司发起人抽逃出资，情节严重

7. 根据证券法律制度的规定，下列情形中，须经中国证监会核准的有（　　）。

A. 甲上市公司向某战略投资者定向增发股票

B. 乙上市公司向所有现有股东配股

C. 有 30 名股东的丙非上市股份有限公司拟将其股票公开转让

D. 有 199 名股东的丁非上市股份有限公司拟通过增资引入 3 名风险投资人

8. 甲会计师事务所被人民法院指定为乙企业破产案件中的管理人。甲向债权人会议报告的有关报酬方案的下列内容中，符合企业破产法律制度规定的有（　　）。

A. 将乙为他人设定抵押权的财产价值计入计酬基数

B. 甲就自己为将乙的抵押财产变现而付出的合理劳动收取适当报酬

C. 对受当地政府有关部门指派参与破产企业清算工作的政府官员不发放报酬

D. 甲聘用外部专家协助履行管理人职责所需费用从其报酬中支付

9. 根据票据法律制度的规定，汇票持票人可以取得期前追索权的情形有（　　）。

A. 承兑附条件　　B. 承兑人被宣告破产

C. 付款人被责令终止业务活动　　D. 出票人被宣告破产

10. 根据企业国有资产法律制度的规定，国有股东协议转让所持上市公司股份时，受让方在受让股份后拥有上市公司实际控制权的，应当满足特定的资格条件。下列关于该特定资格条件的表述中，正确的有（　　）。

A. 受让方既可以是法人，也可以是自然人

B. 受让方具有明晰的经营发展战略

C. 受让方或其实际控制人设立3年以上，最近2年连续盈利且无重大违法违规行为

D. 受让方具有促进上市公司持续发展和改善上市公司法人治理结构的能力

11. 根据反垄断法律制度的规定，反垄断执法机构调查涉嫌垄断行为时可以采取必要的调查措施。下列各项中，属于此类措施的有（　　）。

A. 进入被调查经营者的营业场所进行检查

B. 查阅、复制被调查经营者的有关单证、协议、会计账簿等文件和资料

C. 查封、扣押相关证据

D. 冻结被调查经营者的银行账户

12. 某行业协会组织本行业7家主要企业的领导人召开“行业峰会”，并就共同提高本行业产品价格及提价幅度形成决议，与会企业领导人均于决议上签字。会后，决议以行业协会名义下发全行业企业。与会7家企业的市场份额合计达85%。根据反垄断法律制度的规定，下列表述中，正确的有（　　）。

A. 行业协会实施了组织本行业经营者达成垄断协议的行为

B. 行业协会实施了行政性限制竞争行为

C. 7家企业实施了滥用市场支配地位行为

D. 7家企业实施了达成垄断协议的行为

13. 在中国领域内履行的下列合同中，专属适用中国法律，不得由当事人意思自治选择合同准据法的有（　　）。

A. 中外合资经营企业合同　　B. 中外合作经营企业合同

C. 外商投资企业股权转让合同　　D. 外商投资企业原材料采购合同

14. 下列关于外商投资企业股权质押的表述中，符合涉外投资法律制度与物权法律制度规定的有（　　）。

A. 在股权质押期间，未经全体股东同意，质权人不得转让出质股权

B. 除法律、行政法规另有规定或者合同另有约定外，股权质押合同自办理质权登记时生效

C. 股东不得质押未缴付出资部分的股权

D. 经其他股东一致同意，股东可以将股权质押给本企业

三、案例分析题

1. 2014年5月5日，因A公司未能偿还对B公司的到期债务，B公司向人民法院提出对A公司进行破产清算的申请。

A公司收到人民法院通知后，于5月9日提出异议，认为本公司未达破产界限，理由是：第一，B公司对A公司之债权由C公司提供连带保证，而C公司完全有能力代为清偿该

笔债务；第二，尽管A公司暂时不能清偿所欠B公司债务，但其资产总额超过负债总额，不构成资不抵债。经审查相关证据，人民法院发现：虽然A公司的账面资产总额超过负债总额，但其流动资金不足，实物资产大多不能立即变现，无法立即清偿到期债务。据此，人民法院于5月16日裁定受理B公司的破产申请，并指定了管理人。

在该破产案件中，有以下情况：

（1）2014年4月14日，人民法院受理了D公司诉A公司股东甲的债务纠纷案件。D公司主张，因甲未缴纳出资，故应就A公司所欠D公司债务承担出资不实责任。该案尚未审结。

（2）A公司于2013年4月8日向E信用社借款200万元，期限1年。A公司以其所属厂房为该笔借款提供了抵押担保。2014年5月18日，经管理人同意，A公司向E信用社偿还了其所欠200万元借款本金及其利息。经查，A公司用于抵押的厂房市场价值为500万元。有其他债权人提出，A公司向E信用社的清偿行为属于破产申请受理后对个别债权人的债务清偿，故应认定为无效。

（3）2014年6月2日，F公司向管理人提出，根据其与A公司之间的合同约定，由其提供原材料、委托A公司加工了一批产品，现合同到期，要求提货。据查，该批产品价值50万元，现存于A公司仓库，F公司已于2014年2月支付了全部加工费10万元。管理人认为该批产品属于债务人财产，故不允许F公司提走。

要求：根据上述内容，分别回答下列问题：

（1）A公司以C公司为其债务提供了连带保证且有能力代为清偿为由，对破产申请提出的异议是否成立？并说明理由。

（2）人民法院以A公司现金不足、资产大多不能立即变现清偿债务为由，裁定受理破产申请，是否符合企业破产法律制度的规定？并说明理由。

(3) 对于D公司诉A公司股东甲的债务纠纷案，在程序上人民法院应如何处理？并说明理由。

(4) 有关债权人关于A公司向E信用社清偿行为无效的主张是否成立？并说明理由。

(5) F公司是否有权提走其委托A公司加工的产品？并说明理由。

2. 甲系A公司业务员，负责A公司与B公司的业务往来事宜。2014年2月，甲离职，但A公司并未将这一情况通知B公司。2014年3月3日，甲仍以A公司业务员的名义到B公司购货，并向B公司交付了一张出票人为A公司、金额为30万元的支票，用于支付货款，但未在支票上记载收款人名称。之后，甲提走货物。后查明，支票上所盖A公司公章及其法定代表人人名章均系甲伪造。

B公司于2月20日与公益机构C基金会签订书面协议，约定捐赠30万元用于救灾。3月4日，B公司将该支票交付C基金会，但未在支票上作任何记载。3月5日，C基金会为支付向D公司购买救灾物品的货款，将自己记载为收款人后，将支票背书转让给D公司。3月6日，D公司将该支票背书转让给E公司，用于购买生产原料。后发现，E公司向D公司出售的原料存在严重质量问题。3月10日，E公司将支票背书转让给F大学，用于设立奖学金。3月11日，F大学向支票所记载的付款银行请求付款时，银行发现支票上A公司及其法定代表人的签章、印章系伪造，遂拒绝付款。

F大学先后向D、E公司进行追索，均遭拒绝。后F大学又向C基金会追索，C基金会向F大学承担票据责任后，分别向B公司和A公司追索，均遭拒绝。

要求：根据上述内容，分别回答下列问题：

（1）D公司是否有权拒绝F大学的追索？并说明理由。

（2）C基金会向F大学承担票据责任后，是否有权向B公司进行追索？是否有权要求B公司继续履行赠与义务？并分别说明理由。

（3）C基金会是否有权向A公司追索？并说明理由。

（4）C基金会是否有权向甲追索？并说明理由。

3. 2013年3月18日，甲机械公司与乙融资租赁公司接洽融资租赁某型号数控机床事宜。同年4月1日，乙按照甲的要求与丙精密设备公司签订了购买1台某型号数控机床的买卖合同。丁以乙的保证人身份在该买卖合同上签字，但合同中并无保证条款，丙和丁亦未另行签订保证合同。乙和丙之间签订的买卖合同约定：机床价格为1 200万元；乙在缔约当日向丙支付首期价款400万元；丙在收到首期价款后1个月内将机床交付给甲；乙在之后的8个月内，每月向丙支付价款100万元。

乙于与丙签订合同当日，与甲签订了融资租赁合同，但该合同未就租赁期届满后租赁物所有权归属作出约定。2013年5月1日，丙依约向甲交付了机床。

2013 年 8 月 8 日，甲在未告知乙的情况下，以所有权人身份将机床以市场价格出售给戊公司。戊不知甲只是机床承租人，收到机床后即付清约定价款。乙知悉上述情况后，以甲不是机床所有权人为由，主张甲与戊之间的买卖合同无效，并主张自己仍为机床所有权人，要求戊返还机床。

2013 年 11 月 2 日，由于乙连续 3 个月未付机床价款 300 万元，丙要求乙一次性支付到期和未到期的全部价款共 500 万元。乙认为丙无权要求支付尚未到期的 200 万元价款，并拒绝支付任何款项；丙遂要求丁承担保证责任。丁予以拒绝，理由有二：第一，自己仅在买卖合同上以保证人身份签字，既无具体的保证条款，亦无单独的保证合同，因此保证关系不成立；第二，即使保证成立，因未约定连带责任保证，所成立的也只是一般保证，丙不应在人民法院执行乙的财产之前要求自己承担保证责任。

要求：根据上述内容，分别回答下列问题：

（1）乙关于甲与戊之间的机床买卖合同无效的理由是否成立？并说明理由。

（2）乙关于自己仍为机床所有权人并要求戊返还机床的主张是否成立？并说明理由。

（3）乙关于丙无权要求支付尚未到期的 200 万元价款的主张是否成立？并说明理由。

（4）丁与丙之间的保证关系是否成立？并说明理由。

（5）丁关于保证形式为一般保证的主张是否成立？并说明理由。

（6）若机床未被甲出售给戊，甲和乙之间的融资租赁合同到期后，机床的所有权归属于谁？并说明理由。

4. 嘉业股份有限公司（简称嘉业股份）是一家在上海证券交易所上市的公司，股本总额为8亿元，最近一期期末经审计的净资产为6亿元。2014年3月5日，嘉业股份董事会对以下几种融资方案进行了讨论：

（1）优先股发行方案。该方案主要内容为：公开发行优先股3亿股，筹资4亿元；股息率暂定6%，每年根据市场情况调整一次；公司每年如有可分配税后利润，须按约定向优先股股东分配股息；若当年公司未能足额向优先股股东派发股息，差额部分不予累积；优先股股东按照约定股息率分配股息后，还可同普通股股东一起参加剩余利润分配。

（2）定向增发方案。该方案主要内容为：非公开发行普通股2亿股；发行对象为：一家证券投资基金管理的3只基金、7名自然人和一家境外战略投资者（境外战略投资者将在发行结束后报国务院相关部门备案）；境外战略投资者认购的股份自发行结束之日起12个月内不得转让。

（3）公开发行公司债券方案。该方案主要内容为：公开发行公司债券3亿元；期限为5年；利率拟为5%；自核准发行之日起30个月内分3次发行完毕，首期发行1亿元。对上述几种方案，董事会讨论后认为，定向增发方案和公司债券发行方案存在有违相关规定之处，也不适合公司实际情况；优先股发行方案符合公司需要，但部分内容不符合法律规定，应予修改。2014年4月15日，修改后的优先股方案获股东大会通过，后经中国证监会核准发行。2014年8月25日，A公司发布公告，称其已持有嘉业股份5%的股份，并拟继续增持。2014年9月10日，A公司再次发布公告，称其又增持了嘉业股份5%的股份，但因股价持续走高，未来12个月内将不再增持。经查，8月25日，A公司持有嘉业股份5%的普通股；9月10日，A公司持有嘉业股份7%的普通股和3%的优先股。

要求：根据上述内容，分别回答下列问题：

（1）2014 年 3 月 5 日嘉业股份董事会讨论的优先股发行方案中，有哪些内容不符合相关规定？并分别说明理由。

（2）2014 年 3 月 5 日嘉业股份董事会讨论的定向增发方案中，发行对象的数量是否符合法律规定？并说明理由。

（3）2014 年 3 月 5 日嘉业股份董事会讨论的定向增发方案中，引入境外战略投资者的审批程序和认购股份后限制转让的时间是否符合相关规定？并分别说明理由。

（4）2014 年 3 月 5 日嘉业股份董事会的公开发行公司债券的方案中，有哪些内容不符合法律规定？并说明理由。

（5）A 公司于 2014 年 9 月 10 日发出公告的行为是否符合法律规定？并说明理由。

2017年注册会计师全国统一考试
《经济法》历年真题参考答案及解析

一、单项选择题

1. 【答案】B

【解析】法律规范不同于法律条文。法律条文是法律规范的表现形式。法律规范与法律条文不是一一对应的。

2. 【答案】A

【解析】国家赔偿的诉讼时效起算，自国家机关及其工作人员行使职权时的行为被依法确认为违法之日起算。请求他人不作为的债权请求权，自权利人知道义务人违反不作为义务时起算。可撤销合同受除斥期间的限制，故一方当事人就撤销合同之诉主张诉讼时效抗辩的，法院不予支持。

3. 【答案】B

【解析】民事法律行为所附条件，既可以是自然现象、事件，也可以是人的行为（选项B）。但它应当具备下列特征：（1）必须是将来发生的事实。过去的事实，不得作为条件（选项A）；（2）必须是将来不确定的事实（选项C）；（3）条件应当是双方当事人约定的（选项D）；（4）条件必须合法。

4. 【答案】D

【解析】能够独立存在的物权为独立物权，如所有权、土地使用权等。担保物权和地役权都属于从物权，不能独立存在。

5. 【答案】C

【解析】抵押担保的范围、主债权数额、债务履行期限、抵押权顺位发生变化的，不动产权利人可以向不动产登记机构申请变更登记。

6. 【答案】A

【解析】共有人对共有的不动产或者动产没有约定为按份共有或者共同共有，或者约定不明确的，除共有人具有家庭关系等外，视为按份共有。按份共有人对共有的不动产或者动产享有的份额，可以约定；没有约定或者约定不明确的，按照出资额确定；不能确定出资额的，视为等额享有。按份共有中，处分共有的不动产或者动产，应当经占份额2/3以上的按份共有人同意，但共有人之间另有约定的除外。本题中，朋友6人等额享有该汽车，故同意转让的共有人至少应当达到的人数是$6\times2/3=4$人。

7. 【答案】A

【解析】文物属于限制流通物，选项B错误；金钱属于消耗物，选项C错误；牛属于不可分物，选项D错误。

8. 【答案】D

【解析】当事人主张抵销的，应当通知对方，通知为非要式。通知自到达对方时生效。抵销不得附条件或者附期限。抵销的效果自通知到达对方时生效。抵销的意思表示溯及于得为抵销之时。

9. 【答案】D

【解析】先履行抗辩权，是指双务合同的当事人互负债务，有先后履行顺序，先履行（甲）一方未履行的，后履行（乙）一方有权拒绝其履行要求。先履行一方履行债务不符合约定的，后履行一方有权拒绝其相应的履行要求。

10. 【答案】D

【解析】法定抵销中的抵销权在性质上属于形成权。

11. 【答案】C

【解析】普通合伙人以其在合伙企业中的财产份额出质的，须经其他合伙人一致同意。

12. 【答案】A

【解析】有限合伙人有下列情形之一的，当然退伙：（1）作为合伙人的自然人死亡或者被依法宣告死亡；（2）作为合伙人的法人或者其他组织依法被吊销营业执照、责令关闭撤销，或者被宣告破产；（3）法律规定或者合伙协议约定合伙人必须具有相关资格而丧失该资格；（4）合伙人在合伙企业中的全部财产份额被人民法院强制执行。

13. 【答案】B

【解析】合伙人可以是自然人，也可以是法人或者其他组织，选项C错误；合伙人为自然人的，应当具有完全民事行为能力。无民事行为能力人和限制民事行为能力人不得成为普通合伙人，选项B正确；国有独资公司、国有企业、上市公司以及公益性的事业单位、社会团体不得成为普通合伙人，选项A、D错误。

14. 【答案】C

【解析】合伙人死亡或者被依法宣告死亡的，对该合伙人在合伙企业中的财产份额享有合法继承权的继承人，按照合伙协议的约定或者经全体合伙人一致同意，从继承开始之日起，取得该合伙企业的合伙人资格。普通合伙人的继承人为无民事行为能力人或者限制民事行为能力人的，经全体合伙人一致同意，可以依法成为有限合伙人，普通合伙企业依法转为有限合伙企业；全体合伙人未能一致同意的，合伙企业应当将被继承合伙人的财产份额退还该继承人。

15. 【答案】B

【解析】合伙人可以是自然人，也可以是法人或者其他组织，选项A错误；合伙人为自然人的，应当具有完全民事行为能力。无民事行为能力人和限制民事行为能力人不得成为普通合伙人，选项C错误；国有独资公司、国有企业、上市公司以及公益性的事业单位、社会团体不得成为普通合伙人，选项B正确、D错误。

16. 【答案】C

【解析】外国企业或者个人在中国境内设立合伙企业，应当由全体合伙人指定的代表或者共同委托的代理人向国务院工商行政管理部门授权的地方工商行政管理部门申请设立登记，领取《外商投资合伙企业营业执照》后，方可从事经营活动。外国企业或者个人用于出资的货币应当是可自由兑换的外币，也可以是依法获得的人民币。

17. 【答案】A

【解析】出资人以房屋、土地使用权或者需要办理权属登记的知识产权等财产出资，已经交付公司使用但未办理权属变更手续的，当公司、其他股东或者公司债权人主张认定出资人未履行出资义务的，人民法院应当责令当事人在指定的合理期间内办理权属变更手续；在前述期间内办理了权属变更手续的，人民法院应当认定其已经履行了出资义务；出资人主张自其实际交付财产给公司使用时享有相应的股东权利的，人民法院应予支持。

18. 【答案】D

【解析】资本公积金是直接由资本原因形成的公积金，股份有限公司以超过股票票面金额的发行价格发行股份所得的溢价款以及国务院财政部门规定列入资本公积金的其他收入，应当列为公司资本公积金。

19. 【答案】B

【解析】冒用他人名义出资并将该他人作为股东在公司登记机关登记的，冒名登记行为人应当承担相应责任；公司、其他股东或者公司债权人以未履行出资义务为由，请求被冒名登记的股东承担补足出资责任或者对公司债务不能清偿部分的赔偿责任的，人民法院不予支持。

20. 【答案】B

【解析】发起人如因设立公司而对他人造成损害的，公司成立后应自动承受该侵权责任；公司未成立的，受害人有权请求全体发起人承担连带赔偿责任；公司或者无过错的发起人承担赔偿责任后，可以向有过错的发起人追偿。

21. 【答案】D

【解析】公开发行公司债券应满足的条件之一是：本次发行后累计公司债券余额不超过最近一期期末净资产的40%。本题中，2013 年 5 月发行 5 年期公司债券 1 000 万元，截至 2017 年 1 月尚未到期，故该公司此次发行公司债券的最高限额为 $9\ 000 \times 40\% - 1\ 000 = 2\ 600$（万元）。

22.【答案】C

【解析】招股说明书的有效期为 6 个月，自中国证监会核准发行申请前招股说明书最后一次签署之日起计算。

23.【答案】B

【解析】上市公司应当在最先发生的以下任一时点，及时履行重大事件的信息披露义务：（1）董事会或者监事会就该重大事件形成决议时；（2）有关各方就该重大事件签署意向书或者协议时；（3）董事、监事或者高级管理人员知悉该重大事件发生并报告时。

24.【答案】C

【解析】非上市公众公司是指有下列情形之一且其股票未在证券交易所上市交易的股份有限公司：股票向特定对象发行或者转让导致股东累计超过 200 人；股票以公开方式向社会公众公开转让。无论是普通公司通过向特定对象发行股票累计超过 200 人而成为非上市公众公司，还是已经成为非上市公众公司的发行人向特定对象发行股票，都必须经过中国证监会的核准，而且发行对象必须只能是中国证监会规定的特定对象。非上市公众公司公开转让股票应当在全国中小企业股份转让系统进行。非上市公众公司经中国证监会核准向不特定对象公开发行股票，应当申请在证券交易所上市交易。

二、多项选择题

1.【答案】ABCD

【解析】法律关系的客体包括物、行为、人格利益、智力成果。

2.【答案】ABCD

【解析】按照《民法通则》的规定：我国法人包括机关法人（立法机关、行政机关和司法机关等）、事业单位法人、社会团体法人和企业法人。

3.【答案】ABCD

【解析】下列事项均与提起诉讼具有同等诉讼时效中断的效力：（1）申请仲裁；（2）申请支付令；（3）申请破产、申报破产债权；（4）为主张权利而申请宣告义务人失踪或死亡；（5）申请诉前财产保全、诉前临时禁令等诉前措施；（6）申请强制执行；（7）申请追加当事人或者被通知参加诉讼；（8）在诉讼中主张抵销；（9）其他与提起诉讼具有同等诉讼时效中断效力的事项。

4.【答案】BD

【解析】（1）除兴办乡镇企业，村民建设住宅、乡（镇）村公共设施以及公益事业建设经依法批准使用本集体经济组织农民集体所有土地的外，其他对集体土地的建设利用，都必须先征归国有，然后取得国有建设用地使用权，选项 A 错误；（2）建设用地使用权出让，可以采取拍卖、招标或者双方协议的方式，其中，工业、商业、旅游、娱乐和商品住宅等经营性用地以及同一土地有两个以上意向用地者的，应当采取招标、拍卖等公开竞价的方式出让，没有条件，不能采取拍卖、招标方式的，可以采取双方协议的方式，选项 C 错误。

5.【答案】ABCD

【解析】受赠人有下列情形之一的，赠与人可以行使撤销权：（1）严重侵害赠与人或者赠与人的近亲属；（2）对赠与人有扶养义务而不履行；（3）不履行赠与合同约定的义务。

6.【答案】ABC

【解析】保证合同中，只有保证人承担债务，债权人不负对待给付义务，故为单务合同。保证合同中，保证人对债权人承担保证债务，债权人对此不提供相应对价，故为无偿合同。保证合同因保证人和债权人协商一致而成立，不需另行交付标的物，故为诺成合同。保证合同必须采用书面形式，故保证合同为要式合同。

7.【答案】ABCD

【解析】(1)选项A、D：合伙企业不能清偿到期债务的，普通合伙人承担无限连带责任。本题中，乙、丙作为普通合伙人，应当对合伙企业不能清偿的债务承担无限连带责任；(2)选项B：退伙人对基于其退伙前的原因发生的合伙企业债务，承担无限连带责任。本题中，发生事故的燃气炉系当年4月合伙人共同决定购买，其质量不符合相关国家标准，此时，甲依然是普通合伙人，应当对此承担无限连带责任；(3)选项C：新合伙人对入伙前合伙企业的债务承担无限连带责任。

8.【答案】AD

【解析】我国的信用证为不可撤销、不可转让的跟单信用证。选项B、C错误。

9.【答案】BD

【解析】有限合伙人的下列行为，不视为执行合伙事务：(1)参与决定普通合伙人入伙、退伙；(2)对企业的经营管理提出建议；(3)参与选择承办有限合伙企业审计业务的会计师事务所；(4)获取经审计的有限合伙企业财务会计报告；(5)对涉及自身利益的情况，查阅有限合伙企业财务会计账簿等财务资料；(6)在有限合伙企业中的利益受到侵害时，向有责任的合伙人主张权利或者提起诉讼；(7)执行事务合伙人怠于行使权利时，督促其行使权利或者为了本企业的利益以自己的名义提起诉讼；(8)依法为本企业提供担保。

10.【答案】BD

【解析】(1)决定公司的“经营计划”和“投资方案”属于董事会的职权，决定公司的“经营方针”和“投资计划”属于股东会的职权，选项A错误；(2)审议批准公司的利润分配方案属于股东会的职权，选项C错误。

11.【答案】ABCD

【解析】根据《公司法》的规定，清算组在清算期间行使下列职权：(1)清理公司财产，分别编制资产负债表和财产清单；(2)通知、公告债权人；(3)处理与清算有关的公司未了结的业务；(4)清缴所欠税款以及清算过程中产生的税款；(5)清理债权、债务；(6)处理公司清偿债务后的剩余财产；(7)代表公司参与民事诉讼活动。

12.【答案】ACD

【解析】存在下列情形的，债券受托管理人应当召集债券持有人会议：(1)拟变更债券募集说明书的约定；(2)拟修改债券持有人会议规则；(3)拟变更债券受托管理人或受托管理协议的主要内容；(4)发行人不能按期支付本息；(5)发行人减资、合并、分立、解散或者申请破产；(6)保证人、担保物或者其他偿债保障措施发生重大变化；(7)发行人、单独或合计持有本期债券总额10%以上的债券持有人书面提议召开；(8)发行人管理层不能正常履行职责，导致发行人债务清偿能力面临严重不确定性，需要依法采取行动的；(9)发行人提出债务重组方案的；(10)发生其他对债券持有人权益有重大影响的事项。

13.【答案】AD

【解析】(1)我国上海和深圳两个证券交易所从2002年开始建立大宗交易制度，选项B错误；(2)大宗交易的成交申报须经交易所确认，选项C错误。

14.【答案】ABD

【解析】上市公司发行股份的价格不得低于市场价的90%。市场价为本次发行股份购买资产的董事会决议公告日前20个交易日、60个交易日或者120个交易日的公司股票交易均价之一。

三、案例分析题

1.【答案及解析】

(1)甲公司已经取得已受领自行车的所有权。根据规定，动产物权的设立和转让，自“交付”时发生效力，但法律另有规定的除外。本题中，甲公司向丁公司支付价款，丁公司交付A型号自行车。已经实际交付了，所以甲公司已经取得已受领自行车的所有权。

(2) 甲公司有权要求减少价款。根据规定，当事人履行合同义务，质量不符合约定的，应当按照当事人的约定承担违约责任。对违约责任没有约定或者约定不明确，受损害方根据标的的性质以及损失的大小，可以合理选择要求对方承担修理、更换、重做、退货、减少价款或者报酬等违约责任。本题中，自行车存在严重质量瑕疵，非经维修无法符合使用要求，因此甲公司可以要求减少价款。

(3) 甲公司中止履行向丁公司支付第二期自行车价款的义务不构成违约。《合同法》规定，应当先履行债务的当事人，有确切证据证明对方有经营状况严重恶化情形的，可以中止履行。

本题中，甲公司经过调查，有确切证据证明丁公司经营状况严重恶化，可以中止履行，并不构成违约。

(4) 甲公司有权就未交付的自行车解除合同。根据规定，当事人行使不安抗辩权中止履行的，应当及时通知对方。对方提供适当担保时，应当恢复履行。中止履行后，对方在合理期限内未恢复履行能力并且未提供适当担保的，中止履行的一方可以解除合同。本题中，乙公司没有提供适当的担保，甲公司可以解除合同。

(5) 甲公司无权撤销与戊公司买卖合同。根据规定，在一方以欺诈、胁迫的手段或者乘人之危，使对方在违背真实意思的情况下订立的合同，只有受损害方才有权撤销。本题中，甲公司是实施方，没有撤销权。

(6) 乙银行无权要求丙公司偿还第一笔贷款。根据规定，被担保的债权既有物的担保又有人的担保的，债务人不履行到期债务或者发生当事人约定的实现担保物权的情形，债权人应当按照约定实现债权；没有约定或者约定不明确，债务人自己提供物的担保的，债权人应当先就该物的担保实现债权。本题中，甲以房屋为乙银行设定抵押，属于债务人自己提供物的担保的情形，债权人应当先就该物的担保实现债权。

(7) 乙银行无权要求丙公司偿还第二笔贷款。保证期间，债权人与债务人协议变更主合同的，应当取得保证人书面同意。未经保证人同意的主合同变更，如果减轻债务人的债务的，保证人仍应当对变更后的合同承担保证责任；如果加重债务人的债务的，保证人对加重的部分不承担保证责任。本题中，甲公司追加借款，加重了债务人的债务，并没有经过保证人的同意，保证人对第二笔贷款不承担保证责任。

2. **【答案及解析】**

(1) 甲公司有权解除买卖合同。根据规定，当事人一方迟延履行债务或者有其他违约行为致使不能实现合同目的；守约方可以解除合同。因乙公司迟延履行，导致甲公司不能实现合同目的，因为甲公司可以主张解除合同。

(2) 根据定金罚则，甲无权要求乙返还 20 万元。根据规定，定金的数额由当事人约定，但不得超过主合同标的额的20%；超过部分无效。题目中货款40 万元，其20%是8 万元，即适用定金罚则，甲公司可以要求乙返还 18 万元（甲公司给付的 10 万元应如数返还，8 万元是赔偿部分）。

(3) 适用定金罚则后，甲公司不能要求乙公司赔偿全部损失 19 万元。根据规定，买卖合同约定的定金不足以弥补一方违约造成的损失，对方请求赔偿超过定金部分的损失的，法院可以并处，但定金和损失赔偿的数额总和不应高于因违约造成的损失，可以要求乙公司赔偿损失 11 万元（19 - 8 = 11）。

(4) 甲公司不能解除合同。根据规定，当事人约定检验期间的，买受人应当在检验期间内将标的物的数量或者质量不符合约定的情形通知出卖人。买受人怠于通知的，视为标的物的数量或者质量符合约定。题目中甲公司超过约定的检验期间，视为质量符合规定，不能主张解除合同。

(5) 损失由甲公司承担。根据规定，标的物毁损、灭失的风险，在标的物交付之前由出卖人承担，交付之后由买受人承担，但法律另有规定或者当事人另有约定的除外。题目中货物已经交付给甲公司，因此是甲公司承担风险。

(6) 约定4%月利率合法。根据规定，自 2013 年 7 月 20 日起，我国全面放开金融机构贷款利率管制，除个人住房贷款利率浮动区间暂不调整外，金融机构其他贷款利率不再设上下限。题目中甲公司是向丁银行借款，这是向金融机构借款，因此利率符合规定。

(7) 戊公司的理由不成立。根据规定，当事人对保证方式没有约定或者约定不明确的，按照连带责任保证承担保证责任。题目中没有约定保证方式，视为连带责任保证。连带责任保证人没有先诉抗辩权，一般保证人才有先诉抗辩权。因此戊的理由不成立。

3. 【答案及解析】

（1）人民法院认为A公司20名职工无破产申请权符合规定。根据规定，职工提出破产申请应经职工代表大会或者全体职工会议多数决议通过。本题中，A公司20名职工联名向人民法院提出对A公司的破产申请，没有经过职工代表大会或者全体职工会议多数决议通过，所以没有破产申请权。

（2）人民法院驳回A公司的抗辩异议符合规定。根据规定，债务人以其具有清偿能力或资产超过负债为由提出抗辩异议，但又不能立即清偿债务或与债权人达成和解的，其异议不能成立。本题中，A公司称其账面资产总额超过负债总额，并未丧失清偿能力，但不能立即清偿B银行债务亦不能与B银行达成和解，所以异议不成立。

（3）C公司向A公司财务人员交付20万元货款的行为不产生债务清偿的效果。根据规定，人民法院受理破产申请后，债务人的债务人或者财产持有人应当向管理人清偿债务或者交付财产，如其故意违反法律规定向债务人清偿债务或者交付财产，使债权人受到损失的，不免除其清偿债务或者交付财产的义务。本题中，C公司经理在得知A公司进入破产程序后直接将货款交付A公司账务人员，使其他债权人受到损失，所以此行为不产生债务清偿的效果。

（4）A公司向D公司的清偿行为不应当认定为无效。根据规定，人民法院受理破产申请后，债务人对个别债权人的债务清偿无效；但是，债务人以其财产向债权人提供物权担保的，其在担保物市场价值内向债权人所作的债务清偿，不受上述规定限制。本题中，A公司未经管理人同意，擅自向债权人D公司清偿在担保物市场价值内的10万元债务有效。

（5）A公司破产申请受理前人民法院对其部分财产所采取的保全措施应当解除，强制执行程序应当中止。根据规定，人民法院受理破产申请后，有关债务人财产的保全措施应当解除，执行程序应当中止。

4. 【答案及解析】

（1）第一次拒付理由成立。根据规定，汇票以背书转让或者以背书将一定的汇票权利授予他人行使时，必须记载被背书人名称。因此未记载被背书人名称的，付款人可以拒绝付款。

（2）第二次拒付理由不成立。根据规定，背书人未记载被背书人名称即将票据交付他人的，持票人在票据被背书人栏内记载自己的名称与背书人记载具有同等法律效力。

（3）丙的理由不成立。根据规定，背书人在汇票上记载“不得转让”字样，其后手再背书转让的，原背书人对后手的被背书人不承担保证责任。题目中，记载“不得转让”字样的是丁，丁可以对戊拒绝付款；而丙是不能以此为由拒绝付款的。

（4）乙的理由不成立。根据规定，票据债务人可以对不履行约定义务的与自己有直接债权债务关系的持票人，进行抗辩。而庚是善意的支付对价的持票人，与乙并没有直接债权债务关系，所以乙不能以该理由拒绝付款。

2016年注册会计师全国统一考试
《经济法》历年真题参考答案及解析

一、单项选择题

1. 【答案】A

【解析】（1）选项A：在全国人大闭会期间，全国人大常委会可对基本法律进行部分补充和修改，但是不得同该法律的基本原则相抵触；（2）选项B：没有法律或者国务院的行政法规、决定、命令的依据，部门规章不得设定减损公民、法人和其他组织权利或者增加其义务的规范；（3）选项C：地方性法规由有地方立法权的地方人民代表大会及其常委会（而非地方人民政府）制定；（4）选项D：司法解释由最高人民法院、最高人民检察院制定。

2. 【答案】B

【解析】（1）中止诉讼时效的事由有两类：一是不可抗力；二是其他障碍。此处的其他障碍包括：①权利被侵害的无民事行为能力人、限制民事行为能力人没有法定代理人，或者法定代理人死亡、丧失代理权、丧失行为能力；②继承开始后未确定继承人或者遗产管理人；③权利人被义务人或者其他人控制无法主张权利；④其他导致权利人不能主张权利的客观情形。（2）选项A、C、D：属于诉讼时效中断的法定事由。提起诉讼属于诉讼时效中断的法定事由。下列事项均与提起诉讼具有同等效力：①申请仲裁；②申请支付令；③申请破产、申报破产债权；④为主张权利而申请宣告义务人失踪或死亡；⑤申请诉前财产保全、诉前临时禁令等诉前措施；⑥申请强制执行；⑦申请追加当事人或者被通知参加诉讼；⑧在诉讼中主张抵销；⑨其他与提起诉讼具有同等诉讼时效中断效力的事项。

3. 【答案】C

【解析】（1）由于甲、乙、丙三人为兄弟关系，三人对该画的共有应推定为共同共有。（2）甲处分该画未经全体共同共有人同意，属于无权处分。（3）丁对该画的共有权关系并不知情，属于善意第三人，该画以市场价格出卖并已交付，丁有权主张善意取得该画的所有权；而物权的善意取得属于原始取得，只要符合法定构成要件即可主张，无需考虑原权利人的意愿。

4. 【答案】D

【解析】当事人对建设工程实际竣工日期有争议的，按照以下情形分别处理：（1）建设工程经竣工验收合格的，以竣工验收合格之日为竣工日期（选项A错误）；（2）承包人已经提交竣工验收报告，发包人拖延验收的，以承包人提交验收报告之日为竣工日期（选项D正确）；（3）建设工程未经竣工验收，发包人擅自使用的，以转移占有建设工程之日为竣工日期（选项B、C错误）。

5. 【答案】B

【解析】（1）选项A：撤回承诺的通知与承诺通知同时到达要约人，该承诺已被成功撤回，不生效；（2）选项B：属于迟到的承诺，除要约人及时通知受要约人因承诺超过期限不接受该承诺的以外，迟到承诺为有效承诺；（3）选项C：属于迟延的承诺，除要约人及时通知受要约人该承诺有效的以外，迟延承诺应视为新要约；（4）选项D：受要约人对要约的内容作出实质性变更的，视为新要约。其中有关合同标的、数量、质量、价款或者报酬、履行期限、履行地点和方式、违约责任和解决争议方法等内容的变更，是对要约内容的实质性变更。

6. 【答案】D

【解析】（1）选项A、B：承租人经出租人同意转租的，承租人与出租人之间的租赁合同继续有效；在本题中，乙经甲同意转租，甲、乙之间的租赁合同继续有效，而甲、丙之间并不存在合同关系，甲只能根据甲、乙之间的租赁合同继续向乙收取租金；（2）选项C：承租人"未经出租人同意"转租的，出租人可以解除合同；（3）选项D：承租人经出租人同意转租的，第三人对租赁物造成损失时，出租人有权要求承租人赔偿损失（违约责任）。

7. 【答案】C

【解析】（1）选项A：丙是有限合伙人，不得执行合伙事务；（2）选项B：合伙人可以用货币、实物、知识产权、土地使用权或者其他财产权利出资。普通合伙人也可以用劳务出资，但是，有限合伙人不得以劳务出资。丙是有限合伙人，不得以劳务出资；（3）选项C：有限合伙人可以将其在有限合伙企业中的财产份额出质，但合伙协议另有约定的除外。也就是说，有限合伙人是否可以有限合伙企业中的财产份额出质，法律并不作强制性规定，由合伙协议约定（爱怎么约定就怎么约定）。所以，合伙协议约定"丙、丁可以将其在合伙企业中的财产份额出质"，符合法律规定。如果是普通合伙人将其在合伙企业中的财产份额出质的，必须经其他合伙人一致同意，这是法律的强制性规定，合伙协议不得作出例外的约定；（4）选项D：有限合伙企业名称中应当标明"有限合伙"字样，而不能标明"普通合伙""特殊普通合伙""有限公司""有限责任公司"等字样。

8. 【答案】B

【解析】（1）除合伙协议另有约定外，普通合伙人向合伙人以外的人转让其在合伙企业中的全部或者部分财产份额时，须经其他合伙人一致同意。（2）有限合伙人可以按照合伙协议的约定向合伙人以外的人转让其在有限合伙企业中的财产份额，但应当提前30日通知其他合伙人。

9.【答案】D

【解析】（1）选项A、B、C：合伙人以实物、知识产权、土地使用权或者其他财产权利出资，需要评估作价的，可以由全体合伙人协商确定，也可由全体合伙人委托法定评估机构评估；（2）选项D：合伙人以劳务出资的，其评估办法由全体合伙人协商确定，并在合伙协议中载明。

10.【答案】D

【解析】合伙企业的财产支付"合伙企业的清算费用"后的清偿顺序依次为：（1）合伙企业职工工资、社会保险费用和法定补偿金；（2）缴纳所欠税款；（3）清偿债务。

11.【答案】B

【解析】（1）选项A：一个自然人只能投资设立一个一人公司，而且该一人公司"不能"再投资设立新的一人公司；（2）选项C：有关一人公司股东应当一次缴足出资的规定，已经于《公司法》2013年修正时取消；（3）选项D：一人公司具有独立的法人资格，股东对公司债务通常只承担有限责任。只有当股东不能证明公司财产独立于股东自己财产时，股东才应对公司债务承担连带责任。

12.【答案】A

【解析】（1）选项B、C：上市公司董事、监事和高级管理人员所持本公司股份自公司股票上市交易之日起1年内（2016年3月7日~2017年3月7日）不得转让；（2）选项D：董事、监事、高级管理人员在任职期间每年转让的股份不得超过其所持有本公司股份总数的25%，但上市公司董事、监事和高级管理人员所持股份不超过1 000股的，可一次全部转让，不受上述25%转让比例的限制。

13.【答案】A

【解析】公司经营管理发生严重困难，继续存续会使股东利益受到重大损失，通过其他途径不能解决的，持有公司全部股东表决权10%以上的股东，可以请求人民法院解散公司的情形有：（1）公司持续两年以上无法召开股东会或者股东大会，公司经营管理发生严重困难的；（2）股东表决时无法达到法定或者公司章程规定的比例，持续两年以上不能作出有效的股东会或者股东大会决议，公司经营管理发生严重困难的；（3）公司董事长期冲突，且无法通过股东会或者股东大会解决，公司经营管理发生严重困难的；（4）经营管理发生其他严重困难，公司继续存续会使股东利益受到重大损失的情形。①选项B：如果该情形发生于股份有限公司，公司应当在2个月内召开临时股东大会。②选项C：如果该情形发生于有限责任公司，对不分红决议投了反对票的股东，可以请求公司回购其股权。③选项D：如果该情形发生于有限责任公司，属于侵犯股东知情权，股东可以向法院提起股东直接诉讼。

14.【答案】B

【解析】（1）选项A：代表1/10以上表决权的股东（甲持股8% <10%）、1/3以上的董事（甲非董事）、监事会或者不设监事会的公司监事（甲非监事）有权提议召开有限责任公司临时股东会。（2）选项B：从股东资格上考虑，本题是有限责任公司，任何股东均有资格提起股东代表诉讼；从程序上考虑，甲已经先请求监事乙起诉，而乙拒绝，甲符合提起股东代表诉讼的条件。（3）选项C："内部监督机制失灵"不是提起解散公司诉讼的法定事由。（4）选项D：本题不属于有限责任公司股东异议股权回购的适用情形。

15.【答案】C

【解析】发行人、上市公司的董事、监事、高级管理人员和其他直接责任人员以及保荐人、承销的证券公司，应当与发行人、上市公司承担连带赔偿责任，但是能够证明自己没有过错的除外（过错推定责任）。

16.【答案】C

【解析】（1）选项A：上市公司就重大资产重组事宜召开股东大会，应当以现场会议形式召开，并应当提供网络投票或者其他合法方式为股东参加股东大会提供便利。（2）选项B：上市公司股东大会就重大资产重组事项作出决议，必须经出席会议的股东所持表决权的2/3以上通过。(3) 选项C：上市公司重大资产重组事宜与本公司股东或者其关联人存在关联关系的，股东大会就重大资产重组事项进行表决时，关联股东应当回避表决。(4) 选项D：除上市公司的董事、监事、高级管理人员、单独或者合计持有上市公司5%以上股份的股东以外，其他股东的投票情况应当单独统计并予以披露。

17. 【答案】C

【解析】破产案件的诉讼费用属于破产费用，依法从债务人财产中拨付。相关当事人以申请人未预先交纳诉讼费用为由，对破产申请提出异议的，人民法院不予支持。

18. 【答案】A

【解析】(1) 选项A：出票人在票据上的签章不符合票据法和相关法律规定的，票据无效；(2) 背书人、承兑人、保证人在票据上的签章不符合票据法和相关法律规定的，其“签章无效”，但是不影响票据上其他签章的效力。

19. 【答案】A

【解析】(1) 选项B、C：主业处于充分竞争行业和领域的商业类国有企业，“原则上”都要实行公司制股份制改革，积极引入其他资本实现股权多元化，国有资本“可以”绝对控股、相对控股或参股，加大改制上市力度，着力推进整体上市。(2) 选项D：公益类国有企业必要的产品或服务价格可以由政府调控。

20. 【答案】D

【解析】国务院代表国家行使企业国有资产所有权。

21. 【答案】C

【解析】原告起诉时被诉垄断行为已经持续超过2年，被告提出诉讼时效抗辩的，损害赔偿应当自原告向人民法院起诉之日起向前推算2年计算（即自2014年3月1日以来的经济损失）。

22. 【答案】A

【解析】国家规定有数量限制的限制进出口货物，实行配额管理；其他限制进出口货物，实行许可证管理。

23. 【答案】D

【解析】涉及敏感国家和地区、敏感行业的境外投资项目，由国家发改委核准；其中，中方投资额20亿美元及以上的，由国家发改委提出审核意见报国务院核准。

24. 【答案】B

【解析】(1) 选项B：国家外汇管理局负责QDII机构境外投资额度、账户及资金汇兑管理等。(2) 选项D：根据职责分工，银监会、证监会、保监会分别负责各自监管范围内金融机构境外投资业务的市场准入，包括资格审批、投资品种确定以及相关风险管理。

二、多项选择题

1. 【答案】AD

【解析】选项B、C：法律关系是社会关系的一种，但并非所有的社会关系均属于法律关系，如友谊关系、爱情关系等。

2. 【答案】ABC

【解析】选项D：按照出让合同约定进行投资开发，属于房屋建设工程的，完成开发投资总额的“25%以上”。

3. 【答案】CD

【解析】(1) 选项A：赠与人在赠与财产的权利转移之前可以撤销赠与，但具有救灾、扶贫等社会公益、道德义务性质的赠与合同或者经过公证的赠与合同，不得撤销；(2) 选项B：如果甲订立赠与合同时并不知道该瓷瓶是赝品，乙无权以欺诈为由撤销赠与；(3) 选项C：受赠人不履行赠与合同约定的义务，赠与人可以行使法定撤销权；(4) 选项D：赠与合同成立后，赠与人的经济状况显著恶化，严重影响其生产经营或者家庭生活的，可以不再履行赠与义务。

4.【答案】AD

【解析】(1) 选项 A：新入伙的普通合伙人对入伙前合伙企业的债务承担无限连带责任。(2) 选项 B、C、D：退伙的普通合伙人对基于其退伙前的原因发生的合伙企业债务，承担无限连带责任；在本题中，甲担任合伙人期间新增的 10 万元债务属于基于退伙前原因发生的合伙企业债务，甲应承担无限连带责任。而甲退伙后，合伙企业进一步发生的 50 万元债务（题目已经交代“甲退伙后半年，合伙企业解散，以企业全部财产清偿债务后，尚有 80 万元债务不能清偿”，也就是说，甲退伙后到合伙企业解散之前，合伙企业新增了 50 万元债务，该债务和甲没有关系），甲不承担责任。

5.【答案】BCD

【解析】选项 A：特殊的普通合伙企业应当建立执业风险基金、办理职业保险。

6.【答案】AD

【解析】有限责任公司股东会的下列决议必须经代表 2/3 以上表决权的股东通过：(1) 修改公司章程（选项 A）；(2) 增加或者减少注册资本（选项 D）；(3) 公司合并、分立、解散；(4) 变更公司形式。

7.【答案】ABC

【解析】(1) 股份有限公司股东有权查阅公司章程、股东名册、公司债券存根、股东大会会议记录、董事会会议决议、监事会会议决议、财务会计报告。(2) “有限责任公司”股东可以要求查阅公司会计账簿。

8.【答案】ABC

【解析】(1) 选项 A、B：发起人为设立公司以自己名义对外签订合同，对相对人而言，合同中载明的主体是发起人，所以原则上应当由发起人承担合同责任（不论公司最终成立与否）。(2) 选项 C、D：公司成立后，对以发起人名义订立的合同予以确认，或者已经实际享有合同权利或者履行合同义务，合同相对人请求公司承担合同责任的，人民法院应予支持。

9.【答案】ABD

【解析】(1) 选项 A、B、D：汇票上必须记载的事项包括：表明“汇票”的字样、无条件支付的委托、确定的金额、付款人名称、收款人名称、出票日期和出票人签章。(2) 选项 C：汇票上未记载付款日期的，视为见票即付。

10.【答案】ABCD

【解析】国家出资企业包括国有独资企业、国有独资公司、国有资本控股公司和国有资本参股公司。

11.【答案】ABCD

【解析】认定非价格性其他协同行为，应当考虑下列因素：(1) 经营者的市场行为是否具有一致性；(2) 经营者之间是否进行过意思联络或者信息交流；(3) 经营者能否对一致行为作出合理的解释；(4) 相关市场的结构情况、竞争状况、市场变化情况、行业情况等。

12.【答案】AC

【解析】(1) 选项 A：对于铁路、石油、电信、电网、烟草等重点行业，国家通过立法赋予国有企业以垄断性经营权，但如果这些国有垄断企业从事垄断协议、滥用市场支配地位行为，或者从事可能排除、限制竞争的经营者集中行为，同样应受《反垄断法》的规制。(2) 选项 B：属于出口卡特尔，予以豁免。(3) 选项 C：中华人民共和国境外的垄断行为，对境内市场竞争产生排除、限制影响的，可以适用我国的《反垄断法》。(4) 选项 D：《反垄断法》对农业生产者及农村经济组织在农产品生产、加工、销售、运输、储存等经营活动中实施的联合或者协同行为排除适用。

13.【答案】CD

【解析】(1) 选项 A：特别提款权本身不是货币；(2) 选项 B、C：人民币“入篮”后，成为与美元、欧元、日元、英镑并列的第 5 种可自由使用货币，但人民币并非可自由兑换货币（资本项目下还存在限制）；(3) 选项 D：特别提款权本身有价值，其“币值”由货币篮组成货币的币值按各自权重计算并加总而成。

14.【答案】BC

【解析】广义上的中外合资经营企业包括：（1）按照《中外合资经营企业法》设立的中外合资经营企业，其组织形式为有限责任公司；（2）中外合资股份有限公司。

三、案例分析题

1.【答案及解析】

（1）甲银行的拒付理由不成立。根据规定，票据债务人不得以自己与出票人之间的抗辩事由对抗持票人，但持票人无对价取得票据或者明知抗辩事由而取得票据的除外。在本题中，出票人A公司账户余额是否足以支付票款、资信情况如何，只能用于解决A公司与甲银行之间的纠纷，甲银行无权以此为由拒绝向持票人F公司付款。（或者：因为付款人承兑汇票后，应当承担到期付款的责任，不论出票人账户余额是否足以支付票款、资信情况如何。）

（2）B公司拒绝F公司追索的理由不成立。根据规定，票据债务人不得以自己与持票人的前手之间的抗辩事由对抗持票人，但持票人无对价取得票据或者明知抗辩事由而取得票据的除外。在本题中，F公司有偿取得票据，且对B公司与C公司之间的合同纠纷并不知情，B公司不能以此为由拒绝向F公司承担票据责任。

（3）B公司拒绝D公司追索的理由成立。根据规定，如果持票人明知票据债务人与持票人的前手之间存在抗辩事由，而仍然受让票据权利的，票据债务人可以该事由对抗持票人。在本题中，D公司明知B公司与C公司之间的合同纠纷而受让票据，B公司可以该理由拒绝D公司的追索。

（4）①D公司无权要求E公司承担票据责任。根据规定，保证人未在票据或者粘单上记载“保证”字样而另行签订保证合同或者保证条款的，不属于票据保证。②D公司有权依保证合同要求E公司承担保证责任。根据规定，未在票据或者粘单上记载“保证”字样而另行签订的保证合同，虽不属于票据保证，但可以具有民法上的保证的效力。

2.【答案及解析】

（1）人民法院可以对债务人的直接责任人员采取罚款等强制措施。

（2）A公司销售给B公司的机床不属于债务人财产。因为人民法院受理A公司的破产申请前，B公司已经付清所有权保留买卖合同项下的全部价款，机床所有权按约定转移至B公司，不应认定为A公司的债务人财产。

案情提到出售时B公司已经完成验货，但将机床暂存于A公司库房，至破产申请受理时尚未提货，那么本案动产所有权变动的核心要件——“交付”是否已经完成？其实，本案存在两个法律关系，一为所有权保留的买卖合同关系，二为保管合同关系。所有权保留买卖合同意义上的交付已于B公司验货时完成，而保管合同意义上的交付至破产申请受理时尚未完成。也就是说，A公司是基于保管合同以保管人身份（而非所有权人身份）而占有该机床。

（或者：根据规定，债务人基于保管关系占有他人的财产，不应认定为债务人财产。

在本题中，所有权保留买卖合同意义上的交付已于B公司验货时完成，A公司继续占有该机床是基于B公司的委托保管，该机床不应认定为A公司的财产。）

（3）管理人拒绝D公司预先申报债权符合规定。根据规定，对于保证债权，债权人已向管理人申报全部债权的，保证人（D公司）不能再申报债权。

（4）债权人会议关于破产财产变价方案的表决结果，未达到法定最低比例要求。根据规定，债权人会议对破产财产变价方案作出的决议，应由出席会议的有表决权的债权人过半数通过，并且其所代表的债权额占无财产担保债权总额的1/2以上。在本题中，赞成该决议的人数为28人，超过出席会议的有表决权的债权人的半数；但其所代表的债权额仅占全部无财产担保债权总额的45%（不足1/2）。

（5）当地社会保险机构无权提出重整申请。根据教材观点，社会保险机构享有对债务人的破产清算申请权，但不宜享有重整申请权；因为社会保险机构依法定职责不能在重整程序中主动作出债权减免的让步，不能为重整作出实质贡献。

3.【答案及解析】

(1) 甲公司无义务向乙公司交付机床。根据规定，附生效条件的合同，自条件成就时生效。在本题中，甲乙双方约定合同生效的条件为“乙公司的银行借款于2014年6月2日前到账”，但乙公司的银行借款至6月16日才到账，不满足双方约定的生效条件，机床买卖合同未生效，甲公司无需交付机床。

(2) 乙公司与丙银行之间的抵押合同有效。根据规定，当事人之间订立有关设立、变更、转让和消灭不动产物权的合同，除法律另有规定或者合同另有约定外，自合同成立时生效；未办理物权登记的，不影响合同效力。

(3) 甲公司对戊公司的债权转让有效。根据规定，债权人转让权利的，无需债务人同意，但应当通知债务人；未经通知，该转让行为对债务人不生效。在本题中，甲公司向戊公司转让债权无需取得债务人丁公司的同意，其通知丁公司后，该债权转让即对丁公司产生法律效力。

(4) 甲公司有权停止向丁公司交付机床。根据规定，双务合同的当事人互负债务，没有先后履行顺序的，应当同时履行。一方在对方履行之前或对方履行债务不符合约定时，有权拒绝其履行要求。在本题中，甲公司和丁公司的买卖合同约定“交付机床的同时支付货款”，那么，丁公司拒绝支付货款时，甲公司有权行使同时履行抗辩权，停止交付机床。

(5) 乙公司有权请求丁公司赔偿其另行购买机床多花费的10万元。根据规定，以赔偿损失的方式承担违约责任，损失赔偿额应当相当于因违约所造成的损失，包括合同履行后可以获得的利益，但不得超过违约方订立合同时预见到或者应当预见到的因违反合同可能造成的损失。在本题中，丁公司违约后，乙公司另行购买机床多花费的10万元属于因丁公司违约所遭受的实际损失，有权要求丁公司赔偿。

(6) 丙银行要求实现抵押权的主张不能得到支持。根据规定，以不动产设定抵押的，抵押权自登记时设立。在本题中，乙公司以房屋抵押并未办理抵押登记，丙银行的抵押权未设立，无权要求实现抵押权。

4.【答案及解析】

(1) 乙、戊、辛公司构成一致行动人。根据规定，投资者通过协议、其他安排，与其他投资者共同扩大其所能够支配的一个上市公司股份表决权数量的行为或事实，构成一致行动；在上市公司的收购及相关股份权益变动活动中有一致行动情形的投资者互为一致行动人。在本题中，戊、辛两公司与乙公司事先达成一致协议，同意无条件按照乙公司指令行使各自所持甲公司股份的表决权，乙、戊、辛公司互为一致行动人。

(2) ①2015年8月1日至3日，戊、辛公司继续收购甲公司股份不符合法律规定。根据规定，通过证券交易所的证券交易，投资者持有或者通过协议、其他安排与他人共同持有一个上市公司已发行的股份达到5%时，应当在该事实发生之日起3日内向中国证监会、证券交易所作出书面报告，通知该上市公司，并予公告。在上述期限内，不得再行买卖该上市公司的股票。在本题中，作为乙公司的一致行动人，戊公司和辛公司在乙公司履行通知、公告义务期间，不应买卖甲公司的股票。

②2015年8月16日和9月3日，乙公司分别增持甲公司5%股份未履行权益变动披露义务不符合规定。根据规定，投资者持有或者通过协议、其他安排与他人共同持有一个上市公司已发行的股份达到5%之后，其所持上市公司已发行的股份比例每增加或者减少5%时，应当在该事实发生之日起3日内，向中国证监会、证券交易所提交书面报告，通知该上市公司，并予公告。

(3) ①此处的重点在于“90%”、发行股份购买资产的董事会决议公告日前20个交易日、60个交易日或者120个交易日的公司股票交易均价之一。②丁公司的股份锁定期仅为6个月，不符合规定。根据规定，特定对象以资产认购而取得的上市公司股份，自股份发行结束之日起至少12个月内不得转让（具备法律规定的特殊情形的，36个月内不得转让）。

(4) 董事会的到会人数符合规定。根据规定，股份有限公司董事会会议应有过半数的董事出席方可举行。

(5) 董事会作出的决议不能通过。根据规定，股份有限公司董事会作出决议必须经全体董事的过半数通过。在本题中，全体董事共11人，对该项决议投赞成票的董事为5人，并未超过半数，该项决议不能获得通过。

（6）人民法院不应受理乙公司的起诉。根据规定，股份有限公司连续180日以上单独或者合计持有公司1%以上股份的股东，可以依照法定程序提出股东代表诉讼。在本题中，乙公司自2015年7月20日开始持有甲公司股份，至2015年11月5日起诉时持股时间明显不足180日。

2015年注册会计师全国统一考试
《经济法》历年真题参考答案及解析

一、单项选择题

1.【答案】B

【解析】（1）选项A：属于确定性规范。所谓确定性规范是指内容已经完备明确，无需再援引或参照其他规范来确定其内容的法律规范；（2）选项B：属于授权性规范。所谓授权性规范，是规定人们可以作出一定行为或者可以要求别人作出一定行为的法律规范。该类规范肯定了主体为实现其利益所必需的行为自由，立法语言通常表现为“可以……”“有权……”“享有……权利”等；（3）选项C：属于禁止性规范（义务性规范）。禁止性规范通过禁止主体作出某些行为（消极义务），以实现权利人的利益，立法语言通常表现为“不得……”“禁止……”等；（4）选项D：属于命令性规范（义务性规范）。所谓命令性规范是指规定人们的积极义务，即规定主体应当或者必须作出一定积极行为的规范，其立法语言通常表现为“应（当）……”“（必）须……”“有……义务”等。

2.【答案】B

【解析】（1）选项A：可撤销的民事行为亦称为“相对无效的民事行为”（而非“效力待定的民事行为”）。效力待定的民事行为，指民事法律行为之效力有待于第三人意思表示，在第三人意思表示前，效力处于不确定状态的民事行为。比如，限制民事行为能力人签订的依法不能独立订立的合同，其法定代理人不予追认之前，该合同属于效力待定的合同；（2）选项B：可撤销的民事行为一经撤销，其效力溯及至行为开始时，即自行为开始时无效；（3）选项C：具有撤销权的当事人自“知道或应当知道”撤销事由之日起1年内没有行使撤销权的，撤销权消灭。该1年属于除斥期间；（4）选项D：可变更、可撤销的民事行为的撤销，应由撤销权人申请，人民法院不主动干预。

3.【答案】A

【解析】权利人、利害关系人认为不动产登记簿记载的事项错误的，可以申请更正登记（选项A正确）。不动产登记簿记载的权利人不同意更正的，利害关系人可以申请异议登记；即先更正登记，而后才是异议登记（选项B错误）。登记机构予以异议登记的，申请人在异议登记之日起15日内不起诉，异议登记失效（选项C错误）。异议登记不当，造成权利人损害的，权利人可以向申请人请求损害赔偿（选项D错误）。

4.【答案】D

【解析】选项A、B、C：专属于债务人自身的债权（基于扶养关系、抚养关系、赡养关系、继承关系产生的给付请求权和劳动报酬、退休金、养老金、抚恤金、安置费、人寿保险、人身伤害赔偿请求权等权利），债权人不得行使代位权。

5.【答案】C

【解析】（1）选项A：提存费用由债权人（甲）负担；（2）选项B：毁损、灭失的风险由债权人（甲）承担；（3）选项C、D：债权人（甲）领取提存物的权利，自提存之日起5年内不行使而消灭，提存物扣除提存费用后归“国家”（而非原债务人乙）所有。

6.【答案】D

【解析】（1）选项A：原则上受托人转委托应征得委托人同意；（2）选项B：无偿的委托合同，因受托人的“故意或重大过失”给委托人造成损失的，委托人可以要求赔偿损失；（3）选项C：因不可归责于受托人的事由，委托合同解除或者委托事务不能完成的，委托人应当向受托人支付相应的报酬。当事人另有约定的，按照其约定。

7. 【答案】C

【解析】对于合伙企业对外投资事项的表决，法律并没有作出强制性规定，此时合伙协议可以进行约定（爱怎么约定就怎么约定）。如果合伙协议未约定或者约定不明确、法律也没有特别规定时，实行合伙人一人一票并经“全体合伙人过半数通过”的表决办法。

8. 【答案】C

【解析】国有独资公司、国有企业、上市公司以及公益性的事业单位、社会团体不得成为有限合伙企业的普通合伙人。

9. 【答案】C

【解析】对合伙人的除名决议应当书面通知被除名人。被除名人接到除名通知之日，除名生效，被除名人退伙。

10. 【答案】A

【解析】合伙企业对其债务，应先以其全部财产进行清偿。合伙企业不能清偿到期债务的，普通合伙人承担无限连带责任（即先企业后个人），有限合伙人以其认缴的出资额为限承担责任。

11. 【答案】B

【解析】有限责任公司的股东按照实缴的出资比例分取红利；但是，全体股东可以事先约定不按照出资比例分取红利。本题中，公司未事先约定，则按照实缴的出资比例，甲可以分得 $1/3 \times 9 = 3$（万元）。

12. 【答案】C

【解析】选项 A、B、D：属于股东（大）会职权。董事会职权包括：（1）召集股东大会会议，并向股东大会报告工作；（2）执行股东大会的决议；（3）决定公司的经营计划和投资方案；（4）制订公司的年度财务预算方案、决算方案；（5）制订公司的利润分配方案和弥补亏损方案；（6）制订公司增加或者减少注册资本以及发行公司债券的方案；（7）制订公司合并、分立、解散或者变更公司形式的方案；（8）决定公司内部管理机构的设置；（9）决定聘任或者解聘公司经理及其报酬事项，并根据经理的提名决定聘任或者解聘公司副经理、财务负责人及其报酬事项；（10）制定公司的基本管理制度；（11）公司章程规定的其他职权。

13. 【答案】B

【解析】股份有限公司的财务会计报告应当在召开股东大会年会的 20 日前置备于本公司，供股东查阅。

14. 【答案】C

【解析】选项 A、B、D：均属于违反忠实义务。

15. 【答案】C

【解析】某些证券投资咨询机构和个人，利用其从事证券投资咨询业务的地位和优势，在咨询报告发布前，买入该咨询报告推荐的证券，并在咨询报告向社会公众发布后卖出该种证券的行为，构成了“以其他手段操纵证券市场”。

16. 【答案】D

【解析】对于股票已经被证券交易所决定终止上市交易的强制退市公司，证券交易所应当设置“退市整理期”，在其退市前给予 30 个交易日的股票交易时间。

17. 【答案】C

【解析】（1）选项 B、D：人民法院受理破产申请后，已经开始而尚未终结的有关债务人的民事诉讼或者仲裁应当中止，在管理人接管债务人财产、掌握诉讼情况后能够继续进行时，该诉讼或仲裁继续进行。（2）选项 C：基于债务人财产的诉讼，在破产申请受理时案件尚未审结的，人民法院应当中止审理；如果债务人最终被宣告破产，人民法院应判决驳回债权人的诉讼请求（债权人在一审中变更其诉讼请求为追收的相关财产归入债务人财产的除外）；如果债务人最终未被宣告破产，则案件应当依法恢复审理。（3）选项 A：属于股东代表诉讼，以股东乙自己的名义提起，甲公司进入破产程序，乙仍可正常处理诉讼有关事项，该诉讼不必中止。

18.【答案】A

【解析】票据和结算凭证金额须以中文大写和阿拉伯数字同时记载，两者必须一致，两者不一致的票据无效，两者不一致的结算凭证，银行不予受理。

19.【答案】C

【解析】任期经营业绩考核以3年为考核期。

20.【答案】A

【解析】选项B、C、D：进行重大投资、为他人提供大额担保、转让重大财产、进行大额捐赠，国有独资公司由董事会决定。

21.【答案】B

【解析】所谓宽恕制度，是指参与垄断协议的经营者主动向反垄断执法机构报告达成垄断协议的有关情况并提供重要证据的，反垄断执法机构可以对其宽大处理，酌情减轻或者免除其处罚。

22.【答案】C

【解析】注册资本在500～1 200万美元之间的，投资总额不得超过注册资本的2.5倍，700×2.5＝1 750万美元。

23.【答案】C

【解析】当事人在外商投资企业设立、变更等过程中订立的合同，依法律、行政法规的规定应当经外商投资企业审批机关批准后才生效的，自批准之日起生效。未经批准的，人民法院应当认定该合同"未生效"。当事人请求确认该合同"无效"的，人民法院不予支持。

24.【答案】D

【解析】对外直接投资实行核准备案制度，无论是商务部还是国家发改委，都是核准和备案制度。

二、多项选择题

1.【答案】ABCD

【解析】法律关系主体的种类包括：(1) 公民（自然人），既包括本国公民，也包括居住在一国境内或在境内活动的外国公民和无国籍人（选项A正确）；(2) 法人和其他组织，法人包括机关法人、事业单位法人（选项C正确）、社会团体法人和企业法人；其他组织是指不具有法人地位，但是可以以自己名义从事法律活动的主体，如分公司（选项B正确）；(3) 国家（选项D正确）。

2.【答案】ABC

【解析】(1) 滥用代理权包括：自己代理（选项A）、双方代理（选项B）、代理人与第三人恶意串通，损害被代理人的利益（选项C）；(2) 选项D：属于无权代理。

3.【答案】AB

【解析】处分按份共有的不动产或者动产，或者对按份共有的不动产或者动产进行重大修缮的，应当经占份额2/3以上（≥2/3）的按份共有人同意，但共有人之间另有约定的除外。选项C、D的份额均未达到2/3，故转让行为无效。

4.【答案】ABC

【解析】合伙企业的登记事项应当包括：名称；主要经营场所；执行事务合伙人；经营范围；合伙企业类型；合伙人姓名或者名称及住所、承担责任方式、认缴或者实际缴付的出资数额、缴付期限、出资方式和评估方式等。合伙协议约定合伙期限的，登记事项还应当包括合伙期限。执行事务合伙人是法人或者其他组织的，登记事项还应当包括法人或者其他组织委派的代表。

5.【答案】BC

【解析】(1) 普通合伙人当然退伙情形包括：①作为合伙人的自然人死亡或者被依法宣告死亡；②个人丧失偿债能力（选项B）；③作为合伙人的法人或者其他组织依法被吊销营业执照、责令关闭、撤销或者被宣告破产；④法律规定或者合伙协议约定合伙人必须具有相关资格而丧失该资格；⑤合伙人在合伙企业中的全部财产份额被人民法院强制执行（选项C）；(2) 选项A、D：属于协议退伙。合伙协议约定合伙期限的，在合伙企业存续期间，有下列情形之一的，合伙人可以退伙：①合伙协议约定的退伙事由出现；②经全体合伙人一致同意；③发生合伙人难以继续参加合伙的事由；④其他合伙人严重违反合伙协议约定的义务。

6. 【答案】ABD

【解析】临时股东会的召开条件：（1）代表1/10以上表决权的股东提议召开；（2）1/3以上的董事提议召开；（3）监事会（或者不设监事会的公司监事）提议召开。

7. 【答案】ABC

【解析】（1）选项A：在全国中小企业股份转让系统挂牌公开转让股票的非上市公众公司向特定对象发行股票后股东累计不超过200人的，豁免向中国证监会申请核准；（2）选项B：股票向特定对象转让，导致股东累计超过200人的，应经中国证监会核准后成为非上市公众公司；如果股份有限公司在3个月内将股东人数降至200人以内的，可以不提出申请；（3）选项C：股东人数未超过200人的公司申请其股票公开转让，中国证监会豁免核准，由全国中小企业股份转让系统进行审查；（4）选项D：公司申请定向发行股票，可以申请一次核准，分期发行；自中国证监会予以核准之日起，公司应当在3个月内完成首期发行，剩余数量应当在12个月内发行完毕。超过核准文件限定的有效期未发行的，必须重新经中国证监会核准后方可发行。

8. 【答案】ABD

【解析】上市公司收购的目的在于获得对上市公司的实际控制权。有下列情形之一的，表明已获得或者拥有上市公司控制权：（1）投资者为上市公司持股50%以上的控股股东；（2）投资者可实际支配上市公司股份表决权超过30%；（3）投资者通过实际支配上市公司股份表决权能够决定公司董事会半数以上（≥1/2）成员选任；（4）投资者依其可实际支配的上市公司股份表决权足以对公司股东大会的决议产生重大影响；（5）中国证监会认定的其他情形。

9. 【答案】ABC

【解析】（1）选项A、B、D：国内信用证为不可撤销、不可转让的跟单信用证；（2）选项C：国内信用证只能用于转账结算，不得支取现金。

10. 【答案】ABCD

【解析】国有独资公司的董事长、副董事长、董事、监事会主席和监事由履行出资人职责的机构任免。

11. 【答案】AC

【解析】（1）选项A、C：属于非价格垄断行为，由国家工商总局负责执法；（2）选项B、D：属于价格垄断行为，由国家发改委负责执法。

12. 【答案】ABC

【解析】剥离业务的买方应当符合如下要求：（1）独立于参与集中的经营者；（2）拥有必要的资源、能力并有意愿使用剥离业务参与市场竞争；（3）取得其他监管机构的批准；（4）不得向参与集中的经营者融资购买剥离业务；（5）商务部根据具体案件情况提出的其他要求。

13. 【答案】BC

【解析】联席会议在国务院领导下，由国家发改委、商务部牵头，根据外资并购所涉及的行业和领域，会同相关部门开展并购安全审查。

14. 【答案】ABD

【解析】（1）经常项目包括贸易收支、服务收支、收益（包括职工报酬和利息、红利等投资收益）和经常转移（单方面转移）；（2）对外借款属于资本项目。

三、案例分析题

1. 【答案及解析】

（1）A公司的两项异议均不成立。根据规定，债务人账面资产虽大于负债，但经人民法院强制执行，无法清偿债务的，人民法院应当认定其明显缺乏清偿能力。而“经人民法院强制执行，无法清偿债务”，是指只要债务人的任何一个债权人经人民法院强制执行未能得到清偿，其每一个债权人均有权提出破产申请，并不要求申请人自己已经采取了强制执行措施。在本题中，债权人B公司在经人民法院强制执行后未能得到清偿，故债权人C公司可以提出破产申请。

(2) 甲银行不能将尚未得到清偿的14万元向管理人申报破产债权。根据规定，如破产企业仅作为担保人为他人债务提供物权担保，担保债权人的债权虽然在破产程序中可以构成别除权，但因破产企业不是主债务人，在担保物价款不足以清偿担保债权额时，余债不得作为破产债权向破产企业要求清偿，只能向原主债务人（D公司）求偿。

(3) 管理人无权请求人民法院予以撤销。根据规定，破产申请受理前1年内债务人提前清偿的未到期债务，在破产申请受理前已经到期，管理人请求撤销该行为的，人民法院不予支持。

(4) F公司不能主张抵销。根据规定，债务人的债务人在破产申请受理后取得他人对债务人的债权的，不得抵销。在本题中，债务人的债务人F公司是在破产申请受理后取得他人（G公司）对债务人（A公司）的债权，故不能抵销。

2.【答案及解析】

(1) C公司不能取得票据权利。根据规定，如果票据授受的原因是"票据权利买卖"，应当认定当事人之间不存在真实的交易关系，将导致相应的票据行为"无效"。在本题中，B公司将该汇票卖给了C公司，背书行为无效，C公司不能取得票据权利。

(2) D公司可以取得票据权利。根据规定，虽然未以真实交易关系作为原因关系的背书行为无效，被背书人不能取得票据权利，但是由于其形式上是票据权利人，在其向他人背书转让票据权利时，受让人可能基于善意取得制度而取得票据权利。在本题中，不知情的D公司基于善意取得制度而取得票据权利。

(3) D公司对E公司的背书转让行为有效。根据规定，背书时附有条件的，所附条件不具有汇票上的效力，即不影响背书行为本身的效力。在本题中，D公司背书时记载的"本票据转让于工程验收合格后生效"属于附条件背书，所附条件不具有汇票上的效力，背书有效。

(4) 根据规定，以背书转让的汇票，背书应当连续。持票人以背书的连续，证明其票据权利；非经背书转让，而以其他合法方式取得汇票的，应依法举证，证明其汇票权利。在本题中，G公司应当证明：E公司与F公司发生了吸收合并，E公司被注销登记，E公司的所有权利、义务均由F公司承受，那么尽管票据不连续，但相关证据证明了E公司与F公司之间权利转移的事实，G公司就可以主张票据权利了。

3.【答案及解析】

(1) 买卖合同有效。根据规定，行为人没有代理权、超越代理权或者代理权终止后以被代理人名义订立的合同，相对人有理由相信行为人有代理权的，该代理行为有效。在本题中，丙公司可以主张表见代理，合同有效。

(2) 乙公司取得了小汽车的抵押权。根据规定，当事人以交通运输工具设定抵押，抵押权自抵押合同生效时设立；但未经登记，不得对抗善意第三人。在本题中，丁设定的抵押担保虽未经登记，但该抵押是有效的。

(3) 戊的主张不成立。根据规定，被担保的债权既有第三人提供的物的担保又有人的担保，如果当事人对担保责任的承担顺序事先有明确约定的，按照约定执行；当事人对承担担保责任的顺序没有约定或者约定不明确的，债权人可以执行第三人的物保，也可以首先要求保证人承担保证责任。在本题中，当事人未约定担保责任的承担顺序，乙公司可以直接要求戊承担保证责任。

(4) 戊的说法不成立。根据规定，当事人在保证合同中对保证方式没有约定或者约定不明确的，承担连带保证责任。在本题中，戊承担的是连带保证责任，不享有先诉抗辩权。

(5) 乙公司有权解除合同。根据规定，当事人一方迟延履行主要债务，经催告后在合理期限内仍未履行的，守约方可以解除该合同。在本题中，甲不支付货款，乙公司催告后仍未支付，乙公司可以主张解除合同。

(6) 乙公司无权要求丙公司退货。根据规定，买受人应当在检验期间内将标的物的数量或者质量不符合约定的情形通知出卖人；买受人怠于通知的，视为标的物的数量或者质量符合约定。在本题中，乙公司在未检验的情况下直接向丙公司结清了全部价款，属于怠于通知，视为标的物的质量符合约定，乙公司无权要求丙公司退货。

4.【答案及解析】

（1）该资产重组交易无须向中国证监会申请核准。根据规定，中国证监会在发行审核委员会中设立上市公司并购重组审核委员会，以投票方式对提交其审议的“借壳上市申请或者发行股份购买资产申请”进行表决，提出审核意见。而本题所述情形不属于“借壳上市或者发行股份购买资产”，无须向中国证监会申请核准。

（2）①公司债券面值不符合规定。根据规定，公司债券每张面值为 100 元；②合格投资者的数量不符合规定。根据规定，非公开发行的公司债券应当向合格投资者发行，每次发行对象不得超过 200 人；③对投资者的资质要求不符合规定。根据规定，企事业单位法人、合伙企业的净资产应不低于人民币 1000 万元，个人投资者名下金额资产应不低于人民币 300 万元。

（3）临时股东大会作出的重大资产重组决议，符合法定表决权比例。根据规定，上市公司股东大会就重大资产重组事项作出决议，必须经出席会议的股东所持表决权的 2/3 以上通过。在本题中，出席本次股东大会的股东共持有表决权 4.5 亿股，资产重组的议案获得赞成票 3.1 亿股，占 69%（>2/3）。

（4）临时股东大会作出的公司债券发行决议，符合法定表决权比例。根据规定，非公开发行公司债券属于股东大会的一般决议，由出席股东大会的股东所持表决权的过半数通过即可。在本题中，出席本次股东大会的股东共持有表决权 4.5 亿股，非公开发行公司债券获得赞成票 2.3 亿股，占 51%（>1/2）。

（5）恒利发展没有义务回购孙某的股份。根据规定，股份有限公司异议股份的回购请求权仅限于对股东大会作出的公司“合并、分立”决议持有异议。本题不涉及公司合并、分立，孙某无权要求回购股份。

（6）人民法院的不予受理裁定符合法律规定。根据规定，股份有限公司拟提起股东代表诉讼的股东，应当连续 180 日以上单独或者合计持有公司 1% 以上股份。在本题中，孙某的持股比例仅为 0.1%，不具备提起股东代表诉讼的资格，人民法院应当裁定不予受理。

2014 年注册会计师全国统一考试
《经济法》历年真题参考答案及解析

一、单项选择题

1.【答案】C

【解析】（1）10 周岁以上（≥10 周岁）的未成年人或者不能完全辨认自己行为的精神病人属于限制民事行为能力人；（2）限制民事行为能力人订立的合同，经法定代理人追认后，该合同有效，但纯获利益的合同或者与其年龄、智力、精神健康状况相适应而订立的合同，不必经法定代理人追认。在本题中，小凡年满 10 周岁，精神健康，智力正常，是限制民事行为能力人，其购买定价 2 元橡皮的行为与其年龄、智力相适应，该行为直接有效，不必经法定代理人追认。

2.【答案】B

【解析】（意思表示的内容）违反法律或者社会公共利益的民事行为无效。在本题中，甲、乙意思表示的内容为买卖毒品，该买卖合同即为无效，与实际履行时交付的标的物是否合法无关。

3.【答案】C

【解析】寄存财物被丢失或者毁损的，适用 1 年的特别诉讼时效期间。在本题中，甲公司 2011 年 3 月 1 日知道寄存的机器受损，诉讼时效期间自此起算，至 2012 年 3 月 1 日届满；由于期间并无诉讼时效中止、中断事由发生，故至 2012 年 9 月 1 日时诉讼时效期间已经经过。

4.【答案】D

【解析】以无偿划拨方式取得的建设用地使用权，除法律、行政法规另有规定外，没有使用期限的限制。

5.【答案】A

【解析】（1）选项B、C：以基金份额、证券登记结算机构登记的股权出质的，质权自证券登记结算机构办理出质登记时设立；以其他股权出质的，质权自工商行政管理部门办理出质登记时设立。（2）选项D：以应收账款出质的，质权自信贷征信机构办理出质登记时设立。

6.【答案】A

【解析】合同生效后，当事人就价款、履行地点等内容没有约定或者约定不明确的，可以“协议补充”；不能达成补充协议的，按照合同“有关条款或者交易习惯”确定。依照上述规则仍不能确定的：（1）价款或者报酬不明确的，一般按照订立合同时履行地的市场价格履行；（2）履行地点不明确的，给付货币的，在接受货币一方所在地履行；交付不动产的，在不动产所在地履行；其他标的，在履行义务一方所在地履行。在本题中，履行地点应推定为海口，履行价格为订立合同时海口的市场价格。

7.【答案】C

【解析】（1）选项A：标的物提存后，毁损、灭失的风险由“债权人”承担；（2）选项B：提存期间，标的物的孳息归“债权人”所有；（3）选项D：债权人领取提存物的权利，自提存之日起“5年内”不行使而消灭，提存物扣除提存费用后归国家所有。

8.【答案】B

【解析】国有独资公司、国有企业、上市公司以及公益性的事业单位、社会团体不得成为普通合伙人，但可以成为有限合伙人。

9.【答案】D

【解析】（1）选项A、D：作为合伙人的法人或者其他组织依法被吊销营业执照、责令关闭、撤销，或者“被宣告破产”（而非被申请破产），当然退伙；（2）选项B、C：作为合伙人的自然人死亡或者被依法宣告死亡（而非失踪、被拘留）。

10.【答案】C

【解析】（1）选项A、B：普通合伙人可以劳务出资，但有限合伙人不得用劳务出资。（2）选项C、D：有限合伙人可以用货币、实物、知识产权、土地使用权或者其他财产权利作价出资；债权（应收账款）作为财产权利已为法律普遍承认，而社会关系的财产权利属性并未得到承认且难以作价。

11.【答案】B

【解析】（1）发起人“以设立中的公司名义”对外签订合同，公司成立后合同相对人有权请求公司承担合同责任，但公司有证据证明发起人是为自己利益而签订合同，且合同相对人对此明知的除外；在本题中，甲以乙公司的名义订立合同，所租房屋供乙公司使用（并非为自己利益订立），应由乙公司承担合同责任。（2）如果发起人为设立公司“以自己名义”订立合同，则应由成立后的公司对合同予以确认，或者成立后的公司已经实际享有合同权利或者履行合同义务的，合同相对人才能请求公司承担合同责任。

12.【答案】D

【解析】人民法院依照强制执行程序转让股东的股权时，应当通知公司及全体股东，其他股东在同等条件下有优先购买权。

13.【答案】A

【解析】（1）选项A：一人有限责任公司、国有独资公司、中外合资经营企业、中外合作经营企业（法人制）不设立股东会；（2）选项B：股东人数较少或者规模较小的有限责任公司，可以设1名执行董事，不设立董事会，执行董事可以兼任公司经理；（3）选项C：股东人数较少或者规模较小的有限责任公司，可以设1~2名监事，不设立监事会；（4）选项D：有限责任公司的组织机构包括股东会、董事会、监事会及高级管理人员，职工代表大会不属于有限责任公司的组织机构。

14.【答案】B

【解析】在协议转让股权的情况下，如果协议中拟转让的股权达到或者超过5%，投资者就应当在协议达成之日起3日内履行权益报告义务。此后，该投资者的股份发生增减变化，如果该变化使得持股比例达到或者超过5%的整数倍的，也应当履行权益披露义务。在本题中，披露时点为7%和10%。

15.【答案】A

【解析】(1) 无过错责任：发行人、上市公司；(2) 过错推定责任：发行人、上市公司的董事、监事、高级管理人员和其他直接责任人员，保荐人、承销的证券公司，证券服务机构；(3) 过错责任：发行人、上市公司的控股股东、实际控制人。

16.【答案】B

【解析】(1) 上市公司董事、监事、高级管理人员、持有上市公司股份5%以上的股东，将其持有的该公司的股票在买入后6个月内卖出，或者在卖出后6个月内又买入，由此所得收益归该公司所有，公司董事会应当收回其所得收益。(2)“卖出后6个月内又买入”是指最后一笔卖出时点起算6个月内又买入的：①最后一笔卖出时点3月8日至买入时点9月3日不足6个月，存在短线交易行为；②自9月3日倒数6个月内买入的数量为3万股，应按3万股来计算短线交易利润，因此，应当收归公司所有的金额 $=3\times(25-15)=30$（万元）。

17.【答案】B

【解析】(1) 在破产案件“受理前”因欠缴税款产生的滞纳金属于普通破产债权，不享有与欠缴税款相同的优先受偿地位；(2) 在破产案件“受理后”因欠缴税款产生的滞纳金，不属于破产债权，在破产程序中不予清偿。

18.【答案】A

【解析】质押背书，必须记载“质押”、“设质”或者“担保”字样作为绝对必要记载事项，假如未作记载的，则形式上构成转让背书。

19.【答案】D

【解析】(1) 选项A、B、C：应当按照法定程序报乙中央企业核准；(2) 选项D：境外企业转让国有资产，导致中央企业重要子企业由国有独资转为绝对控股、绝对控股转为相对控股或者失去控股地位的，应当按照有关规定报国资委审核同意。

20.【答案】C

【解析】(1) 选项A、B：对于铁路、石油、电信、电网、烟草等重点行业，国家通过立法赋予其垄断性经营权，但是，如果这些国有垄断企业从事垄断协议、滥用市场支配地位行为，或者从事可能排除、限制竞争的经营者集中行为，同样应受《反垄断法》的限制；选项A谈及的是少数几家国有电信企业依法占据的市场份额；选项B谈及的是经批准的合法价格上调行为。(2) 选项C：根据《工商行政管理机关禁止垄断协议行为的规定》，应被禁止的行业协会组织本行业经营者从事垄断协议的行为具体包括：①制定、发布含有排除、限制竞争内容的行业协会章程、规则、决定、通知、标准等；②召集、组织或者推动本行业的经营者达成含有排除、限制竞争内容的协议、决议、纪要、备忘录等。(3) 选项D：属于纵向垄断协议，但由于限定的是转售商品的“最高”价格，有利于抑制销售商加价、提升消费者福利，该纵向垄断协议并不为《反垄断法》所禁止。

21.【答案】D

【解析】(1) 选项A、B、C：属于从需求角度界定相关商品市场考虑的因素；(2) 选项D：从供给角度界定相关商品市场时，一般应考虑的因素包括：经营者的生产流程和工艺，转产的难易程度，转产需要的时间，转产的额外费用和风险，转产后所提供商品的市场竞争力，营销渠道等。

22.【答案】A

【解析】(1) 选项A（外国投资者申请审查）：外国投资者并购境内企业，应按照规定，由投资者“向商务部”提出申请；两个或者两个以上外国投资者共同并购的，可以共同或确定一个外国投资者“向商务部”提出并购安全审查申请。(2) 选项B（利益相关方提出审查建议）：外国投资者并购境内企业，国务院有关部门、全国性行业协会、同业企业及上下游企业认为需要进行并购安全审查的，可以向商务部提出进行并购安全审查建议。(3) 选项C：并购安全审查的内容包括：①并购交易对国防安全，包括对国防需要的国内产品生产能力、国内服务提供能力和有关设备设施的影响；②并购交易对国家经济稳定运行的影响；③并购交易对社会基本生活秩序的影响；④并购交易对涉及国家安全关键技术研发能力的影响。（4）选项D：不论是外国投资者申请审查，还是利益相关方提出审查建议，商务部均应在5个工作日内提请联席会议进行审查；如果仅进行一般性审查的，由联席会议书面征求有关部门意见后，提出审查意见，并书面通知商务部；如果启动特别审查的，联席会议组织对并购交易的安全评估，并结合评估意见对并购交易进行审查，意见基本一致的，由联席会议提出审查意见，存在重大分歧的，由联席会议报请国务院决定（最后“拍板”的有可能是联席会议，也有可能是国务院，但不可能是商务部）。

23.【答案】D

【解析】我国香港特别行政区、澳门特别行政区和台湾地区已经分别以“中国香港”、“中国澳门”、“台湾、澎湖、金门、马祖单独关税区”（简称“中国台北”）名义加入世贸组织，成为我国的单独关税区。

24.【答案】C

【解析】（1）选项A：我国对经常性国际收支和转移不予限制。（2）选项B：经常项目外汇收入实行意愿结汇制。（3）选项C：人民币经常项目可兑换后，对企业和个人经常项目下用汇的管理，主要体现为对外汇收支及汇兑环节的真实性审核；经营结汇、售汇业务的金融机构应当按照国务院外汇管理部门的规定，对交易单证的真实性及其与外汇收支的一致性进行合理审查。（4）选项D：如果没有超过限额，凭本人身份证件在银行办理即可。

二、多项选择题

1.【答案】ABCD

【解析】法律事实（法律关系的变动原因）可以分为两类：事件（选项A、B、C）和行为（选项D）。

2.【答案】ACD

【解析】具有下列情形之一的，当事人可以申请预告登记：（1）预购商品房（选项A）；（2）以预购商品房设定抵押；（3）房屋所有权转让、抵押（选项C、D）；（4）法律、法规规定的其他情形。

3.【答案】ABCD

【解析】（1）选项A、B：如果标的物为可替代物，可以同类物替代履行，原则上买受人不能解除合同，但如果合同目的已经无法实现，则买受人有权解除合同；如果标的物为不可替代物，因无他物可替代履行，买受人的合同目的已经不能实现，买受人可以解除合同；（2）选项C：在履行期限届满之前，出卖人明确表示或者以自己的行为表明不履行主要债务的，买受人可以解除合同；（3）选项D：出卖人迟延履行债务或者有其他违约行为致使买受人不能实现合同目的，买受人可以解除合同。

4.【答案】ACD

【解析】合伙企业财产包括：（1）合伙人的出资；（2）以合伙企业名义取得的收益（包括但不限于合伙企业债权）；（3）依法取得的其他财产（如合法接受的赠与财产）。

5.【答案】BC

【解析】（1）选项A、B：普通合伙人转变为有限合伙人的，对其作为普通合伙人期间合伙企业发生的债务承担无限连带责任；（2）选项C、D：有限合伙人转变为普通合伙人的，对其作为有限合伙人期间有限合伙企业发生的债务承担无限连带责任。

6.【答案】ABC

【解析】发起人、认股人缴纳股款或者交付抵作股款的出资后，除未按期募足股份、发起人未按期召开创立大会或者创立大会决议不设立公司的情形外，不得抽回其股本。

7.【答案】ABD

【解析】（1）选项A：上市公司非公开发行股票须向证监会提交发行申请文件并经核准。（2）选项B：上市公司增发股票须经证监会依照有关程序审核。（3）选项C：对于股东人数未超过200人的公司申请其股票公开转让，中国证监会豁免核准，由全国中小企业股份转让系统进行审查。（4）选项D：如果丁非上市股份有限公司增资发行前并未在全国中小企业股份转让系统挂牌公开转让股票，其为非公众公司，本次发行后股东人数累计将超过 200 人，成为非上市公众公司，本次发行应经中国证监会核准；如果丁非上市股份有限公司增资发行前已经在全国中小企业股份转让系统挂牌公开转让股票，其发行前已为非上市公众公司，但由于本次发行后股东累计将超过 200 人，不符合豁免核准的条件，本次发行仍应向中国证监会申请核准。

8. 【答案】BC

【解析】(1) 选项 A：担保权人优先受偿的担保物价值原则上不计入管理人报酬的标的额；(2) 选项 B：管理人对担保物的维护、变现、交付等管理工作付出合理劳动的，有权向担保权人收取适当的报酬；(3) 选项 C：清算组中有关政府部门派出的工作人员参与工作的，不收取报酬；(4) 选项 D：律师事务所、会计师事务所通过聘用“本专业”（外部专家一般是其他专业）的其他社会中介机构或者人员协助履行管理人职责的，所需费用从其报酬中支付。

9. 【答案】ABC

【解析】持票人取得期前追索权的情形主要有：(1) 被拒绝承兑（承兑附条件的，视为拒绝承兑）（选项 A）；(2) 承兑人或者付款人死亡、逃匿；(3) “承兑人或者付款人”（不包括出票人）被宣告破产或者因违法被责令终止业务活动（选项 B、C、D）。

10. 【答案】BCD

【解析】受让国有股东所持上市公司股份后拥有上市公司实际控制权的，受让人应为法人（不包括自然人），而且应当具备以下条件：(1) 受让方或其实际控制人设立 3 年以上，最近 2 年持续盈利且无重大违法违规行为；(2) 具有明晰的经营发展战略；(3) 具有促进上市公司持续发展和改善上市公司法人治理结构的能力。

11. 【答案】ABC

【解析】反垄断执法机构调查涉嫌垄断行为，可以采取下列措施：(1) 进入被调查的经营者的营业场所或者其他有关场所进行检查（选项 A 正确）；(2) 询问被调查的经营者、利害关系人或者其他有关单位或者个人，要求其说明有关情况；(3) 查阅、复制被调查的经营者、利害关系人或者其他有关单位或者个人的有关单证、协议、会计账簿、业务函电、电子数据等文件、资料（选项 B 正确）；(4) 查封、扣押相关证据（选项 C 正确）；(5) “查询”经营者的银行账户（选项 D 错误）。

12. 【答案】AD

【解析】(1) 选项 A、B：行业协会“召集、组织或者推动本行业的经营者达成含有排除、限制竞争内容的协议、决议、纪要、备忘录等”，属于“组织本行业经营者从事垄断协议的行为”；该行业协会不属于“行政机关和法律、法规授权的具有管理公共事务职能的组织”，谈不上“行政垄断”的问题。(2) 选项 C、D：7 家企业实施了“达成垄断协议”的行为；尽管 7 家企业的市场份额合计达 85%，但按照题目交待的案情，不足以推定该 7 家企业具有市场支配地位，案情亦未明确提及“滥用市场支配地位”的行为（例如，销售价格是否构成“不公平的高价”）。

13. 【答案】ABC

【解析】在中国领域内履行的下列合同，专属适用中国法律，不得由当事人意思自治选择合同准据法或者适用其他法律选择规则：(1) 中外合资经营企业合同（选项 A）；(2) 中外合作经营企业合同（选项 B）；(3) 中外合作勘探、开发自然资源合同；(4) 中外合资经营企业、中外合作经营企业、外商独资企业股份转让合同（选项 C）；(5) 外国自然人、法人或者其他组织承包经营在中国领域内设立的中外合资经营企业、中外合作经营企业的合同；(6) 外国自然人、法人或者其他组织购买中国领域内的非外商投资企业股东的股权的合同；(7) 外国自然人、法人或者其他组织认购中国领域内的非外商投资有限责任公司或者股份有限公司增资的合同；(8) 外国自然人、法人或者其他组织购买中国领域内的非外商投资企业资产的合同。选项 D 不属于“(8)”，外商投资企业是中国法人。

14. 【答案】AC

【解析】(1) 选项 A：在质押期间，出质投资者作为企业投资者的身份不变，未经“出质投资者和企业其他投资者”同意，质权人不得转让出质股权；（2）选项B：外商投资企业的股东与债权人订立的股权质押合同，除法律、行政法规另有规定或者合同另有约定外，自成立时生效；未办理质权登记的，不影响股权质押合同的效力；（3）选项D：投资者不得将其股权质押给本企业。

三、案例分析题

1.【答案及解析】

（1）A公司以C公司为其所欠B公司债务提供了连带保证且有能力代为清偿为由，对破产申请提出的异议不成立。根据规定，相关当事人以对债务人的债务负有连带责任的人未丧失清偿能力为由，主张债务人不具备破产原因的，人民法院不予支持。

（2）人民法院以A公司现金不足、实物资产大多不能变现清偿债务为由，裁定受理破产申请，符合企业破产法律制度的规定。根据规定，债务人账面资产虽大于负债，但因资金严重不足或者财产不能变现等原因，无法清偿债务的，人民法院应当认定其明显缺乏清偿能力。在本题中，A公司已经不能清偿其对B公司的到期债务，且明显缺乏清偿能力，人民法院应当受理B公司对A公司提出的破产清算申请。

（3）人民法院应当中止D公司与甲的债务纠纷案件的审理。根据规定，破产申请受理前，债权人主张债务人的出资人直接向其承担出资不实责任的诉讼，破产申请受理时案件尚未审结的，人民法院应当中止审理。

（4）有关债权人关于A公司向E信用社清偿行为无效的主张不成立。根据规定，破产申请受理后，债务人对个别债权人的债务清偿无效；但债务人以其财产向债权人提供物权担保的，其在担保物市场价值范围内向债权人所做的债务清偿，不受上述限制。在本题中，A公司向E信用社清偿200万元本金及相应利息，而其抵押物的市价为500万元，抵押物市场价值大于债务本息，应认定该清偿行为有效。

（5）F公司有权提走其委托A公司加工的产品。根据规定，债务人基于仓储、保管、承揽、代销、借用、寄存、租赁等合同或者其他法律关系占有、使用的他人财产，不应认定为债务人财产；除另有规定外，人民法院受理破产申请后，债务人占有的不属于债务人的财产，该财产的权利人可以通过管理人取回；权利人行使取回权时未依法向管理人支付相关的加工费、保管费、托运费、委托费、代销费等费用，管理人有权拒绝其取回相关财产。在本题中，F公司提供原材料、委托A公司加工产品的合同，属于承揽合同；所加工产品不属于A公司的债务人财产；而F公司已付加工费，F公司有权提走该批产品。

2.【答案及解析】

（1）D公司有权拒绝F大学的追索。根据规定，持票人取得的票据是无对价或者不相当对价的，由于其享有的权利不能优于其前手，因此票据债务人可以以对抗持票人前手的抗辩事由对抗该持票人。在本题中，E公司交付的货物存在严重的质量问题，D公司有权以此为由对E公司提出抗辩；而F大学无对价取得票据（该支票用于设立奖学金，属于赠与），D公司有权以对抗E公司的事由，对抗F大学。

（2）①C基金会无权向B公司进行追索。根据规定，B公司未在票据上签章，不是票据债务人，故不应承担票据责任；②C基金会有权要求B公司继续履行赠与义务。根据规定，具有救灾、扶贫等社会公益、道德义务性质的赠与合同或者经过公证的赠与合同，不得撤销赠与。在本题中，B、C双方的赠与合同具有社会公益性质，B公司不得撤销，C基金会有权要求其继续履行。

（3）C基金会有权向A公司追索。根据规定，如果代行人（甲）未获得本人（A公司）的授权，其行为构成票据签章的伪造，本人和代行人均不承担票据责任。但是，如果相对人有理由相信代行人获得了本人的授权，类推适用“表见代理”的规定，由本人（A公司）承担票据责任。

（4）C基金会无权向甲追索。根据规定，由于甲并未在票据上签章，不承担票据责任。

3.【答案及解析】

（1）乙关于甲与戊之间的买卖合同无效的理由不成立。根据规定，当事人一方以出卖人在缔约时对标的物没有所有权或者处分权为由主张合同无效的，人民法院不予支持。

(2) 乙关于自己仍为机床所有权人并要求戊返还机床的主张不成立。根据规定，转让人虽然没有处分权，但如果受让人为善意，转让价格合理，标的物已交付，转让人基于真正权利人意思合法占有标的物，受让人即可善意取得标的物所有权。在本题中，戊取得机床的所有权时，符合上述要件。

(3) 乙关于丙无权要求支付尚未到期的200万元价款的主张不成立。根据规定，分期付款的买受人未支付到期价款的金额达到全部价款的1/5的，出卖人可以要求买受人一并支付到期与未到期的全部价款。在本题中，乙未支付的到期价款为300万元，已经超过了合同总价款的1/5，丙有权要求乙支付到期（300万元）与未到期（200万元）的全部价款。

(4) 丁与丙之间的保证关系成立。根据规定，主合同中虽无保证条款，亦未另行订立保证合同，但保证人在主合同上以保证人身份签字或者盖章的，保证合同成立。

(5) 丁关于保证形式为一般保证的主张不成立。根据规定，当事人未就保证方式作出约定或约定不明确的，依连带责任保证承担保证责任。

(6) 若机床未被甲出售给戊，甲与乙之间的融资租赁合同到期后，机床的所有权归属于乙。根据规定，融资租赁合同的出租人和承租人对租赁物的归属没有约定或者约定不明确的，合同到期后，租赁物的所有权归出租人。

4. **【答案及解析】**

(1) 2014年3月5日嘉业股份董事会讨论的优先股发行方案中，以下内容不符合相关规定：

①关于拟筹资4亿元的内容不符合法律规定。因为公司发行优先股筹资的金额不得超过发行前净资产的50%。

②关于股息率每年调整一次的内容不符合法律规定。因为公开发行优先股，必须采取固定股息率。

③关于未能足额发放的优先股股息不予累积的内容不符合法律规定。因为公开发行优先股，未能足额分配的优先股股息，差额部分应当累积到下一个会计年度。

④关于优先股股东在按照约定的股息率分配股息后，还可同普通股股东一起参加剩余利润分配的内容不符合法律规定。因为公开发行优先股的，必须在公司章程中规定优先股股东在按照约定的股息率分配股息后，不再同普通股股东一起参加利润分配。

(2) 2014年3月5日嘉业股份董事会讨论的定向增发方案中，发行对象的数量符合相关规定。根据规定，非公开发行股票的发行对象不得超过10名；其中，证券投资基金管理公司以其管理的两只以上基金认购的，视为一个发行对象。在本题中，发行对象为9名。

(3) ①2014年3月5日嘉业股份董事会讨论的定向增发方案中，引入境外战略投资者的审批程序不符合相关规定。根据规定，发行对象为境外战略投资者的，应当经国务院相关部门事先批准。

②境外战略投资者认购股份后限制转让的时间不符合相关规定。根据规定，境外战略投资者认购的股份，自发行结束之日起36个月内不得转让。

(4) 2014年3月5日嘉业股份董事会讨论的公开发行公司债券的方案中，以下内容不符合法律规定：

①关于发行3亿元公司债券的内容不符合法律规定。根据规定，公司公开发行公司债券的，本次发行后累计债券余额不得超过公司净资产额的40%。在本题中，嘉业股份有限公司的净资产额为6亿元，拟公开发行公司债券3亿元，超过了净资产的40%。

②关于30个月内全部发行完毕的内容不符合法律规定。根据规定，公开发行公司债券，可以申请一次核准，分期发行；自中国证监会核准发行之日起，发行人应当在12个月内完成首期发行，剩余数量应当在24个月内发行完毕。

(5) A公司于9月10日发出公告的行为不符合法律规定。根据规定，只有持有上市公司已发行的股份每增加或减少5%才需要公告；在计算收购人持有上市公司已发行的股份比例时，表决权未恢复的优先股不计入持股比例。在本题中，A公司持有的3%的优先股不计入上述持股比例，无需发布公告。